中華古籍保護計劃

ZHONG HUA GU JI BAO HU JI HUA CHENG GUO

·成果·

中國國家博物館古籍普查登記目録

全國古籍普查登記目録

國家圖書館出版社
National Library of China Publishing House

圖書在版編目(CIP)數據

中國國家博物館古籍普查登記目録/中國國家博物館編. —北京:國家圖書館出版社,2021.9
(全國古籍普查登記目録)
ISBN 978 - 7 - 5013 - 7269 - 0

Ⅰ.①中… Ⅱ.①中… Ⅲ.①博物館—古籍—目録—中國 Ⅳ.①Z838

中國版本圖書館 CIP 數據核字(2021)第 098543 號

書　　名	中國國家博物館古籍普查登記目録
著　　者	中國國家博物館　編
責任編輯	趙　嫄

出版發行	國家圖書館出版社(北京市西城區文津街 7 號　100034) (原書目文獻出版社 北京圖書館出版社) 010 - 66114536　63802249　nlcpress@ nlc. cn(郵購)
網　　址	http://www. nlcpress. com
排　　版	京荷(北京)科技有限公司
印　　裝	河北三河弘翰印務有限公司
版次印次	2021 年 9 月第 1 版　2021 年 9 月第 1 次印刷

開　　本	787 × 1092　1/16
印　　張	31.75
字　　數	620 千字
書　　號	ISBN 978 - 7 - 5013 - 7269 - 0
定　　價	320.00 圓

《全國古籍普查登記目録》

工作委員會

主　任： 周和平

副主任： 張永新　詹福瑞　劉小琴　李致忠　張志清

委　員（按姓氏筆畫排序）：

于立仁　王水喬　王　沛　王紅蕾　王筱雯
方自今　尹壽松　包菊香　任　競　全　勤
李西寧　李　彤　李忠昊　李春來　李　培
李曉秋　吴建中　宋志英　努　木　林世田
易向軍　周建文　洪　琰　倪曉建　徐欣禄
徐　蜀　高文華　郭向東　陳荔京　陳紅彦
張　勇　湯旭岩　楊　揚　賈貴榮　趙　嫄
鄭智明　劉洪輝　歷　力　鮑盛華　韓　彬
魏存慶　鍾海珍　謝冬榮　謝　林　應長興

《全國古籍普查登記目録》

序　言

全國古籍普查登記工作是"中華古籍保護計劃"的首要任務,是全面開展古籍搶救、保護和利用工作的基礎,也是有史以來第一次由政府組織、參加收藏單位最多的全國性古籍普查登記工作。

2007年國務院辦公廳發布《關於進一步加强古籍保護工作的意見》(國辦發[2007]6號),明確了古籍保護工作的首要任務是對全國公共圖書館、博物館和教育、宗教、民族、文物等系統的古籍收藏和保護狀况進行全面普查,建立中華古籍聯合目録和古籍數字資源庫。2011年12月,文化部下發《文化部辦公廳關於加快推進全國古籍普查登記工作的通知》(文辦發[2011]518號),進一步落實了全國古籍普查登記工作。根據文化部2011年518號文件精神,國家古籍保護中心擬訂了《全國古籍普查登記工作方案》,進一步規範了古籍普查登記工作的範圍、内容、原則、步驟、辦法、成果和經費。目前進行的全國古籍普查登記工作的中心任務是通過每部古籍的身份證——"古籍普查登記編號"和相關信息,建立古籍總臺賬,全面瞭解全國古籍存藏情况,開展全國古籍保護的基礎性工作,加强各級政府對古籍的管理、保護和利用。

《全國古籍普查登記工作方案》規定了全國古籍普查登記工作的三個主要步驟:一、開展古籍普查登記工作;二、在古籍普查登記基礎上,編纂出版館藏古籍普查登記目録,形成《全國古籍普查登記目録》;三、在古籍普查登記工作基本完成的前提下,由省級古籍保護中心負責編纂出版本省古籍分類聯合目録《中華古籍總目》分省卷,由國家古籍保護中心負責編纂出版《中華古籍總目》統編卷。

在黨和政府領導下,在各地區、各有關部門和全社會共同努力下,古籍普查登記工作得以扎實推進。古籍普查已在除臺、港、澳之外的全國各省級行政區域開展,普查内容除漢文古籍外,還包括各少數民族文字古籍,特别是於2010年分别啓動了新疆古籍保護和西藏古籍保護專項,因地制宜,開展古籍普查登記工作;國家古籍保護中心研製的"全國古籍普查登記平臺"已覆蓋到全國各省級古籍保護中心,并進一步研發了"中華古籍索引庫",爲及時展現古籍普查成果提供有力支持;截至目前,已有11375部古籍進入《國家珍貴古籍名録》,浙江、江蘇、山東、河北等省公布了省級《珍貴古籍名録》，古籍分級保護機制初步形成。

《全國古籍普查登記目録》是古籍普查工作的階段性成果，旨在摸清家底，揭示館藏，反映古籍的基本信息。原則上每申報單位獨立成册，館藏量少不能獨立成册者，則在本省範圍内幾個館目合并成册。無論獨立成册還是合并成册，均編製獨立的書名筆畫索引附於書後。著録的必填基本項目有：古籍普查登記編號、索書號、題名卷數、著者（含著作方式）、版本、册數及存缺卷數。其他擴展項目有：分類、批校題跋、版式、裝幀形式、叢書子目、書影、破損狀況等。有條件的收藏單位多著録的一些擴展項目，也反映在《全國古籍普查登記目録》上。目録編排按古籍普查登記編號排序，内在順序給予各古籍收藏單位較大自由度，可按分類排列古籍普查登記編號，也可按排架號、按同書名等排列古籍普查登記編號，以反映各館特色。

此次全國古籍普查登記工作，克服了古籍數量多、普查人員少、普查難度大等各種困難，也得到了全國古籍保護工作者的極大支持。在古籍普查登記過程中，國家古籍保護中心、各省古籍保護中心爲此舉辦了多期古籍普查、古籍鑒定、古籍普查目録審校等培訓班，全國共1600餘家單位參加了培訓，爲古籍普查登記工作培養了大量人才。同時在古籍普查登記工作中，也鍛煉了普查員的實踐能力，爲將來古籍保護事業發展奠定了良好的基礎。

《全國古籍普查登記目録》的出版，將摸清我國古籍家底，爲古籍保護和利用工作提供依據，也將是古籍保護長期工作的一個里程碑。

國家古籍保護中心
2013年10月

《全國古籍普查登記目録》

編纂凡例

一、收録範圍爲我國境内各收藏機構或個人所藏，産生於1912年以前，具有文物價值、學術價值和藝術價值的文獻典籍，包括漢文古籍和少數民族文字古籍以及甲骨、簡帛、敦煌遺書、碑帖拓本、古地圖等文獻。其中，部分文獻的收録年限適當延伸。

二、以各收藏機構爲分册依據，篇幅較小者，適當合并出版。

三、一部古籍一條款目，複本亦單獨著録。

四、著録基本要求爲客觀登記、規範描述。

五、著録款目包括古籍普查登記編號、索書號、題名卷數、著者、版本、册數、存缺卷等。古籍普查登記編號的組成方式是：省級行政區劃代碼—單位代碼—古籍普查登記順序號。

六、以古籍普查登記編號順序排序。

《中國國家博物館古籍普查登記目録》

工作委員會

主　任： 王春法

副主任： 單　威　陳成軍

委　員： 王春法　單　威　陳成軍　馮靖英　古建東

白雲濤　劉萬鳴　丁鵬勃　陳　莉

《中國國家博物館古籍普查登記目録》

編委會

《中國國家博物館古籍普查登記目録》

前　言

中國國家博物館的前身是1912年成立於北京國子監的國立歷史博物館籌備處。1949年新中國成立之後,國立歷史博物館更名爲中國歷史博物館,與新成立的中國革命博物館位於同一建築内。2003年中國歷史博物館與中國革命博物館合并組建了中國國家博物館。至今館藏文物已達140餘萬件,年接待觀衆800餘萬人,已成爲名副其實的世界一流博物館。

中國國家博物館的古籍收藏歷史可以追溯到百年前國立歷史博物館籌備處建立之初,當時籌備處最早一批藏品,就是接收北京國子監舊藏禮器和藏書。20世紀50至70年代中國歷史博物館通過從全國多家古籍書店采購、接受捐贈和機構撥交等途徑徵集了大量古籍。而20世紀90年代至21世紀初隨着拍賣市場的出現,我館也購買了多種古籍精品。至今我館已收藏古籍7800餘部9萬餘册。古籍成爲我館所藏文物的重要組成部分,不僅服務於學術研究,也直接爲博物館陳列提供展品。

我館古籍收藏數量雖然不多,但品類豐富,不乏珍善本。館藏刻本中的宋元古籍多爲精品,傳世三種宋刻《資治通鑑綱目》五十九卷,我館收藏有兩種,分别爲江西刻本和福建刻本;元翻刻宋巾箱本《箋注陶淵明集》十卷,鈐乾隆五璽印,係清宫"天禄琳琅"舊藏,《天禄琳琅書目後編》著録爲宋本,孤本傳世,具有極高的文獻價值。另館藏稿本、抄本、繪本近500部,其中最爲珍貴的有《欽定四庫全書總目》二百卷(存十三卷),屬進呈後的修訂本,由於這部殘稿保留有修訂的痕迹,對於整理和研究這部重要書目具有極高價值;《南巡盛典》一百二十卷(存三卷)係文源閣抄《四庫全書》本,爲圓明園劫後留存的三卷,是珍貴的歷史見證;《脂硯齋重評石頭記》八十回(存五回),爲較早抄本——清乾隆"己卯本"。我館所藏圖譜類書籍較多,也形成了館藏古籍的又一特色,如兩部插圖式類書:明萬曆刻本《三才圖會》一百六卷、明天啓三年(1623)刻本《圖書編》,還有清銅活字印本《古今圖書集成圖》不分卷,也收藏有一些帶有插圖的傳記、金石圖譜、兵書、醫書、小説、戲曲等。更有不少古籍傳承有序,留下歷代收藏名家、文人學者的批校題記和珍貴鈐印,如明代鄭曉、鄭履准,清代吕留良、季振宜,近現代嚴復、莫友芝、莫彝孫等。截至2021年6月,我館有19種珍貴古籍入選《國家珍貴古籍名録》,這也彰顯了我館館藏古籍的極高文獻、文物價值。

多年來，我館歷代古籍工作者在整理與研究工作中取得了多項成果，整理出版了多部研究著作，如：1990年出版《中國歷史博物館古籍善本書目》、2002年出版《中國歷史博物館藏普通古籍目録》、2018年出版《中國國家博物館館藏文獻研究系列叢書——稀見方志》、2019年出版《中國國家博物館館藏文物研究叢書——古籍善本卷》、2020年出版《中國國家博物館館藏文獻研究系列叢書——近現代稀見文獻》等。

2014年我館參與了"全國第一次可移動文物普查"工作，完成了24萬餘册善本古籍、普通古籍及民國書的著録；近年還制定了古籍數字化計劃，并已完成19萬餘拍古籍的掃描工作；2020年我館入選"全国古籍重點保護單位"。

2018年，遵照文化部（今文化和旅游部）下發的《"十三五"時期全國古籍保護工作規劃》，我館啓動由國家古籍保護中心牽頭的全國古籍普查登記工作。成立了專項工作組，并制定了完備的實施方案。我館所藏古籍按善、史、地、考、美、自、社、待等分類排架，由工作組成員分别承擔各個類别的審核任務，以可移動文物普查著録的項目爲基礎，按照《古籍普查登記表格整理規範》填寫古籍信息；對存在疑問的信息逐一核對原書，確保各項著録與原書相符；聘請有關專家進行審查，最終形成文本、表格兩種形式的文檔，上交國家古籍保護中心。

此本《中國國家博物館古籍普查登記目録》收録我館1912年以前古籍7845部，著録索書號、題名卷數、著者、版本、册數、存卷等多項信息，是我館古籍工作者認真審核、共同討論的成果，也凝聚了幾代工作者的心血，可謂書成衆手。因掌握材料、鑒賞水平的局限，或有偏差，期待各方人士不吝賜教。

編　者

2021年6月

目　　録

110000－0182－0000001　史 0008
高士傳三卷　（晉）皇甫謐撰　**於越先賢像贊二卷**　（清）王齡撰　清咸豐八年（1858）養龢堂刻光緒三年（1877）印本　三册

110000－0182－0000002　史 0009
列仙酒牌　（清）任熊繪　**劍俠傳**　（清）王齡校　清刻本　三册

110000－0182－0000003　史 0011
人壽金鑑二十二卷　（清）程得齡輯　清嘉慶二十五年（1820）刻本　八册

110000－0182－0000004　史 0012
漢晉迄明謚彙考十卷皇朝謚彙考五卷　（清）劉長華撰　清光緒八年（1882）刻本　六册

110000－0182－0000005　史 0014
遼史拾遺二十四卷　（清）厲鶚撰　清乾隆八年（1743）抄本　八册

110000－0182－0000006　史 0015
史記菁華録六卷　（清）姚祖恩撰　清道光四年（1824）吴興姚氏扶荔山房刻朱墨套印本　六册

110000－0182－0000007　史 0021
尚書古文疏證八卷　（清）閻若璩撰　**朱子古文書疑**　（清）閻詠輯　清嘉慶元年（1796）吴人驥刻本　十册

110000－0182－0000008　史 0022
國朝歷科題名碑録不分卷明題名碑録不分卷　（清）□□編　清刻本　十四册

110000－0182－0000009　史 0023
金石文鈔八卷續鈔二卷　（清）趙紹祖輯　清嘉慶七年（1802）涇縣趙紹祖古墨齋刻本　十册

110000－0182－0000010　史 0024
春秋集傳大全三十七卷序論一卷諸國興廢説一卷春秋二十國年表一卷　（明）胡廣等纂　明刻本　十八册

110000－0182－0000011　史 0025
昭代名人尺牘小傳二十四卷　（清）吴修輯　清光緒三十四年（1908）石印本　二册

110000－0182－0000012　史 0026
地藏菩薩本願經三卷　（唐）釋法燈譯　清刻本　三册

110000－0182－0000013　史 0027（1）
職官録不分卷　（清）□□編　清宣統三年（1911）内閣印鑄局鉛印本　八册

110000－0182－0000014　史 0027（2）
職官録不分卷　（清）□□編　清宣統三年（1911）内閣印鑄局鉛印本　八册

110000－0182－0000015　史 0028
明宫史八卷　（明）劉若愚編述　清宣統三年（1911）國學扶輪社鉛印本　二册

110000－0182－0000016　史 0032
湘軍志十六卷　王闓運撰　清光緒刻本　六册

110000－0182－0000017　史 0035
閣鈔彙編不分卷　（清）華北書局編輯　清光緒二十九年至三十年（1903－1904）北京華北書局鉛印本　十册　存癸卯年五月至六月、甲辰年四月

110000－0182－0000018　史 0039
日知録集釋三十二卷刊誤二卷續刊誤二卷　（清）顧炎武撰　（清）黄汝成集釋　清光緒三年（1877）刻本　十六册

110000－0182－0000019　史 0041
嘯亭雜録十卷續録三卷　（清）昭槤撰　清光緒二年（1876）申報館鉛印本　十册

110000－0182－0000020　史 0042
困學紀聞注二十卷　（宋）王應麟撰　（清）翁元圻輯　清光緒十五年（1889）資善堂刻本　十四册

110000－0182－0000021　史 0043
宸垣識略十六卷　（清）吴長元輯　清光緒二年（1876）刻本　八册

110000－0182－0000022　史 0044
繹史一百六十卷世系圖一卷年表一卷　（清）

馬驌撰　清石印本　十二册　存六十六卷（九十五至一百六十）

110000－0182－0000023　史0047

御纂周易折中　（清）李光地撰　清光緒十四年（1888）江南書局刻本　十册

110000－0182－0000024　史0050

史略不分卷　（宋）高似孫撰　清光緒九年（1883）常熟鮑廷爵刻後知不足齋叢書本　二册

110000－0182－0000025　史0051（1）

高僧傳十三卷　（南朝梁）釋慧皎撰　明萬曆三十九年（1611）徑山寂照庵刻本　三册

110000－0182－0000026　史0051（2）

續高僧傳四十卷　（唐）釋道宣撰　明萬曆十九年（1591）、三十八年至三十九年（1610－1611）徑山寂照庵刻本　八册

110000－0182－0000027　史0051（3）

宋高僧傳三十卷　（宋）釋贊寧等撰　明萬曆三十九年（1611）徑山寂照庵刻本　六册

110000－0182－0000028　史0053

援鶉堂筆記五十卷刊誤一卷刊誤補遺一卷　（清）姚範撰　（清）方東樹刊誤　清道光十六年（1836）桐城姚瑩淮南監製官署刻本　十六册

110000－0182－0000029　史0056（1）

欽定書經傳説彙纂二十一卷首二卷書序一卷　（清）王頊齡等纂　清光緒十四年（1888）江南書局刻本　十二册

110000－0182－0000030　史0056（2）

欽定詩經傳説彙纂二十一卷首二卷詩序二卷　（清）王鴻緒等纂　清光緒十四年（1888）江南書局刻本　十六册

110000－0182－0000031　史0057

欽定儀禮義疏四十八卷首二卷　（清）允祿等纂　清光緒十四年（1888）江南書局刻本　二十八册

110000－0182－0000032　史0058

欽定周官義疏四十八卷首一卷　（清）鄂爾泰等撰　清光緒十四年（1888）江南書局刻本　二十四册

110000－0182－0000033　史0059

欽定春秋傳説彙纂三十八卷首二卷　（清）王掞等撰　清光緒十四年（1888）江南書局刻本　二十册

110000－0182－0000034　史0060

欽定禮記義疏八十二卷首一卷　（清）允祿等撰　清光緒十四年（1888）江南書局刻本　三十二册

110000－0182－0000035　史0061

天下一統志九十卷　（明）李賢等修　（明）萬安等纂　明萬壽堂刻清積秀堂重修本　四十册

110000－0182－0000036　史0062（1）

陸軍貴胄學堂同學錄　（清）□□編　清宣統元年（1909）商務印書館石印本　一册

110000－0182－0000037　史0062（2）

陸軍貴胄學堂同學錄　（清）□□編　清宣統元年（1909）商務印書館石印本　一册

110000－0182－0000038　史0075

湧幢小品三十二卷　（明）朱國禎輯　明天啓二年（1622）刻本（個别書頁爲抄配）　十六册

110000－0182－0000039　史0091

長江炮臺芻議不分卷　姚錫光撰　清光緒二十六年（1900）皖城官舍木活字印本　一册

110000－0182－0000040　史0095

三藩紀事本末四卷　（清）楊陸榮編　清康熙五十六年（1717）刻本　二册

110000－0182－0000041　史0097（1）

春秋經傳集解三十卷　（晉）杜預集解　（唐）陸德明音義　清宣統二年（1910）學部圖書局影印本　十五册

110000－0182－0000042　史0097（2）

春秋經傳集解三十卷　（晉）杜預集解　（唐）陸德明音義　清宣統二年（1910）學部圖書局

影印本　十五冊

110000－0182－0000043　史0098
藏輶隨記不分卷　陶思曾撰　清宣統三年(1911)鉛印本　一冊

110000－0182－0000044　史0100
蒙壍續供不分卷　(清)紹英等撰　清宣統元年(1909)鉛印本　一冊

110000－0182－0000045　史0101
續疑年錄四卷　(清)吳修編　清嘉慶二十三年(1818)刻本　一冊

110000－0182－0000046　史0106
節本泰西新史攬要八卷　(英國)馬懇西撰　(英國)李提摩太譯　周慶雲節錄　清光緒二十七年(1901)烏程周慶雲夢坡室刻本　二冊

110000－0182－0000047　史0110
日俄戰紀二編　方若撰　清末鉛印本　三冊

110000－0182－0000048　史0111
通鑑評語五卷　(清)申涵煜撰　清光緒五年(1879)定州王氏刻畿輔叢書本　一冊　存四卷(一至四)

110000－0182－0000049　史0113
錫金鄉土歷史二卷　侯鴻鑑編　清光緒三十四年(1908)梁溪文苑閣木活字印本　一冊

110000－0182－0000050　史0115
白虎通義引書表不分卷　王仁俊撰　清光緒三十四年(1908)存古學堂木活字印本　一冊

110000－0182－0000051　史0116
日知錄刊誤二卷續刊誤二卷　(清)黄汝成撰　清光緒元年(1875)崇文書局刻本　一冊

110000－0182－0000052　史0118
日知錄集釋三十二卷　(清)顧炎武撰　(清)黄汝成集釋　清光緒元年(1875)湖北崇文書局刻本　十五冊

110000－0182－0000053　史0124
清秘述聞十六卷　(清)法式善編　清嘉慶刻本　六冊

110000－0182－0000054　史0125
槐廳載筆二十卷　(清)法式善撰　清嘉慶刻本　六冊

110000－0182－0000055　史0127
中西紀事二十四卷　(清)夏燮撰　清同治刻本　四冊

110000－0182－0000056　史0129
疇人傳四十六卷續六卷三編七卷附記一卷　(清)阮元編　(清)羅士琳續編　(清)諸可寶再續編　清光緒二十二年(1896)上海璣衡堂石印本　六冊

110000－0182－0000057　史0131
南史八十卷　(唐)李延壽撰　明崇禎琴川毛氏汲古閣刻十七史本　十二冊

110000－0182－0000058　史0132
隋書八十五卷　(唐)魏徵等撰　清同治十年(1871)淮南書局刻本　十二冊　缺六卷(三十二至三十七)

110000－0182－0000059　史0133
三國志六十五卷附攷證三卷　(晉)陳壽撰　(南朝宋)裴松之注　清光緒二十五年(1899)桂垣書局刻本　二十冊

110000－0182－0000060　史0134
晉書一百三十卷　(唐)房玄齡等撰　明崇禎琴川毛氏汲古閣刻十七史本　二十四冊

110000－0182－0000061　史0135
南史八十卷　(唐)李延壽撰　清同治十一年(1872)金陵書局刻本　十二冊

110000－0182－0000062　史0136
後漢書一百二十卷　(南朝宋)范曄撰　(唐)李賢注　(晉)司馬彪續撰　(南朝梁)劉昭補注　清光緒十三年(1887)金陵書局刻本　十六冊

110000－0182－0000063　史0137
宋書一百卷　(南朝梁)沈約撰　清同治十一年(1872)金陵書局刻本　十五冊

110000－0182－0000064　史0138

明史三百三十二卷目錄四卷　(清)張廷玉等修　清光緒三年(1877)湖北崇文書局刻本　七十六册　缺十四卷(二百五十九至二百六十一、二百八十至二百九十)

110000－0182－0000065　史0139
元史二百十卷目錄二卷　(明)宋濂　(明)王禕等撰　清同治十三年(1874)江蘇書局刻本　十一册

110000－0182－0000066　史0140
遼史一百十五卷　(元)脱脱等修　清同治十二年(1873)江蘇書局刻本　十二册

110000－0182－0000067　史0141
金史一百三十五卷　(元)脱脱等修　清同治十三年(1874)江蘇書局刻本　二十册

110000－0182－0000068　史0142(1)
前漢書一百卷附考證　(漢)班固撰　(唐)顔師古注　清同治十年(1871)成都書局刻本　三十二册

110000－0182－0000069　史0142(2)
前漢書一百卷　(漢)班固著　(唐)顔師古注　清光緒十三年(1887)金陵書局刻本　十六册

110000－0182－0000070　史0143
魏書一百十四卷　(北齊)魏收撰　清同治十一年(1872)金陵書局刻本　二十册

110000－0182－0000071　史0144
梁書五十六卷　(唐)姚思廉撰　清同治十三年(1874)金陵書局刻本　六册

110000－0182－0000072　史0145
北齊書五十卷　(唐)李百藥撰　清同治十三年(1874)金陵書局刻本　四册

110000－0182－0000073　史0146
周書五十卷　(唐)令狐德棻撰　清同治十三年(1874)金陵書局刻本　四册

110000－0182－0000074　史0147
新唐書二百二十五卷　(宋)歐陽修等撰　清同治十二年(1873)浙江書局刻本　四十册

110000－0182－0000075　史0149
五代史七十四卷　(宋)歐陽修撰　(宋)徐無黨注　清同治十一年(1872)崇文書局刻本　八册

110000－0182－0000076　史0150
舊五代史一百五十卷　(宋)薛居正等撰　清同治十一年(1872)崇文書局刻本　十六册

110000－0182－0000077　史0151
宋史四百九十六卷目錄三卷　(元)脱脱等撰　清光緒元年(1875)浙江書局刻本　一百册　缺四卷(四十八至五十一)

110000－0182－0000078　史0152
南齊書五十九卷　(南朝梁)蕭子顯撰　清同治十三年(1874)金陵書局刻本　六册

110000－0182－0000079　史0153
陳書三十六卷　(唐)姚思廉撰　清同治十一年(1872)金陵書局刻本　四册

110000－0182－0000080　史0155
小學纂注六卷　(宋)朱熹撰　(清)高愈注
文公朱夫子[熹]年譜一卷　清同治十一年(1872)浙江書局刻本　二册

110000－0182－0000081　史0156
監本四書十九卷　(宋)朱熹集註　清同治十三年(1874)江西書局刻本　六册

110000－0182－0000082　史0158
春秋公羊經傳解詁十二卷　(漢)何休撰　(唐)陸德明音義　清道光四年(1824)揚州汪氏問禮堂刻本　二册

110000－0182－0000083　史0159
春秋穀梁傳十二卷　(晉)范甯集解　清同治七年(1868)金陵書局刻本　二册

110000－0182－0000084　史0160
吕新吾先生閨範圖説四卷　(明)吕坤輯　明萬曆寧陵吕氏刻本　四册

110000－0182－0000085　史0161
讀書紀數略五十四卷　(清)宫夢仁編　清光緒六年(1880)山陰宋澤元懺花盦刻本　十

二冊

110000－0182－0000086　史0164
日下舊聞四十二卷　(清)朱彝尊輯　(清)朱昆田補遺　清康熙二十七年(1688)六峰閣刻本　二十冊

110000－0182－0000087　史0165
御批歷代通鑑輯覽一百二十卷　(清)傅恆等編纂　清光緒十一年(1885)同文書局石印本　二十冊

110000－0182－0000088　史0166
十六國春秋一百卷　(北魏)崔鴻撰　清乾隆四十六年(1781)汪氏刻本　十六冊

110000－0182－0000089　史0168
明季稗史彙編十六種　(清)留雲居士輯　清末琉璃廠刻本　十冊

110000－0182－0000090　史0169
尚友錄二十二卷補遺一卷　(明)廖用賢撰　(清)張伯琮補　清浙江蘭林天祿齋刻本　十二冊

110000－0182－0000091　史0170(1)
欽定國子監志八十二卷首二卷　(清)文慶等修　(清)富明阿等纂　清道光刻本　十六冊

110000－0182－0000092　史0170(2)
欽定國子監志八十二卷首二卷　(清)文慶等修　(清)富明阿等纂　清道光刻本　四冊　存十一卷(一至四、十九至二十一、三十三至三十四、三十九至四十)

110000－0182－0000093　史0170(3)
欽定國子監則例四十五卷　(清)瑞慶等修　(清)汪廷珍纂　清道光刻本　一冊　存六卷(一至六)

110000－0182－0000094　史0171
朱批諭旨不分卷　(清)世宗胤禛撰　清雍正刻朱墨套印本　四十冊

110000－0182－0000095　史0173
白虎通疏證十二卷　(清)陳立撰　清光緒元年(1875)淮南書局刻本　四冊

110000－0182－0000096　史0178
司馬溫公稽古錄二十卷附校勘記一卷　(宋)司馬光撰　清光緒五年(1879)江蘇書局刻本　三冊

110000－0182－0000097　史0179
樞垣記略二十八卷　(清)梁章鉅撰　清光緒元年(1875)鉛印本　六冊

110000－0182－0000098　史0180
癸巳存稿十五卷　(清)俞正燮撰　清光緒十年(1884)刻本　八冊

110000－0182－0000099　史0182
唐人百家小說一百四卷　(明)□□編　**皇明百家小說一百八種**　(明)□□編　清刻本　二十三冊

110000－0182－0000100　史0184
禮書通故五十卷　(清)黃以周撰　清光緒十九年(1893)黃氏試館刻本　三十二冊

110000－0182－0000101　史0185
吹網錄六卷歐陂漁話六卷　(清)葉廷琯撰　清同治八年(1869)刻本　六冊

110000－0182－0000102　史0186
尚友錄二十二卷補遺一卷　(明)廖用賢編　(清)張伯琮補輯　清康熙五年(1666)刻本　十二冊

110000－0182－0000103　史0187
說鈴二集五十四卷　(清)吳震方輯　清康熙四十四年(1705)刻本　六冊

110000－0182－0000104　史0189
北洋公牘類纂續編二十四卷　(清)甘厚慈輯　清宣統二年(1910)絳雪齋書局鉛印本　二十冊

110000－0182－0000105　史0191
北洋公牘類纂二十五卷目錄一卷　(清)甘厚慈輯　清光緒三十三年(1907)京城益森印刷有限公司鉛印本　二十冊

110000－0182－0000106　史0192(1)
天聖明道本國語二十一卷　(三國吳)韋昭解

校刊明道本韋氏解國語札記一卷 （清）黃丕烈撰 **國語明道本考異四卷** （清）汪遠孫撰 清光緒三年（1877）退補齋刻本 十册

110000－0182－0000107 史0192（2）
戰國策三十三卷 （漢）高誘注 **戰國策札記三卷** （清）黃丕烈著 清光緒三年（1877）退補齋刻本 六册

110000－0182－0000108 史0196（1）
莊子十卷 （戰國）莊周撰 （晉）郭象注 （唐）陸德明音義 清光緒二年（1876）浙江書局刻本 十册

110000－0182－0000109 史0196（2）
管子二十四卷 （春秋）管仲撰 （唐）房玄齡注 （明）劉績補注 清光緒二年（1876）浙江書局刻本 六册

110000－0182－0000110 史0197
書目答問不分卷 （清）張之洞撰 清光緒二十三年（1897）河北沔陽盧氏刻慎始基齋叢書本 二册

110000－0182－0000111 史0202
歷代疆域表三卷 （清）段長基撰 （清）段搢書編注 清嘉慶二十年（1815）小西山房刻本 六册

110000－0182－0000112 史0203
歷代沿革表三卷 （清）段長基撰 （清）段搢書編注 清嘉慶二十年（1815）小西山房刻本 六册

110000－0182－0000113 史0206
御批歷代通鑑輯覽一百二十卷 （清）傅恆纂 清光緒二十四年（1898）圖書集成局鉛印本 六册 存三十卷（九十一至一百二十）

110000－0182－0000114 史0208
各國鐵路圖考 （清）劉啟彤譯述 清光緒二十二年（1896）倉山書局石印本 八册

110000－0182－0000115 史0212
孔子家語十卷 （三國魏）王肅註 **孔子家語札記一卷** 劉世珩撰 清光緒二十四年（1898）貴池劉世珩玉海堂刻本 四册

110000－0182－0000116 史0215
居易錄三十四卷 （清）王士禛撰 清刻本 八册

110000－0182－0000117 史0216
論語注疏解經十卷附一卷 （三國魏）何晏集解 （宋）邢昺疏 清光緒三十年（1904）劉氏玉海堂影宋刻本 二册

110000－0182－0000118 史0220
歷代二十四史統紀全表十三卷 （清）段長基撰 清嘉慶二十二年（1817）小西山房刻本 十二册

110000－0182－0000119 史0221
元和江氏靈鶼閣叢書 （清）江標編 清光緒元和江標湖南使院刻本 十二册 存十六種二十六卷（匪石山人詩一卷，衍波詞一卷，文史通義補編一卷、附鈔本目一卷、刊本所有鈔本所無目一卷，和林金石錄一卷、詩一卷、附和林考一卷，前塵夢影錄二卷，西遊錄注一卷，澳大利亞洲新志一卷，張憶娘簪華圖卷題詠一卷，國語校文一卷，嘉蔭簃藏器目一卷，愛吾鼎齋藏器目一卷，石泉書屋藏器目一卷，雙虞壺齋藏器目一卷，簠齋藏器目第二本一卷，選青閣藏器目一卷，藏書紀事詩六卷）

110000－0182－0000120 史0223
欽定總管内務府現行則例四卷 （清）瑞常等纂修 清同治九年（1870）刻本 四册

110000－0182－0000121 史0224
［至元］齊乘六卷釋音一卷 （元）于欽纂修 （元）于潛釋音 清乾隆四十六年（1781）桂林胡德琳刻本 四册

110000－0182－0000122 史0225
内則衍義十六卷 （清）世祖福臨撰 清刻本 八册

110000－0182－0000123 史0226
池北偶談二十六卷 （清）王士禛撰 清文萃堂刻本 八册 存二十三卷（四至二十六）

110000－0182－0000124　史 0228

中西聞見錄選編三十六卷　（美國）丁韙良編　清光緒三年（1877）刻本　四册

110000－0182－0000125　史 0229

林文忠公政書甲集九卷乙集十七卷丙集十一卷　（清）林則徐撰　清光緒十一年（1885）刻本　十六册

110000－0182－0000126　史 0232

兩般秋雨盦隨筆八卷　（清）梁紹壬撰　清文德堂刻本　八册

110000－0182－0000127　史 0233

豫乘識小錄二卷　（清）朱雲錦撰　清同治十二年（1873）文耀齋刻本　二册

110000－0182－0000128　史 0234

容齋隨筆十六卷續筆十六卷三筆十六卷四筆十六卷五筆十卷　（宋）洪邁撰　清同治十一年（1872）新豐洪氏十三公祠刻光緒元年（1875）印本　十四册

110000－0182－0000129　史 0236

詩毛氏傳疏三十卷釋毛詩音四卷毛詩說一卷毛詩傳義類一卷鄭氏箋攷徵一卷　（清）陳奐撰　清末民國上海鴻章書局石印本　十二册

110000－0182－0000130　史 0240

西魏書二十四卷　（清）謝啟昆撰　清光緒九年（1883）刻本　六册

110000－0182－0000131　史 0241

國語解二十一卷札記一卷考異四卷　（三國吳）韋昭注　（清）黃丕烈札記　（清）汪遠孫考異　清嘉慶五年（1800）黃氏讀未見書齋刻本　五册

110000－0182－0000132　史 0242

論語正義二十四卷　（清）劉寶楠撰　清同治五年（1866）金陵存古書社刻本　六册

110000－0182－0000133　史 0243

晉略不分卷　（清）周濟撰　清光緒二年（1876）味雋齋刻本　十册

110000－0182－0000134　史 0244

碑傳集一百六十卷首二卷末二卷　（清）錢儀吉纂輯　清光緒十九年（1893）江蘇書局刻本　六十册

110000－0182－0000135　史 0245

戴氏注論語二十卷　（清）戴望注　清刻本　四册

110000－0182－0000136　史 0246

歸田錄二卷　（宋）歐陽修撰　（清）張海鵬訂　清嘉慶十年（1805）照曠閣刻本　二册

110000－0182－0000137　史 0247

庚申外史一卷　（明）權衡撰　清嘉慶張氏照曠閣刻本　二册

110000－0182－0000138　史 0248

宋季三朝政要六卷　（□）□□撰　清嘉慶張氏照曠閣刻本　四册

110000－0182－0000139　史 0249

相臺五經五種附考證　清乾隆四十八年（1783）武英殿仿宋刻本　五十册

110000－0182－0000140　史 0251

子書二十三種　（清）浙江書局輯　清光緒二十三年（1897）上海圖書集成局鉛印本　四十册

110000－0182－0000141　史 0253

十三經注疏　明萬曆國子監刻本　一百二十册

110000－0182－0000142　史 0254

文獻通考三百四十八卷　（元）馬端臨撰　清光緒二十二年（1896）浙江書局刻本　一百三十五册　缺四卷（一至四）

110000－0182－0000143　史 0257

欽定通考考證三卷　（元）馬端臨撰　清光緒二十二年（1896）浙江書局刻本　三册

110000－0182－0000144　史 0263

禮記訓纂四十九卷　（清）朱彬輯　清咸豐元年（1851）朱士達宜祿堂刻本　十册

110000－0182－0000145　史 0265

湘軍記二十卷　（清）王定安撰　清光緒十五

年(1889)江南書局刻本　十二冊

110000－0182－0000146　史0266
持靜齋藏書記要二卷　(清)莫友芝撰　清同治蘇州文學山房木活字印本　二冊

110000－0182－0000147　史0267(1)
豐順丁氏持靜齋書目不分卷　(清)丁日昌撰　(清)江標編　清光緒二十一年(1895)元和江標師鄦室刻本　一冊

110000－0182－0000148　史0267(2)
鐵琴銅劍樓藏宋元本書目不分卷　(清)瞿鏞編　清光緒二十一年(1895)元和江標師鄦室刻本　二冊

110000－0182－0000149　史0267(3)
海源閣藏書目不分卷　(清)楊以增藏　(清)楊紹和編　清光緒十四年(1888)元和江標師鄦室刻本　一冊

110000－0182－0000150　史0268
欽定軍器則例三十二卷　(清)□□撰　清嘉慶十年(1805)兵部刻本　十二冊

110000－0182－0000151　史0271
十駕齋養新錄二十卷餘錄三卷　(清)錢大昕撰　清光緒十年(1884)長沙龍氏家塾刻本　七冊

110000－0182－0000152　史0273
南菁札記不分卷　(清)溥良撰　清光緒二十年(1894)江陰使署刻本　六冊

110000－0182－0000153　史0275
武場條例八卷首一卷　(清)兵部纂　清同治刻本　二冊

110000－0182－0000154　史0277
近思錄補注十四卷　(宋)朱熹　(宋)呂祖謙合輯　(清)陳沆補注　清刻本　四冊

110000－0182－0000155　史0278
御批歷代通鑑輯覽一百二十卷　(清)傅恒等纂　清光緒刻本　五十九冊　缺二卷(一至二)

110000－0182－0000156　史0289
書經六卷　(宋)蔡沈集傳　清光緒三十四年(1908)學部圖書局石印本　六冊

110000－0182－0000157　史0290
詩經八卷　(宋)朱熹集傳　清光緒三十四年(1908)學部圖書局石印本　四冊

110000－0182－0000158　史0291
周禮不分卷　(漢)鄭玄注　(唐)陸德明音義　清宣統元年(1909)學部圖書局石印本　六冊

110000－0182－0000159　史0292
易經八卷　(宋)程頤傳　清宣統元年(1909)學部圖書局石印本　六冊

110000－0182－0000160　史0293
詩經古譜二卷　(□)□□輯　清光緒三十四年(1908)學部圖書局石印本　一冊

110000－0182－0000161　史0295
禮記訓纂四十九卷　(清)朱彬輯　清宣統元年(1909)學部圖書局石印本　十冊

110000－0182－0000162　史0296
四書集注直解二十七卷　(明)張居正撰　清宣統元年(1909)學部圖書局石印本　十二冊　缺四卷(四至五、十四至十五)

110000－0182－0000163　史0298
讀書雜誌八十二卷餘編二卷　(清)王念孫撰　清同治九年(1870)金陵書局刻本　二十四冊

110000－0182－0000164　史0305
平定粵寇紀略十八卷附記四卷　(清)杜文瀾撰　清光緒元年(1875)詒穀堂刻本　六冊

110000－0182－0000165　史0306
通商各國條約三十五種　(清)總理各國事務衙門編　清光緒石印本　十六冊

110000－0182－0000166　史0309
韓非子集解二十卷首一卷　(清)王先慎集解　清光緒二十二年(1896)刻本　六冊

110000－0182－0000167　史0310
三先生類要五卷　(明)徐用檢輯　明萬曆七

年(1579)刻本　一册　存一卷(二)

110000－0182－0000168　史0312
鐵鑄炮臺圖不分卷　(清)趙伯遲著　清光緒十一年(1885)石印本　一册

110000－0182－0000169　史0314
大清會典四卷　(清)托津等纂編　清同治十一年(1872)崇文書局刻本　四册

110000－0182－0000170　史0315
庚子海外紀事四卷　呂海寰編　清光緒二十七年(1901)上海辦理商約行轅刻本暨鉛印本　四册

110000－0182－0000171　史0320
串雅内編四卷　(清)趙學敏輯　(清)吳庚生補注　清光緒十四年(1888)榆園刻本　二册

110000－0182－0000172　史0321
海參崴公董局城治章程　李家鏊譯　清光緒二十九年(1903)商務印書館上海鉛印本　一册

110000－0182－0000173　史0323
癸巳類稿十五卷　(清)俞正燮撰　清道光十六年(1836)求日益齋刻本　八册

110000－0182－0000174　史0325
輶軒語七卷　(清)張之洞撰　清光緒四年(1878)敏德堂刻本　二册

110000－0182－0000175　史0326
孟子六卷　(宋)朱熹集注　清抄本　三册

110000－0182－0000176　史0328
爵秩全覽(清光緒二十三年秋)　(清)□□編　清光緒二十三年(1897)刻本　四册

110000－0182－0000177　史0330
海天旭日硯記不分卷　(清)劉瀚輯　清光緒十六年(1890)刻本　一册

110000－0182－0000178　史0331
兩京新記一卷　(唐)韋述撰　**李嶠雜詠二卷**　(唐)李嶠撰　清刻本　一册

110000－0182－0000179　史0332
春秋左傳集解十五卷　(晉)杜預集解　清宣統二年(1910)學部圖書局石印本　十五册

110000－0182－0000180　史0334
播雅二十四卷　(清)鄭珍編　清宣統三年(1911)貴陽文通書局鉛印本　八册

110000－0182－0000181　史0343
東坡先生志林十二卷　(宋)蘇軾撰　明萬曆商濬半埜堂刻稗海本　一册　存五卷(一至五)

110000－0182－0000182　史0344
歸田錄　(宋)歐陽修撰　明萬曆商濬半埜堂刻稗海本　一册

110000－0182－0000183　史0347
春秋繁露十七卷附錄一卷　(漢)董仲舒撰　(清)盧文弨合校　清刻本　三册

110000－0182－0000184　史0348
蕺山先生[劉宗周]年譜二卷　(清)劉汋編　清光緒二十三年(1897)海天旭日硯齋刻本　二册

110000－0182－0000185　史0349
劉蕺山文粹二卷　(明)劉宗周撰　清光緒二十一年(1895)海天旭日研齋刻本　二册

110000－0182－0000186　史0352
奏摺體例輯要四卷　(清)步翼鵬撰　清宣統元年(1909)石印本　二册

110000－0182－0000187　史0355
南歸日記(清光緒二十二年十二月至二十三年一月)　(清)劉瀚撰　清光緒二十八年(1902)刻本　一册

110000－0182－0000188　史0358
史學叢書　(清)□□輯　清光緒二十八年(1902)上海焕文書局、點石齋石印本　三十二册

110000－0182－0000189　史0359
欽定四庫全書簡明目錄二十卷首一卷　(清)紀昀等編　清刻本　十二册

110000－0182－0000190　史0360
四書五經字考二卷　(清)郭衷恆輯　郭一元

等編　清光緒十年(1884)上海王氏刻本　一册

110000－0182－0000191　史0367
皇圖一覽不分卷　清宣統三年(1911)抄本　一册

110000－0182－0000192　史0368
普天用字思原　(清)一了山人撰　清宣統三年(1911)刻本　一册

110000－0182－0000193　史0370
津門雜記三卷　(清)張燾輯　清光緒十年(1884)刻本　三册

110000－0182－0000194　史0373
疑年賡錄二卷　(清)張鳴珂編　清光緒二十四年(1898)嘉興張氏刻本　一册

110000－0182－0000195　史0380
說文部首讀補注　(清)王筠撰　(清)尹彭壽補注　清光緒二十年(1894)諸城尹彭壽校經室刻朱墨套印本　一册

110000－0182－0000196　史0383
記纂淵海一百卷　(宋)潘自牧輯　(明)王嘉賓補遺　明萬曆七年(1579)刻本　一册　存一卷(八十三)

110000－0182－0000197　史0387
前總纂黄原定避寫字樣　(清)黄原定輯　清光緒刻本　一册

110000－0182－0000198　史0388
麗京先生傳　(清)安齡撰　清道光九年(1829)常寧縣署刻本　一册

110000－0182－0000199　史0389
春秋說略十二卷春秋比二卷　(清)郝懿行撰　清光緒七年(1881)刻本　四册

110000－0182－0000200　史0392
欽定七經綱領　(清)□□輯　清宣統元年(1909)學部圖書局鉛印本　一册

110000－0182－0000201　史0396
今世說八卷　(清)王晫撰　清刻本　四册

110000－0182－0000202　史0397
幣制問答不分卷　(清)賀璧理著　清光緒三十二年(1906)鉛印本　一册

110000－0182－0000203　史0405
奏定陸軍槍炮程式　奕劻擬　清光緒三十二年(1906)鉛印本　一册

110000－0182－0000204　史0412
歷代帝王世系圖一卷　(□)□□輯　清宣統二年(1910)陸軍部印刷處石印本　一册

110000－0182－0000205　史0414
恩福堂筆記二卷　(清)英和撰　清道光十七年(1837)刻本　一册

110000－0182－0000206　史0417
小學集解六卷　(清)張伯行輯注　清道光刻光緒印本　四册

110000－0182－0000207　史0424
程氏家塾讀書分年日程三卷綱領一卷　(元)程端禮述　清同治十年(1871)山東尚志堂刻光緒二十九年(1903)印本　一册

110000－0182－0000208　史0430
皇清誥授建威將軍雲南提督署四川提督唐公年譜一卷附錄一卷　唐鴻學編　清光緒三十四年(1908)石印本　一册

110000－0182－0000209　史0442
考試法官紀要　(清)□□編　清宣統二年(1910)石印本　一册

110000－0182－0000210　史0448
上諭(清雍正四年八月至十月)　(清)□□編　清乾隆刻本　一册

110000－0182－0000211　史0452
國史館採訪書目不分卷　(清)□□編　清光緒九年(1883)刻本　一册

110000－0182－0000212　史0459
行政綱目不分卷　(清)□□編　清末石印本　一册

110000－0182－0000213　史0460
科場異聞錄　(清)呂相燮輯　清同治九年

(1870)廣東味經堂刻本　四冊

110000－0182－0000214　史0461
博物要覽十二卷　(清)谷應泰撰　清光緒七年(1881)刻本　二冊

110000－0182－0000215　史464
中興名臣事略八卷　朱孔彰撰　清光緒二十四年(1898)上海書局石印本　四冊

110000－0182－0000216　史0477
皇朝詞林典故六十四卷　(清)朱珪等纂　清光緒十三年(1887)刻本　三十四冊

110000－0182－0000217　史0482
欽定吏部銓選則例不分卷　(清)恩桂修　(清)薛鳴皋等纂　清道光二十三年(1843)刻本　二十一冊

110000－0182－0000218　史0483
戰國策三十三卷　(漢)高誘注　**戰國策札記三卷**　(清)黃丕烈著　清嘉慶八年(1803)吳門黃氏讀未見書齋刻本　五冊

110000－0182－0000219　史0485
宋本十三經注疏附校勘記十三種四百十六卷　(清)阮元撰　(清)盧宣旬摘錄校勘記　清光緒十三年(1887)脈望仙館石印本　三十二冊

110000－0182－0000220　史0486
直齋書錄解題二十二卷　(宋)陳振孫撰　清乾隆三十八年(1773)刻武英殿聚珍版叢書本　十二冊

110000－0182－0000221　史0487
武林舊事六卷後集四卷　(宋)周密撰　清乾隆四十二年(1777)刻本　三冊

110000－0182－0000222　史0488
史通通釋二十卷　(唐)劉知幾撰　(清)浦起龍釋　清末翰墨園刻本　八冊

110000－0182－0000223　史0489
昭代名人尺牘小傳二十四卷　(清)吳修輯　清光緒三十四年(1908)西泠印社影印本　二冊

110000－0182－0000224　史0204
寄園寄所寄十二卷　(清)趙起士輯　清刻本　六冊

110000－0182－0000225　史0492
四庫書目略二十卷首一卷附錄一卷　(清)費莫文良編　清同治九年(1870)滿洲費莫文良刻本　十二冊

110000－0182－0000226　史0495
二十四史三千二百三十三卷　(□)□□輯　清光緒十八年(1892)武林竹簡齋石印本　二百冊

110000－0182－0000227　史0496
重刊宋本十三經注疏附校勘記　(清)阮元撰　(清)盧宣旬摘錄　清嘉慶二十年至二十一年(1815－1816)南昌府學刻同治十二年(1873)江西書局重修本　一百十四冊　缺一百十三卷(儀禮五十卷、禮記六十三卷)

110000－0182－0000228　史0497
約章成案匯覽甲篇十卷乙篇四十二卷　(清)北洋洋務局撰　清光緒三十一年(1905)上海點石齋石印本　四十二冊　缺四卷(約章成案匯覽甲編一至四)

110000－0182－0000229　史0500
綴文簿不分卷　清道光稿本　二冊

110000－0182－0000230　史0508
四書章句集注不分卷　(宋)朱熹集注　清光緒四年(1878)老二酉堂刻本　八冊

110000－0182－0000231　史0509
容齋隨筆十六卷續筆十六卷三筆十六卷四筆十六卷五筆十卷　(宋)洪邁撰　清乾隆五十九年(1794)掃葉山房刻本　九冊

110000－0182－0000232　史0516
禮記十卷　(元)陳澔集說　清光緒八年(1882)江蘇書局刻本　十冊

110000－0182－0000233　史0517(1)
制義叢話二十四卷題名一卷　(清)梁章鉅撰　清咸豐九年(1859)知足知不足齋刻本

八册

110000－0182－0000234　史 0517(2)
制義叢話二十四卷題名一卷　(清)梁章鉅撰　清咸豐九年(1859)知足知不足齋刻本　八册　缺四卷(十三至十六)

110000－0182－0000235　史 0523
拳教析疑説　勞乃宣撰　清光緒刻本　一册

110000－0182－0000236　史 0525
通鑑紀事本末八十卷　(清)谷應泰撰　清順治十五年(1658)築益堂刻本　二十四册

110000－0182－0000237　史 0526
援黔録十二卷　(清)唐炯撰　清刻本　四册

110000－0182－0000238　史 0527
揚州足徵録二十七卷　(清)焦循輯　清嘉慶二十年(1815)刻本　十册

110000－0182－0000239　史 0534
光緒壬午科山東鄉試朱卷　(清)□□編　清光緒刻本　一册

110000－0182－0000240　史 0535
鄭學錄四卷　(清)鄭珍撰　清同治四年(1865)刻本　二册

110000－0182－0000241　史 0536
儀禮私箋八卷　(清)鄭珍撰　清同治五年(1866)成山唐氏刻本　三册

110000－0182－0000242　史 0539
歷代帝王世系圖一卷　(□)□□編　清宣統二年(1910)陸軍部印刷處石印本　一册

110000－0182－0000243　史 0543
晉書一百三十卷　(唐)房玄齡撰　清光緒二十九年(1903)五洲同文局石印本　三十册

110000－0182－0000244　史 0544
宋書一百卷　(南朝梁)沈約撰　清光緒二十九年(1903)五洲同文局石印本　二十四册

110000－0182－0000245　史 0545
晉書一百三十卷　(唐)房玄齡撰　清光緒二十九年(1903)五洲同文局石印本　三十册

110000－0182－0000246　史 0546
梁書五十六卷　(唐)姚思廉撰　清光緒二十九年(1903)五洲同文局石印本　八册

110000－0182－0000247　史 0547
三國志六十五卷　(晉)陳壽撰　(南朝宋)裴松之注　清光緒二十九年(1903)五洲同文局石印本　十四册

110000－0182－0000248　史 0548
魏書一百十四卷　(北齊)魏收撰　清光緒二十九年(1903)五洲同文局石印本　二十四册

110000－0182－0000249　史 0549
史記一百三十卷　(漢)司馬遷撰　(南朝宋)裴駰集解　(唐)司馬貞索隱　(唐)張守節正義　清光緒二十九年(1903)五洲同文局石印本　二十六册

110000－0182－0000250　史 0550
周書五十卷　(唐)令狐德棻等撰　清光緒二十九年(1903)五洲同文局石印本　八册

110000－0182－0000251　史 0551
陳書三十六卷　(唐)姚思廉撰　清光緒二十九年(1903)五洲同文局石印本　六册

110000－0182－0000252　史 0552
南齊書五十九卷　(南朝梁)蕭子顯撰　清光緒二十九年(1903)五洲同文局石印本　八册

110000－0182－0000253　史 0553
後漢書一百三十卷　(南朝宋)范曄撰　(唐)李賢注　(晉)司馬彪續志　(南朝梁)劉昭注續志　清光緒二十九年(1903)五洲同文局石印本　二十六册

110000－0182－0000254　史 0554
前漢書一百二十卷　(漢)班固撰　(唐)顔師古註　清光緒二十九年(1903)五洲同文局石印本　三十二册

110000－0182－0000255　史 0555
南史八十卷　(唐)李延壽撰　清光緒二十九年(1903)五洲同文局石印本　二十册

110000－0182－0000256　史 0556

北史一百卷　(唐)李延壽撰　清光緒二十九年(1903)五洲同文局石印本　二十四冊

110000－0182－0000257　史 0557
北史一百卷　(唐)李延壽撰　清光緒二十九年(1903)五洲同文局石印本　二十四冊

110000－0182－0000258　史 0558
北齊書五十卷　(唐)李百藥撰　清光緒二十九年(1903)五洲同文局石印本　八冊

110000－0182－0000259　史 0559
學仕遺規四卷　(清)陳弘謀輯　(清)陳蘭森等編校　**學仕遺規補四卷**　(清)陳弘謀輯　(清)陳鍾理　(清)陳鍾琛編校　清宣統二年(1910)學部圖書局石印本　五冊

110000－0182－0000260　史 0560
從政遺規二卷　(清)陳弘謀編輯　清光緒三十四年(1908)學部圖書局石印本　二冊

110000－0182－0000261　史 0561(1)
養正遺規二卷補編一卷　(清)陳宏謀編輯　清光緒三十四年(1908)學部圖書局石印本　二冊

110000－0182－0000262　史 0561(2)
養正遺規二卷補編一卷　(清)陳宏謀編輯　清光緒三十四年(1908)學部圖書局石印本　二冊

110000－0182－0000263　史 0562
教女遺規三卷　(清)陳宏謀編　清光緒三十四年(1908)學部圖書局石印本　一冊

110000－0182－0000264　史 0563
日下尊聞錄五卷　(清)□□編　清同治三年(1864)刻本　二冊

110000－0182－0000265　史 0564
論語正義二十四卷　(清)劉寶楠撰　清末石印本　四冊

110000－0182－0000266　史 0565
孟子正義三十卷　(清)焦循撰　清末石印本　六冊

110000－0182－0000267　史 0566
萬壽盛典初集四卷　(清)□□輯　清光緒五年(1879)上海點石齋石印本　四冊

110000－0182－0000268　史 0567
詩毛氏傳疏三十卷　(清)陳奐撰　清光緒七年(1881)石印本　四冊

110000－0182－0000269　史 0570
宸垣識略十六卷　(清)吳長元輯　清刻本　一冊　存二卷(五至六)

110000－0182－0000270　史 0571
奏摺譜不分卷　(清)饒旬宣撰　清光緒十三年(1887)刻本　一冊

110000－0182－0000271　史 0574
重訂國語國策合注　(三國吳)韋昭　(宋)鮑彪注　清嘉慶十二年(1807)刻本　八冊

110000－0182－0000272　史 0575
大清搢紳全書(清光緒十五年至十六年、三十一年、三十三年至三十四年)　(清)□□編　清光緒榮祿堂刻本　二十冊

110000－0182－0000273　史 0576
憲政最新搢紳全書不分卷　(清)□□編　清光緒三十四年(1908)榮祿堂刻本　二冊　存二冊(二、四)

110000－0182－0000274　史 0577
大清中樞備覽二卷　(清)□□編　清光緒三十三年(1907)榮寶齋刻本　二冊

110000－0182－0000275　史 0596
奏定海軍旗制服章圖說　(清)載洵擬訂　清宣統元年(1909)刻本　一冊

110000－0182－0000276　史 0649
中國近時外交史　劉彥著　清宣統三年(1911)刻本　一冊

110000－0182－0000277　史 0650
藏語　何藻翔著　清宣統二年(1910)鉛印本　一冊

110000－0182－0000278　史 0654
奏摺(清同治十一年五月初一至五月三十日)　(清)□□編　清同治刻本　一冊

110000－0182－0000279　史 0657
妙絕古今四卷　(宋)湯漢輯　明刻本　一册　存二卷(二至三)

110000－0182－0000280　史 0658
上諭(清雍正六年十月至十二月)　(清)允祿等編　清雍正刻本　一册

110000－0182－0000281　史 0668
六朝人書左氏傳　楊守敬輯　清宣統有正書局石印本　一册

110000－0182－0000282　史 0673
收文簿　(清)□□記錄　清光緒三十四年至宣統元年(1908－1909)、宣統三年(1911)稿本　三册

110000－0182－0000283　史 0674
堂行簿　(清)□□記錄　清光緒三十四年至宣統三年(1908－1911)稿本　六册

110000－0182－0000284　史 0676
道光奏稿　(清)□□編　清抄本　一册

110000－0182－0000285　史 0677
戊戌紀略　袁世凱撰　清光緒抄本　一册

110000－0182－0000286　史 0678
科舉試卷(史履升、史亦傑)　清光緒元年(1875)朱筆抄本　六册

110000－0182－0000287　史 0682
光緒二十六年通商各關華洋貿易總册二卷　(清)上海通商海關造册處稅務司編　清光緒二十七年(1901)上海通商海關造册處鉛印本　一册

110000－0182－0000288　史 0687
洪文襄公[承疇]年譜不分卷　(清)法式善編　清抄本　一册

110000－0182－0000289　史 0692(1)
岑襄勤公勳德介福圖　(清)包家吉等輯　清光緒十七年(1891)石印本　一册

110000－0182－0000290　史 0692(2)
岑襄勤公勳德介福圖　(清)包家吉等輯　清光緒十七年(1891)石印本　一册

110000－0182－0000291　史 0697
中興名將傳略　(清)彭鴻年輯　(清)吳友如等繪　清光緒二十七年(1901)上海點石齋石印本　一册

110000－0182－0000292　史 0698
服制章記圖式　載濤編　清宣統元年(1909)石印彩圖本　一册

110000－0182－0000293　史 0700
平臺紀略一卷　(清)藍鼎元撰　(清)王者輔評　清雍正十年(1732)刻本　一册

110000－0182－0000294　史 0706
學齋占畢四卷　(宋)史繩祖撰　明刻本　一册　存一卷(二)

110000－0182－0000295　史 0707
歷代史纂左編一百四十二卷　(明)唐順之撰　明刻本　一册　存二卷(九十一至九十二)

110000－0182－0000296　語 0100
子史精華一百六十卷　(清)張廷玉等編　清光緒十三年(1887)積山書局石印本　八册

110000－0182－0000297　史 0709
欽定國子監則例四十五卷　(清)瑞慶等修　(清)汪廷珍纂　清道光刻本　三册　存二十五卷(七至十一、十八至二十九、三十二至三十九)

110000－0182－0000298　史 0715
小慧集十二卷續六卷　(清)貯香主人輯　清道光元年(1821)郎東貯香樓刻本　六册

110000－0182－0000299　史 0717
欽定宗人府則例三十一卷首一卷　(清)世鐸等修　清光緒二十四年(1898)刻本　十六册

110000－0182－0000300　史 0718
國朝御史題名錄不分卷　(清)黃叔琳輯　清光緒刻本　五册

110000－0182－0000301　史 0719
大清一統史略十一卷首一卷　(日本)佐藤楚材編輯　清光緒二十八年(1902)石印本　三十二册

110000－0182－0000302　史 0720

欽定大清會典一百卷首一卷事例一千二百二十卷目錄八卷　(清)崑岡等修　(清)吳樹梅等纂　清宣統元年(1909)上海商務印書館石印本　一百六十册

110000－0182－0000303　史 0721

中東戰紀本末八卷首一卷末一卷　(美國)林樂知譯　蔡爾康纂輯　清光緒二十二年(1896)廣學會鉛印本　五册　缺四卷(三、五、八,末一卷)

110000－0182－0000304　史 0724

欽定宮中現行則例四卷　(清)□□編　清末鉛印本　四册

110000－0182－0000305　史 0725

險異錄圖說合覽　(清)豫師撰　(清)錢寶書繪　清光緒石印本　二册

110000－0182－0000306　史 0726

拳匪紀事六卷　(日本)佐原篤介　(清)浙西漚隱輯　清光緒二十七年(1901)上海鉛印本　六册

110000－0182－0000307　史 0727

東亞各港口岸志不分卷　(日本)參謀本部輯　(清)廣智書局譯　清光緒味經書局鉛印本　二册

110000－0182－0000308　史 0729

直東剿匪電存四卷首一卷　(清)林學瑊輯　清光緒三十二年(1906)石印本　四册

110000－0182－0000309　史 0730

中日戰輯六卷　(清)王炳耀撰　清光緒二十一年(1895)文裕堂鉛印本　四册

110000－0182－0000310　史 0736

剿逆圖考二卷　(清)□□撰　清光緒二十年(1894)上海書局石印本　二册

110000－0182－0000311　史 0737

西巡迴鑾始末記六卷　(日本)吉田良太郎編譯　清光緒二十八年(1902)石印本　六册

110000－0182－0000312　史 0738

京津拳匪紀略八卷附前後編　(清)僑析生輯　清光緒二十七年(1901)香港書局石印本　六册

110000－0182－0000313　史 0739

蕩平髮逆圖記二十二卷圖一卷　(清)杜文瀾輯　清光緒鉛印本　四册

110000－0182－0000314　史 0740

西巡大事本末記六卷　(日本)吉田良太郎編譯　清光緒二十七年(1901)上海書局石印本　六册

110000－0182－0000315　史 0741

拳匪紀略八卷前編二卷後編二卷　(清)余氏輯　清光緒二十九年(1903)上海書局石印本　六册

110000－0182－0000316　史 0742

豫軍紀略十二卷　(清)尹耕雲　(清)李汝鈞纂　清光緒三年(1877)上海申報館鉛印本　三册

110000－0182－0000317　史 0835

出使九國日記十二卷(清光緒三十一年十一月至三十二年六月)　(清)戴鴻慈撰　清光緒三十二年(1906)第一書局鉛印本　一册

110000－0182－0000318　史 0846

拳禍記二篇　(清)李杕撰　清光緒三十一年(1905)上海土山灣印書館鉛印本　二册

110000－0182－0000319　史 0859

御纂七經五種　(清)李光地編　清同治十年(1871)湖北崇文書局刻本　一百五十一册

110000－0182－0000320　史 0860

賊情匯纂不分卷　(清)張德堅等撰　清同治十一年(1872)石印本　六册

110000－0182－0000321　史 0862

防海紀略二卷　(清)芍唐居士(王之春)撰　清光緒六年(1880)刻本　二册

110000－0182－0000322　史 0863

輪船奏稿不分卷　(清)□□輯　清同治刻本　一册

110000－0182－0000323　史0864

江表忠略二十卷　陳澹然撰　清光緒二十六年(1900)長沙刻本　四册

110000－0182－0000324　史0867

廣西抽收土膏統捐試辦章程　(清)廣西厘金總局編　清光緒三十年(1904)刻本　一册

110000－0182－0000325　史0870

兩廣合辦土膏統捐章程　(清)□□輯　清光緒刻本　一册

110000－0182－0000326　史0871

征西紀略四卷　(清)曾毓瑜撰　清光緒京師官書局鉛印本　一册

110000－0182－0000327　史0874

教務紀略四卷首一卷　李剛己編撰　魏家驊等修訂　清光緒三十年(1904)山東印書局鉛印本　五册

110000－0182－0000328　史0875

左太傅與陳少保書一卷　(清)左宗棠撰　清光緒三十四年(1908)石印本　一册

110000－0182－0000329　史0877

世界名人傳略　(英國)張伯爾原著　(英國)竇樂安等譯述　清光緒三十四年(1908)鉛印本　一册

110000－0182－0000330　史0899

淮軍平捻記十二卷　(清)周世澄撰　清刻本　五册　缺二卷(十一至十二)

110000－0182－0000331　史0900

從征圖記　(清)唐訓方撰　(清)廖筠繪　清光緒十七年(1891)刻本　一册

110000－0182－0000332　史0901

漢隸字源勘誤　崔鴻圖編　清光緒三十四年(1908)石印本　一册

110000－0182－0000333　史0910

待輶集紀壽詩一卷且甌歌一卷　(清)石方洛撰　清光緒三十年(1904)吳縣石氏刻本　一册

110000－0182－0000334　史0916

新刑律修正案匯録　勞乃宣撰　清宣統二年(1910)鉛印本　一册

110000－0182－0000335　史0917

拳案三種　勞乃宣撰　清光緒刻本　一册

110000－0182－0000336　史0926

十二字頭　(清)富俊等輯　清康熙二十五年(1686)刻本　一册

110000－0182－0000337　史0928

守岐公牘匯存一卷　(清)張兆棟撰　清光緒四年(1878)刻本　一册

110000－0182－0000338　史0929

陸軍部各廳司處應辦事宜　(清)陸軍部輯　清末石印本　一册

110000－0182－0000339　史0939

綏寇紀略十二卷補遺三卷　(清)吳偉業撰　清嘉慶十四年(1809)照曠閣刻本　六册

110000－0182－0000340　史0940

二十四史三千二百五十卷　(□)□□撰　清乾隆四年(1739)武英殿刻本(舊五代史爲清乾隆四十年刻本,遼史、金史、元史爲清道光四年刻本)　六百九十二册　缺三百十二卷(梁書五十六卷,魏書一至四十、八十七至一百十四,北齊書五十卷,周書五十卷,隋書一至三十三,宋史一百五十五至二百九)

110000－0182－0000341　史0941

三禮圖二十卷　(宋)聶崇義集注　清光緒上海同文書局石印本　二册

110000－0182－0000342　史0959

姓氏書　明刻本　一册

110000－0182－0000343　史0966

春秋大事表五十卷輿圖一卷附録一卷　(清)顧棟高輯　清乾隆十二年至十七年(1747－1752)萬卷樓刻本　十六册

110000－0182－0000344　史0970

東征集六卷　(清)藍鼎元撰　清光緒四年(1878)申報館鉛印申報館叢書本　二册

110000－0182－0000345　史0975

滿漢對照字典不分卷　清宣統抄本　二冊

110000－0182－0000346　史0981
皇朝藩部要略十八卷附世系表四卷　（清）祁韻士纂　（清）毛嶽生編　清光緒十年（1884）浙江書局刻本　八冊

110000－0182－0000347　史0986
回疆紀略　（清）□□輯　清抄本　四冊

110000－0182－0000348　史0987
［光緒］西藏圖考八卷首一卷　（清）黄沛翹纂修　清光緒二十年（1894）京都申榮堂刻本　四冊

110000－0182－0000349　史0988
六合紀事四卷　（清）慕平園（周長森）撰　清同治七年（1868）刻本　一冊

110000－0182－0000350　史0989
校邠廬抗議二卷　（清）馮桂芬撰　清光緒九年（1883）津河廣仁堂刻本　一冊

110000－0182－0000351　史0990
水經注圖一卷附錄一卷　（清）汪士鐸撰　清咸豐十一年（1861）刻本　一冊

110000－0182－0000352　史0991
庚子海外紀事四卷　吕海寰編　清光緒二十七年（1901）鉛印本　四冊

110000－0182－0000353　史0992
西藏奏疏十卷附西藏碑文一卷平定金川詩一卷　（清）孟保撰　清道光刻本　六冊

110000－0182－0000354　史0997
天咫偶聞十卷　震鈞撰　清光緒三十三年（1907）刻本　八冊

110000－0182－0000355　史1000
歷代名人年譜十卷附存疑及生卒年月無考一卷　（清）吳榮光撰　清光緒晉華書局刻本　十冊

110000－0182－0000356　史1003
皇朝經世文編一百二十卷　（清）賀長齡輯　清光緒十四年（1888）上海廣百宋齋鉛印本　二十四冊

110000－0182－0000357　史1007
萬國史記二十卷　（日本）岡本監輔撰　清光緒二十七年（1901）上海書局石印本　六冊

110000－0182－0000358　史1008
泰西新史攬要二十三卷附記一卷　（英國）馬懇西撰　（英國）李提摩太譯　蔡爾康述　清光緒二十四年（1898）上海廣學會鉛印本　七冊

110000－0182－0000359　史1009
宋元舊本書經眼錄三卷附錄二卷　（清）莫友芝撰　清光緒十年（1884）上海還讀樓刻本　二冊

110000－0182－0000360　史1017
沈文肅公政書七卷首一卷　（清）沈葆楨撰　清光緒六年（1880）吳門節署鉛印本　十四冊

110000－0182－0000361　史1032
詩經世本古義八卷首一卷　（明）何楷撰　清嘉慶二十四年（1819）溪邑謝氏文林堂刻本　十四冊

110000－0182－0000362　史1036
則克錄三卷圖一卷　（德國）湯若望撰　（明）焦勖纂　（清）趙仲訂　清刻本　一冊

110000－0182－0000363　史1040
東周列國全志一百八回　（明）馮夢龍撰　（清）蔡奡評點　清咸豐四年（1854）書成山房刻本　二十四冊

110000－0182－0000364　史1092
匏瓜錄十卷　（清）芮長恤撰　清光緒十年（1884）毗陵惲氏懷永堂刻本　四冊

110000－0182－0000365　史1104
光緒大婚典禮　（清）□□編　清光緒十四年（1888）鉛印本　一冊

110000－0182－0000366　史1105
壹是紀始二十二卷　（清）魏崧撰　清光緒十七年（1891）京都文奎堂刻本　六冊

110000－0182－0000367　語0401
桂苑筆耕集二十卷　（唐）崔致遠撰　清道光

二十七年(1847)番禺潘氏刻光緒補刻海山仙館叢書本　四册

110000－0182－0000368　史1126

歷代帝王世系圖一卷　(□)□□編　清宣統二年(1910)陸軍部印刷處石印本　一册

110000－0182－0000369　史1128

庸閑齋筆記八卷　(清)陳其元撰　清光緒上海申報館鉛印本　一册　存四卷(一至四)

110000－0182－0000370　史1130

日本國志四十卷首一卷　(清)黄遵憲撰　清光緒十六年至二十二年(1890－1896)富文齋刻本　十二册

110000－0182－0000371　史1131

路史四十七卷　(宋)羅泌纂　清光緒二年(1876)紅杏山房刻本　十二册

110000－0182－0000372　史1133

歷代甲子紀元表一卷　(清)董醇輯　清咸豐五年(1855)武林張桂堂刻本　二册

110000－0182－0000373　史1134

唐語林八卷　(宋)王讜撰　清光緒二十二年(1896)刻惜陰軒叢書本　四册　缺二卷(七至八)

110000－0182－0000374　史1188

函牘舉隅十卷　(清)黄伯禄撰　清光緒三十年(1904)上海慈母堂鉛印本　二册

110000－0182－0000375　史1189

張廉卿書李剛介公殉難碑　(清)張廉卿書　清宣統三年(1911)上海文明書局石印本　一册

110000－0182－0000376　史1223

三字經注解備要二卷　(宋)王應麟撰　(清)賀興思注解　清光緒八年(1882)刻本　二册

110000－0182－0000377　史1228

太上老君説自在天仙九連至聖應化度世真經　明萬曆四十四年(1616)刻本　一折

110000－0182－0000378　史1229

九天應元雷聲普化天尊玉樞寶經不分卷　(□)□□撰　明萬曆四十四年(1616)刻本　一折

110000－0182－0000379　史1230

太上玄靈北斗本命延生真經　明萬曆四十四年(1616)刻本　一折

110000－0182－0000380　史1231

歷代功臣像譜　(清)吳元炳編　清光緒二年(1876)拓本　一册

110000－0182－0000381　史1246

欽定明鑑二十四卷　(清)托津等編纂　清嘉慶二十三年(1818)刻本　十二册

110000－0182－0000382　史1248

近思録集注十四卷　(宋)朱熹　(宋)吕祖謙合撰　(清)江永集注　清光緒十一年(1885)江西書局刻本　四册

110000－0182－0000383　史1249

肇論略注六卷　(明)釋德清述　清光緒十四年(1888)金陵刻經處刻本　二册

110000－0182－0000384　史1250

八宗綱要二卷　(日本)釋凝然述　清宣統三年(1911)揚州藏經院刻本　一册

110000－0182－0000385　史1251

佛説長阿含經二十二卷首一卷　(十六國)釋佛陀耶舍　(前秦)釋竺佛念譯　清光緒十三年(1887)姑蘇刻經處刻本　六册

110000－0182－0000386　史1266

二樵樵者壯遊圖記　(清)黄璟撰繪　清光緒二十六年(1900)點石齋石印本　四册

110000－0182－0000387　史1270

碧血録五卷　(清)莊仲方撰　清光緒八年(1882)同文書局石印本　五册

110000－0182－0000388　史1273

東洋史要二卷　(日本)桑原騭藏撰　樊炳清譯　清光緒二十五年(1899)鉛印本　一册

110000－0182－0000389　史1282

國朝耆獻類徵初編四百八十四卷首二百四卷目録二十卷通檢十卷賢媛類徵十二卷　(清)

李桓撰　清光緒十年至十六年(1884－1890)湘陰李氏刻本　三百册

110000－0182－0000390　史1288
帝鑑圖説不分卷　(明)張居正撰　清江陵鄧氏刻本　四册

110000－0182－0000391　史1289
吕新吾先生閨範圖説四卷　(明)吕坤編　清康熙吕應菊重刻本　六册

110000－0182－0000392　史1290
事物原會四十卷　(清)汪汲錄　清嘉慶刻本　八册

110000－0182－0000393　史1300
前漢書補注一百卷　(漢)班固撰　(唐)顔師古注　王先謙補注　清光緒二十六年(1900)長沙王氏刻本　三十二册

110000－0182－0000394　史1306
喪禮或問　(清)方苞撰　清雍正四年(1726)刻本　一册

110000－0182－0000395　史1307
周官辨　(清)方苞撰　清乾隆七年(1742)刻本　一册

110000－0182－0000396　史1308
離騷經正義　(清)方苞撰　清乾隆刻本　一册

110000－0182－0000397　史1309
史記注補正　(清)方苞撰　清乾隆刻本　一册

110000－0182－0000398　史1311
三朝北盟會編二百五十卷　(宋)徐夢莘撰　清光緒四年(1878)鉛印本　四十册

110000－0182－0000399　史1318(1)
洛陽伽藍記五卷　(北魏)楊衒之撰　清道光十四年(1834)刻本　一册

110000－0182－0000400　史1318(2)
洛陽伽藍記五卷　(北魏)楊衒之撰　清道光十四年(1834)刻本　一册

110000－0182－0000401　史1318(3)
洛陽伽藍記五卷　(北魏)楊衒之撰　清道光十四年(1834)刻本　一册

110000－0182－0000402　史1319
前明嘉靖鹽法志　(清)□□編　清抄本　一册

110000－0182－0000403　史1320
御批歷代通鑑輯覽一百二十卷　(清)傅恆等撰　清光緒二十八年(1902)萃文齋石印本　二十册

110000－0182－0000404　史1322
唐會要一百卷　(宋)王溥撰　清乾隆刻武英殿聚珍本　二十四册

110000－0182－0000405　史1323
五代會要三十卷　(宋)王溥纂　清光緒十二年(1886)江蘇書局刻本　六册

110000－0182－0000406　史1324
唐六典三十卷　(唐)玄宗李隆基撰　(唐)李林甫注　清光緒二十一年(1895)廣雅書局刻本　四册

110000－0182－0000407　史1330
增補繪像山海經廣注雜述一卷山海經圖五卷山海經詳注十八卷　(晉)郭璞撰　(清)吴任臣注　清康熙六年(1667)近文堂刻本　四册

110000－0182－0000408　史1334
演砲圖説　(清)丁拱辰撰　清道光刻本　一册

110000－0182－0000409　史1335
三藩紀事本末四卷　(清)楊陸榮編　清康熙五十六年(1717)刻本　四册

110000－0182－0000410　史1340
清儀閣雜詠不分卷　(清)張廷濟編　清道光十九年(1839)刻靜園叢書本　一册

110000－0182－0000411　史1343
大唐西域記十二卷　(唐)釋玄奘譯　清宣統元年(1909)刻本　四册

110000－0182－0000412　史1344

紀效新書十八卷首一卷　(明)戚繼光撰　清道光二十一年(1841)刻本　一册　存三卷(十四至十六)

110000－0182－0000413　史1351
重纂三遷志十卷首一卷　(清)孟廣均輯　(清)陳錦　(清)孫葆田重輯　清光緒十三年(1887)山東書局刻本　六册

110000－0182－0000414　史1353
東林書院志二十二卷　(清)高廷珍等編　清光緒七年(1881)刻本　八册

110000－0182－0000415　史1362
鳳臺祗謁筆記不分卷　(清)董恂撰　清同治九年(1870)刻本　一册

110000－0182－0000416　史1363
永寧祗謁筆記不分卷　(清)董恂撰　清同治十一年(1872)刻本　一册

110000－0182－0000417　史1364
黔書二卷　(清)田雯撰　清光緒刻本　二册

110000－0182－0000418　史1365
闕里文獻考一百卷首一卷末一卷　(清)孔繼汾撰　清乾隆二十七年(1762)刻本　八册

110000－0182－0000419　史1367
日下舊聞四十二卷　(清)朱彝尊輯　(清)朱昆田補遺　清康熙二十七年(1688)刻本(卷一至二爲民國翟宣穎抄配)　二十册

110000－0182－0000420　史1368
津門雜記三卷　(清)張燾輯　清光緒十年(1884)遊藝山莊刻本　三册

110000－0182－0000421　史1369
度隴記四卷　(清)董醇撰　清咸豐元年(1851)刻隨軺載筆本　四册

110000－0182－0000422　史1370
禹貢説斷四卷　(宋)傅寅撰　清光緒二十五年(1899)廣雅書局刻武英殿聚珍本　四册

110000－0182－0000423　史1371
中州人物考八卷　(清)孫奇逢撰　清道光二十四年(1844)刻本　四册　存四卷(一至四)

110000－0182－0000424　史1372
漢志水道疏證四卷　(清)洪頤煊撰　清光緒十八年(1892)廣雅書局刻本　一册

110000－0182－0000425　史1373
史記天官書補目一卷　(清)孫星衍撰　清光緒十三年(1887)廣雅書局刻本　一册

110000－0182－0000426　史1374
東林書院志二十二卷　(清)高廷珍等撰　清光緒七年(1881)刻本　八册

110000－0182－0000427　史1375
欽定滿洲源流考二十卷　(清)阿桂等撰　清光緒十九年(1893)杭州便益書局石印本　四册

110000－0182－0000428　史1376
百將圖傳二卷　(清)丁日昌編　清同治八年(1869)江蘇書局刻本　二册

110000－0182－0000429　史1385
日俄戰爭寫真帖四集　(日本)原亮一郎著　清光緒三十年(1904)商務印書館鉛印本　四册

110000－0182－0000430　史1389
北京農事試驗場圖錄　(清)□□編　清光緒鉛印本　一册

110000－0182－0000431　史1390
九卿議定物料價值四卷　(清)邁柱等撰　清乾隆元年(1736)刻本　八册

110000－0182－0000432　史1391
大清律例匯輯便覽四十卷附督捕則例二卷五軍道里表一卷三流道里表一卷秋審實緩比較匯案一卷　(清)三泰等纂　(清)高澍等匯輯　清光緒九年(1883)刻本　三十一册　缺三卷(大清律例匯輯便覽十三至十五)

110000－0182－0000433　史1392
十通　清光緒二十七年(1901)上海圖書集成局鉛印本　四百八册

110000－0182－0000434　史1393
欽定戶部則例九十九卷　(清)德齡等纂修

清咸豐元年(1851)刻本　六十九冊　缺一卷(九十六)

110000－0182－0000435　史1394
約章成案匯覽甲篇十卷乙篇四十二卷　(清)北洋洋務局編　清光緒三十一年(1905)點石齋石印本　四十四冊　缺二卷(約章成案匯覽甲篇二、四)

110000－0182－0000436　史1399
欽定物料價值則例(山東省)十二卷　(清)陳宏謀編　清乾隆三十三年(1768)刻本　六冊　存六卷(一至六)

110000－0182－0000437　史1400(1)
欽定大清會典八十卷事例九百二十卷目錄八卷圖一百三十二卷目錄二卷　(清)托津纂修　(清)曹振鏞等纂　(清)慶桂等纂圖　清嘉慶二十三年(1818)清會典館刻本　四百三十九冊　缺二卷(欽定大清會典四至五)

110000－0182－0000438　史1400(2)
欽定大清會典八十卷事例九百二十卷目錄八卷圖一百三十二卷目錄二卷　(清)托津纂修　(清)曹振鏞等纂　(清)慶桂等纂圖　清嘉慶二十三年(1818)清會典館刻本　十四冊　存三十卷(事例三百三十四至三百六十二、三百六十九)

110000－0182－0000439　史1401
欽定大清會典一百卷首一卷事例一千二百二十卷目錄八卷圖二百七十卷首一卷　(清)崑岡等纂　清光緒二十五年(1899)清會典館石印本　四百九十三冊　缺四卷(事例七百六十二至七百六十五)

110000－0182－0000440　史1402
欽定理藩院則例總目二卷通例二卷　(清)理藩院編　清光緒十七年(1891)刻本　三十二冊

110000－0182－0000441　史1403
物料價值則例(直隸省)二十四卷　(清)陳宏謀撰　清乾隆三十三年(1768)刻本　二十四冊

110000－0182－0000442　史1405
十國春秋一百十四卷　(清)吳任臣撰　**拾遺一卷備考一卷拾遺備考補一卷**　(清)周昂輯　清嘉慶昭文周氏補刻本(拾遺一卷、備考一卷爲抄配)　二十四冊

110000－0182－0000443　史1406
南北史識小錄　(清)沈名蓀　(清)朱昆田原輯　(清)張應昌補正　清同治十年(1871)武林吳氏清來堂刻本　十二冊

110000－0182－0000444　史1407(1)
物料價值則例(山西省)十六卷　(清)陳宏謀撰　清乾隆三十三年(1768)刻本　十六冊

110000－0182－0000445　史1407(2)
物料價值則例(山西省)十六卷　(清)陳宏謀撰　清乾隆三十三年(1768)刻本　十六冊

110000－0182－0000446　史1408
笠翁一家言全集十六卷　(清)李漁撰　清雍正八年(1730)芥子園刻本　十六冊

110000－0182－0000447　史1412
欽定明鑑二十四卷首一卷　(清)托津　(清)胡敬編纂　清嘉慶二十三年(1818)刻本　八冊

110000－0182－0000448　史1413(1)
國朝萬年書二卷　(清)陳松編　清光緒十三年(1887)永新陳松樹德堂刻本　一冊

110000－0182－0000449　史1413(2)
國朝萬年書二卷　(清)陳松編　清光緒十三年(1887)永新陳松樹德堂刻本　二冊

110000－0182－0000450　史1413(3)
國朝萬年書二卷　(清)陳松編　清光緒十三年(1887)永新陳松樹德堂刻本　二冊

110000－0182－0000451　史1413(4)
國朝萬年書二卷　(清)陳松編　清光緒十三年(1887)永新陳松樹德堂刻本　二冊

110000－0182－0000452　史1413(5)
國朝萬年書二卷　(清)陳松編　清光緒十三年(1887)永新陳松樹德堂刻本　二冊

110000－0182－0000453　史1413(6)
國朝萬年書二卷　(清)陳松編　清光緒十三年(1887)永新陳松樹德堂刻本　二册

110000－0182－0000454　史1414
秘書二十一種　(清)汪士漢校　清嘉慶六年(1801)刻本　十六册

110000－0182－0000455　史1415
格致鏡原一百卷　(清)陳元龍撰　清雍正十三年(1735)刻本　二十四册　缺四卷(五至八)

110000－0182－0000456　史1417
欽定大清通禮五十四卷首一卷　(清)來保　(清)李玉鳴纂　(清)穆克登額續纂　清光緒九年(1883)江蘇書局刻本　十二册

110000－0182－0000457　史1418(1)
欽定遼史語解十卷　(清)□□撰　清光緒四年(1878)江蘇書局刻本　二册

110000－0182－0000458　史1418(2)
欽定元史語解二十四卷　(清)□□撰　清光緒四年(1878)江蘇書局刻本　六册

110000－0182－0000459　史1418(3)
欽定金史語解十二卷　(清)□□撰　清光緒四年(1878)江蘇書局刻本　二册

110000－0182－0000460　史1420
欽定中樞政考十六卷　(清)尹繼善等修　(清)觀光等纂　清乾隆武英殿刻本　十册

110000－0182－0000461　史1421
玉芝堂談薈三十六卷　(明)徐應秋輯　清刻本　二十四册

110000－0182－0000462　史1422
南北史補志十四卷　(清)汪士鐸撰　清光緒四年(1878)淮南書局刻本　六册

110000－0182－0000463　史1423
御選明臣奏議四十卷　(清)蔡新等輯　清光緒二十一年(1895)刻武英殿聚珍本　十六册

110000－0182－0000464　史1424
出使九國日記十二卷(清光緒三十一年十一月至三十二年六月)　(清)戴鴻慈撰　清光緒三十二年(1906)第一書局鉛印本　一册

110000－0182－0000465　史1425
盛京典制備考八卷首一卷　(清)崇厚編　清光緒四年(1878)盛京軍督署刻本　六册

110000－0182－0000466　史1426(1)
明季北略二十四卷明季南略十八卷　(清)計六奇編　清末琉璃廠半松居士木活字印本　二十二册

110000－0182－0000467　史1426(2)
明季北略二十四卷明季南略十八卷　(清)計六奇編　清末琉璃廠半松居士木活字印本　二十册

110000－0182－0000468　史1427
讀書紀數略五十四卷　(清)宫夢仁撰　清光緒六年(1880)山陰宋澤元懺花盦刻本　十二册

110000－0182－0000469　史1428
古經解匯函二十三種附小學匯函十四種　(清)鍾謙鈞等編　清同治十二年(1873)粵東書局刻本　六十六册

110000－0182－0000470　史1429
北徼彙編六卷　(清)何秋濤編錄　清同治四年(1865)京都龍威閣刻本　六册

110000－0182－0000471　史1430
防海輯要十八卷首一卷　(清)俞昌會編輯　清道光二十二年(1842)刻本　十六册

110000－0182－0000472　史1431
潭柘山岫雲寺志一卷續志一卷　(清)神穆德纂　(清)釋義庵續輯　清乾隆刻光緒增刻本　二册

110000－0182－0000473　史1432
鄂國金佗粹編二十八卷續編三十卷　(宋)岳珂撰　清光緒九年(1883)浙江書局刻本　十二册

110000－0182－0000474　史1433
和約彙編不分卷　(清)□□編　清末刻本

十七冊

110000－0182－0000475　史 1434
戰國紀年六卷地輿一卷年表一卷　(清)林春溥撰　清道光十八年(1838)刻竹柏山房十五種本　十冊

110000－0182－0000476　史 1435
郵傳部第一次統計表不分卷　(清)郵傳部編　清光緒三十三年(1907)鉛印本　六冊

110000－0182－0000477　史 1436
英軺日記十二卷(清光緒二十八年三月至八月)　載振撰　清光緒二十九年(1903)上海文明編譯書局鉛印本　四冊

110000－0182－0000478　史 1438
御定歷代賦彙一百四十卷外集二十卷附逸句二卷目錄二卷　(清)陳元龍輯　清康熙四十五年(1706)内府刻本　四十二冊

110000－0182－0000479　史 1439
東華全錄五百二十四卷　王先謙纂輯　清光緒十三年(1887)京都欽文書局刻本　一百八十八冊

110000－0182－0000480　史 1440
東華錄一百九十五卷(清天命至雍正)　王先謙纂輯　清光緒十年(1884)刻本　四十六冊

110000－0182－0000481　史 1441
東華續錄三百三十卷(清乾隆至咸豐)　王先謙纂輯　清光緒十年至十五年(1884－1889)刻本　一百三十四冊

110000－0182－0000482　史 1442
五種紀事本末五百八卷　(宋)袁樞等撰　清光緒二十四年(1898)湖南思賢書局刻本　一百八冊

110000－0182－0000483　史 1443
五禮通考二百六十二卷總目二卷首四卷　(清)秦蕙田撰　清光緒二十二年(1896)新化三味堂刻本　一百冊

110000－0182－0000484　史 1444
歷代名臣奏議三百五十卷目錄一卷　(明)黄淮　(明)楊士奇等輯　(明)張溥刪正　明崇禎八年(1635)東觀閣刻本　六十冊

110000－0182－0000485　史 1445
欽定歷代職官表七十二卷首一卷　(清)紀昀等撰　清光緒二十二年(1896)廣雅書局刻本　三十六冊

110000－0182－0000486　史 1448
新建陸軍兵略錄存八卷　袁世凱撰　清光緒二十四年(1898)石印本　六冊

110000－0182－0000487　史 1449
古史紀年十四卷　(清)林春溥撰　清道光十七年(1837)竹柏山房刻本　六冊

110000－0182－0000488　史 1450
呂氏春秋二十六卷　(秦)呂不韋撰　(漢)高誘注　清光緒元年(1875)湖北崇文書局刻本　四冊

110000－0182－0000489　史 1451(1)
鄉黨圖考十卷　(清)江永撰　清乾隆五十二年(1787)潛德堂刻本　四冊

110000－0182－0000490　史 1451(2)
鄉黨圖考十卷　(清)江永撰　清乾隆五十二年(1787)潛德堂刻本　四冊

110000－0182－0000491　史 1452
舊唐書校勘記六十六卷逸文十二卷　(清)岑建功輯　清道光二十八年(1848)甘泉岑建功懼盈齋刻同治十一年(1872)定遠方氏補刻本　三十二冊

110000－0182－0000492　史 1453
滿洲名臣傳四十八卷漢名臣傳三十二卷　(清)國史館輯　清京都琉璃廠榮錦書屋刻本　八十冊

110000－0182－0000493　史 1454
五禮通考二百六十二卷總目二卷首四卷　(清)秦蕙田編輯　清乾隆無錫秦蕙田味經窩刻本　八十冊

110000－0182－0000494　史 1455
南北史識小錄　(清)沈名蓀　(清)朱昆田原

輯　(清)張應昌補正　清同治十年(1871)武林吳氏清來堂刻本　十冊

110000－0182－0000495　史1456
郭明經遺集四卷　(清)郭志正撰　清光緒三十三年(1907)王允猷刻本　二冊

110000－0182－0000496　史1459
孫子選注十三卷　(清)夏壽田選注　清末內府石印本　一冊

110000－0182－0000497　史1461
春秋經傳集解三十卷春秋年表一卷春秋名號歸一圖二卷附考證一卷　(晉)杜預注　清乾隆四十八年(1783)武英殿仿宋刻本　十二冊

110000－0182－0000498　史1462
五燈會元五十七卷目錄三卷首一卷　(宋)釋普濟編　清光緒三十四年(1908)長沙刻本　二十冊

110000－0182－0000499　史1463
明史稿三百十卷目錄三卷　(清)王鴻緒等撰　清敬慎堂刻本　五十六冊

110000－0182－0000500　史1464
世說新語三卷　(南朝宋)劉義慶撰　(南朝梁)劉孝標注　明萬曆三十七年(1609)周氏博古堂刻本　六冊

110000－0182－0000501　史1465
校經堂初集四卷　(清)曹鴻勳輯　清光緒十一年(1885)刻本　二冊

110000－0182－0000502　史1466
史通通釋二十卷附錄一卷　(唐)劉知幾撰　(清)浦起龍釋　清光緒二十八年(1902)益友書局刻本　十冊

110000－0182－0000503　史1467
王先生十七史蒙求十六卷　(宋)王令撰　清道光二十八年(1848)粵東文雅齋刻本　四冊

110000－0182－0000504　史1469
新鐫射藝詳說一卷　(清)崔起潛撰　(清)史策先注　清抄本　一冊

110000－0182－0000505　史1475
宋書一百卷　(南朝梁)沈約撰　明崇禎七年(1634)毛氏汲古閣刻本　十四冊

110000－0182－0000506　史148
舊唐書二百卷　(五代)劉昫等撰　清同治十一年(1872)浙江書局刻本　四十冊

110000－0182－0000507　史1480
行素堂目睹書錄不分卷　(清)朱記榮編輯　清光緒十年(1884)古吳白堤孫谿槐廬刻本　十冊

110000－0182－0000508　史1481
重刊宋本十三經注疏附校勘記　(清)阮元撰校勘記　(清)盧宣旬摘錄　清嘉慶二十年至二十一年(1815－1816)南昌府學刻同治十二年(1873)江西書局重修本　一百八十冊

110000－0182－0000509　史1482(1)
五禮通考二百六十二卷總目二卷首四卷　(清)秦蕙田撰　清乾隆十八年(1753)刻本　九十六冊

110000－0182－0000510　史1482(2)
讀禮通考一百二十卷引用書目一卷目錄一卷　(清)徐乾學撰　清康熙三十五年(1696)冠山堂刻本　三十二冊

110000－0182－0000511　史1483
欽定平定雲南回匪方略五十卷首一卷　(清)奕訢等撰　清光緒二十二年(1896)鉛印本　四十冊　缺十卷(一至十)

110000－0182－0000512　史1484
欽定平定貴州苗匪紀略　(清)奕訢等撰　清光緒二十二年(1896)鉛印本　三十冊　缺十卷(一至十)

110000－0182－0000513　史1485
欽定平定陝甘新疆回匪方略　(清)奕訢等撰　清光緒二十二年(1896)鉛印本　三百冊　缺二十卷(一至二十)

110000－0182－0000514　史1486
歷代名臣奏議三百五十卷目錄一卷　(明)黃

淮　(明)楊士奇等輯　(明)張溥删正　明崇禎八年(1635)東觀閣刻本　七十二册

110000－0182－0000515　史 1487
大清會典二百五十卷　(清)尹泰纂修　清雍正十年(1732)武英殿刻本　一百册

110000－0182－0000516　史 1488(1)
史記一百三十卷　(漢)司馬遷撰　(南朝宋)裴駰集解　明崇禎十四年(1641)琴川毛氏汲古閣刻十七史本　六册　存四十一卷(一至四十一)

110000－0182－0000517　史 1488(2)
前漢書一百二十卷　(漢)班固撰　(唐)顔師古注　明崇禎十五年(1642)琴川毛氏汲古閣刻十七史本　十册　缺五十五卷(一至四十、一百六至一百二十)

110000－0182－0000518　史 1488(3)
後漢書一百三十卷　(南朝宋)范曄撰　(唐)李賢注　明崇禎十六年(1643)琴川毛氏汲古閣刻十七史本　八册　存五十二卷(一至五十二)

110000－0182－0000519　史 1488(4)
晋書一百三十卷　(唐)房玄齡等撰　明崇禎元年(1628)琴川毛氏汲古閣刻十七史本　十六册　缺三十六卷(一至三十六)

110000－0182－0000520　史 1488(5)
宋書一百卷　(南朝梁)沈約撰　明崇禎七年(1634)琴川毛氏汲古閣刻十七史本　十六册

110000－0182－0000521　史 1488(6)
梁書五十六卷　(唐)姚思廉撰　明崇禎六年(1633)琴川毛氏汲古閣刻十七史本(卷一首頁爲抄配)　六册

110000－0182－0000522　史 1488(7)
陳書三十六卷　(唐)姚思廉撰　明崇禎四年(1631)琴川毛氏汲古閣刻十七史本　四册

110000－0182－0000523　史 1488(8)
魏書一百十四卷　(北齊)魏收撰　明崇禎九年(1636)琴川毛氏汲古閣刻十七史本　十六册　缺二十卷(九十五至一百十四)

110000－0182－0000524　史 1488(9)
後周書五十卷　(唐)令狐德棻撰　明崇禎五年(1632)琴川毛氏汲古閣刻十七史本　六册

110000－0182－0000525　史 1488(10)
隋書八十五卷　(唐)魏徵等撰　明崇禎八年(1635)琴川毛氏汲古閣刻十七史本　十六册

110000－0182－0000526　史 1488(11)
南史八十卷　(唐)李延壽撰　明崇禎十三年(1640)琴川毛氏汲古閣刻十七史本(目録及首卷一至七葉爲抄配)　十六册

110000－0182－0000527　史 1488(12)
北史一百卷　(唐)李延壽撰　明崇禎十二年(1639)琴川毛氏汲古閣刻十七史本　十六册

110000－0182－0000528　史 1488(13)
唐書二百二十五卷　(宋)歐陽修　(宋)宋祁撰　明崇禎二年(1629)虞山毛氏汲古閣刻十七史本　四十册

110000－0182－0000529　史 1488(14)
五代史七十四卷　(宋)歐陽修撰　(宋)徐無黨注　明崇禎三年(1630)琴川毛氏汲古閣刻十七史本　八册

110000－0182－0000530　史 1489
欽定禮記義疏八十二卷首一卷　(清)鄂爾泰撰　清内府刻本　八十三册　缺二卷(一、首一卷)

110000－0182－0000531　史 1490
十三經注疏十三種　清乾隆四十年(1775)席世宣重印明崇禎毛氏汲古閣刻本　一百四十册

110000－0182－0000532　史 1491
資治通鑑二百九十四卷目録二十卷　(宋)司馬光撰　(元)胡三省音注　清光緒十三年(1887)長沙解州書院刻本　一百二十册

110000－0182－0000533　史 1492
經典釋文三十卷　(唐)陸德明撰　清同治八年(1869)湖北崇文書局刻本　十二册

110000－0182－0000534　史 1493
十三經注疏十三種　明崇禎古虞毛氏汲古閣刻本　九十册　缺三種(易、書、儀禮)

110000－0182－0000535　史 1494
謝刊三通　(唐)杜佑纂　清咸豐九年(1859)崇仁謝氏仿武英殿刻本　三百二十册

110000－0182－0000536　史 1495
楚辭章句十七卷　(戰國)屈原撰　(漢)王逸章句　(宋)洪興祖補注　清光緒九年(1883)長沙書堂山館刻本　四册　缺五卷(十三至十七)

110000－0182－0000537　史 1496
夷堅志十集二十卷　(宋)洪邁撰　清乾隆四十三年(1778)周榮耕煙草堂刻本　十六册

110000－0182－0000538　史 1498
東華錄三十二卷(清天命至雍正)　王先謙纂輯　清如不及齋木活字印本　八册

110000－0182－0000539　史 1499
司馬溫公稽古錄二十卷　(宋)司馬光撰　清刻本　六册

110000－0182－0000540　史 1500
繹史一百六十卷世系圖一卷年表一卷　(清)馬驌撰　清光緒十五年(1889)金匱浦氏刻本　四十册

110000－0182－0000541　史 1502
詩經不分卷　(清)吳汝綸評點　清光緒十二年(1886)都門印書局鉛印本　二册

110000－0182－0000542　史 1503
北夢瑣言二十卷　(宋)孫光憲撰　清乾隆二十一年(1756)德州盧氏刻雅雨堂叢書本　二册

110000－0182－0000543　史 1504
困學紀聞二十卷　(宋)王應麟撰　清刻本　六册

110000－0182－0000544　史 1505
述記　(清)任兆麟編　清乾隆五十三年(1788)忠敏家塾刻本　六册

110000－0182－0000545　史 1506
端溪硯史三卷　(清)吳蘭修撰　清道光三十年(1850)南海伍氏粵雅堂刻嶺南遺書本　二册

110000－0182－0000546　史 1509
讀史管見三十卷目錄二卷　(宋)胡寅撰　清康熙五十三年(1714)刻本　十六册

110000－0182－0000547　史 1510
廿一史四譜五十四卷　(清)沈炳震撰　清武林吳氏清來堂刻本　十六册

110000－0182－0000548　史 1512
北宋經撫年表二卷　吳廷燮撰　清宣統三年(1911)鉛印本　二册

110000－0182－0000549　史 1513
陶詩集註四卷　(晉)陶潛撰　(清)詹夔錫集註　**東坡和陶詩一卷**　(宋)蘇軾撰　清康熙三十三年(1694)寶墨堂刻本　一册

110000－0182－0000550　史 1514
爾雅郭注補正三卷　(清)戴鎣撰　清光緒十一年(1885)海陽韓氏刻本　四册

110000－0182－0000551　史 1515
讀書雜識十二卷　(清)勞格撰　(清)丁寶書述　清光緒四年(1878)吳興丁氏刻月河精舍叢抄本　六册

110000－0182－0000552　史 1516
經義述聞三十二卷　(清)王引之撰　清嘉慶七年(1802)刻本　九册　存十六卷(一至十六)

110000－0182－0000553　史 1518
汗簡箋正八卷　(宋)郭忠恕撰　(清)鄭珍箋正　清光緒十五年(1889)廣雅書局刻本　六册

110000－0182－0000554　史 1521
元史譯文證補三十卷　(清)洪鈞撰　清光緒二十三年(1897)刻本　二册　存六卷(一、二十六至三十)

110000－0182－0000555　史 1522

校訂困學紀聞集證二十卷　(宋)王應麟撰　(清)閻若璩等輯注　(清)屠繼序校補　(清)萬希槐集證　清嘉慶刻本　十二册

110000－0182－0000556　史 1524

獨斷二卷　(漢)蔡邕撰　清乾隆五十五年(1790)抱經堂刻抱經堂叢書本　二册

110000－0182－0000557　史 1525

清秘述聞十六卷　(清)法式善纂　(清)錢維福重校　**清秘述聞續十六卷**　(清)王家相　(清)魏茂林　(清)錢維福編　**清秘述聞補一卷**　(清)錢維福編　清光緒十四年(1888)刻本　八册

110000－0182－0000558　史 1529

南唐書十八卷音釋一卷　(宋)陸遊撰　明末清初毛氏汲古閣刻本　二册

110000－0182－0000559　史 1530

唐國史補三卷　(唐)李肇撰　明末毛氏汲古閣刻本　二册

110000－0182－0000560　史 1533

[江蘇]京江柳氏宗譜十卷　(清)柳預生纂修　清光緒十七年(1891)思成堂木活字印本(卷七爲補配)　十二册

110000－0182－0000561　史 1535

銅官感舊圖題詠册四卷　(清)章壽麟編　清宣統二年(1910)石印本　四册

110000－0182－0000562　史 1536

諸史考異十八卷　(清)洪頤煊撰　清光緒十五年(1889)廣雅書局刻本　四册

110000－0182－0000563　史 1537

吳越備史四卷首一卷　(宋)錢儼撰　(清)席世臣訂　清道光二年(1822)南沙席氏掃葉山房刻本　二册

110000－0182－0000564　史 1539

[山西洪洞]王氏家譜四卷　(清)梁卓午撰　清光緒懷德堂抄本　四册

110000－0182－0000565　史 1540

黄氏讀禮記日抄十六卷　(宋)黄震撰　清光緒三十四年(1908)問經精舍刻本　八册

110000－0182－0000566　史 1541

端溪硯史三卷　(清)吳蘭修編　清光緒刻本　一册

110000－0182－0000567　史 1542

孫子集解七卷　(春秋)孫武撰　(清)顧福棠集解　清光緒二十六年(1900)木活字印本　一册

110000－0182－0000568　史 1545

史記毛本正誤不分卷　(清)丁晏撰　清光緒刻本　一册

110000－0182－0000569　史 1546

揚子法言十三卷　(漢)揚雄撰　(晉)李軌注　清光緒二年(1876)浙江書局刻本　二册

110000－0182－0000570　史 1548

五種遺規　(清)陳宏謀輯　清道光九年(1829)味和堂刻本　十二册

110000－0182－0000571　史 1550

詁經精舍三集　(清)俞樾編　清同治七年(1868)刻本　八册

110000－0182－0000572　史 1552

日知錄三十二卷　(清)顧炎武撰　清康熙三十四年(1695)遂初堂刻雍正重修本　十二册　缺二卷(一至二)

110000－0182－0000573　史 1553

日下尊聞錄五卷　(清)□□編　清刻本　二册

110000－0182－0000574　史 1555

欽定詩經傳説匯纂二十一卷首二卷詩序二卷　(清)王鴻緒等纂　清雍正五年(1727)尊經閣刻本　二十册

110000－0182－0000575　史 1556

文獻通考輯要二十四卷續二十六卷　(元)馬端臨撰　湯壽潛輯要　清光緒二十五年(1899)圖書集成局鉛印本　二十册

110000－0182－0000576　史 1557

校訂困學紀聞集證二十卷　(宋)王應麟撰

(清)閻若璩等輯注　(清)屠繼序校補　(清)萬希槐集證　清嘉慶十八年(1813)刻本　十册

110000－0182－0000577　史1558
呂氏春秋二十六卷　(秦)呂不韋撰　(漢)高誘注　(清)畢沅校　清乾隆五十四年(1789)刻本　六册

110000－0182－0000578　史1559
埤雅二十卷　(宋)陸佃撰　(明)顧棫校　清康熙刻本　四册

110000－0182－0000579　史1560
經讀考異八卷　(清)武億撰　清乾隆五十四年(1789)刻本　二册

110000－0182－0000580　史1561
莊子解三卷　(戰國)莊周撰　(清)吳世尚注評　(清)湯奠邦參訂　清康熙五十四年(1715)光裕堂刻本　四册

110000－0182－0000581　史1563
南宋雜事詩七卷　(清)沈嘉轍撰　清同治十一年(1872)淮南書局刻本　四册

110000－0182－0000582　史1564
唐語林八卷　(宋)王讜撰　清刻本　三册　缺二卷(五至六)

110000－0182－0000583　史1565
世說新語六卷　(南朝宋)劉義慶撰　(南朝梁)劉孝標注　(清)李錫齡輯　清光緒長沙李氏刻惜陰軒叢書本　四册

110000－0182－0000584　史1566
資治通鑑釋文辯誤十二卷　(元)胡三省撰　明刻本　五册

110000－0182－0000585　史1567
顏氏家訓七卷附錄一卷　(北齊)顏之推撰　(清)趙曦明注　(清)盧文弨補　清乾隆五十四年(1789)餘姚盧氏抱經堂刻本　四册

110000－0182－0000586　史1568
南豐先生元豐類稿五十卷　(宋)曾鞏撰　清康熙四十九年(1710)長嶺西爽堂刻本　十二册

110000－0182－0000587　史1570
[山東福山]王氏家譜　(清)王兆琛編　清道光二十六年(1846)刻本　六册

110000－0182－0000588　史1571
[江蘇無錫]錫山張氏宗譜不分卷　(清)張富揚纂修　清同治十二年(1873)三知堂刻本　十册

110000－0182－0000589　史1572
[江蘇京江]盛氏宗譜四卷　(清)盛慶孚編　清光緒五年(1879)木活字印本　四册

110000－0182－0000590　史1573
[浙江黃巖]陳氏宗譜不分卷　(清)陳采華等纂修　清光緒五年(1879)訓行堂木活字印本　十二册

110000－0182－0000591　史1575
宸垣識略十六卷　(清)吳長元輯　清乾隆五十三年(1788)刻本　八册

110000－0182－0000592　史1576
五代史七十四卷　(宋)歐陽修撰　(宋)徐無黨注　清同治十一年(1872)崇文書局刻本　八册

110000－0182－0000593　史1577
春秋穀梁傳十二卷　(晉)范甯集解　(唐)陸德明音義　清光緒十二年(1886)湖北官書處刻本　四册

110000－0182－0000594　史1578
清秘述聞十六卷　(清)法式善編　清嘉慶刻本　四册

110000－0182－0000595　史1579
國朝先正事略六十卷　(清)李元度纂　清同治五年(1866)循陔草堂刻本　二十四册

110000－0182－0000596　史1580
國寶新編一卷　(明)顧璘撰　**仰山脞錄**　(明)閔文振撰　**新倩籍**　(明)徐禎卿撰　**吳中往哲記**　(明)楊循吉撰　**綠雪亭雜言**　(明)敖英撰　**雲夢藥溪談**　(明)文翔鳳撰

雲林遺事　(明)顧元慶撰　清刻本　二冊

110000－0182－0000597　史1582
文獻通考纂二十二卷　(元)馬端臨撰　清康熙刻本　十六冊

110000－0182－0000598　史1583
新訂四書補注備旨十卷　(明)鄧林撰　(清)杜定基增訂　清光緒二十年(1894)刻本　六冊

110000－0182－0000599　史1584
平江記事不分卷　(元)高德基撰　清末刻本　一冊

110000－0182－0000600　史1585
列女傳八卷　(漢)劉向撰　(清)梁端校注　清道光十三年(1833)刻同治十三年(1874)補刻本　四冊

110000－0182－0000601　史1586
紀元通考十二卷　(清)葉維庚撰　清同治十年(1871)刻本　四冊

110000－0182－0000602　史1588
[江蘇海虞]曾氏家譜　(清)曾霱霆纂修　(清)曾達文續纂修　清光緒二十年(1894)常熟曾氏木活字印本　五冊

110000－0182－0000603　史1589
前漢書一百二十卷　(漢)班固撰　(漢)班昭續　(唐)顏師古注　清光緒十年(1884)上海同文書局石印本　三十二冊

110000－0182－0000604　史1590
國語九卷　(三國吳)韋昭注　(明)盧之頤訂正　明盧之頤溪香書屋刻本　四冊

110000－0182－0000605　史1591
群書拾補不分卷　(清)盧文弨撰　清末影印本　二冊

110000－0182－0000606　史1592(1)
帝鑑圖說不分卷　(明)張居正撰　清江陵鄧氏刻本　四冊

110000－0182－0000607　史1592(2)
帝鑑圖說不分卷　(明)張居正撰　清江陵鄧氏刻本　四冊

110000－0182－0000608　史1594
逸周書集訓校釋十卷周書逸文一卷　(清)朱右曾集訓校釋　清光緒三年(1877)崇文書局刻本　二冊

110000－0182－0000609　史1596
舊五代史一百五十卷目錄二卷附考證　(宋)薛居正撰　清同治十一年(1872)崇文書局刻本　十六冊

110000－0182－0000610　史1597
孫子十家注十三卷　(春秋)孫武撰　(三國魏)武帝曹操等注　(宋)吉天保輯　(清)孫星衍　(清)吳人驥校　**遺說一卷**　(宋)鄭友賢撰　**敘錄一卷**　(清)畢以珣撰　清光緒三年(1877)浙江書局刻本　六冊

110000－0182－0000611　史1599
南史八十卷　(唐)李延壽撰　**北史一百卷**　(唐)李延壽撰　清同治十一年(1872)金陵書局仿汲古閣刻本　三十二冊

110000－0182－0000612　史1606
魏書官氏志疏證不分卷　陳毅撰　清光緒二十三年(1897)刻本　一冊

110000－0182－0000613　史1607
莊子獨見不分卷　(清)胡文英評釋　清乾隆十七年(1752)三多齋刻本　六冊

110000－0182－0000614　史1608
古今法制表十六卷　(清)孫榮編　清光緒三十二年(1906)四川瀘州學正署刻本　十冊

110000－0182－0000615　史1609
楚寶四十卷外篇四卷　(明)周聖楷編　(清)鄧顯鶴增輯　清道光九年(1829)刻本　二十四冊

110000－0182－0000616　史1610
書古微十二卷首一卷　(清)魏源撰　清光緒四年(1878)淮南書局刻本　四冊

110000－0182－0000617　史1611
太原家譜二十八卷首一卷末一卷　(清)葉耀

元編纂　清宣統三年(1911)木活字印本　三十冊

110000－0182－0000618　史 1613
明文在一百卷　(清)薛熙纂　(清)何潔輯　清光緒十五年(1889)江蘇書局刻本　十冊

110000－0182－0000619　史 1614
楚辭集注八卷　(戰國)屈原撰　(宋)朱熹集注　清康熙聽雨齋刻朱墨套印本　六冊　存五卷(四至八)

110000－0182－0000620　史 1615
補三國藝文志四卷　(清)侯康撰　清光緒十三年(1887)廣雅書局刻本　一冊

110000－0182－0000621　史 1616
盛京典制備考八卷首一卷　(清)崇厚輯　清光緒四年(1878)盛京軍督署刻本　六冊

110000－0182－0000622　史 1617
三國志補注續一卷　(清)侯康撰　清光緒十七年(1891)廣雅書局刻本　一冊

110000－0182－0000623　史 1618
全謝山先生經史問答十卷　(清)全祖望撰　清刻本　四冊

110000－0182－0000624　史 1623
重訂國語國策合註　(三國吳)韋昭　(宋)鮑彪註　清乾隆四十八年(1783)武林三餘堂刻本　四冊

110000－0182－0000625　史 1625
讀史舉正八卷　(清)張熷撰　清南漪書屋刻本　二冊

110000－0182－0000626　史 1626
[江蘇]開沙王氏重修甲分譜　(清)王元祿等撰　清刻本(首卷爲抄配)　十冊

110000－0182－0000627　史 1629
吴氏族譜不分卷　(清)吳鎜等纂修　清抄本　二冊

110000－0182－0000628　史 0163
容齋隨筆十六卷首一卷續筆十六卷三筆十六卷四筆十六卷五筆十卷　(宋)洪邁撰　清光緒九年(1883)刻本　十四冊

110000－0182－0000629　史 1631
中庸章句大全一卷或問一卷讀中庸法一卷　(宋)朱熹撰　(明)胡廣等輯　明刻本　四冊

110000－0182－0000630　史 1637
履園叢話二十四卷　(清)錢泳撰　清道光十八年(1838)刻同治九年(1870)錢日壽重修本　十二冊

110000－0182－0000631　史 1639
全地五大洲女俗通考十集二十一卷首一卷　(美國)林樂知輯譯　(清)任保羅譯述　清光緒三十年(1904)上海廣學會鉛印本　五冊　存二集(六至七)

110000－0182－0000632　史 1657
新雕皇朝類苑七十八卷　(宋)江少虞撰　清宣統三年(1911)武進董氏刻誦芬室叢刊本　十二冊

110000－0182－0000633　史 1660
金陵通傳四十五卷補遺四卷　陳作霖撰　清光緒三十年至宣統元年(1904－1909)江寧陳氏瑞華館刻本　十冊

110000－0182－0000634　史 1661
漢書地理志校注二卷　(清)王紹蘭撰　清光緒二十二年(1896)蕭山陳光淞遺經樓刻本　一冊

110000－0182－0000635　史 1669
康南海官制議　康有為著　清光緒三十一年(1905)上海廣智書局鉛印本　一冊

110000－0182－0000636　史 0167
世說新語六卷　(南朝宋)劉義慶撰　(南朝梁)劉孝標注　清光緒三年(1877)崇文書局刻本　四冊

110000－0182－0000637　史 1670
歐洲十一國遊記十一編首一編附錄三卷　康有為著　清光緒三十一年至三十三年(1905－1907)上海廣智書局鉛印本　二冊

110000－0182－0000638　史 1673

庚子北京事變紀略　鹿完天撰　清光緒二十七年(1901)刻本　一冊

110000－0182－0000639　史 1675
戊戌政變記九卷　梁啟超著　清末鉛印本　二冊

110000－0182－0000640　史 1676
庚子秋詞二卷　劉伯崇　朱孝臧(朱祖謀)撰　清末至民國初有正書局石印本　二冊

110000－0182－0000641　史 1688
丙午日本遊記附錄一卷　程淯撰　清末鉛印本　一冊

110000－0182－0000642　史 1690
左文襄公奏疏初編三十八卷續編七十六卷三編六卷　(清)左宗棠撰　清光緒刻本　四十八冊

110000－0182－0000643　史 1691
增補臚唱先聲不分卷　(清)牛友蘭主人輯　清光緒二十一年(1895)刻本　六冊

110000－0182－0000644　史 1695
韓詩外傳十卷　(漢)韓嬰撰　清刻本　四冊

110000－0182－0000645　史 1697
慈溪黃氏日抄分類古今紀要十九卷　(宋)黃震撰　清乾隆三十二年(1767)新安汪佩鍔刻本　六冊

110000－0182－0000646　史 1699
聖武記十四卷　(清)魏源撰　清道光二十七年(1847)古微堂刻本　十二冊

110000－0182－0000647　史 1700
繹史一百六十卷世系圖一卷年表一卷　(清)馬驌撰　清光緒十五年(1889)金匱浦氏刻本　四十冊

110000－0182－0000648　史 1701
十六國春秋一百卷　(北魏)崔鴻撰　明萬曆三十七年(1609)屠氏蘭暉堂刻本　二十冊

110000－0182－0000649　史 1702
史記志疑三十六卷　(清)梁玉繩撰　清光緒十三年(1887)廣雅書局刻本　十四冊

110000－0182－0000650　史 1703
諸葛丞相集四卷　(三國蜀)諸葛亮撰　(清)朱璘輯　清康熙三十七年(1698)刻本　四冊

110000－0182－0000651　史 1704
讀史管見三十卷目錄二卷　(宋)胡寅撰　清康熙五十三年(1714)刻本　二十冊

110000－0182－0000652　史 1706
九史同姓名略七十二卷補遺四卷　(清)汪輝祖撰　清光緒二十三年(1897)廣雅書局刻本　十冊

110000－0182－0000653　史 1707
欽定周官義疏四十八卷首一卷　(清)鄂爾泰等撰　清同治刻本　五十二冊

110000－0182－0000654　史 1708
欽定儀禮義疏四十八卷首二卷　(清)允祿等撰　清同治刻本　五十四冊　缺一卷(三十)

110000－0182－0000655　史 1709
論語古訓十卷　(清)陳鱣撰　清光緒九年(1883)浙江書局刻本　二冊

110000－0182－0000656　史 1711
[江蘇無錫]錫山秦氏宗譜十二卷首一卷　(清)秦堯曦等修　(清)秦賡彤等纂　清同治十二年(1873)木活字印本　十四冊

110000－0182－0000657　史 1712
三國志證聞三卷　(清)錢儀吉撰　清光緒十一年(1885)江蘇書局刻本　二冊

110000－0182－0000658　史 1713
國朝書人輯略十一卷首一卷　震鈞輯　清光緒三十四年(1908)金陵刻本　八冊

110000－0182－0000659　史 1714
周季編略九卷　(清)黃式三纂　清同治十二年(1873)浙江書局刻儆居遺書本　四冊

110000－0182－0000660　史 1715
西夏紀事本末三十六卷年表一卷　(清)張鑑撰　清光緒十年(1884)江蘇書局刻本　四冊

110000－0182－0000661　史 1716
三國志考證八卷　(清)潘眉撰　清光緒十五

年(1889)廣雅書局刻本　二册

110000－0182－0000662　史1717

北夢瑣言二十卷　(宋)孫光憲撰　清乾隆二十一年(1756)德州盧氏刻雅雨堂叢書本　二册

110000－0182－0000663　史1718

三續疑年録十卷　(清)陸心源編　清光緒五年(1879)刻存齋雜纂本　二册

110000－0182－0000664　史1721

周禮注疏四十二卷附考證　(漢)鄭玄注　(唐)陸德明音義　(唐)賈公彦疏　清同治十年(1871)廣東書局刻本　十四册

110000－0182－0000665　史1722

湘軍記二十卷　(清)王定安撰　清光緒十五年(1889)江南書局刻本　十一册　缺二卷(十四至十五)

110000－0182－0000666　史1724

[浙江]蕭山東門林氏宗譜六卷　(清)林鳳岐纂修　清光緒二十三年(1897)友慶堂木活字印本　六册

110000－0182－0000667　史1727

[江蘇常州]毗陵朱氏宗譜四卷首一卷　(清)朱鶴皋撰　清道光二十九年(1849)凝祉堂刻本　四册

110000－0182－0000668　史1728

重訂路史全本五種　(宋)羅泌撰　(宋)羅苹注　清嘉慶六年(1801)刻本　二十四册

110000－0182－0000669　史1729

新鍥葛稚川内篇四卷外篇四卷　(晉)葛洪撰　(明)盧舜治評　清刻本　八册

110000－0182－0000670　史1730

岳忠武王金陀粹編十八卷續編十一卷　(宋)岳珂編　清乾隆四年(1739)刻本　八册

110000－0182－0000671　史1731

唐段少卿酉陽雜俎前集二十卷續集十卷　(唐)段成式撰　明崇禎毛氏汲古閣刻津逮秘書本　六册

110000－0182－0000672　史1732

國朝漢學師承記八卷　(清)江藩撰　清光緒九年(1883)山西書局刻本　四册

110000－0182－0000673　史1734

十二家評訂唐文粹一百卷　(宋)姚鉉輯　明刻本　三十六册

110000－0182－0000674　史1736

[江蘇吴縣]吴趨汪氏支譜十卷耕蔭義莊祖墓圖一卷　(清)汪彤宣等纂修　清宣統二年(1910)耕蔭莊木活字印本　十九册

110000－0182－0000675　史1737

[浙江]蕭山許氏宗譜四卷　(清)許詠仙等纂　清光緒二十二年(1896)孝思堂木活字印本　四册

110000－0182－0000676　史1738

[浙江海鹽]朱氏族譜　(清)朱丙壽撰　清光緒十七年(1891)刻本　二十册

110000－0182－0000677　史1754

朱子家禮五卷　(宋)朱熹撰　(清)郭嵩燾校訂　清光緒十七年(1891)思賢講舍刻本　一册

110000－0182－0000678　史1755

聖諭像解二十卷首一卷　(清)梁延年編輯　清光緒十三年(1887)湖南寶善堂刻本　十册

110000－0182－0000679　史1756

二十四史　清同治八年(1869)嶺南葄古堂刻本　八百册

110000－0182－0000680　自0006

脈經十卷　(晉)王叔和撰　(宋)林億等校正　清光緒十九年(1893)宜都楊守敬景蘇園影宋刻本　四册

110000－0182－0000681　自0009

醫方叢話八卷　(清)徐士鑾輯　清光緒十五年(1889)津門徐氏蝶園刻本　四册

110000－0182－0000682　自0012

黄帝五書五種六卷　(清)孫星衍校　清嘉慶十二年(1807)蘭陵孫氏刻本　二册

110000－0182－0000683　自0013

鏡鏡詅癡五卷　（清）鄭復光撰　（清）楊尚文繪圖　（清）張穆編　清道光二十七年（1847）靈石楊尚文刻連筠簃叢書本　二册

110000－0182－0000684　自0018

醫學綱目四十卷　（明）樓英撰　明刻本　二册　存二卷（十九至二十）

110000－0182－0000685　自0028

爾雅音圖三卷　（晉）郭璞注　（清）姚之麟摹圖　清嘉慶六年（1801）藝學軒影宋刻本　三册

110000－0182－0000686　自0037

本草綱目五十二卷首一卷本草綱目圖三卷奇經八脈考一卷瀕湖脈學一卷　（明）李時珍撰輯　**本草萬方鍼線八卷**　（清）蔡烈先輯　**本草綱目拾遺十卷**　（清）趙學敏輯　清光緒十一年（1885）合肥張紹棠味古齋刻本　四十册

110000－0182－0000687　自0039

蠶桑說　（清）沈練撰　清光緒十四年（1888）溧陽沈氏刻本　一册

110000－0182－0000688　自0040

茹草紀事不分卷　（宋）林洪撰　**藥譜不分卷**　（唐）侯寧極撰　**藥錄不分卷**　（唐）李當之撰　**何首烏錄不分卷**　（唐）李翺撰　**彰明附子記不分卷**　（宋）楊天惠撰　**種樹書**　（唐）郭橐駝撰　明刻本　一册

110000－0182－0000689　自0043

月令輯要二十四卷首一卷　（清）李光地（清）吳廷楨等輯　清康熙五十五年（1716）刻本　十二册

110000－0182－0000690　自0044

佩文齋廣群芳譜一百卷目錄二卷　（明）王象晉原編　（清）汪灝等重編　清康熙四十七年（1708）刻本　四十八册

110000－0182－0000691　自0045

天文圖說四卷　（英國）柯雅各撰　（美國）摩嘉立　（美國）薛承恩譯　**百獸圖說不分卷**（清）韋門道撰　**百鳥圖說不分卷**　（清）□□撰　清光緒九年（1883）益智書會刻本（百獸圖說、百鳥圖說爲清光緒八年益智書會刻本）三册

110000－0182－0000692　自0046

御題棉花圖　（清）方觀承撰　（清）高宗弘曆題識　清拓本　一册

110000－0182－0000693　自0048

巢氏病源五十卷　（隋）巢元方撰　清光緒十二年（1886）湖北官書處刻本　八册

110000－0182－0000694　自0049

本草綱目五十二卷首一卷本草綱目圖三卷奇經八脈考一卷瀕湖脈學一卷　（明）李時珍撰輯　**本草萬方鍼線八卷**　（清）蔡烈先輯　**本草綱目拾遺十卷**　（清）趙學敏輯　清光緒十一年（1885）合肥張紹棠味古齋刻本　四十册

110000－0182－0000695　自0051

弦雪居重訂遵生八箋十九卷總目一卷　（明）高濂編　（明）鍾惺校　清道光十二年（1832）步月樓刻本　十六册

110000－0182－0000696　自0052

二如亭群芳譜二十九卷首一卷　（明）王象晉撰　清初書業古講堂刻本　二十四册

110000－0182－0000697　自0053

佩文齋廣群芳譜一百卷目錄二卷　（明）王象晉原編　（清）汪灝等重編　清康熙四十七年（1708）刻本　四十八册

110000－0182－0000698　自0054

金匱要略方論三卷　（漢）張仲景撰　（晉）王熙集　（宋）林億校　清刻本　二册

110000－0182－0000699　自0058

仲景傷寒補亡論二十卷　（宋）郭雍撰　清宣統三年（1911）武昌醫館刻本　四册

110000－0182－0000700　自0060

月令輯要二十四卷首一卷　（清）李光地（清）吳廷楨等輯　清康熙五十五年（1716）刻本　十二册

110000－0182－0000701　自0063

神農本草經贊三卷月令七十二候贊一卷 （清）葉志詵撰　清道光三十年（1850）粤東撫署刻本　四册

110000－0182－0000702　自 0064
唐王燾先生外臺秘要方四十卷　（唐）王燾撰　（明）程衍道訂　明崇禎十三年（1640）新安程衍道經餘居刻本　二十册

110000－0182－0000703　自 0065
蠶桑萃編十五卷首一卷　（清）衛傑編輯　清光緒二十六年（1900）浙江書局刻本　八册

110000－0182－0000704　自 0066
微積溯源八卷　（英國）華里司輯　（英國）傅蘭雅口譯　（清）華蘅芳筆述　清同治十三年（1874）上海江南機器製造總局刻本　六册

110000－0182－0000705　自 0067
談天十八卷首一卷表一卷　（英國）侯失勒撰　（英國）偉烈亞力口譯　（清）李善蘭筆述　（清）徐建寅續筆　清光緒上海江南機器製造總局刻本　四册

110000－0182－0000706　自 0068
火攻挈要三卷附圖一卷　（德國）湯若望授　（明）焦勗纂　（清）趙仲訂　清汪于泗刻本　二册

110000－0182－0000707　自 0069
毛瑟鎗用法圖説一卷毛瑟鎗指南八卷毛瑟鎗打靶法五卷新操洋兵功課册一卷　（德國）瑞乃爾譯　清光緒十一年（1885）石印本　四册

110000－0182－0000708　自 0071
治蝗書一卷　（清）陳崇砥撰　清同治十三年（1874）刻本　一册

110000－0182－0000709　自 0072
鈍硯卮言不分卷　（清）錢綺撰　清道光三十年（1850）刻本　一册

110000－0182－0000710　自 0077
經史證類大觀本草三十一卷　（宋）唐慎微撰　**本草衍義二十卷**　（宋）寇宗奭撰　清光緒三十年（1904）湖北武昌柯氏刻本　十八册

110000－0182－0000711　自 0078
直隸工藝志初編八卷　周爾潤編　清光緒三十三年（1907）北洋官報局鉛印本　二册　存二卷（報告類下、叢錄類上）

110000－0182－0000712　自 0079
折肱漫錄七卷　（明）黄承昊撰　清乾隆五十九年（1794）修敬堂刻本　二册　存四卷（一至四）

110000－0182－0000713　自 0083
六密里八口徑五響快槍圖説一卷　（清）江南製造局編　**六密里八口徑五響馬槍圖説一卷**　（清）江南製造局編　清宣統元年（1909）抄本　二册

110000－0182－0000714　善 1058
古文淵鑒六十四卷　（清）徐乾學等編注　清康熙二十四年（1685）古香齋刻五色套印本　三十二册

110000－0182－0000715　自 0086
最新天文圖志不分卷　（英國）希特原著　（清）葉青譯　朱葆琛述　夏曾佑校閲　清光緒三十二年（1906）山西大學堂印書局鉛印本　一册

110000－0182－0000716　自 0087
植棉纂要不分卷　（清）饒敦秩撰　清光緒三十四年（1908）石印本　一册

110000－0182－0000717　自 0088
高厚蒙求四集　（清）徐朝俊撰　清嘉慶至道光華亭徐氏刻本　六册

110000－0182－0000718　自 0090（1）
棉業圖説八卷首一卷　（清）農工商部編　清宣統三年（1911）農工商部印刷科鉛印本　二册

110000－0182－0000719　自 0090（2）
棉業圖説八卷首一卷　（清）農工商部編　清宣統三年（1911）農工商部印刷科鉛印本　二册

110000－0182－0000720　自 0092

琉球入學見聞録四卷　(清)潘相撰　清汲古閣刻本　八册

110000－0182－0000721　自 0093
捕蝗要訣除蝻八要　(清)錢炘和撰　清同治八年(1869)楚北崇文書局刻本　一册

110000－0182－0000722　自 0094
算法須知一卷　(清)華蘅芳輯　清光緒十三年(1887)刻本　一册

110000－0182－0000723　自 0095
重學須知一卷　(英國)傅蘭雅撰　清光緒十五年(1889)刻本　一册

110000－0182－0000724　自 0096
水學須知一卷　(英國)傅蘭雅撰　清光緒十七年(1891)刻本　一册

110000－0182－0000725　自 0097
化學須知一卷　(英國)傅蘭雅輯　清光緒十二年(1886)刻本　一册

110000－0182－0000726　自 0098
地志須知一卷　(英國)傅蘭雅撰　清光緒八年(1882)刻本　一册

110000－0182－0000727　自 0099
地理須知一卷　(英國)傅蘭雅撰　清光緒九年(1883)刻本　一册

110000－0182－0000728　自 0100
曲線須知一卷　(英國)傅蘭雅撰　清光緒十四年(1888)刻本　一册

110000－0182－0000729　自 0101
電學須知一卷　(英國)傅蘭雅撰　清光緒十三年(1887)刻本　一册

110000－0182－0000730　自 0102
理學須知一卷　(英國)傅蘭雅撰　清光緒二十四年(1898)刻本　一册

110000－0182－0000731　自 0103
氣學須知一卷　(英國)傅蘭雅撰　清光緒十二年(1886)刻本　一册

110000－0182－0000732　自 0104
聲學須知一卷　(英國)傅蘭雅撰　清光緒十三年(1887)刻本　一册

110000－0182－0000733　自 0105
三角須知一卷　(英國)傅蘭雅撰　清光緒十四年(1888)刻本　一册

110000－0182－0000734　自 0106
量法須知一卷　(英國)傅蘭雅撰　清光緒十三年(1887)刻本　一册

110000－0182－0000735　自 0107
力學須知一卷　(英國)傅蘭雅撰　清光緒十五年(1889)刻本　一册

110000－0182－0000736　自 0108
畫器須知一卷　(英國)傅蘭雅撰　清光緒十四年(1888)刻本　一册

110000－0182－0000737　自 0109
植物須知一卷　(英國)傅蘭雅撰　清光緒二十四年(1898)刻本　一册

110000－0182－0000738　自 0110
富國須知一卷　(英國)傅蘭雅撰　清光緒十八年(1892)刻本　一册

110000－0182－0000739　自 0111
天文須知一卷　(英國)傅蘭雅撰　清光緒十三年(1887)刻本　一册

110000－0182－0000740　自 0112
全體須知一卷　(英國)傅蘭雅撰　清光緒二十年(1894)刻本　一册

110000－0182－0000741　自 0113
熱學須知一卷　(英國)傅蘭雅撰　清光緒二十四年(1898)刻本　一册

110000－0182－0000742　自 0114
光學須知一卷　(英國)傅蘭雅撰　清光緒二十一年(1895)刻本　一册

110000－0182－0000743　自 0132
兩湖書院算學課程二卷附一卷附表一卷　(清)兩湖書院編　清光緒二十四年(1898)兩湖書院刻本　四册

110000－0182－0000744　自 0133(1)
三農紀十卷　(清)張宗法撰　清乾隆十五年(1750)桂林堂刻本　十册

110000－0182－0000745　自 0133(2)
三農紀十卷　(清)張宗法撰　清乾隆十五年(1750)桂林堂刻本　八册

110000－0182－0000746　自 0136
蠶桑輯要一卷　(清)沈秉成輯　清光緒元年(1875)江西書局刻本　一册

110000－0182－0000747　自 0137
新鐫工師雕斲正式魯班木經匠家鏡三卷附秘訣仙機一卷　(明)午榮彙編　(明)章嚴集　明刻本　一册　缺一卷(秘訣仙機一卷)

110000－0182－0000748　自 0138
格物質學一卷　(美國)史砥爾撰　(美國)潘慎文譯　謝洪賚筆述　清光緒三十三年(1907)上海美華書館鉛印本　一册

110000－0182－0000749　自 0139
提煉煤油爐器圖說一卷　(清)沈瑞麟撰　清光緒三十一年(1905)石印本　一册

110000－0182－0000750　自 0140
七政臺曆(明天啓二年至清康熙三十四年)　(□)□□編　明末清初刻本　九册　存六卷(一、十二至十六)

110000－0182－0000751　自 0141
兵器學教程一卷　(清)傅在田撰　清光緒三十三年(1907)北洋武備研究所石印本　一册

110000－0182－0000752　自 0142
形學備旨十卷開端一卷　(美國)狄考文選譯　(清)鄒立文筆述　清光緒十一年(1885)排二十六年(1900)上海美華書館第四次印本　一册

110000－0182－0000753　自 0143
格物質學一卷　(美國)史砥爾撰　(美國)潘慎文譯　謝洪賚筆述　清光緒三十年(1904)上海美華書館鉛印本　一册

110000－0182－0000754　自 0144
八線備旨四卷　(美國)羅密士撰　(美國)潘慎文選譯　清光緒二十七年(1901)上海美華書館鉛印本　一册

110000－0182－0000755　自 0145
天文揭要二卷　(美國)赫士輯譯　(清)周文源筆述　清光緒二十九年(1903)上海美華書館鉛印本　一册

110000－0182－0000756　自 0146
全體闡微三卷　(美國)柯爲良　(清)林鼎文編譯　清光緒十五年(1889)福州聖教醫館刻本　三册

110000－0182－0000757　自 0147
格致新機不分卷　(英國)慕維廉撰　清光緒十四年(1888)刻本　一册

110000－0182－0000758　自 0152
墨法集要一卷　(明)沈繼孫撰　清刻武英殿聚珍版叢書本　一册

110000－0182－0000759　自 0154
運規約指三卷　(英國)白起德輯　(英國)傅蘭雅譯　(清)徐建寅筆述　清同治九年(1870)上海江南機器製造總局刻本　一册

110000－0182－0000760　自 0155
地文學不分卷　(美國)忻孟編著　(清)王建極　(清)奚若譯訂　清光緒三十二年(1906)上海商務印書館鉛印最新中學教科書本　一册

110000－0182－0000761　自 0156
最新礦物學不分卷　(清)亞泉學館編譯　清光緒三十二年(1906)上海商務印書館鉛印最新中學教科書本　一册

110000－0182－0000762　自 0157
幾何學:平面部　(美國)宓爾原著　謝洪賚譯述　清宣統二年(1910)鉛印本　一册

110000－0182－0000763　自 0158
新式數學教科書不分卷　(清)程蔭南編譯　清宣統三年(1911)鉛印本　一册

110000－0182－0000764　自 0163

博物學教授指南不分卷 （日本）山内繁雄 （日本）野原茂六原著 （清）嚴保誠 （清）陳學郢 杜亞泉譯述 清光緒三十四年（1908）上海商務印書館鉛印本 一册

110000－0182－0000765 自0188
溫特渥斯解析幾何學不分卷 （美國）溫特渥斯原著 （清）鄭家斌翻譯 （清）陳文校閱 清光緒三十四年（1908）上海商務印書館鉛印本 一册

110000－0182－0000766 自0190
新式數學教科書不分卷 （清）程蔭南編譯 清宣統三年（1911）鉛印本 一册

110000－0182－0000767 善1057
大清同治六年歲次丁卯時憲書一卷 （清）欽天監編 清同治六年（1867）刻套印本 一册

110000－0182－0000768 自0193
蒙學心算教科書不分卷 丁福保著 清光緒二十九年（1903）上海文明書局鉛印本 一册

110000－0182－0000769 自0197
動物學詳考四卷 （英國）魏而斯原本 （英國）庫壽齡校訂 （清）宋傳典譯 清光緒三十三年（1907）上海美華書館鉛印本 一册

110000－0182－0000770 自0204
體學新編三卷 （美國）惠亨通著 劉功宇譯 清光緒三十年（1904）福州美部公會鉛印本 三册

110000－0182－0000771 自0205
西醫略論三卷 （英國）合信 （清）管茂材撰 清咸豐七年（1857）上海仁濟醫館刻本 一册

110000－0182－0000772 自0209
高等小學理科教科書四卷 王季烈譯編 清光緒三十年（1904）上海文明書局鉛印本 四册

110000－0182－0000773 善1054
大清宣統三年歲次辛亥時憲書一卷 （清）欽天監編 清宣統三年（1911）刻套印本 一册

110000－0182－0000774 自0215
天文問答不分卷 （清）王亨統輯 清光緒二十八年（1902）上海美華書館鉛印本 一册

110000－0182－0000775 自0216
萬國藥方八卷 （美國）洪士提反譯 清光緒二十四年（1898）上海美華書館石印本 八册

110000－0182－0000776 自0219
增訂格物入門七卷 （美國）丁韙良撰 清光緒十五年（1889）同文館鉛印本 六册 缺一卷（四）

110000－0182－0000777 自0220
幾何原本十五卷 （希臘）歐幾里得撰 （意大利）利瑪竇譯 （明）徐光啟筆受 清光緒十四年（1888）上海大同書局石印本 四册

110000－0182－0000778 自0221
御製曆象考成上編十六卷下編十卷 （清）何國宗 （清）梅瑴成彙編 **御製曆象考成後編十卷** （清）顧琮等編 清光緒二十二年（1896）雙梧書屋刻本 二十六册

110000－0182－0000779 自0223
礦石圖説一卷 （英國）傅蘭雅撰 清光緒十年（1884）刻本 一册

110000－0182－0000780 自0225
本草綱目拾遺十卷首一卷 （清）趙學敏輯 清同治十年（1871）錢唐張應昌吉心堂刻本 八册

110000－0182－0000781 自0226
農業全書上編六卷下編四卷 賴昌編譯 清宣統三年（1911）上海新學會社鉛印本 二册

110000－0182－0000782 自0228
天文歌略一卷 （清）葉瀾撰 清刻本 一册

110000－0182－0000783 自0231（1）
海塘輯要十卷首一卷 （英國）韋更斯撰 （英國）傅蘭雅口譯 （清）趙元益筆述 清同治至光緒上海江南機器製造總局刻本 二册

110000－0182－0000784 自0231（2）
海塘輯要十卷首一卷 （英國）韋更斯撰

(英國)傅蘭雅口譯　(清)趙元益筆述　清同治至光緒上海江南機器製造總局刻本　二册

110000－0182－0000785　自0232
微積溯源八卷　(英國)華里司輯　(英國)傅蘭雅口譯　(清)華蘅芳筆述　清同治十三年(1874)上海江南機器製造總局刻本　六册

110000－0182－0000786　自0233
聲學八卷　(英國)田大里撰　(英國)傅蘭雅譯　(清)徐建寅筆述　清同治十三年(1874)上海江南機器製造總局刻本　二册

110000－0182－0000787　自0234
代數術二十五卷首一卷　(英國)華里司輯　(英國)傅蘭雅　(清)華蘅芳譯　清同治十三年(1874)上海江南機器製造總局刻本　六册

110000－0182－0000788　自0235
繪地法源一卷附表一卷圖一卷　(美國)金楷理口譯　(清)王德均筆述　清光緒上海江南機器製造總局刻本　一册

110000－0182－0000789　自0236
地學淺釋三十八卷　(英國)雷俠兒撰　(美國)瑪高溫口譯　(清)華蘅芳筆述　清同治十二年(1873)上海江南機器製造總局刻本　八册

110000－0182－0000790　自0237
海道圖說十五卷附長江圖說一卷　(英國)金約翰輯　(英國)傅蘭雅口譯　(清)王德均筆述　清光緒上海江南機器製造總局刻本　十册

110000－0182－0000791　自0238
開煤要法十二卷　(英國)士密德輯　(英國)傅蘭雅口譯　(清)王德均筆述　清光緒刻本　二册

110000－0182－0000792　自0239
冶金錄三卷　(美國)阿發滿撰　(英國)傅蘭雅口譯　(清)趙元益筆述　清光緒上海江南機器製造總局刻本　二册

110000－0182－0000793　自0240
化學分原八卷　(英國)蒲陸山撰　(英國)傅蘭雅口譯　(清)徐建寅筆述　(清)曹鍾秀繪　清同治十一年(1872)上海江南機器製造總局刻本　二册

110000－0182－0000794　自0241
化學鑑原六卷　(英國)韋而司撰　(英國)傅蘭雅口譯　(清)徐壽筆述　(清)曹鍾秀繪　清同治十一年(1872)上海江南機器製造總局刻本　四册

110000－0182－0000795　自0242
御風要術三卷　(英國)白爾特撰　(美國)金楷理　(清)華蘅芳合譯　清同治十二年(1873)上海江南機器製造總局刻本　二册

110000－0182－0000796　自0243
防海新論十八卷　(德國)希理哈撰　(英國)傅蘭雅口譯　(清)華蘅芳筆述　清同治十二年(1873)上海江南機器製造總局刻本　六册

110000－0182－0000797　自0244
航海簡法四卷　(英國)那麗撰　(美國)金楷理口譯　(清)王德均筆述　清末上海江南機器製造總局刻本　二册

110000－0182－0000798　自0245
汽機必以十二卷首一卷附卷一卷　(英國)蒲而捺撰　(英國)傅蘭雅口譯　(清)徐建寅筆述　清光緒江南製造局刻本　五册

110000－0182－0000799　自0246
汽機發軔九卷表一卷　(英國)美以納　(英國)白勞那撰　(英國)偉烈亞力口譯　(清)徐壽筆述　清光緒上海江南機器製造總局刻本　四册

110000－0182－0000800　自0247
運規約指三卷　(英國)白起德輯　(英國)傅蘭雅譯　(清)徐建寅筆述　清同治九年(1870)上海江南機器製造總局刻本　一册

110000－0182－0000801　自0248
器象顯真四卷　(英國)白力蓋輯　(英國)傅蘭雅譯　(清)徐建寅編　清同治十年(1871)上海江南機器製造總局刻本　二册

110000－0182－0000802　自 0249

汽機新制八卷　(英國)白爾格撰　(英國)傅蘭雅　(清)徐建寅合譯　清同治至光緒上海江南製造總局刻本　二冊

110000－0182－0000803　自 0250

天演學圖解一卷　(英國)霍德著　吳敬恒譯　清末上海文明書局鉛印本　一冊

110000－0182－0000804　自 0252

西學大成十二編五十六種　(清)王西清　(清)盧梯青輯　清光緒二十一年(1895)醉六堂石印本　十二冊

110000－0182－0000805　自 0255

婦人良方二十四卷首一卷　(宋)陳自明編　(明)薛己注　清博古堂刻本　十二冊

110000－0182－0000806　自 0266

新刊補注銅人腧穴針灸圖經五卷　(宋)王惟一撰　清光緒三十三年至宣統元年(1907－1909)貴池劉世珩玉海堂刻本　二冊

110000－0182－0000807　自 0268

遠西奇器圖說錄最三卷　(瑞士)鄧玉函口授　(明)王徵譯繪　**新製諸器圖說一卷**　(明)王徵撰　清嘉慶二十一年(1816)刻本　四冊

110000－0182－0000808　自 0269

御製耕織圖不分卷　(清)聖祖玄燁撰文　清光緒五年(1879)點石齋影印本　二冊

110000－0182－0000809　自 0270

物理小識十二卷首一卷　(清)方以智集　清光緒十年(1884)寧靜堂刻本　六冊

110000－0182－0000810　自 0271

豳風廣義三卷　(清)楊屾編　清光緒八年(1882)刻本　二冊

110000－0182－0000811　自 0272

幾何原本十五卷首九卷　(希臘)歐幾里得撰　(意大利)利瑪竇口譯　(明)徐光啟筆受　(英國)偉烈亞力續譯　(清)李善蘭續筆　清同治四年(1865)湘鄉曾國藩金陵刻本　八冊

110000－0182－0000812　自 0273

農書三十六卷　(元)王禎撰　清光緒二十一年(1895)增刻本　八冊

110000－0182－0000813　自 0274

御製耕織圖詩不分卷　(清)聖祖玄燁題　(清)焦秉貞繪　清中後期刻本　一冊

110000－0182－0000814　自 0275

六醴齋醫書十種　(清)程永培輯　清乾隆修敬堂刻本　三十二冊

110000－0182－0000815　自 0276

農政全書六十卷　(明)徐光啟纂輯　清同治十三年(1874)山東書局刻本　二十冊

110000－0182－0000816　自 0277

醫林改錯二卷　(清)王清任撰　清刻本　二冊

110000－0182－0000817　自 0278

蠶桑萃編十五卷首一卷　(清)衛傑編輯　清光緒二十六年(1900)浙江書局刻本　八冊

110000－0182－0000818　自 0279

則古昔齋算學十三種附刻一種　(清)李善蘭撰　清同治六年(1867)海寧李善蘭刻本　六冊

110000－0182－0000819　自 0281

新編直指算法統宗十二卷　(明)程大位編　清道光七年(1827)古吳文秀堂刻本　四冊

110000－0182－0000820　自 0288

十九周新學史一卷　(英國)華麗士撰　(清)梁瀾勛譯　清光緒二十八年(1902)鉛印本　一冊

110000－0182－0000821　自 0294

淮揚水利圖說一卷淮揚治水論一卷　(清)馮道立撰　清道光二十年(1840)刻朱墨套印本　一冊

110000－0182－0000822　自 0295

江蘇水利圖說　(清)李慶雲等纂　(清)陸鍾琦編　清宣統二年(1910)刻本　一冊

110000－0182－0000823　自 0297

畿輔振溺全圖　(清)王鴻鈞纂　清光緒十六

年(1890)石印本　一冊

110000－0182－0000824　自 0299
醫書八種　(清)徐靈胎(徐大椿)撰輯並釋　清光緒四年(1878)掃葉山房刻本　七冊　缺一種(蘭臺軌範)

110000－0182－0000825　自 0300
欽定武英殿聚珍版程式一卷　(清)金簡撰　清乾隆刻本　一冊

110000－0182－0000826　自 0301
洗冤録義證四卷附經驗方一卷歌訣一卷　(宋)宋慈撰　(清)剛毅編　清光緒十八年(1892)粵東撫署刻本　四冊

110000－0182－0000827　自 0302
天文略解二卷　(美國)李安德著　(美國)劉海瀾訂　清光緒二十二年(1896)京都匯文書院鉛印本　一冊

110000－0182－0000828　自 0303
地球圖說一卷附補圖一卷　(法國)蔣友仁譯　(清)何國宗　(清)錢大昕潤色　清刻本　一冊

110000－0182－0000829　自 0305
原本直指算法統宗十二卷　(明)程大位編　清同治三年(1864)善成堂刻本　六冊

110000－0182－0000830　自 0306
脈經十卷　(晉)王叔和撰　(宋)林億等校正　清光緒三十一年(1905)長沙徐氏橘隱園刻本　四冊

110000－0182－0000831　自 0307
脈訣刊誤集解二卷補録二卷　(元)戴起宗撰　(元)朱升節抄　(明)汪機補訂　清光緒二十二年(1896)勵志齋刻本　二冊

110000－0182－0000832　自 0308
食物本草會纂十二卷　(清)沈李龍纂輯　清乾隆四十八年(1783)金閶書業堂刻本　六冊

110000－0182－0000833　自 0309
針灸大成十卷　(明)楊繼洲撰　(清)章廷珪重修　清乾隆二年(1737)會稽章廷珪刻本　十冊

110000－0182－0000834　自 0310
本草綱目拾遺十卷首一卷　(清)趙學敏輯　清同治十年(1871)錢唐張應昌吉心堂刻本　八冊

110000－0182－0000835　自 0311
割圜密率捷法四卷　(清)明安圖撰　(清)陳舜五續　清道光十九年(1839)石梁岑氏刻本　三冊

110000－0182－0000836　自 0313
食物本草會纂十二卷　(清)沈李龍纂輯　清乾隆四十八年(1783)金閶書業堂刻本　一冊　存七卷(一至七)

110000－0182－0000837　自 0314
御纂醫宗金鑑七十四卷首一卷外科金鑑十六卷　(清)吳謙等纂　清刻本　五十冊

110000－0182－0000838　自 0315(1)
補農書二卷　(明)沈□撰　(清)張履祥補　清光緒二十三年(1897)然藜閣木活字印本　一冊

110000－0182－0000839　自 0315(2)
補農書二卷　(明)沈□撰　(清)張履祥補　清光緒二十三年(1897)然藜閣木活字印本　一冊

110000－0182－0000840　自 0316
捕蝗要訣附除蝻八要一卷　(清)錢炘和撰　清光緒十七年(1891)刻本　一冊

110000－0182－0000841　自 0317
玉函經三卷　(唐)杜光庭撰　(宋)崔嘉彥註　清順治四年(1647)程林居易齋刻本　一冊

110000－0182－0000842　自 0319
蠶桑譜二卷　(清)陳啟沅撰　(清)陳錦篇繪圖　清光緒二十三年(1897)刻本　一冊

110000－0182－0000843　自 0321
金匱要略直解三卷　(清)程林注　清康熙十二年(1673)刻本　三冊

110000－0182－0000844　自 0324

農家必讀一卷　(清)退學軒主人編　清光緒三十二年(1906)上海開明書店鉛印本　一册

110000－0182－0000845　自0329
御製耕織圖詩不分卷　(清)聖祖玄燁題　(清)焦秉貞繪　清光緒石印本　一册

110000－0182－0000846　自0330
則古昔齋算學十三種附刻一種　(清)李善蘭撰　清同治六年(1867)海寧李善蘭刻本　六册

110000－0182－0000847　自0331
重學二十卷圓錐曲線說三卷　(英國)胡威立撰　(英國)艾約瑟譯　(清)李善蘭述　清同治五年(1866)刻本　六册

110000－0182－0000848　自0332
金匱玉函經八卷　(漢)張機著　(晉)王叔和撰次　(宋)林億等校正　清康熙五十六年(1717)上海陳世傑起秀堂刻本　四册

110000－0182－0000849　自0336
新刊銅人針灸經七卷　(□)□□撰　明山西平陽府刻本　二册

110000－0182－0000850　自0338
金匱要略淺註方論合編十卷　(清)陳念祖著　嚴獄蓮輯　清宣統元年(1909)渭南嚴氏刻本　六册

110000－0182－0000851　自0342
本草綱目五十二卷附圖二卷　(明)李時珍撰　明萬曆三十一年(1603)張鼎思刻本　三十四册　缺一卷(十七下)

110000－0182－0000852　自0344
物理小識十二卷首一卷　(清)方以智集　(清)于藻重訂　清康熙三年(1664)刻本　六册

110000－0182－0000853　自0345
御製曆象考成後編十卷　(清)顧琮等編　清乾隆七年(1742)刻本　八册

110000－0182－0000854　自0346
原本茶經三卷　(唐)陸羽撰　**續茶經三卷附録一卷**　(清)陸廷燦輯　清雍正十三年(1735)陸氏壽椿堂刻本　八册

110000－0182－0000855　自0349
洗冤錄詳義四卷　(清)許梿撰　清咸豐六年(1856)許氏古均閣刻本　四册

110000－0182－0000856　自0350
針灸甲乙經十二卷　(晉)皇甫謐撰　清光緒十一年(1885)四明存存軒刻本　四册

110000－0182－0000857　自0351(1)
數書九章十八卷　(宋)秦九韶撰　**數書九章札記四卷**　(清)宋景昌撰　清道光二十二年(1842)上海郁氏刻宜稼堂叢書本　八册

110000－0182－0000858　自0352
詳解九章算法一卷類纂一卷　(宋)楊輝撰　**詳解九章算法札記一卷**　(清)宋景昌撰　清道光二十二年(1842)上海郁氏刻宜稼堂叢書本　二册

110000－0182－0000859　自0353
楊輝算法六卷　(宋)楊輝撰　**楊輝算法札記一卷**　(清)宋景昌撰　清道光二十二年(1842)上海郁氏刻宜稼堂叢書本　二册

110000－0182－0000860　自0354
新製靈臺儀象志十六卷　(比利時)南懷仁撰　(清)劉蘊德筆受　(清)孫有本　(清)徐瑚詳受　清康熙十三年(1674)刻本　十四册　存十四卷(一至十四)

110000－0182－0000861　自0355(1)
欽定授時通考七十八卷　(清)鄂爾泰等撰　清乾隆七年(1742)武英殿刻本　二十四册

110000－0182－0000862　自0355(2)
欽定授時通考七十八卷　(清)鄂爾泰等撰　清乾隆七年(1742)武英殿刻嘉慶十三年(1808)增刻本　二十四册

110000－0182－0000863　自0356
開礦器法圖說十卷　(美國)俺特累撰　(英國)傅蘭雅口譯　(清)王樹善筆述　清光緒二十五年(1899)上海江南機器製造總局石印

本　六冊

110000－0182－0000864　自 0357

水雷圖說不分卷　（清）潘仕成撰　清道光二十三年（1843）海山仙館刻本　一冊

110000－0182－0000865　自 0359

外國師船圖表十六卷　（清）許景澄編　清光緒十二年（1886）石印本　十冊

110000－0182－0000866　自 0362

泰西水法六卷　（意大利）熊三拔撰　（明）徐光啓筆記　（明）李之藻訂正　清茂雪堂抄本　一冊

110000－0182－0000867　自 0376

天文步天歌一卷　（清）何君藩撰　清刻本　一冊

110000－0182－0000868　自 0377

化學鑑原補編六卷附一卷　（英國）傅蘭雅口譯　（清）徐壽筆述　清光緒上海江南機器製造總局刻本　六冊

110000－0182－0000869　自 0378

增補諸家選擇萬全玉匣記一卷　（晉）許真君撰　清光緒十七年（1891）石印本　一冊

110000－0182－0000870　自 0393

數度衍二十三卷首三卷　（清）方中通撰　清光緒十六年（1890）成都王氏志古堂刻本　八冊

110000－0182－0000871　自 0394

則古昔齋算學十三種附刻一種　（清）李善蘭撰　清同治六年（1867）海寧李善蘭刻本　六冊

110000－0182－0000872　自 0398

中國礦產志略一卷鐵路簡明表一卷　（清）瞢甍室輯　清光緒鉛印本　一冊

110000－0182－0000873　自 0401

會通機器圖說一卷　（清）潘學祖撰　清光緒七年（1881）愈愚齋石印本　一冊

110000－0182－0000874　自 0405

菊名錄一卷　（清）花沙納輯　清道光二十七年（1847）花沙納抄本　一冊

110000－0182－0000875　自 0406

撫郡農產考略二卷　（清）何剛德撰　清光緒二十九年（1903）撫郡學堂鉛印本　二冊

110000－0182－0000876　自 0412

御題棉花圖　（清）方觀承撰　（清）高宗弘曆題識　清拓本　一冊

110000－0182－0000877　自 0414

治蝗全法四卷附錄一卷　（清）顧彥輯　清光緒十四年（1888）猶白雪齋刻本　一冊

110000－0182－0000878　自 0415

鐵模圖說一卷試造搖車敲築火箭圖說一卷演礮圖說一卷　（清）龔振麟撰　清道光刻本　二冊

110000－0182－0000879　自 0417

植物名實圖考三十八卷　（清）吳其濬撰　清光緒六年（1880）山西濬文書局刻本　十冊　存十九卷（一至十九）

110000－0182－0000880　自 0421

三才圖會一百六卷　（明）王圻纂　清抄本　一冊　存三卷（宮室三卷）

110000－0182－0000881　自 0422

農政全書六十卷　（明）徐光啟纂輯　清同治十三年（1874）山東書局刻本　十冊　存三十卷（一至三十）

110000－0182－0000882　自 0423

重訂外科正宗十二卷　（明）陳實功撰　（清）張鶩翼重訂　清咸豐十年（1860）刻本　六冊

110000－0182－0000883　自 0424

格物彙編圖解四種　（清）□□輯　清光緒二十三年（1897）石印本　四冊

110000－0182－0000884　自 0429

新編西方子明堂灸經八卷　題（□）西方子撰　明山西平陽府刻本　二冊

110000－0182－0000885　自 0430

新刊銅人針灸經七卷　（□）□□撰　明山西平陽府刻本　二冊

110000－0182－0000886　自 0431

六藝一隅二種　(清)□□輯　清光緒十二年(1886)抄本　一冊

110000－0182－0000887　自 0433

御製耕織圖詩不分卷　(清)聖祖玄燁題　(清)焦秉貞繪　清光緒石印本　一冊

110000－0182－0000888　自 0434

格致彙編　(英國)傅蘭雅編　清光緒二年至七年(1876－1881)上海格致書室鉛印本　十四冊　存十四卷(乙亥三卷、丙子三卷、丁丑六卷、戊寅二卷)

110000－0182－0000889　自 0435

緝古算經細草三卷　(唐)王孝通撰　(清)張敦仁補草　清嘉慶八年(1803)藝學軒刻本　一冊

110000－0182－0000890　自 0436

藝器記珠一卷　(清)江南製造總局譯　(清)徐建寅筆述　清光緒十年(1884)上海江南製造總局刻本　一冊

110000－0182－0000891　自 0437

物理學上編四卷中編四卷下編四卷　(日本)飯盛挺造編纂　王季烈重編　清光緒二十六年(1900)上海江南機器製造總局刻本　十二冊

110000－0182－0000892　自 0438

西藝知新二十二卷　(英國)諾格德撰　(英國)傅蘭雅口譯　(清)徐壽筆述　清光緒上海江南機器製造總局刻本　十四冊

110000－0182－0000893　自 0439

廣蠶桑説輯補二卷　(清)沈練撰　(清)仲昂庭輯補　清光緒二十三年(1897)刻本　一冊

110000－0182－0000894　自 0440

古微書三十六卷　(明)孫瑴輯　清嘉慶二十一年(1816)對山問月樓刻本　四冊

110000－0182－0000895　自 0441

物理小識十二卷首一卷　(清)方以智集　(清)于藻重訂　清康熙三年(1664)刻本　四冊

110000－0182－0000896　自 0443

火龍經二卷　(□)□□編　清抄本　二冊

110000－0182－0000897　自 0445

重訂增補陶朱公致富全書四卷　(明)陳繼儒輯　(清)石巖逸叟增補　清光緒杭城聚文堂刻本　二冊

110000－0182－0000898　自 0446

寶藏興焉十二卷　(英國)費而奔撰　(英國)傅蘭雅口譯　(清)徐壽筆述　清光緒上海江南機器製造總局刻本　十六冊

110000－0182－0000899　自 0447

本草品彙精要四十二卷　(明)劉文泰　(明)徐鎮等撰　清手繪本　四冊　存一卷(一)

110000－0182－0000900　自 0450

廣蠶桑説一卷　(清)沈練撰　清光緒三十二年(1906)瀘州文匯堂刻本　一冊

110000－0182－0000901　自 0451(1)

除蝗成法一卷捕蝗要說一卷　(清)楊景仁輯　清道光十六年(1836)刻本　一冊

110000－0182－0000902　自 0452

西醫略論三卷　(英國)合信　(清)管茂材撰　清咸豐七年(1857)上海仁濟醫館刻本　一冊

110000－0182－0000903　自 0453

武備水火攻一卷　(明)施永圖撰　清抄本　一冊

110000－0182－0000904　自 0454

農政全書六十卷　(明)徐光啟纂輯　明崇禎十二年(1639)平露堂刻本　十冊

110000－0182－0000905　自 0455

仲景全書五種　(漢)張機等撰　清光緒二十年(1894)成都鄧少如崇文齋刻仲景全書本　十二冊

110000－0182－0000906　自 0456

齊民要術十卷　(北魏)賈思勰撰　清光緒二十二年(1896)漸西村舍刻本　一冊　存三卷

（四至六）

110000－0182－0000907　自 0458

蠶桑輯要一卷　（清）沈秉成輯　清光緒元年（1875）江西書局刻本　一册

110000－0182－0000908　自 0459

蠶桑輯要一卷　（清）沈秉成輯　清光緒九年（1883）金陵書局刻本　一册

110000－0182－0000909　自 0460

桑蠶提要二卷　（清）方大湜撰　清光緒十八年（1892）瑞州府署刻本　二册

110000－0182－0000910　自 0461

火攻挈要三卷附圖一卷　（德國）湯若望授（明）焦勖纂　（清）趙仲訂　清汪于泗刻本（上卷第二十二葉爲抄配）　二册

110000－0182－0000911　善 1053

大清宣統二年歲次庚戌時憲書一卷　（清）欽天監編　清宣統二年（1910）刻套印本　一册

110000－0182－0000912　自 0463

孫真人備急千金要方九十三卷　（唐）孫思邈撰　（宋）林億等校正　清康熙三十年（1691）刻本　十册

110000－0182－0000913　自 0464

千金翼方三十卷　（唐）孫思邈撰　（宋）林億等校正　清乾隆華希閔刻本　十四册

110000－0182－0000914　自 0466

鑄金論略六卷圖一卷　（英國）司布勒村撰（英國）傅蘭雅口譯　汪振聲筆述　清光緒二十八年（1902）上海江南機器製造總局刻本　六册

110000－0182－0000915　自 0467

沂水桑麻話一卷　（清）吳樹聲撰　清咸豐四年（1854）刻本　一册

110000－0182－0000916　自 0468

蠶桑簡明輯說一卷補遺一卷　（清）黄世本輯　清光緒十四年（1888）刻本　一册

110000－0182－0000917　自 0469

測地膚言一卷　（清）陶保廉撰　清光緒十六年（1890）守拙軒刻本　一册

110000－0182－0000918　善 1052

大清宣統元年歲次己酉時憲書一卷　（清）欽天監編　清宣統元年（1909）刻套印本　一册

110000－0182－0000919　自 0471

天文度數表一卷　（清）□□撰　清刻本　一册

110000－0182－0000920　自 0474

器象顯真四卷　（英國）白力蓋撰　（英國）傅蘭雅口譯　（清）徐建寅筆述　（清）曹鍾秀摹圖　清同治十年（1871）上海江南機器製造總局刻本　二册

110000－0182－0000921　自 0475

照相鏤板印圖法一卷　（美國）貝列尼原本（美國）衛里　（清）王汝駢同譯　清光緒二十六年（1900）上海江南機器製造總局刻本　一册

110000－0182－0000922　自 0476

輪輿私箋二卷圖一卷　（清）鄭珍撰　（清）鄭知同繪　清光緒十七年（1891）廣雅書局刻本　一册

110000－0182－0000923　自 0478

量倉通法五卷　（清）張作楠撰　（清）江臨泰補圖　清嘉慶二十五年（1820）金華張氏刻翠薇山房數學本　三册

110000－0182－0000924　自 0479

方田通法補例六卷　（清）張作楠撰　（清）江臨泰補圖　清嘉慶二十五年（1820）金華張氏刻翠薇山房數學本　二册

110000－0182－0000925　自 0480

更漏中星表不分卷　（清）張作楠撰　清嘉慶二十五年（1820）金華張氏刻翠薇山房數學本　二册

110000－0182－0000926　自 0481

煉鋼要言一卷　徐家寶譯述　清光緒二十年（1894）上海江南機器製造總局刻本　一册

110000－0182－0000927　自 0482

金石表一卷　(美國)代那撰　(美國)瑪高溫口譯　(清)華蘅芳筆述　清光緒九年(1883)上海江南機器製造總局刻本　一冊

110000－0182－0000928　自0483
製羼金法二卷　(日本)橋本奇策撰　王季點譯　清光緒二十七年(1901)上海江南機器製造總局刻本　一冊　存一卷(上)

110000－0182－0000929　自0484
西洋新法曆書　(明)徐光啟等編譯　明末刻本　一冊　存二卷(交食表二卷)

110000－0182－0000930　自0485
金華晷漏中星表一卷　(清)張作楠撰　清嘉慶二十五年(1820)金華張氏刻翠薇山房數學本　一冊

110000－0182－0000931　自0489
針灸甲乙經十二卷　(晉)皇甫謐撰　明新安吳勉學刻本　八冊

110000－0182－0000932　自0490
先憂集五十七卷　(清)陳芳生輯　清恬養齋抄本　一冊　存一卷(田志)

110000－0182－0000933　自0493
御製耕織圖詩不分卷　(清)聖祖玄燁題　(清)焦秉貞繪　清光緒石印本　一冊

110000－0182－0000934　自0500
石函平砂玉尺經全書後集三卷　(元)劉秉忠撰　(明)劉基解　明翠屏堂刻本　一冊

110000－0182－0000935　自0501
景岳全書二十四集六十四卷　(明)張介賓撰　清康熙青藜閣刻本　二十四冊

110000－0182－0000936　自0502
金湯借箸十二籌十二卷　(明)李盤撰　清抄本(卷十二有油印補配)　十二冊

110000－0182－0000937　自0503
工程做法則例七十四卷　(清)允禮等編　清雍正十二年(1734)内府刻本　二十冊

110000－0182－0000938　自0504
雅尚齋遵生八箋十九卷目錄一卷　(明)高濂編次　明萬曆十九年(1591)刻本　八冊

110000－0182－0000939　自0505
增刪算法統宗十一卷　(明)程大位編　(清)梅𣪺成增刪　清光緒上海江南機器製造總局刻本　三冊　缺三卷(六至八)

110000－0182－0000940　自0506
紙名抄存不分卷　(清)□□編　清抄本　一冊

110000－0182－0000941　自0507
讀史論略不分卷　(清)杜詔撰　**步天歌不分卷輿地略不分卷括地略不分卷**　清末刻本　一冊

110000－0182－0000942　自0508
輪輿私箋二卷圖一卷　(清)鄭珍撰　(清)鄭知同繪　清光緒十七年(1891)廣雅書局刻本　一冊

110000－0182－0000943　自0513
開礦器法圖說十卷　(美國)俺特累撰　(英國)傅蘭雅口譯　(清)王樹善筆述　清光緒二十五年(1899)上海江南機器製造總局石印本　六冊

110000－0182－0000944　自0515
商部呈驗中西電化製造圖說二卷附卷一卷　(清)商部輯　清光緒三十一年(1905)孔顏樂處鉛印本　一冊

110000－0182－0000945　自0517
管窺輯要八十卷　(清)黃鼎纂　清順治九年(1652)黃氏刻本　二十八冊

110000－0182－0000946　自0518
談天十八卷首一卷表一卷　(英國)侯失勒撰　(英國)偉烈亞力口譯　(清)李善蘭筆述　(清)徐建寅續筆　清光緒上海江南機器製造總局刻本　四冊

110000－0182－0000947　自0519
蠶桑簡編一卷　(清)楊名颺編　清抄本　一冊

110000－0182－0000948　自0522

御製耕織圖詩不分卷　（清）聖祖玄燁題　（清）焦秉貞繪　清光緒石印本　一册

110000－0182－0000949　自0523
新製儀象圖一百十七幅　（比利時）南懷仁繪　清康熙十三年（1674）武英殿刻本　二册

110000－0182－0000950　自0530
安瀾紀要二卷回瀾紀要二卷　（清）徐端撰　清道光二十二年（1842）刻本　二册

110000－0182－0000951　自0531
蠶桑合編不分卷　（清）何石安輯　**蠶桑說一卷**　（清）趙敬如撰　清同治十年（1871）富文樓刻本　一册

110000－0182－0000952　自0533
蠶桑簡編圖一卷　（清）張集賢編　（清）郝子雅繪　清光緒十五年（1889）刻本　一册

110000－0182－0000953　自0534
秘傳花鏡六卷　（明）陳淏子輯　清康熙二十七年（1688）刻本　四册

110000－0182－0000954　語0005
全閩詩話十二卷　（清）鄭方坤輯　清乾隆詩話軒刻本　十二册

110000－0182－0000955　語0008
南山集偶鈔八卷　（清）戴名世撰　清抄本　八册

110000－0182－0000956　語0009
胡文忠公遺集八十六卷　（清）胡林翼撰　（清）鄭敦謹　（清）曾國荃編輯　清同治六年（1867）黄鶴樓刻本　二十四册

110000－0182－0000957　語0010
繪圖綴白裘十二集　（□）玩花主人輯　（清）錢德蒼增輯　清光緒二十一年（1895）石印本　十二册

110000－0182－0000958　語0012
四六法海八卷　（明）王志堅撰　（清）蔣士銓評選　清光緒十年（1884）讀書堂刻本　八册

110000－0182－0000959　語0013
陶淵明集十卷　（晉）陶潛撰　清光緒二年（1876）旌邑李文韓刻本　二册

110000－0182－0000960　語0017
李翰林集三十卷　（唐）李白撰　清光緒三十二年（1906）西泠印社刻本　六册

110000－0182－0000961　語0020
絕妙好詞箋七卷續鈔一卷　（宋）周密原本　（清）查為仁　（清）厲鶚箋　（清）余集續鈔　清道光八年（1828）杭州愛日軒刻本　四册

110000－0182－0000962　語0022
唐詩別裁集十卷　（清）沈德潛　（清）陳培脉輯　清康熙五十六年（1717）碧桐書屋刻本　六册

110000－0182－0000963　語0024
玉臺新詠十卷　（南朝陳）徐陵輯　（清）吳兆宜原注　（清）程琰删補　清乾隆三十九年（1774）刻本　六册

110000－0182－0000964　語0025
六朝文絜四卷　（清）許槤評選　（清）朱鈞參校　清光緒三年（1877）馮焌光讀有用書齋刻朱墨套印本　二册

110000－0182－0000965　語0027
廣雅疏證十卷　（清）王念孫撰　清刻本　十二册

110000－0182－0000966　語0029
廣事類賦四十卷　（清）華希閔撰　清刻本　八册

110000－0182－0000967　語0031
苕溪漁隱叢話前集六十卷後集四十卷　（宋）胡仔纂集　清耘經樓仿宋刻本　十册

110000－0182－0000968　語0035
詞律二十卷　（清）萬樹輯　清康熙二十六年（1687）尺木堂刻本　六册

110000－0182－0000969　語0037
重訂六書通十卷　（明）閔齊伋撰　（清）畢弘述篆訂　清光緒二十一年（1895）鴻寶齋石印本　六册

110000－0182－0000970　語0039

黔風十二卷 （清）傅玉書輯　清涪陵文氏刻本　四冊　存十卷（一至十）

110000－0182－0000971　語 0044
增補詩句題解統編全集二十二卷 （清）陳劍芝 （清）葉湘秋 （清）顧芷卿撰 （清）朱春舫增輯 （清）汪元方鑒定　清光緒五年（1879）京都琉璃廠刻本　二十二冊

110000－0182－0000972　語 0046
增廣詩韻全璧五卷 （清）汪慕杜輯 （清）湯文潞 （清）惜陰主人增輯 **虚字韻藪一卷** （清）潘維城輯 **初學檢韻十二集** （清）錢大昕鑒定 （清）姚文登輯　清光緒十九年（1893）上海點石齋石印本　三冊

110000－0182－0000973　語 0048
古文辭類纂七十四卷 （清）姚鼐纂集　清同治八年（1869）江蘇書局刻本　十二冊

110000－0182－0000974　語 0049
胡文忠公遺集十卷首一卷 （清）胡林翼撰　清同治七年（1868）醉六堂刻本　八冊

110000－0182－0000975　語 0050
漁洋山人文略十四卷 （清）王士禛撰　清康熙刻本　五冊

110000－0182－0000976　語 0055
煙嶼樓文集四十卷 （清）徐時棟撰　清光緒三年（1877）葛氏松竹居刻本　八冊

110000－0182－0000977　語 0056
渭南文集五十卷 （宋）陸游撰　明末毛氏汲古閣刻本　十四冊

110000－0182－0000978　語 0060
詞辨二卷介存齋論詞雜著一卷 （清）周濟撰　清光緒四年（1878）刻本　一冊

110000－0182－0000979　語 0061
訓真書屋詩存二卷 （清）黃國瑾撰　清光緒三十二年（1906）貴筑黃氏家塾刻本　二冊

110000－0182－0000980　語 0063
詞選二卷附錄一卷 （清）張惠言輯 **續詞選二卷** （清）董毅輯　清同治十一年（1872）會稽章氏刻本　二冊

110000－0182－0000981　語 0064
劍南詩稿八十五卷 （宋）陸游撰　明末毛氏汲古閣刻本　四十一冊　缺一卷（二十二）

110000－0182－0000982　語 0072
全浙詩話五十四卷 （清）陶元藻輯　清嘉慶元年（1796）刻本　十八冊　存四十二卷（一至二、十五至五十四）

110000－0182－0000983　語 0073
亭林文集六卷餘集一卷 （清）顧炎武撰　清山隱居刻本　四冊

110000－0182－0000984　語 0074
繪像全圖長生殿傳奇四卷 （清）洪昇填詞　清光緒十六年（1890）上海文瑞樓石印本　二冊

110000－0182－0000985　語 0075
雨村詞話四卷曲話二卷 （清）李調元撰　清光緒七年至八年（1881－1882）廣漢鍾登甲樂道齋刻函海本　一冊

110000－0182－0000986　語 0076
月波洞中記一卷 （三國吳）張仲遠傳本 **采石瓜洲記一卷** （宋）蹇駒撰 **產育寶慶集一卷** （宋）郭稽中纂　清光緒七年至八年（1881－1882）廣漢鍾登甲樂道齋刻函海本　一冊

110000－0182－0000987　語 0077
重訂昭明文選集評十五卷首一卷末一卷 （清）于光華編　清梓潼會刻本　十六冊

110000－0182－0000988　語 0078
韻辨附文五卷 （清）沈兆霖撰　清道光二十三年（1843）宏道書院刻本　五冊

110000－0182－0000989　語 0079
悅坳遺詩一卷 （清）鄭珏撰 **瑟廬遺詩一卷** （清）章永康撰　清光緒十四年（1888）日本使署刻本　一冊

110000－0182－0000990　語 0080
悅坳遺詩一卷 （清）鄭珏撰 **瑟廬遺詩一卷**

（清）章永康撰　**丈雪語錄一卷**　（清）釋徹綱編　清光緒十五年（1889）日本使署刻黎氏家集本　一冊

110000－0182－0000991　語0083
桃花扇傳奇四卷首一卷　（清）雲亭山人（孔尚任）撰　清光緒二十一年（1895）蘭雪堂刻本　三冊

110000－0182－0000992　語0085
一切經音義二十五卷　（唐）釋玄應撰　清乾隆五十一年（1786）莊炘刻本　六冊

110000－0182－0000993　語0086
佩文詩韻釋要五卷　（清）周兆基撰　清光緒十八年（1892）浙江書局刻本　一冊

110000－0182－0000994　語0087
文選六十卷考異十卷　（南朝梁）蕭統選　（唐）李善注　（清）胡克家考異　清同治八年（1869）湖北崇文書局刻本　四冊　存十一卷（二十四至二十六、五十二至五十四，考異一至二、五至七）

110000－0182－0000995　語0097
向青閣讀詩類鈔（歷朝詠物詩百一鈔）六卷（清）姚培謙輯　清乾隆姚培謙清妙軒刻本　四冊

110000－0182－0000996　語0098
元詩百一鈔八卷補遺一卷　（清）姚培謙輯　清乾隆二十九年（1764）然藜閣刻本　四冊

110000－0182－0000997　語0099
韻海大全不分卷　（清）仁壽室主人輯　**曲園遺言一卷曲園遺詩一卷**　（清）俞樾撰　清光緒十二年（1886）上海掃葉山房石印本　七冊

110000－0182－0000998　語0107
詩人玉屑二十卷　（宋）魏慶之輯　清初處順堂刻本　八冊

110000－0182－0000999　語0122
巢經巢集一卷說文逸字二卷附錄一卷巢經巢詩鈔九卷　（清）鄭珍撰　清咸豐八年（1858）望山堂刻本　五冊

110000－0182－0001000　語0124
青藜閣詩鈔一卷　（清）劉鴻庚撰　清光緒二十四年（1898）刻本　一冊

110000－0182－0001001　語0126
龔定盦全集文三卷補編四卷續錄一卷古今體詩二卷雜詩一卷詞選一卷續集四卷　（清）龔自珍撰　清光緒二十三年（1897）萬本書堂刻本　六冊

110000－0182－0001002　語0127
庾子山集十六卷總釋一卷　（北周）庾信撰（清）倪璠注　清同治八年（1869）刻本　十二冊

110000－0182－0001003　語0128
雅趣藏書一卷　（清）錢書撰　清康熙四十二年（1703）刻朱墨套印本　一冊　缺三篇（寄彩、爭嫠、團圓）

110000－0182－0001004　語0129
唐詩別裁集引典備註二十卷　（清）沈德潛選　（清）俞汝昌註　清道光十八年（1838）富春堂刻本（卷十一配抄本二葉）　八冊

110000－0182－0001005　語0130
郭弘農集二卷　（晉）郭璞撰　明刻本　四冊

110000－0182－0001006　語0134
唐寫本唐韻殘卷　（唐）孫愐撰　清光緒三十四年（1908）影印本　一冊

110000－0182－0001007　語0140
同岑五家詩鈔五種十四卷　（清）曾燠輯　清道光九年（1829）刻本　六冊

110000－0182－0001008　語0152
古文淵鑒六十四卷　（清）徐乾學等編注　清宣統二年（1910）學部圖書局石印本　二十四冊

110000－0182－0001009　語0158
晦明軒稿不分卷壬癸金石跋一卷　楊守敬撰　清光緒二十七年至三十三年（1901－1907）鄰蘇園刻本　二冊

110000－0182－0001010　語0159

晚學集八卷　(清)桂馥撰　清道光二十一年(1841)刻本　二册

110000－0182－0001011　語0166
十八家詩鈔二十八卷　(清)曾國藩纂　清同治十三年(1874)刻本　二十六册

110000－0182－0001012　語0168
文選六十卷　(南朝梁)蕭統選　(唐)李善注　清同治八年(1869)金陵書局刻本　十册

110000－0182－0001013　語0169
拙庵叢稿二十卷　(清)朱一新撰　清光緒二十二年(1896)順德龍氏葆真堂刻本　十五册　缺一卷(一)

110000－0182－0001014　語0170
待輶集　(清)石方洛撰　清光緒三十年(1904)刻本　一册

110000－0182－0001015　語0176
漢詩統箋三卷　(清)陳本禮撰　清嘉慶十五年(1810)裛露軒刻本　二册

110000－0182－0001016　語0178
文章正宗鈔四卷　(宋)眞德秀輯　(明)胡汝嘉節鈔　明萬曆三年(1575)刻本　一册　存一卷(一)

110000－0182－0001017　語0181
韻字略十二卷　(清)毛謨撰　清光緒元年(1875)湖北崇文書局刻本　二册

110000－0182－0001018　語0183
宋豔十二卷　(清)徐士鑾輯　清光緒十七年(1891)天津蝶園刻本　六册

110000－0182－0001019　語0184
咸豐以來功臣別傳三十卷　(清)朱禮彰撰　清光緒二十四年(1898)刻漸學廬叢書本　六册

110000－0182－0001020　語0188
詞苑珠塵一卷　(明)何震撰　清光緒三十三年(1907)鉛印本　一册

110000－0182－0001021　語0191(1)
小學鉤沈十九卷　(清)任大椿輯　清光緒十年(1884)李氏半畝園刻本　四册

110000－0182－0001022　語0191(2)
小學鉤沈十九卷　(清)任大椿輯　清光緒十年(1884)李氏半畝園刻本　四册

110000－0182－0001023　語0201
古文詞略二十四卷　(清)梅曾亮選　清光緒三十四年(1908)學部圖書局鉛印本　五册

110000－0182－0001024　語0204
古文雅正十四卷　(清)蔡世遠評選　(清)李清植　(清)張福昶參訂　清雍正三年(1725)念修堂刻本　六册

110000－0182－0001025　語0206
唐陸宣公奏議讀本四卷首一卷　(唐)陸贄撰　(清)汪銘謙編　(清)馬傳庚評　清宣統元年(1909)石印本　二册

110000－0182－0001026　語0210
白華山人詩集十六卷詩說二卷　(清)厲志撰　清光緒九年(1883)定海厲氏刻本　四册

110000－0182－0001027　語0211
吳學士詩集五卷　(清)吳鼒撰　(清)梁肇煌　(清)薛時雨編　清光緒八年(1882)江寧藩署刻本　二册

110000－0182－0001028　語0226
靈芬館詩話十二卷續六卷　(清)郭麐撰　清嘉慶二十一年(1816)刻本　六册

110000－0182－0001029　語0228
歷朝詩約選九十三卷　(清)劉大櫆輯　清光緒二十一年至二十三年(1895－1897)文徵閣刻本　二十三册　存八十九卷(四至九十二)

110000－0182－0001030　語0241
水澄劉氏遺詩一卷　(清)孫瀚編　清光緒二十六年(1900)海天旭日研齋刻本　一册

110000－0182－0001031　語0244
桃塢百絕一卷後桃塢百絕一卷　(清)石方洛撰　清光緒三十年(1904)吳門石氏清素堂刻本　一册

110000－0182－0001032　語 0252
鳳翔紀事詩存一卷　(清)張兆棟撰　清光緒四年(1878)刻本　一冊

110000－0182－0001033　語 0253
粵謳一卷　(清)招子庸輯　清道光八年(1828)刻本　一冊

110000－0182－0001034　語 0255
說文通訓定聲十八卷分部柬韻一卷　(清)朱駿聲撰　清光緒十九年(1893)上海鴻文書局石印本　六冊

110000－0182－0001035　語 0256
桃花扇傳奇四卷首一卷　(清)雲亭山人(孔尚任)撰　清光緒二十年(1894)寶善書局石印本　四冊

110000－0182－0001036　語 0257
廣雅疏證十卷博雅音十卷　(清)王念孫撰　清光緒十九年(1893)上海鴻文書局石印本　四冊

110000－0182－0001037　語 0264
說詩晬語二卷　(清)沈德潛撰　清光緒五年(1879)上海淞隱閣鉛印國朝名人著述叢編本　一冊

110000－0182－0001038　語 0265
然燈記聞一卷　(清)漁洋先生口授　(清)何世璂述　**律詩定體一卷**　(清)王士禛撰　**聲調譜一卷談龍錄一卷**　(清)趙執信撰　清光緒五年(1879)上海淞隱閣鉛印國朝名人著述叢編本　一冊

110000－0182－0001039　語 0266
救文格論一卷　(清)顧炎武撰　**金石要例一卷**　(清)黃宗羲撰　**師友詩傳錄一卷續錄一卷**　(清)郎廷槐編　(清)劉大勤續編　清光緒五年(1879)上海淞隱閣鉛印國朝名人著述叢編本　一冊

110000－0182－0001040　語 0267
漫堂詩說一卷　(清)宋犖撰　**論學三說一卷**　(清)黃與堅撰　**詞統源流一卷**　(清)彭孫遹撰　清光緒五年(1879)上海淞隱閣鉛印國朝名人著述叢編本　一冊

110000－0182－0001041　語 0268
唐人試律說一卷　(清)紀昀撰　**讀賦卮言一卷**　(清)王芑孫撰　清光緒五年(1879)上海淞隱閣鉛印國朝名人著述叢編本　一冊

110000－0182－0001042　語 0269
詩學纂聞一卷　(清)汪師韓撰　清光緒五年(1879)上海淞隱閣鉛印國朝名人著述叢編本　一冊

110000－0182－0001043　語 0271
自怡軒樂府五卷　(清)許寶善撰　清乾隆五十八年(1793)刻本　一冊

110000－0182－0001044　語 0272
知悔齋詩三卷　(清)王兆杏撰　清王斯恩抄本　二冊

110000－0182－0001045　語 0273(1)
孟浩然集四卷　(唐)孟浩然撰　清光緒十年(1884)上海同文書局石印本　二冊

110000－0182－0001046　語 0273(2)
高常侍集十卷　(唐)高適撰　清光緒十年(1884)上海同文書局石印本　二冊

110000－0182－0001047　語 0273(3)
岑嘉州集八卷　(唐)岑參撰　清光緒十年(1884)上海同文書局石印本　二冊

110000－0182－0001048　語 0273(4)
王摩詰集六卷　(唐)王維撰　清光緒十年(1884)上海同文書局石印本　二冊

110000－0182－0001049　語 0288
歷朝古文不分卷　(清)□□輯　清抄本　一冊

110000－0182－0001050　語 0289
唐詩紀事八十一卷　(宋)計有功撰　明嘉靖二十四年(1545)刻本　十八冊　存六十一卷(二十一至八十一)

110000－0182－0001051　語 0297
東文法程　(清)商務印書館編譯所編輯　清光緒三十一年(1905)上海商務印書館鉛印本

一册

110000－0182－0001052　語 0298
國文語原解　梁啟超撰　清光緒三十三年(1907)横濱新民社活版部鉛印本　一册

110000－0182－0001053　語 0360
臨文便覽二卷　(清)張啟泰輯　清光緒刻本　一册　存一卷(上)

110000－0182－0001054　語 0378
唐詩品匯九十卷　(明)高棅輯　明刻本　一册　存八卷(五十六至六十三)

110000－0182－0001055　語 0390
説文解字十五卷　(漢)許慎撰　清同治十三年(1874)東吴浦氏刻本　一册　存五卷(一至五)

110000－0182－0001056　語 0391
楚辭十七卷　(戰國)屈原撰　(漢)王逸章句　(宋)洪興祖補注　清同治十一年(1872)金陵書局刻本　四册

110000－0182－0001057　語 0407
吴詩集覽二十卷首一卷談藪二卷補注二十卷　(清)吴偉業撰　(清)靳榮藩輯　清掃葉山房督造蘇州江左書林刻本　十六册

110000－0182－0001058　語 0408
古文奇賞二十二卷續古文奇賞三十四卷　(明)陳仁錫選評　明萬曆刻本　三十六册　缺二卷(續古文奇賞三十三至三十四)

110000－0182－0001059　語 0410
全上古三代秦漢三國六朝文七百四十六卷　(清)嚴可均輯　清光緒二十年(1894)刻本　一百册

110000－0182－0001060　語 0412
啖敢覽館稿　(清)曹應鍾撰　清同治十一年(1872)潘氏滂喜齋刻本　一册

110000－0182－0001061　語 0413
啟蒙對類不分卷　(清)趙實秋　王聰亭輯　清末刻本　一册

110000－0182－0001062　語 0414
六朝别字記不分卷　(清)趙之謙撰　清光緒十三年(1887)影印本　一册

110000－0182－0001063　語 0415
魏稼孫先生全集四種　(清)魏錫曾撰　清光緒九年(1883)刻本　六册

110000－0182－0001064　語 0417
跋南雷文定一卷　(清)方東樹撰　**玉井搴蓮集一卷**　(清)嚴長明撰　**岱游集一卷**　(清)陳文述撰　**同文集一卷**　(清)黄超曾編　清宣統元年(1909)陳氏刻本　一册

110000－0182－0001065　語 0423
杜工部集二十卷首一卷　(唐)杜甫撰　清乾隆五十年(1785)鄭澐玉勾草堂刻本　十册

110000－0182－0001066　語 0424
全唐詩鈔八十卷補遺十六卷　(清)吴成儀撰　清乾隆二十四年(1759)璜川書屋刻本　四十册

110000－0182－0001067　語 0426
南宋雜事詩七卷　(清)沈嘉轍撰　清同治十一年(1872)淮南書局刻本　二册

110000－0182－0001068　語 0427
潛研堂詩文集六十卷續十卷　(清)錢大昕撰　清嘉慶十一年(1806)刻本　十七册

110000－0182－0001069　語 0429
詞選二卷附錄一卷　(清)張惠言編　**續詞選二卷**　(清)董毅編　清道光十年(1830)宛鄰書屋刻本　二册

110000－0182－0001070　語 0432
國語二十一卷札記一卷　(春秋)左丘明撰　(三國吴)韋昭注　(清)黄丕烈劄記　清同治八年(1869)湖北崇文書局刻本　四册

110000－0182－0001071　語 0433
諧聲譜二卷　(清)丁顯撰　清光緒三十年(1904)刻本　二册

110000－0182－0001072　語 0435
劉孟塗集四十四卷　(清)劉開撰　清道光六年(1826)欒山草堂刻本　八册

110000－0182－0001073　語 0436
詞律二十卷　（清）萬樹撰　**詞律拾遺八卷**　（清）徐本立纂　**詞律補遺一卷**　（清）杜文瀾編　清光緒二年（1876）刻本　十六册

110000－0182－0001074　語 0437
惜抱軒全集　（清）姚鼐撰　清光緒三十三年（1907）上海校經山房刻本　十六册

110000－0182－0001075　語 0439
四書集注十九卷　（宋）朱熹注　清同治五年（1866）金陵書局刻本　六册

110000－0182－0001076　語 0441
水心文集二十九卷補遺一卷　（宋）葉適撰　清光緒八年（1882）瑞安孫氏刻本　八册

110000－0182－0001077　語 0442
大學衍義四十三卷　（宋）真德秀撰　清光緒二十年（1894）桂垣書局刻本　八册

110000－0182－0001078　語 0443
初唐四傑集三十一卷　（清）項家達撰　清同治十二年（1873）鄒氏叢雅居刻本　六册

110000－0182－0001079　語 0447
古文辭類纂七十四卷　（清）姚鼐輯　清光緒十年（1884）掃葉山房重校刻本　十二册

110000－0182－0001080　語 0454
閑閑老人滏水文集二十卷補遺一卷　（金）趙秉文撰　清光緒五年（1879）定州王氏刻畿輔叢書本　四册

110000－0182－0001081　語 0455
重刊五百家註音辯昌黎先生文集四十卷　（唐）韓愈撰　清乾隆四十九年（1784）刻本　十四册

110000－0182－0001082　語 0456
倚松老人詩集三卷　（宋）饒節撰　清抄本　三册

110000－0182－0001083　語 0458
李太白文集三十六卷　（唐）李白撰　（清）王琦輯注　清乾隆二十四年（1759）聚錦堂刻本　十二册

110000－0182－0001084　語 0459
菊坡精舍集不分卷　（清）陳澧輯　清刻本　四册

110000－0182－0001085　語 0464
經典釋文三十卷　（唐）陸德明撰　清康熙十九年（1680）通志堂刻本　八册

110000－0182－0001086　語 0466
經典釋文三十卷　（唐）陸德明撰　清康熙十九年（1680）通志堂刻本　十册

110000－0182－0001087　語 0468
集韻十卷　（宋）丁度等修　清光緒二年（1876）川東官舍刻本　十册

110000－0182－0001088　語 0469
類篇十五卷　（宋）司馬光等撰　清光緒二年（1876）川東官舍刻本　十四册

110000－0182－0001089　語 0470
附釋文互注禮部韻略五卷　（□）□□撰　清光緒二年（1876）川東官舍姚觀元刻本　五册

110000－0182－0001090　語 0472
經典釋文三十卷考證三十卷　（唐）陸德明撰　（清）盧文弨考證　清同治八年（1869）湖北崇文書局刻本　十二册

110000－0182－0001091　語 0474
群經平議三十五卷　（清）俞樾撰　清光緒十七年（1891）兩儀堂刻本　十六册

110000－0182－0001092　語 0475
説文釋例二十卷　（清）王筠撰　清同治四年（1865）刻本　十册

110000－0182－0001093　語 0477
景文集六十二卷　（宋）宋祁撰　清乾隆四十六年（1781）刻武英殿聚珍本　十二册

110000－0182－0001094　語 0478
經史答問四卷　（清）朱駿聲撰　清光緒二十年（1894）金陵刻本　四册

110000－0182－0001095　語 0479
蘇文忠詩合注五十卷首一卷目録一卷　（宋）蘇軾撰　（清）馮應榴輯訂　清乾隆五十八年

(1793)桐鄉馮氏踵息齋刻本　二十四册

110000－0182－0001096　語0480
甌北全集七種　(清)趙翼輯　清乾隆五十五年至嘉慶十七年(1790－1812)陽湖趙氏湛貽堂刻本　二十六册　存五種(皇朝武功紀盛、甌北詩抄、甌北詩話、甌北集、簷曝雜記)

110000－0182－0001097　語0481
學海堂集初集十六卷二集二十二卷　(清)吳蘭修編　**學海堂三集二十四卷**　(清)張維屏續編　清道光五年至咸豐九年(1825－1859)啟秀山房刻本　二十四册

110000－0182－0001098　語0482
文字蒙求廣義四卷　(清)王筠撰　(清)蒯光典增注　清光緒二十七年(1901)江楚書局刻本　五册

110000－0182－0001099　語0483
麟角集一卷附錄一卷　(唐)王棨撰　清光緒十年(1884)福山王氏刻本　一册

110000－0182－0001100　語0484
貴耳集三卷　(宋)張端義撰　明崇禎十五年(1642)汲古閣刻本　三册

110000－0182－0001101　語0485
元文類七十卷目錄三卷　(元)蘇天爵輯　清光緒十五年(1889)江蘇書局刻本　十册

110000－0182－0001102　語0487
增訂精忠演義說本全傳二十卷八十回　(清)錢彩撰　清晉祁書業德刻本　二十册

110000－0182－0001103　語0489
音學五書三十八卷　(清)顧炎武撰　清光緒十六年(1890)思賢講舍刻本　十二册

110000－0182－0001104　語0490
說文解字通釋四十卷　(五代)徐鍇撰　清光緒九年(1883)江蘇書局刻本　八册

110000－0182－0001105　語0493
船山詩草二十卷　(清)張問陶撰　清嘉慶二十年(1815)刻本　八册

110000－0182－0001106　語0495
鮚埼亭集三十八卷首一卷世譜一卷　(清)全祖望撰　清姚江借樹山房刻本　十册

110000－0182－0001107　語0496
小學紺珠十卷　(宋)王應麟輯　清乾隆五十八年(1793)慈儉堂刻本　十册

110000－0182－0001108　語0497
覆瓿集　(清)張文虎撰　清同治十三年至光緒十九年(1874－1893)刻本　十二册

110000－0182－0001109　語0498
南豐先生全集錄二卷　(宋)曾鞏撰　(清)儲欣錄　清康熙四十四年(1705)遺清堂刻本　一册

110000－0182－0001110　語0499
臨川先生全集錄四卷　(宋)王安石撰　(清)儲欣錄　清康熙四十四年(1705)遺清堂刻本　三册

110000－0182－0001111　語0500
六一居士全集錄四卷　(宋)歐陽修撰　(清)儲欣錄　清康熙四十四年(1705)遺清堂刻本　六册

110000－0182－0001112　語0501
習之全集錄二卷　(唐)李翱撰　(清)儲欣錄　清康熙四十四年(1705)遺清堂刻本　二册

110000－0182－0001113　語0502
東坡先生全集錄九卷　(宋)蘇軾撰　(清)儲欣錄　清康熙四十四年(1705)遺清堂刻本　六册

110000－0182－0001114　語0503
欒城先生全集錄六卷　(宋)蘇轍撰　(清)儲欣輯　清康熙四十四年(1705)遺清堂刻本　四册

110000－0182－0001115　語0504
老泉先生全集錄五卷　(宋)蘇洵撰　(清)儲欣輯　清康熙四十四年(1705)遺清堂刻本　二册

110000－0182－0001116　語0505
陸象山先生集要八卷　(宋)陸九淵撰　(明)

聶良杞編　明刻本　四冊

110000－0182－0001117　語 0506
說文釋例二十卷　(清)王筠撰　清道光十七年至十九年(1837－1839)刻本　十冊

110000－0182－0001118　語 0507
鏡花緣二十卷一百回　(清)李汝珍撰　清同治八年(1869)翠筠山房刻本　十九冊　缺一卷(二十)

110000－0182－0001119　語 0508
別雅五卷　(清)吳玉搢撰　清光緒刻益雅堂叢書本　五冊

110000－0182－0001120　語 0509
鮚埼亭集三十八卷首一卷鮚埼亭詩集十卷　(清)全祖望撰　清姚江借樹山房刻本　十四冊

110000－0182－0001121　語 0511
漢文典　來裕恂著　清宣統元年(1909)上海商務印書館鉛印本　二冊

110000－0182－0001122　語 0512
小學鉤沈十九卷　(清)任大椿輯　清光緒十年(1884)李氏半畝園刻本　四冊

110000－0182－0001123　語 0516
陸宣公集二十四卷　(唐)陸贄撰　清光緒十七年(1891)日照丁氏刻本　四冊

110000－0182－0001124　語 0517
劇談錄二卷　(唐)康駢撰　明崇禎虞山毛氏汲古閣刻本　二冊

110000－0182－0001125　語 0518
鮚埼亭集外編五十卷　(清)全祖望撰　清乾隆刻本　十二冊

110000－0182－0001126　語 0519
二程先生全書五十一卷　(宋)程頤　(宋)程顥撰　清康熙二十五年(1686)大竹齋刻本　七冊　缺一卷(一)

110000－0182－0001127　語 0520
晦庵先生朱文公文集一百卷續集五卷別集七卷　(宋)朱熹撰　清初平江蔡方炳刻本　四十九冊

110000－0182－0001128　語 0521
華嚴經直音　(□)□□撰　清抄本　一冊

110000－0182－0001129　語 0522
大題文府二集不分卷　(清)還讀書齋主人輯　清光緒十四年(1888)上海大同書局石印本　十冊

110000－0182－0001130　語 0523
大題文富不分卷　(清)三隱山人輯　清光緒十四年(1888)滬上石印本　二十冊

110000－0182－0001131　語 0524
小題森寶不分卷　(清)鴻寶齋主人輯　清光緒十八年(1892)上海鴻寶齋石印本　三十二冊

110000－0182－0001132　語 0525
增選大題鴻寶不分卷附續集　(清)徐毓洙輯　清光緒二十三年(1897)上海鴻寶齋石印本　三十二冊

110000－0182－0001133　語 0526
歷科鄉會元魁大成不分卷　(清)褎海山房主人輯　清光緒十五年(1889)上海鴻寶齋書局石印本　十八冊

110000－0182－0001134　語 0527
二百十五科鄉會文統不分卷　(清)上海書局編　**國朝貢舉年表三卷**　(清)陳國霖　(清)顧錫中編　清光緒二十三年(1897)上海書局石印本　二十四冊

110000－0182－0001135　語 0528
小題文府精本不分卷　(清)□□輯　清光緒二十年(1894)上海袖海山房石印本　十二冊

110000－0182－0001136　語 0529
小題觀海不分卷　(清)點石齋主人輯　清光緒十六年(1890)上海點石齋石印本　二十冊

110000－0182－0001137　語 0530
歷代名稿匯選不分卷　(清)古草堂主人輯　**歷代名稿匯選續集不分卷**　(清)茹古齋主人輯　清光緒二十年(1894)上海寶文書局石印

本(歷代名稿匯選續集不分卷爲積山書局石印本) 三十二冊

110000－0182－0001138 語0531

大題鴻雋不分卷 (清)文匯館主人輯 清光緒十四年(1888)上海漱六山莊石印本 二十四冊 缺一冊(十一)

110000－0182－0001139 語0532

大題觀海初集不分卷 (清)點石齋主人輯

大題觀海二集不分卷 (清)點石齋主人輯

清光緒十九年(1893)上海點石齋石印本 六十冊

110000－0182－0001140 語0533

小題十萬選初集不分卷 (清)毛承基輯 清光緒二十年(1894)上海鴻寶齋石印本 八十冊

110000－0182－0001141 語0534

增選小題真珠船初集不分卷 (清)□□輯 清光緒二十年(1894)上海同文書局石印本 二十四冊

110000－0182－0001142 語0535

各省課藝匯海不分卷 (清)□□輯 清光緒十五年(1889)上海石印本 八冊

110000－0182－0001143 語0536

小題文府不分卷 (清)□□輯 清光緒二十一年(1895)上海久敬齋校選點石齋石印本 三十冊

110000－0182－0001144 語0537

大題文府不分卷 (清)退庵居士輯 清光緒二十年(1894)上海鴻寶齋石印本 三十二冊

110000－0182－0001145 語0538

小題五萬選不分卷 (清)□□輯 清光緒二十一年(1895)上海石印本 八十冊

110000－0182－0001146 語0539

鄉會文府不二題不分卷 (清)□□輯 清光緒二十年(1894)上海鴻文書局石印本 四十冊

110000－0182－0001147 語0540

大題十萬選不分卷 (清)積山書局主人輯 清光緒二十三年(1897)上海積石書局石印本 一百冊

110000－0182－0001148 語0548

甌北全集七種 (清)趙翼撰 清光緒三年(1877)滇南唐氏刻本 四十八冊

110000－0182－0001149 語0565

漢丞相諸葛忠武侯集二十一卷 (三國蜀)諸葛亮撰 (明)諸葛羲基輯 清刻本 八冊

110000－0182－0001150 語0572

李翰林集三十卷 (唐)李白撰 清光緒三十二年(1906)西泠印社影宋刻本 六冊

110000－0182－0001151 語0576

養正圖解一卷 (明)焦竑撰 清光緒二十一年(1895)武英殿刻本 四冊

110000－0182－0001152 語0577

御題養正圖詩一卷 (清)高宗弘曆撰 **御製養正圖讚一卷** (清)仁宗顒琰撰 清光緒二十一年(1895)武英殿刻本 二冊

110000－0182－0001153 語0578

閱微草堂筆記二十四卷 (清)紀昀撰 清北平盛氏望益書屋刻本 十冊

110000－0182－0001154 語0581

蟫史二十卷 (清)屠紳撰 清梅庭朱氏刻本 十二冊

110000－0182－0001155 語0582

香墅漫鈔十二卷 (清)曾廷枚撰 清嘉慶七年(1802)刻本 八冊

110000－0182－0001156 語0592

杜詩鏡銓二十卷附錄一卷 (唐)杜甫撰 (清)楊倫編輯 清乾隆五十七年(1792)九柏山房刻本 十二冊

110000－0182－0001157 語0593

養晦堂詩集二卷 (清)劉蓉撰 清光緒三年(1877)思賢講舍刻本 一冊

110000－0182－0001158 語0594

養晦堂文集十卷 (清)劉蓉撰 清光緒三年

(1877)思賢講舍刻本　五册

110000－0182－0001159　語0597
胡文忠公遺集八十六卷首一卷　(清)胡林翼撰　(清)鄭敦謹　(清)曾國荃編　清光緒元年(1875)湖北崇文書局刻本　三十二册

110000－0182－0001160　語0598
劉武慎公遺書二十五卷　(清)劉長佑撰　清光緒二十六年(1900)鉛印本　二十八册

110000－0182－0001161　語0599
吳柳堂先生文集四卷　(清)吳可讀撰　楊慶生箋注　清光緒三十四年(1908)集成圖書公司鉛印本　一册

110000－0182－0001162　語0602
山谷詩集注内集注二十卷外集注十七卷别集注二卷　(宋)黄庭堅撰　清光緒二十六年(1900)義寧陳三立刻宣統二年(1910)印本　二十册

110000－0182－0001163　語0605
名賢手札八卷　(清)郭崑燾輯　清光緒三十四年(1908)海左書局石印本　一册

110000－0182－0001164　語0607
四溟山人詩集十卷　(明)謝榛撰　(明)盛以進選　清宣統元年(1909)問影樓鉛印本　一册　存三卷(一至三)

110000－0182－0001165　語0608
吾廬筆談八卷　(清)李佐賢撰　清光緒元年(1875)利津李氏刻本　一册

110000－0182－0001166　語0610
退庵隨筆二十二卷　(清)梁章鉅撰　清同治十一年(1872)梁恭辰補刻本　八册

110000－0182－0001167　語0612(1)
巴黎茶花女遺事　(法國)小仲馬撰　曉齋主人口述　冷紅生(林紓)筆記　清光緒三十二年(1906)上海文明書局鉛印本　一册

110000－0182－0001168　語0612(2)
巴黎茶花女遺事　(法國)小仲馬撰　曉齋主人口述　冷紅生(林紓)筆記　清光緒三十二年(1906)上海文明書局鉛印本　一册

110000－0182－0001169　語0619
心史　(元)鄭思肖撰　清光緒三十一年(1905)上海廣智書局鉛印本　一册

110000－0182－0001170　語0624
最新蒙學國民新讀本　(清)何琪編　清末上海會文學社刻本　二册

110000－0182－0001171　語0626
心史　(元)鄭思肖撰　清刻本　一册

110000－0182－0001172　語0627
叢談　警鐘報社編　清光緒三十年(1904)鉛印本　一册

110000－0182－0001173　語0628
御製詩文集一千二百六十一卷　(清)奕訢等編　清光緒五年(1879)鉛印本　五百四十二册

110000－0182－0001174　語0629
十日小說　上海環球社編輯　清宣統元年(1909)鉛印本　一册

110000－0182－0001175　語0633
綴白裘集　(□)□□輯　清刻本　五册

110000－0182－0001176　語0636
繪圖最新雜字　(清)□□編　清末刻本　一册

110000－0182－0001177　語0637
最新初等小學國文教科書　蔣維喬　莊俞　楊瑜統編纂　清光緒三十年至三十一年(1904－1905)上海商務印書館鉛印本　六册

110000－0182－0001178　語0645
國民必讀不分卷　高步瀛　陳寶泉編　清光緒三十一年(1905)北洋官報局石印本　一册

110000－0182－0001179　語0680
汪梅村先生集十二卷文外集一卷　(清)汪士鐸撰　清光緒七年(1881)刻本　八册

110000－0182－0001180　語0736
寶山橘話一卷　(清)橘香居主人輯　清光緒

二十年(1894)李氏刻本　一册

110000－0182－0001181　語 0746
英語集全六卷　(清)唐廷樞撰　清同治元年(1862)緯經堂刻本　二册

110000－0182－0001182　語 0754
明大司馬盧公集十二卷首一卷　(明)盧象昇撰　清光緒元年(1875)刻本　八册

110000－0182－0001183　語 0755
張文忠公全集四十六卷附錄二卷　(明)張居正撰　清光緒二十七年(1901)紅藤碧樹山館刻本　十六册

110000－0182－0001184　語 0759
證俗文十九卷　(清)郝懿行撰　清光緒十年(1884)東路廳署刻郝氏遺書本　六册

110000－0182－0001185　語 0760
高太史論鈔四卷　(清)高熙喆撰　清宣統元年(1909)刻本　四册

110000－0182－0001186　語 0761
江忠烈公遺集二卷首一卷附錄一卷　(清)江忠源撰　清同治三年(1864)刻本　二册

110000－0182－0001187　語 0764
上齋紀事詩一卷　高賡恩撰　清刻本　一册

110000－0182－0001188　語 0769
宦拾錄十九卷　(清)王子音撰　清嘉慶十一年至十五年(1806－1810)京師琉璃廠文會堂穆春園刻本　八册

110000－0182－0001189　語 0770
徐文長三集二十九卷　(明)徐渭撰　明萬曆二十八年(1600)商濬刻本　八册　存二十四卷(二至二十五)

110000－0182－0001190　語 0786
陶淵明文集十卷　(晉)陶潛撰　清同治二年(1863)何氏篤慶堂影宋刻本　二册

110000－0182－0001191　語 0787
最新高等小學國文教科書　高鳳謙　張元濟　蔣維喬編纂　清宣統元年至二年(1909－1910)上海商務印書館鉛印本　八册

110000－0182－0001192　語 0789
最新初等小學國文教科書　蔣維喬　莊俞　楊瑜統編纂　清光緒三十年至三十四年(1904－1908)上海商務印書館鉛印本　十册

110000－0182－0001193　語 0795
初等小學國文教科書　(清)學部編譯圖書局編纂　清宣統元年(1909)學部編譯圖書局鉛印本　一册

110000－0182－0001194　語 0797
國民讀本二卷　朱樹人撰　清光緒二十九年(1903)上海文明書局鉛印本　一册

110000－0182－0001195　語 0803
繪圖文學初階五卷　杜亞泉編　清光緒二十九年(1903)上海商務印書館鉛印本　五册

110000－0182－0001196　語 0805
繪圖識字實在易　施崇恩編　清光緒三十四年(1908)上海彪蒙書室石印本　二十册

110000－0182－0001197　語 0806
欽定梵音大悲咒一卷　(□)□□撰　清光緒廖長明刻本　一册

110000－0182－0001198　語 0807
繡像紅樓夢一百二十回　(清)曹霑撰　(清)王希廉評　清刻本　一册　存一册(二)

110000－0182－0001199　語 0858
評論出像水滸傳二十卷七十回　(元)施耐庵撰　(清)金聖歎批　(清)王望如評注　清善成堂刻本　二十册

110000－0182－0001200　語 0859
湛然居士文集十四卷　(元)耶律楚材撰　清光緒二十一年(1895)漸西村舍刻本　二册　存七卷(一至七)

110000－0182－0001201　語 0866
繡像康梁演義四十回　(清)□□撰　清末石印本　一册

110000－0182－0001202　語 0868
新安景物約編不分卷　(清)江忠儁　(清)江正心纂　清同治四年(1865)青雲堂刻本　一

冊　存上平、下平

110000－0182－0001203　語 0872
四大奇書第一種(三國演義)十九卷一百二十回首一卷　(明)羅貫中撰　(清)金聖歎(清)毛宗崗評　清光緒十四年(1888)掃葉山房刻本　二十冊

110000－0182－0001204　語 0874
祖父手錄讀本　(清)□□輯　清抄本　一冊

110000－0182－0001205　語 0875
急惘齋評選癸卯鄉墨不分卷　(清)常堉璋評選　清光緒二十九年(1903)華北書局鉛印本　六冊

110000－0182－0001206　語 0876
漢鐃歌釋文箋正一卷　王先謙撰　清同治十一年(1872)虛受堂王氏刻本　一冊

110000－0182－0001207　語 0884
蓮池書院肄業日記四卷(清光緒四年三月至六月)　王樹枏等撰　清光緒五年(1879)刻本　二冊

110000－0182－0001208　語 0890
畏廬文集一卷　林紓撰　清宣統二年(1910)上海商務印書館鉛印本　一冊

110000－0182－0001209　語 0893
西征詩錄一卷西征文存一卷　(清)黃家鼎撰　清光緒八年(1882)刻本　一冊

110000－0182－0001210　語 0897
桐陰清話八卷　(清)倪鴻撰　清同治十三年(1874)申江刻本　四冊

110000－0182－0001211　語 0903
重訂空谷傳聲一卷　(清)汪鎏撰　(清)汪伯塤校　清光緒八年(1882)李光明莊刻本　一冊

110000－0182－0001212　語 0923
潛園友朋書問十二卷　(清)魏元曠輯　清影印本　二冊

110000－0182－0001213　語 0924
昭代名人尺牘續集二十四卷　陶湘輯　清宣統三年(1911)天寶石印局石印本　二十四冊

110000－0182－0001214　語 0931
回文類聚四卷　(宋)桑世昌輯　**織錦回文圖**　(清)玉山仙史摹集　**回文續編十卷**　(清)朱象賢集　清刻本　四冊

110000－0182－0001215　語 0934
都市新談　(清)陳森撰　清石印本　一冊　存七回(三十四至四十)

110000－0182－0001216　語 0935
嶺南即事雜詠二集一卷　(清)何惠群等撰　清刻本　一冊

110000－0182－0001217　語 0939
周武壯公遺書九卷首一卷外集三卷別集一卷附錄一卷　(清)周盛傳撰　清光緒三十一年(1905)金陵刻本　十冊

110000－0182－0001218　語 0943
考古必要賦四卷擬題分類備覽一卷　(清)江家春　(清)邱景岳輯　清道光十五年(1835)刻本　四冊

110000－0182－0001219　語 0944
滿漢話語一卷　(清)□□撰　清抄本　二冊

110000－0182－0001220　語 0952
增評補像全圖金玉緣一百二十回首一卷　(清)曹霑撰　(清)高鶚續　清光緒十五年(1889)上海石印本　十六冊

110000－0182－0001221　語 0955
儒林外史五十六回　(清)吳敬梓撰　清同治十三年(1874)申報館仿聚珍版鉛印本　三冊　缺十四回(十四至二十七)

110000－0182－0001222　語 0961
詳注聊齋志異圖詠十六卷首一卷　(清)蒲松齡撰　(清)呂湛恩注　(清)徐潤編　清光緒十二年(1886)上海同文書局石印本　八冊

110000－0182－0001223　語 0962
繪圖增像第五才子書水滸全傳八卷七十回　(元)施耐庵撰　(清)金聖歎評　清鉛印本　十冊

110000－0182－0001224　語 0968
雁門集十四卷附卷一卷　(元)薩都剌撰　(清)薩龍光編注　**雁門集倡和録一卷**　(清)薩龍光輯　清嘉慶十二年(1807)刻本　八册　缺二卷(一至二)

110000－0182－0001225　語 0969
西遊真詮(西遊記)一百回　(明)吳承恩撰　(清)陳士斌詮解　清光緒十年(1884)掃葉山房刻本　二十册

110000－0182－0001226　語 0970
宋六十名家詞　(明)毛晉輯　清光緒十四年(1888)錢塘汪氏刻本　二十四册

110000－0182－0001227　語 0972
新評繡像紅樓夢全傳一百二十回　(清)曹霑撰　(清)王希廉評　清道光十二年(1832)刻本　三十六册

110000－0182－0001228　語 0976
徐霞客遊記十卷外編一卷補編一卷　(明)徐宏祖撰　清嘉慶十三年(1808)木活字印本　十册

110000－0182－0001229　語 0977
膠山安氏詩集一卷　(清)安吉編　**膠山安氏詩補編一卷**　(清)安念祖編　清乾隆五十八年(1793)無錫安氏刻本(補編爲清嘉慶二十三年刻本)　二册

110000－0182－0001230　語 0982
新刻説唱沈香保節義香球記三卷　(□)□□撰　清富文堂刻本　二册

110000－0182－0001231　語 0983
新刻王文永雙花記八卷　(□)□□撰　清刻本　一册

110000－0182－0001232　語 0984
新刻訪江寧十一卷　(清)□□撰　清刻本　二册

110000－0182－0001233　語 0985
新刻張小姐賣花記六卷　(□)□□撰　清揚州參府西鴻文堂刻本　一册

110000－0182－0001234　語 0986(1)
新刻花仙果綵毬記十卷　(□)□□撰　清刻本　一册

110000－0182－0001235　語 0986(2)
新刻花仙果綵毬記十卷　(□)□□撰　清海陵懷德堂刻本　一册

110000－0182－0001236　語 0987
飛龍傳獺貓精趙天保團圓記八卷　(□)□□撰　清懷德堂刻本　一册

110000－0182－0001237　語 0988
新編施俊上京遇妖五鼠大鬧開封府八卷　(□)□□撰　清懷德堂刻本　一册

110000－0182－0001238　語 0989
新刻十里亭　(□)□□撰　清刻本　一册

110000－0182－0001239　語 0990
校正孟姜女尋夫真本　(□)□□撰　清末聚盛堂刻本　一册

110000－0182－0001240　語 1001
陶靖節集八卷　(晉)陶潛撰　(宋)湯漢等箋注　**蘇東坡和陶詩二卷附録一卷**　(宋)蘇軾撰　明萬曆四十七年(1619)楊時偉刻本　三册

110000－0182－0001241　語 1008
庾子山集十六卷總釋一卷　(北周)庾信撰　(清)倪璠注　清同治八年(1869)刻本　八册

110000－0182－0001242　語 1010
白石道人詩集二卷集外詩一卷附録諸賢酬贈詩一卷附録補遺一卷　(宋)姜夔撰　清乾隆三十六年(1771)刻本　一册

110000－0182－0001243　語 1015
食舊德齋雜著二卷　劉嶽雲撰　清光緒二十二年(1896)刻本　二册

110000－0182－0001244　語 1018
師友風義録三卷　(清)鄭鵬雲輯　清光緒二十九年(1903)上海絳雪齋書局石印本　一册

110000－0182－0001245　語 1019
東周列國志一百八回　(清)蔡奡評點　清光

緒十四年(1888)上海點石齋石印本　八册

110000－0182－0001246　語1024
第一才子書(三國志全圖演義)六十卷一百二十回　(明)羅貫中撰　(清)毛宗崗評　清光緒九年(1883)築野書屋刻本　二十册

110000－0182－0001247　語1025
詳注聊齋志異圖詠十六卷首一卷　(清)蒲松齡撰　(清)吕湛恩注　(清)徐潤編　清光緒十二年(1886)上海同文書局石印本　八册

110000－0182－0001248　語1033
繪圖鏡花緣一百回　(清)李汝珍撰　清光緒十六年(1890)上海石印本　六册

110000－0182－0001249　語1037
合璧古文十六卷　(清)孟保輯譯　清咸豐元年(1851)聚星堂刻本　十六册

110000－0182－0001250　語1038
最新修身教科書　(清)□□撰　清宣統元年(1909)商務印書館石印本　十册

110000－0182－0001251　語1039
初學必讀不分卷　(清)□□撰　清光緒十六年(1890)京都聚珍堂刻本　四册

110000－0182－0001252　語1040
銜署名目一卷官銜名目一卷摺奏成語一卷公文成語一卷　(清)□□撰　清光緒十五年(1889)京都聚珍堂刻本　四册

110000－0182－0001253　語1041
銜署名目一卷官銜名目一卷摺奏成語一卷公文成語一卷　(清)□□撰　清光緒十七年(1891)京都名德堂刻本　四册

110000－0182－0001254　語1042
重刻清文虚字指南編二卷　(清)萬福撰　清光緒二十年(1894)京都聚珍堂刻本　二册

110000－0182－0001255　語1043
滿漢六部成語六卷　(清)□□編　清道光二十二年(1842)小西堂刻本　六册

110000－0182－0001256　語1044
翻譯小學十二卷　(宋)朱熹撰　(清)孟保譯　清抄本　五册

110000－0182－0001257　語1045
清文彙書十二卷　(清)李延基撰　清四合堂刻本　十二册

110000－0182－0001258　語1050
唐陸宣公集二十二卷增輯一卷首一卷　(唐)陸贄撰　清刻本　六册

110000－0182－0001259　語1067
都門紀變百詠一卷　(清)復儂氏　(清)杞廬氏撰　清光緒二十六年(1900)石印本　一册

110000－0182－0001260　語1080
海上奇書三種合編　(清)韓邦慶撰　清光緒十八年(1892)石印本　二册

110000－0182－0001261　語1086
地球韻言四卷　(清)張士瀛編　清光緒二十三年(1897)石印本　四册

110000－0182－0001262　語1087
研北雜志二卷　(元)陸友仁撰　**焚椒録一卷**　(遼)王鼎撰　明刻本　二册

110000－0182－0001263　語1096
龔定盦全集文三卷補編四卷續録一卷古今體詩二卷雜詩一卷詞選一卷續集四卷　(清)龔自珍撰　清光緒二十三年(1897)萬本書堂刻本　六册

110000－0182－0001264　語1110
戴東原集十二卷　(清)戴震撰　清經韵樓刻本　二册

110000－0182－0001265　語1111
笠翁十種曲　(清)李漁撰　清刻本　二十册

110000－0182－0001266　語1113
笠翁十種曲　(清)李漁撰　清刻本　十册
存五種(鳳求凰、奈何天、風箏誤、蜃中樓、意中緣)

110000－0182－0001267　語1122
桂苑筆耕集二十卷　(唐)崔致遠撰　清抄本　二册

110000－0182－0001268　語 1123
滿蒙合璧三字經注解二卷　（清）富俊輯　（清）英俊譯　清道光十二年（1832）京都三槐堂刻本　四册

110000－0182－0001269　語 1126
天雨花三十回　（清）陶貞懷撰　清同治六年（1867）緯文堂刻本　二十四册

110000－0182－0001270　語 1127
漢魏六朝百三名家集一百十八卷　（明）張溥輯　明婁東張氏刻本　五十册

110000－0182－0001271　語 1129
文字蒙求四卷　（清）王筠撰　清光緒三十年（1904）學務處刻本　一册

110000－0182－0001272　語 1130
重刊明成化本東坡七集一百十卷　（宋）蘇軾撰　清光緒三十四年至宣統元年（1908－1909）寶華盦刻本　四十八册

110000－0182－0001273　語 1131
合璧聊齋志異二十四卷　（清）蒲松齡撰　（清）扎克丹譯　清道光二十八年（1848）刻本　二十四册

110000－0182－0001274　語 1132
拍案驚奇三十六卷　（明）淩濛初撰　清道光十六年（1836）刻本　十二册

110000－0182－0001275　語 1151（1）
閒情偶寄十六卷　（清）李漁撰　清康熙十年（1671）刻本　六册

110000－0182－0001276　語 1151（2）
閒情偶寄十六卷　（清）李漁撰　清康熙十年（1671）刻本　四册

110000－0182－0001277　語 1177
始豐藳十四卷補遺一卷附錄一卷　（明）徐一夔撰　清光緒二十年（1894）錢塘丁氏嘉惠堂刻本　四册

110000－0182－0001278　語 1178
新刻校正買賣蒙古同文雜字一卷　（清）□□撰　清嘉慶六年（1801）中和堂刻本　一册

110000－0182－0001279　語 1185
聊齋志異十六卷　（清）蒲松齡撰　清乾隆三十一年（1766）青柯亭刻本　十六册

110000－0182－0001280　語 1209
今古奇觀四十卷　（明）抱甕老人輯　清初刻本　十六册

110000－0182－0001281　語 1211
邱海二公合集十六卷　（明）邱濬　（明）海瑞撰　清同治十年（1871）邱氏可繼堂刻本　十册

110000－0182－0001282　語 1218
聊齋文集二卷　（清）蒲松齡撰　清宣統元年（1909）國學扶輪社鉛印本　二册

110000－0182－0001283　語 1219
御製避暑山莊詩二卷　（清）聖祖玄燁唱　（清）高宗弘曆和　清乾隆六年（1741）武英殿刻朱墨套印本　四册

110000－0182－0001284　語 1223
淵鑒齋御纂朱子全書六十六卷　（宋）朱熹撰　（清）李光地等編　清刻本　二十五册

110000－0182－0001285　語 1229
新說西遊記一百回　（明）吳承恩撰　（清）張書紳注　清乾隆刻本　二十四册

110000－0182－0001286　語 1244
山左人詞　吳重憙輯　清光緒二十七年（1901）刻本　十册

110000－0182－0001287　語 1246
雅趣藏書　（清）錢書撰　清刻本　一册

110000－0182－0001288　語 1251
新鐫全部繡像紅樓夢一百二十回　（清）曹霑撰　（清）高鶚續補　清東觀閣刻本　二十三册　缺六回（一百至一百五）

110000－0182－0001289　語 1258
六十種曲一百二十卷　（明）毛晉輯　明毛氏汲古閣刻本　一百六十八册

110000－0182－0001290　語 1263
俄語新編二卷　（俄國）卜郎特編　（俄國）柏

斯樂福譯　清末鉛印本　一冊

110000－0182－0001291　語 1267

顯志堂稿十二卷　(清)馮桂芬撰　清光緒二年(1876)吳縣馮氏校邠廬刻本　四冊

110000－0182－0001292　語 1270

海虞文徵三十卷目錄二卷　邵松年輯　清光緒三十一年(1905)上海鴻文書局石印本　十六冊

110000－0182－0001293　語 1271

新刻三寶太監西洋記通俗演義二十卷一百回　(明)羅懋登撰　清光緒七年(1881)上海申報館鉛印本　十冊

110000－0182－0001294　語 1312

三名臣書牘四卷　何天柱編　清宣統元年(1909)上海廣智書局鉛印本　四冊

110000－0182－0001295　語 1315

適園叢稿二十卷　(清)袁學瀾撰　清刻本　十一冊

110000－0182－0001296　語 1316

谷音二卷　(元)杜本輯　明毛氏汲古閣刻本　二冊

110000－0182－0001297　語 1318

字說一卷　(清)吳大澂撰　清光緒十九年(1893)長沙思賢講舍刻本　一冊

110000－0182－0001298　語 1320

開眼經一卷　(清)唯堂編　清康熙四十九年(1710)延古樓刻本　一冊

110000－0182－0001299　語 1321

滿漢字清文啟蒙四卷　(清)舞格撰　清雍正八年(1730)三槐堂刻本　四冊

110000－0182－0001300　語 1322

海陵文徵二十卷　(清)夏荃輯　清光緒九年(1883)刻本　十冊

110000－0182－0001301　語 1325

金臺集二卷　(元)迺賢撰　清抄本　二冊

110000－0182－0001302　語 1337

浪跡叢談十一卷　(清)梁章鉅撰　清道光二十八年(1848)刻本　四冊

110000－0182－0001303　語 1338

浪跡續談八卷　(清)梁章鉅撰　清道光二十七年(1847)刻本　四冊

110000－0182－0001304　語 1339

新安景物約編不分卷　(清)江忠儁　(清)江正心纂　清同治四年(1865)青雲堂刻本　一冊

110000－0182－0001305　語 1353

慮得集四卷附錄二卷　(明)華悰韡撰　清同治十一年(1872)刻本　二冊

110000－0182－0001306　語 1356

回文類聚續編十卷　(清)朱象賢集　清刻本　一冊　存四卷(一至四)

110000－0182－0001307　語 1359

四川竹枝詞不分卷　(清)□□撰　清稿本　一冊

110000－0182－0001308　語 1360

日益齋雜錄不分卷　(清)□□撰　清抄本　一冊

110000－0182－0001309　語 1361

長生術　(英國)解佳撰　(清)曾廣銓譯　清抄本　一冊

110000－0182－0001310　語 1370

新訂蒙學課本　南洋公學編　清光緒二十七年(1901)刻本　二冊　存二編(二至三)

110000－0182－0001311　語 1371

黑奴籲天錄四卷　(美國)斯土活撰　林紓　魏易譯　清光緒三十年(1904)文明書局刻本　四冊

110000－0182－0001312　語 1376

七言摘句不分卷　(清)乘槎客輯　清咸豐八年(1858)抄本　一冊

110000－0182－0001313　語 1377

芃蘭初稿一卷　(清)花沙納撰　清花沙納稿本　一冊

110000－0182－0001314　語 1379
曲源不分卷　(□)□□撰　清抄本　一冊

110000－0182－0001315　語 1380
雜錄不分卷　(□)□□撰　清抄本　一冊

110000－0182－0001316　語 1381
韻雪齋雜錄一卷　(清)花沙納撰　清花沙納稿本　一冊

110000－0182－0001317　語 1382
七言雜錄一卷　(清)花沙納撰　清花沙納稿本　一冊

110000－0182－0001318　語 1383
楹帖匯鈔一卷　(清)花沙納撰　清花沙納稿本　一冊

110000－0182－0001319　語 1384
韻雪齋雜記一卷　(清)花沙納撰　清花沙納稿本　一冊

110000－0182－0001320　語 1386
滇輶吟草一卷　(清)花沙納撰　清花沙納稿本　一冊

110000－0182－0001321　語 1387
滇遊吟草一卷　(清)花沙納撰　清花沙納稿本　一冊

110000－0182－0001322　語 1388
蜀遊吟草一卷　(清)花沙納撰　清花沙納稿本　一冊

110000－0182－0001323　語 1389
瑣院聯吟一卷　(清)花沙納撰　清花沙納稿本　一冊

110000－0182－0001324　語 1394
西學訓蒙三字經一卷　(清)□□撰　清刻小萬卷樓叢書本　一冊

110000－0182－0001325　語 1404
蝶階外史四卷　(清)高繼珩撰　清刻本　一冊

110000－0182－0001326　語 1410
張三丰先生全集八卷　(明)張君寶撰　(清)李西月編　清道光二十四年(1844)朱道生刻本　六冊　缺一卷(八)

110000－0182－0001327　語 1412
茗柯文編四編　(清)張惠言撰　清光緒七年(1881)刻本　二冊

110000－0182－0001328　語 1420
京都三慶班京調腳本十卷　(清)三慶班輯　清末石印本　十冊

110000－0182－0001329　語 1435
東周列國全志一百八回　(清)蔡奡評點　清聚錦堂刻本　二十四冊

110000－0182－0001330　語 1437
雙忽雷本事一卷　劉世珩輯　清宣統三年(1911)雙忽雷閣石印本　一冊

110000－0182－0001331　語 1439
四雪草堂重訂通俗隋唐演義二十卷　(清)沒世農夫(褚人穫)編　清道光三十年(1850)刻本　二十冊

110000－0182－0001332　語 1442
廿一史彈詞注十一卷　(明)楊慎撰　(清)張三異增定　(清)張仲璜注　清雍正五年(1727)刻本　八冊

110000－0182－0001333　語 1446
唐皮日休文藪十卷　(唐)皮日休撰　清光緒八年(1882)郯城于氏影宋刻本　二冊

110000－0182－0001334　語 1447
詩傳不分卷　(周)端木賜撰　明萬曆郭子章刻本　一冊

110000－0182－0001335　語 1448
雙桐書屋賸稿一卷　(清)李光謙撰　清抄本　一冊

110000－0182－0001336　語 1450
鏡香園毛聲山評第七才子書(琵琶記)十二卷首一卷　(元)高明撰　(清)毛宗崗評　清刻本　十二冊

110000－0182－0001337　語 1451
嘯亭雜錄十卷　(清)昭槤撰　清稿本　四冊

存三卷(一至三)

110000－0182－0001338　語 1453

四大奇書第一種(三國演義)十九卷一百二十回首一卷　(明)羅貫中撰　(清)金聖歎　(清)毛宗崗評　清光緒十四年(1888)掃葉山房刻本　二十冊

110000－0182－0001339　語 1455

讀杜小箋三則　(清)錢謙益撰　清抄本　一冊

110000－0182－0001340　語 1456

内閣撰擬文字四編　(清)□□撰　清抄本　五冊

110000－0182－0001341　語 1459

石頭記詩詞摘艷一卷姓氏聯珠一卷於越先賢傳贊一卷　(清)□□輯　清寒香館主人抄本　一冊

110000－0182－0001342　語 1462

西廂記二卷　(元)王德信(王實甫)撰　清刻本　二冊

110000－0182－0001343　語 1467

二百八科鄉會文統　(清)陳國霖　(清)顧錫中編　清光緒十四年(1888)上海積山書局石印本　十九冊　缺一冊(光緒朝第三冊)

110000－0182－0001344　語 1471

匯纂元譜南曲九宫正始不分卷　(明)徐迎慶　(明)鈕少雅同撰　清抄本　一冊

110000－0182－0001345　語 1473

雲仙雜記十卷　(唐)馮贄輯　明隆慶五年(1571)刻本　二冊

110000－0182－0001346　語 1478

豫章先生遺文十二卷　(宋)黄庭堅撰　清乾隆四十五年(1780)汪大本刻本　四冊

110000－0182－0001347　語 1480

鼎鐫施會元評注選輯唐駱賓王狐白三卷　(唐)駱賓王撰　(明)施鳳來評注　明萬曆余文傑自新齋刻本　二冊

110000－0182－0001348　語 1481

草木春秋演義五卷三十二回　(清)雲間子撰　清大文堂刻本　四冊

110000－0182－0001349　語 1482

林佩芳文集　(清)林佩芳撰　清抄本　一冊

110000－0182－0001350　語 1483

心史　(元)鄭思肖撰　清抄本　一冊

110000－0182－0001351　語 1484

白水紀勝二卷首一卷　(清)李厚培輯　清光緒十七年(1891)李維翰刻本　一冊

110000－0182－0001352　語 1485

寄愁集　(清)楊懋績撰　清乾隆十三年(1748)抄本　一冊

110000－0182－0001353　語 1486

新評繡像紅樓夢全傳一百二十回　(清)曹霑撰　(清)王希廉評　清道光十二年(1832)刻本　二十四冊

110000－0182－0001354　語 1490

勤補書莊時文鈔　(清)沈桂芬輯　清光緒四年(1878)稿本　一冊

110000－0182－0001355　語 1500

唐皮日休文藪十卷　(唐)皮日休撰　清光緒八年(1882)郯城于氏影宋刻本　二冊

110000－0182－0001356　語 1501

詳注聊齋志異圖詠十六卷首一卷　(清)蒲松齡撰　(清)吕湛恩注　(清)徐潤編　清光緒十二年(1886)上海同文書局石印本　八冊

110000－0182－0001357　語 1502

龍文鞭影二卷　(明)蕭良有著　(明)楊臣諍增訂　清刻本　四冊

110000－0182－0001358　語 1505

詳注聊齋志異圖詠十六卷首一卷　(清)蒲松齡撰　(清)吕湛恩注　(清)徐潤編　清光緒十二年(1886)上海同文書局石印本　八冊

110000－0182－0001359　語 1506

鏡花緣二十卷一百回附繡像　(清)李汝珍撰　清道光二十一年(1841)芥子園刻本　十六冊

110000－0182－0001360　語1508

傅青主語言拾遺不分卷　(清)傅山撰　清道光二年(1822)抄本　一册

110000－0182－0001361　語1509

二入榮府子弟書不分卷　(清)□□撰　清抄本　三册

110000－0182－0001362　語1510

王臨川全集一百卷目録二卷　(宋)王安石撰　清刻本　十五册　缺一卷(目録上)

110000－0182－0001363　語1511

宫閨百詠四卷　(清)陳其泰輯　清道光二十五年(1845)海鹽陳氏桐華鳳閣刻本　一册

110000－0182－0001364　語1512

水滸圖贊不分卷　(明)杜堇繪圖　(清)劉晚榮輯　清光緒八年(1882)廣百宋齋石印本　一册

110000－0182－0001365　語1517

雲門紀遊草不分卷　(清)[張連登]撰　清刻本　一册

110000－0182－0001366　語1520

臺陽筆記不分卷　(清)翟灝撰　清嘉慶抄本　一册

110000－0182－0001367　語1521

芷湘筆乘不分卷　(清)管庭芬輯　清光緒抄本　一册

110000－0182－0001368　語1528

于肅愍公集八卷拾遺一卷附録一卷　(明)于謙撰　清錢塘丁氏重刻明大梁書院本　二册

110000－0182－0001369　語1530

宗玄先生文集三卷　(唐)吴筠撰　清抄本　一册

110000－0182－0001370　語1537

金文最一百二十卷首一卷　(清)張金吾輯　清光緒八年至九年(1882－1883)粤雅堂刻本　三十六册

110000－0182－0001371　語1541

鄭仲賢文寶不分卷　(宋)鄭文寶撰　清抄本　一册

110000－0182－0001372　語1551

三千字解譯國語不分卷　(清)□□撰　清刻本　一册

110000－0182－0001373　語1554

隨園女弟子詩選五卷　(清)袁枚輯　清嘉慶元年(1796)刻本　二册

110000－0182－0001374　語1556

遼文萃七卷藝文志補證一卷　王仁俊輯　清光緒三十年(1904)刻本　一册

110000－0182－0001375　語1558

皇朝蓄艾文編八十卷目録一卷　(清)于寶軒輯　清光緒二十九年(1903)上海官書局鉛印本　四十册

110000－0182－0001376　語1559

繪圖黑寶星二十四章　蔣景緘譯　清宣統元年(1909)石印本　一册　缺三章(一至三)

110000－0182－0001377　語1560

繪圖啼猩淚　蔣景緘譯　清宣統元年(1909)石印本　一册

110000－0182－0001378　語1562

進呈簡字譜録折不分卷　勞乃宣撰　清光緒三十四年(1908)京華印書局鉛印本　一册

110000－0182－0001379　語1563

古今説海一百三十五種一百四十二卷　(明)陸楫輯　清宣統元年(1909)集成圖書公司鉛印本　十一册

110000－0182－0001380　語1566

國朝金陵詞鈔八卷附一卷　陳作霖輯　清光緒二十八年(1902)刻本　四册

110000－0182－0001381　語1567

明詩綜一百卷　(清)朱彝尊録　(清)汪森輯評　清康熙刻本　二十五册　存七十八卷(一至五、十二至五十八、六十九至九十四)

110000－0182－0001382　語1568

國朝金陵詩徵四十八卷　(清)朱緒曾編　清光緒十三年(1887)刻本　六册　存十卷(三

十七至四十二、四十五至四十八)

110000－0182－0001383　語 1569
宋元名家詞十五種　(清)江標輯　清光緒二十一年(1895)湖南思賢書局刻本　四册

110000－0182－0001384　語 1570
草堂詩餘別集四卷　(明)沈際飛選評　明末刻本　二册

110000－0182－0001385　語 1571
御選唐宋文醇五十八卷　(清)高宗弘曆選　(清)允祿校　清刻本　十七册　存十七卷(十四至三十)

110000－0182－0001386　語 1572
續金陵詩徵六卷首一卷　(清)朱紹亭等輯　清光緒二十年(1894)刻本　六册

110000－0182－0001387　語 1573
陶園全集三十六卷　(清)張九鉞撰　清道光二十三年(1843)刻本　十一册　缺四卷(十三至十六)

110000－0182－0001388　語 1574
文選六十卷考異十卷　(南朝梁)蕭統選　(唐)李善注　(清)胡克家考異　清同治八年(1869)湖北崇文書局刻本　二十三册　缺三卷(四十二至四十四)

110000－0182－0001389　語 1575
果堂集十二卷附傳墓誌銘　(清)沈彤撰　清乾隆十年(1745)刻本　四册

110000－0182－0001390　語 1577
玉臺新詠十卷　(南朝陳)徐陵輯　明崇禎六年(1633)趙均刻本　二册

110000－0182－0001391　語 1584
沂水弦歌一卷　(清)吳樹聲等撰　清刻本　一册

110000－0182－0001392　語 1588
稼軒詞四卷　(宋)辛棄疾撰　明末清初汲古閣刻本　二册

110000－0182－0001393　語 1589
樂府詩集一百卷目錄二卷　(宋)郭茂倩輯　明末清初汲古閣刻本　十册

110000－0182－0001394　語 1593
劍南詩鈔　(宋)陸游撰　(清)楊大鶴輯　清光緒八年(1882)文苑山房刻本　八册

110000－0182－0001395　語 1594
初等小學最新國文教科書　蔣維喬　莊俞編纂　清宣統元年(1909)鉛印本　一册　存一册(四)

110000－0182－0001396　語 1595
魏武帝集五卷附錄一卷　(三國魏)武帝曹操撰　明刻張燮七十二家集刻本　二册

110000－0182－0001397　語 1596
合璧聊齋志異二十四卷　(清)蒲松齡撰　(清)扎克丹譯　清道光二十八年(1848)刻本　二十四册

110000－0182－0001398　語 1597
雲衣公手書詩草原稿　(清)吳森撰　清乾隆稿本　七册

110000－0182－0001399　語 1598
聊齋詞　(清)蒲松齡撰　清宣統二年(1910)國學扶輪社鉛印本　二册

110000－0182－0001400　語 1599
雙冷齋文集四卷　(清)張九章撰　清光緒二十一年(1895)刻本　四册

110000－0182－0001401　語 1601
孫淵如先生全集　(清)孫星衍撰　清光緒二十年(1894)湖南思賢書局刻本　八册　缺五卷(松園稿一卷、嘉穀堂集一卷、澄清堂稿二卷、續稿一卷)

110000－0182－0001402　語 1602
憶雲詞四卷補遺一卷　(清)項廷紀撰　清光緒二十五年(1899)湖南思賢書局刻本　一册

110000－0182－0001403　語 1603
鶴歸來傳奇二卷　(清)瞿頡撰　(清)周昂評點　清湖北官書局刻本　二册

110000－0182－0001404　語 1605
青埵山人詩十卷　(清)洪飴孫撰　清光緒十

年(1884)閩縣陳寶琛江西使署刻本　二册

110000－0182－0001405　語1608
戴簡恪公遺集八卷　(清)戴敦元撰　清同治十一年(1872)崇文書局刻本　四册

110000－0182－0001406　語1609
楞華室詞鈔二卷　(清)沈世良撰　清咸豐四年(1854)刻本　一册

110000－0182－0001407　語1610
本朝館閣詩二十卷附録一卷續附録一卷　(清)阮學浩　(清)阮學濬編　**稻香樓試帖二卷**　(清)程琰撰　清乾隆二十三年(1758)困學書屋刻本　七册　缺三卷(十六至十八)

110000－0182－0001408　語1611
制義叢話二十四卷題名一卷　(清)梁章鉅撰　清咸豐九年(1859)知足知不足齋刻本　八册

110000－0182－0001409　語1612
江左三大家詩鈔　(清)顧有孝　(清)趙澐輯　清刻本　三册

110000－0182－0001410　語1613
而庵說唐詩二十二卷首一卷　(清)徐增撰　清康熙九誥堂刻光緒二十二年(1896)文富堂印本　八册

110000－0182－0001411　語1614
萸庵退叟詩剩　(清)耿蒼齡撰　清光緒三十年(1904)石印本　一册

110000－0182－0001412　語1618
高等小學國文讀本　顧倬編　清宣統二年(1910)鉛印本　一册　存一卷(二)

110000－0182－0001413　語1619
聽松廬詩鈔十六卷　(清)張維屏撰　清嘉慶刻本　一册

110000－0182－0001414　語1620
吴梅村詞　(清)吴偉業撰　清光緒十六年(1890)湖北官書處刻本　一册

110000－0182－0001415　語1621
通義堂集二卷　(清)劉毓崧撰　清光緒十六年(1890)思賢講舍刻本　一册

110000－0182－0001416　語1622
函樓詞鈔六卷　(清)易佩紳撰　清光緒八年至二十四年(1882－1898)刻本　二册

110000－0182－0001417　語1623
達觀堂詩話八卷　(清)張晉本撰　清末芋園刻本　四册

110000－0182－0001418　語1624
五百四峰堂詩鈔二十五卷　(清)黎簡撰　清同治十三年(1874)南海陳氏刻本　八册

110000－0182－0001419　語1625
雙白燕堂文集二卷外集八卷　(清)陸耀遹撰　清光緒四年(1878)興國州署刻本　四册

110000－0182－0001420　語1626
四憶堂詩集六卷　(清)侯方域撰　清刻本　二册

110000－0182－0001421　語1627
授經堂重刊遺集(洪北江全集)二十三種二百二十二卷　(清)洪亮吉撰　清光緒三年(1877)陽湖洪用懃授經堂刻十五年(1889)湖北官書處印本　八十四册

110000－0182－0001422　語1638
道古堂全集　(清)杭世駿撰　清光緒十四年(1888)泉唐汪氏振綺堂刻本　十六册

110000－0182－0001423　語1639
孫文定公集　(清)孫嘉淦撰　清乾隆抄本　三册

110000－0182－0001424　語1640
御選唐宋文醇五十八卷　(清)高宗弘曆選　(清)允祿校　清光緒三年(1877)浙江書局刻本　二十册

110000－0182－0001425　語1641
西青散記四卷　(清)史震林撰　清三餘堂刻本　四册

110000－0182－0001426　語1642
水東日記四十卷　(明)葉盛撰　明末葉重華賜書樓刻清康熙十九年(1680)葉方蔚重修本

十冊

110000－0182－0001427　語 1645

新鐫批評出相韓湘子三十回　（明）楊爾曾撰　明天啓三年（1623）刻本（序爲抄配）　六冊

110000－0182－0001428　語 1646

廬陵宋丞相信國公文忠烈先生全集十六集從祀録一卷　（宋）文天祥撰　（清）文有煥（清）文從偉編輯　清雍正三年（1725）刻道光二十三年（1843）補刻本　十冊

110000－0182－0001429　語 1649

岳忠武王文集八卷首一卷末一卷　（宋）岳飛撰　清同治十二年（1873）刻本　四冊

110000－0182－0001430　語 1650

蔡中郎集八卷　（漢）蔡邕撰　明汪士賢刻本　四冊

110000－0182－0001431　語 1651

評論出像水滸傳二十卷七十回　（元）施耐庵撰　（清）金聖歎批　（清）王望如評注　清善成堂刻本　二十冊

110000－0182－0001432　語 1652

紅樓夢竹枝詞　（清）盧先駱撰　**讀紅樓夢雜記**　（清）願爲明鏡室主人撰　**紅樓夢賦**　（清）沈謙撰　**紅樓夢題詞一卷**　（清）周綺撰　清末刻本　一冊

110000－0182－0001433　語 1653

試律叢話八卷　（清）梁章鉅撰　清同治八年（1869）高安縣署刻本　四冊

110000－0182－0001434　語 1654

絕妙好詞箋七卷續鈔一卷　（宋）周密原本（清）查爲仁　（清）厲鶚箋　（清）余集續鈔　清道光八年（1828）杭州徐氏愛日軒刻本　三冊　存六卷（絕妙好詞箋一至六）

110000－0182－0001435　語 1661

古微堂内集三卷外集七卷　（清）魏源撰　清光緒四年（1878）淮南書局刻本　四冊

110000－0182－0001436　語 1662

重刻張太岳先生文集四十八卷　（明）張居正撰　（清）陶澍閱定　（清）李廷錫校梓　清道光八年（1828）刻本　十二冊

110000－0182－0001437　語 1664

無師自通英語録　（清）□□撰　清光緒十年（1884）申報館石印本　一冊

110000－0182－0001438　語 1665

徐文長文集三十卷　（明）徐渭撰　（明）袁宏道評點　明刻本　四冊

110000－0182－0001439　語 1668

鑑止水齋集二十卷　（清）許宗彦撰　清咸豐八年（1858）刻本　四冊　缺五卷（十三至十七）

110000－0182－0001440　語 1669

朱文端公文集四卷　（清）朱軾撰　**年譜一卷**（清）朱瀚編　清同治十年（1871）古唐朱氏古歡齋刻本　五冊

110000－0182－0001441　語 1670

白沙子全集六卷首一卷　（明）陳獻章撰（清）何九疇重編　清康熙四十九年（1710）刻本　二十冊

110000－0182－0001442　語 1671

裒遺草堂詩鈔十二卷　（清）楊翰撰　清同治十年（1871）五簟園刻本　四冊　存十卷（一至十）

110000－0182－0001443　語 1672

錢南園先生遺集五卷　（清）錢灃撰　清同治十一年（1872）刻本　二冊

110000－0182－0001444　語 1674

續詞選二卷　（清）董毅輯　**詞選一卷**　（清）張惠言輯　清道光十年（1830）刻本　一冊

110000－0182－0001445　語 1676

秋潭詩集十卷秋潭外集十六卷　（清）彭淑撰　清咸豐八年（1858）聚元堂刻本　五冊　缺三卷（秋潭外集十四至十六）

110000－0182－0001446　語 1677

瀛奎律髓刊誤四十九卷　（元）方回選　（清）紀昀批點　清刻本　十冊

110000－0182－0001447　語 1680

中州名賢文表三十卷　(明)劉昌輯　**續中州名賢文表六十八卷**　邵松年輯　清光緒三十年(1904)海虞邵氏鴻文書局石印本　二十八冊

110000－0182－0001448　語 1683

東甌先正文錄十五卷補遺一卷　(清)陳遇春輯　清道光十八年(1838)刻本　十六冊

110000－0182－0001449　語 1692

楚辭句解評林十七卷　(漢)劉向編集　(漢)王逸章句　(明)馮紹祖校正　明萬曆十五年(1587)刻本　六冊

110000－0182－0001450　語 1693

水雲樓詞二卷續一卷　(清)蔣春霖撰　清光緒湖南思賢書局刻本　一冊

110000－0182－0001451　語 1694

廣雅堂詩集四卷　(清)張之洞撰　(清)紀鉅維編　清末順德龍鳳鑣刻本　一冊　存二卷(一至二)

110000－0182－0001452　語 1695

御定全唐詩錄一百卷　(清)徐倬　(清)徐元正輯　清康熙刻本　二十四冊

110000－0182－0001453　語 1696

有懷堂文稿二十二卷　(清)韓菼撰　清康熙四十二年(1703)刻本　八冊

110000－0182－0001454　語 1697

曾惠敏公遺集奏疏六卷文集五卷詩集四卷日記二卷　(清)曾紀澤撰　清光緒十九年(1893)上海江南製造總局鉛印本　八冊

110000－0182－0001455　語 1699

全唐詩三十二卷　(清)曹寅等輯　清光緒十三年(1887)上海同文書局石印本　三十二冊

110000－0182－0001456　語 1701

斯陶說林十二卷　(清)王用臣輯　清光緒十八年(1892)深澤王用臣刻本　十二冊

110000－0182－0001457　語 1705

李太白文集三十卷　(唐)李白撰　清康熙五十六年(1717)吳門繆曰芑刻本　六冊

110000－0182－0001458　語 1707

東坡和陶合箋四卷　(宋)蘇軾撰　(清)溫汝能評　**陶詩彙評四卷**　(晉)陶淵明撰　(清)溫汝能評　清嘉慶十一年(1806)刻本　四冊

110000－0182－0001459　語 1708

滿漢西廂記四卷十六齣　(元)王實甫撰　清康熙四十九年(1710)刻本　四冊

110000－0182－0001460　語 1710

毛詩二十卷詩經考證二十卷　(漢)鄭玄箋　清刻本　八冊

110000－0182－0001461　語 1711

繡像京本雲合奇蹤玉茗英烈全傳十卷八十回　(明)徐渭編　清懷德堂刻本　五冊

110000－0182－0001462　語 1717

八旗文經五十六卷作者考三卷敘錄一卷　(清)盛昱　(清)楊鍾羲輯　清光緒二十七年(1901)武昌刻本　十二冊

110000－0182－0001463　語 1718

助字辨略五卷　(清)劉淇撰　清咸豐五年(1855)聊城楊氏刻海源閣叢書本　五冊

110000－0182－0001464　語 1720

賭棋山莊所著書二十四種　(清)謝章鋌撰　清光緒十年至二十七年(1884－1901)刻本　十八冊　存十三種七十卷(賭棋山莊文七卷,賭棋山莊文續二卷,賭棋山莊文又續二卷,詩集十四卷,酒邊詞八卷,賭棋山莊餘集文三卷、詩一卷、詞一卷,賭棋山莊詞話十二卷,賭棋山莊詞話續五卷,圍爐瑣憶一卷,籐陰客贅一卷,稗販雜錄四卷,課餘偶錄四卷,課餘續錄五卷)

110000－0182－0001465　語 1722

重刊校正笠澤叢書四卷補遺詩一卷續補遺一卷　(唐)陸龜蒙撰　清雍正九年(1731)大疊山房刻本　一冊

110000－0182－0001466　語 1724

南宋文録二十編　(清)董兆熊編　清抄本

二十册

110000－0182－0001467　語1725

焦氏遺書一百二十四卷　(清)焦循撰　清光緒二年(1876)刻本　四十册

110000－0182－0001468　語1726

左文襄公全集一百八卷　(清)左宗棠撰　**駱文忠公全集十卷**　(清)駱秉章撰　**張大司馬全集四卷**　(清)張亮吉撰　清光緒十六年(1890)刻本(駱文忠公全集十卷、張大司馬全集四卷爲清光緒十七年刻本)　一百二十八册

110000－0182－0001469　語1728

船山詩草二十卷　(清)張問陶撰　清宣統二年(1910)石印本　六册

110000－0182－0001470　語1740

詳注聊齋志異圖詠十六卷首一卷　(清)蒲松齡撰　(清)呂湛恩注　(清)徐潤編　清光緒十二年(1886)同文書局石印本　八册

110000－0182－0001471　語1743

古詩歸十五卷　(明)鍾惺　(明)譚元春輯　明萬曆四十五年(1617)刻本　八册

110000－0182－0001472　語1744

風雅遺聞四卷　(清)戚學標撰　清乾隆五十八年(1793)刻本　二册

110000－0182－0001473　語1745

蓬窗隨錄十四卷附錄二卷續錄二卷　(清)沈兆澐輯　清光緒十八年(1892)刻本　十四册

110000－0182－0001474　語1746

頻羅庵遺集十六卷　(清)梁同書撰　清嘉慶二十二年(1817)刻本　五册

110000－0182－0001475　語1747

硯雲甲編八種　(清)金忠淳輯　清乾隆四十年(1775)硯雲書屋刻本　八册

110000－0182－0001476　語1753

王子安集注二十卷首一卷末一卷　(唐)王勃撰　(清)蔣清翊注　清光緒九年(1883)吳縣蔣氏雙唐碑館刻本　八册

110000－0182－0001477　語1758

鐙窗瑣話十卷　(清)于源撰　清道光二十七年(1847)刻本　四册

110000－0182－0001478　語1759

娜嬛雜誌三十二種　(□)□□撰　清宣統元年至三年(1909－1911)上海麗則吟社鉛印本　二十四册

110000－0182－0001479　語1763

貞蕤稿畧　(朝鮮)朴齊家撰　清刻本　二册

110000－0182－0001480　語1768

穆堂別藁五十卷　(清)李紱撰　清道光十一年(1831)珊城阜祺堂刻本　十四册

110000－0182－0001481　語1772

增補姓氏四六新編八卷　(清)周譔撰　清道光二十年(1840)品石山房木活字印本　四册

110000－0182－0001482　語1775

木雁齋詩四卷　(清)胡長庚撰　清刻本　二册

110000－0182－0001483　語1776

嶺雲詞賸藁不分卷　(清)胡長庚撰　清刻本　一册

110000－0182－0001484　語1777

木雁齋雜著不分卷　(清)胡長庚撰　清刻本　一册

110000－0182－0001485　語1781

陶文毅公全集六十四卷首一卷末一卷　(清)陶澍撰　清道光二十年(1840)淮北士民公刻本　二十四册

110000－0182－0001486　語1783

都門紀變三十首絕句　(清)富察敦崇撰　清末刻本　一册

110000－0182－0001487　語1784

雙忽雷本事一卷　劉世珩輯　清宣統三年(1911)貴池劉世珩雙忽雷閣石印本　一册

110000－0182－0001488　語1785

南海先生詩集十三卷　康有爲撰　梁啟超手書　清宣統三年(1911)影印本(卷五至十三

原缺） 一册

110000－0182－0001489　語 1788
陔餘叢考四十三卷　(清)趙翼撰　清乾隆湛貽堂刻本　十二册

110000－0182－0001490　語 1789
吳興長橋沈氏家集五種二十九卷　沈家本輯　清宣統元年(1909)刻本　十二册

110000－0182－0001491　語 1792
詩經喈鳳詳解八卷詩經繹傳八卷圖說一卷　(清)陳抒孝撰　(清)汪基增訂　清乾隆三十一年(1766)三多齋刻兩節本　八册

110000－0182－0001492　叢 0002
番禺陳氏東塾叢書五種三十四卷　(清)陳澧撰　清咸豐至光緒刻本　九册

110000－0182－0001493　叢 0008
稗海七十四種四百四十八卷　(明)商濬輯　明萬曆會稽商氏刻本　十二册　存十九種一百二十卷(大唐新語十三卷,因話錄六卷,玉泉子一卷,北夢瑣言二十卷,樂善錄二卷,蠡海集一卷,過庭錄一卷,泊宅編三卷,閑窗括異志一卷,搜採異聞錄五卷,東軒筆錄十五卷,青箱雜記十卷,蒙齋筆談二卷,晝墁錄一卷,西溪叢語二卷,野客叢書三十卷、附野老紀聞一卷,螢雪叢說二卷,孫公談圃三卷,後山詩話一卷)

110000－0182－0001494　叢 0011(1)
經讀考異八卷補經讀考異一卷附翟晴江四書考異內句讀一卷句讀敘述二卷　(清)武億撰　清道光二十三年(1843)刻授堂遺書本　二册

110000－0182－0001495　叢 0011(2)
授堂遺書附錄二卷　(清)武億撰　(清)武穆淳輯　清道光二十三年(1843)刻授堂遺書本　一册

110000－0182－0001496　叢 0012
三禮義證十二卷　(清)武億撰　清道光二十三年(1843)刻授堂遺書本　二册

110000－0182－0001497　叢 0013
羣經義證八卷　(清)武億撰　清道光二十三年(1843)刻授堂遺書本　一册

110000－0182－0001498　叢 0015
金石三跋十卷　(清)武億撰　清道光二十三年(1843)刻授堂遺書本　二册

110000－0182－0001499　叢 0017
授堂文鈔八卷續集二卷詩鈔八卷　(清)武億撰　清道光二十三年(1843)刻授堂遺書本　五册

110000－0182－0001500　叢 0022
行素草堂金石叢書十六種　(清)朱記榮輯　清光緒三年至十七年(1877－1891)刻本　四十册

110000－0182－0001501　叢 0023
國學叢刊　羅振玉輯　清宣統三年(1911)石印本　二册

110000－0182－0001502　叢 0025
皇清經解續編一千四百三十卷　王先謙輯　清光緒十四年(1888)南菁書院刻本　二百二十三册　存七百八十九卷(七至一百二、一百七至三百十八、三百二十二至三百四十、三百八十三至四百十六、四百二十至四百三十、四百三十四至四百七十、四百八十三至五百七十一、五百七十三至五百八十一、五百八十八至七百十六、八百二十八至八百三十三、一千七十六至一千七十九、一千九十九至一千一百三、一千一百十六至一千一百五十七、一千一百六十三至一千二百三十五、一千二百四十至一千二百六十二)

110000－0182－0001503　叢 0027
荊駝逸史五十三種　(清)陳湖逸士輯　清道光古槐山房木活字印本　二十八册

110000－0182－0001504　叢 0029
漢隸辨體四卷　(清)尹彭壽撰　清光緒二十一年(1895)榮成孫葆田尚志堂刻本　四册

110000－0182－0001505　叢 0031(1)
幼科鐵鏡六卷　(清)夏鼎撰　清文蘭堂刻本

一册

110000－0182－0001506　叢0031(2)
廣瘟疫論四卷　(清)戴天章撰　清道光八年(1828)掃葉山房刻本　二册

110000－0182－0001507　叢0034
春暉堂叢書十二種　(清)徐渭仁輯　清道光至咸豐上海徐氏寒木春華館刻同治補刻本　十册

110000－0182－0001508　叢0035
鐵華館叢書六種　(清)蔣鳳藻輯　清光緒九年至十年(1883－1884)長洲蔣氏刻本　六册

110000－0182－0001509　叢0036
靈鶼閣叢書六集　(清)江標輯　清光緒二十一年至二十三年(1895－1897)元和江標湖南使院刻本　三十六册　缺二集(四至五)

110000－0182－0001510　叢0037
史學叢書　(清)□□輯　清光緒二十八年(1902)上海煥文書局、點石齋石印本　三十二册

110000－0182－0001511　叢0039
古逸叢書二十六種　(清)黎庶昌輯　清光緒遵義黎氏日本東京使署影刻本　五十五册

110000－0182－0001512　史0491
寄園寄所寄十二卷　(清)趙起士輯　清刻本　六册

110000－0182－0001513　叢0048
翠琅玕館叢書四卷五十五種　(清)馮兆年輯　清光緒羊城馮氏刻本　四十册

110000－0182－0001514　叢0049
唐代叢書六集一百六十四種　(清)陳世熙輯　清刻本　十六册

110000－0182－0001515　叢0050
續百川學海十集一百四種一百十九卷　(明)吳永輯　明刻本　十二册

110000－0182－0001516　叢0052
增訂漢魏叢書九十六種　(清)王謨輯　(清)黃元壽增輯　清光緒二十一年(1895)古越黃氏石印本　十六册

110000－0182－0001517　叢0054
增訂漢魏叢書九十六種　(清)王謨輯　(清)黃元壽增輯　清光緒二十一年(1895)古越黃氏石印本　十六册

110000－0182－0001518　叢0056
麗廔叢書二十四卷　葉德輝輯　清光緒三十三年(1907)長沙葉氏刻本　八册

110000－0182－0001519　叢0058
重刊船山遺書七十種二百八十八卷附校勘記二卷　(清)王夫之撰　清同治四年(1865)湘鄉曾氏刻本　一百册

110000－0182－0001520　叢0067
經訓堂叢書二十一種　(清)畢沅輯　清光緒十三年(1887)上海大同書局石印本　十六册

110000－0182－0001521　叢0068
益雅堂叢書二十九種九十五卷　(清)□□輯　清光緒九年(1883)刻本　三十六册

110000－0182－0001522　叢0071
振綺堂叢書初集十種　(清)汪康年輯　清宣統二年(1910)錢塘汪氏鉛印本　六册

110000－0182－0001523　叢0075
崔東壁遺書四十三種　(清)崔述撰　清道光二年(1822)刻本　二十册

110000－0182－0001524　叢0076
平津館叢書四十三種　(清)孫星衍撰　清光緒十一年(1885)朱氏槐廬家塾刻本　六十四册

110000－0182－0001525　叢0080
滂喜齋叢書四函五十種　(清)潘祖蔭輯　清同治至光緒吳縣潘氏京師刻本　二十四册

110000－0182－0001526　叢0089
皇清經解一千四百卷　(清)阮元輯　清道光九年(1829)廣東學海堂刻咸豐十一年(1861)增刻本　三百二十册

110000－0182－0001527　叢0091
饗喜廬叢書四種　(清)傅雲龍輯　清光緒十

五年(1889)德清傅氏日本刻本　六册

110000－0182－0001528　叢0092
畿輔河道水利叢書九種　(清)吳邦慶輯　清道光四年(1824)益津吳邦慶刻本　十册

110000－0182－0001529　叢0093
皇朝藩屬輿地叢書六集二十八種　題(清)文瑞樓主人輯　清光緒二十九年(1903)石印本　四十八册

110000－0182－0001530　叢0094
點石齋叢畫十卷　尊聞閣主(蔡爾康)輯　清光緒十一年(1885)上海點石齋石印本(第二版)　八册

110000－0182－0001531　叢0095
武英殿聚珍版叢書　(清)紀昀等編　清同治十三年(1874)江西書局刻本　一百二十八册　缺一册(五十七)

110000－0182－0001532　叢0096
涇川叢書四十五種續六種　(清)趙紹祖　(清)趙繩祖合輯　清道光十二年(1832)趙氏古墨齋刻本　二十三册　缺一種二卷(讀禮記二卷)

110000－0182－0001533　叢0097
皇清經解一千四百卷　(清)阮元輯　清道光九年(1829)廣東學海堂刻本　三百六十册

110000－0182－0001534　叢0098
武英殿聚珍版書一百四十八種　(清)紀昀輯　清光緒二十五年(1899)廣雅書局刻本　六百十册

110000－0182－0001535　叢0099
漢魏六朝一百三家集　(明)張溥輯　清光緒十八年(1892)長沙謝氏翰墨山房刻本　八十册

110000－0182－0001536　叢0100
崇文書局匯刻書三十三種　(清)崇文書局輯　清光緒三年(1877)湖北崇文書局刻本　八十册

110000－0182－0001537　叢0103
春在堂全書　(清)俞樾撰　清同治至光緒刻本　八十一册

110000－0182－0001538　叢0104
潛研堂全書十六種　(清)錢大昕撰　清刻本　四十七册

110000－0182－0001539　叢0105
昭代叢書二集　(清)張潮輯　清康熙中刻本　二十册　存四十卷(乙集一至四十)

110000－0182－0001540　自0122
中西算學集要十卷　(清)周毓英輯　清光緒七年(1881)刻本　六册

110000－0182－0001541　叢0106
檀几叢書三集　(清)王晫　(清)張潮輯　清康熙三十四年(1695)刻本　二十册　存二集(初集、二集)

110000－0182－0001542　叢0107
玉函山房輯佚書　(清)馬國翰輯　清同治十年(1871)皇華館書局補刻本　八十册

110000－0182－0001543　叢0108
朱文端公藏書十三種　(清)朱軾校輯　清光緒二十三年(1897)高安朱衡刻本　八十册

110000－0182－0001544　叢0109
藝海珠塵　(清)吳省蘭輯　**岳忠武王集不分卷**　(宋)岳飛撰　清嘉慶南匯吳氏聽彝堂刻本　九十五册

110000－0182－0001545　善1067
脂硯齋重評石頭記八十回　(清)曹雪芹撰　清乾隆二十四年(1759)抄本　一册　存五回(五十五後半回、五十六至五十八、五十九前半回)

110000－0182－0001546　叢0110
益雅堂叢書十八種　(清)□□輯　清光緒十五年(1889)文選樓刻本　二十八册

110000－0182－0001547　叢0116
子書百家(百子全書)一百一種　(清)崇文書局輯　清光緒元年(1875)湖北崇文書局刻本　五册　存八種(鄧析子、尸子、尹文子、公孫

龍子、愼子、鬼谷子、太元經、商子)

110000－0182－0001548　叢0117

抱朴子内篇四卷外篇四卷　(晉)葛洪撰　清光緒元年(1875)湖北崇文書局刻百子全書本　四册

110000－0182－0001549　叢0119

遜志堂雜鈔甲集一卷乙集一卷丙集一卷丁集一卷戊集一卷己集一卷庚集一卷辛集一卷壬集一卷癸集一卷　(清)吳翌鳳撰　清光緒十三年(1887)吳縣朱氏槐廬刻槐廬叢書本　二册

110000－0182－0001550　叢0120

丁西圃叢書　(清)丁顯撰　清光緒三十年(1904)刻本　八册

110000－0182－0001551　叢0121

嶺南遺書六十一種　(清)伍元薇　(清)伍崇曜輯　清道光十一年至三十年(1831－1850)南海伍氏粵雅堂文字歡娛室刻同治二年(1863)增刻本　九十册

110000－0182－0001552　叢0122

靈鶼閣叢書六集　(清)江標輯　清光緒二十一年至二十三年(1895－1897)元和江標湖南使院刻本　三十四册

110000－0182－0001553　叢0123

武英殿聚珍版書一百四十八種　(清)紀昀輯　清光緒二十五年(1899)廣雅書局刻本　七百六十二册

110000－0182－0001554　叢0124

竹柏山房十五種　(清)林春溥撰　清嘉慶至咸豐侯官林春溥竹柏山房刻本　十册　存八種(古書拾遺、竹書紀年補證、孔子世家補訂、孟子列傳纂、孟子外書補證、開卷偶得、孔門師弟年表、孟子時事年表)

110000－0182－0001555　叢0125

海山僊館叢書五十六種　(清)潘仕成輯　清道光二十九年(1849)廣東潘氏刻本　一百二十册

110000－0182－0001556　叢0127

讀畫齋叢書八集　(清)顧修輯　清嘉慶四年至十六年(1799－1811)銅川顧氏刻本　六十四册

110000－0182－0001557　叢0128

亭林遺書八種　(清)顧炎武撰　清抄本　四册

110000－0182－0001558　叢0130

玉函山房輯佚書　(清)馬國翰輯　清光緒十年(1884)楚南書局刻本　五十九册　缺二卷(古文尚書中、下)

110000－0182－0001559　叢0131

嶺南遺書六十一種　(清)伍元薇　(清)伍崇曜輯　清道光十一年至三十年(1831－1850)南海伍氏粵雅堂文字歡娛室刻同治二年(1863)增刻本　七十五册　缺十七種

110000－0182－0001560　叢0134

平津館叢書十集三十二種　(清)孫星衍輯　清光緒十一年(1885)朱氏槐廬家塾刻本　六十四册

110000－0182－0001561　叢0135

岱南閣叢書十六種　(清)孫星衍輯　清乾隆至道光蘭陵孫氏刻本　六十册

110000－0182－0001562　叢0136

稗海七十四種四百四十八卷　(明)商濬輯　明萬曆商濬刻清康熙振鷺堂重編補刻本　一百册

110000－0182－0001563　叢0137

昭代叢書二集　(清)張潮輯　清康熙刻本　十六册　存一集(甲集)

110000－0182－0001564　叢0138

皇清經解一千四百卷　(清)阮元輯　清光緒十八年(1892)上海古香閣石印本　六十四册

110000－0182－0001565　叢0139

古逸叢書二十六種　(清)黎庶昌輯　清光緒遵義黎氏日本東京使署影刻本　四十册　存十八種(爾雅、穀梁傳、論語集解、易程傳、孝經、尚書釋音、老子道德經、荀子、楚辭集註、玉篇、廣韻、重修廣韻、玉燭寶典、莊子註疏、杜工部草堂詩箋、碣石調幽蘭、天台山記、太平寰宇記補闕)

110000－0182－0001566　叢0144
諸子彙函二十六卷附談藪一卷諸子評林姓氏一卷　(明)歸有光輯　明天啓六年(1626)刻本　二十七冊

110000－0182－0001567　叢0146
鄦齋叢書　徐乃昌輯　清光緒二十六年(1900)南陵徐乃昌校刻本　十六冊

110000－0182－0001568　叢0147
唐人五十家小集　(清)江標輯　清光緒二十一年(1895)元和江氏靈鶼閣刻本　十六冊

110000－0182－0001569　叢0148
古香齋袖珍十種　(清)張英等纂　清光緒七年(1881)刻本　三百十八冊

110000－0182－0001570　叢0155
曝書亭集八十卷附錄一卷　(清)朱彝尊撰　清光緒十五年(1889)會稽陶閶寒梅館刻本　十六冊

110000－0182－0001571　叢0161
戴氏遺書　(清)戴震撰　清乾隆四十三年(1778)曲阜孔氏刻微波榭叢書本　二十四冊

110000－0182－0001572　叢0162
學古齋金石叢書四集十二種　(清)葛元煦輯　清光緒三十年(1904)會稽董氏取斯堂刻本　十六冊

110000－0182－0001573　叢0165
拙尊園叢稿六卷　(清)黎庶昌撰　清光緒李光明莊狀元閣刻本　二冊

110000－0182－0001574　叢0168
魏稼孫先生全集四種　(清)魏錫曾撰　清光緒九年(1883)刻本　六冊

110000－0182－0001575　叢0169
養吉齋叢錄二十六卷餘錄十卷　(清)吴振棫纂　清光緒二十二年(1896)刻本　八冊

110000－0182－0001576　語0632
英語捷徑　鍾焯臣著　清宣統二年(1910)天津普通中學堂鉛印本　一冊

110000－0182－0001577　語0800
蒙學準繩五千字刻圖說　(清)養正主人撰　清光緒二十九年(1903)上海會文學社裕後堂石印本　四冊

110000－0182－0001578　叢0174
湘學報類編不分卷　(清)湘督學使署編印　清光緒二十四年(1898)湘督學使署刻本　八冊

110000－0182－0001579　叢0177
二酉堂叢書　(清)張澍輯　清道光元年(1821)武威張氏二酉堂刻本　十冊

110000－0182－0001580　叢0178
安吴四種　(清)包世臣撰　清同治十一年(1872)湖北包氏注經堂刻光緒十四年(1888)印本　十六冊

110000－0182－0001581　叢0179
二酉堂叢書　(清)張澍輯　清道光元年(1821)武威張氏二酉堂刻清末上海千頃堂印本　十二冊

110000－0182－0001582　叢0180
詞學叢書　(清)秦恩復輯　清嘉慶至道光江都秦氏享帚精舍刻光緒六年(1880)邗江承啟堂重修本　十二冊

110000－0182－0001583　叢0182
嘯園叢書　(清)葛元煦輯　清光緒九年(1883)仁和葛元煦嘯園刻本　三十六冊

110000－0182－0001584　叢0185
西學三通　(清)袁宗濂編輯　清光緒二十八年(1902)文盛堂石印本　八十八冊　存二種(西政通典、西藝通考)

110000－0182－0001585　叢0186
郝氏遺書二十三種　(清)郝懿行撰　清光緒八年(1882)東路廳署刻本　五十八冊

110000－0182－0001586　叢0188

庸盦海外文編四卷　(清)薛福成撰　清光緒二十二年(1896)石印本　二册

110000－0182－0001587　叢 0191
梅氏叢書輯要六十二卷　(清)梅文鼎撰　(清)梅㲄成輯　清同治十三年(1874)頤園刻本　二十册

110000－0182－0001588　叢 0192
紀效新書十八卷首一卷　(明)戚繼光撰　明萬曆明雅堂刻本　四册

110000－0182－0001589　叢 0193
多識錄四卷　(清)練恕撰　清道光十八年(1838)上海連平練氏刻本　三册

110000－0182－0001590　叢 0195
論語注二十卷　康有爲注　清光緒二十八年(1902)刻萬木草堂叢書本　十册

110000－0182－0001591　叢 0196
讀書記疑十六卷　(清)王懋竑撰　清同治十一年(1872)福建撫署刻本　八册

110000－0182－0001592　叢 0197
古經天象考十二卷圖說一卷　(清)雷學淇撰　清光緒貴池劉氏刻聚學軒叢書本　七册

110000－0182－0001593　叢 0200
農書三卷　(宋)陳旉撰　**蠶書一卷**　(宋)秦觀撰　**耕織圖詩一卷**　(宋)樓璹撰　清乾隆四十六年(1781)仁和趙氏小山堂刻本　一册

110000－0182－0001594　叢 0206
宸翰樓叢書五種　羅振玉輯　清宣統三年(1911)上虞羅氏刻本　五册

110000－0182－0001595　叢 0209
湘學報類編不分卷　(清)湘督學使署編　清光緒二十四年(1898)刻本　二十册

110000－0182－0001596　叢 0212
顨軒孔氏所著書　(清)孔廣森撰　清嘉慶二十二年(1817)曲阜孔氏儀鄭堂刻本　十册

110000－0182－0001597　叢 0213
梅氏叢書輯要二十三種附錄二種　(清)梅文鼎撰　(清)梅㲄成輯　清同治十三年(1874)湖南裕德書局刻本　二十四册

110000－0182－0001598　善 1051
大清光緒三十五年歲次己酉時憲書一卷　(清)欽天監編　清光緒三十四年(1908)刻套印本　一册

110000－0182－0001599　叢 0223
明季稗史彙編十六種　(清)留雲居士輯　清末琉璃廠刻本　十二册

110000－0182－0001600　叢 0224
勝朝遺事初編六卷　(清)吳彌光輯　清光緒九年(1883)山陰宋澤元懺華館刻本　六册

110000－0182－0001601　叢 0230
西學輯存六種　(清)王韜撰　清光緒十六年(1890)鉛印本　二册

110000－0182－0001602　叢 0244
李氏遺書十一種十八卷　(清)李鋭撰　清道光三年(1823)儀徵阮氏刻本　八册

110000－0182－0001603　叢 0245
西學啟蒙十六種　(英國)艾約瑟譯　清光緒二十四年(1898)上海盈記書莊石印本　十六册

110000－0182－0001604　叢 0250
漢魏叢書三十五種二百八卷　(明)程榮編　明萬曆二十年(1592)新安程氏刻本　六十四册

110000－0182－0001605　叢 0252
功順堂叢書　(清)潘祖蔭輯　清光緒吳縣潘氏刻本　二十四册

110000－0182－0001606　叢 0253
龍威秘書十集一百七十七種　(清)馬俊良輯　清乾隆五十九年(1794)石門馬氏大酉山房刻本　八十册

110000－0182－0001607　叢 0254
戴氏遺書　(清)戴震撰　清乾隆四十三年(1778)曲阜孔氏刻微波榭叢書本　四十六册

110000－0182－0001608　叢 0255
顏李遺書二十種　(清)顏元　(清)李塨撰

清光緒五年(1879)定州王氏刻畿輔叢書本 二十五册

110000－0182－0001609　叢0257
亭林先生遺書匯輯二十種附三種首一卷　(清)顧炎武撰　(清)朱記榮　(清)席威輯　清朱氏校經山房刻光緒十四年(1888)匯印本　二十四册

110000－0182－0001610　叢0258(1)
焦氏叢書二十一種一百二十二卷　(清)焦循撰　清嘉慶至道光江都焦氏雕菰樓刻本　四十八册

110000－0182－0001611　叢0258(2)
焦氏叢書二十一種一百二十二卷　(清)焦循撰　清嘉慶至道光江都焦氏雕菰樓刻本　四十八册

110000－0182－0001612　叢0267
中復堂全集十種九十八卷　(清)姚瑩撰　清同治六年(1867)桐城姚濬昌安福縣署刻本　三十二册

110000－0182－0001613　叢0270
古君子館三學　陸獻輯　清抄本　十册

110000－0182－0001614　叢0272
中西聞見叢鈔三十四卷　(清)種蕉藝蘭生輯　清光緒二十四年(1898)上海吳雲記書局鉛印本　四册

110000－0182－0001615　叢0276
結一廬朱氏賸餘叢書　(清)朱澂輯　清光緒三十一年(1905)仁和朱氏刻本　二十册

110000－0182－0001616　叢0279
積學齋叢書　徐乃昌輯　清光緒南陵徐乃昌刻本　十六册

110000－0182－0001617　叢0281
漸學廬叢書　(清)胡祥鑅輯　清光緒二十三年至二十五年(1897－1899)元和胡氏石印本　一册　存四種(塞北紀行、西北域記、甯古塔紀略、西遊記金山以東釋)

110000－0182－0001618　叢0283
龍威秘書十集一百七十七種　(清)馬俊良輯　清乾隆五十九年(1794)石門馬氏大酉山房刻本　八册　存一集(九)

110000－0182－0001619　叢0284
說郛一百二十卷續四十四卷目錄二卷　(明)陶宗儀輯　(明)陶珽續輯　清順治三年(1646)宛委山堂刻本　一百六十七册　缺一册(一百十)

110000－0182－0001620　叢0285
說郛一百二十卷續四十四卷目錄二卷　(明)陶宗儀輯　(明)陶珽續輯　清順治三年(1646)宛委山堂刻本　三册　存三卷(續十五至十六、四十三)

110000－0182－0001621　叢0286
白芙堂算學叢書二十三種　(清)丁取忠輯　清同治十三年(1874)長沙古荷池精舍刻本　二十六册　缺四種(圓理括囊、對數詳解、綴術釋明、綴術釋戴)

110000－0182－0001622　叢0287
御製律曆淵源一百卷　(清)允祉　(清)允祿等撰　清雍正二年(1724)内府刻本　一百四册

110000－0182－0001623　叢0289
經訓堂叢書二十一種　(清)畢沅輯　清乾隆鎮洋畢沅刻本(三輔黃圖附錄爲抄配)　三十二册

110000－0182－0001624　叢0292
篆學瑣著三十種　(清)顧湘輯　清道光二十三年(1843)海虞顧湘刻本　八册

110000－0182－0001625　叢0294
皮鹿門著書九種　(清)皮錫瑞撰　清光緒中思賢書局刻本　十一册　存六種(經學通論、王制箋、六藝論疏證、古文尚書冤詞平議、尚書中候疏證、聖證論補評)

110000－0182－0001626　叢0299
藕香零拾三十九種　繆荃孫輯　清宣統二年(1910)江陰繆荃孫刻本　三十二册

110000－0182－0001627　叢 0302
訓纂堂叢書六種　（清）楊調元輯　清光緒貴筑楊調元訓纂堂刻本　一册

110000－0182－0001628　叢 0304
知服齋叢書二十四種　（清）龍鳳鑣輯　清光緒順德龍氏刻本　二十四册

110000－0182－0001629　叢 0305
正覺樓叢刻　（清）崇文書局輯　清光緒崇文書局刻本　三十六册

110000－0182－0001630　叢 0312
小石山房叢書　（清）顧湘輯　清道光刻同治十三年(1874)虞山顧氏補刻本　二十册

110000－0182－0001631　叢 0320
農學叢書二集四十八種五十九卷　（清）上海農學會輯並譯　清光緒二十六年(1900)江南總農會石印本　十册

110000－0182－0001632　叢 0321
二思堂叢書六種　（清）梁章鉅撰　清光緒元年(1875)浙江書局刻本　十六册

110000－0182－0001633　叢 0322
經訓堂叢書二十一種　（清）畢沅輯　清光緒十三年(1887)上海大同書局石印本　十六册

110000－0182－0001634　叢 0323
奇晉齋叢書十六種十九卷　（清）陸烜編　清乾隆三十四年(1769)陸烜奇晉齋刻本(第一册爲抄配)　四册

110000－0182－0001635　叢 0328
晨風閣叢書二十三種　沈宗畸輯　清宣統元年(1909)番禺沈宗畸刻本　十六册

110000－0182－0001636　叢 0334
頤志齋叢書二十一種　（清）丁晏撰　清同治二年(1863)刻本　二十册

110000－0182－0001637　叢 0336
函海四十函　（清）李調元輯　清乾隆綿州李氏萬卷樓刻嘉慶十四年(1809)綿州李鼎元校印本　一百九十一册　缺一册(五十三)

110000－0182－0001638　叢 0339
湖州叢書十二種　（清）陸心源輯　清光緒湖州義塾刻本　二十四册

110000－0182－0001639　叢 0341
湖北叢書三十一種　（清）趙尚輔輯　清光緒十七年(1891)三餘堂刻本　六十册

110000－0182－0001640　叢 0342
穀玉類編五十卷　（清）汪兆舒輯　清乾隆二十三年(1758)資履堂刻本　十册

110000－0182－0001641　叢 0343
二十二子二十四種　（清）浙江書局輯　清光緒二十七年(1901)浙江書局刻本　四十六册

110000－0182－0001642　叢 0344
南菁書院叢書四十一種　王先謙　繆荃孫輯　清光緒十四年(1888)江陰南菁書院刻本　四十八册

110000－0182－0001643　叢 0345
宜稼堂叢書七種　（清）郁松年輯　清道光二十年至二十二年(1840－1842)上海郁氏刻本　六十四册

110000－0182－0001644　叢 0346
常州先哲遺書第一集　盛宣懷輯　清光緒二十四年(1898)武進盛氏刻本　六十四册

110000－0182－0001645　叢 0347
聚學軒叢書　劉世珩輯　清光緒貴池劉氏刻本　一百册

110000－0182－0001646　叢 0349
武林掌故叢編二十六集　（清）丁丙輯　清光緒九年(1883)錢塘丁氏嘉惠堂刻本(第三十一册爲補配)　一百四册

110000－0182－0001647　叢 0350
武林掌故叢編二十六集　（清）丁丙輯　清光緒九年(1883)錢塘丁氏嘉惠堂刻本　二百八册

110000－0182－0001648　叢 0351
鄭氏佚書二十三種　（漢）鄭玄撰注　（清）袁鈞輯　清光緒十四年(1888)浙江書局刻本　十册

110000－0182－0001649　叢 0356

空山堂全集　(清)牛運震撰　清嘉慶二十三年(1818)空山堂刻本　三十二冊

110000－0182－0001650　叢 0357

借樹山房叢鈔十七種　(清)□□輯　清抄本　四冊

110000－0182－0001651　叢 0358

玉簡齋叢書　羅振玉輯　清宣統二年(1910)上虞羅振玉刻本　二十冊

110000－0182－0001652　叢 0361

高郵王氏四種　(清)王引之等撰　清道光七年(1827)京師壽藤書屋刻本　六十冊

110000－0182－0001653　叢 0362

心矩齋叢書八種　(清)蔣鳳藻輯　清光緒十四年(1888)長洲蔣氏刻本　十二冊　存五種(漢志水道疏證、吳郡名賢小記、蘇詩查注補正、鐵橋漫稿、札樸)

110000－0182－0001654　叢 0364

昭代叢書　(清)張潮　(清)張漸輯　(清)楊復吉　(清)沈楙德續輯　清道光吳江沈氏世楷堂刻光緒二年(1876)印本　二百四十冊

110000－0182－0001655　叢 0367

許學叢書三集十四種　張炳翔輯　清光緒長沙張炳翔儀鄦廬刻本　二十四冊

110000－0182－0001656　叢 0370

甌北全集七種　(清)趙翼撰　清光緒三年(1877)刻本　六十冊

110000－0182－0001657　叢 0371

敝帚齋遺書四種　(清)徐鼒撰　清光緒三年(1877)六合徐氏刻本　十六冊

110000－0182－0001658　叢 0373

惜陰軒叢書三十五種　(清)李錫齡輯　清光緒十四年(1888)長沙惜陰書局刻本　一百冊

110000－0182－0001659　叢 0378

十萬卷樓叢書三編五十一種　(清)陸心源輯　清光緒五年(1879)歸安陸氏刻本　一百十二冊

110000－0182－0001660　叢 0380

覆瓿集四種續刻九種　(清)張文虎撰　清同治十三年至光緒十五年(1874－1889)刻本　十二冊

110000－0182－0001661　叢 0381

雅雨堂藏書十二種　(清)盧見曾輯　清乾隆二十一年(1756)德州盧氏刻本　二十八冊

110000－0182－0001662　叢 0382

式訓堂叢書初二集二十七種　(清)章壽康輯　清光緒六年(1880)會稽章氏刻本　三十二冊

110000－0182－0001663　叢 0386

李氏五種合刊　(清)李兆洛編　清同治九年至十一年(1870－1872)合肥李鴻章刻本　十六冊

110000－0182－0001664　叢 0389

半厂叢書初編　(清)譚獻輯　清光緒十五年(1889)仁和譚氏刻本　二十四冊

110000－0182－0001665　叢 0391

懷豳雜俎十二種　徐乃昌輯　清光緒至宣統南陵徐乃昌刻本　六冊

110000－0182－0001666　叢 0392

庸庵全集十種　(清)薛福成撰　(清)薛瑩中輯　清光緒無錫薛氏刻本　四十八冊　存七種(庸庵文編、籌洋芻議、浙東籌防錄、出使奏疏、出使公牘、出使日記、日記續刻)

110000－0182－0001667　叢 0394

柏堂遺書十六種一百七十二卷　(清)方宗誠撰　清光緒六年至十二年(1880－1886)刻本　三十冊

110000－0182－0001668　叢 0398

番禺陳氏東塾叢書五種三十四卷　(清)陳澧撰　清咸豐至光緒刻本　十冊

110000－0182－0001669　叢 0399

正誼堂全書六十六種　(清)張伯行輯　(清)楊濬重輯　清同治五年(1866)福州正誼書局刻八年至九年(1869－1870)增刻本　一百八

十七册

110000－0182－0001670　叢 0403

子書百家（百子全書）一百一種　（清）崇文書局輯　清光緒元年（1875）崇文書局刻本（韓非子爲民國元年鄂官書處鉛印本補配）　一百九册

110000－0182－0001671　叢 0405

隨園三十六種　（清）袁枚撰輯　清光緒三十四年（1908）上海集成圖書公司鉛印本　五十册

110000－0182－0001672　叢 0417

粵雅堂叢書三十集　（清）伍崇曜輯　清道光至光緒南海伍氏刻本　三百二十册　存二十五集（一至二十五）

110000－0182－0001673　叢 0425

咫進齋叢書三集三十七種　（清）姚覲元輯　清光緒九年（1883）歸安姚氏刻本　三十二册

110000－0182－0001674　叢 0428

邃雅堂全書九種　（清）姚文田撰　清嘉慶至光緒歸安姚氏刻本　十四册　存四種（邃雅堂學古錄、古音諧、說文校議、繆篆分韻附繆篆補）

110000－0182－0001675　叢 0431

大亭山館叢書十八種　（清）楊葆彝輯　清光緒陽湖楊氏刻本　十册

110000－0182－0001676　叢 0436

孫谿朱氏經學叢書初編十三種　（清）朱記榮輯　清光緒十二年（1886）朱氏槐廬刻本　六册

110000－0182－0001677　叢 0437

杭大宗七種叢書　（清）杭世駿撰　清乾隆杭賓仁羊城刻本　四册

110000－0182－0001678　叢 0438

貸園叢書初集十二種　（清）周永年輯　清乾隆青州李文藻刻五十四年（1789）歷城周永年竹西書屋印本　十二册

110000－0182－0001679　叢 0439

校經山房叢書二十六種　（清）朱記榮輯　清光緒三十年（1904）孫谿朱氏槐廬家塾刻本　三十二册

110000－0182－0001680　叢 0441

潘刻五種　（清）恩壽編　清光緒九年（1883）吳縣潘祖蔭京師刻二十九年（1903）翰文齋印本　五册

110000－0182－0001681　叢 0443

榆園叢刻　（清）許增輯　清同治至光緒仁和許增娛園刻本　十五册

110000－0182－0001682　叢 0444

問影樓輿地叢書第一集十五種　胡思敬輯　清光緒三十四年（1908）鉛印本　十册

110000－0182－0001683　叢 0445

石泉書屋全集九種　（清）李佐賢撰輯　清咸豐至光緒利津李氏刻本　十四册

110000－0182－0001684　叢 0447

夢厂雜著不分卷　（清）俞蛟撰　清道光八年（1828）敬藝堂刻本　八册

110000－0182－0001685　叢 0448

徐位山六種　（清）徐文靖撰　清光緒二年（1876）刻本　二十四册

110000－0182－0001686　叢 0449

國朝名人著述叢編十三種　（清）□□輯　清光緒五年（1879）上海淞隱閣鉛印本　六册

110000－0182－0001687　叢 0451

荔牆叢刻十三種　（清）汪曰楨輯　清同治六年至光緒四年（1867－1878）烏程汪氏會稽學署刻本　二十册

110000－0182－0001688　叢 0452

中西星要十二卷　（清）倪榮桂輯　清嘉慶八年（1803）樹滋堂刻本　三册

110000－0182－0001689　叢 0453

振綺堂叢書二集十二種　（清）汪康年輯　清光緒二十年（1894）刻本　八册

110000－0182－0001690　叢 0454

古書隱樓藏書三十八種　（清）閔一得輯　清

吳興金蓋山純陽宮刻本　十四冊

110000－0182－0001691　叢 0455
拜鴛樓校刻四種　沈宗畸輯　清光緒二十六年(1900)番禺沈氏刻本　四冊

110000－0182－0001692　叢 0462
古桐書屋六種　(清)劉熙載撰　清光緒刻本　八冊

110000－0182－0001693　叢 0463
觀自得齋叢書　(清)徐士愷輯　清光緒石埭徐士愷刻本　二十四冊

110000－0182－0001694　叢 0467
永嘉叢書十四種　(清)孫衣言輯　清光緒二年(1876)瑞安孫氏武昌刻本　四十八冊

110000－0182－0001695　史 1757(1)
南齊書五十九卷　(南朝梁)蕭子顯撰　明崇禎十年(1637)琴川毛氏汲古閣刻十七史本(目錄有抄配)　八冊

110000－0182－0001696　史 1757(3)
三國志六十五卷　(晉)陳壽撰　(南朝宋)裴松之注　明崇禎十七年(1644)琴川毛氏汲古閣刻十七史本　八冊

110000－0182－0001697　史 1757(2)
北齊書五十卷　(唐)李百藥撰　明崇禎十一年(1638)琴川毛氏汲古閣刻十七史本　六冊

110000－0182－0001698　史 1758
直隸全省警務處調查州縣警務成績書　(清)□□編　清光緒三十四年(1908)鉛印本　一冊

110000－0182－0001699　史 1763
慈溪黃氏日抄分類九十七卷　(宋)黃震撰　明刻本　八十一冊

110000－0182－0001700　史 1764
慈溪黃氏日抄分類九十七卷　(宋)黃震撰　明刻本　二十六冊

110000－0182－0001701　史 1770
歷代史表五十九卷首一卷末一卷　(清)萬斯同撰　清光緒十五年(1889)廣雅書局刻本　六冊

110000－0182－0001702　史 1771
洪文襄公奏對二卷附饒崧生先生摺譜　(清)洪承疇撰　清光緒十九年(1893)榮祿堂刻本　二冊

110000－0182－0001703　史 1784
周易備忘錄　(□)□□撰　清賀松坡抄本　三冊

110000－0182－0001704　史 1788
清太祖高皇帝實錄　(□)□□編　清末抄本　一冊　存二卷(五至六)

110000－0182－0001705　史 1789
漢書人表考九卷附錄一卷　(清)梁玉繩撰　(清)梁學昌輯附錄　清光緒十四年(1888)廣雅書局刻本　五冊

110000－0182－0001706　史 1793
皇朝五經彙解二百七十卷　(清)抉經心室主人編　清光緒十四年(1888)鴻文書局石印本　三十二冊

110000－0182－0001707　史 1802
十七史商榷一百卷目錄一卷　(清)王鳴盛撰　清乾隆五十二年(1787)洞涇草堂刻本　二十冊

110000－0182－0001708　史 1851
札迻十二卷　(清)孫詒讓撰　清光緒二十年(1894)刻本　四冊

110000－0182－0001709　史 1860
日知錄集釋三十二卷刊誤二卷續刊誤二卷　(清)顧炎武撰　(清)黃汝成集釋　清同治十一年(1872)湖北崇文書局刻本　十六冊

110000－0182－0001710　史 1884
蒙學中國歷史教科書　(清)文明書局編譯　清光緒二十九年(1903)上海文明書局石印蒙學科學全書本　七冊

110000－0182－0001711　史 1888
東三省沿革表六卷　吳廷燮纂修　清宣統元年(1909)天津退耕堂刻本　六冊

110000－0182－0001712　史1897
研經室集一集十四卷二集八卷三集五卷四集二卷詩十一卷續集九卷外集五卷　(清)阮元撰　清道光三年(1823)刻文選樓叢書本　六冊

110000－0182－0001713　史1907
彭剛直公奏稿八卷　(清)彭玉麟撰　清光緒十七年(1891)德清俞樾刻本　六冊

110000－0182－0001714　史1909
自強學齋治平十議十種　(清)□□編　清光緒十九年至二十三年(1893－1897)文瑞樓石印本　十二冊

110000－0182－0001715　史1922
東萊先生音註唐鑑二十四卷　(宋)范祖禹撰　(宋)呂祖謙音註　清同治十三年(1874)尊經書院刻本　四冊

110000－0182－0001716　史1926
當譜　(清)□□編　清同治十一年(1872)果介堂抄本　一冊

110000－0182－0001717　史1927
四庫簡明目錄標注二十卷附錄一卷　(清)邵懿辰撰　清宣統三年(1911)仁和邵氏家祠刻半巖廬所著書本　六冊

110000－0182－0001718　史1929
廿二史策案五卷首一卷　(清)王鎏匯輯　清道光十一年(1831)刻本　八冊

110000－0182－0001719　史1931
南漢書十八卷考異十八卷文字略四卷叢錄二卷　(清)梁廷枏撰　清光緒二十一年(1895)順德梁用弧刻本　八冊

110000－0182－0001720　史1932
三國郡縣表八卷　(清)吳增僅撰　清光緒二十一年(1895)木活字印本　四冊

110000－0182－0001721　史1933
漢書地理志校本二卷　(清)汪遠孫撰　清道光二十八年(1848)錢塘汪遠孫振綺堂刻本　二冊

110000－0182－0001722　史1935
三史拾遺五卷附考史拾遺十卷　(清)錢大昕撰　清嘉慶十二年(1807)嘉興郡齋刻本　六冊

110000－0182－0001723　史1937
史目表二卷　(清)洪飴孫撰　清光緒二十五年(1899)京都官書局石印本　一冊

110000－0182－0001724　史1939
竹書紀年補證四卷本末一卷後案一卷　(清)林春溥撰　清刻本　四冊

110000－0182－0001725　史1940
南北史捃華八卷　(清)周嘉猷撰　清光緒二年(1876)永康胡氏退補齋刻本　四冊

110000－0182－0001726　史1941
西魏書二十四卷附錄一卷　(清)謝啟昆撰　清光緒九年(1883)刻本　四冊

110000－0182－0001727　史1951
御批歷代通鑑輯覽一百二十卷　(清)傅恆等編纂　清同治十一年(1872)湖北崇文書局刻本　六十冊

110000－0182－0001728　史1952
續後漢書四十二卷音義四卷　(宋)蕭常撰　**劄記一卷**　(清)郁松年撰　清道光二十一年(1841)郁松年刻宜稼堂叢書本　六冊

110000－0182－0001729　史1953
竹書紀年統箋十二卷前編一卷雜述一卷　(南朝梁)沈約注　(清)徐文靖箋　(清)馬陽　(清)崔萬烜校訂　清光緒三年(1877)浙江書局刻本　四冊

110000－0182－0001730　史1956(1)
漢書辨疑二十二卷　(清)錢大昭撰　清光緒十三年(1887)廣雅書局刻本　八冊

110000－0182－0001731　史1956(2)
續漢書辨疑九卷　(清)錢大昭撰　清光緒十四年(1888)廣雅書局刻本　一冊

110000－0182－0001732　史1956(3)
後漢書辨疑十一卷　(清)錢大昭撰　清光緒

十四年(1888)廣雅書局刻本　二册

110000－0182－0001733　史1959
仁學一卷　(清)譚嗣同撰　清末刻本　一册

110000－0182－0001734　史1968
熙朝紀政六卷　(清)王慶雲撰　清光緒二十四年(1898)石印本　六册

110000－0182－0001735　史1971
廿二史劄記三十六卷補遺一卷　(清)趙翼撰　清嘉慶五年(1800)刻本　十二册

110000－0182－0001736　史0199
癸巳類稿十五卷　(清)俞正燮撰　清道光十三年(1833)求日益齋刻本　六册

110000－0182－0001737　史2013
史通通釋二十卷　(唐)劉知幾撰　(清)浦起龍釋　清末翰墨園刻本　六册

110000－0182－0001738　史2014
元史新編九十五卷　(清)魏源撰　清光緒三十一年(1905)邵陽魏氏慎微堂刻本　三十二册

110000－0182－0001739　史204
寄園寄所寄十二卷　(清)趙起士輯　清光緒刻本　六册　存六卷(一至六)

110000－0182－0001740　史2042
國朝書人輯略十一卷首一卷　震鈞輯　清光緒三十四年(1908)金陵刻本　八册

110000－0182－0001741　史2051
石鼓文釋存一卷補注一卷　(清)張燕昌述　清光緒二十八年(1902)貴池劉氏刻本　一册

110000－0182－0001742　史2055
山海經四卷　(晉)郭璞傳　(清)吳任臣注　清光緒十年(1884)掃葉山房刻本　四册

110000－0182－0001743　史2056
歷代政要表二卷　(清)胡子清編輯　清光緒二十九年(1903)刻本　二册

110000－0182－0001744　史2057
燕京開教略三卷　(法國)樊國梁撰　清光緒三十一年(1905)北京救世堂鉛印本　三册

110000－0182－0001745　史2059
士禮居藏書題跋記續二卷　(清)黄丕烈撰　繆荃孫輯　清光緒二十二年(1896)元和江標刻靈鶼閣叢書本　四册

110000－0182－0001746　史2063
詠梅軒思忠錄　(清)謝蘭生編　清道光二十九年(1849)刻本　一册

110000－0182－0001747　史2068
名原二卷　(清)孫詒讓撰　清光緒三十一年(1905)刻本　二册

110000－0182－0001748　史2074
書畫人姓名錄　(清)□□輯　清稿本　一册　存一卷(四)

110000－0182－0001749　史2085
八旗滿洲氏族通譜八十卷目錄二卷　(清)吕熾等纂　清乾隆九年(1744)武英殿刻本　二十六册

110000－0182－0001750　史2093
蕓古介書前集十五種後集九種　(明)邵闇生輯　明天啓刻本　四册

110000－0182－0001751　史2096
八史經籍志　(清)張壽榮輯　清光緒八年(1882)刻本　十六册

110000－0182－0001752　史2108
説文解字義證五十卷　(清)桂馥撰　清同治九年(1870)湖北崇文書局刻本　十六册

110000－0182－0001753　史2109
欽定全唐文一千卷　(清)董誥等撰　清嘉慶二十三年(1818)刻本　二百六十一册

110000－0182－0001754　史2110
明刑管見錄一卷　(清)穆翰著　清光緒十三年(1887)陝西臬署刻本　一册

110000－0182－0001755　史2115
遊俠異聞錄初集四卷　(清)張文澤輯　清光緒二十二年(1896)凌雲閣石印本　八册

110000－0182－0001756　史 2116
中國歷史戰爭形勢圖說附論二卷　盧彤撰　清宣統二年(1910)同倫學社鉛印本　一冊

110000－0182－0001757　史 2118
兵鑑全集四卷附一卷　(清)徐宗幹輯　清咸豐二年(1852)斯未信齋刻本　四冊

110000－0182－0001758　史 2122
寫定尚書一卷　(清)吳汝綸校疏　清光緒十八年(1892)桐城吳氏家塾石印本　一冊

110000－0182－0001759　史 2123
歷代大事歌略四卷　(清)賈拱辰輯　清光緒敬畏堂鉛印本　一冊

110000－0182－0001760　史 2127
提牢備考四卷　(清)趙舒翹撰　清光緒十九年(1893)東甌官舍刻本　二冊

110000－0182－0001761　史 2132
勸學篇二卷　(清)張之洞撰　清光緒二十四年(1898)河南書局刻本　一冊

110000－0182－0001762　史 2133
劉中丞奏議二十卷　(清)劉蓉撰　清光緒十一年(1885)思賢講舍刻本　十冊

110000－0182－0001763　史 2134
思辨錄疑義一卷　(清)劉蓉撰　清光緒三年(1877)思賢講舍刻本　一冊

110000－0182－0001764　史 2135
覺迷要錄四卷　葉德輝編　清光緒三十一年(1905)刻本　二冊

110000－0182－0001765　史 2137
校邠廬抗議二卷　(清)馮桂芬撰　清光緒二十三年(1897)弢園老民鉛印本　二冊

110000－0182－0001766　史 2139
財政四綱不分卷　錢恂撰　清光緒二十七年(1901)鉛印本　四冊

110000－0182－0001767　史 2140
翼教叢編六卷附錄一卷　(清)蘇輿編　清光緒二十四年(1898)刻本　三冊

110000－0182－0001768　史 2144
吾學錄初編二十四卷　(清)吳榮光撰　清道光十五年(1835)刻本　八冊

110000－0182－0001769　史 2145
平播全書十五卷　(明)李化龍撰　明萬曆刻本(卷三、十一、十五抄配)　十六冊

110000－0182－0001770　史 2150
勳章圖　(清)□□編　清末彩印本　一冊

110000－0182－0001771　史 2155
庚癸紀略二卷續編一卷　(清)王元榜撰　清抄本　一冊

110000－0182－0001772　史 2162
臺灣戰紀二卷　(清)洪棄父纂　清光緒鉛印本　二冊　存一卷(下)

110000－0182－0001773　史 2163
實錄畫一書法一卷　(清)□□纂輯　清末京師京華印書局鉛印本　一冊

110000－0182－0001774　史 2169
東省鐵路公司合同　(清)總理各國事務衙門編　清光緒鉛印本　一冊

110000－0182－0001775　史 2170
勘分旅大租界專條中俄會訂條約　(清)□□編　清光緒鉛印本　一冊

110000－0182－0001776　史 2171
廣州灣租界約　(清)□□編　清光緒鉛印本　一冊

110000－0182－0001777　史 2172
英國租威海衛專條　(清)□□編　清光緒鉛印本　一冊

110000－0182－0001778　史 2173(1)
李文忠公榮哀錄附李文忠公傳稿　(清)□□輯　清光緒至宣統刻本　一冊

110000－0182－0001779　史 2173(2)
李文忠公榮哀錄　(清)□□輯　清光緒至宣統刻本　一冊

110000－0182－0001780　史 2175

交涉約案摘要七卷首一卷附錄一卷　(清)王鵬九編　清光緒二十四年(1898)刻本　四册

110000－0182－0001781　史2183
閣鈔彙編　(清)華北書局編輯　清光緒三十一年(1905)北京華北書局鉛印本　八册　存光緒三十一年二月、八月

110000－0182－0001782　史2185
籌海初集四卷　(清)關天培編輯　清道光十六年(1836)刻本　八册

110000－0182－0001783　史2191
亞東各國約章一卷　(清)陳肇章譯　清光緒二十八年(1902)湖北洋務譯書局刻本　一册

110000－0182－0001784　史2192
亞東各國稅則商埠章程　(清)何爾誂譯　清光緒二十九年(1903)湖北洋務譯書局刻本　一册

110000－0182－0001785　史2193
東槎紀略五卷　(清)姚瑩撰　清光緒四年(1878)上海申報館鉛印本　二册

110000－0182－0001786　史2195
國聞報彙編　(清)愛穎編　清光緒二十九年(1903)鉛印本　二册

110000－0182－0001787　史2200
憲政分年籌備事宜表　(清)□□編　清光緒三十四年(1908)鉛印本　一册

110000－0182－0001788　史2203
江西商務説略一卷　(清)傅春官撰　清光緒刻本　一册

110000－0182－0001789　史2204
治河方略十卷首一卷　(清)靳輔撰　清嘉慶四年(1799)刻本　十一册

110000－0182－0001790　史2205
奏摺　(清)□□輯　清宣統鉛印本　一册

110000－0182－0001791　史2210
出使九國日記十二卷(清光緒三十一年十一月至三十二年六月)　(清)戴鴻慈撰　清光緒三十二年(1906)第一書局鉛印本　一册

110000－0182－0001792　史2212
金陵舉義文存一卷　(清)張繼庚撰　(清)張承豫輯　清宣統二年(1910)鉛印本　一册

110000－0182－0001793　史2224
萬國公法四卷目錄一卷　(美國)丁韙良譯　清同治三年(1864)刻本　四册

110000－0182－0001794　史2225
各國條約附照會不分卷　(清)□□輯　清同治刻本　四册

110000－0182－0001795　史2226
史記集解索隱正義合刻一百三十卷　(漢)司馬遷撰　(南朝宋)裴駰集解　(唐)司馬貞索隱　(唐)張守節正義　清同治五年至九年(1866－1870)金陵書局刻本　二十册

110000－0182－0001796　史2227
大清律例　(清)徐本修　(清)唐紹祖等纂　清乾隆武英殿刻本　二十册

110000－0182－0001797　史2230
禪宗頌古聯珠通集四十卷　(宋)釋法應輯　(元)釋普會續輯　明萬曆二十四年至二十五年(1596－1597)刻本　八册

110000－0182－0001798　史2234
西學考略二卷　(美國)丁韙良撰　清光緒九年(1883)同文館鉛印本　二册

110000－0182－0001799　史2235
盛世芻蕘五篇首一篇　(法國)馮秉正撰　(清)楊多默纂　清同治二年(1863)刻本　一册　存二篇(溯源、首一篇)

110000－0182－0001800　史2237
逆耳忠言四卷　(法國)殷弘緒撰　清同治十二年(1873)上海慈母堂刻本　一册

110000－0182－0001801　史2238
正教奉傳　(清)黄伯祿輯　清光緒二十六年(1900)上海慈母堂鉛印本　一册

110000－0182－0001802　史2240
集説詮真集説詮真續編集説詮真提要　(清)黄伯祿輯　清光緒三十二年(1906)上海慈母

堂鉛印本　六冊

110000－0182－0001803　史2249

宦豫記事不分卷　(清)趙儒珍校正　清同治十一年(1872)刻本　一冊

110000－0182－0001804　史2253

裕靖節公奏稿　(清)□□編　清末抄本　一冊

110000－0182－0001805　史2254

張制軍[亮基]年譜　(清)林紹年輯　清光緒三十一年(1905)刻本　二冊

110000－0182－0001806　史2263

翼教叢編六卷　(清)蘇輿編　清光緒二十五年(1899)刻本　四冊

110000－0182－0001807　史2267

普天忠憤全集十四卷　(清)魯陽生(孔廣德)編　清光緒二十一年(1895)石印本　十二冊

110000－0182－0001808　史2272

國朝中興記六卷　(清)嚴庭槭撰　清宣統元年(1909)鉛印本　六冊

110000－0182－0001809　史2275

江南鐵淚圖新編　(清)寄雲山人(余治)編　清光緒刻本　一冊

110000－0182－0001810　史2277

蘭茗館外史十卷　(清)許奉恩撰　清光緒五年(1879)刻本　十冊

110000－0182－0001811　史2285

文廟通考六卷首一卷　(清)牛樹梅撰　清同治十一年(1872)浙江書局刻本　二冊

110000－0182－0001812　史2287

義和拳教門源流考　勞乃宣撰　清光緒刻本　一冊

110000－0182－0001813　史2288

辛丑各國和約　(清)總理各國事務衙門編　清光緒鉛印本　一冊

110000－0182－0001814　史2291

王壯武公[鑫]年譜二卷　羅正鈞纂　清刻本　一冊

110000－0182－0001815　史2295

皇朝經濟文新編　(清)宜今室主人輯　清光緒二十七年(1901)上海宜今室石印本　二十四冊

110000－0182－0001816　史2296

皇朝經濟文編一百二十八卷　(清)求自強齋主人編　清光緒二十七年(1901)慎記書莊石印本　四十八冊

110000－0182－0001817　史2299

繪圖忠孝經　(漢)馬融　(漢)鄭玄撰　清光緒三十三年(1907)上洋京師書業公司石印本　一冊

110000－0182－0001818　史2301

光緒三十三年通商各關華洋貿易總冊不分卷　(清)上海通商海關造冊處譯　清光緒三十四年(1908)鉛印本　一冊

110000－0182－0001819　史2304

世界近世史二卷　(日本)松平康國撰　梁啟勳譯　清光緒二十九年(1903)上海廣智書局鉛印本　二冊

110000－0182－0001820　史2305

皇朝政典挈要八卷　(日本)增田貢著　(清)毛淦補　清光緒二十八年(1902)鉛印本　四冊

110000－0182－0001821　史2307

近世中國秘史第二編　捫虱談虎客(韓文舉)編　清光緒三十年(1904)鉛印本　一冊

110000－0182－0001822　史2309

十九世紀外交史十七章　(日本)平田久撰　張相譯　清光緒二十八年(1902)杭州史學齋刻本　四冊

110000－0182－0001823　史2310

變法奏議叢鈔　(清)劉鄂等撰　清末石印本　三冊　缺二摺(一至二)

110000－0182－0001824　史2325

嘉興一案節略　(□)□□編　清光緒八年

(1882)木活字印本　一册

110000－0182－0001825　史2326
華制存考　(清)擷華書局編　清光緒三十四年(1908)京都擷華書局鉛印本　六册　存光緒三十四年三月

110000－0182－0001826　史2327
清九朝聖訓七百七十一卷　清光緒五年(1879)鉛印本　四百四十八册

110000－0182－0001827　史2328
近世中國秘史　捫虱談虎客(韓文舉)編　清光緒三十年(1904)鉛印本　二册

110000－0182－0001828　史2339
梁祠圖書館章程　梁鼎芬撰　清末粤東編譯公司鉛印本　一册

110000－0182－0001829　史2341
營練須知　(清)陳舫仙輯　清同治四年(1865)刻本　一册

110000－0182－0001830　史2343
格致書院課藝　(清)王韜輯　清光緒十二年至十九年(1886－1893)弢園鉛印本　九册

110000－0182－0001831　史2345
川楚善後籌備事例　(清)□□編　清刻本　二册

110000－0182－0001832　史2347
前後守寶錄二十五卷　(清)魁聯撰　清同治十三年(1874)廣州刻本　一册　存五卷(前守實錄一至五)

110000－0182－0001833　史2350
本朝史講義　(清)京師譯學館編　清光緒三十二年(1906)京師譯學館鉛印本　二册

110000－0182－0001834　史2356
出使公牘十卷附出使奏議二卷　(清)薛福成撰　清光緒二十四年(1898)傳經樓刻本　十册

110000－0182－0001835　史2361
出使日記續刻十卷(清光緒十六年至二十年)　(清)薛福成撰　清光緒二十年(1894)傳經樓刻本　十册

110000－0182－0001836　史2363
張公襄理軍務紀略六卷　(清)丁運樞等編　清宣統元年(1909)石印本　六册

110000－0182－0001837　史2366
七家後漢書二十一卷　(清)汪文臺輯　清光緒刻本　六册

110000－0182－0001838　史2381
庚辛之際月表　王延釗編　清光緒三十三年(1907)京華印書局鉛印本　一册

110000－0182－0001839　史2394
教務紀略四卷首一卷　李剛己編撰　魏家驊等修訂　清光緒三十一年(1905)安徽藩經署刻本　一册

110000－0182－0001840　史2411
舌擊編四卷　(清)沈儲撰　清光緒四年(1878)刻本　三册　缺一卷(三)

110000－0182－0001841　史2412
薑露庵雜記六卷　(清)駢蕖道人撰　清光緒至宣統申報館鉛印本　一册　存三卷(一至三)

110000－0182－0001842　史2414
霆軍紀略十六卷　(清)陳昌輯　清光緒八年(1882)上海申報館鉛印申報館叢書本　一册　存二卷(一至二)

110000－0182－0001843　史2432
新定三禮圖二十卷　(宋)聶崇義集注　清康熙十五年(1676)刻本　二册

110000－0182－0001844　史2433
爵秩全覽(清宣統三年秋)　(清)□□編　清宣統三年(1911)刻本　六册

110000－0182－0001845　史2434
爵秩全覽(清光緒二十年秋)　(清)□□編　清光緒二十年(1894)刻本　四册

110000－0182－0001846　史0413
春明退朝錄三卷　(宋)宋敏求撰　清光緒五年(1879)定州王氏刻畿輔叢書本　一册

110000－0182－0001847　史 0568
四庫未收書目提要五卷　（清）阮元撰　清光緒四年（1878）淞隱閣鉛印本　一冊

110000－0182－0001848　史 3006
欽定大清通禮五十卷　（清）來保等編纂　清刻本　八冊

110000－0182－0001849　史 3008
南越筆記十六卷　（清）李調元輯　清刻本　五冊

110000－0182－0001850　史 3012
黃學廬雜述三卷　（清）陳士芑撰　清宣統元年（1909）鉛印本　一冊

110000－0182－0001851　史 3015
諭折彙存　（□）□□編　清光緒二十四年（1898）鉛印本　六冊

110000－0182－0001852　史 3016
諭折彙存　（□）□□編　清光緒二十五年（1899）鉛印本　六冊

110000－0182－0001853　史 3019
甲午科鄉試十八省同年全錄不分卷　（□）□□編　清光緒二十年（1894）刻本　二冊

110000－0182－0001854　史 3020
中國歷代法制史　（日本）淺井虎夫編　邵修文　王用賓合譯　清光緒三十二年（1906）鉛印本　一冊

110000－0182－0001855　史 3026
列國歲計政要十二卷　（英國）麥丁富得力編纂　（美國）林樂知口譯　（清）鄭昌棪筆述　清光緒元年（1875）江南製造局刻本　二冊

110000－0182－0001856　史 3031
春冰室野乘一卷　（清）李岳瑞撰　清宣統三年（1911）上海廣智書局鉛印本　一冊

110000－0182－0001857　史 3047
淮軍平捻記十二卷　（清）周世澄撰　清刻本　二冊　存四卷（三至四、七至八）

110000－0182－0001858　史 3071
亭林顧先生小像不分卷　（清）□□繪　清光緒二十五年（1899）石印本　一冊

110000－0182－0001859　史 3073
涉史偶悟五卷　（清）溫啟封纂述　（清）溫忠瀚輯　清光緒十年（1884）東甌道署刻本　一冊

110000－0182－0001860　史 3075
竹葉亭雜記八卷　（清）姚元之撰　清光緒十九年（1893）刻本　二冊

110000－0182－0001861　史 3080
科場條例錄要不分卷　（清）張兆蘭等撰　清刻本　一冊

110000－0182－0001862　史 3081
校邠廬抗議二卷　（清）馮桂芬撰　清刻本　一冊　存一卷（下）

110000－0182－0001863　史 3083
山海經廣注十八卷雜述一卷圖五卷　（清）吳任臣注　清乾隆五十一年（1786）江蘇金閶書業堂刻本　六冊

110000－0182－0001864　史 3089
庸盦尚書奏議十六卷　（清）總理各國事務衙門編　清宣統三年（1911）鉛印本　八冊

110000－0182－0001865　史 3093
初級蒙學修身教科書一卷附圖一卷　（清）文明書局編纂　清光緒二十九年（1903）刻本　二冊

110000－0182－0001866　史 3104
虎鈐經二十卷　（宋）許洞撰　清刻本　四冊

110000－0182－0001867　史 3106
爾雅音圖三卷　（晉）郭璞注　清嘉慶六年（1801）影宋刻本　三冊

110000－0182－0001868　史 3110
南村輟耕錄三十卷　（明）陶宗儀撰　清光緒十一年（1885）上海福瀛書局刻本　十冊

110000－0182－0001869　史 3111
新刊古列女傳八卷　（漢）劉向撰　（晉）顧愷之繪　清道光五年（1825）揚州阮氏影刻本　四冊

110000－0182－0001870　史 3114
欽定滿洲源流考二十卷首一卷　（清）阿桂等撰　清光緒三十年（1904）中西書局石印本　四册

110000－0182－0001871　史 3120
重刊不纏足約告言不分卷　（清）延壽編　清光緒三十三年（1907）刻本　一册

110000－0182－0001872　史 3123
睿恭親王家乘不分卷　（清）禧恩撰　清抄本　一册

110000－0182－0001873　史 3138
外交史研究法不分卷　（清）周嵩撰　清宣統二年（1910）石印本　一册

110000－0182－0001874　史 3150
奏定陸軍營制餉章一卷　奕劻奏　清光緒刻本　一册

110000－0182－0001875　史 3151
皇朝鼎甲録不分卷附歷科會元　（清）陳鼎原輯　清光緒七年（1881）稼書堂刻本　一册

110000－0182－0001876　史 3173
庭聞録六卷　（清）劉健撰　清康熙五十九年（1720）抄本　二册

110000－0182－0001877　史 3178
奉天行省同官録（清宣統己酉）　（清）楊紹宗（清）都林布編　清宣統元年（1909）奉天仁和山房鉛印本　四册

110000－0182－0001878　史 3183
氏族志不分卷　清抄本　一册

110000－0182－0001879　史 0319
治家格言繹義二卷　（清）戴翊清撰　清光緒二十四年（1898）鉛印本　一册

110000－0182－0001880　史 3197
初等小學中國歷史讀本二卷　吴曾祺編輯　清宣統元年（1909）鉛印本　一册

110000－0182－0001881　史 3198
增補清史攬要八卷　（日本）增田貢撰　（清）毛淦編補　清光緒二十八年（1902）上海時務書局鉛印本　四册

110000－0182－0001882　史 3202
春秋左傳杜注三十卷　（清）姚培謙撰　清光緒十五年（1889）江南書局刻本　十册

110000－0182－0001883　史 3203
詩經八卷　（宋）朱熹集傳　清金陵狀元閣刻本　六册

110000－0182－0001884　史 3210
小學集注六卷　（宋）朱熹撰　（明）陳選注　清金陵書局刻本　二册

110000－0182－0001885　史 3211
北洋法政專門學堂同學録不分卷　（清）李椝編　清宣統二年（1910）鉛印本　一册

110000－0182－0001886　史 3212
泰西新史攬要八卷　（英國）馬懇西原著　（英國）李提摩太譯　周慶雲節録　清光緒二十七年（1901）夢坡室刻本　二册

110000－0182－0001887　史 3214
最新高等小學國文教科書不分卷　（清）□□撰　清商務印書館鉛印本　一册

110000－0182－0001888　史 3215
契券彙式不分卷　（清）緑斐齋主人輯　清宣統二年（1910）上海慈母堂鉛印本　一册

110000－0182－0001889　史 3220
康梁徐謀財害命鐵證書　劉作楫編　清宣統二年（1910）影印本　一册

110000－0182－0001890　史 3221
民教相安不分卷　高步瀛　陳寶泉編　清光緒三十一年（1905）北洋官報石印本　一册

110000－0182－0001891　史 3223
直隸督院劄覆諮議局議案並諮行文件彙編不分卷　（清）□□輯　清宣統二年（1910）鉛印本　一册

110000－0182－0001892　史 3224
農工商部工業學堂一覽表不分卷　（清）□□輯　清宣統元年（1909）刻本　一册

110000－0182－0001893　史 3229(1)
刑法表不分卷　(清)□□輯　清末刻本　一册

110000－0182－0001894　史 3229(2)
明刑弼教刑期無刑　(清)□□撰　清鉛印本　一册

110000－0182－0001895　史 3230
大綱既握節目可推　(清)□□撰　清鉛印本　一册

110000－0182－0001896　史 3232
古香齋鑒賞袖珍史記一百三十卷　(漢)司馬遷撰　(南朝宋)裴駰集解　(唐)司馬貞索隱　(唐)張守節正義　清光緒八年(1882)古香齋刻本　三十册

110000－0182－0001897　史 3234
記事珠十卷　(清)張以謙撰　(清)王爕廷校　(清)王剛重訂　清同治十三年(1874)天倪清室刻本　十册

110000－0182－0001898　史 3235
列國政要一百三十二卷首一卷　(清)戴鴻慈　(清)端方同輯　清光緒三十三年(1907)上海商務印書館石印本　三十二册

110000－0182－0001899　史 3236
中西時務策學纂要六卷　(清)張元臚編　清光緒二十三年(1897)煥文書局石印本　六册

110000－0182－0001900　史 3237
北東園筆錄四編八卷　(清)梁恭辰撰　清光緒二十一年(1895)刻本　八册

110000－0182－0001901　史 3238
經史子集題解韻府二十卷　(清)徐時棟纂　清光緒十六年(1890)上海積山書局石印本　十册

110000－0182－0001902　史 3239
大清宣統元年歲次己酉時憲書不分卷　(清)欽天監編　清宣統元年(1909)鉛印本　一册

110000－0182－0001903　史 3252
憲政分年籌備事宜表一卷　(清)□□編　清鉛印本　一册

110000－0182－0001904　史 3253
欽定行政綱目不分卷　(清)□□撰　清末石印本　一册

110000－0182－0001905　史 3254
行政綱目不分卷　(清)□□撰　清末石印本　一册

110000－0182－0001906　史 3260
文始九卷　章炳麟撰　(清)高保康校　清光緒二十七年(1901)浙江圖書館石印本　一册

110000－0182－0001907　史 3263
萬國通鑑四卷附地圖一卷　(清)趙如光撰　清光緒刻本　六册

110000－0182－0001908　史 3283
南海先生最近政見書　康有為撰　清末鉛印本　一册

110000－0182－0001909　史 3285
禮運注不分卷　康有為撰　清末中國圖書公司鉛印本　一册

110000－0182－0001910　史 3302
蜀碧四卷　(清)彭遵泗撰　清肇經堂刻本　二册

110000－0182－0001911　史 3304
奏辦各墾務章程不分卷　(清)□□撰　清光緒二十七年(1901)奉天太古山房鉛印本　一册

110000－0182－0001912　史 3311
策鼇雜摭八卷首一卷　(清)葉慶頤撰　清光緒十五年(1889)刻本　四册

110000－0182－0001913　史 3312
春秋謚法表不分卷　(清)陳延齡撰　清宣統二年(1910)開智石印書局石印本　一册

110000－0182－0001914　史 3317
辛酉記不分卷　(清)張光烈撰　清光緒十六年(1890)刻本　一册

110000－0182－0001915　史 3319

兩次批准保和會條約附紅十字會新約暨各檔 (清)□□撰 清宣統二年(1910)刻本 一册

110000－0182－0001916 史 3322
周禮政要不分卷 (清)孫詒讓撰 清光緒二十八年(1902)鉛印本 一册

110000－0182－0001917 史 3324
越中先賢祠目序例一卷 (清)李慈銘撰 清光緒十一年(1885)虎坊橋越祠刻本 一册

110000－0182－0001918 史 3328
中國合於國際公法論不分卷 馬德潤撰 清光緒三十四年(1908)鉛印本 一册

110000－0182－0001919 史 3335
高宗純皇帝嗣統詩不分卷 (清)□□撰 清抄本 二册

110000－0182－0001920 史 3340
春冰室野乘一卷 (清)李岳瑞撰 清宣統三年(1911)上海廣智書局鉛印本 一册

110000－0182－0001921 史 3345
保甲書輯要四卷 (清)徐棟輯 (清)丁日昌重校 清同治七年(1868)江蘇書局刻本 一册

110000－0182－0001922 史 3347
商業歷史 (清)易澤慰編 清鉛印本 一册

110000－0182－0001923 史 3348
城鎮鄉地方自治章程通釋 楊廷棟編 清宣統元年(1909)上海商務印書館鉛印本 一册

110000－0182－0001924 史 3349
諮議局章程附資政院章程 (清)商務印書館編譯所編 清光緒三十四年(1908)鉛印本 一册

110000－0182－0001925 史 3351
欽定府廳州縣地方自治章程一卷欽定府廳州縣議事會議員選舉章程一卷 奕劻等撰 清宣統二年(1910)上海商務印書館鉛印本 一册

110000－0182－0001926 史 3390
籌辦淮海義振募捐啟 (清)□□撰 清末刻本 一册

110000－0182－0001927 史 3391
太傅孫文正公手書遺折稿 清宣統元年(1909)石印本 一册

110000－0182－0001928 史 3403
西來宗譜不分卷 (清)馬啟榮撰 清光緒八年(1882)刻本 一册

110000－0182－0001929 史 3405
大清光緒新法令十三卷附錄一卷 (清)商務印書館編譯所編 清宣統元年(1909)鉛印本 二十册

110000－0182－0001930 史 3407
奏定商會簡明章程不分卷 (清)商部奏 清光緒二十九年(1903)石印本 一册

110000－0182－0001931 史 3409
奏議同治大婚禮節一卷 (清)□□撰 清刻本 一册

110000－0182－0001932 史 3411
太原會館進士題名底簿不分卷 (清)□□撰 清抄本 一册

110000－0182－0001933 史 3412
尚賢堂報告書不分卷 (美國)李佳白撰 清宣統元年(1909)上海華美書局鉛印本 一册

110000－0182－0001934 史 3413
夏口漢鎮清道巡勇暫行章程 (□)□□編 清末刻本 一册

110000－0182－0001935 史 3418
同治大婚禮節不分卷 清同治十一年(1872)抄本 一册

110000－0182－0001936 史 3422
題奏諮原文辦結底簿三卷 (清)□□撰 清光緒十三年(1887)石印本 一册

110000－0182－0001937 史 3423
憲法大綱 (清)□□撰 清宣統鉛印本 一册

110000－0182－0001938　史 3434
光緒二十七年通商各關華洋貿易總册二卷　(清)□□撰　清光緒二十八年(1902)鉛印本　一册　存一册(四十三)

110000－0182－0001939　史 3435
洋務時事彙編八卷　(清)劉韻珂撰　清光緒二十四年(1898)上海書局石印本　十二册

110000－0182－0001940　史 3437
各國時事類編十八卷　(清)沈純輯　清光緒二十一年(1895)上海書局石印本　四册

110000－0182－0001941　史 3443
近世世界商工業史　(日本)桐生政次撰　(清)人演譯社譯　清光緒二十九年(1903)廣智書局鉛印本　一册

110000－0182－0001942　史 3448
新關文件錄　(英國)布魯特·塔爾編　清末鉛印本　一册

110000－0182－0001943　善 1044
大清宣統二年歲次庚戌時憲書一卷　(清)欽天監編　清宣統二年(1910)刻套印本　一册

110000－0182－0001944　史 3467
溫啟鵬奏稿不分卷　(□)□□編　清嘉慶抄本　一册

110000－0182－0001945　史 3470
收還美國賠款遣派學生赴美奏摺　(清)□□撰　清宣統刻本　一册

110000－0182－0001946　史 3485
文廟祀典考五十卷首一卷　(清)龐鍾璐編輯　清光緒四年(1878)常熟龐氏家刻本　十二册

110000－0182－0001947　史 3488
崇文門商稅衙門現行稅則　(清)崇文門商稅衙門編　清光緒三十四年(1908)刻本　一册

110000－0182－0001948　史 3496
小腆紀年附考二十卷　(清)徐鼒撰　清咸豐十一年(1861)刻本　十二册

110000－0182－0001949　史 3497
左文襄公[宗棠]年譜十卷　羅正鈞纂　清光緒二十三年(1897)湘陰左氏刻本　十册

110000－0182－0001950　史 3499
牧令書二十三卷　(清)徐棟輯　清道光二十八年(1848)李氏刻本　十八册

110000－0182－0001951　史 3501(1)
鐵血主義一卷　(日本)德富健次郎撰　(清)王鈍譯　清光緒二十九年(1903)上海通雅書局鉛印本　一册

110000－0182－0001952　史 3501(2)
鐵血主義一卷　(日本)德富健次郎撰　(清)王鈍譯　清光緒二十九年(1903)上海通雅書局鉛印本　一册

110000－0182－0001953　史 3509
東瀛禮俗一覽一卷　(清)章通駿撰　清光緒三十年(1904)鉛印本　一册

110000－0182－0001954　史 3512
聖祖仁皇帝庭訓格言一卷　(清)世宗胤禛輯　清刻本　一册

110000－0182－0001955　史 3514
普天忠憤全集十四卷　(清)魯陽生(孔廣德)編　清光緒二十一年(1895)石印本　十二册

110000－0182－0001956　史 3515
西學通考三十六卷　(清)胡兆鸞輯　清光緒二十七年(1901)上海書局石印本　十二册

110000－0182－0001957　史 3516
畿輔義倉圖　(清)方觀承撰　清乾隆十八年(1753)刻本　六册

110000－0182－0001958　史 3517
皇清開國方略三十二卷首一卷　(清)阿桂纂　清光緒十三年(1887)廣百宋齋刻本　六册

110000－0182－0001959　史 3518
鴻雪因緣圖記三集　(清)麟慶著　(清)汪春泉等繪　清道光二十九年(1849)揚州刻本　六册

110000－0182－0001960　史 3521
求是齋公牘匯存八卷　陳際唐輯　清宣統二

年(1910)山西濬文書局鉛印本　六册

110000－0182－0001961　史 3522
策略六卷　(清)汪紱撰　清光緒二十三年(1897)刻本　四册

110000－0182－0001962　史 3527
重濬太倉州七鴉浦記一卷　(清)蘇品仁撰　清光緒三十二年(1906)刻本　一册

110000－0182－0001963　史 3531
二申野錄八卷　(清)孫之騄撰　清光緒二十八年(1902)刻本　八册

110000－0182－0001964　史 3532
普法戰紀二十卷　(清)張宗良口譯　(清)王韜撰輯　清光緒二十一年(1895)長洲王韜弢園刻本　十册

110000－0182－0001965　史 3534
平臺紀略一卷　(清)藍鼎元撰　(清)王者輔評　清雍正十年(1732)刻本　一册

110000－0182－0001966　史 3535
經濟特科同徵錄　(清)□□纂　清光緒三十年(1904)北洋官報局鉛印本　一册

110000－0182－0001967　史 3536
光緒辛丑壬寅恩正並科登科錄　(清)□□纂　清光緒二十九年(1903)刻本　一册

110000－0182－0001968　史 3537
光緒辛丑壬寅恩正並科會試錄　(清)□□纂　清光緒二十九年(1903)刻本　一册

110000－0182－0001969　史 3538
山東曹州教案條約附膠澳租界圖膠濟鐵路章程　(□)□□編　清光緒刻本　一册

110000－0182－0001970　史 3548
駁徐勤等佈告書　(清)歐雲高等撰　清宣統元年(1909)鉛印本　一册

110000－0182－0001971　史 3549
[遼寧]沙濟富察氏宗譜　(清)寶輪等修　清道光七年(1827)刻本　二册

110000－0182－0001972　史 3551
廿一史彈詞注十卷　(明)楊慎編　(清)張三異增定　清道光十二年(1832)楊浚刻本　十二册

110000－0182－0001973　史 3555
皇朝掌故二卷　(清)張一鵬撰　(清)陳蔚文註　清光緒二十八年(1902)京都廣文書舍刻本　一册

110000－0182－0001974　史 3559
欽定春秋左傳讀本三十卷　(清)英和等撰　清道光二年(1822)武英殿刻本　三十册

110000－0182－0001975　史 3560(1)
續資治通鑑長編拾補六十卷　(清)秦緗業等撰　清光緒九年(1883)浙江書局刻本　十二册

110000－0182－0001976　史 3560(2)
續資治通鑑長編五百二十卷　(宋)李燾撰　清嘉慶二十四年(1819)愛日精廬木活字印本　一百十一册　存三十卷(二十四至二十六、一百五十八至一百六十四、一百七十至一百七十四、四百四十五至四百五十九)

110000－0182－0001977　史 3560(3)
續資治通鑑長編五百二十卷　(宋)李燾撰　清光緒七年(1881)浙江書局刻本　九册　存三十卷(二十四至二十六、一百五十八至一百六十四、一百七十至一百七十四、四百四十五至四百五十九)

110000－0182－0001978　史 3561
元朝秘史十卷續集二卷　(清)李文田注　清光緒三十四年(1908)葉氏觀古堂刻本　四册　存八卷(元朝秘史五至十、續集二卷)

110000－0182－0001979　史 3564
皇清開國方略三十二卷首一卷　(清)阿桂纂　清乾隆武英殿刻本　十六册

110000－0182－0001980　史 3565
道光咸豐條例　(清)□□編　清刻本　二十三册

110000－0182－0001981　史 3566

大金國志四十卷　(宋)宇文懋昭撰　清嘉慶二年(1797)席世臣掃葉山房刻本　二册

110000－0182－0001982　史 3567
全史宫詞二十卷　(清)史夢蘭撰　清咸豐六年(1856)樂亭史氏刻本　四册

110000－0182－0001983　史 3571
奉天全省諮議局規則附互選資政院議員規則　(清)□□編　清宣統元年(1909)鉛印本　一册

110000－0182－0001984　史 3582
歷代海國尚友錄七卷　(清)吳佐清編　清光緒二十九年(1903)石印本　三册

110000－0182－0001985　史 3602(1)
三省邊防備覽十四卷　(清)嚴如熤輯　清道光二年(1822)刻本　六册

110000－0182－0001986　史 3602(2)
洋防輯要二十四卷　(清)嚴如熤編輯　清道光刻本　十二册

110000－0182－0001987　史 3602(3)
苗防備覽二十二卷　(清)嚴如熤編　清道光刻本　六册

110000－0182－0001988　史 3603
立憲論與革命論之激戰　壁上客編輯　清光緒三十二年(1906)上海中西編譯局鉛印本　一册

110000－0182－0001989　史 3605
世界進步之大勢　(日本)民友社撰　曾劍夫譯　清光緒三十二年(1906)上海文明書局鉛印本　一册

110000－0182－0001990　史 3606
文史通義八卷　(清)章學誠撰　清道光十二年(1832)會稽章華紱刻章氏遺書本　五册

110000－0182－0001991　史 3610
新出繪圖皖案徐錫麟　(清)□□撰　清光緒三十三年(1907)石印本　一册

110000－0182－0001992　史 3611
西輶日記四卷(清光緒四年五月至五年十一月)印度劄記二卷　(清)黄懋材撰　清光緒十二年(1886)夢花軒刻本　一册

110000－0182－0001993　史 3614
史外八卷　(清)汪有典撰　清光緒三年(1877)刻本　八册

110000－0182－0001994　史 3616
平浙紀略十六卷　(清)秦緗業　(清)陳鍾英撰　清同治十二年(1873)浙江書局刻本　四册

110000－0182－0001995　史 3617
十五家年譜叢書　(清)楊希閔編　清光緒刻民國揚州陳履恆補刻本　十六册

110000－0182－0001996　史 3619
元書一百二卷首一卷　曾廉撰　清宣統三年(1911)刻本　二十册

110000－0182－0001997　史 3620
九通分類總纂二百四十卷　汪鍾霖纂　清光緒二十八年(1902)文瀾書局上海石印本　八十册

110000－0182－0001998　史 3621
南平捍寇日記一卷(清咸豐二年四月至六年三月)　(清)鍾範撰　清光緒二十八年(1902)宜章學署刻本　一册

110000－0182－0001999　史 3623
服制章記說略　載濤等撰　清抄本　一册

110000－0182－0002000　史 3626
[安徽懷寧]張氏宗譜二十三卷首一卷末一卷　(清)張昌等編　清光緒二十七年(1901)孝友堂木活字印本　二十册

110000－0182－0002001　史 3628
清嘉錄十二卷　(清)顧禄撰　清道光十年(1830)刻本　四册

110000－0182－0002002　史 3629
[安徽績溪]上川明經胡氏宗譜九卷首一卷末一卷　(清)胡祥木等修　清宣統三年(1911)木活字印本　八册

110000－0182－0002003　史 3632

李鴻章十二章　梁啟超撰　清光緒石印本　一冊

110000－0182－0002004　史 3634
歷代史要三卷　(清)蔣蔭椿編　清光緒直隸學校司排印局鉛印本　三冊

110000－0182－0002005　史 3635
明夷待訪錄一卷　(清)黃宗羲撰　清光緒五年(1879)晉華書局刻本　一冊

110000－0182－0002006　史 3636
國朝歷科題名碑錄初集不分卷明洪武至崇禎各科不分卷　(清)李周望輯　清乾隆刻本　十冊

110000－0182－0002007　史 3637
南明史料八種　(清)□□輯　清天尺樓抄本　十三冊

110000－0182－0002008　史 3640
明紀六十卷　(清)陳鶴纂　(清)陳克家參訂　清同治十年(1871)江蘇書局刻本　二十冊

110000－0182－0002009　史 3642
奉先殿前殿大祭儀注　(清)□□編　清道光抄本　四冊

110000－0182－0002010　史 3643
練兵實紀九卷雜集六卷　(明)戚繼光撰　清嘉慶二十四年(1819)吳之勷刻本　六冊

110000－0182－0002011　史 3644
紀效新書十八卷首一卷　(明)戚繼光撰　清嘉慶二十四年(1819)吳之勷刻本　六冊

110000－0182－0002012　史 3646
欽定書經圖說五十卷　(清)孫家鼐等撰　清光緒三十一年(1905)學務處編書局石印本　十六冊

110000－0182－0002013　史 3647
站赤　(□)□□輯　清抄本　五冊

110000－0182－0002014　史 3648
[廣西]西林岑氏族譜十卷首一卷　(清)岑毓英修　清光緒十四年(1888)滇黔節署刻本　十冊

110000－0182－0002015　史 3650
[歙西溪南]吳氏先塋志　(明)吳正綬纂修　明末清初刻本　八冊

110000－0182－0002016　史 3651
二十世紀之怪物帝國主義　(日本)土佐幸德秋水撰述　趙必振譯　清光緒二十八年(1902)廣智書局鉛印本　一冊

110000－0182－0002017　史 3653
明夷待訪錄一卷　(清)黃宗羲撰　清光緒五年(1879)北京晉華書局刻本　一冊

110000－0182－0002018　史 3654
欽定康濟錄四卷　(清)陸曾禹撰　(清)倪國璉釐正　(清)高宗弘曆刪定　清同治三年(1864)浙江撫署刻本　三冊

110000－0182－0002019　史 3655
佛國記一卷　(晉)釋法顯撰　(明)胡震亨(明)毛晉合訂　明刻本　一冊

110000－0182－0002020　史 3659
中俄約章會要三卷　(清)總理各國通商事務衙門編　清光緒八年(1882)同文館鉛印本　三冊

110000－0182－0002021　史 3663
賦鏡錄四卷附明賦考二卷　(清)施端教輯　清康熙五年(1666)嘯閣刻本　一冊

110000－0182－0002022　史 3671
紀效新書十八卷首一卷　(明)戚繼光撰　清道光二十一年(1841)虎林西泉氏刻本　八冊

110000－0182－0002023　史 3672
律表三十六卷首一卷　(清)曾恒德撰　**纂修條例表一卷**　(清)曹沂撰　**洗冤錄表四卷督捕則例表二卷**　清乾隆五十六年(1791)曹沂承裕堂刻本　八冊

110000－0182－0002024　史 3675
籌海初集四卷　(清)關天培編輯　清光緒上海申報館鉛印本　四冊

110000－0182－0002025　史 3678
武軍紀略二卷　(清)周達武撰　清光緒十八

年(1892)蛻園刻本　一册

110000－0182－0002026　史3679
簡州學田章程附簡州學田圖式一卷　(清)□□編　清光緒二十一年(1895)刻本　一册

110000－0182－0002027　史3681
明儒學案六十二卷師説一卷　(清)黄宗羲撰　清康熙三十二年(1693)賈樸紫筠齋刻本　二十四册

110000－0182－0002028　史3685
滿漢合璧四書集注　(清)□□編　清京都琉璃廠文光堂刻本　十三册

110000－0182－0002029　史3687
滿漢合璧孟子集注　(清)□□編　清刻本　七册

110000－0182－0002030　史3690
上諭八旗　(清)允禄等編　清抄本　七册　存雍正四年至十三年

110000－0182－0002031　史3693
國朝貢舉考略三卷　(清)黄崇蘭纂　清道光五年(1825)刻本　四册

110000－0182－0002032　史3694
逆臣傳四卷　(清)國史館編　清琉璃廠半松居士刻本　三册

110000－0182－0002033　史3695
貳臣傳十二卷　(清)國史館編　清琉璃廠半松居士刻本　九册

110000－0182－0002034　史3698
勝朝殉揚録三卷　(清)劉寶楠撰　清同治十年(1871)淮南書局刻本　二册

110000－0182－0002035　史3700
盛世危言十四卷　鄭觀應撰　清光緒二十一年(1895)鉛印本　八册

110000－0182－0002036　史3701
熙朝紀政六卷　(清)王慶雲撰　清光緒二十七年(1901)天章書局石印本　六册

110000－0182－0002037　史3703
新出張文襄公事略　(清)聽雨樓主人撰　清宣統元年(1909)石印本　一册

110000－0182－0002038　史3709
紀效新書十八卷首一卷　(明)戚繼光撰　**八陣合變圖説一卷**　清嘉慶十年(1805)張氏照曠閣刻學津討原本　三册

110000－0182－0002039　史3710
遼史一百十六卷　(元)脱脱等撰　明嘉靖八年(1529)南京國子監刻本　十六册

110000－0182－0002040　史3712
萬國史略　作新社撰　清光緒二十八年(1902)上海作新社鉛印本　一册

110000－0182－0002041　史3716
摘録高等小學堂國文教科書立憲記念　商務印書館編　清光緒三十二年(1906)上海商務印書館鉛印本　一册

110000－0182－0002042　史3717
江南鐵淚圖新編一卷附江南鐵淚圖附編一卷　(清)寄雲山人(余治)編　(清)省吾居士校　清同治九年(1870)刻本　三册

110000－0182－0002043　史3718
新編五代史平話八卷　(宋)□□撰　清宣統三年(1911)毗陵董氏誦芬室刻誦芬室叢刊朱印本　二册

110000－0182－0002044　史372
漢史億二卷　(清)孫廷銓纂　清康熙十年(1671)益都孫氏刻本　二册

110000－0182－0002045　史3722
萬國歷史彙編一百卷　(清)江子雲等輯　清光緒二十九年(1903)上海官書局石印本　十六册

110000－0182－0002046　史3726
御製翻譯書經六卷　(清)高宗弘曆譯　清乾隆二十五年(1760)刻本　四册

110000－0182－0002047　史3727
覺顛冥齋内言四卷　(清)唐才常撰　清光緒二十四年(1898)長沙刻本　四册

110000－0182－0002048　善 1050
大清光緒三十四年歲次戊申時憲書一卷　(清)欽天監編　清光緒三十四年(1908)刻套印本　一冊

110000－0182－0002049　史 3729
劉坤一　(清)□□撰　清光緒二十九年(1903)石印本　一冊

110000－0182－0002050　史 3732
李鴻章十二章　梁啟超撰　清光緒二十七年(1901)鉛印本　一冊

110000－0182－0002051　史 3733
拳匪紀略八卷前編二卷後編二卷　(清)僑析生編　清光緒二十九年(1903)上洋書局石印本　一冊

110000－0182－0002052　史 3734
欽定蒙古源流八卷　(清)小徹辰薩囊台吉撰　清抄本　四冊

110000－0182－0002053　史 3735
籌海篇三卷　(清)魏源撰　清抄本　一冊

110000－0182－0002054　史 3747
硃批諭旨不分卷　(清)世宗胤禛批　清雍正十年至乾隆三年(1732－1738)内府刻朱墨套印本　一百十二冊

110000－0182－0002055　史 3754
越南亡國史一卷附越南小志一卷　(越南)潘佩珠撰　清光緒三十一年(1905)上海廣智書局鉛印本　一冊

110000－0182－0002056　史 3757
西力東侵史一卷　(日本)齋藤奥治撰　林長民譯　清光緒二十九年(1903)鉛印本　一冊

110000－0182－0002057　史 3758
歐洲列強近世外交秘史一卷附錄歐洲近世外交家列傳一卷　(日本)神藤才一撰　蔣義明譯　清光緒三十三年(1907)鉛印本　一冊

110000－0182－0002058　史 3759
印度史一卷　(日本)北村三郎撰　程樹德譯　清光緒二十九年(1903)鉛印本　一冊

110000－0182－0002059　史 3763
政治講義　嚴復纂述　清光緒三十二年(1906)上海商務印書館鉛印本　一冊

110000－0182－0002060　史 3764
湖防紀略　(清)吳思藻撰　清刻本　一冊

110000－0182－0002061　史 3765
祛邪紀略一卷附除邪紀略一卷　(清)楊蘊山撰　清嘉慶二十年(1815)刻本　二冊

110000－0182－0002062　史 3767
禮記集說十卷　(元)陳澔撰　清嘉慶十年(1805)刻本　十冊

110000－0182－0002063　史 3768
周易本義四卷　(宋)朱熹集注　清嘉慶十年(1805)刻本　二冊

110000－0182－0002064　史 3769
監本四書　(宋)朱熹集傳　清嘉慶十年(1805)刻本　六冊

110000－0182－0002065　史 3770(1)
詩經八卷　(宋)朱熹集傳　清嘉慶十年(1805)刻本　四冊

110000－0182－0002066　史 3770(2)
尋聲譜一卷　(明)鹿善繼輯　清光緒二十三年(1897)刻本　一冊

110000－0182－0002067　史 3771
書經六卷　(宋)蔡沈集傳　清嘉慶十年(1805)刻本　四冊

110000－0182－0002068　史 3772
圖開勝跡六卷附紀恩慕義一卷戰功紀略一卷　(清)劉厚基編　清光緒元年至二年(1875－1876)負米山房刻本　八冊

110000－0182－0002069　史 3774
漸江先生請剿拳密疏手稿　(清)許景澄撰　清光緒二十七年(1901)影印本　一冊

110000－0182－0002070　史 3776
大清律例會通新纂四十卷　(清)姚雨薌原纂　(清)胡仰山增輯　清光緒七年(1881)刻本　二十二冊　缺二卷(九至十)

110000－0182－0002071　史3777
御製增訂清文鑑三十二卷序一卷總綱八卷補編總綱一卷補編四卷　（清）傅恒等撰　清乾隆三十六年（1771）刻本　四十六册

110000－0182－0002072　史3784
皖樵紀實二卷　（清）儲枝芙撰　清光緒十五年（1889）勉善堂刻本　一册

110000－0182－0002073　史3786
僧忠親王蕩寇紀略一卷　（清）牛林撰　清光緒二十二年（1896）山左八旗會館刻本　一册

110000－0182－0002074　史3787
邸鈔全錄（清光緒二十年至二十一年）　（清）上海字林滬報館輯　清光緒上海字林滬報館鉛印本　七册

110000－0182－0002075　史3791
萬國興亡史足本三卷　（日本）松村介石撰　（清）湯錫祉譯　清光緒二十九年（1903）上海新民譯印書局鉛印本　三册

110000－0182－0002076　史3794
日本議會紀事全編二十五期　蔡文森　王我臧輯譯　孟森校訂　清宣統元年（1909）上海商務印書館鉛印本　四册

110000－0182－0002077　史3795
中興將帥別傳三十卷　朱孔彰撰　清光緒二十三年（1897）江寧刻本　十册

110000－0182－0002078　史3801
毛詩名物圖說九卷　（清）徐鼎輯　清乾隆三十六年（1771）刻本　四册

110000－0182－0002079　史3802
合肥相國七十賜壽圖附壽言　（清）羅豐祿等輯　清光緒十八年（1892）石印本　一册　存一册（圖）

110000－0182－0002080　史3803
豐都縣志四卷首一卷附典禮備考八卷　（清）田秀栗　（清）徐濬鏞修　（清）徐昌緒纂　清刻本　二册　存八卷（典禮備考八卷）

110000－0182－0002081　史3804
庚申噩夢記二卷　（清）潘鍾瑞撰　清光緒九年（1883）刻香禪精舍集本　一册

110000－0182－0002082　史3805
蘇臺麋鹿記二卷　（清）潘鍾瑞撰　清光緒九年（1883）刻香禪精舍集本　一册

110000－0182－0002083　史3806
毛詩稽古編三十卷附考一卷　（清）陳啟源撰　清光緒九年（1883）同文書局上海影印本　八册

110000－0182－0002084　史3807
靖逆記六卷　（清）蘭簃外史（盛大士）撰　清道光元年（1821）刻本　二册

110000－0182－0002085　史3813
新定三禮圖二十卷　（宋）聶崇義撰　清康熙納蘭性德刻通志堂經解本　二册

110000－0182－0002086　史3817
樞垣題名　（清）吳孝銘編　清道光十八年（1838）刻光緒十年（1884）重修本　一册

110000－0182－0002087　史3819
國鏡（韓國三十年史）　（英國）麥根斯著　清宣統二年（1910）鉛印本　一册

110000－0182－0002088　史3828
官幕雜課二卷　（清）楊鬱斌撰　清光緒三十二年（1906）刻本　二册

110000－0182－0002089　史3829
約章分類輯要三十八卷首一卷　蔡乃煌等輯　清光緒二十六年（1900）湖南商務局刻本　三十册

110000－0182－0002090　史3830
全桐紀略　（清）王雯耀撰　清抄本　一册

110000－0182－0002091　史3834
三合便覽　（清）敬齋輯　（清）富俊補　清乾隆五十七年（1792）京師琉璃廠雙峰閣刻本　十二册

110000－0182－0002092　史3837
東三省政略十二卷總目一卷　徐世昌撰　清宣統三年（1911）鉛印本　四十册

110000－0182－0002093　史 3843
補不足齋雜著四種　（清）黄家鼎撰　清光緒補不足齋刻本　一册　存三種（西征集、西征日記、歸程紀略）

110000－0182－0002094　史 3844
工師雕鏤正式魯班經匠家鏡二卷秘訣仙機一卷　（明）午榮編　清咸豐十年（1860）刻本　二册

110000－0182－0002095　史 3847
登萊義園寶應寺房地圖册　（清）□□編　清光緒二十九年（1903）石印本　一册

110000－0182－0002096　史 3850
［江蘇吴縣］洞庭沈氏宗譜二卷　（清）沈兆瑛撰　清康熙五十七年（1718）刻本　三册

110000－0182－0002097　史 3851
三壇儀要三卷　（清）□□撰　清道光二十年（1840）古柏山房抄本　三册

110000－0182－0002098　史 3853
萬國電報通例　（清）上海電政局譯　清宣統元年（1909）鉛印本　一册

110000－0182－0002099　史 3855
禹貢錐指二十卷略例一卷圖一卷　（清）胡渭撰　清康熙四十四年（1705）漱六軒刻本　十册

110000－0182－0002100　史 3861
節相壯遊日錄二卷　（清）桃溪漁隱（方受穀）（清）惺新盦主輯　清光緒二十三年（1897）上海石印本　二册

110000－0182－0002101　史 3863
進修堂奏稿二卷　（清）白恩佑撰　清光緒二十三年（1897）津門刻本　一册

110000－0182－0002102　史 3865
香廠日遊記　（清）邇報館編　清宣統元年（1909）北京邇報館鉛印本　一册

110000－0182－0002103　史 3868
罪言存略　（清）郭嵩燾撰　清光緒十四年（1888）天津時報館鉛印本　一册

110000－0182－0002104　史 3872
萬國歷史三卷　作新社編譯　清光緒三十二年（1906）上海作新社鉛印本　一册

110000－0182－0002105　史 3875
朝鮮近世史二卷　（日本）北總林泰輔編　劉世珩譯　清光緒二十九年（1903）鴻寶書局石印本　二册

110000－0182－0002106　史 3876
美以美會第十九次記錄　（清）□□編　清宣統三年（1911）鉛印本　一册

110000－0182－0002107　史 3880
浦陽書院志二卷　（清）朱興燕等輯　（清）陳書等續輯　清光緒五年（1879）木活字印本　二册

110000－0182－0002108　史 3883
孝經一卷　（唐）玄宗李隆基注　清同治九年（1870）揚州書局刻本　一册

110000－0182－0002109　史 3884
奏定度量權衡畫一制度圖説總表推行章程　（清）農工商部編　清光緒三十四年（1908）鉛印本　一册

110000－0182－0002110　史 3894
欽定吏部驗封司則例六卷　（清）吏部纂　清刻本　四册

110000－0182－0002111　史 3899
奏定出使章程一卷　（清）外務部編　清宣統鉛印本　一册

110000－0182－0002112　史 3905
漢官儀三卷　（宋）劉攽撰　清道光四年（1824）歙縣鮑崇城刻清末印本　三册

110000－0182－0002113　史 3906
延吉邊務報告　吴祿貞等編　清光緒三十四年（1908）奉天學務公所印刷處鉛印本　四册

110000－0182－0002114　史 3909
歷代帝王年表　（清）齊召南編　（清）阮福續編　**帝王廟謚年諱譜一卷**　（清）陸費墀撰　清道光四年（1824）儀徵阮氏小琅嬛仙館刻本

二册

110000－0182－0002115　史 3912
國會請願代表第二次呈都察院代奏書彙録　(清)□□編　清宣統二年(1910)鉛印本　一册

110000－0182－0002116　史 3914
碧血録五卷　(清)莊仲方撰　清光緒八年(1882)同文書局石印本　二册

110000－0182－0002117　史 3921
國朝掌故　(清)陳鴻緒編　清光緒三十年(1904)北洋武備研究所石印本　一册

110000－0182－0002118　史 3922
險異圖略　(清)谷真子(豫師)撰　清光緒十四年(1888)石印本　一册

110000－0182－0002119　史 3923
鄂省丁漕指掌十卷　(清)陳汝藩等纂　清光緒元年(1875)湖北藩署刻四年(1878)增刻本　八册

110000－0182－0002120　史 3924
春秋三傳十六卷首一卷　(春秋)左丘明等撰　清嘉慶十年(1805)刻本　十六册

110000－0182－0002121　史 3932
京報奏章條目　篁韻盦主録　清抄本　一册

110000－0182－0002122　史 3954
書經四卷　(宋)蔡沈集傳　明刻本　二册

110000－0182－0002123　史 3955
春秋四傳三十八卷　(□)□□撰　清仿明刻本　十册

110000－0182－0002124　史 3958
禮記集説三十卷　(元)陳澔撰　清刻本　十册

110000－0182－0002125　史 3959
史通二十卷　(唐)劉知幾撰　明末刻本　六册

110000－0182－0002126　史 3960
大金國志四十卷　(宋)宇文懋昭撰　清嘉慶二年(1797)席世臣掃葉山房刻本　二册

110000－0182－0002127　史 3961
契丹國志二十七卷　(宋)葉隆禮撰　清嘉慶二年(1797)席世臣掃葉山房刻本　一册

110000－0182－0002128　史 3970
東漢會要四十卷　(宋)徐天麟撰　清木活字印本　六册

110000－0182－0002129　史 3971
宋書一百卷　(南朝梁)沈約撰　明萬曆二十二年(1594)國子監刻本　二十册

110000－0182－0002130　史 3978
二十二子　(清)浙江書局輯　清光緒元年至三年(1875－1877)浙江書局刻二十七年(1901)浙江書局重修本　八十三册

110000－0182－0002131　史 3981
庸盦筆記六卷　(清)薛福成撰　清光緒二十三年(1897)遺經樓刻本　六册

110000－0182－0002132　史 3983
故唐律疏議三十卷　(唐)長孫無忌等撰　清光緒十六年(1890)京師刻本　十二册

110000－0182－0002133　史 3987
國史(滿名臣傳)　(清)□□撰　清抄本　七册　存十四卷(十五至二十八)

110000－0182－0002134　史 3988
周易傳義大全二十四卷　(明)胡廣撰　明刻本　二十四册

110000－0182－0002135　史 3989
通志二百卷　(宋)鄭樵撰　元刻本　六册　存三卷(十五、九十九、一百八十六)

110000－0182－0002136　史 3993
埃及近世史　(日本)柴四郎著　(清)章起謂譯　清光緒二十九年(1903)上海商務印書館鉛印本　一册

110000－0182－0002137　史 4000
御批歷代通鑑輯覽一百二十卷　(清)傅恒等編纂　清同治十一年(1872)湖北崇文書局刻本　六十册

110000－0182－0002138　史 4003
從征圖記　(清)唐訓方撰　(清)廖筠繪圖　清同治六年(1867)西山草堂刻本　二册

110000－0182－0002139　史 4004
名宦傳二卷　(清)黄恩彤輯　清道光二十五年(1845)刻本　二册

110000－0182－0002140　史 4049
張子全書十五卷首一卷　(宋)張載撰　(宋)朱熹注　(清)武澄輯　清同治九年(1870)李慎刻本　八册

110000－0182－0002141　史 4068
大清現行刑律三十六卷首一卷　沈家本等編　清宣統二年(1910)鉛印本　六册

110000－0182－0002142　史 4075
新增通行章程　(清)□□編　清光緒鉛印本　一册

110000－0182－0002143　史 4080
湖南義賑徵信録　(清)□□編　清光緒三十四年(1908)鉛印本　一册

110000－0182－0002144　史 4081
度支部幣制奏案輯要　(清)度支部編　清宣統二年(1910)奉天太古山房鉛印本　一册

110000－0182－0002145　史 4082
教款捷要　(清)馬伯良撰　清同治六年(1867)刻本　一册

110000－0182－0002146　史 4083
憲政編查館會奏各省諮議局章程及案語並議員選舉章程折單　奕劻訂　清光緒三十四年(1908)鉛印本　一册

110000－0182－0002147　史 4088
雙忠紀烈　(清)胡恩榮撰　清同治二年(1863)刻本　一册

110000－0182－0002148　史 4095
大清搢紳全書(清同治十三年)　(清)□□編　清同治十三年(1874)榮禄堂刻本　一册

110000－0182－0002149　史 4097
林文忠公畿輔水利議　(清)林則徐撰　清抄本　一册

110000－0182－0002150　史 4105
九國志十二卷　(宋)路振撰　(宋)張唐英補　清抄本　一册

110000－0182－0002151　史 4122
清議報全編第一集四卷　清議報編　清末石印本　二册

110000－0182－0002152　史 4124
熙朝宰輔録　(清)潘世恩撰　清道光十八年(1838)思補軒刻本　一册

110000－0182－0002153　史 4145
附釋音春秋左傳注疏六十卷　(晉)杜預注　(唐)陸德明音義　(唐)孔穎達疏　元刻明補修本　一册　存一卷(六)

110000－0182－0002154　史 4146
五經大全五種　(明)胡廣等編　明萬曆三十三年(1605)刻本　七十册

110000－0182－0002155　史 4147
全滇紀要不分卷　(清)雲南課吏館編　清光緒三十一年至三十二年(1905－1906)雲南課吏館鉛印本　十册

110000－0182－0002156　史 4148
朔方備乘六十八卷首十二卷　(清)何秋濤撰　清光緒畿輔通志局刻本　二十四册

110000－0182－0002157　史 4149
古文淵鑒六十四卷　(清)徐乾學等編注　清同治十二年(1873)浙江書局刻本　三十二册

110000－0182－0002158　史 4150
補注洗冤録集證四卷附檢骨圖格一卷　(宋)宋慈撰　(清)王又槐集證　(清)阮其新補注　(清)童濂刪　**作吏要言一卷**　(清)葉鎮撰　(清)朱椿增　清道光二十三年(1843)鍾淮刻三色套印本　一册　缺二卷(補注洗冤録集證一至二)

110000－0182－0002159　史 4154
資治通鑑補二百九十四卷　(宋)司馬光編集

（元）胡三省音注　（明）嚴衍補　（明）談允厚參　清光緒二年（1876）武進盛氏思補樓木活字印本　八十冊

110000－0182－0002160　史4166
文心雕龍十卷　（南朝梁）劉勰撰　（清）黄叔琳輯注　清乾隆養素堂刻本　二冊

110000－0182－0002161　史4167
白虎通四卷　（漢）班固撰　**白虎通闕文**　（清）莊述祖輯　**白虎通校勘補遺**　清乾隆四十九年（1784）抱經堂刻本　一冊

110000－0182－0002162　史4173
東吴名賢記二卷　（明）周復俊輯　明萬曆二年（1574）刻本　一冊

110000－0182－0002163　史4174
春秋經傳類求十二卷　（清）孫從添　（清）過臨汾輯　清乾隆二十四年（1759）舊名堂刻本　八冊

110000－0182－0002164　史4175
李鴻章十二章　梁啟超撰　清光緒二十八年（1902）廣智書局刻本　二冊

110000－0182－0002165　史4176
兵要望江南詞一卷　（唐）易靜撰　清抄本　一冊

110000－0182－0002166　史4177
南天痕二十六卷附録一卷　（清）西亭淩雪纂修　清宣統二年（1910）復古社鉛印本　六冊

110000－0182－0002167　史4183
毛詩傳箋三十卷鄭氏詩譜一卷　（漢）鄭玄註并撰詩譜　清道光七年（1827）立本齋刻本　四冊

110000－0182－0002168　史4187
慶元黨禁一卷　（宋）樵川樵叟撰　清沈氏抱經樓抄本　一冊

110000－0182－0002169　史4192
春秋公羊經傳解詁十二卷　（漢）何休撰　（唐）陸德明音義　清道光四年（1824）揚州汪氏問禮堂刻本　六冊

110000－0182－0002170　史4193
禮記二十卷　（漢）鄭玄注　**撫本禮記鄭注考異二卷**　（清）張敦仁撰　清嘉慶十一年（1806）陽城張氏影摹宋撫州刻本　十冊

110000－0182－0002171　史4194
廣東新語二十八卷　（清）屈大均撰　清文匯堂刻本　十冊

110000－0182－0002172　史4199
歷代臣鑒三十七卷　（明）宣宗朱瞻基撰　清木活字印本　八冊

110000－0182－0002173　史4240
禁書總目不分卷　（清）□□編　清刻本　一冊

110000－0182－0002174　史4243
湖南賦役全書　（清）□□編　清道光刻本　一冊　存一卷（晃州直隸廳）

110000－0182－0002175　史4266
光緒甲辰恩科會試同年齒錄　（清）□□編　清光緒三十年（1904）刻本　四冊

110000－0182－0002176　史4268
元史譯文證補三十卷　（清）洪鈞撰　清光緒二十八年（1902）鉛印本　一冊

110000－0182－0002177　史4272
世忠錄一卷　（清）程端本撰　清刻本　一冊

110000－0182－0002178　史4281
武經三書匯解三卷採輯騎兵射法一卷　（清）曹曰瑋等纂輯　清康熙五十一年（1712）刻本　六冊

110000－0182－0002179　史4282
許竹篔先生出使函稿十四卷　（清）許景澄撰　清末鉛印本　四冊

110000－0182－0002180　史4290
明烈皇帝欽定魏忠賢逆案　（明）□□編　**東林列傳**　（清）陳鼎編　清抄本　一冊

110000－0182－0002181　史4291
虎口餘生記一卷　（清）邊大綬撰　**燕都志變一卷**　（清）聾道人述　**海虞被兵記一卷**　清

抄本　一册

110000－0182－0002182　史4292
筆夢一卷　（明）據梧子撰　**思庵筆夢一卷**　（清）嚴虞惇撰　**虞諧志一卷**　（清）尚湖漁父撰　清抄本　一册

110000－0182－0002183　史4293
甲申紀聞一卷燕都日記一卷　（明）馮夢龍撰　**明季甲乙兩年匯略三卷**　（清）許重熙撰　清抄本　一册

110000－0182－0002184　史4295
清國公牘類編附俄文直譯注解　（清）東省鐵路俄文學堂編　清宣統元年（1909）鉛印本　一册

110000－0182－0002185　史4296
東方兵事紀略五卷　姚錫光撰　清光緒二十三年（1897）刻本　二册

110000－0182－0002186　史4297
京津救濟善會圖説　孫樂園編輯　清末石印本　一册

110000－0182－0002187　史4315
西藏紀述一卷　（清）張海撰　清光緒二十年（1894）錢塘汪康年刻振綺堂叢書本　一册

110000－0182－0002188　史4317
浙江海運漕糧全案重編原編八卷續編四卷新編八卷　（清）馬新貽等纂　清同治六年（1867）刻本　十二册

110000－0182－0002189　史4319
榆塞紀行録四卷　（清）潞河漁者（李嘉績）纂　清光緒十二年（1886）潞河李嘉績刻代耕堂全集本　一册

110000－0182－0002190　史4320
月旦堂新鐫繡像列仙傳四卷　（明）洪應明輯　明吳門種書堂刻本　四册

110000－0182－0002191　史4321
歐洲族類源流略五卷　王樹枏撰　清光緒二十八年（1902）中衛縣署刻陶廬叢刻本　二册

110000－0182－0002192　史4322
歐洲列國戰事本末二十二卷　王樹枏撰　清光緒二十八年（1902）中衛縣署刻陶廬叢刻本　六册

110000－0182－0002193　史4327
思痛記二卷　（清）李圭撰　清光緒六年（1880）師一齋刻本　一册

110000－0182－0002194　史4329
東野志二卷　（明）吕化舜輯　（清）黏本盛補輯　清刻本　四册

110000－0182－0002195　史4330
繡像剿逆圖考　（□）□□撰　清末上海文宜書局石印本　一册

110000－0182－0002196　史4333
錫金識小録十二卷　（清）黄印輯　清光緒二十二年（1896）太湖王念祖木活字印本　六册

110000－0182－0002197　史4334
歷代郡國考略三卷歷代統系表略三卷　（清）葉澐撰　清康熙刻本　二册

110000－0182－0002198　史4335
明相國徐文定公墨蹟　（明）徐光啟書　清光緒二十九年（1903）鴻寶齋石印本　一册

110000－0182－0002199　史4382
畿輔條鞭賦役全書（清光緒九年）　（□）□□編　清光緒刻本　七册

110000－0182－0002200　史4492
中興平捻記六卷　（清）嚴庭樾撰　清宣統元年（1909）上海集成圖書公司鉛印本　六册

110000－0182－0002201　史4502
物質救國論　康有為撰　清光緒三十一年（1905）上海廣智書局鉛印本　一册

110000－0182－0002202　史4522
琿牘偶存　（清）李秋亭撰　清光緒十一年（1885）王氏懷古山莊刻本　一册

110000－0182－0002203　史4523
留垣疏草　（明）徐憲卿撰　清光緒八年（1882）東海徐氏刻本　二册

110000－0182－0002204　史 4531
內閣漢票簽中書舍人題名初編一卷續編一卷　（清）方濬師輯　（清）王鵬運增輯　清咸豐十一年（1861）刻光緒十六年（1890）續刻本　二冊

110000－0182－0002205　史 4532
錦郡賢官錄　（清）陳大鋆撰　清光緒二十七年（1901）石印本　一冊

110000－0182－0002206　史 4540
保甲書四卷　（清）徐棟編　清道光二十八年（1848）刻本　四冊

110000－0182－0002207　史 4547
京師陸軍測繪學堂模範班同學錄　張祖佑編　清宣統二年（1910）北京益森公司鉛印本　一冊

110000－0182－0002208　史 4550
通商原委演義二十五回　（清）□□撰　清末木活字印本　一冊

110000－0182－0002209　史 4558
中小學校英史記課本　（英國）佳爾穀著　清光緒二十八年（1902）智育譯會鉛印本　一冊

110000－0182－0002210　史 4559
最近之支那　（英國）哥呼倫撰　（清）武生譯　清末東陵譯社鉛印本　一冊

110000－0182－0002211　史 4562
崇禎宮詞一卷　（清）王譽昌撰　清光緒三十三年（1907）鉛印本　一冊

110000－0182－0002212　史 4563
爾雅音圖三卷　（晉）郭璞注　（清）姚之麟摹圖　清嘉慶六年（1801）刻本　三冊

110000－0182－0002213　史 4570
繡像捉拿康梁二逆演義四卷四十回　（清）古潤野道人撰　清宣統元年（1909）上海同文書局石印本　一冊

110000－0182－0002214　史 4582
楊翠喜一卷　（清）西泠山人編　清光緒三十三年（1907）新小說社鉛印本　一冊

110000－0182－0002215　史 4587
景宗別宗世系年代表　（清）□□撰　清末稿本　一冊

110000－0182－0002216　史 4590
三朝賜詩諸臣名單　（清）□□撰　清抄本　一冊

110000－0182－0002217　史 4591
歸潛記稿　錢恂撰　清錢恂稿本　一冊　存二卷（丁編二至三）

110000－0182－0002218　史 4592
史目表稿　（清）洪飴孫撰　清稿本　一冊　存一卷（上）

110000－0182－0002219　史 4597
練川名人畫像四卷附二卷續三卷　（清）程祖慶編　清道光二十九年至三十年（1849－1850）嘉定程氏刻本　四冊

110000－0182－0002220　史 4599
西路軍事記　（清）□□撰　清抄本　一冊

110000－0182－0002221　史 4610
乘槎筆記二卷　（清）斌椿撰　清光緒二十四年（1898）上海同文館刻本　一冊

110000－0182－0002222　史 4612
浙東籌防錄四卷　（清）薛福成纂輯　清光緒十三年（1887）無錫薛氏刻本　四冊

110000－0182－0002223　史 4615
北洋高等巡警學堂職員銜名錄　（清）□□編　清末鉛印本　一冊

110000－0182－0002224　史 4660
天潢聖譜　（清）□□撰　清光緒稿本　一冊

110000－0182－0002225　史 4661
鄉黨典滃七卷　（清）趙槩輯　清乾隆四十四年（1779）抄本　二冊

110000－0182－0002226　史 4662
星軺紀略　（清）□□撰　清道光抄本　一冊

110000－0182－0002227　史 4665
法律學堂章程　（清）□□編　清光緒鉛印本

一冊

110000－0182－0002228　史4666
大清違警律　（清）□□編　清光緒鉛印本　一冊

110000－0182－0002229　史4667
陸軍小學堂條規　（清）□□編　清光緒鉛印本　一冊

110000－0182－0002230　史4670
保定商辦實業工廠章程條規　（清）□□編　清光緒鉛印本　一冊

110000－0182－0002231　史4674
直隸警務處試辦章程　（清）□□編　清光緒石印本　一冊

110000－0182－0002232　史4675
籌辦通省巡警各項章程　（清）□□編　清光緒石印本　一冊

110000－0182－0002233　史4678
寄影軒日錄　（清）志潤撰　清光緒十二年（1886）稿本　一冊　存一冊（上）

110000－0182－0002234　史4679
翰詹源流編年續編館選爵里謚法詳考　（清）花沙納撰　清道光抄本　一冊

110000－0182－0002235　史4680
貢舉事宜　（清）花沙納撰　清道光三十年（1850）抄本　一冊

110000－0182－0002236　史4681
誥授建威將軍盛京副都統署黑龍江將軍一等侯蘇府君行狀　（清）花沙納撰　清道光花沙納稿本　一冊

110000－0182－0002237　史4682
吟香館筆記　（清）□□撰　清末抄本　一冊

110000－0182－0002238　史4683
癸卯題名錄　（清）花沙納書　清道光花沙納抄本　一冊

110000－0182－0002239　史4684
巡防廣益錄　（清）花沙納輯　清抄本　一冊

110000－0182－0002240　史4685
勸修堡寨告諭　（清）王慶雲撰　清咸豐六年（1856）刻本　一冊

110000－0182－0002241　史4686
寄簃文存八卷　沈家本撰　清光緒三十三年（1907）修訂法律館鉛印本　二冊

110000－0182－0002242　史4691
迂軒筆記　賀濤撰　清稿本　五冊

110000－0182－0002243　史4692
鄉試會試朱卷　（清）□□編　清嘉慶至光緒刻本　九冊

110000－0182－0002244　史4702
江南鐵淚圖新編一卷附江南鐵淚圖附編一卷　（清）寄雲山人（余治）編　（清）省吾居士校　清同治九年（1870）刻本　四冊

110000－0182－0002245　史4705
故唐律疏議三十卷　（唐）長孫無忌等撰　清光緒十六年（1890）京師刻本　十二冊

110000－0182－0002246　史4708
與伊藤陸奧往來照會一卷五次問答節略一卷　（清）李鴻章撰　清末石印本　二冊

110000－0182－0002247　史4718
歷代名媛圖說二卷　（漢）劉向撰　（明）汪氏增輯　（明）仇英繪圖　清光緒五年（1879）點石齋鉛印暨影印本　二冊

110000－0182－0002248　史4748
章炳麟駁康有為書　章炳麟撰　清末石印本　一冊

110000－0182－0002249　史4749
十九世紀歐洲政治史論　作新社編譯　清光緒二十八年（1902）上海作新社鉛印本　一冊

110000－0182－0002250　史4772
本朝政事史大要　沈恩膏編纂　清宣統江蘇高等學堂油印本　一冊

110000－0182－0002251　史4773
張宮保奏約束出洋遊學生章程並鼓勵遊學生章程折　（清）張之洞撰　清光緒刻本　一冊

110000－0182－0002252　史 4778
征勦紀略四卷　（清）尹嘉賓撰　清抄本　二册

110000－0182－0002253　史 4833
中國存亡一大問題一卷　梁啓超撰　清光緒三十二年（1906）鉛印本　一册

110000－0182－0002254　史 4845
近世中國秘史　捫虱談虎客（韓文舉）編　清光緒三十二年（1906）上海廣智書局鉛印本　二册

110000－0182－0002255　史 4868
渡海輿記一卷　（清）郁永河撰　**臺灣雜錄一卷**　（清）王士禛撰　**甯古塔紀略一卷**　（清）吳桭臣撰　清同治十一年（1872）劉履芬手校抄本　一册

110000－0182－0002256　史 4869
春秋氏族圖一卷　（清）陳厚耀撰　清道光二十四年（1844）石延壽館刻本　二册

110000－0182－0002257　史 4870
魁果肅公榮哀錄一卷　繆荃孫編　清光緒三十四年（1908）刻本　一册

110000－0182－0002258　史 4871
欽定大清會典事例一千二百卷目錄八卷　（清）崑岡等修　（清）吳樹梅等纂　清朱絲欄抄本　一册　存一卷（四十六）

110000－0182－0002259　史 4872
尚書後案三十卷後辨一卷　（清）王鳴盛撰　清乾隆四十五年（1780）東吳王氏禮堂刻本　八册

110000－0182－0002260　史 4880
西征紀程四卷　（清）鄒代鈞撰　清光緒十七年（1891）鉛印本　一册

110000－0182－0002261　史 4881
使西紀程二卷　（清）郭嵩燾撰　清光緒刻本　一册

110000－0182－0002262　史 4882
汴圍濕襟錄三卷補遺一卷　（明）白愚撰　**湖西遺事一卷**　（清）彭孫貽撰　**江上孤忠錄一卷**　（清）黄明曦撰　**江陰城守紀二卷**　（清）韓菼撰　清末刻本　一册

110000－0182－0002263　史 4893
大清世祖章皇帝實錄　（清）巴泰等纂修　清抄本　一册　存六卷（三十六至四十一）

110000－0182－0002264　史 4894
養正圖解不分卷　（明）焦竑撰　**御題養正圖詩一卷**　（清）高宗弘曆撰　**御製養正圖讚一卷**　（清）仁宗顒琰撰　清光緒二十一年（1895）武英殿刻本　六册

110000－0182－0002265　史 4895
西藏通覽　（日本）山縣初男撰　四川西藏研究會編譯　清宣統元年（1909）四川西藏研究會鉛印本　四册

110000－0182－0002266　史 4897
日本考五卷　（明）李言恭　（明）郝傑撰　清抄本　二册

110000－0182－0002267　史 4898
左恪靖伯奏稿三十八卷　（清）左宗棠撰　清同治七年（1868）黔中羅大春刻本　三十二册　存三十二卷（一至三十二）

110000－0182－0002268　史 4900
孔子家語十卷　（三國魏）王肅注　明正德元年（1506）勤思堂刻本　五册

110000－0182－0002269　史 4901
春秋左傳三十卷　（春秋）左丘明撰　清祁寯藻抄本　一册　存成公元年至襄公三十一年

110000－0182－0002270　史 4902
西遼事蹟不分卷　（清）彭孫貽輯　清抄本　四册

110000－0182－0002271　史 4905
曾文正公奏議十卷首一卷末一卷　（清）曾國藩撰　（清）薛福成編　清同治十二年（1873）常熟張瑛刻本　十册

110000－0182－0002272　史 4906
錢敏肅公奏疏七卷首一卷　（清）錢鼎銘撰

清光緒六年(1880)太倉錢氏刻本　四册

110000－0182－0002273　史4907
包孝肅公奏議十卷　(宋)包拯撰　清同治二年(1863)省心閣刻本　四册

110000－0182－0002274　史4908
撫標防軍馬隊操演陣圖　(清)□□繪　清末彩繪本　一册

110000－0182－0002275　史4925
[江蘇盱眙]李氏族譜三卷　(清)李延基修　清康熙四十三年(1704)續修刻本　三册

110000－0182－0002276　史4926
大清搢紳全書(清光緒三十三年春)　(清)□□編　清光緒三十三年(1907)榮祿堂刻本　四册

110000－0182－0002277　史4927
諭摺彙存　(□)□□編　清光緒二十六年(1900)鉛印本　十二册

110000－0182－0002278　史4935
聖賢像　(明)高宗哲集繪　清繪本　四册

110000－0182－0002279　史4943
新訂四書補注備旨十卷　(明)鄧林撰　(清)杜定基增訂　清宣統元年(1909)京都文成堂刻本　八册

110000－0182－0002280　史4968
紀事家典二卷　(清)□□撰　清光緒十六年(1890)稿本　二册

110000－0182－0002281　史4976
靖逆記六卷　(清)蘭簃外史(盛大士)撰　清抄本　二册

110000－0182－0002282　史4979
近世中國秘史第一編　捫虱談虎客(韓文舉)編　清光緒三十四年(1908)上海廣智書局鉛印本　一册

110000－0182－0002283　史4980
近世中國秘史第二編　捫虱談虎客(韓文舉)編　清宣統元年(1909)上海廣智書局鉛印本　一册

110000－0182－0002284　史4982
東征集六卷　(清)藍鼎元撰　清雍正刻本　二册

110000－0182－0002285　史4983
夢溪筆談二十六卷　(宋)沈括撰　明刻本　四册

110000－0182－0002286　史4985
吳中平寇記八卷　(清)錢勖撰　清抄本　四册

110000－0182－0002287　史4986
會試登科錄(明弘治九年)　(明)□□編　清抄本　二册

110000－0182－0002288　史4987
餘生錄一卷　(清)邊大綬撰　清初刻本　一册

110000－0182－0002289　史4991
掌故叢編八種　(清)□□輯　清光緒二十七年至二十九年(1901－1903)上海掃葉山房石印本　十四册

110000－0182－0002290　史4995
六書通十卷　(明)閔齊伋撰　(清)畢弘述篆訂　清光緒四年(1878)繡谷留耕堂刻本　六册

110000－0182－0002291　史4996
御纂萬年書　(清)□□編　清咸豐刻本　二册

110000－0182－0002292　史4997
淮南子注二十一卷　(漢)劉安撰　(漢)許慎　(漢)高誘注　清乾隆五十三年(1788)莊逵吉刻本　五册　存十八卷(四至二十一)

110000－0182－0002293　史4999
孔聖天經地義正道教人修心八卦大學孝經一卷　(清)□□編　清同治元年(1862)刻本　二册

110000－0182－0002294　史5000
萬國通鑑四卷附地圖一卷　(清)趙如光撰　清光緒八年(1882)刻本　六册

110000－0182－0002295　史 5001
蘇州省賦役全書不分卷　(清)蘇州藩司輯　清同治四年(1865)鉛印本　四十册

110000－0182－0002296　史 5002
元朝秘史十五卷　(清)李文田注　清光緒二十九年(1903)石印本　六册

110000－0182－0002297　史 5003
新輯撫豫宣化錄十卷　(清)田文鏡撰　清光緒二十二年(1896)上海書局石印本　八册

110000－0182－0002298　史 5006
富國策三卷　(英國)法思德撰　(美國)丁韙良　汪鳳藻譯　清光緒六年(1880)同文館鉛印本　三册

110000－0182－0002299　史 5017
明季南都殉難記不分卷　(清)柴文杰著　清光緒三十三年(1907)上海國學叢書社鉛印本　一册

110000－0182－0002300　史 5021
儀禮圖六卷　(清)張惠言撰　清嘉慶十年(1805)刻本　二册

110000－0182－0002301　史 5026
兩江官名册不分卷　(□)□□編　清抄本　一册

110000－0182－0002302　史 5027
沈文肅公奏議不分卷　(清)沈葆楨撰　清抄本　一册

110000－0182－0002303　史 5028
光緒乙巳年交涉要覽上篇二卷下篇三卷　(清)北洋洋務局纂輯　清光緒三十一年(1905)鉛印本　五册

110000－0182－0002304　史 5029
秦會要二十六卷　(清)孫楷著　清光緒三十一年(1905)湘潭孫氏刻本　四册

110000－0182－0002305　史 5042
守一齋筆記四卷　(清)金捧閶撰　清光緒十六年(1890)廣州刻粟香室叢書本　二册

110000－0182－0002306　史 5044
清廣西巡撫葉紹棔進呈詩册不分卷　(清)葉紹棔著　清抄本　一册

110000－0182－0002307　史 5047
臺陽筆記不分卷　(清)翟灝撰　清抄本　一册

110000－0182－0002308　史 5048
英果敏公行狀不分卷　(□)□□撰　清抄本　一册

110000－0182－0002309　史 5052
陳眉公訂正剿奴議撮不分卷　(明)于燕芳撰　(明)陳繼儒校　清刻本　一册

110000－0182－0002310　史 5054
陳曾佑奏摺不分卷　(清)陳曾佑撰　清鉛印本　一册

110000－0182－0002311　史 5055
兵部諮遵旨籌議變通武備章程會奏摺不分卷　(清)陳仰撰　清末鉛印本　一册

110000－0182－0002312　史 5057
增補三字經新編不分卷　(清)王惠昌校　清光緒二年(1876)琉璃廠名德堂刻本　一册

110000－0182－0002313　史 5063
趙文毅公奏疏五卷遼事疏附錄一卷　(明)趙用賢撰　(清)趙允綬校　清光緒二十二年(1896)常熟趙氏承啓堂刻本　一册

110000－0182－0002314　史 5064
光緒丙午年交涉要覽上篇一卷中篇二卷下篇四卷　(清)北洋洋務局纂輯　清光緒三十二年(1906)北洋官報鉛印本　四册

110000－0182－0002315　史 5065
志遠齋史話六卷　(清)楊以貞著　清光緒刻暢園叢書本　一册　缺一卷(六)

110000－0182－0002316　史 5093
釋迦如來應化事蹟不分卷　(清)永珊編　清嘉慶十三年(1808)和碩豫親王裕豐刻本　四册

110000－0182－0002317　史 5094

述學内篇三卷外篇一卷補遺一卷別録一卷　(清)汪中撰　清嘉慶二十年(1815)刻本　一册

110000－0182－0002318　史 5097
諭摺彙存　(□)□□編　清光緒二十六年(1900)鉛印本(中外日報附張)　一册

110000－0182－0002319　史 5099
有明歷科鼎元録不分卷　(□)□□編　稿本　一册

110000－0182－0002320　史 5100
明末紀事二卷　(清)汪朝棟編録　清光緒三十三年(1907)抄本　二册

110000－0182－0002321　史 5101
靖逆記六卷　(清)蘭簃外史(盛大士)撰　清光緒抄本　二册

110000－0182－0002322　史 5102
京兆翁姓登科實録　(清)□□撰　清抄本　一册

110000－0182－0002323　史 5108
屯亨泥爪不分卷　(清)□□撰　清抄本　一册

110000－0182－0002324　史 5109
歲時彙記不分卷　(□)□□撰　稿本　一册

110000－0182－0002325　史 5110
西輶日記一卷(清光緒四年五月至五年十一月)　(清)黄楙材著　清光緒二十三年(1897)湖南新學書局刻本　一册

110000－0182－0002326　史 5113
程氏淵源小語不分卷　(明)程添慶等撰　清抄本　二册

110000－0182－0002327　史 5114
林文忠公政書甲集九卷乙集十七卷丙集十一卷　(清)林則徐撰　清刻本　十册

110000－0182－0002328　史 5117
英軺日記十二卷(清光緒二十八年三月至八月)　載振撰　清光緒二十九年(1903)上海文明編譯書局鉛印本　四册

110000－0182－0002329　史 5118
歷代帝王名人傳不分卷　(□)□□編　清稿本　一册

110000－0182－0002330　史 5130
前漢匈奴表三卷附録一卷　(清)沈惟賢撰　清上海修文書館鉛印本　二册

110000－0182－0002331　史 5131
虎口日記不分卷(清咸豐十一年九月至十二月)　(清)遯安子(魯叔容)撰　清光緒二十二年(1896)刻本　一册

110000－0182－0002332　史 5132
中俄界約斠注七卷首一卷　錢恂撰　清光緒二十年(1894)上海醉六堂刻本　二册

110000－0182－0002333　史 5134
救荒六十策不分卷　(清)寄湘漁父輯　清光緒二十四年(1898)刻本　一册

110000－0182－0002334　史 5137
明拓聖跡圖不分卷　(明)張楷撰　清拓本　一册

110000－0182－0002335　史 5138
精鐫銅板四書體注十九卷　(宋)朱熹集注　(清)范翔參訂　清雍正八年(1730)江寧啟盛堂刻本　八册

110000－0182－0002336　史 5140
陸軍衣制詳晰圖説不分卷附陸軍官職表　奕劻編　清光緒三十一年(1905)石印本　一册

110000－0182－0002337　史 5141
聖門禮樂統二十四卷　(清)張行言纂輯　清康熙四十一年(1702)萬松書院刻本(個別葉爲抄配)　八册

110000－0182－0002338　史 5146
聖朝戰史不分卷　(清)□□輯　清抄本　一册

110000－0182－0002339　史 5147
萬壽慶典奏案不分卷　(清)傅恒　(清)兆惠　(清)阿里衮撰　清乾隆二十六年(1761)鉛印本　一册

110000－0182－0002340　史 5148
奇零草不分卷　(明)張煌言撰　清抄本　一册

110000－0182－0002341　史 5149
日知録之餘四卷　(清)顧炎武撰　清抄本　二册

110000－0182－0002342　史 5150
艮齋筆記八卷　(清)李澄中撰　清抄本　一册

110000－0182－0002343　史 5151
北莊四時志二卷附編一卷　(清)王有光著　清末抄本　一册

110000－0182－0002344　史 5153
食算草(清乾隆四十一年至六十年)　(清)□□撰　清抄本　一册

110000－0182－0002345　史 5162
苗民圖　(清)□□繪　清套色石印本　二册　缺二張(一至二)

110000－0182－0002346　史 5163
白虎通德論二卷　(漢)班固撰　明嘉靖元年(1522)傅鑰刻本　一册

110000－0182－0002347　語 0889
廬陵宋丞相信國公文忠烈先生全集十六卷　(宋)文天祥撰　(清)文有煥等編　清雍正三年(1725)五桂堂刻乾隆五十二年(1787)增刻本　八册

110000－0182－0002348　史 5165
蘇松財賦考圖説一卷　(清)周夢顔輯　清刻本　一册

110000－0182－0002349　語 1515
西廂記五卷附刻八種十卷　(元)王德信(王實甫)撰　清宣統二年(1910)暖紅室校刻匯刻傳奇本　十册

110000－0182－0002350　語 1757
東游文藁　陳矩撰　清末刻本　一册

110000－0182－0002351　自 0001
新刊補注銅人腧穴針灸圖經五卷　(宋)王惟一撰　清光緒三十三年至宣統元年(1907－1909)劉世珩玉海堂刻本　二册

110000－0182－0002352　史 5175
治臺必告録八卷　(清)丁曰健輯　清同治六年(1867)知足知止園刻本　八册

110000－0182－0002353　史 5178
歷代名賢畫像贊　(清)□□編　清拓本　六册

110000－0182－0002354　史 5180
三河創業記五卷　(清)范壽金編輯　清光緒三十三年(1907)石印本　二册

110000－0182－0002355　史 5181
普通學堂歌訣　(清)張一鵬撰　清刻本　一册

110000－0182－0002356　史 5182
忠武侯集紀事二卷附録一卷　(清)潘晬編　清道光二十六年(1846)寶墨樓刻本　一册

110000－0182－0002357　史 5183
省軒考古類編十二卷　(清)柴紹炳纂　(清)姚培謙評　清乾隆二十三年(1758)文盛堂刻本　四册

110000－0182－0002358　史 5184
欽定回疆則例八卷　(清)肇麟等纂修　清道光二十二年(1842)刻本　六册

110000－0182－0002359　史 5185
資治通鑑校勘記宋本五卷元本二卷　(清)張瑛撰　清光緒八年(1882)江蘇書局刻本　三册　缺一卷(資治通鑑校勘記宋本一)

110000－0182－0002360　史 5186
抱朴子内篇二十卷外篇五十卷　(晉)葛洪撰　明嘉靖四十四年(1565)魯藩朱健根承訓書院刻本　二册　存十六卷(抱朴子内篇一至四、九至二十)

110000－0182－0002361　史 5190
鞠如文稿　宗俊貞撰　清末稿本　一册

110000－0182－0002362　史 5193
唐昭陵陪葬名氏考一卷　(清)馮縉纂輯　清

嘉慶二十四年(1819)刻本　一册

110000－0182－0002363　史 5194

鐵圍筆錄　(清)□□撰　清抄本　一册

110000－0182－0002364　史 5195

陸稼書先生[隴其]年譜定本二卷附錄一卷　(清)吳光酉編　清雍正六年(1728)刻本　八册

110000－0182－0002365　史 5196

還讀我書室老人手訂年譜二卷　(清)董恂編　清光緒十八年(1892)甘泉董氏刻本　一册　存一卷(一)

110000－0182－0002366　史 5197

還讀我書室老人手訂年譜二卷　(清)董恂編　清光緒十八年(1892)甘泉董氏刻本　一册　存一卷(一)

110000－0182－0002367　史 5199

聖廟祀典圖考五卷首一卷　(清)顧沅輯　清道光六年至十年(1826－1830)刻本　六册

110000－0182－0002368　史 5200

聖賢像贊三卷　(明)呂維祺編　(清)孔憲蘭重修　清光緒四年(1878)刻本　四册

110000－0182－0002369　史 5201

墨子六卷　(戰國)墨翟撰　清抄本　二册

110000－0182－0002370　史 5203

諸夷職貢圖　(宋)李公麟繪　清摹繪本　一册

110000－0182－0002371　史 5204

蘇海識餘二卷　(清)王文誥撰　清抄本　一册

110000－0182－0002372　史 5205

梵文金剛經　(後秦)釋鳩摩羅什譯　明彩繪本　二册

110000－0182－0002373　史 5206

清宣統陸軍第一第二鎮受閱圖　(清)□□攝影　清宣統二年(1910)朱蘭田曬印本　一册

110000－0182－0002374　史 5213

欽定各郊壇廟樂章　(清)神樂署編　清光緒三十年(1904)神樂署刻本　一册

110000－0182－0002375　史 5214

各郊壇廟圖　(清)□□繪　清銅活字印本　一册

110000－0182－0002376　史 5216

陰騭文圖說四卷　(清)黃正元撰　清道光十三年(1833)刻本　四册

110000－0182－0002377　史 5217

宗聖志二十卷　(清)王定安輯　清光緒十六年(1890)刻本　六册

110000－0182－0002378　史 5218

陋巷志八卷　(明)呂兆祥撰　明萬曆二十九年(1601)刻本　四册

110000－0182－0002379　史 5219

曾子家語六卷　(清)曾國荃審訂　(清)王定安編輯　清光緒十六年(1890)刻本　二册

110000－0182－0002380　史 5220

繡像古今賢女傳九卷　(清)魏息園輯　清光緒三十四年(1908)石印本　八册

110000－0182－0002381　史 5221

弁服釋例八卷　(清)任大椿撰　清嘉慶元年至二年(1796－1797)蕭山王氏望賢家塾刻本　三册

110000－0182－0002382　史 5222

李衛公望江南四卷　(唐)李靖撰　清咸豐十一年(1861)王佩伊抄本　四册

110000－0182－0002383　史 5223

隋遺錄二卷　(唐)顔師古撰　**翰林志一卷**　(唐)李肇撰　清順治三年(1646)刻說郛本　一册

110000－0182－0002384　史 5224

前定錄一卷　(唐)鍾輅撰　**拊掌錄一卷**　(宋)邢居實撰　清順治三年(1646)刻說郛本　一册

110000－0182－0002385　史 5225

揮麈錄二卷　(宋)楊萬里撰　清順治三年

(1646)刻說郛本　一册

110000－0182－0002386　史 5227
袖中錦　(宋)太平老人撰　**甲申雜録聞見近録隨手雜録**　(宋)王定國撰　清抄本　一册

110000－0182－0002387　史 5228
孔叢二卷　(漢)孔鮒撰　清抄本　一册

110000－0182－0002388　史 5229
新刊批點呂氏咀華二卷　(明)傅順孫批輯　明萬曆十一年(1583)刻本　一册

110000－0182－0002389　史 5232
金剛經　(後秦)釋鳩摩羅什譯　清刻本　一册

110000－0182－0002390　史 5233
慶祝表文　(清)□□編　清光緒九年(1883)松鶴山房刻本　一册

110000－0182－0002391　史 5234
楊椒山先生手跡　(明)楊繼盛撰　清末影印本　一册

110000－0182－0002392　史 5237
三國志六十五卷　(晉)陳壽撰　(南朝宋)裴松之注　清光緒二十八年(1902)竹簡齋石印本　四册

110000－0182－0002393　史 5238
史姓韻編六十四卷　(清)汪輝祖輯　(清)馮祖憲重校　清光緒十年(1884)中西書局石印本　四册

110000－0182－0002394　史 5244
楊忠愍公集不分卷　(明)楊繼盛撰　清咸豐二年(1852)聯雅齋刻本　一册

110000－0182－0002395　史 5245
新唐書二百二十五卷唐書釋音二十五卷　(宋)歐陽修　(宋)宋祁撰　清光緒二十八年(1902)武林竹簡齋石印本　十六册

110000－0182－0002396　史 5246
童蒙觀鑑六卷奇童巧對七十五條　(清)丁有美纂輯　清乾隆三十六年(1771)刻本　四册

110000－0182－0002397　史 5247
國朝湖州府科第表(清順治三年至光緒二十八年)　(清)戴璐等編　清同治十一年(1872)清遠堂刻本　二册

110000－0182－0002398　史 5248
國朝湖州府科第表(清順治三年至光緒二十八年)　(清)戴璐等編　清同治十一年(1872)清遠堂刻本　二册

110000－0182－0002399　史 5250
[江蘇吳縣]吳中葉氏族譜六十六卷末一卷　葉德輝等纂修　清宣統三年(1911)木活字印本　五十四册

110000－0182－0002400　史 5251
史綱論三卷　(明)夏時秀輯　清抄本　三册

110000－0182－0002401　史 5253
金龍四大王像　(清)□□繪　清末石印本　一册

110000－0182－0002402　史 5257
通鑑長編紀事本末一百五十卷　(宋)楊仲良撰　清光緒十九年(1893)廣雅書局刻本　二十四册

110000－0182－0002403　史 5259
錫山遊庠錄一卷首一卷　(清)邵涵初撰　**錫金遊庠錄一卷**　(清)汪士侃撰　清光緒四年(1878)刻本　二册

110000－0182－0002404　史 5260
楊忠愍公集三卷附一卷　(明)楊繼盛撰　明刻本　一册　存一卷(二)

110000－0182－0002405　史 5267
援守井研記略一卷　(清)董貽清撰　清同治刻本　一册

110000－0182－0002406　史 5268
雅安圍城記一卷雅安防河記一卷　(清)何鼎勳撰　清咸豐十一年(1861)刻本　一册

110000－0182－0002407　史 5269
邊事彙鈔十二卷續鈔八卷　(清)朱克敬輯　清光緒六年(1880)長沙刻本　一册

110000－0182－0002408　史 5270
守邊輯要一卷　(清)璧昌撰　清抄本　一册

110000－0182－0002409　史 5271
楊忠愍公集五卷首一卷末一卷　(明)楊繼盛撰　清光緒二十三年(1897)湘南書局刻本　三册

110000－0182－0002410　史 5272
史忠正公集四卷首一卷末一卷　(明)史可法撰　清光緒二十三年(1897)湘南書局刻本　三册

110000－0182－0002411　史 5277
圖開勝跡六卷　(清)劉厚基編　清光緒元年(1875)負米山房刻本　六册

110000－0182－0002412　史 5278
戰功紀略一卷　(清)劉厚基編　清光緒二年(1876)負米山房刻本　一册

110000－0182－0002413　史 5279
紀恩慕義一卷　(清)劉厚基編　清光緒二年(1876)負米山房刻本　一册

110000－0182－0002414　史 5281
皇明從扈安攘錄四卷　(明)青田逸叟撰　清抄本　八册

110000－0182－0002415　史 5282
宋遼金元四史　(清)席世臣輯　清嘉慶南沙席氏掃葉山房刻本　五十六册

110000－0182－0002416　史 5283
大清搢紳全書(清乾隆五十一年夏)　(清)□□撰　清乾隆五十一年(1786)竇名堂刻本　四册

110000－0182－0002417　史 5284
欽定元承華事略補圖六卷　(元)王惲撰　(清)徐郙等補　清末石印本　二册

110000－0182－0002418　史 5285
太子太傅先莊毅公東岩府君年譜不分卷　(清)長敔撰　清同治九年(1870)刻本　一册

110000－0182－0002419　史 5286
剿賊圖記　(明)元默撰　清道光元年(1821)刻本　一册

110000－0182－0002420　史 5287
釋迦如來應化事蹟　(清)永珊撰　清同治八年(1869)刻本　四册

110000－0182－0002421　史 5288
歷代名賢列女氏姓譜一百五十七卷　(清)蕭智漢纂　清嘉慶二十年(1815)刻本　一百六十二册

110000－0182－0002422　史 5292
續纂淮關統志十四卷　(清)元成纂修　(清)徵麟補纂　清光緒七年(1881)刻本　六册

110000－0182－0002423　史 5294
少保于公奏議十卷　(明)于謙撰　清光緒錢塘丁氏刻本　六册

110000－0182－0002424　史 5302
御製西域地名考證敘概　(清)高宗弘曆撰　清寫本　一册

110000－0182－0002425　史 5304
春秋□□卷(滿漢合璧)　(春秋)左丘明等撰　(清)□□譯　清刻本　四十八册

110000－0182－0002426　史 5306
宦遊紀略二卷　(清)高廷瑶撰　**誥授朝議大夫廣東廣州府知府高公家傳**　(清)唐樹義撰　清同治十二年(1873)成都刻本　一册

110000－0182－0002427　史 5308
增訂盛世危言新編十四卷　鄭觀應撰　清光緒二十三年(1897)成都刻本　八册

110000－0182－0002428　史 5310
新約全書　(□)□□撰　清光緒二十年(1894)上海美華書局鉛印本　一册

110000－0182－0002429　史 5324
頤志齋四譜四種　(清)丁晏編　清道光二十三年(1843)山陽丁晏刻同治元年(1862)匯印頤志齋叢書本　一册

110000－0182－0002430　史 5325
世本輯補十卷　(漢)應劭　(漢)宋忠　(三國魏)宋均註　(清)秦嘉謨輯補　清嘉慶二

十三年(1818)琳琅仙館刻本　十六冊

110000－0182－0002431　史 5342
增評加批歷史綱鑑補三十九卷首一卷　(明)王世貞　(明)袁黃編纂　(清)□□輯　清光緒二十八年(1902)上海富強齋石印本　十六冊

110000－0182－0002432　史 5343
徵君孫先生年譜二卷　(清)湯斌等編　**孝友堂家規一卷遊譜一卷孫鍾之先生答問一卷**　(清)孫奇逢撰　清刻本　五冊

110000－0182－0002433　史 5346
傳抄湖南省公檄　(清)□□撰　清咸豐十年(1860)抄本　一冊

110000－0182－0002434　史 5347
李秀成供　(清)□□撰　清末刻本　一冊

110000－0182－0002435　史 5348
拳匪紀論　(清)□□撰　清抄本　一冊

110000－0182－0002436　史 5349
治平勝算全書二十卷　(清)年羹堯輯　清抄本　二十冊

110000－0182－0002437　史 5350
新刻獨斷一卷　(漢)蔡邕撰　明胡文煥刻格致叢書本　一冊

110000－0182－0002438　史 5351
宋紹興十八年戊辰科題名錄一卷　(宋)□□編　清抄本　一冊

110000－0182－0002439　史 5357
阿文成公[桂]年譜三十四卷　(清)那彥成編　(清)王昶勘定　(清)盧蔭溥增修　清嘉慶十九年(1814)刻本　二十四冊

110000－0182－0002440　史 5358
寄傲山房塾課新增幼學故事瓊林四卷首一卷　(清)程允升撰　(清)鄒聖脈增補　清光緒二年(1876)本立堂刻本　四冊

110000－0182－0002441　史 5359
掄秀堂重訂幼學須知句解四卷　(清)錢元龍撰　清乾隆二十八年(1763)刻本　四冊

110000－0182－0002442　史 5362
紀效新書十八卷首一卷　(明)戚繼光撰　清道光二十一年(1841)虎林西泉氏刻本　四冊

110000－0182－0002443　史 5365
太平待問　(清)□□輯　清抄本　一冊

110000－0182－0002444　史 5367
擬明史樂府不分卷　(清)尤侗撰　(清)尤珍注　清藕香簃抄本　一冊

110000－0182－0002445　史 5372
有約各國最新表　(清)郭驤輯　(清)金汝益列表　清光緒二十八年(1902)鉛印本　一冊

110000－0182－0002446　史 5380
欽定歷代職官表六卷　(清)黃本驥撰　清光緒八年(1882)上海王氏刻本　一冊

110000－0182－0002447　史 5381
黃運兩河擬定成規不分卷　(清)□□撰　清乾隆刻本　二冊

110000－0182－0002448　史 5382
皇明百官述二卷　(明)鄭曉撰　明萬曆二十七年(1599)刻吾學編本　一冊

110000－0182－0002449　史 5385
通商始末記二十卷　(清)王之春撰　(清)彭玉麟訂　清光緒二十七年(1901)申昌社石印本　六冊

110000－0182－0002450　史 5386
春秋十六卷首一卷附錄經傳一卷　(清)□□輯　清刻本　十二冊

110000－0182－0002451　史 5387
史傳三編五十六卷　(清)朱軾　(清)蔡世遠輯　清同治三年(1864)刻本　二十四冊

110000－0182－0002452　史 5389
新甯鄉土歷史二卷　雷澤普撰　清宣統元年(1909)刻本　一冊

110000－0182－0002453　史 5391
四裔編年表四卷　(美國)林樂知　嚴良勳譯　(清)李鳳苞編　清同治江南製造總局刻本　四冊

110000－0182－0002454　史5392
奏定城鎮鄉地方自治並選舉章程一卷　（清）民政部奏定　清宣統上海時中書局鉛印本　一冊

110000－0182－0002455　史5396
萬曆三大征考三卷　（明）茅瑞徵撰　清抄本　二冊

110000－0182－0002456　史5402
東山志二卷　（明）謝敏行纂　（清）謝鏡清續　清光緒二十年（1894）刻本　二冊

110000－0182－0002457　史5408
臺灣外紀三十卷　（清）江日昇撰　清道光求無不獲齋刻本　八冊

110000－0182－0002458　史5409
光緒各部通行　（清）□□輯　清末抄本　八冊

110000－0182－0002459　史5410
錢匯紀略　（清）劉祝封撰　清抄本　一冊

110000－0182－0002460　史5413
竹書紀年辨正四卷　（清）韓怡撰　清嘉慶十二年（1807）木存堂刻本　二冊

110000－0182－0002461　史5417
從戎紀略一卷　（清）朱洪章撰　清光緒十九年（1893）紫陽堂刻本　一冊

110000－0182－0002462　史5418
漢書地理志稽疑六卷　（清）全祖望撰　清抄本　一冊　存三卷（一至三）

110000－0182－0002463　史5421
大清刑律圖說　（清）□□繪　**德日練操圖**　（清）□□繪　清光緒九年（1883）刻本　一冊

110000－0182－0002464　史5422
欽定大清新律一卷　沈家本　伍廷芳編纂　清光緒鉛印本　一冊

110000－0182－0002465　史5423
白虎通疏證十二卷　（清）陳立撰　清光緒元年（1875）淮南書局刻本　四冊

110000－0182－0002466　史5424
廿一史四譜五十四卷　（清）沈炳震撰　清光緒二十二年（1896）廣雅書局刻本　八冊

110000－0182－0002467　史5425
二十四史三千二百三十三卷　（□）□□輯　清光緒十八年（1892）武林竹簡齋石印本　一百五十六冊　缺五種六百四十卷（史記一百三十卷、前漢書一百卷、後漢書一百二十卷、三國志六十五卷、新唐書二百二十五卷）

110000－0182－0002468　史5427
補後漢書年表十卷　（宋）熊方撰　清乾隆刻本　二冊

110000－0182－0002469　史5431
秦楚之際月表一卷　（清）王元啟撰　清光緒二十年（1894）廣雅書局刻本　一冊

110000－0182－0002470　史5432
史記天官書補目一卷　（清）孫星衍撰　清光緒十三年（1887）廣雅書局刻本　一冊

110000－0182－0002471　史5433
五代紀年表一卷　（清）周嘉猷撰　清光緒十七年（1891）廣雅書局刻本　一冊

110000－0182－0002472　史5434
宋州郡志校勘記一卷　（清）成孺撰　清光緒十四年（1888）廣雅書局刻本　一冊

110000－0182－0002473　史5435
補五代史藝文志一卷　（清）顧櫰三撰　清光緒十七年（1891）廣雅書局刻本　一冊

110000－0182－0002474　史5436
大戴禮記補注十三卷序錄一卷　（清）孔廣森撰　清同治十三年（1874）淮南書局刻本　四冊

110000－0182－0002475　史5437
皇朝掌故彙編内編六十卷首一卷外編四十卷首一卷　宋文蔚纂　清光緒二十八年（1902）求實書社鉛印本　六十冊

110000－0182－0002476　史5438
西國近事彙編□□卷　（美國）金楷理等譯

(清)姚棻等筆述　清光緒二年至二十五年(1876－1899)上海機器製造局鉛印本　二十六冊　缺十卷(丁丑三至四、戊寅一、乙酉三、己丑二至四、庚寅一至三)

110000－0182－0002477　史5439
周易姚氏學十六卷首一卷　(清)姚配中撰　清光緒三年(1877)崇文書局刻本　六冊

110000－0182－0002478　史5441
金史一百三十五卷　(元)脫脫等撰　清同治十三年(1874)江蘇書局刻本　一冊　存六卷(五十三至五十八)

110000－0182－0002479　史5445
英民史記三卷　(英國)葛耳雲撰　(英國)馬林譯　(清)李玉書述　清光緒三十三年(1907)上海美華書館鉛印本　三冊

110000－0182－0002480　史5446
尺木堂綱鑑易知錄二十卷　(清)吳乘權等輯　清光緒十三年(1887)上海點石齋石印本　十二冊

110000－0182－0002481　史5447
陳慶鏞奏稿　(清)陳慶鏞撰　清抄本　一冊

110000－0182－0002482　史5450
周易解故一卷　(清)丁晏撰　清光緒十九年(1893)廣雅書局刻本　一冊

110000－0182－0002483　史5452
使中山記(使琉球記)一卷　(清)張學禮撰　清抄本　一冊

110000－0182－0002484　史5454
英夷記略不分卷　(清)□□撰　清抄本　一冊

110000－0182－0002485　史5455
咸同史料二十五種　(清)□□輯　清抄本　四冊

110000－0182－0002486　史5456
國朝歷科館選錄　(清)沈廷芳輯　(清)恩景等增輯　清光緒刻本　二冊

110000－0182－0002487　史5457
後漢書九十卷　(南朝宋)范曄撰　(唐)李賢注　**續漢書八志三十卷**　(晉)司馬彪撰　(南朝梁)劉昭注　清光緒十三年(1887)金陵書局刻本　十六冊

110000－0182－0002488　史5458
前漢書一百卷　(漢)班固撰　(唐)顏師古注　清光緒十三年(1887)金陵書局刻本　十六冊

110000－0182－0002489　史5463
普天忠憤全集十四卷　(清)魯陽生(孔廣德)編　清光緒二十一年(1895)石印本　十二冊

110000－0182－0002490　史5469
季雲公手鈔史略　(清)□□輯　清抄本　一冊

110000－0182－0002491　史5470
唐書釋音二卷　(宋)董衝撰　清刻本　一冊

110000－0182－0002492　史5472
寄園寄所寄十二卷　(清)趙起士輯　清光緒刻本　十二冊

110000－0182－0002493　史5475
林文忠公政書甲集九卷乙集十七卷丙集十一卷　(清)林則徐撰　清光緒三山林氏刻本　十二冊

110000－0182－0002494　史2842(2)
飲冰室自由書二卷　梁啟超撰　清光緒三十一年(1905)鉛印本　一冊

110000－0182－0002495　史5477
皇清奏議六十八卷首一卷　(清)琴川居士輯　清光緒二十八年(1902)雲間麗澤學會石印本　八冊

110000－0182－0002496　史5485
洛陽伽藍記五卷　(北魏)楊衒之撰　**洛陽伽藍記集證一卷**　(清)吳若準撰　清光緒二十九年(1903)說劍齋刻朱印本　一冊

110000－0182－0002497　史5486
史記一百三十卷　(漢)司馬遷撰　(南朝宋)裴駰集解　(唐)司馬貞索隱　(唐)張守節正

義　明萬曆二十四年(1596)南京國子監刻明清遞修本　二十四册

110000－0182－0002498　史5493
英國革命戰史　(日本)澁江保著　薩憂敵譯　清光緒二十九年(1903)上海支那翻譯會社鉛印本　一册

110000－0182－0002499　史5500
晚笑堂畫傳一卷明太祖功臣圖一卷　(清)上官周撰　清乾隆八年(1743)刻本　二册

110000－0182－0002500　史5507
校邠廬抗議二卷　(清)馮桂芬撰　清光緒二十四年(1898)上海書局鉛印本　一册

110000－0182－0002501　史5508
刺字集四卷刺字處分一卷　沈家本　(清)郭安仁編　清光緒十二年(1886)京師刻本　一册

110000－0182－0002502　史5509
夏小正輯注四卷　(清)范家相輯　清嘉慶二十年(1815)古趣亭刻本　一册

110000－0182－0002503　史5511
續西國近事彙編二十八卷　(美國)金楷理等譯　(清)鍾天緯等編輯　清光緒石印本　二十八册

110000－0182－0002504　史5512
西國近事彙編□□卷　(美國)金楷理等譯　(清)姚棻等筆述　清光緒十八年(1892)上海機器製造局鉛印本　四册

110000－0182－0002505　史5513
西國近事彙編□□卷　(美國)金楷理等譯　(清)姚棻等筆述　清光緒十二年(1886)上海機器製造局鉛印本　四册

110000－0182－0002506　史5514
出使須知一卷　(清)蔡鈞輯　清光緒十一年(1885)弢園王氏木活字印本　一册

110000－0182－0002507　史5515
駐粵八旗志二十四卷首一卷　(清)長善等纂　清光緒五年(1879)刻本　十八册

110000－0182－0002508　史5518
平定粵匪紀略十八卷附記四卷　(清)杜文瀾撰　清同治八年(1869)群玉齋木活字印本　十册

110000－0182－0002509　史5520
墨子十六卷篇目考一卷　(清)畢沅校注　清光緒二年(1876)浙江書局刻本　四册

110000－0182－0002510　史5521
南疆繹史　(清)溫睿臨撰　**繹史摭遺十八卷繹史卹謚考八卷**　(清)李瑤撰　清道光十年(1830)北京琉璃廠半松居士木活字印本　二十册

110000－0182－0002511　史5522
奏定府廳州縣地方自治並選舉章程　(清)憲政編查館編　清宣統元年(1909)中國圖書公司鉛印本　一册

110000－0182－0002512　史5523
畿輔人物考八卷　(清)孫奇逢輯　(清)高鐈　(清)孫立雅編　清同治八年(1869)刻本　六册　存五卷(一至五)

110000－0182－0002513　史5526
歸顧朱三先生年譜合刻三種　(清)金吳瀾輯　清光緒六年(1880)嘉興金吳瀾刻本　六册

110000－0182－0002514　史5527
古今治統二十卷　(明)徐奮鵬撰　清雍正元年(1723)槐柳齋刻本　十册

110000－0182－0002515　史5529
呂氏春秋二十六卷　(漢)高誘訓解　(明)黃甫龍　(明)沈兆廷同訂　明錢塘朱夢龍刻本　八册

110000－0182－0002516　史5530
大唐開元禮一百五十卷　(唐)蕭嵩等撰　清光緒十二年(1886)公善堂刻本　十六册

110000－0182－0002517　史5535
列國變通興盛記四卷　(英國)李提摩太撰　清光緒二十年(1894)上海廣學會鉛印本　一册

110000－0182－0002518　史 5537
江陰縣積穀徵信録　(清)林達泉編　清同治十二年(1873)刻本　一册

110000－0182－0002519　史 5539
疑年録四卷　(清)錢大昕編　清同治元年(1862)福山王氏刻天壤閣叢書本　一册

110000－0182－0002520　史 5540
戎幕隨筆　(清)常堉璋撰　清末稿本　一册

110000－0182－0002521　史 5541
出使英法義比四國日記六卷(清光緒十六年至十七年)　(清)薛福成撰　清光緒十八年(1892)上海鴻寶齋石印本　三册

110000－0182－0002522　史 5544
北洋陸軍武備師範學堂同學録　崔作模編　清光緒二十九年(1903)刻本　一册

110000－0182－0002523　史 5545
蜀道紀聞一卷　(清)蘇本潔撰　清抄本　一册

110000－0182－0002524　史 5546
光緒十一年十二月初九日委員曹廷杰往查俄羅斯一切情形　(清)曹廷杰撰　清光緒孫福疇抄本　一册

110000－0182－0002525　史 5547
虞山清議一卷　(清)□□輯　清羼翁抄本　一册

110000－0182－0002526　史 5548
華制存考　(清)擷華書局編　清宣統京都擷華書局鉛印本　九册

110000－0182－0002527　史 5549
經學淵源　(清)□□輯　清抄本　一册

110000－0182－0002528　史 5550
訟詞　(清)胡朝鎧録　清道光二十七年至咸豐三年(1847－1853)抄本　三册

110000－0182－0002529　史 5555
庚子辛丑恩正併科各省鄉試同年全録　(清)□□編　清光緒二十八年(1902)刻本　二册

110000－0182－0002530　史 5559
光緒大婚典禮　(清)□□編　清刻本　一册

110000－0182－0002531　史 5560
光緒大婚禮節　(清)□□編　清鉛印本　一册

110000－0182－0002532　史 5563
史緯三百三十卷　(清)陳允錫編　清光緒二十九年(1903)文來書局石印本　六十册

110000－0182－0002533　史 5564
史存三十卷　(清)劉沅撰　清咸豐六年(1856)致福樓刻本　二十四册

110000－0182－0002534　史 5571
清玉牒　(清)□□編　清寫本　一册

110000－0182－0002535　史 5575
遂翁自訂年譜一卷　(清)趙昀編　(清)趙繼元等補編　清光緒四年至五年(1878－1879)太湖趙氏刻本　一册

110000－0182－0002536　史 5576
澄衷蒙學堂創辦緣始一卷　(清)□□編　清光緒二十七年(1901)鉛印本　一册

110000－0182－0002537　史 5581
歷代名臣傳節録三十卷　(清)蕭培元輯　(清)崇厚增輯　清同治九年(1870)雲蔭堂刻本　十册

110000－0182－0002538　史 5587
定例彙編(清光緒二十三年)　(清)□□編　清末刻本　一册

110000－0182－0002539　史 5588
重修名法指掌圖四卷　(清)沈辛田原編　(清)徐灝重訂　清同治九年(1870)崇文書局刻本　四册

110000－0182－0002540　史 5589
史漢駢枝一卷　(清)成孺撰　清光緒十四年(1888)廣雅書局刻廣雅書局叢書本　一册

110000－0182－0002541　史 5590
律法須知二卷　(清)吕芝田撰　清光緒十三年(1887)廣州刻本　二册

110000－0182－0002542　史5591
易憲四卷　（明）沈泓撰　清光緒十四年(1888)錢塘卓德徵刻本　四册

110000－0182－0002543　史5592
清雍正朱批諭旨　（清）世宗胤禛批　清乾隆三年(1738)内府刻朱墨套印本　一册　存一册(雍正朱批鄂爾泰奏摺)

110000－0182－0002544　史5593
追贈朝議大夫誥封光禄大夫建威將軍文公魯齋陽穀殉難事實一卷　趙爾巽等重訂　清光緒三十三年(1907)石印本　一册

110000－0182－0002545　善1047
大清宣統二年歲次庚戌七政經緯躔度時憲書一卷　（清）欽天監編　清宣統二年(1910)刻本　一册

110000－0182－0002546　史5607
現行功過章程　（清）山西布政使司　（清）山西按察使司等編　清光緒七年(1881)刻本　一册

110000－0182－0002547　史5608
長江炮臺芻議　姚錫光撰　清光緒二十五年(1899)京師鉛印本　一册

110000－0182－0002548　史5610
刑部奏變通酌改重律折　（清）□□撰　清光緒三十一年(1905)刻本　一册

110000－0182－0002549　史5611
清理訟獄功過章程　（清）□□編　清光緒三年(1877)刻本　一册

110000－0182－0002550　史5612
會議變通順天捐輸章程　（清）□□編　清道光二十八年(1848)刻本　一册

110000－0182－0002551　史5613
浙江高等學堂乙巳年同學録　（清）□□編　清光緒三十一年(1905)油印本　一册

110000－0182－0002552　史5614
陝西鄉試題名録(清光緒癸巳恩科)　（清）丁淮禔　（清）徐繼孺編　清光緒十九年(1893)刻本　一册

110000－0182－0002553　史5617
均減差徭章程　（清）督辦山西善後總局編　清光緒六年(1880)刻本　一册

110000－0182－0002554　史5618
保甲團練輯要　（清）□□輯　清刻本　一册

110000－0182－0002555　史5619
整飭官方申飭陝屬不閲文稿檄文　（清）陳宏謀撰　清咸豐元年(1851)刻本　一册

110000－0182－0002556　史5620
交代月報並限文功過程式　（清）山西布政使司編　清同治十年(1871)刻本　一册

110000－0182－0002557　史5621
新定清厘交代章程　（清）山西布政使司編　清同治十年(1871)刻本　一册

110000－0182－0002558　史5622
會詳酌議各屬盜案緝捕賞罰章程　（清）浙江布政使司　（清）浙江按察使司編　清光緒七年(1881)刻本　一册

110000－0182－0002559　史5623
陝省修築堡寨章程　（清）咸長公局紳士編　清同治六年(1867)團練總局校刻本　一册

110000－0182－0002560　史5624
西比利亞鐵路考一卷　（美國）勒芬邇撰　（清）徐兆熊　（清）王建極　（清）朱煌譯　清光緒二十八年(1902)南洋公學鉛印本　一册

110000－0182－0002561　史5626
上諭八旗　（清）允祿等編　清抄本　一册　存雍正元年

110000－0182－0002562　史5629
欽定國子監則例四十五卷　（清）瑞慶等修　（清）汪廷珍纂　清道光四年(1824)國子監刻本　五册

110000－0182－0002563　史5630
中西人物通考一百卷　（清）葉逢時編輯　清光緒二十九年(1903)杭州史學齋石印本　二

十册

110000－0182－0002564　史 5631
舌擊編五卷　（清）沈儲撰　清光緒四年（1878）文德堂刻本　三册　存三卷（一至三）

110000－0182－0002565　史 5632
新廣東一卷　（清）太平洋客（歐榘甲）撰　清末刻本　一册

110000－0182－0002566　史 5633
湖南苗防屯政考十五卷首一卷　（清）但湘良纂　清光緒九年（1883）蒲圻但氏刻本　十六册

110000－0182－0002567　史 5635
清玉牒　（清）□□編　清寫本　一册

110000－0182－0002568　史 5638
上諭奏摺　（清）張百熙奏　清光緒二十八年（1902）刻本　一册

110000－0182－0002569　史 5640
聖安皇帝本紀二卷　（清）顧炎武撰　清刻本　一册

110000－0182－0002570　史 5641
舊唐書突厥傳敘　（□）□□撰　清抄本　一册

110000－0182－0002571　史 5643
辯學疏稿等　（明）徐光啟等撰　清抄本　一册

110000－0182－0002572　史 5645
節本泰西新史攬要八卷　（英國）馬懇西原本　（英國）李提摩太譯　周慶雲節錄　清光緒二十七年（1901）上海書局石印本　一册

110000－0182－0002573　史 5646
御覽曲洧舊聞十卷　（宋）朱弁撰　清乾隆四十九年（1784）錢塘汪汝瑮刻本　四册

110000－0182－0002574　史 5649
皇明遺書七種　（明）吳寛等撰　清抄本　一册

110000－0182－0002575　史 5650
［浙江鄞縣］鑒橋傅氏宗譜再正稿　（清）傅毓璋等纂　清同治十三年（1874）刻本　一册　存一卷（遺容錄）

110000－0182－0002576　史 5660
奏摺譜一卷　（清）饒旬宣撰　清抄本　一册

110000－0182－0002577　史 5664
光緒丁酉科十八省拔貢全錄　（清）□□編　清光緒二十三年（1897）刻本　二册

110000－0182－0002578　史 5665
光緒丁酉科十八省鄉試同年全錄　（清）□□編　清光緒二十三年（1897）刻本　二册

110000－0182－0002579　史 5666
欽定修造吉方立成一卷　（清）欽天監編　清宣統二年（1910）刻本　一册

110000－0182－0002580　史 5668
倭情考略一卷　（明）郭光復撰　清抄本　一册

110000－0182－0002581　史 5669
條銀每畝應徵數　（清）□□編　清同治三年（1864）刻本　一册

110000－0182－0002582　史 5670
大學中庸　（宋）朱熹章句　清光緒三十一年（1905）掃葉山房鉛印本　一册

110000－0182－0002583　史 5671
吉林師範學堂同學錄（第 1 學年第 2 學期）　（清）吉林全省師範學堂編　清光緒三十三年（1907）鉛印本　一册

110000－0182－0002584　史 5681
重刻朱文端公三傳歷代名儒傳八卷歷代名臣傳三十五卷首一卷續編五卷首一卷歷代循吏傳八卷　（清）朱軾　（清）蔡世遠輯　清古唐朱氏古懽齋刻本　三十二册

110000－0182－0002585　史 5689
二申野錄八卷　（清）孫之騄撰　清光緒二十七年（1901）吟香館刻本　四册

110000－0182－0002586　史 5691
欽頒州縣事宜一卷　（清）田文鏡等撰　清同

治七年(1868)江蘇書局刻本　一册

110000－0182－0002587　史5692
葬經内篇一卷黄帝宅經二卷　(晉)郭璞撰　清光緒三年(1877)崇文書局刻本　一册

110000－0182－0002588　史5693
庚子辛丑恩正併科各省鄉試同年全録　(清)□□編　清光緒二十八年(1902)刻本　二册

110000－0182－0002589　史5697
重訂鐵路簡明章程　(清)商部編　清光緒二十九年(1903)刻本　一册

110000－0182－0002590　史5699
周書五十卷　(唐)令狐德棻等撰　宋刻宋元明遞修本　十一册　缺四卷(一至四)

110000－0182－0002591　史5703
三字經注解備要　(宋)王應麟撰　(清)賀興思注解　清末焕文書局石印本　一册

110000－0182－0002592　史5708
儒林公議二卷　(宋)田況撰　明萬曆商濬刻稗海本　一册

110000－0182－0002593　史5711
四先生年譜四種　(清)□□輯　清抄本　一册　存三種(朱紫陽年譜、李延平年譜、羅豫章年譜)

110000－0182－0002594　史5712
鎮寶海塘查勘紀略　(清)□□輯　清抄本　一册

110000－0182－0002595　史5720
最新初等小學筆算教科書　徐雋編纂　清光緒三十二年(1906)商務印書館鉛印本　一册　存一册(二)

110000－0182－0002596　史5726
宋孫莘老先生年譜一卷補遺一卷　(清)茆泮林編　(清)陳奏平補　清道光二十五年(1845)湘鄉左暉春詠史精廬刻清末增刻本　二册

110000－0182－0002597　史5727
高等小學國文讀本四卷　顧倬編　清光緒三十一年(1905)文明書局鉛印本　二册　存二卷(一、四)

110000－0182－0002598　史5729
康城治略　(清)饒崇秩著　清刻本　一册

110000－0182－0002599　史5730
日本新政考二卷　(清)顧厚焜撰　清光緒石印本　一册　存一卷(一)

110000－0182－0002600　史5731
大清仁宗睿皇帝聖訓一百十卷　(清)仁宗顒琰撰　清嘉慶内府抄本　一册　存二卷(九十三至九十四)

110000－0182－0002601　史5732
傳臚禮節　(清)□□編　清鉛印本　一册

110000－0182－0002602　史5733
大清德宗景皇帝實録　(清)世續等纂　**大清德宗景皇帝聖訓**　(清)溫肅等輯　清稿本　五册

110000－0182－0002603　史5740
政學録初稿八卷　(清)陸言撰　清道光十二年(1832)鄒鳴鶴刻本　八册

110000－0182－0002604　史5742
風俗通義佚文通俗文佚文　(清)顧櫰三纂輯　清光緒十二年(1886)小方壺齋刻本　一册

110000－0182－0002605　史5745
彝軍紀略　(清)彭洵纂　清光緒十二年(1886)刻本　一册

110000－0182－0002606　史5746
蜀事紀略一卷　(明)朱燮元撰　清抄本　一册

110000－0182－0002607　史5777
洪承疇年譜　(清)法式善輯　清抄本　一册

110000－0182－0002608　史5784
韓非子二十卷　(戰國)韓非撰　清嘉慶二十三年(1818)吴鼒影宋刻本　四册

110000－0182－0002609　史5785
重刊武經七書匯解七卷首一卷末一卷　(清)

朱墉輯　清光緒二年(1876)嶺南古經閣書坊刻本　十册

110000－0182－0002610　史5786
平定關隴紀略十三卷　(清)易孔昭　(清)胡孚駿　(清)劉然亮撰　清光緒十三年(1887)刻本　十四册

110000－0182－0002611　史5790
平叛記二卷　(清)毛霦撰　清康熙五十五年(1716)東萊毛氏刻本　四册

110000－0182－0002612　史5791
拳教析疑説　勞乃宣輯　清光緒刻本　一册

110000－0182－0002613　史5794
吾學編六十九卷　(明)鄭曉撰　明嘉靖四十五年(1566)刻本　四册　存十一卷(十一、五十二至五十九、六十三至六十四)

110000－0182－0002614　史5804
忠武志八卷　(清)張鵬翮輯　(清)劉廷璣等校　清康熙四十五年(1706)冰雪堂刻本　二十册

110000－0182－0002615　史5805
文獻通考詳節二十四卷　(元)馬端臨撰　(清)嚴虞惇節錄　清光緒二十四年(1898)湘紹墨潤堂書莊石印本　六册

110000－0182－0002616　史5809
香祖筆記十二卷　(清)王士禛撰　清康熙四十四年(1705)刻本　四册

110000－0182－0002617　史5810
宋史翼四十卷　(清)陸心源輯　清光緒三十二年(1906)歸安陸氏十萬卷樓刻本　十册

110000－0182－0002618　史5811
國朝柔遠記二十卷　(清)王之春編　清光緒十七年(1891)廣雅書局刻本　八册

110000－0182－0002619　史5820
籌濟編三十二卷首一卷　(清)楊景仁輯　清光緒五年(1879)山東書局刻本　六册

110000－0182－0002620　史5824
東田先生奏稿四卷首一卷　(明)張羽撰　清抄本　八册

110000－0182－0002621　史5825
通商條約章程成案彙編三十卷　(清)李鴻章編　清光緒十二年(1886)鐵城廣百宋齋鉛印本　十二册

110000－0182－0002622　史5830
中俄約章會要三卷續編一卷　(清)總理各國通商事務衙門編　清光緒八年(1882)同文館鉛印本　四册

110000－0182－0002623　史5831
兩浙鹽法續纂備考十二卷　(清)楊昌濬修　(清)李綸全等纂　清同治十三年(1874)刻本　十二册

110000－0182－0002624　史5832
廣陽雜記五卷　(清)劉獻廷撰　清光緒五年(1879)定州王氏刻畿輔叢書本　四册

110000－0182－0002625　史5833
欽定臺規四十卷　(清)松筠修　(清)景文纂　清道光七年(1827)刻本　十六册

110000－0182－0002626　史5834
粤東省例新纂八卷　(清)甯立悌等編　清道光二十六年(1846)刻本　八册

110000－0182－0002627　史5835
樞垣記略二十八卷　(清)梁章鉅纂　清光緒元年(1875)刻本　六册

110000－0182－0002628　史5837
八旗爵秩俸祿考一卷　(清)□□編　清刻本　一册

110000－0182－0002629　史5838
關聖帝君聖跡圖志全集五卷首一卷　(清)盧湛輯　清康熙三十二年(1693)刻雍正七年(1729)康弘謨重印本　五册

110000－0182－0002630　史5840
弘簡錄二百五十四卷續弘簡錄四十二卷　(明)邵經邦　(清)邵遠平學　清康熙刻本　八十册

110000－0182－0002631　史5844

三大紀念錄　張伯楨編　清宣統元年(1909)鉛印本　一冊

110000－0182－0002632　史 5845
明清進士題名碑錄　(清)李望周輯　清刻本　十一冊

110000－0182－0002633　史 5847
史記輯評二十四卷　(漢)司馬遷撰　(明)鄧以贊輯評　(明)陳祖苞參補　(明)朱日爕校閱　明萬曆刻本　四冊　存四卷(十五、十七至十八、二十)

110000－0182－0002634　史 5848
杜太后傳　(元)脱脱等撰　清抄本　一冊

110000－0182－0002635　史 5849
宋元舊本書經眼錄三卷附錄二卷　(清)莫友芝撰　清同治刻本　一冊

110000－0182－0002636　史 5850
東林列傳二十四卷末二卷　(清)陳鼎輯　清康熙五十年(1711)售山山壽堂刻本　十冊

110000－0182－0002637　史 5851
唐摭言十五卷　(五代)王定保撰　清乾隆二十一年(1756)盧見曾刻雅雨堂叢書本　五冊

110000－0182－0002638　史 5852
歐陽文忠公新唐書抄二卷　(宋)歐陽修撰　(明)茅坤批評　明刻本　二冊

110000－0182－0002639　史 5858
籌邊芻言　徐鼐霖撰　清末鉛印本　一冊

110000－0182－0002640　史 5859
神僧傳九卷　(明)成祖朱棣撰　明崇禎七年(1634)嘉興楞嚴寺刻本　一冊

110000－0182－0002641　史 5861
讀史兵略四十六卷　(清)胡林翼撰　清咸豐十一年(1861)武昌節署刻本　十六冊

110000－0182－0002642　史 5863
明通鑑一百卷首一卷目錄二十卷　(清)夏燮編輯　清光緒二十三年(1897)湖北官書處刻本　四十冊

110000－0182－0002643　史 5867
讀法圖存四卷　(清)邵繩清　(清)黄杏川鑒定　清光緒七年(1881)刻本　四冊

110000－0182－0002644　史 5868
錢塘遺事十卷　(元)劉一清撰　(清)席世臣訂　清雲間席氏掃葉山房刻本　二冊

110000－0182－0002645　史 5878
學務雜誌　(清)兩江學務處編輯　清光緒三十二年(1906)南洋官報局鉛印本　三冊　存三期(二至四)

110000－0182－0002646　史 5882
萬國公報　(清)萬國公報館編　清光緒二十三年至二十五年(1897－1899)鉛印本　四冊　存十六卷(一百五至一百七、一百二十一至一百三十二、一百七十一)

110000－0182－0002647　史 5886
御製古稀說一卷　(清)高宗弘曆撰　**古稀頌一卷**　(清)彭元瑞撰　清乾隆內府刻本　一冊

110000－0182－0002648　史 5887
萬國官制志三卷　(清)馮斯欒編　清光緒二十八年(1902)上海廣智書局鉛印萬國通志第三編本　一冊

110000－0182－0002649　史 5889
十朝聖訓十種九百二十二卷　(清)□□輯　清光緒鉛印本　三十冊　存天命至雍正朝

110000－0182－0002650　史 5900
蜀故二十七卷　(清)彭遵泗纂輯　清乾隆三十八年(1773)彭氏白鶴堂刻本　八冊

110000－0182－0002651　史 5901
雍正朝上諭　(清)允祿等編　清雍正九年至乾隆六年(1731－1741)內府刻本　三十冊

110000－0182－0002652　史 5902
四書集注直解說約二十七卷　(明)張居正撰　(清)顧夢麟　(清)楊彝輯　清光緒八旗經正書院刻本　十二冊

110000－0182－0002653　史 5903

野獲編三十卷首一卷補遺四卷　(明)沈德符撰　(清)錢枋輯　清道光七年(1827)錢塘姚祖恩扶荔山房刻本　二十册

110000－0182－0002654　史 5904
野獲編三十卷首一卷補遺四卷　(明)沈德符撰　(清)錢枋輯　清道光七年(1827)錢塘姚祖恩扶荔山房刻本　二十册

110000－0182－0002655　史 5905
平浙紀略十六卷　(清)秦緗業　(清)陳鍾英撰　清同治十二年(1873)浙江書局刻本　四册

110000－0182－0002656　史 5906
明大政纂要六十三卷　(明)譚希思撰　清光緒二十一年(1895)湖南思賢書局刻本　二十八册

110000－0182－0002657　史 5907
兩浙防護録　(清)阮元撰　清光緒十五年(1889)浙江書局刻本　一册　缺一册(下)

110000－0182－0002658　史 5910
奏摺條件輯覽四卷　(清)張守誠編　清光緒抄本　一册

110000－0182－0002659　史 5912
曾惠敏公奏疏　(清)曾紀澤撰　清光緒二十三年(1897)抄本　一册

110000－0182－0002660　史 5913
金吾事例　(清)瑞禧等纂　清咸豐元年(1851)刻本　十二册

110000－0182－0002661　史 5916
安南志略十九卷首一卷　(元)黎崱撰　清光緒十年(1884)上海樂善堂鉛印本　二册

110000－0182－0002662　史 5918
增修刑部奏定新章　(清)□□輯　清光緒刻本　三册　存三卷(二至四)

110000－0182－0002663　史 5919
圖書奧義四卷　(清)梁同新輯　清同治八年(1869)刻本　一册

110000－0182－0002664　史 5922
辛丑和約文件彙録　(清)上海新聞報館編　清光緒二十七年(1901)上海新聞報館鉛印本　一册

110000－0182－0002665　史 5927
五代史記七十四卷　(宋)歐陽修撰　(宋)徐無黨注　(清)彭元瑞補注　(清)劉鳳誥排次　清道光八年(1828)刻本　四十册

110000－0182－0002666　史 5934
翼教叢編六卷附録一卷　(清)蘇輿輯　清光緒二十四年(1898)刻本　三册

110000－0182－0002667　史 5937
度支部奏設統計處折稿　(清)度支部輯　清光緒三十三年(1907)鉛印本　一册

110000－0182－0002668　史 5938
僊巖大忠祠録六卷　(清)葉文岩編　清乾隆二十九年(1764)刻本　二册

110000－0182－0002669　史 5939
南湄楛語八卷　(清)蔣超伯撰　清同治十年(1871)兩廬山房刻本　六册

110000－0182－0002670　史 5940
新刻黄掌綸先生評訂神仙鑑二十二卷圖一卷　(清)徐衜述　(清)李理贊　清康熙五十一年(1712)致和堂刻本　二十四册

110000－0182－0002671　史 5941
御批歷代通鑑輯覽一百二十卷　(清)傅恒纂　清乾隆三十二年(1767)刻本　六十四册

110000－0182－0002672　史 5945
少年中國之湖北革命軍初集　(□)□□編　清宣統三年(1911)新中華學社刻本　一册

110000－0182－0002673　史 5946
北京新聞彙報　(清)□□編　清光緒二十七年(1901)木活字印本　六册

110000－0182－0002674　史 5947
荒政輯要九卷救荒補遺書二卷　(清)汪志伊纂　清同治八年(1869)崇文書局刻本　四册

110000－0182－0002675　史 5953
清雍正朱批諭旨　(清)□□輯　清抄本　一

百十二册

110000－0182－0002676　史5958
江德宣光緒丙戌科會試朱卷　（清）□□編　清光緒十二年（1886）刻本　一册

110000－0182－0002677　史5960
俄羅斯史二卷　（日本）山本利嘉雄撰　麥鼎華譯　清光緒二十九年（1903）上海廣智書局鉛印本　二册

110000－0182－0002678　史5961
三字經　（宋）王應麟撰　清古香閣魏氏刻本　一册

110000－0182－0002679　史5963
秋雨秋風一卷　（清）黄民編纂　清光緒三十三年（1907）競存書局鉛印本　一册

110000－0182－0002680　史5968
丙寅北行日譜一卷　（明）朱祖文撰　清道光二十七年（1847）刻知不足齋叢書本　一册

110000－0182－0002681　史5969
定府隨侍瑞拜唐阿斌庚子殉難記　（清）余癡生撰　清末刻本　一册

110000－0182－0002682　史5976
國朝詩人徵略二編六十四卷　（清）張維屏輯　清道光二十二年（1842）刻本　六册

110000－0182－0002683　史5980
弘明集十四卷　（南朝梁）釋僧祐集　清光緒二十二年（1896）金陵刻經處刻本　四册

110000－0182－0002684　史5982
三魚堂日記十卷（清康熙五年十一月二十六日至十七年十二月六日）讀禮志疑一卷　（清）陸隴其撰　（清）柳樹芳校　清道光二十三年（1843）刻本　五册

110000－0182－0002685　史5986
出使美日秘國日記十六卷（清光緒十五年九月至十九年七月）　（清）崔國因撰　清光緒二十年（1894）鉛印本　十二册

110000－0182－0002686　史5989
新刻黄掌綸先生評訂神仙鑑二十二卷圖一卷　（清）徐衜述　（清）李理贊　清康熙五十一年（1712）致和堂刻本　二十四册

110000－0182－0002687　史5995
京師大學堂史學科講義五章　屠寄撰　清光緒鉛印本　一册

110000－0182－0002688　史5998
大清銀行整頓放款章程　（清）張允言編　清宣統二年（1910）鉛印本　一册

110000－0182－0002689　史5999
蒙學中國歷史教科書八篇　（清）文明書局編　清光緒上海文明書局鉛印本　一册

110000－0182－0002690　史6000
皇清敕授修職郎嘉應州長樂學教諭達河朱先生墓表　（清）宋湘撰　**誥贈朝議大夫覺初朱君墓誌銘**　（清）崑壽撰　**皇清誥授中憲大夫賞換花翎陞用知府即選直隸州知州朱君墓誌銘**　（清）蘇廷魁撰　清光緒刻本　一册

110000－0182－0002691　史6003
寄傲山房塾課新增幼學故事瓊林四卷首一卷　（清）程允升原本　（清）鄒聖脈增補　清光緒善成堂刻本　四册

110000－0182－0002692　史6004
新廣東一卷　（清）太平洋客（歐榘甲）撰　清光緒二十八年（1902）鉛印本　一册

110000－0182－0002693　史6006
清國公牘類編　（俄國）卜郎特等編　清宣統二年（1910）俄國東正教駐北京傳教團鉛印本　一册

110000－0182－0002694　史6011
讀史兵略續編十卷　（清）胡林翼撰　清光緒二十八年（1902）湘省學堂刻本　十册

110000－0182－0002695　史6012
野獲編三十卷首一卷補遺四卷　（明）沈德符撰　（清）錢枋輯　清道光七年（1827）錢塘姚祖恩扶荔山房刻本　二十册

110000－0182－0002696　史6013
封氏聞見記十卷　（唐）封演撰　清乾隆二十

一年(1756)盧見曾刻雅雨堂叢書本　一冊

110000－0182－0002697　史6015
御纂周易折中二十二卷首一卷　(清)李光地纂　清光緒十九年(1893)湖南漱芳閣刻本　十一冊　缺一卷(一)

110000－0182－0002698　史6016
泛舟遊山録三卷　(宋)周必大撰　清抄本　三冊

110000－0182－0002699　史6030
新政真詮六編　何啟　胡禮垣撰　清光緒二十七年(1901)格致新報館鉛印本　六冊

110000－0182－0002700　史6031
文學興國策二卷　(美國)林樂知譯　清光緒二十二年(1896)上海廣學會圖書集成局鉛印本　一冊　存一卷(上)

110000－0182－0002701　史6033
區田編加注變通區田省工法合刻　(清)友益書屋輯　清光緒三年(1877)山西布政司刻本　一冊

110000－0182－0002702　史6037
孫吳武經四卷　(清)荊州駐防翻譯總學編　清光緒三十二年(1906)荊州駐防翻譯總學刻本　四冊

110000－0182－0002703　史6047
順天鄉試會試朱卷(清嘉慶、道光年間)　(清)韓桂芳等著　清道光至光緒刻本　十冊

110000－0182－0002704　史6050
胥鈔　(清)□□輯　清抄本　十冊

110000－0182－0002705　史6052
濂溪志七卷濂溪遺芳集一卷　(清)周誥輯　清道光十九年(1839)道州周氏愛蓮堂刻本　四冊

110000－0182－0002706　史6053
三通考輯要三種七十六卷　湯壽潛輯要　清光緒二十五年(1899)圖書集成書局鉛印本　三十冊

110000－0182－0002707　史6054
倖存録　(明)夏允彝撰　清抄本　一冊

110000－0182－0002708　史6055
行朝錄六卷　(清)黃宗羲撰　清抄本　一冊

110000－0182－0002709　史6059
春秋左傳杜林合注五十卷　(晉)杜預注　(宋)林堯叟補注　清書業堂刻本　十六冊

110000－0182－0002710　史6072
輟耕錄三十卷　(明)陶宗儀撰　清光緒十一年(1885)上海福瀛書局刻本　八冊

110000－0182－0002711　史6078
峽江救生船志二卷圖考一卷行川必要一卷　(清)程以輔等編　清光緒三年至五年(1877－1879)水師新副中營刻本　四冊

110000－0182－0002712　史6079
鑄鼎餘聞四卷　(清)姚福均撰　清光緒二十五年(1899)常熟劉廣基達經堂刻本　四冊

110000－0182－0002713　史6080
百一鈔　(清)胡寯年輯　清道光四年(1824)刻本　二冊

110000－0182－0002714　史6082
欽定平定雲南回匪方略五十卷首一卷　(清)奕訢撰　清光緒二十二年(1896)鉛印本　十二冊　存十二卷(一至十二)

110000－0182－0002715　史6084
詩經體注圖考大全八卷　(清)高朝瓔撰　(清)沈世楷輯　清光緒二十九年(1903)煙臺誠文信刻本　四冊

110000－0182－0002716　史6086
經史百家雜鈔二十六卷經史百家簡編二卷鳴原堂論文二卷　(清)曾國藩輯　(清)曾國荃審訂　清光緒二年(1876)傳忠書局刻曾文正公全集本　二十五冊

110000－0182－0002717　史6097
大考卷　(清)李聯琇　(清)王慶雲輯　清咸豐二年至光緒三十三年(1852－1907)刻本　二冊

110000－0182－0002718　史6098

勸諭不纏足圖說方書 （清）端方撰　清光緒鉛印本　一册

110000－0182－0002719　史 6099
大清道光二十一年歲次辛丑時憲書 （清）欽天監製　清道光二十一年(1841)刻本　一册

110000－0182－0002720　史 6100
保甲團練章程 （清）史致康編　清咸豐九年(1859)刻本　一册

110000－0182－0002721　史 6111
克復金陵勳德記一卷 （清）劉毓崧撰　（清）杜文瀾輯　清同治五年(1866)刻曼陀羅華閣叢書本　一册

110000－0182－0002722　史 6116
于山奏牘七卷詩詞合選一卷 （清）于成龍撰　清康熙二十二年(1683)劉鼎刻本　六册

110000－0182－0002723　史 6129
新纂氏族箋釋八卷 （清）熊峻運撰　清雍正二年(1724)經元堂刻本　八册

110000－0182－0002724　史 6132
知新報不分卷 （清）吳恆煒編　清光緒二十三年(1897)鉛印本　六册

110000－0182－0002725　史 6133
逆黨禍蜀記一卷 （清）汪堃輯　清同治五年(1866)不懼無悶齋刻本　一册

110000－0182－0002726　史 6135
漢書疏證三十六卷 （清）沈欽韓撰　清光緒二十六年(1900)浙江官書局刻本　二十四册

110000－0182－0002727　史 6136
韓門綴學五卷續編一卷 （清）汪師韓撰　清刻本　四册

110000－0182－0002728　史 6137
盾鼻隨聞錄八卷 （清）樗園退叟(汪堃)編清光緒元年(1875)不懼無悶齋刻本　二册

110000－0182－0002729　史 6138
奏定公司註册章程 （清）商部編　清光緒三十年(1904)鉛印本　一册

110000－0182－0002730　史 6139
朱子[熹]年譜四卷考異四卷附錄二卷 （清）王懋竑編　清乾隆十七年(1752)寶應王氏白田草堂刻本　六册

110000－0182－0002731　史 6166
鶡冠子三卷 （宋）陸佃解　（明）王宇評　清嘉慶九年(1804)姑蘇聚文堂刻十子全書本一册

110000－0182－0002732　史 6168
陰騭文圖證不分卷 （清）費丹旭繪圖　（清）許光清集證　清道光二十四年(1844)別下齋刻本　二册

110000－0182－0002733　史 6174
百孝圖四卷 （清）俞葆真編　（清）鄭績繪清同治十二年(1873)河間俞氏刻本　二册

110000－0182－0002734　史 6175
管子二十四卷 （春秋）管仲撰　（唐）房玄齡注　（明）劉績補注　清光緒二年(1876)浙江書局刻本　六册

110000－0182－0002735　史 6177
弟子箴言十六卷 （清）胡達源撰　清同治九年(1870)刻本　四册

110000－0182－0002736　史 6180
輟耕錄三十卷 （明）陶宗儀撰　清光緒十一年(1885)上海福瀛書局刻本　八册

110000－0182－0002737　史 6181
佛爾雅八卷 （清）周春撰　清宣統二年(1910)國學扶輪社鉛印本　一册

110000－0182－0002738　史 6184
洛陽伽藍記五卷 （北魏）楊衒之撰　清光緒二年(1876)洛陽西華禪院刻本　一册

110000－0182－0002739　史 6185
鴻雪因緣圖記三集 （清）麟慶著　（清）汪春泉等繪　清道光二十九年(1849)揚州刻本六册

110000－0182－0002740　史 6186
新刊古列女傳八卷 （漢）劉向撰　（晉）顧愷

之繪　清道光五年(1825)揚州阮氏仿宋刻本　四冊

110000－0182－0002741　史6190
帝鑑圖說六卷　(明)張居正等撰　清嘉慶二十四年(1819)張亦縉等純忠堂刻本　六冊

110000－0182－0002742　史6194
前後孝行錄　(清)高月槎　(清)吕晋昭編　清道光二十四年(1844)京江柳書諫堂刻本　二冊

110000－0182－0002743　史6198
繪像列仙傳四卷　(清)還初道人輯　清光緒十三年(1887)掃葉山房刻本　四冊

110000－0182－0002744　史6199
爾雅音圖三卷　(晉)郭璞注　(清)姚之麟摹圖　清嘉慶六年(1801)刻本　三冊

110000－0182－0002745　史6204
易緯略義三卷　(清)張惠言撰　清廣雅書局刻本　一冊

110000－0182－0002746　史6206
二十四史九通政典類要合編三百二十卷　(清)黄書霖輯　清光緒二十八年(1902)約雅堂石印本　六十冊

110000－0182－0002747　史6207
欽定大清會典圖二百七十卷首一卷　(清)崑岡等撰　清光緒二十五年(1899)石印本　七十四冊

110000－0182－0002748　史6214
增補綱鑑輯要四十卷首一卷　(明)袁黄編纂　清光緒二十五年(1899)澹雅山房刻本　三十六冊

110000－0182－0002749　史6215
五經備旨五種四十五卷　(清)鄒聖脈纂輯　清光緒十二年(1886)點石齋石印本　二十冊

110000－0182－0002750　史6220
漱芳軒合纂禮記體注四卷　(清)范翔参訂　清康熙五十二年(1713)刻本　四冊

110000－0182－0002751　史6221
御纂周易折中二十二卷首一卷　(清)李光地纂　清康熙武英殿刻本　十六冊

110000－0182－0002752　史6222
書經體注大全合參六卷　(清)錢希祥纂輯　清道光十六年(1836)崇文堂刻本　三冊

110000－0182－0002753　史6223
增補左繡彙參三十卷首一卷　(清)周正思纂　清乾隆十四年(1749)嵩山書屋刻本　十四冊

110000－0182－0002754　史2435
曾文正公大事記四卷　(清)王定安撰　清同治海寧錢氏刻本　四冊

110000－0182－0002755　史2436
大清搢紳全書(清宣統二年)　(清)□□編　清宣統二年(1910)榮禄堂刻本　四冊

110000－0182－0002756　史2437
大清搢紳全書(清光緒二十八年)　(清)□□編　清光緒二十八年(1902)榮禄堂刻本　六冊

110000－0182－0002757　史2438
大清搢紳全書(清宣統三年)　(清)□□編　清宣統三年(1911)榮禄堂刻本　八冊

110000－0182－0002758　史2441
新政真詮初編二編三編四編　何啟　胡禮垣編　清光緒二十七年(1901)格致新報館鉛印本　一冊

110000－0182－0002759　史2443
大清搢紳全書(清同治四年春)　(清)□□編　清同治四年(1865)京都琉璃廠榮禄堂刻本　四冊

110000－0182－0002760　史2444
大清搢紳全書(清光緒二十八年夏)　(清)□□編　清光緒二十八年(1902)榮禄堂刻本　六冊

110000－0182－0002761　史2445
新政真詮四編　何啟　胡禮垣編　清光緒二十四年(1898)格致新報館鉛印本　二冊

110000－0182－0002762　史2448
大清搢紳全書(清同治六年春)　(清)□□編　清同治六年(1867)榮祿堂刻本　四册

110000－0182－0002763　史2449
大清搢紳全書(清光緒二十三年春)　(清)□□編　清光緒二十三年(1897)松竹齋、榮寶齋合刻本　八册

110000－0182－0002764　史2450
大清搢紳全書(清光緒二十九年秋)　(清)□□編　清光緒二十九年(1903)榮寶齋刻本　四册

110000－0182－0002765　史2451
大清搢紳全書(清道光二十九年秋)　(清)□□編　清道光二十九年(1849)榮觀堂刻本　四册

110000－0182－0002766　史2452
中國魂二卷　飲冰室主人(梁啟超)編輯　清末鉛印本　二册

110000－0182－0002767　史2455
奏定爵章圖說　載濤撰　清宣統元年(1909)石印本　一册

110000－0182－0002768　史2457
同年官職錄(清咸豐二年壬子恩科)　(清)□□編　清咸豐二年(1852)文馨韞寶齋刻本　二册

110000－0182－0002769　史2470
劫灰錄一卷　(清)珠江寓舫(馮甦)撰　清光緒三十四年(1908)國學保存會鉛印國粹叢書本　一册

110000－0182－0002770　史2487
資政院章程　(清)□□編　清宣統鉛印本　一册

110000－0182－0002771　史2488
袁世凱　(清)□□編　清宣統油印本　一册

110000－0182－0002772　史2491
津浦路章約惠存　(□)□□編　清光緒三十四年(1908)鉛印本　一册

110000－0182－0002773　史2496
國恥小史　(清)□□編　清宣統元年(1909)鉛印本　一册

110000－0182－0002774　史2504
拳匪紀事四卷　(日本)佐原篤介　(清)浙西漚隱輯　清末鉛印本　四册

110000－0182－0002775　史2506(1)
李鴻章十二章　梁啟超著　清光緒二十七年(1901)鉛印本　一册

110000－0182－0002776　史2506(2)
李鴻章十二章　梁啟超著　清光緒二十七年(1901)鉛印本　一册

110000－0182－0002777　史2508
御批資治通鑑綱目五十九卷首一卷　(宋)朱熹撰　(清)聖祖玄燁批　(清)宋犖校　清康熙四十六年(1707)宋犖刻本　五十册

110000－0182－0002778　史2509
御批續資治通鑑綱目二十七卷　(宋)朱熹撰　(清)聖祖玄燁批　(清)宋犖校　清康熙四十六年(1707)宋犖刻本　十三册

110000－0182－0002779　史2510
御批資治通鑑綱目前編十八卷附外紀一卷舉要三卷　(宋)朱熹撰　(清)聖祖玄燁批　(清)宋犖校　清康熙四十六年(1707)宋犖刻本　九册

110000－0182－0002780　史2515
大清搢紳全書(清光緒十六年夏)　(清)□□編　清光緒十六年(1890)榮祿堂刻本　四册

110000－0182－0002781　史2516
大清搢紳全書(清光緒十七年秋)　(清)□□編　清光緒十七年(1891)來鹿堂刻本　四册

110000－0182－0002782　史2517
大清搢紳全書(清光緒十七年秋)　(清)□□編　清光緒十七年(1891)來鹿堂刻本　四册

110000－0182－0002783　史2518
大清搢紳全書(清光緒二十八年夏)　(清)□□編　清光緒二十八年(1902)榮祿堂刻本

六册

110000－0182－0002784　史2519

大清搢紳全書(清光緒二十九年秋)　(清)□□編　清光緒二十九年(1903)榮祿堂刻本　四册

110000－0182－0002785　史2520

大清搢紳全書(清光緒二十九年冬)　(清)□□編　清光緒二十九年(1903)榮祿堂刻本　四册

110000－0182－0002786　史2521

大清搢紳全書(清光緒三十年春)　(清)□□編　清光緒三十年(1904)榮祿堂刻本　四册

110000－0182－0002787　史2522

大清搢紳全書(清光緒三十年夏)　(清)□□編　清光緒三十年(1904)榮祿堂刻本　四册

110000－0182－0002788　史2523

大清搢紳全書(清光緒三十年秋)　(清)□□編　清光緒三十年(1904)榮祿堂刻本　四册

110000－0182－0002789　史2524

大清搢紳全書(清光緒三十二年夏)　(清)□□編　清光緒三十二年(1906)榮祿堂刻本　四册

110000－0182－0002790　史2525

大清搢紳全書(清光緒三十三年冬)　(清)□□編　清光緒三十三年(1907)榮寶齋刻本　六册

110000－0182－0002791　史2526

大清搢紳全書(清光緒三十三年秋)　(清)□□編　清光緒三十三年(1907)榮祿堂刻本　六册

110000－0182－0002792　史2527

大清搢紳全書(清宣統二年夏)　(清)□□編　清宣統二年(1910)榮寶齋刻本　四册

110000－0182－0002793　史2528

大清搢紳全書(清宣統三年秋)　(清)□□編　清宣統三年(1911)榮寶齋刻本　八册

110000－0182－0002794　史2529

大清搢紳全書(清宣統三年夏)　(清)□□編　清宣統三年(1911)榮祿堂刻本　八册

110000－0182－0002795　史2532

綏寇紀略十二卷補遺三卷　(清)吴偉業撰　清嘉慶九年(1804)虞山張海鵬照曠閣刻本　八册

110000－0182－0002796　史2533

坊表録十六卷　(清)蘇宗經輯　清光緒十六年(1890)鬱林蘇氏刻本　四册

110000－0182－0002797　史2534

正陽門樓工程奏稿　袁世凱　陳璧撰　清光緒二十九年(1903)鉛印本　一册

110000－0182－0002798　史2535

正陽門大樓工程表　袁世凱　陳璧撰　清光緒二十九年(1903)鉛印本　一册

110000－0182－0002799　史2536

正陽門樓工程表　袁世凱　陳璧撰　清光緒二十九年(1903)鉛印本　一册

110000－0182－0002800　史2537

正陽門城台等項工程表　袁世凱　陳璧撰　清光緒二十九年(1903)鉛印本　一册

110000－0182－0002801　史2538

廿一史約編八卷首一卷　(清)鄭元慶纂　清康熙魚計亭刻本　八册

110000－0182－0002802　史2539

五經四子書八種　(清)□□編　清乾隆七年(1742)怡府明善堂刻本　二十五册

110000－0182－0002803　史2542

南宋文範七十卷外篇四卷作者考二卷采集書目一卷　(清)莊仲方編　清道光十七年(1837)木活字印本(卷一至二有抄配)　三十二册

110000－0182－0002804　史2546

商部奏定新章五種　(清)商部編　清光緒二十九年(1903)第一書局鉛印本　一册

110000－0182－0002805　史2547

萬壽慶典六十段點景奏稿　(清)内務府編

清光緒十九年(1893)刻本　一册

110000－0182－0002806　史2560
武備輯要六卷續編十卷　(清)福珠隆阿輯　清道光十二年(1832)刻本　三册

110000－0182－0002807　史2561
光緒政要三十四卷　沈桐生輯　清宣統元年(1909)上海崇義堂石印本　三十册

110000－0182－0002808　史2563
欽定元承華事略補圖六卷　(元)王惲撰　(清)徐郙等補　清末石印本　一册

110000－0182－0002809　史2564
明太祖功臣圖　(清)上官周編繪　清刻本　二册

110000－0182－0002810　史2565
國朝通商始末記二十卷　(清)王之春編　清光緒二十一年(1895)寶善書局石印本　六册

110000－0182－0002811　史2566
萬國新史大事考十八卷　(□)□□撰　清光緒二十七年(1901)上海漢讀樓鉛印本　十六册

110000－0182－0002812　史2567
袁督師傳　(清)□□編　清嘉慶刻本　一册

110000－0182－0002813　史2568
推廣水災救命捐圖册　(清)□□編　清光緒九年(1883)刻本　一册

110000－0182－0002814　史2576
慶典成案　(清)□□編　清鉛印本　五册

110000－0182－0002815　史2587
洪承疇傳三種　(清)□□編　清抄本　三册

110000－0182－0002816　史2590
大清宣統新法令　(清)商務印書館編譯所編　清宣統二年至三年(1910－1911)商務印書館上海鉛印本　三十四册

110000－0182－0002817　史2595
第二次保和會條約檔　(清)□□編　清宣統鉛印本　一册

110000－0182－0002818　史2596
中國鐵路現勢通論　(清)曾鯤化著　清光緒三十四年(1908)化學鐵路學社鉛印本　二册

110000－0182－0002819　史2602
萬國公法四卷　(美國)丁韙良譯　清同治三年(1864)崇實館刻本　四册

110000－0182－0002820　史2604
通商各國條約　(清)總理各國事務衙門編　清鉛印本　十九册

110000－0182－0002821　史2605
諸子平議三十五卷附錄二十卷　(清)俞樾著　清光緒雙流李氏念劬堂刻本　十四册

110000－0182－0002822　史2607
三通考輯要三種七十六卷　湯壽潛輯　清光緒二十五年(1899)圖書集成局鉛印本　二十七册

110000－0182－0002823　史2611
軍隊内務　(清)江南炮工將校科編　清光緒三十二年(1906)刻本　一册

110000－0182－0002824　史2615
燕京歲時記　(清)富察敦崇撰　清光緒三十二年(1906)刻本　一册

110000－0182－0002825　史2616
湘軍水陸戰紀十六卷　(清)曾國藩原撰　(清)鮑叔衡輯　清光緒十一年(1885)京都同文堂石印本　二册

110000－0182－0002826　史2617
各國政治考八卷　錢恂輯　清光緒二十七年(1901)石印本　六册

110000－0182－0002827　史2622
儀禮圖六卷　(清)張惠言著　清嘉慶十年(1805)刻本　五册

110000－0182－0002828　史2626
提牢備考四卷　(清)趙舒翹輯　清光緒十九年(1893)東甌官舍刻本　二册

110000－0182－0002829　史2627
皇朝經世文編一百二十卷　(清)賀長齡輯

清光緒十三年(1887)廣百宋齋鉛印本　二十四冊

110000－0182－0002830　史2628

皇朝經世文續編一百二十卷　(清)葛士濬輯　清光緒二十二年(1896)寶善書局石印本　二十冊

110000－0182－0002831　史2629

皇朝經世文三編八十卷　(清)陳忠倚輯　清光緒二十四年(1898)浙省書局石印本　十六冊

110000－0182－0002832　史2630

皇朝經世文新編三十三卷　麥仲華輯　清光緒二十七年(1901)上海日新社石印本　二十冊

110000－0182－0002833　史2639

預備立憲京内官制全案　(清)□□編　清光緒三十二年(1906)開智圖書公司鉛印本　一冊

110000－0182－0002834　史2642

刑部奏稿　(清)□□編　清光緒抄本　一冊

110000－0182－0002835　史2645

俄國條約　(清)總理各國事務衙門編　清光緒鉛印本　一冊

110000－0182－0002836　史2646

丹國條約　(清)總理各國事務衙門編　清光緒鉛印本　一冊

110000－0182－0002837　史2647

中國亟宜創設女學議　(清)劉廷楨擬　清末杭州浸禮會書館鉛印本　一冊

110000－0182－0002838　史2648

諭摺彙存　(□)□□編　清光緒鉛印本　四十三冊

110000－0182－0002839　史2649

管子校正二十四卷　(清)戴望撰　清同治刻本　四冊

110000－0182－0002840　史2651

合肥相國七十賜壽圖　(清)羅豐祿等輯　清光緒海軍石印書局石印本　四冊

110000－0182－0002841　史2653

大清礦務章程　(清)□□編　清宣統鉛印本　一冊

110000－0182－0002842　史2655

京師女子師範學堂暫行章程　(清)學部訂　清光緒三十四年(1908)京華印書局鉛印本　一冊

110000－0182－0002843　史2656

庸盦海外文編四卷　(清)薛福成著　清光緒二十二年(1896)上海醉六堂石印本　二冊

110000－0182－0002844　史2694

草廬經略十二卷　(明)□□撰　清光緒七年(1881)粵雅堂刻本　四冊

110000－0182－0002845　史2699

道西齋日記二卷(清光緒十三年三月至五月二十四日)　(清)王詠霓撰　清光緒十三年(1887)安徽屯溪同文堂刻本　一冊

110000－0182－0002846　史2701

奏定學堂章程　(清)張百熙　(清)榮慶　(清)張之洞纂　清光緒北京官書局鉛印本　四冊

110000－0182－0002847　史2702

嘉定屠城紀略一卷附倖存錄一卷　(清)朱子素撰　清末刻本　一冊

110000－0182－0002848　史2714

法政大學速成班校友錄　(清)□□編　清光緒三十一年(1905)鉛印本　一冊

110000－0182－0002849　史2745

南皮宫保保送經濟特科奏案　(清)張之洞撰　清光緒鉛印本　一冊

110000－0182－0002850　史2765

啟新洋灰有限公司擴充總廠新機續股開辦稟案簡章　(清)□□編　清宣統二年(1910)鉛印本　一冊

110000－0182－0002851　史2775

同治辛未科會試同年齒錄　(清)□□編　清

同治十年(1871)刻本　四册

110000－0182－0002852　史2781
東三省留京同學錄　(清)□□編　清宣統三年(1911)鉛印本　一册

110000－0182－0002853　史2806
蒙學中國歷史教科書一卷附表一卷　(清)文明書局編譯　清光緒三十三年(1907)上海文明書局鉛印本　二册

110000－0182－0002854　史2807
德相俾斯麥傳　(清)上海廣智書局編譯　清光緒二十八年(1902)上海廣智書局鉛印本　一册

110000－0182－0002855　史2808
最近之支那　(英國)哥呼倫撰　(清)武生譯　清末東陵譯社鉛印本　一册

110000－0182－0002856　史2809
普奥戰史六卷附錄一卷　(日本)羽化生撰　趙天驥譯　清光緒二十八年(1902)商務印書館上海鉛印本　一册

110000－0182－0002857　史2812
中東合約　(清)□□編　清光緒元年(1875)申報館鉛印本　一册

110000－0182－0002858　史2813
南海先生四上書記　康有為撰　清光緒二十一年(1895)上海時務報館石印本　一册

110000－0182－0002859　史2814
東都事略一百三十卷　(宋)王偁撰　清光緒九年(1883)淮南書局刻本　八册

110000－0182－0002860　史2815
四書人物備考十二卷圖一卷　(明)薛應旂輯　(明)陳仁錫增定　清乾隆五年(1740)三樂齋刻本　六册

110000－0182－0002861　史2816
儀禮圖六卷　(清)張皋文撰　清同治九年(1870)崇文書局刻本　三册

110000－0182－0002862　史2820
毛詩二十卷　(漢)毛亨傳　(漢)鄭玄箋　清乾隆四十八年(1783)刻本　五册　缺三卷(十八至二十)

110000－0182－0002863　史2821
管子二十四卷　(春秋)管仲撰　清光緒元年(1875)湖北崇文書局刻本　四册

110000－0182－0002864　史2822
遼史紀事本末四十卷首一卷末一卷　(清)李有棠撰　清光緒二十九年(1903)李移鄂樓刻本　八册

110000－0182－0002865　史2823
金史紀事本末五十二卷首一卷末一卷　(清)李有棠著　清光緒二十九年(1903)李移鄂樓刻本　十二册

110000－0182－0002866　史2826
貞豐里庚甲見聞錄二卷　(清)陶煦撰　清光緒八年(1882)刻本　一册

110000－0182－0002867　史2827
貽案始末記　(□)天涯恨恨生撰　清宣統三年(1911)鉛印本　一册

110000－0182－0002868　史2828
僧師盡忠錄　(清)□□編　清末抄本　一册

110000－0182－0002869　史2832
文廟禮器樂舞圖譜　(清)葉伯英編　清光緒十二年(1886)陝西藩署刻本　一册

110000－0182－0002870　史2833
查勘臨江縣報告及意見書　(清)□□編　清末油印本　一册

110000－0182－0002871　史2834
同治上諭　(清)□□編　清末抄本　一册

110000－0182－0002872　史2837
明史考證攟逸補遺　王季烈著　清末刻本　一册

110000－0182－0002873　史2838
和約彙抄六卷首一卷　(清)□□輯　清光緒申報館鉛印本　五册

110000－0182－0002874　史2840

墨子十五卷目一卷 (清)畢沅校注 清光緒元年(1875)湖北崇文書局刻本 四冊

110000－0182－0002875 史2841
職官錄不分卷 (清)□□編 清宣統三年(1911)内閣印鑄局鉛印本 八冊

110000－0182－0002876 史2842(1)
飲冰室自由書二卷 梁啟超撰 清光緒三十一年(1905)鉛印本 一冊

110000－0182－0002877 史2844
香案集 (清)楊秉璋 徐桐撰 清同治九年(1870)刻本 一冊

110000－0182－0002878 史2845
都門彙纂附都門紀略 (清)楊士安編 清光緒五年(1879)刻本 十冊

110000－0182－0002879 史2846
廿一史約編八卷首一卷後編一卷 (清)鄭元慶撰 清光緒十三年(1887)上海鴻文書局石印本 四冊

110000－0182－0002880 史2850(1)
皇朝掌故讀本二卷 (清)竇士鏞撰 (清)文明書局編 清光緒三十二年(1906)鉛印本 一冊 存一卷(上)

110000－0182－0002881 史2850(2)
皇朝掌故讀本二卷 (清)竇士鏞撰 (清)文明書局編 清光緒三十二年(1906)鉛印本 二冊

110000－0182－0002882 史2852
戶籍論 (清)直隸自治總局編 清宣統三年(1911)鉛印本 一冊

110000－0182－0002883 史2853
大清民事訴訟律草案四編 沈家本等編 清宣統修訂法律館北京鉛印本 一冊 存一編(四)

110000－0182－0002884 唐2
粵雅堂叢書初編十集二編十集三編十集 (清)伍崇曜輯 清道光二十九年至光緒十一年(1849－1885)南海伍氏刻本 四百冊

110000－0182－0002885 唐3
玉函山房輯佚書一百卷 (清)馬國翰纂錄 清光緒九年(1883)嫏嬛館刻本 一百冊

110000－0182－0002886 唐14
十萬卷樓叢書三編五十一種 (清)陸心源輯 清光緒五年(1879)歸安陸氏石印本 一百二冊

110000－0182－0002887 唐15
金石萃編一百六十卷 (清)王昶編 清同治十年(1871)青浦王氏刻本 六十四冊

110000－0182－0002888 唐16
古逸叢書二十七種 (清)黎庶昌輯 清光緒十年(1884)遵義黎氏刻本 四十九冊

110000－0182－0002889 唐17
集韻十卷 (宋)丁度撰 清光緒二年(1876)歸安姚覲元川東官舍刻本 十冊

110000－0182－0002890 唐18
類篇十五卷 (宋)司馬光等撰 清光緒二年(1876)歸安姚覲元川東官舍刻本 十五冊

110000－0182－0002891 唐23
經典釋文三十卷考證三十卷 (唐)陸德明撰 (清)盧文弨考證 清同治八年(1869)崇文書局刻本 十二冊

110000－0182－0002892 唐26
封泥考略十卷 (清)吳式芬 (清)陳介祺輯 清光緒三十年(1904)石印本 十冊

110000－0182－0002893 唐31
釋名疏證補八卷續一卷補遺一卷附一卷 (漢)劉熙撰 王先謙輯 清光緒二十二年(1896)刻本 四冊

110000－0182－0002894 唐34
漢魏叢書九十六種 (清)王謨輯 (清)黃元壽增輯 清光緒二十一年(1895)古越黃氏石印本 十六冊

110000－0182－0002895 唐39
新鐫增補音郡音義百家姓 (清)李文登著 清同治十三年(1874)刻本 一冊

110000－0182－0002896　唐 40
傅子一卷　(晉)傅玄撰　清內府刻本　一冊

110000－0182－0002897　唐 43
列女傳八卷　(漢)劉向撰　(清)梁端校注　清道光十三年(1833)刻同治十三年(1874)補刻汪氏振綺堂刻本　四冊

110000－0182－0002898　唐 45
重訂合聲簡字譜　勞乃宣撰　清光緒三十二年(1906)刻本　一冊

110000－0182－0002899　唐 51
唐釋湛然輔行記四十卷　(唐)釋湛然撰　(清)張心泰注　清光緒十一年(1885)潮郡官舍刻本　二冊

110000－0182－0002900　唐 52
康熙字典十二集總目一卷檢字一卷辨似一卷等韻一卷備考一卷補遺一卷　(清)張玉書等纂　清光緒十八年(1892)同文書局石印本　六冊

110000－0182－0002901　唐 60
攈古錄金文三卷　(清)吳式芬撰　清光緒二十一年(1895)吳重憙刻本　九冊

110000－0182－0002902　唐 61
禮書通故五十卷　(清)黃以周撰　清光緒十九年(1893)黃氏試館刻本　三十二冊

110000－0182－0002903　唐 64
六書故三十三卷附六書通釋一卷　(元)戴侗撰　(清)李鼎元校　清乾隆四十九年(1784)西蜀李鼎元師竹齋刻本　二十四冊　缺一卷(四)

110000－0182－0002904　唐 65
寰宇貞石圖　楊守敬輯　清宣統元年(1909)宜都楊守敬飛青閣剪貼影印本　六冊

110000－0182－0002905　唐 72
經典釋文三十卷　(唐)陸德明撰　清康熙通志堂刻本　十冊

110000－0182－0002906　唐 77
古經解匯函二十三種附小學匯函十四種續十種　(清)鍾謙鈞等輯　清光緒十四年(1888)上海蜚英館石印本　二十冊

110000－0182－0002907　唐 87
通介堂經說三十七卷　(清)徐灝撰　清末刻本　十冊

110000－0182－0002908　唐 93
寰宇訪碑錄十二卷　(清)孫星衍　(清)邢澍撰　清嘉慶七年(1802)蘭陵孫星衍刻本　七冊

110000－0182－0002909　唐 95
字說一卷　(清)吳大澂撰　清光緒十九年(1893)思賢講舍刻本　一冊

110000－0182－0002910　唐 98
山中聞見錄十一卷　(清)彭孫貽撰　清宣統二年(1910)上虞羅氏刻本　二冊

110000－0182－0002911　唐 99
碑別字五卷　羅振鋆輯　清光緒二十年(1894)刻本　二冊

110000－0182－0002912　唐 103
小學考五十卷　(清)謝啟昆撰　清咸豐二年(1852)樹經堂刻本　十六冊

110000－0182－0002913　唐 138
皇清經解縮版編目十六卷　陶治元輯　清光緒十七年(1891)鴻寶齋石印本　二冊

110000－0182－0002914　唐 142
燕說四卷　(清)史夢蘭撰　清同治六年(1867)止園刻本　一冊

110000－0182－0002915　唐 150
音學五書三十八卷　(清)顧炎武撰　清光緒十六年(1890)思賢講舍刻本　十二冊

110000－0182－0002916　唐 152
漢西域圖考七卷首一卷　(清)李光廷撰　清光緒八年(1882)陽湖趙氏壽萱草堂鉛印本　四冊

110000－0182－0002917　唐 153
水經注四十卷首一卷　(漢)桑欽撰　(北魏)酈道元注　王先謙合校　清光緒二十年

(1894)寶善書局石印本　二十册

110000－0182－0002918　唐 155
水經注圖一卷附録一卷　(清)汪士鐸撰　清咸豐十一年(1861)益陽胡林翼刻本　二册

110000－0182－0002919　唐 158
月令章句四卷　(漢)蔡邕撰　葉德輝輯　清光緒三十年(1904)長沙葉氏刻本　一册

110000－0182－0002920　唐 159
陶齋吉金録八卷補遺一卷　(清)端方輯　清光緒三十四年(1908)端方石印本　八册

110000－0182－0002921　唐 161
盤亭小録一卷　(清)劉銘傳編　清同治十二年(1873)劉銘傳刻本　一册

110000－0182－0002922　唐 163
湖雅九卷　(清)汪曰楨撰　清光緒六年(1880)刻本　三册

110000－0182－0002923　唐 164
湖蠶述四卷　(清)汪曰楨撰　清光緒六年(1880)刻本　一册

110000－0182－0002924　唐 165
隸篇十五卷續十五卷再續十五卷　(清)翟雲昇撰　清道光十七年至十八年(1837－1838)東萊翟雲昇刻本　十册

110000－0182－0002925　唐 173
歷代輿地沿革險要圖說一卷　楊守敬等編　王尚德重繪　清光緒二十四年(1898)文賢閣石印本　一册

110000－0182－0002926　唐 181
切韻考六卷外篇三卷　(清)陳澧撰　清光緒刻本　三册

110000－0182－0002927　唐 182
鄭氏遺書四種　(漢)鄭玄撰　(清)王復輯　清光緒十年(1884)常熟鮑氏刻本　一册

110000－0182－0002928　唐 183
覆校穆天子傳六種　(晉)郭璞注　(清)翟雲昇校　清東萊翟雲昇五經歲遍齋刻本　一册

110000－0182－0002929　唐 187
方言注疏證十三卷　(漢)揚雄撰　(晉)郭璞注　(清)戴震疏證　清嘉慶六年(1801)會稽樊廷緒刻本　四册

110000－0182－0002930　唐 188
國語補音三卷　(宋)宋庠撰　清乾隆曲阜微波榭刻本　三册

110000－0182－0002931　唐 190
焦氏易林校略十六卷　(清)翟雲昇撰　清道光二十八年(1848)刻本　八册

110000－0182－0002932　唐 192
周季編略九卷　(清)黄式三撰　清同治十二年(1873)浙江書局刻本　四册

110000－0182－0002933　唐 193
音韻闡微十八卷韻譜一卷　(清)李光地等修　清光緒七年(1881)淮南書局刻本　五册

110000－0182－0002934　唐 218
增訂本草備要四卷　(清)汪昂撰　清刻本　四册

110000－0182－0002935　唐 221
倪氏雜記筆法一卷　(清)黄文燮録　清嘉慶聽香室刻本　一册

110000－0182－0002936　唐 223
輶軒使者絕代語釋別國方言箋疏十三卷　(清)錢繹撰集　(清)王文韶校刊　清光緒十六年(1890)紅蝠山房刻本　六册

110000－0182－0002937　唐 224
筠清館金石文字五卷　(清)吳榮光撰　清道光二十二年(1842)南海吳氏刻本　五册

110000－0182－0002938　唐 227
古文審八卷首一卷　(清)劉心源撰　清光緒十七年(1891)嘉魚劉心源龍江樓刻本　四册

110000－0182－0002939　唐 229
附釋文互注禮部韻略五卷　(□)□□撰　清光緒二年(1876)川東官舍姚覲元刻本　五册

110000－0182－0002940　唐 232
射聲小譜一卷　(清)程定謨撰　清道光十九

年(1839)刻本　一冊

110000－0182－0002941　唐 237
名原二卷　(清)孫詒讓撰　清光緒三十一年(1905)刻本　一冊

110000－0182－0002942　唐 238
說文聲類二卷　(清)嚴可均撰　清同治歸安吴氏二百蘭亭齋刻本　一冊

110000－0182－0002943　唐 240
知不足齋叢書三十集　(清)鮑廷博輯　(清)鮑志祖續輯　清乾隆至道光長塘鮑氏刻本　二百四十冊

110000－0182－0002944　唐 242
名原二卷　(清)孫詒讓撰　清末千頃堂書局石印本　一冊

110000－0182－0002945　唐 243
諧聲譜二卷　(清)丁顯撰　清光緒三十年(1904)刻本　二冊

110000－0182－0002946　唐 244
汗簡箋正七卷目錄一卷書目箋正一卷　(宋)郭忠恕撰　(清)鄭珍箋正　清光緒十五年(1889)廣雅書局刻本　四冊

110000－0182－0002947　唐 245
文選五卷　(南朝梁)蕭統選　(唐)李善注　清光緒十四年(1888)同文書局石印本　六冊

110000－0182－0002948　唐 250
小學鉤沈十九卷　(清)任大椿輯　(清)王念孫校正　清光緒十年(1884)李氏半畝園刻本　四冊

110000－0182－0002949　唐 256
二酉堂叢書　(清)張澍輯　清道光元年(1821)武威張氏二酉堂刻本　十冊

110000－0182－0002950　唐 264
校正古今人表九卷　(漢)班固撰　(唐)顔師古注　(清)翟雲昇校正　清道光東萊翟氏刻本　一冊

110000－0182－0002951　唐 265
燼餘錄二卷　(元)徐大焯撰　清刻本　一冊

110000－0182－0002952　唐 266
吴中舊事二卷　(元)陸友仁撰　清刻本　一冊

110000－0182－0002953　唐 267
平江記事　(元)高德基撰　清刻本　一冊

110000－0182－0002954　唐 269
經史正音切韻指南　(元)劉鑑撰　清康熙二十一年(1682)東陽居士刻本　一冊

110000－0182－0002955　唐 271
清真集二卷補遺一卷　(宋)周邦彥撰　清末刻本　一冊

110000－0182－0002956　唐 272
續方言又補二卷　徐乃昌撰集　清光緒南陵徐氏刻本　一冊

110000－0182－0002957　唐 277
古韻論三卷　(清)胡秉虔編　清末鉛印本　一冊

110000－0182－0002958　唐 279
韻補五卷　(宋)吴棫撰　清光緒九年(1883)邵武徐氏刻本　二冊

110000－0182－0002959　唐 285
大廣益會玉篇三十卷　(南朝梁)顧野王撰　(唐)孫強增字　(宋)陳彭年等重修　清道光三十年(1850)新化鄧氏東山精舍刻本　三冊

110000－0182－0002960　唐 287
九僧詩　(宋)釋希晝等撰　清道光十五年(1835)刻本　一冊

110000－0182－0002961　唐 288
集古錄目五卷　(宋)歐陽棐撰　(清)黄本驥編　清咸豐刻本　三冊

110000－0182－0002962　唐 289
集古錄跋尾十卷　(宋)歐陽修撰　(清)黄本驥　(清)蔣環校刊　清咸豐黄本驥刻本　三冊

110000－0182－0002963　唐 291
說文佚字考四卷　(清)張鳴珂撰　清光緒十三年(1887)刻本　一冊

110000－0182－0002964　唐 293

新雕校證大字白氏諷諫　（唐）白居易撰　清光緒十九年（1893）刻本　一册

110000－0182－0002965　唐 294

唐中興間氣集二卷　（唐）高仲武輯　清末武進費氏刻本　一册

110000－0182－0002966　唐 295

吕子校補二卷　（清）梁玉繩撰　清光緒四年（1878）會稽章氏刻本　一册

110000－0182－0002967　唐 298

鄭庵所藏泥封　（清）潘祖蔭藏　羅振玉編　清光緒二十九年（1903）上虞羅氏石印本　一册

110000－0182－0002968　唐 302

敦煌石室真蹟録五卷　王仁俊編　清宣統吴越王氏影印本　三册　存三卷（甲、乙、丁）

110000－0182－0002969　唐 303

等韻一得内篇一卷外篇一卷　勞乃宣撰　清光緒二十四年（1898）吴橋官廨刻本　二册

110000－0182－0002970　唐 304

爾雅三卷　（晉）郭璞注　清嘉慶十一年（1806）吴門顧廣圻思適齋刻本　一册

110000－0182－0002971　唐 312

歷代帝王世系圖一卷　（□）□□編　清宣統二年（1910）陸軍部印刷處石印本　一册

110000－0182－0002972　唐 314

札迻十二卷　（清）孫詒讓撰　清光緒二十年（1894）孫詒讓刻本　二册

110000－0182－0002973　唐 323

音學辨微　（清）江永撰　清宣統元年（1909）國學保存會石印本　一册

110000－0182－0002974　唐 324

方言十三卷　（漢）揚雄撰　清末刻本　一册

110000－0182－0002975　唐 326

周書斠補四卷　（清）孫詒讓撰　清光緒二十六年（1900）孫詒讓刻本　二册

110000－0182－0002976　唐 336

昭德先生郡齋讀書志二十卷目録一卷　（宋）晁公武撰　（宋）姚應績續編　**附志一卷**　（宋）趙希弁輯　**校補一卷**　王先謙撰　清光緒十年（1884）長沙王氏刻本　十册

110000－0182－0002977　唐 338

國學叢刊　羅振玉輯　清宣統三年（1911）國學研究會石印本　三册

110000－0182－0002978　唐 345

石鼓文鈔　（清）楊世春輯　清嘉慶刻本　四册

110000－0182－0002979　唐 346

切韻表五卷　（清）成蓉鏡撰　清末抄本　一册

110000－0182－0002980　唐 347

影北宋鈔本毛詩三卷　（漢）毛亨傳　（漢）鄭玄箋　陳矩録　清光緒二十四年（1898）陳矩刻本　一册

110000－0182－0002981　唐 349

隨軒金石文字九種　（清）徐渭仁鈎摹　清道光上海徐渭仁刻本　一册

110000－0182－0002982　唐 370

積古齋鐘鼎彝器款識十卷　（清）阮元撰　清光緒二十三年（1897）上海醉六堂石印本　五册

110000－0182－0002983　唐 373

輶軒使者絕代語釋別國方言十三卷首一卷　（漢）揚雄撰　（晉）郭璞注　**續方言二卷**　（清）杭世駿纂輯　**續方言補一卷**　（清）程際盛纂　清光緒十七年（1891）思賢講舍刻本　二册

110000－0182－0002984　唐 374

從古堂款識學十六卷　（清）徐同柏釋文　（清）徐燕樵録　清光緒三十二年（1906）蒙學報館石印本　八册

110000－0182－0002985　唐 378

奇觚室吉金文述二十卷　（清）劉心源撰　清

光緒二十八年(1902)刻本　十册

110000－0182－0002986　唐384

晉任城太守夫人孫氏之碑八卷　(清)江秬香藏　清光緒紹文書局石印本　二册

110000－0182－0002987　唐385

長安獲古編二卷補一卷　(清)劉喜海輯　清光緒三十一年(1905)劉鐵雲石印本　二册

110000－0182－0002988　唐388

樂陶齋古陶文字　(清)陳介祺藏并拓　清中後期陳介祺拓本　一册

110000－0182－0002989　唐390

周秦刻石釋音一卷　(元)吾邱衍撰　清末刻本　一册

110000－0182－0002990　唐406

石鼓文釋存一卷補注一卷　(清)張燕昌撰　清光緒二十八年(1902)貴池劉氏刻本　一册

110000－0182－0002991　唐414

補寰宇訪碑録五卷失編一卷　(清)趙之謙纂集　清同治三年(1864)趙之謙刻本　二册

110000－0182－0002992　唐415

樂章集一卷　(宋)柳永撰　清光緒吴重憙刻本　二册

110000－0182－0002993　唐422

爾雅古注斠三卷　(清)葉蕙心撰　清光緒二年(1876)李氏半畝園刻本　三册

110000－0182－0002994　唐425

爾雅三卷　(晉)郭璞注　清嘉慶四年(1799)武進臧氏刻本　一册

110000－0182－0002995　唐430

屈原賦戴氏注七卷通釋二卷音義三卷　(清)戴震　(清)汪梧鳳撰　清末刻本　一册　存四卷(通釋二卷、音義一至二)

110000－0182－0002996　唐439

積古齋鐘鼎款識稿本四卷附録一卷　(清)朱為弼撰　(清)朱之榛編　清光緒三十二年(1906)平湖朱之榛石印本　三册

110000－0182－0002997　唐443

石鼓文纂釋一卷　(清)趙烈文撰　清光緒十一年(1885)静園刻本　一册

110000－0182－0002998　唐444

周宣王石鼓文定本二卷　(清)劉凝撰　清康熙四十四年(1705)亦集園刻本　四册

110000－0182－0002999　唐457

瘞鶴銘考補一卷校勘記一卷　(清)翁方綱撰　**山樵書外紀一卷**　(清)張開福撰　清光緒三十四年(1908)浭陽端方刻本　一册

110000－0182－0003000　唐472

唐寫本唐韻　(唐)孫愐撰　清光緒三十四年(1908)影印本　一册

110000－0182－0003001　唐475

讀雪山房唐詩三十四卷　(清)管世銘輯　清光緒十二年(1886)湖北官書處刻本　十一册　存三十卷(一至二十六、三十一至三十四)

110000－0182－0003002　唐497

宋拓麻姑仙壇記合本　(唐)顔真卿撰並書　清宣統元年(1909)神州國光社影印本　一册

110000－0182－0003003　唐503

黄帝陰符經　(宋)郭忠恕篆、大篆、隸三體書　(宋)安祚刊　清末拓本　一册

110000－0182－0003004　唐521

栖先塋記　(唐)李季卿撰　(唐)李陽冰篆書　(宋)姚宗萼等重刻　清末拓本　一册

110000－0182－0003005　唐523

陽華巖銘　(唐)元結撰　(唐)瞿令問書　清末袁滋拓本　一册

110000－0182－0003006　唐532

石鼓文音訓　(元)潘迪撰　(元)潘迪正書　(元)茅亮刻　清末拓本　一册

110000－0182－0003007　唐537

鄭氏佚書二十三種　(漢)鄭玄撰注　(清)袁鈞輯　清光緒十四年(1888)浙江書局刻本　十册

110000－0182－0003008　唐559

金石萃編校字記一卷　羅振玉撰　清光緒十一年(1885)羅氏刻本　一册

110000－0182－0003009　唐567
二十二子合刻二十二種　(□)□□編　清光緒二十二年(1896)積山書局石印本　十六册

110000－0182－0003010　唐569
佩文韻府一百六卷拾遺一百六卷　(清)張玉書等編　(清)張廷玉等拾遺　清光緒上海點石齋石印本　二十四册

110000－0182－0003011　唐570
皇朝五經彙解二百七十卷　(清)抉經心室主人編　清光緒十四年(1888)石印本　三十二册

110000－0182－0003012　唐571
説文古籀補十四卷補遺一卷附録一卷　(清)吴大澂撰　清光緒二十四年(1898)刻本　一册　存七卷(一至七)

110000－0182－0003013　唐572
史學叢書　(清)□□輯　清光緒二十年(1894)上海焕文書局、點石齋石印本　三十二册

110000－0182－0003014　唐573
説文通檢十四卷首一卷末一卷　(清)黎永椿編　清光緒十二年(1886)上海點石齋石印本　一册

110000－0182－0003015　唐574
説文通訓定聲十八卷補遺十八卷分部柬韻一卷　(清)朱駿聲撰　清光緒十二年(1886)積山書局石印本　十册

110000－0182－0003016　唐577
禮記注疏六十三卷　(漢)鄭玄注　(唐)孔穎達疏　清末刻本　一册　存四卷(一至四)

110000－0182－0003017　唐578
皇清經解正編續編　(清)阮元輯　(清)嚴杰重輯　王先謙輯續編　清末鴻寶齋石印本　五十五册

110000－0182－0003018　唐580
漢磚拓片　(漢)□□繪　清中後期拓本　一册

110000－0182－0003019　唐581
金石存十五卷　(清)吴玉搢撰　清嘉慶二十四年(1819)山陽李宗昉聞妙香室刻本　一册　缺十卷(六至十五)

110000－0182－0003020　唐584
竹書穆天子傳六卷　(晋)郭璞注　(清)洪頤煊校　清嘉慶九年(1804)刻本　一册

110000－0182－0003021　唐587
集古藥方拓片　(□)□□輯　清拓本　一册

110000－0182－0003022　唐590
一切經音義二十五卷　(唐)釋玄應撰　(清)莊炘　(清)錢坫　(清)孫星衍校正　清乾隆五十一年(1786)莊炘刻本　六册

110000－0182－0003023　唐589
鐵雲藏龜不分卷　(清)劉鶚輯　清光緒二十九年(1903)抱殘守缺齋石印本　六册

110000－0182－0003024　唐598
金石學録補四卷　(清)陸心源撰　清光緒十二年(1886)歸安陸心源刻本　二册

110000－0182－0003025　待0003
地球韻言四卷　(清)張士瀛編　清光緒二十三年(1897)刻本　二册

110000－0182－0003026　待0004
劉文清公法書　(清)劉墉書　清影印本　一册

110000－0182－0003027　待0005
趙文敏公芳草怨　(元)趙孟頫書　清影印本　一册

110000－0182－0003028　待0010
國朝畫家書四卷國朝畫家書小傳四卷　(清)蔡載福編　葉銘輯　清宣統元年(1909)上海西泠印社鉛印本　五册

110000－0182－0003029　待0014
佛祖正宗道影四卷　(明)釋元賢撰傳偈　(清)釋守一增編　清光緒六年(1880)蘇州瑪

瑙山房刻本　四册

110000－0182－0003030　待0015
金山志十卷首一卷　（清）盧見曾纂修　清乾隆二十七年（1762）雅雨堂刻本　四册

110000－0182－0003031　待0021
恪靖侯盾鼻餘瀋一卷聯語一卷　（清）左宗棠撰　清光緒七年（1881）長沙柳葆元刻本　二册

110000－0182－0003032　待0024
歷代地理志韻編今釋二十卷附皇朝輿地韻編二卷　（清）李兆洛輯　清光緒二十九年（1903）上海蜚英館石印本　六册

110000－0182－0003033　待0025
慧山記四卷首一卷續編三卷首一卷　（明）邵寶撰　（明）釋圓顯輯　清同治七年（1868）無錫邵氏二泉書院刻本　四册

110000－0182－0003034　待0026
峨山圖說二卷　（清）譚鍾嶽繪圖　（清）廖笙堂輯說　（清）黄綬芙編　清光緒十七年（1891）刻本　二册

110000－0182－0003035　待0029
慧山記四卷　（明）邵寶撰　（明）釋圓顯輯　清同治七年（1868）無錫邵氏二泉書院刻本　二册

110000－0182－0003036　待0035
曹江孝女廟志八卷首一卷末一卷補遺一卷圖一卷　（清）金廷棟編　（清）夏之時增輯　清光緒八年（1882）刻本　二册

110000－0182－0003037　待0036
圓津禪院小志六卷　（清）釋覺銘輯　清光緒二十二年（1896）刻本　二册

110000－0182－0003038　待0037
游歷秘魯圖經四卷　（清）傅雲龍撰　清光緒二十七年（1901）石印本　二册

110000－0182－0003039　待0039
國朝畫識十七卷　（清）馮金伯輯　清道光十一年（1831）刻本　四册

110000－0182－0003040　待0045
曝書亭集八十卷附録一卷　（清）朱彝尊撰　清康熙秀水朱氏刻本　十六册

110000－0182－0003041　待0046
結水滸全傳（蕩寇志）七十卷末一卷　（清）俞萬春撰　（清）范辛來　（清）邵祖恩參評　清同治十年（1871）俞瀌玉屏山館刻本　二十册

110000－0182－0003042　待0049
原富五部　（英國）斯密亞丹撰　嚴復譯　清光緒二十八年（1902）上海南洋公學譯書院鉛印本　八册

110000－0182－0003043　待0050
戊笈談兵十卷首一卷　（清）汪紱撰　清光緒二十一年（1895）刻本　八册

110000－0182－0003044　待0051
評論出像水滸傳二十卷七十回　（元）施耐庵撰　（清）金人瑞評　清刻本　二十册

110000－0182－0003045　待0053
虚齋名畫録十六卷　龐元濟輯　清宣統元年（1909）烏程龐氏刻本　十六册

110000－0182－0003046　待0057
兩般秋雨盦隨筆八卷　（清）梁紹壬撰　清道光十七年（1837）錢塘汪氏振綺堂刻本　八册

110000－0182－0003047　待0058
中東戰紀本末八卷續編四卷　（美國）林樂知著譯　蔡爾康纂輯　清光緒二十三年（1897）上海廣學會鉛印本　十二册

110000－0182－0003048　待0059
國朝先正事略六十卷　（清）李元度纂　清光緒二十一年（1895）上海點石齋石印本　八册

110000－0182－0003049　待0063
金石索十二卷首一卷　（清）馮雲鵬　（清）馮雲鵷輯　清光緒三十二年（1906）上海文新書局石印本　二十一册

110000－0182－0003050　待0065
水經注箋刊誤十二卷　（清）趙一清撰　清光緒六年（1880）東潛趙氏刻本　四册

110000－0182－0003051　待0066
補寰宇訪碑錄五卷失編一卷　（清）趙之謙纂集　清光緒十二年（1886）吳縣朱記榮槐廬刻本　二冊

110000－0182－0003052　待0067
川沙廳志十四卷首一卷末一卷　（清）陳方瀛等修　（清）俞樾等纂　清光緒五年（1879）刻本　六冊

110000－0182－0003053　待0068
授堂金石文字續跋十四卷　（清）武億撰　（清）武穆淳輯　清嘉慶元年（1796）刻本　三冊

110000－0182－0003054　待0072
金壺精粹四卷　（清）郝在田編　清光緒十四年（1888）鴻文書局石印本　一冊

110000－0182－0003055　待0073
周官精義十二卷　（清）連斗山編　清刻本　六冊

110000－0182－0003056　待0075
戶部試辦銀行奏稿章程　（清）□□編　清末石印本　一冊

110000－0182－0003057　待0076
大清商辦鐵路律草案　（清）□□編　清末鉛印本　一冊

110000－0182－0003058　待0077
奏辦津浦鐵路商股有限公司案牘彙刊　（清）□□編　清末京華印書局鉛印本　一冊

110000－0182－0003059　待0101
外務部住址單　（清）□□編　清宣統元年（1909）京華印書局鉛印本　一冊

110000－0182－0003060　待0102
奏辦潮汕鐵路有限公司章程　潮汕鐵路有限總公司編　清光緒三十二年（1906）鉛印本　一冊

110000－0182－0003061　待0103
陳陳楊三家代理派回粵路股銀始末記　（清）□□編　清光緒三十四年（1908）鉛印本　一冊

110000－0182－0003062　待0104（1）
鐵路租購各股草章　（清）□□編　清光緒三十四年（1908）鉛印本　一冊

110000－0182－0003063　待0104（2）
鐵路租購各股草章　（清）□□編　清光緒三十四年（1908）鉛印本　一冊

110000－0182－0003064　待0108
欽定大清商律　（清）商部撰　清末鉛印本　一冊

110000－0182－0003065　待0115
林紓文集　林紓撰　清末陳書焜抄本　一冊

110000－0182－0003066　待0118
養福齋遺集　（清）陳文騄撰　清抄本　一冊

110000－0182－0003067　待0119
黃河考四卷　（清）汪份撰　清抄本　一冊

110000－0182－0003068　待0122
摘敘兩湖自立會匪緊要情節告示　（清）張之洞等撰　清光緒刻本　一冊

110000－0182－0003069　待0123
宋逸倫詩集　（清）宋逸倫撰　清抄本　一冊

110000－0182－0003070　待0135
浙江忠義錄十卷　（清）浙江采訪忠義總局編　清同治六年（1867）浙江采訪忠義總局刻本　四冊

110000－0182－0003071　待0136
周石鼓文　（□）□□撰　清拓本　一冊

110000－0182－0003072　待0137
史記一百三十卷　（漢）司馬遷撰　（南朝宋）裴駰集解　清光緒四年（1878）金陵書局刻本　十六冊

110000－0182－0003073　待0138
字彙十二卷　（明）梅膺祚音釋　清康熙十年（1671）西泠怡堂主人刻本　十二冊

110000－0182－0003074　待0139
大清律例增修統纂集成四十卷督捕則例附纂

二卷　（清）陶東臯　（清）陶曉篔增修　清光緒四年(1878)刻本　四冊

110000－0182－0003075　待0143
延綠閣集十二卷　（清）華希閔撰　清雍正十一年(1733)刻本　六冊

110000－0182－0003076　待0147
字彙十二卷首一卷　（明）梅膺祚音釋　清文成堂刻本　十三冊

110000－0182－0003077　待0148
樂善堂全集定本三十卷　（清）高宗弘曆撰　清乾隆刻本　十三冊

110000－0182－0003078　待0149
忠義傳總本　（清）□□編　清末京師升平署抄本　一冊

110000－0182－0003079　待0150
注釋塾課分編八集　（清）王步青評　（清）王士龞編　清末文會堂刻本　十二冊　存五集(小題三至四、六至八)

110000－0182－0003080　待0151
龍文鞭影二卷　（明）蕭良有撰　（明）楊臣諍增訂　清光緒元年(1875)刻本　四冊

110000－0182－0003081　待0152
談瀛錄六種　（清）袁祖志撰　清光緒十年(1884)上海同文書局石印本　二冊

110000－0182－0003082　待0153
足本迦茵小傳二卷　（英國）哈葛德撰　林紓譯　清光緒三十二年(1906)上海商務印書館鉛印本　一冊

110000－0182－0003083　待0157
嶺南遺書六十一種　（清）伍元薇　（清）伍崇曜輯　清道光至同治南海伍氏粤雅堂刻本　三十二冊

110000－0182－0003084　待0160
匋齋臧石記四十四卷首一卷　（清）端方撰　清宣統元年(1909)石印本　十一冊

110000－0182－0003085　待0164
諸蕃志二卷　（宋）趙汝适撰　（清）李調元校　清刻本　一冊

110000－0182－0003086　待0167
衛藏圖識圖考二卷識畧二卷蠻語一卷　（清）馬揭修　（清）盛繩祖纂　清刻本　八冊

110000－0182－0003087　待0168
常州先哲遺書第一集　盛宣懷輯　清光緒二十四年(1898)武進盛氏刻本　五十冊

110000－0182－0003088　待0174
亦政堂重修宣和博古圖錄三十卷　（宋）王黼等撰　**亦政堂重修考古圖十卷**　（宋）呂大臨撰　明萬曆三十一年(1603)寶古堂刻本　二十一冊

110000－0182－0003089　待0178
蘇省輿地圖說　（清）曾國藩　（清）丁日昌修　（清）褚成績　（清）何紹章纂　清同治刻本　一冊

110000－0182－0003090　待0179
關帝寶訓像註四卷　（清）□□編　清雍正九年(1731)善慶堂刻本　八冊

110000－0182－0003091　待0180
聖門禮志　（清）孔傳鐸　（清）孔尚忻彙輯　清刻本　四冊

110000－0182－0003092　待0181
輶軒使者絶代語釋別國方言箋疏十三卷　（清）錢繹撰　清光緒十六年(1890)紅蝠山房刻本　六冊

110000－0182－0003093　待0182
篆字彙十二集　（清）佟世男撰　清康熙刻本　十二冊

110000－0182－0003094　待0183
歷代畫史彙傳七十二卷首一卷目錄三卷　（清）彭蘊璨編　清光緒八年(1882)上海掃葉山房刻本　十二冊　存五十四卷(一至五十四)

110000－0182－0003095　待0185
紀文達公遺集文十六卷詩十六卷　（清）紀昀撰　（清）紀樹馨編校　清道光至咸豐刻本　六冊　缺十六卷(紀文達公遺集文一、八至十

五,詩十至十六)

110000－0182－0003096　待0186
聖諭像解二十卷　(清)梁延年編　(清)聶緝槼校　清光緒二十九年(1903)滿洲恩壽北洋官報局石印本　十冊

110000－0182－0003097　待0187
牧令須知六卷　(清)剛毅著　(清)葛士達編訂　清光緒十五年(1889)江蘇書局刻本　二冊

110000－0182－0003098　待0190
紀慎齋先生祈雨全書二卷　(清)紀大奎撰　清光緒二十四年(1898)杭州刻本　一冊

110000－0182－0003099　待0194
李氏音鑑六卷　(清)李汝珍撰　清光緒十四年(1888)上海掃葉山房刻本　四冊　存三卷(一至二、六)

110000－0182－0003100　待0195
勝國文徵四卷　(清)楊家麟撰　清光緒上海申報館鉛印本　一冊　存二卷(一至二)

110000－0182－0003101　待0196
金石續編二十一卷首一卷　(清)陸耀遹編　(清)陸增祥校訂　清光緒十九年(1893)上海醉六堂石印本　六冊

110000－0182－0003102　待0197
秉鐸公牘存稿不分卷　(清)王元穉撰　清光緒鉛印本　一冊

110000－0182－0003103　待0199
奇觚室吉金文述二十卷首一卷　(清)劉心源輯　清光緒二十八年(1902)石印本　十冊

110000－0182－0003104　待0208
正蒙四書十九卷　(宋)朱熹章句集注　清嘉慶五年(1800)養源堂刻本　六冊

110000－0182－0003105　待0215
大清宣統二年歲次庚戌時憲書　(清)欽天監編　清宣統元年(1909)刻本　一冊

110000－0182－0003106　待0216
驚喜集二卷　(清)程畹撰　清光緒鉛印本　一冊

110000－0182－0003107　待0219
校邠廬抗議二卷　(清)馮桂芬撰　(清)潘霨韡校刊　清光緒二十四年(1898)益文堂刻本　一冊　存一卷(上)

110000－0182－0003108　待0220
南宋院畫錄八卷首一卷　(清)厲鶚輯　清光緒刻本　一冊　存二卷(七至八)

110000－0182－0003109　待0230
貞觀政要十卷　(唐)吳兢輯　(元)戈直集論　清嘉慶南沙席氏掃葉山房刻本　八冊

110000－0182－0003110　待0231
小石山房叢書　(清)顧湘輯　清同治十三年(1874)虞山顧氏刻本　十四冊

110000－0182－0003111　待0232
揅經室集一集十四卷二集八卷三集五卷四集二卷詩十一卷續集十一卷再續集六卷外集五卷　(清)阮元撰　清道光儀徵阮氏刻文選樓叢書本　十八冊　存十四卷(揅經室集一集一至十二、二集七至八)

110000－0182－0003112　待0239
水經四十卷　(漢)桑欽撰　(北魏)酈道元注　清乾隆十八年(1753)槐蔭草堂刻本　六冊　存十八卷(二十三至四十)

110000－0182－0003113　待0240
金石錄補二十七卷續跋七卷　(清)葉奕苞撰　清光緒十三年(1887)行素草堂刻本　三冊　缺十五卷(金石錄補一至十五)

110000－0182－0003114　待0245
白虎通疏證十二卷　(漢)班固撰　(清)陳立疏證　清光緒元年(1875)淮南書局刻本　二冊　存六卷(一至六)

110000－0182－0003115　待0246
曹江孝女廟志八卷首一卷末一卷補遺一卷　(清)金廷棟編　清光緒八年(1882)五社公所刻本　二冊

110000－0182－0003116　待0249(1)

陶齋吉金錄八卷　(清)端方輯　清光緒三十四年(1908)金陵石印本　一册　存一卷(六)

110000－0182－0003117　待0249(2)
陶齋吉金續錄二卷補遺一卷　(清)端方輯　清宣統元年(1909)金陵石印本　二册

110000－0182－0003118　待0249(3)
陶齋吉金續錄二卷補遺一卷　(清)端方輯　清宣統元年(1909)金陵石印本　一册　缺一卷(陶齋吉金續錄一)

110000－0182－0003119　待0251
滎陽鄭文公之碑　(北魏)鄭道昭書　北魏宣武帝永平四年(511)刻本　一册

110000－0182－0003120　待0252
小學纂注六卷　(清)高愈纂注　清同治十一年(1872)浙江書局刻本　二册

110000－0182－0003121　待0253
寰宇訪碑錄十二卷　(清)孫星衍　(清)邢澍撰　清光緒十一年(1885)吳縣朱記榮刻本　六册

110000－0182－0003122　待0257
易筋經二卷附圖勢一卷　(天竺)達摩祖師撰　(天竺)釋般刺密帝譯　清光緒元年(1875)刻本　一册

110000－0182－0003123　待0258
合肥相國七十賜壽圖附壽言　(清)羅豐禄等輯　清光緒十八年(1892)石印本　五册

110000－0182－0003124　待0259
新刊古列女傳八卷　(漢)劉向撰　(晉)顧愷之繪　清道光五年(1825)揚州阮福刻本　四册

110000－0182－0003125　待0260
魚水緣傳奇二卷　(清)澹廬居士撰　(清)竹軒主人評　清乾隆二十六年(1761)博文堂刻本　一册　存一卷(上)

110000－0182－0003126　待0261
寶塔凌空總本　(清)□□編　清同治至光緒京師升平署抄本　一册

110000－0182－0003127　待0263
史書序跋節選　(清)□□編　清光緒至宣統抄本　一册

110000－0182－0003128　待0264
[江蘇無錫]蔡氏源流　(清)□□編　清敦本堂刻本　一册

110000－0182－0003129　待0268
淞濱瑣話十二卷　(清)王韜著　清宣統三年(1911)上海著易堂石印本　六册

110000－0182－0003130　待0271
宮閨百詠四卷　(清)陳其泰編　清道光二十五年(1845)海鹽陳氏桐華鳳閣刻本　二册

110000－0182－0003131　待0298
聖經直解十四卷　(葡萄牙)陽瑪諾譯　清末京都始胎大堂刻本　八册

110000－0182－0003132　待0301
莫愁湖志六卷　(清)馬士圖輯著　清光緒八年(1882)刻本　二册

110000－0182－0003133　待0305
中外大事彙記　(清)倚劍生編　清光緒二十四年(1898)廣智報局鉛印本　一册　存一卷(四十三)

110000－0182－0003134　待0307
金索六卷石索六卷首一卷　(清)馮雲鵬　(清)馮雲鵷輯　清末石印本　二册　存一卷(金索六)

110000－0182－0003135　待0310
山海經十八卷　(晉)郭璞傳　清乾隆十八年(1753)天都黄曉峰槐蔭草堂刻本　二册

110000－0182－0003136　待0311
王文成公全書三十八卷　(明)王守仁撰　清同治至光緒刻本　十七册　存二十八卷(九至二十九、三十二至三十八)

110000－0182－0003137　待0313
授堂金石文字續跋十四卷　(清)武億撰　清道光二十三年(1843)偃師武氏刻授堂遺書本　三册

110000－0182－0003138　待0314
奏批稿　(清)□□撰　清咸豐七年(1857)稿本　一冊

110000－0182－0003139　待0318
新訂四書補注備旨大學一卷　(明)鄧林撰　(清)鄧煜編次　清光緒十六年(1890)文海樓刻本　一冊

110000－0182－0003140　待0319
禮記十卷　(元)陳澔集説　清末刻本　三冊　存三卷(七至八、十)

110000－0182－0003141　待0320
臨川文集三十卷　(宋)王安石撰　清光緒十年(1884)大興殷氏六瑚堂刻本　六冊

110000－0182－0003142　待0324
韓非子集解二十卷首一卷　(清)王先慎撰　清光緒二十二年(1896)刻本　六冊

110000－0182－0003143　待0325
陶園文集八卷　(清)張九鉞撰　清道光二十三年(1843)刻本　一冊　存四卷(一至四)

110000－0182－0003144　待0326
唐書二百二十五卷　(宋)歐陽修　(宋)宋祁等撰　清嘉慶、道光刻本　一冊　存二卷(一至二)

110000－0182－0003145　待0327
中國通史　(□)□□編　清末石印本　一冊　存一編(教學)

110000－0182－0003146　待0340
康熙字典十二集總目一卷檢字一卷辨似一卷等韻一卷備考一卷補遺一卷　(清)張玉書等纂　清刻本　十四冊

110000－0182－0003147　待0341
宋元本行格表二卷附録一卷　(清)江標輯　清光緒二十三年(1897)元和江標刻本　四冊

110000－0182－0003148　待0342
顧氏畫譜(歷代名公畫譜)　(明)顧炳纂　明刻本　一冊

110000－0182－0003149　待0344
知服齋叢書　(清)龍鳳鑣輯　清光緒十八年(1892)順德龍氏知服齋刻本　一冊

110000－0182－0003150　待0346
白虎通疏證十二卷　(漢)班固撰　(清)陳立疏證　清光緒元年(1875)刻本　二冊　存六卷(七至十二)

110000－0182－0003151　待0347
農政全書六十卷　(明)徐光啟撰　清同治十三年(1874)山東書局刻本　二冊　存六卷(三十一至三十六)

110000－0182－0003152　待0349
格致鏡原一百卷　(清)陳元龍撰　清雍正刻本　一冊　存五卷(三十八至四十二)

110000－0182－0003153　待0350
算學名詞對照表一卷　(清)學部編訂名詞館編　清光緒學部編訂名詞館刻本　一冊

110000－0182－0003154　待0351
女科二卷　(清)傅山撰　清同治十年(1871)刻本　二冊

110000－0182－0003155　待0352
大生要旨五卷　(清)唐千頃纂　清嘉慶二十三年(1818)刻本　五冊

110000－0182－0003156　待0354
大學　(宋)朱熹章句　清光緒經義堂刻本　一冊　存二卷(大學一卷、中庸一卷)

110000－0182－0003157　待0355
大題文府不分卷　(清)□□編　清末石印本　二冊　存上論二冊

110000－0182－0003158　待0356
唐宋八家鈔八卷　(清)高嵣集評　清中期刻本　八冊

110000－0182－0003159　待0361
昌黎先生集四十卷外集十卷遺文一卷　(唐)韓愈撰　(唐)李漢編　清宣統二年(1910)上海掃葉山房石印本　十二冊

110000－0182－0003160　待0363
金石萃編一百六十卷　(清)王昶編　清光緒

十九年(1893)上海醉六堂石印本　十五册　存一百二十九卷(一至九、二十至二十五、四十七至一百六十)

110000－0182－0003161　待0363
金石萃編補正四卷　(清)方履籛撰　清光緒二十年(1894)上海醉六堂石印本　一册　存一卷(二)

110000－0182－0003162　待0365
折獄龜鑑八卷　(宋)鄭克輯　(清)胡文炳校訂　清光緒四年(1878)蘭石齋刻本　一册　存四卷(一至四)

110000－0182－0003163　待0367
鍼灸大成十卷　(明)楊繼洲撰　清光緒刻本　三册

110000－0182－0003164　待0370
清文典要滿漢對照　(清)秋芳堂主人編　清道光二十年(1840)抄本　十八册

110000－0182－0003165　待0373
紀文達公文集十六卷首一卷　(清)紀昀撰　(清)紀樹馨編校　清道光三十年(1850)刻本　一册　存一卷(一)

110000－0182－0003166　待0374
學道須知提要　(清)松陽逸士撰書　清末江蘇潤南松陽逸士稿本　一册

110000－0182－0003167　待0419
乾隆十八年浙江鄉試錄　(清)□□編　清乾隆刻本　一册

110000－0182－0003168　待0420
修泰陵等需用材料進呈表　(清)曹振鏞撰　清嘉慶抄本　一册

110000－0182－0003169　待0421
萬曆三十一年貴州鄉試錄　(明)□□撰　明萬曆刻本　一册

110000－0182－0003170　待0434
大明崇禎二年歲次己巳大統曆　(明)□□編　明崇禎元年(1628)刻本　一册

110000－0182－0003171　待0435
新刊鬼谷子前定數二卷　(□)□□撰　清末刻本　一册　存一卷(下)

110000－0182－0003172　待0436
滿漢合璧無雙譜　(清)金古良繪　(清)□□譯　清康熙刻本　一册

110000－0182－0003173　待0437
妙法蓮華經七卷　(後秦)釋鳩摩羅什譯　明正統十四年(1449)内府刻本　三册　存三卷(一至三)

110000－0182－0003174　待0438
大方廣圓覺修多羅了義經　(唐)釋佛陀多羅譯　明抄本　一册

110000－0182－0003175　待0444
紅樓夢寫真一卷　(清)曹霑撰　(清)王劍繪　清光緒十四年(1888)石印本　一册

110000－0182－0003176　待0458
登科錄(清乾隆十三年)　(清)□□編　清乾隆刻本　一册

110000－0182－0003177　待0459
乾隆五十九年甲寅恩科貴州鄉試錄　(清)□□編　清乾隆刻本　一册

110000－0182－0003178　待0460
光緒八年壬午科福建鄉試錄　(清)□□編　清光緒刻本　一册

110000－0182－0003179　待0461
湖北武鄉試題名錄嘉慶三年戊午科　(清)□□編　清嘉慶刻本　一册

110000－0182－0003180　待0462
乾隆己卯科江南鄉試題名錄　(清)□□編　清乾隆抄本　一册

110000－0182－0003181　待0463
制科試卷　(明)黄靖撰　明崇禎刻本　一册

110000－0182－0003182　待0464
陝西鄉試題名錄　(清)□□編　清咸豐刻本　一册

110000－0182－0003183　待0465

貢舉覆試等第單 （清）□□編　清宣統鉛印本　一冊

110000－0182－0003184　待0466
光緒二年丙子恩科會試錄 （清）□□編　清光緒刻本　一冊

110000－0182－0003185　待0467
精刊龔定盦全集文集三卷續集四卷補編四卷文集補四卷附一卷拾遺一卷 （清）龔自珍撰　清宣統元年（1909）上海國學扶輪社鉛印本　七冊

110000－0182－0003186　待0468
閩海游鱗 （清）□□編　清光緒二十二年至二十四年（1896－1898）稿本　十八冊

110000－0182－0003187　待0470（1）
庚辰科會試闈墨 （清）□□編　清康熙刻本　十二冊　存十二卷（二至十二、十四）

110000－0182－0003188　待0470（2）
庚辰科會試闈墨 （清）□□編　清康熙刻本　五冊　存五卷（三、五至六、十一、十四）

110000－0182－0003189　待0470（3）
庚辰科會試闈墨 （清）□□編　清康熙刻本　三冊　存三卷（三、六、十一）

110000－0182－0003190　待0470（4）
庚辰科會試闈墨 （清）□□編　清康熙刻本　一冊　存一卷（三）

110000－0182－0003191　待0470（5）
癸未科會試闈墨 （清）□□編　清康熙刻本　三冊　存三卷（二、四、六）

110000－0182－0003192　待0471（1）
己卯科順天鄉試闈墨十卷 （清）□□編　清康熙刻本　十冊

110000－0182－0003193　待0471（2）
己卯科順天鄉試闈墨十卷 （清）□□編　清康熙刻本　四冊　存四卷（三至四、八、十）

110000－0182－0003194　待0471（3）
己卯科順天鄉試闈墨十卷 （清）□□編　清康熙刻本　二冊　存二卷（八、十）

110000－0182－0003195　待0471（4）
己卯科順天鄉試闈墨十卷 （清）□□編　清康熙刻本　一冊　存一卷（八）

110000－0182－0003196　待0471（5）
壬午科順天鄉試闈墨十卷 （清）□□編　清康熙刻本　七冊　存七卷（一至二、六至十）

110000－0182－0003197　待0471（6）
壬午科順天鄉試闈墨十卷 （清）□□編　清康熙刻本　四冊　存四卷（一至二、六、九）

110000－0182－0003198　待0471（7）
癸酉科順天鄉試闈墨 （清）□□編　清康熙刻本　一冊　存一卷（八）

110000－0182－0003199　待0472（1）
己卯科山東鄉試闈墨三卷 （清）□□編　清康熙刻本　三冊

110000－0182－0003200　待0472（2）
己卯科山東鄉試闈墨三卷 （清）□□編　清康熙刻本　一冊　存一卷（一）

110000－0182－0003201　待0472（3）
癸酉科山東鄉試闈墨二卷 （清）□□編　清康熙刻本　一冊　存一卷（一）

110000－0182－0003202　待0472（4）
癸酉科山東鄉試闈墨二卷 （清）□□編　清康熙刻本　一冊　存一卷（一）

110000－0182－0003203　待0472（5）
壬午科山東鄉試闈墨 （清）□□編　清康熙刻本　一冊　存一卷（二）

110000－0182－0003204　待0472（6）
壬午科山東鄉試闈墨 （清）□□編　清康熙刻本　一冊　存一卷（二）

110000－0182－0003205　待0472（7）
壬午科山東鄉試闈墨 （清）□□編　清康熙刻本　二冊　存二卷（二至三）

110000－0182－0003206　待0473（1）
壬午科四川鄉試闈墨三卷 （清）□□編　清康熙刻本　三冊

110000－0182－0003207　待 0473(2)
壬午科四川鄉試闈墨三卷　(清)□□編　清康熙刻本　一册　存一卷(二)

110000－0182－0003208　待 0473(3)
壬午科四川鄉試闈墨三卷　(清)□□編　清康熙刻本　三册

110000－0182－0003209　待 0473(4)
壬午科四川鄉試闈墨三卷　(清)□□編　清康熙刻本　二册　存二卷(一至二)

110000－0182－0003210　待 0473(5)
己卯科四川鄉試闈墨三卷　(清)□□編　清康熙刻本　三册

110000－0182－0003211　待 0473(6)
己卯科四川鄉試闈墨三卷　(清)□□編　清康熙刻本　二册　存二卷(二至三)

110000－0182－0003212　待 0473(7)
己卯科四川鄉試闈墨三卷　(清)□□編　清康熙刻本　一册　存一卷(二)

110000－0182－0003213　待 0473(8)
癸酉科四川鄉試闈墨　(清)□□編　清康熙刻本　一册　存一卷(一)

110000－0182－0003214　待 0474(1)
壬午科福建鄉試闈墨四卷　(清)□□編　清康熙刻本　四册

110000－0182－0003215　待 0474(2)
壬午科福建鄉試闈墨四卷　(清)□□編　清康熙刻本　二册　存二卷(一、三)

110000－0182－0003216　待 0474(3)
壬午科福建鄉試闈墨四卷　(清)□□編　清康熙刻本　二册　存二卷(一、三)

110000－0182－0003217　待 0474(4)
癸酉科福建鄉試闈墨　(清)□□編　清康熙刻本　一册　存一卷(二)

110000－0182－0003218　待 0474(5)
癸酉科福建鄉試闈墨　(清)□□編　清康熙刻本　一册　存一卷(二)

110000－0182－0003219　待 0474(6)
己卯科福建鄉試闈墨　(清)□□編　清康熙刻本　一册　存一卷(三)

110000－0182－0003220　待 0474(7)
己卯科福建鄉試闈墨　(清)□□編　清康熙刻本　一册　存一卷(三)

110000－0182－0003221　待 0474(8)
己卯科福建鄉試闈墨　(清)□□編　清康熙刻本　一册　存一卷(三)

110000－0182－0003222　待 0475(1)
己卯科山西鄉試闈墨　(清)□□編　清康熙刻本　二册　存二卷(二至三)

110000－0182－0003223　待 0475(2)
己卯科山西鄉試闈墨　(清)□□編　清康熙刻本　一册　存一卷(二)

110000－0182－0003224　待 0475(3)
癸酉科山西鄉試闈墨　(清)□□編　清康熙刻本　一册　存一卷(一)

110000－0182－0003225　待 0475(4)
壬午科山西鄉試闈墨　(清)□□編　清康熙刻本　一册　存一卷(一)

110000－0182－0003226　待 0476(1)
己卯科湖廣鄉試闈墨四卷　(清)□□編　清康熙刻本　四册

110000－0182－0003227　待 0476(2)
己卯科湖廣鄉試闈墨四卷　(清)□□編　清康熙刻本　三册　存三卷(一至二、四)

110000－0182－0003228　待 0476(3)
己卯科湖廣鄉試闈墨四卷　(清)□□編　清康熙刻本　二册　存二卷(二、四)

110000－0182－0003229　待 0476(4)
己卯科湖廣鄉試闈墨四卷　(清)□□編　清康熙刻本　一册　存一卷(四)

110000－0182－0003230　待 0476(5)
壬午科湖廣鄉試闈墨　(清)□□編　清康熙刻本　二册　存二卷(三至四)

110000－0182－0003231　待0476(6)
壬午科湖廣鄉試闈墨　(清)□□編　清康熙刻本　三冊　存三卷(二至四)

110000－0182－0003232　待0476(7)
癸酉科湖廣鄉試闈墨　(清)□□編　清康熙刻本　一冊　存一卷(二)

110000－0182－0003233　待0476(8)
癸酉科湖廣鄉試闈墨　(清)□□編　清康熙刻本　一冊　存一卷(二)

110000－0182－0003234　待0477(1)
壬午科江南鄉試闈墨四卷　(清)□□編　清康熙刻本　四冊

110000－0182－0003235　待0477(2)
壬午科江南鄉試闈墨四卷　(清)□□編　清康熙刻本　二冊　存二卷(三至四)

110000－0182－0003236　待0477(3)
癸酉科江南鄉試闈墨三卷　(清)□□編　清康熙刻本　二冊　存二卷(一至二)

110000－0182－0003237　待0477(4)
己卯科江南鄉試闈墨五卷　(清)□□編　清康熙刻本　三冊　存三卷(一至二、四)

110000－0182－0003238　待0477(5)
己卯科江南鄉試闈墨五卷　(清)□□編　清康熙刻本　二冊　存三卷(一至二、四)

110000－0182－0003239　待0477(6)
己卯科江南鄉試闈墨五卷　(清)□□編　清康熙刻本　二冊　存三卷(一至二、四)

110000－0182－0003240　待0478(1)
己卯科陝西鄉試闈墨三卷　(清)□□編　清康熙刻本　三冊

110000－0182－0003241　待0478(2)
丙子科陝西鄉試闈墨　(清)□□編　清康熙刻本　一冊　存一卷(二)

110000－0182－0003242　待0478(3)
壬午科陝西鄉試闈墨三卷　(清)□□編　清康熙刻本　三冊　存一卷(二)

110000－0182－0003243　待0478(4)
壬午科陝西鄉試闈墨三卷　(清)□□編　清康熙刻本　二冊　存二卷(一、三)

110000－0182－0003244　待0479(1)
壬午科廣西鄉試闈墨二卷　(清)□□編　清康熙刻本　二冊

110000－0182－0003245　待0479(2)
己卯科廣西鄉試闈墨二卷　(清)□□編　清康熙刻本　二冊

110000－0182－0003246　待0479(3)
己卯科廣西鄉試闈墨二卷　(清)□□編　清康熙刻本　一冊　存一卷(二)

110000－0182－0003247　待0479(4)
丙子科廣西鄉試闈墨　(清)□□編　清康熙刻本　一冊　存一卷(二)

110000－0182－0003248　待0480(1)
壬午科江西鄉試闈墨四卷　(清)□□編　清康熙刻本　三冊　存三卷(一至三)

110000－0182－0003249　待0480(2)
壬午科江西鄉試闈墨四卷　(清)□□編　清康熙刻本　三冊　存三卷(一至三)

110000－0182－0003250　待0480(3)
壬午科江西鄉試闈墨四卷　(清)□□編　清康熙刻本　一冊　存一卷(二)

110000－0182－0003251　待0480(4)
己卯科江西鄉試闈墨　(清)□□編　清康熙刻本　三冊　存三卷(二至四)

110000－0182－0003252　待0480(5)
己卯科江西鄉試闈墨　(清)□□編　清康熙刻本　一冊　存一卷(四)

110000－0182－0003253　待0480(6)
己卯科江西鄉試闈墨　(清)□□編　清康熙刻本　一冊　存一卷(四)

110000－0182－0003254　待0480(7)
丙子科江西鄉試闈墨　(清)□□編　清康熙刻本　二冊　存二卷(一至二)

110000－0182－0003255　待 0481(1)
壬午科浙江鄉試闈墨四卷　(清)□□編　清康熙刻本　四冊

110000－0182－0003256　待 0481(2)
壬午科浙江鄉試闈墨四卷　(清)□□編　清康熙刻本　二冊　存二卷(一、四)

110000－0182－0003257　待 0481(3)
壬午科浙江鄉試闈墨四卷　(清)□□編　清康熙刻本　一冊　存一卷(四)

110000－0182－0003258　待 0481(4)
丙子科浙江鄉試闈墨　(清)□□編　清康熙刻本　一冊　存一卷(二)

110000－0182－0003259　待 0481(5)
己卯科浙江鄉試闈墨　(清)□□編　清康熙刻本　二冊　存二卷(一、三)

110000－0182－0003260　待 0481(6)
己卯科浙江鄉試闈墨　(清)□□編　清康熙刻本　一冊　存一卷(三)

110000－0182－0003261　待 0481(7)
癸酉科浙江鄉試闈墨　(清)□□編　清康熙刻本　一冊　存一卷(二)

110000－0182－0003262　待 0481(8)
癸酉科浙江鄉試闈墨　(清)□□編　清康熙刻本　一冊　存一卷(二)

110000－0182－0003263　待 0482(1)
壬午科浙江鄉試闈墨三卷　(清)□□編　清康熙刻本　三冊

110000－0182－0003264　待 0482(2)
壬午科浙江鄉試闈墨三卷　(清)□□編　清康熙刻本　一冊　存一卷(一)

110000－0182－0003265　待 0482(3)
己卯科浙江鄉試闈墨　(清)□□編　清康熙刻本　一冊　存一卷(三)

110000－0182－0003266　待 0482(4)
己卯科浙江鄉試闈墨　(清)□□編　清康熙刻本　一冊　存一卷(三)

110000－0182－0003267　待 0483(1)
己卯科河南鄉試闈墨三卷　(清)□□編　清康熙刻本　二冊　存二卷(一至二)

110000－0182－0003268　待 0483(2)
己卯科河南鄉試闈墨三卷　(清)□□編　清康熙刻本　二冊　存二卷(一至二)

110000－0182－0003269　待 0483(3)
壬午科河南鄉試闈墨　(清)□□編　清康熙刻本　一冊　存一卷(三)

110000－0182－0003270　待 0483(4)
壬午科河南鄉試闈墨　(清)□□編　清康熙刻本　一冊　存一卷(三)

110000－0182－0003271　待 0483(5)
壬午科河南鄉試闈墨　(清)□□編　清康熙刻本　一冊　存一卷(三)

110000－0182－0003272　待 0483(6)
壬午科河南鄉試闈墨　(清)□□編　清康熙刻本　一冊　存一卷(三)

110000－0182－0003273　待 0484(1)
癸酉科雲南鄉試闈墨　(清)□□編　清康熙刻本　一冊　存一卷(二)

110000－0182－0003274　待 0484(2)
癸酉科雲南鄉試闈墨　(清)□□編　清康熙刻本　一冊　存一卷(二)

110000－0182－0003275　待 0484(3)
壬午科雲南鄉試闈墨二卷　(清)□□編　清康熙刻本　二冊

110000－0182－0003276　待 0484(4)
壬午科雲南鄉試闈墨二卷　(清)□□編　清康熙刻本　一冊　存一卷(一)

110000－0182－0003277　待 0484(5)
壬午科雲南鄉試闈墨二卷　(清)□□編　清康熙刻本　一冊　存一卷(一)

110000－0182－0003278　待 0485(1)
壬午科貴州鄉試闈墨二卷　(清)□□編　清康熙刻本　二冊

110000－0182－0003279　待0485(2)
壬午科貴州鄉試闈墨二卷　(清)□□編　清康熙刻本　二册

110000－0182－0003280　待0485(3)
壬午科貴州鄉試闈墨二卷　(清)□□編　清康熙刻本　一册　存一卷(二)

110000－0182－0003281　待0485(4)
己卯科貴州鄉試闈墨二卷　(清)□□編　清康熙刻本　二册

110000－0182－0003282　待0485(5)
己卯科貴州鄉試闈墨二卷　(清)□□編　清康熙刻本　一册　存一卷(二)

110000－0182－0003283　待0485(6)
己卯科貴州鄉試闈墨二卷　(清)□□編　清康熙刻本　一册　存一卷(二)

110000－0182－0003284　待0485(7)
己卯科貴州鄉試闈墨二卷　(清)□□編　清康熙刻本　一册　存一卷(二)

110000－0182－0003285　待0485(8)
丙子科貴州鄉試闈墨二卷　(清)□□編　清康熙刻本　一册　存一卷(一)

110000－0182－0003286　待0487
合歡圖　(清)□□撰　清末升平署抄本　一册

110000－0182－0003287　待0489
家庭小說蘆花棒喝記十八章　蔣景緘撰　清宣統二年(1910)上海輿論時事報石印本　二册

110000－0182－0003288　待0490
綏寇年表　(清)□□編　清末抄本　一册

110000－0182－0003289　待0495
大清搢紳全書(清光緒三十年)　(清)□□編　清末京師榮祿堂刻本　一册　存一卷(一)

110000－0182－0003290　待0630
重訂春秋世族譜二卷　(清)陳厚耀撰　葉瀾補　清同治十二年(1873)清邑李焕臣抄本　二册

110000－0182－0003291　待0639
欽定四言韻文　(清)□□編　清咸豐沈桂芬刻本　一册

110000－0182－0003292　待0657
摩訶般若波羅蜜多心經　(唐)釋玄奘譯　明嘉靖十七年(1538)司設監太監趙政刻本　一册

110000－0182－0003293　待0690
諭摺彙存　(□)□□編　清光緒至宣統鉛印本　二十册

110000－0182－0003294　待0691
京報　(清)京報館編　清光緒九年至二十四年(1883－1898)鉛印本　七册

110000－0182－0003295　待0692
北京新聞彙報　(清)□□編　清光緒二十七年(1901)木活字印本　六册

110000－0182－0003296　善1071
歐陽文忠公五代史抄二十卷新唐書抄二卷　(宋)歐陽修撰　(明)茅坤評　明萬曆刻本　十二册

110000－0182－0003297　善1072
南豐先生元豐類稿五十一卷　(宋)曾鞏撰　明隆慶五年(1571)邵廉刻本　八册

110000－0182－0003298　待0836
浙江鄉試錄　(明)□□編　明萬曆刻本　一册　缺八十五葉(一至八十五)

110000－0182－0003299　待1032
御製天元玉曆二十卷　(明)仁宗朱高熾撰　清末抄本　六册

110000－0182－0003300　待1034
欽定吏部處分則例五十二卷　(清)錫珍等續修　清光緒刻本(卷五十一至五十二爲補配)　二十册

110000－0182－0003301　待1035
安瀾紀要二卷　(清)徐瑞撰　清嘉慶十八年(1813)刻本　二册

110000－0182－0003302　待1036

毘陵科第考八卷　(清)趙充之編　(清)錢鑄庵　(清)莊南村續編　清同治七年(1868)刻本　二冊

110000－0182－0003303　待 1038
敕建弘慈廣濟寺新志三卷　(清)釋湛祐撰　(清)釋然叢編輯　清康熙刻本　一冊

110000－0182－0003304　待 1040
中州簡明同官錄二卷　(清)顧琮輯　清光緒二十七年(1901)刻本　二冊

110000－0182－0003305　待 1042
[安徽]譚渡黃氏族譜十卷首一卷末一卷　(清)黃元豹重編　(清)黃景琯參補　清雍正九年(1731)刻本　八冊

110000－0182－0003306　待 1043
學宮景仰編八卷　(清)黃見三輯　清同治十一年(1872)石印本　四冊

110000－0182－0003307　待 1044
藏書紀事詩七卷　葉昌熾撰　清宣統二年(1910)刻本　六冊

110000－0182－0003308　待 1045
太湖備考十六卷首一卷　(清)金友理纂　清乾隆十五年(1750)藝蘭圃刻本　十二冊

110000－0182－0003309　待 1046
忠武祠墓志七卷首一卷末一卷　(清)李復心輯　清同治五年(1866)刻本　四冊

110000－0182－0003310　待 1047
清涼山志十卷　(明)釋鎮澄修　清乾隆二十年(1755)刻本　四冊

110000－0182－0003311　待 1048
湖北節義錄十二卷　(清)黃昌輔編　(清)陳瑞珍纂　清同治九年(1870)崇文書局刻本　十三冊

110000－0182－0003312　待 1147
光緒湖北輿圖四卷一百七十三幅　(清)營務處纂　清光緒二十七年(1901)湖北善後局石印本　四冊

110000－0182－0003313　待 1195
題奏事件　(清)□□撰　清乾隆三十八年(1773)公慎堂木活字印本　一冊　存乾隆三十七年九月初一日至九月二十九日

110000－0182－0003314　待 1198
新聞報　(清)新聞報社編　清光緒二十八年(1902)新聞報社鉛印本　一冊

110000－0182－0003315　待 1201
悅心集五卷　(清)世宗胤禛撰　清乾隆至嘉慶刻本　二冊

110000－0182－0003316　待 1202
列女傳十六卷　(漢)劉向撰　(明)仇英繪　明萬曆刻本　一冊　存二卷(卷一之二十六至五十七葉、卷二)

110000－0182－0003317　待 1203
御製資政要覽三卷後序一卷　(清)世祖福臨撰　清順治十二年(1655)內府刻本　三冊　存三卷(二至三、後序一卷)

110000－0182－0003318　待 1204
御選唐宋文醇五十八卷　(清)高宗弘曆選　清乾隆三年(1738)內府刻本　一冊　存三卷(二至四)

110000－0182－0003319　待 1206
寶綸堂集十卷拾遺一卷　(清)陳洪綬撰　清光緒會稽董氏取斯堂木活字印本　四冊　存七卷(五至十、拾遺一卷)

110000－0182－0003320　待 1207
青在堂梅譜　(清)王概　(清)王蓍　(清)王臬繪　清道光至同治刻本　二冊

110000－0182－0003321　待 1208
審音鑒古錄不分卷　(清)□□編　清道光王繼善刻本　二冊　存西廂記、紅梨記

110000－0182－0003322　待 1209
方氏墨譜六卷　(明)方于魯撰　明萬曆方氏美蔭堂刻本　一冊　存一卷(五)

110000－0182－0003323　待 1210
芥子園畫傳五卷　(清)王槩等摹編　清中期刻本　一冊

110000－0182－0003324　待 1211
青在堂翎毛花菓譜　(清)王槩等繪　清刻彩色套印本　一册　存一册(下)

110000－0182－0003325　待 1213
寶祐四年登科錄　(宋)□□編　清乾隆至嘉慶抄本　一册

110000－0182－0003326　待 1215
預備立憲公會報第八期　(清)□□編　清光緒三十四年(1908)鉛印本　一册

110000－0182－0003327　待 1216(1)
徵存未解部文及交代限期則例　(清)□□編　清光緒十三年(1887)刻本　一册

110000－0182－0003328　待 1216(2)
徵存未解部文及交代限期則例　(清)□□編　清光緒十三年(1887)刻本　一册

110000－0182－0003329　待 1218
海防圖論　(明)胡宗憲撰　清中晚期抄本　一册

110000－0182－0003330　待 1219
步天歌　(清)□□撰　清抄本　一册

110000－0182－0003331　待 1220
制科試卷　(清)麥瑞芳撰　清同治元年(1862)石印本　一册

110000－0182－0003332　待 1222
重刻濟陽江氏宗譜　(宋)江清儉等修　明崇禎三年(1630)歙州江氏刻本　一册

110000－0182－0003333　待 1223
明刻尚畏公家慶圖　(明)趙光抃撰　明崇禎刻本　一册　存一葉

110000－0182－0003334　待 1224
硃批諭旨　(清)世宗胤禛批　清乾隆三年(1738)内府刻本　二册

110000－0182－0003335　待 1226(1)
皇朝府廳州縣全圖　(清)程祖慶編　清咸豐七年(1857)刻本　一册

110000－0182－0003336　待 1226(2)
山東省全圖　(清)□□編　清末石印本　一册

110000－0182－0003337　待 1228
農工商部奏辦京師自來水有限公司招股簡章　(清)□□編　清光緒三十四年(1908)鉛印本　一册

110000－0182－0003338　待 1229
大清光緒二年歲次丙子時憲書　(清)欽天監編　清光緒元年(1875)刻本　一册

110000－0182－0003339　待 1230
青浦張氏景周義莊全案　(□)□□撰　清宣統三年(1911)鉛印本　一册

110000－0182－0003340　待 1233
奏遵旨收回粤漢鐵路照繕美國合興公司售讓合同進呈瀝陳籌辦情形摺　(清)張之洞撰　清光緒三十一年(1905)鈐印本　一册

110000－0182－0003341　待 1234
中俄界務沿革一覽表　(清)□□編　清末石印本　一册

110000－0182－0003342　待 1237
贈太子少保予謚壯敏福公暨弟壯武列傳　(清)□□撰　清宣統三年(1911)石印本　一册

110000－0182－0003343　待 1245
中外日報　(清)中外日報社編　清光緒三十一年(1905)鉛印本　二册

110000－0182－0003344　待 1246
湖北商務報　(清)湖北商務報館編　清光緒二十五年(1899)湖北商務報館鉛印本　一册

110000－0182－0003345　待 1248
國風日報　(清)國風日報社編　清宣統三年(1911)北京國風日報社鉛印本　一册

110000－0182－0003346　待 1250
格致新報創刊號　(清)上海格致新報館編　清光緒二十四年(1898)上海商務印書館鉛印本　一册

110000－0182－0003347　待 1252

漢口日報 (清)漢口日報社編 清光緒二十八年(1902)武昌漢口日報社鉛印本 一冊

110000－0182－0003348 待1259
不纏足會畫報 (清)宋敦甫編 清光緒三十二年(1906)武昌不纏足會石印本 一冊

110000－0182－0003349 待1300
中俄國界圖 (清)□□繪 清末石印本 一冊

110000－0182－0003350 待1326
河南省圖 (清)劉恂繪 清同治九年(1870)刻本 一冊

110000－0182－0003351 待1341
王文敏公懿榮篆書聯 (清)王懿榮撰 清光緒寫本 二冊

110000－0182－0003352 待1371
巢經巢遺文五卷 (清)鄭珍撰 清光緒十九年(1893)貴筑高氏資州官署刻本 三冊

110000－0182－0003353 待1379
劉鼇石先生文集十二卷 (清)劉坊撰 清康熙六十年(1721)杭州周維慶刻本 一冊 存四卷(九至十二)

110000－0182－0003354 待1381
新輯繪圖彭公案全傳四卷一百回 (清)貪夢道人撰 清末石印本 一冊 存三十回(二十一至五十)

110000－0182－0003355 待1382
讀書續錄十二卷 (明)薛瑄撰 清嘉慶二十一年(1816)刻紀慎齋先生全集本 一冊 存四卷(一至四)

110000－0182－0003356 待1383
關杯堂詩集 (清)杯隱撰 清光緒三十年(1904)鉛印本 一冊

110000－0182－0003357 待1384
榴實山莊詩鈔六卷 (清)吳存義撰 清光緒刻本 一冊 存三卷(三至五)

110000－0182－0003358 待1385
漁洋山人詩集二十二卷續集十六卷 (清)王士禛撰 清康熙刻本 一冊 存四卷(續集十三至十六)

110000－0182－0003359 待1386
明史紀事本末八十卷 (清)谷應泰撰 清同治至光緒刻本 三冊 存六卷(十至十五)

110000－0182－0003360 待1388
跋南雷文定一卷 (清)方東樹著 清宣統元年(1909)江浦陳氏刻本 一冊

110000－0182－0003361 待1389
陳文恭公手札節要三卷 (清)陳弘謀撰 清同治刻本 一冊

110000－0182－0003362 待1392
唐書二百二十五卷 (宋)歐陽修 (宋)宋祁等撰 清刻本 一冊 存一卷(本紀第五)

110000－0182－0003363 待1393
御撰資治通鑑綱目三編二十卷 (清)張廷玉等纂 清嘉慶至咸豐刻本 六冊

110000－0182－0003364 待1395
毛詩二十卷 (漢)毛亨傳 (漢)鄭玄箋 清道光至咸豐刻本 二冊 存十二卷(四至十五)

110000－0182－0003365 善1070
禮記旁訓六卷 (明)李恕撰 明萬曆陳大科刻本 十二冊

110000－0182－0003366 待1402
晏元獻公集 (宋)晏殊撰 清末抄本 一冊

110000－0182－0003367 待1403
前定錄一卷 (唐)鍾輅撰 清末刻本 一冊

110000－0182－0003368 待1404
金石存十五卷 (清)吳玉搢纂 清末石印本 一冊

110000－0182－0003369 待1405
繡像九美圖全傳十二卷七十五回 (清)曹春江編 清道光刻本 一冊 存一卷一回(卷五第二十五回)

110000－0182－0003370 待1406

寄園寄所寄十二卷 （清）趙起士撰 清光緒至宣統刻本 一册 存一卷（七）

110000－0182－0003371 待 1408
困學紀聞注二十卷 （宋）王應麟撰 （清）翁元圻輯 清咸豐刻本 二册 存四卷（九至十二）

110000－0182－0003372 待 1409
夷堅志十集二十卷 （宋）洪邁撰 清中期刻本 四册 存二集（丁、戊）

110000－0182－0003373 待 1410
定盦文集補二卷 （清）龔自珍撰 清宣統二年（1910）上海掃葉山房石印本 一册

110000－0182－0003374 待 1411
繡像荊釵全傳六卷二十回 （清）黄彦光撰 清光緒刻本 一册 存二卷三回（卷三第九至十回、卷四第十一回）

110000－0182－0003375 待 1412
責備餘談二卷附録一卷 （明）方鵬撰 清知不足齋刻本 二册

110000－0182－0003376 待 1413
丙寅北行日譜一卷 （明）朱祖文撰 清嘉慶二十三年（1818）知不足齋刻本 一册

110000－0182－0003377 待 1414
國史經籍志六卷 （明）焦竑輯 清咸豐元年（1851）伍崇曜刻粤雅堂叢書本 一册 存一卷（三）

110000－0182－0003378 待 1415
漁隱叢話前集六十卷後集四十卷 （宋）胡仔編 清道光刻海山僊館叢書本 一册 存十二卷（漁隱叢話前集十二至二十三）

110000－0182－0003379 待 1416
蘇米齋蘭亭考八卷 （清）翁方綱撰 清咸豐三年（1853）伍崇曜刻粤雅堂叢書本 一册 存三卷（一至三）

110000－0182－0003380 待 1417
碧血録二卷 （明）黄煜輯 清乾隆至嘉慶刻知不足齋叢書本 一册

110000－0182－0003381 待 1418
紅樓夢一百二十回 （清）曹霑 （清）高鶚撰 清咸豐至同治刻本 一册 存五回（四十六至五十）

110000－0182－0003382 待 1419
叔苴子外編二卷 （明）莊元臣撰 清咸豐伍崇曜刻粤雅堂叢書本 一册

110000－0182－0003383 待 1420
三通考詳節 （清）嚴虞惇 （清）平陽主人節録 清光緒二十七年（1901）上海鴻寶齋石印本 四册 存十九卷（文獻通考詳節二十至二十四、皇朝文獻通考詳節七至九、欽定續文獻通考詳節一至十一）

110000－0182－0003384 待 1423
思補堂文集一卷 （清）劉星煒撰 清光緒刻本 一册

110000－0182－0003385 待 1434
養一齋文集二十卷 （清）李兆洛撰 清光緒四年（1878）刻本 八册

110000－0182－0003386 待 1438
顯志堂稿十二卷家傳一卷墓誌銘一卷祭文一卷崇禮録一卷 （清）馮桂芬撰 清光緒二年（1876）校邠廬刻本 八册

110000－0182－0003387 待 1440
藝風堂文集七卷外篇一卷 繆荃孫撰 清光緒二十六年至二十七年（1900－1901）刻本 四册

110000－0182－0003388 待 1442
雪蕉齋詩鈔四卷補編一卷附録一卷 （清）王德馨撰 清光緒二十六年至三十年（1900－1904）刻本 三册

110000－0182－0003389 待 1443
思綺堂文集十卷 （清）章藻功撰 清聚錦堂刻本 十二册

110000－0182－0003390 待 1444
蘇盦文録二卷駢文録五卷詩録八卷詞録一卷 （清）楊葆光撰 清光緒九年（1883）杭州刻

本　五册

110000－0182－0003391　待 1446

蘭韻堂詩集十二卷　(清)沈初撰　清乾隆五十九年(1794)刻本　四册

110000－0182－0003392　待 1447

關中金石記八卷　(清)畢沅撰　清乾隆四十六年(1781)經訓堂刻經訓堂叢書本　二册

110000－0182－0003393　待 1451

水經注圖一卷附録一卷　(清)汪士鐸撰　清咸豐十一年(1861)益陽胡林翼刻本　一册

110000－0182－0003394　待 1452

史通通釋二十卷舉例一卷　(唐)劉知幾撰　(清)浦起龍釋　清末翰墨園刻本　八册　存十八卷(一至十八)

110000－0182－0003395　待 1455

武陽德政錄　(清)溫鳳樓編　清同治六年(1867)刻本　一册

110000－0182－0003396　待 1456

後漢書一百二十卷　(南朝宋)范曄撰　(唐)李賢注　清光緒刻本　一册　存七卷(三十三至三十九)

110000－0182－0003397　待 1457

新刻劍嘯閣批評西漢演義傳八卷　(明)甄偉撰　(明)鍾惺評　明末清初刻本　一册　存一卷(三)

110000－0182－0003398　待 1458

讀左補義五十卷　(清)姜炳璋輯　(清)毛昇增參　清光緒二十八年(1902)刻本　二册　存七卷(四十四至五十)

110000－0182－0003399　待 1459

四書諸儒輯要四十卷　(清)李沛霖輯　清嘉慶至道光三樂齋刻本　一册　存一卷(孟子八)

110000－0182－0003400　待 1460

北洋大學堂管理規則　(清)蔡儒楷編　清光緒三十二年(1906)鉛印本　一册

110000－0182－0003401　待 1461

賦役全書　(清)王宏祚編　清順治十四年(1657)刻本　一册

110000－0182－0003402　待 1462(1)

書經體注大全合參六卷　(清)范翔鑒定　(清)錢希祥纂　清末善成堂刻本　四册

110000－0182－0003403　待 1462(2)

書經六卷　(宋)蔡沈集傳　清同治五年(1866)聚盛堂刻本　一册　存一卷(一)

110000－0182－0003404　待 1464

認禮切要　(清)馬啟榮編　清光緒元年(1875)刻本　一册

110000－0182－0003405　待 1466

四書大全　(明)胡廣等撰　清雍正刻本　一册　存一卷(論語二)

110000－0182－0003406　待 1471

皇甫誕碑　(唐)于志寧撰文　(唐)歐陽詢書　清拓本　一册

110000－0182－0003407　待 1477(1)

大清咸豐十年歲次庚申時憲書　(清)欽天監編　清咸豐九年(1859)刻本　一册

110000－0182－0003408　待 1477(10)

大清光緒三十四年歲次戊申時憲書　(清)欽天監編　清光緒三十三年(1907)刻本　一册

110000－0182－0003409　待 1477(11)

大清光緒三十五年歲次己酉時憲書　(清)欽天監編　清光緒三十四年(1908)刻本　一册

110000－0182－0003410　待 1477(12)

大清光緒三十五年歲次己酉時憲書　(清)欽天監編　清光緒三十四年(1908)刻本　一册

110000－0182－0003411　待 1477(13)

大清宣統元年歲次己酉時憲書　(清)欽天監編　清宣統元年(1909)刻本　一册

110000－0182－0003412　待 1477(14)

大清宣統二年歲次庚戌時憲書　(清)欽天監編　清宣統元年(1909)刻本　一册

110000－0182－0003413　待 1477(15)

大清道光四年歲次甲申時憲書　(清)欽天監編　清道光三年(1823)刻本　一冊

110000－0182－0003414　待1477(16)
大清道光十八年歲次戊戌時憲書　(清)欽天監編　清道光十七年(1837)刻本　一冊

110000－0182－0003415　待1477(2)
大清同治元年歲次壬戌時憲書　(清)欽天監編　清同治元年(1862)刻本　一冊

110000－0182－0003416　待1477(3)
大清咸豐四年歲次甲寅時憲書　(清)欽天監編　清咸豐三年(1853)刻本　一冊

110000－0182－0003417　待1477(4)
大清光緒三十一年歲次乙巳時憲書　(清)欽天監編　清光緒三十年(1904)刻本　一冊

110000－0182－0003418　待1477(5)
大清光緒三十三年歲次丁未時憲書　(清)欽天監編　清光緒三十二年(1906)刻本　一冊

110000－0182－0003419　待1477(6)
大清光緒二十八年歲次壬寅時憲書　(清)欽天監編　清光緒二十七年(1901)刻本　一冊

110000－0182－0003420　待1477(7)
大清光緒二十六年歲次庚子時憲書　(清)欽天監編　清光緒二十五年(1899)刻本　一冊

110000－0182－0003421　待1477(8)
大清光緒二十七年歲次辛丑時憲書　(清)欽天監編　清光緒二十六年(1900)刻本　一冊

110000－0182－0003422　待1477(9)
大清光緒三十四年歲次戊申時憲書　(清)欽天監編　清光緒三十三年(1907)刻本　一冊

110000－0182－0003423　待1478
兩漢策要十二卷　(宋)陶叔獻輯　清乾隆五十六年(1791)如皋張朝樂刻本　六冊

110000－0182－0003424　待1487
學仕錄十六卷　(清)戴肇辰輯　清同治六年(1867)刻本　八冊

110000－0182－0003425　待1488
式敬編五卷　(清)楊景仁輯　清光緒十四年(1888)四川臬署刻本　二冊

110000－0182－0003426　待1489
文美齋詩箋譜　(清)張兆祥繪　清宣統三年(1911)張氏文美齋刻彩色套印本　二冊

110000－0182－0003427　待1490
蜀典十二卷　(清)張澍編輯　清光緒二年(1876)尊經書院刻本　四冊

110000－0182－0003428　待1491
滇海虞衡志十三卷　(清)檀萃撰　(清)師範校　清嘉慶九年(1804)刻本　二冊

110000－0182－0003429　待1492
寶刻叢編二十卷　(宋)陳思輯　清光緒十四年(1888)歸安陸氏刻本　十冊

110000－0182－0003430　待1493
度支部試辦宣統三年預算案總表　(清)度支部編　清宣統石印本　一冊

110000－0182－0003431　待1495
羅道方日記(清光緒十三年一月至五月)　(清)方濬師著　清光緒十三年(1887)稿本　一冊

110000－0182－0003432　待1500
山海經箋疏十八卷圖贊一卷訂譌一卷敘錄一卷　(晉)郭璞注　(清)郝懿行箋疏　清光緒十七年(1891)上海五彩公司石印本　六冊

110000－0182－0003433　待1501
四書翼注論文三十卷　(清)張甄陶撰　清同治七年(1868)緯文堂刻本　十冊

110000－0182－0003434　待1933
增補蘇批孟子二卷年譜一卷　(宋)蘇洵原批　(清)趙大浣增補　清刻本　二冊

110000－0182－0003435　待1939
詩餘　(清)趙執信等撰　清末抄本　一冊

110000－0182－0003436　待1940
誥授光祿大夫晉贈太子少保兵部尚書右都御史總督閩浙提督軍務謚勤襄顯考葆巖府君行述　(清)英和填諱　(清)方傳穆編　清嘉慶

二十年至二十五年(1815－1820)抄本　一册

110000－0182－0003437　待 1942
芙蓉山館尺牘十六卷首一卷　(清)楊芳燦撰　清末抄本　二册　存二卷(十二至十三)

110000－0182－0003438　待 1943
青樓烈傳奇　(清)勺園填詞　清末抄本　一册

110000－0182－0003439　待 1944
牧齋初學集詩鈔　(清)錢謙益撰　清末抄本　一册

110000－0182－0003440　待 1946
九通全書　(清)徐瑞撰　清光緒二十八年(1902)貫吾齋石印本　一百三十册

110000－0182－0003441　待 1947
映月軒日記(清同治二年至光緒三年)　(清)孫尚紱撰　清稿本　六册

110000－0182－0003442　待 1952
綱鑑易知錄摘抄　(清)吳乘權等輯　清道光至咸豐抄本　一册

110000－0182－0003443　待 2000
紉齋畫賸　(清)陳允升繪　清光緒二年(1876)陳氏得古歡室刻本　二册

110000－0182－0003444　待 2001
紉齋畫賸　(清)陳允升繪　清光緒陳氏得古歡室刻本　二册

110000－0182－0003445　待 2002
古微書三十六卷　(明)孫瑴著錄　清光緒十四年(1888)對山問月樓刻本　六册

110000－0182－0003446　待 2003
增補事類統編九十三卷　(清)黄葆真增輯　清光緒十二年(1886)石印本　十二册

110000－0182－0003447　待 2004
淮揚水利圖說一卷　(清)馮道立著　清道光十九年(1839)西園刻本　一册

110000－0182－0003448　待 2005
勳章圖　(清)□□編　清末鉛印本　一册

110000－0182－0003449　待 2007
有賀博士日清戰役中之國際法論　(日本)有賀長雄著　清末陸軍部承政司印刷所鉛印本　一册

110000－0182－0003450　待 2010
五子行孝　(清)□□撰　清光緒十年(1884)刻本　一册

110000－0182－0003451　待 2012
制科試卷　(清)于建章撰　清同治刻本　一册

110000－0182－0003452　待 2013
制科試卷　(清)吳鳳藻撰　清咸豐刻本　二册

110000－0182－0003453　待 2015
槐廳續筆　(清)法式善撰　清嘉慶刻本　一册

110000－0182－0003454　待 2016
蒙古律例十二卷　(清)□□編　清刻本　二册

110000－0182－0003455　待 2017
太平御覽　(宋)李昉等編纂　明萬曆二年(1574)刻本　二册　存三卷(六百九十三至六百九十五)

110000－0182－0003456　待 2018
輿地釋要　(清)□□撰　清抄本　一册

110000－0182－0003457　史 2858
欽定憲法大綱講義　楊廷棟編　清宣統二年(1910)上海商務印書館鉛印本　一册

110000－0182－0003458　史 2862
崇文門商税公牘　清光緒稿本　二册

110000－0182－0003459　史 2863
滇南名宦傳十卷　(清)秦光玉編　清末鉛印本　五册

110000－0182－0003460　史 2864
地理圖　(清)□□輯　清嘉慶十三年(1808)稿本　一册

110000－0182－0003461　史 2871
新聞報時務通論三十二卷　金煦生輯　清光緒新聞報館鉛印本　八册

110000－0182－0003462　史 2872
吴中平寇記八卷　(清)錢勖撰　清光緒元年(1875)申報館鉛印本　二册

110000－0182－0003463　史 2879
中外時務策問類編大成三十二卷首一卷　(清)求是齋主人輯　清光緒二十九年(1903)求是齋石印本　十二册

110000－0182－0003464　史 2880
時務經濟新論六卷　(英國)李提摩太著　(清)仲英輯　清光緒二十三年(1897)上海書局石印本　六册

110000－0182－0003465　史 2883
孫子十家注十三卷　(春秋)孫武撰　(三國魏)武帝曹操等注　(宋)吉天保輯　(清)王詒壽校　**遺説一卷**　(宋)鄭友賢撰　**敘録一卷**　(清)畢以珣撰　清光緒三年(1877)浙江書局刻本　八册

110000－0182－0003466　史 2891
大清律例總類徒三年一卷　(清)□□編　清抄本　一册

110000－0182－0003467　史 2898
中國文明小史十五章　(日本)田口卯吉撰　劉陶譯　清光緒二十八年(1902)上海廣智書局鉛印本　一册

110000－0182－0003468　史 2902
各國名人事略二十卷　雷瑨編輯　清光緒三十一年(1905)硯耕山莊石印本　六册

110000－0182－0003469　史 2905
盛世危言續編四卷　鄭觀應輯　清光緒二十二年(1896)上海書局石印本　四册

110000－0182－0003470　史 2915
險異圖略　(清)谷真子(豫師)撰　清光緒十四年(1888)石印本　一册

110000－0182－0003471　史 2917
光緒十一年乙酉恩科湖北文鄉試錄　(清)馮光遹等纂輯　清光緒刻本　一册

110000－0182－0003472　史 2918
明律集解附例三十卷　(□)□□輯　清光緒三十四年(1908)修訂法律館刻本　十册

110000－0182－0003473　史 2919
明會要八十卷　(清)龍文彬著　清光緒廣雅書局刻本　二十册

110000－0182－0003474　史 2921
東華續錄六十九卷(清咸豐)　王先謙纂輯　清光緒十八年(1892)圖書集成印書局石印本　十六册

110000－0182－0003475　史 2924
清國行政法四編　(日本)織田萬撰　(清)陳興年等譯　清光緒三十二年(1906)上海廣智書局鉛印本　一册

110000－0182－0003476　史 0294(1)
訓俗遺規四卷補編一卷　(清)陳弘謀輯　(清)華希閔補編　清光緒三十四年(1908)學部圖書局石印本　四册

110000－0182－0003477　史 0294(2)
訓俗遺規四卷補編一卷　(清)陳弘謀輯　(清)華希閔補編　清光緒三十四年(1908)學部圖書局石印本　四册

110000－0182－0003478　史 2941
東華續錄一百卷(清同治)　王先謙纂輯　清光緒二十四年(1898)文瀾書局石印本　二十四册

110000－0182－0003479　史 2942
聖門諸賢輯傳　(清)查光泰輯　清光緒刻本　一册

110000－0182－0003480　史 2945
漢律類纂　張鵬一撰　清抄本　一册

110000－0182－0003481　史 2951
新爾雅十四卷　(清)汪榮寶　(清)葉瀾編纂　清光緒三十一年(1905)鉛印本　一册

110000－0182－0003482　史 2952

經略洪承疇奏對筆記　(清)洪承疇撰　清末鉛印本　一冊

110000－0182－0003483　史2955
南洋勸業會觀會指南　南洋勸業會事務所編纂　清宣統二年(1910)鉛印本　一冊

110000－0182－0003484　史2956
中國歷史教科書四卷　姚祖義編　清宣統元年(1909)商務印書館鉛印本　二冊

110000－0182－0003485　史2957
國民讀本二卷　朱樹人編撰　清末鉛印本　二冊

110000－0182－0003486　史2961
康熙政要二十四卷　章梫纂　清宣統二年(1910)鉛印本　十二冊

110000－0182－0003487　史2968(1)
大清光緒新法令十三類　(清)商務印書館編譯所編　清宣統二年(1910)商務印書館鉛印本　二十冊

110000－0182－0003488　史2968(2)
大清宣統新法令附大清光緒宣統新法令分類總目　(清)商務印書館編譯所編　清宣統二年(1910)鉛印本　二十五冊

110000－0182－0003489　史2970
刑錢必覽十卷錢穀備要十卷　(清)王又槐輯　清嘉慶十九年(1814)刻本　十二冊

110000－0182－0003490　史2976
道光二十六年順天鄉試錄一卷　清道光刻本　一冊

110000－0182－0003491　史2993
道光朝禁煙諭旨(東華續錄節抄)　(清)許玨謹記　清京師官書局鉛印本　一冊

110000－0182－0003492　史2997(1)
中國魂二卷　梁啟超編輯　清光緒二十八年(1902)上海廣智書局刻本　二冊

110000－0182－0003493　史2997(2)
中國魂二卷　梁啟超編輯　清光緒二十九年(1903)上海廣智書局刻本　二冊

110000－0182－0003494　史3000
同治以來督撫表　吳廷燮編　清光緒三十年(1904)鉛印本　一冊

110000－0182－0003495　董0002
歷代名人年譜十卷　(清)吳榮光編　清光緒二年(1876)北京京都寶經書坊刻本　十冊

110000－0182－0003496　董0003
廿一史四譜五十四卷　(清)沈炳震撰　清同治十年(1871)清來堂刻本　十六冊

110000－0182－0003497　董0004
廿二史劄記三十六卷　(清)趙翼撰　清嘉慶五年(1800)刻本　十二冊

110000－0182－0003498　董0005
鐵華館叢書六種　(清)蔣鳳藻輯　清光緒九年至十年(1883－1884)長洲蔣鳳藻刻本　六冊

110000－0182－0003499　董0006
張氏適園叢書初集　張鈞衡輯　清宣統三年(1911)上海國學扶輪社鉛印本　十冊

110000－0182－0003500　董0007
國朝文匯甲前集二十卷甲集六十卷乙集七十卷丙集三十卷丁集二十卷　(清)國學扶輪社編　清宣統元年(1909)上海國學扶輪社石印本　一百一冊

110000－0182－0003501　董0008
涵芬樓古今文鈔一百卷　吳曾祺纂錄　清宣統二年(1910)上海商務印書館鉛印本　一百冊

110000－0182－0003502　董0010
玉函山房輯佚書一百卷　(清)馬國翰纂錄　清光緒十五年(1889)李元琟刻本　八十冊

110000－0182－0003503　董0016
瀛奎律髓四十九卷　(元)方回選　清康熙五十一年(1712)吳寶芝黃葉村莊刻本　十冊

110000－0182－0003504　董0017
古文苑二十一卷　(宋)章樵註　清光緒十二年(1886)金陵江蘇書局刻本　四冊

110000－0182－0003505　董 0018
續古文苑二十卷　(清)孫星衍輯　清光緒九年(1883)江蘇書局刻本　六册

110000－0182－0003506　董 0019
史姓韻編六十四卷　(清)汪輝祖輯　(清)馮祖憲重校　清同治九年(1870)南京金陵書局木活字印本　二十四册

110000－0182－0003507　董 0020
嶺南三大家詩選二十四卷　(清)王隼選　清同治七年(1868)南海陳氏刻本　五册

110000－0182－0003508　董 0021
故唐律疏議三十卷附釋文　(唐)長孫無忌等撰　清嘉慶十二年(1807)蘭陵孫氏刻本　七册

110000－0182－0003509　董 0022
杜律啟蒙十二卷首一卷　(唐)杜甫撰　(清)邊連寶集注　清乾隆四十二年(1777)刻本　六册

110000－0182－0003510　董 0023
杜詩鏡銓二十卷　(唐)杜甫撰　(清)楊倫注　清同治十一年(1872)望三益齋刻本　十二册

110000－0182－0003511　董 0024
讀史方輿紀要輿圖要覽一百三十卷　(清)顧祖禹撰　(清)彭元瑞校　清光緒五年(1879)蜀南桐華書屋薛氏家塾刻本　六十四册

110000－0182－0003512　董 0025
杜詩鏡銓二十卷附錄一卷　(唐)杜甫撰　(清)楊倫注　清乾隆五十七年(1792)九柏山房刻本　八册

110000－0182－0003513　董 0027
皇朝經世文續編一百二十卷　(清)盛康輯　清光緒二十三年(1897)武進盛氏思補樓刻本　八十册

110000－0182－0003514　董 0048
兩漢雋言前集十卷　(宋)林越輯　**兩漢雋言後集六卷**　(明)凌迪知輯　明萬曆刻本　四册

110000－0182－0003515　董 0051
太史升庵遺集二十六卷　(明)楊慎撰　清道光二十四年(1844)景清堂刻本　六册

110000－0182－0003516　董 0062
白氏長慶集七十一卷目錄二卷附錄一卷　(唐)白居易撰　明萬曆三十四年(1606)馬元調刻本　十七册

110000－0182－0003517　董 0063
元氏長慶集六十卷補遺六卷附錄一卷　(唐)元稹撰　明萬曆三十二年(1604)馬元調刻本　三册

110000－0182－0003518　董 0065
施注蘇詩四十二卷總目二卷　(宋)蘇軾撰　清康熙刻本　十册

110000－0182－0003519　董 0066
綏寇紀略十二卷　(清)吳偉業纂輯　清康熙十三年(1674)鄒式金刻本　四册

110000－0182－0003520　董 0070
古文淵鑒六十四卷　(清)徐乾學等編注　清康熙四十九年(1710)内府刻本　四十册

110000－0182－0003521　董 0076
全唐詩九百卷目錄十二卷　(清)曹寅等編　清康熙四十四年至四十五年(1705－1706)揚州詩局刻本　一百二十册

110000－0182－0003522　董 0087
沈歸愚詩文全集十五種　(清)沈德潛撰　清乾隆教忠堂刻本　二十册

110000－0182－0003523　董 0091
羣學肄言十六篇　(英國)斯賓塞爾造論　嚴復譯　清光緒二十九年(1903)上海文明編譯局鉛印本　四册

110000－0182－0003524　董 0094
春雨樓叢書七種　(清)朱士端輯　清同治元年至四年(1862－1865)寶應朱氏刻本　六册

110000－0182－0003525　董 0097
唐賢三昧集三卷　(清)王士禛輯　清光緒九

年(1883)翰墨園刻本　三冊

110000－0182－0003526　董 0099
國粹學報　(清)國粹學報館編　清光緒三十一年至宣統二年(1905－1910)上海國粹學報館鉛印本　七十四冊　存七十四期(一至七十四)

110000－0182－0003527　董 0100
唐詩紀事八十一卷　(宋)計有功撰　明崇禎五年(1632)常熟毛氏汲古閣刻本　二十二冊

110000－0182－0003528　董 0104
文選六十卷　(南朝梁)蕭統編　(唐)李善注　清光緒二十一年(1895)上海古香閣石印本　十二冊

110000－0182－0003529　董 0109
談藝珠叢二十七種　(清)王啟原輯　清光緒十一年(1885)長沙玉尺山房刻本　十四冊

110000－0182－0003530　董 0115
陳臥子先生安雅堂稿十五卷　(明)陳子龍撰　清宣統元年(1909)上海時中書局鉛印本　三冊

110000－0182－0003531　董 0116
船山詩草二十卷　(清)張問陶撰　清宣統二年(1910)上海掃葉山房石印本　六冊

110000－0182－0003532　董 0136
聊齋志異遺稿四卷附錄一卷　(清)蒲松齡撰　清光緒四年(1878)京都聚珍堂木活字印本　二冊

110000－0182－0003533　董 0137
詳註聊齋志異圖詠十六卷首一卷　(清)蒲松齡撰　清光緒上海同文書局石印本　八冊

110000－0182－0003534　董 0169
編珠四卷　(隋)杜公瞻撰　(清)高士奇增補　清末刻本　二冊

110000－0182－0003535　董 0172
莊子集釋十卷　(戰國)莊周撰　(清)郭慶藩輯　清光緒二十年(1894)思賢講舍刻本　一冊

110000－0182－0003536　董 0174
蕙風叢書六種　況周頤撰　清光緒刻本　十二冊

110000－0182－0003537　董 0175
碧聲吟館叢書九種　(清)許善長纂　清光緒三年至十二年(1877－1886)碧聲吟館刻本　十二冊

110000－0182－0003538　董 0177
杜工部集二十卷首一卷　(唐)杜甫撰　清光緒二年(1876)粵東翰墨園刻本　十冊

110000－0182－0003539　董 0178
說文通訓定聲十八卷分部柬韻一卷　(清)朱駿聲撰　清咸豐元年(1851)元和朱孔彰刻同治九年(1870)補刻本　二十四冊

110000－0182－0003540　董 0179
皇朝文獻通考三百卷　(清)嵇璜等修　清光緒八年(1882)浙江書局刻本　一百六十冊

110000－0182－0003541　董 0180
杜工部集二十卷附錄一卷　(唐)杜甫撰　(清)何焯評點　(清)錢謙益箋注　清宣統二年(1910)上海鉛印本　二冊

110000－0182－0003542　董 0181
李太白文集三十二卷　(唐)李白撰　(清)王琦輯註　清乾隆杭州寶笏樓刻本　十二冊

110000－0182－0003543　董 0182
變雅堂遺集詩集十卷文集八卷附錄二卷　(清)杜濬撰　清光緒二十年(1894)黃岡沈氏刻本　六冊

110000－0182－0003544　董 0184
暢園叢書甲函五種　(清)張邁輯　清光緒二十年(1894)四明始豐張氏刻本　四冊

110000－0182－0003545　董 0186
原富五部　(英國)斯密亞丹撰　嚴復譯　清光緒二十八年(1902)上海南洋公學譯書院鉛印本　八冊

110000－0182－0003546　董 0187
杜工部集二十卷諸家詩話一卷唱酬題詠附錄

一卷杜工部集附録一卷少陵年譜一卷　（唐）杜甫撰　（清）錢謙益箋註　清康熙六年（1667）泰興靜思堂刻本　十六冊

110000－0182－0003547　董0189
漁洋山人文略十四卷　（清）王士禛撰　清康熙至乾隆刻本　五冊

110000－0182－0003548　董0190
御批歷代通鑑輯覽一百二十卷　（清）傅恒等撰　清光緒三十年（1904）上海通元書局石印本　二十四冊

110000－0182－0003549　董0191
求實齋叢書十五種　蔣德鈞編　清光緒湘鄉蔣氏求實齋刻本　十冊

110000－0182－0003550　董0192
朔方備乘六十八卷首十二卷　（清）何秋濤撰　清光緒刻本　二十四冊

110000－0182－0003551　董0193
續藏書二十七卷　（明）李贄撰　明末刻本　二十冊

110000－0182－0003552　董0194
高子遺書十二卷附録一卷　（明）高攀龍撰　清光緒二年（1876）無錫東林書院刻本　八冊

110000－0182－0003553　董0198
文子纘義十二卷　（宋）杜道堅撰　清光緒十九年（1893）刻武英殿聚珍版叢書本　四冊

110000－0182－0003554　董0199
李文忠公全集奏稿八十卷朋僚函稿二十卷譯署函稿二十卷遷移蠶池口教堂函稿一卷海軍函稿四卷電稿四十卷首一卷　（清）李鴻章撰　清光緒三十一年至三十四年（1905－1908）金陵書局刻本　一百冊

110000－0182－0003555　董0201
獨漉堂集詩集十六卷文十五卷續編一卷　（清）陳恭尹撰　（清）溫肅編　清末刻本　十冊

110000－0182－0003556　董0204
輟耕録三十卷　（明）陶宗儀撰　明末刻本　六冊

110000－0182－0003557　董0206
重刊宋本夷堅志四集八十卷　（宋）洪邁撰　清光緒五年（1879）吳興陸氏十萬卷樓刻本　十二冊

110000－0182－0003558　董0207
紫荊吟館詩集四卷　（清）曹秉哲撰　清光緒二十五年（1899）番禺曹氏刻本　一冊

110000－0182－0003559　董0209
通典二百卷　（唐）杜佑纂　清咸豐九年（1859）崇仁謝氏刻本　三十二冊

110000－0182－0003560　董0210
文獻通考三百四十八卷目録一卷　（元）馬端臨撰　清咸豐九年（1859）崇仁謝氏刻本　九十六冊

110000－0182－0003561　董0211
梅村詩集箋注十八卷　（清）吳偉業撰　（清）吳翌鳳箋注　清光緒二十二年（1896）新化三味堂刻本　八冊

110000－0182－0003562　董0212
霜紅龕集四十卷　（清）傅山撰　清咸豐四年（1854）王行恕刻本　八冊

110000－0182－0003563　董0213
池北偶談二十六卷　（清）王士禛撰　清康熙刻本　十冊

110000－0182－0003564　董0217
皇朝經世文編一百二十卷　（清）賀長齡輯　清道光七年（1827）善化賀氏刻本　一百三十二冊

110000－0182－0003565　董0222
閱微草堂筆記二十四卷　（清）紀昀撰　清嘉慶二十一年（1816）北平盛氏刻本　十冊

110000－0182－0003566　董0227
隨園詩話十六卷　（清）袁枚撰　清小倉山房刻本　六冊

110000－0182－0003567　董0234
唐代叢書十二集　（清）蓮塘居士（陳世熙）輯

清宣統三年(1911)上海天寶書局石印本　十二册

110000－0182－0003568　董 0250
新方言十一卷附嶺外三州語　章炳麟撰　清宣統三年(1911)文學會社石印本　二册

110000－0182－0003569　董 0333
問影樓輿地叢書第一集十五種　胡思敬編　清光緒三十四年(1908)鉛印本　十册

110000－0182－0003570　董 0342
小方壺齋輿地叢鈔十二帙　王錫祺輯　清光緒十七年(1891)上海著易堂刻本　六十四册

110000－0182－0003571　董 0348
陳眉公批評西廂記原本十卷　(元)王德信(王實甫)撰　(明)陳繼儒評　清宣統三年(1911)上海國學扶輪社影印本　二册

110000－0182－0003572　董 0353
春在堂全書三十八種　(清)俞樾撰輯　清光緒二十八年(1902)德清俞氏刻本　一百六十册

110000－0182－0003573　董 0366
癸巳類稿十五卷　(清)俞正燮撰　清光緒五年(1879)會稽章氏刻本　十二册

110000－0182－0003574　董 0370
西堂全集　(清)尤侗撰　清康熙刻本　六册　存十三卷(一集一至三,二集五至八,三集一至四、七至八)

110000－0182－0003575　董 0372
明詩别裁集十二卷　(清)沈德潛　(清)周準輯　清乾隆五十九年(1794)刻本　六册

110000－0182－0003576　董 0377
重校十三經不貳字　(清)李鴻藻等編　清光緒三年(1877)京都琉璃廠敬業堂刻本　一册

110000－0182－0003577　董 0378
明文在一百卷　(清)薛熙編　清光緒十五年(1889)江蘇書局刻本　十册

110000－0182－0003578　董 0383
二思堂叢書　(清)梁章鉅撰　清光緒元年(1875)福州梁氏刻本　十六册

110000－0182－0003579　董 0384
柏堂遺書　(清)方宗誠撰　清光緒元年至十五年(1875－1889)桐城方氏志學堂刻本　五十册

110000－0182－0003580　董 0385
東萊博議四卷附增補虚字註釋六卷　(宋)吕祖謙撰　(清)張文炳評點　清忠信堂刻本　四册

110000－0182－0003581　董 0386
春秋三十卷興廢一卷提要一卷　(宋)胡安國傳　(宋)蘇軾撰圖說　清康熙十六年(1677)崇道堂刻本　八册

110000－0182－0003582　董 0387
焦氏遺書一百二十四卷　(清)焦循撰　清光緒二年(1876)衡陽魏氏刻本　四十册

110000－0182－0003583　董 0388
御纂詩義折中二十卷　(清)傅恒等撰　清末三義堂刻本　三册

110000－0182－0003584　董 0389
賈氏叢書十二種　(清)賈臻撰輯　清道光、咸豐故城賈氏躬自厚齋刻本　十二册

110000－0182－0003585　董 0391
十三經集字摹本不分卷十三經集字分畫便查一卷韻有經無各字摘錄一卷　(清)彭玉雯纂　清道光二十九年(1849)江右彭玉雯刻本　八册

110000－0182－0003586　董 0392
宋詩紀事補遺一百卷小傳補正四卷　(清)陸心源輯　清光緒十九年(1893)刻本　十二册

110000－0182－0003587　董 0393
元文類七十卷目錄三卷　(元)蘇天爵輯　清光緒十五年(1889)江蘇書局刻本　十册

110000－0182－0003588　董 0394
宋詩紀事一百卷　(清)厲鶚　(清)馬曰琯緝　清乾隆十一年(1746)刻本　三十六册

110000－0182－0003589　董 0396

宋李忠定公文集選奏議十五卷文集二十九卷首四卷 （宋）李綱撰 （明）左光先選 清乾隆二十七年(1762)徐時作補刻明崇禎刻本 十六册

110000－0182－0003590 董0398
柳亭詩話二十七卷 （清）宋長白纂 清康熙天苗園刻本 十四册

110000－0182－0003591 董0400
廣快書五十種五十卷 （明）何偉然 （明）吴從先輯 明崇禎刻本 六册

110000－0182－0003592 董0401
甌北詩話十二卷 （清）趙翼撰 清嘉慶刻本 二册

110000－0182－0003593 董0402
牧齋初學集詩註牧齋有學集詩註二十卷 （清）錢謙益撰 （清）錢曾箋註 清雍正玉詔堂刻本 二十四册

110000－0182－0003594 董0405
而菴説唐詩二十二卷首一卷 （清）徐增撰 清康熙九誥堂刻本 四册

110000－0182－0003595 董0406
白石道人歌曲四卷別集一卷詩集二卷 （宋）姜夔撰 清刻本 四册

110000－0182－0003596 董0408
鄦齋叢書 徐乃昌輯 清光緒二十六年(1900)南陵徐乃昌刻本 十六册

110000－0182－0003597 董0409
快書五十卷 （明）閔景賢纂 （明）周元昌訂 明末刻本 十册

110000－0182－0003598 董0463
述古叢鈔四集 （清）劉晚榮輯 清同治至光緒古岡劉氏藏修書屋刻本 三十八册

110000－0182－0003599 董0583
功順堂叢書 （清）潘祖蔭輯 清光緒吴縣潘氏刻本 二十八册

110000－0182－0003600 董0586
欽定三通考證三種七卷 （清）弘晝等纂 清光緒二十年(1894)浙江書局刻本 五册

110000－0182－0003601 董0587
金石續編二十一卷首一卷 （清）陸耀遹編 清光緒十九年(1893)上海寶善書局石印本 六册

110000－0182－0003602 董0588
左傳紀事本末五十三卷 （清）高士奇撰 清光緒二十四年(1898)湖南思賢書局刻本 十二册

110000－0182－0003603 董0589
通鑑紀事本末二百三十九卷 （宋）袁樞編 清光緒二十四年(1898)湖南思賢書局刻本 六十四册

110000－0182－0003604 董0590
宋史紀事本末一百九卷 （明）馮琦編 清光緒二十四年(1898)湖南思賢書局刻本 二十册

110000－0182－0003605 董0591
元史紀事本末二十七卷 （明）陳邦瞻編 清光緒二十四年(1898)湖南思賢書局刻本 四册

110000－0182－0003606 董0592
明史紀事本末八十卷 （清）谷應泰編 清光緒二十四年(1898)湖南思賢書局刻本 二十册

110000－0182－0003607 董0593
金石萃編一百六十卷 （清）王昶編 清光緒十九年(1893)上海寶善石印本 十八册

110000－0182－0003608 董0594
昌黎先生詩集注十一卷附本傳年譜 （唐）韓愈撰 （清）朱彝尊 （清）何焯評 （清）顧嗣立刪補 清道光十六年(1836)膺德堂刻本 四册

110000－0182－0003609 董0595
小學纂注六卷 （清）高愈纂注 清光緒善成堂刻本 二册

110000－0182－0003610 董0597

大清一統志五百卷　(清)和珅等纂　清光緒二十八年(1902)上海寶善齋石印本　六十冊

110000－0182－0003611　董 0598
木犀軒叢書三十種　(清)李盛鐸輯　清光緒木犀軒刻本　四十八冊

110000－0182－0003612　董 0600
五山草堂初編二卷　(清)龍令憲撰　清光緒三十四年(1908)刻本　一冊

110000－0182－0003613　董 0603
唐才子傳十卷　(元)辛文房撰　清末遵義黎氏珂羅版印本　二冊

110000－0182－0003614　董 0610
桐城吳先生全書五種　(清)吳汝綸撰　清光緒二十九年至三十年(1903－1904)王恩紱刻本　二十冊

110000－0182－0003615　董 0614
歷代輿地沿革險要圖　楊守敬　(清)饒敦秩編　清光緒三十二年(1906)上海中華書局石印本　一冊

110000－0182－0003616　董 0615
玉谿生詩箋註三卷首一卷　(唐)李商隱撰　(清)馮浩編訂　清乾隆四十五年(1780)聚德堂刻本　四冊

110000－0182－0003617　董 0616
樊川詩集四卷外集一卷別集一卷補遺一卷　(唐)杜牧撰　(清)馮浩注　清嘉慶德裕堂刻本　四冊

110000－0182－0003618　董 0617
近思錄集解十四卷　(宋)朱熹編　(宋)葉采集解　清康熙邵仁泓刻本　四冊

110000－0182－0003619　董 0626
富陽夏氏叢刻八種　夏震武　夏鼎武撰輯　清光緒富陽夏氏刻本　四冊

110000－0182－0003620　董 0631
白湖文稿八卷　(清)葉燕撰　清嘉慶二十三年(1818)慈溪葉燕又次居刻本　二冊

110000－0182－0003621　董 0634
佩文韻府一百六卷拾遺一百六卷　(清)張玉書等編　清光緒八年(1882)上海點石齋石印本　十冊

110000－0182－0003622　董 0640
小輞川詩集三卷　(清)王景仁撰　陳步墀選　清宣統元年(1909)鉛印本　一冊

110000－0182－0003623　董 0650
簷曝雜記六卷　(清)趙翼撰　清嘉慶刻本　一冊

110000－0182－0003624　董 0651
桐城吳先生點勘諸子七種　(清)吳汝綸點勘　吳闓生輯　清宣統二年(1910)衍星社鉛印本　十二冊

110000－0182－0003625　董 0697
左文襄公奏疏初編三十八卷續編六十七卷三編六卷　(清)左宗棠撰　清光緒十六年(1890)上海圖書集成局鉛印本　二十冊

110000－0182－0003626　董 0717
重訂廣事類賦四十卷　(清)華希閔撰　清道光四年(1824)劍光閣刻本　八冊

110000－0182－0003627　董 0728
宋稗類鈔三十六卷　(清)潘永因編　清宣統三年(1911)上海藜光社石印本　六冊

110000－0182－0003628　董 0733
皇朝經世文新編二十一卷　麥仲華輯　清光緒上海大同譯書局石印本　二十四冊

110000－0182－0003629　董 0737
皇朝經世文統編一百七卷　(清)□□輯　清光緒二十七年(1901)上海寶善齋石印本　五十二冊

110000－0182－0003630　董 0739
觚賸八卷觚賸續編四卷　(清)鈕琇輯　清宣統三年(1911)上海國學扶輪社鉛印本　六冊

110000－0182－0003631　董 0744
兩當軒全集二十二卷考異二卷附錄四卷　(清)黃景仁撰　清宣統二年(1910)上海掃葉山房石印本　六冊

110000－0182－0003632　董 0746
兩般秋雨盦隨筆八卷　(清)梁紹壬撰　清道光十七年(1837)汪氏振綺堂刻本　八册

110000－0182－0003633　董 0749
直齋書録解題二十二卷　(宋)陳振孫撰　清刻本　十二册

110000－0182－0003634　董 0761
天下郡國利病書一百二十卷　(清)顧炎武撰　清光緒五年(1879)蜀南薛氏桐華書屋刻本　五十六册

110000－0182－0003635　董 0765
太平御覽一千卷目録十五卷　(宋)李昉等纂　清嘉慶十七年(1812)歙縣鮑氏刻本　九十六册

110000－0182－0003636　董 0767
增訂漢魏叢書八十六種　(清)王謨輯　清乾隆五十六年(1791)金溪王氏刻本　九十八册

110000－0182－0003637　董 0775
周易兼義九卷　(三國魏)王弼　(晉)韓康伯注　(唐)孔穎達正義　**音義一卷**　(唐)陸德明撰　**注疏校勘記九卷釋文校勘記一卷**　(清)阮元撰　(清)盧宣旬摘録　**釋音尚書注疏二十卷**　(漢)孔安國傳　(唐)陸德明音義　(唐)孔穎達疏　清光緒三十年(1904)同文升記石印宋本十三經注疏附校勘記本　三册

110000－0182－0003638　董 0783
藏書六十八卷　(明)李贄撰　明萬曆刻本　十四册

110000－0182－0003639　董 0784
集虚草堂叢書十種　李國松輯　清光緒三十年至三十二年(1904－1906)合肥李氏刻本　二十四册

110000－0182－0003640　董 0810
太史升菴全集八十一卷目録二卷附年譜一卷　(明)楊慎撰　清乾隆六十年(1795)周氏養拙山房刻本　二十册

110000－0182－0003641　董 0811
升菴外集一百卷　(明)楊慎撰　清道光二十四年(1844)桂湖刻本　二十二册

110000－0182－0003642　董 0815
桐城吴先生全書七種　(清)吴汝綸撰　清光緒三十年(1904)王恩紱刻本　一册　存一卷(第一種一)

110000－0182－0003643　董 0818
莊子集釋十卷　(戰國)莊周撰　清光緒二十年(1894)思賢講舍刻本　十册

110000－0182－0003644　善 1066
史記纂十二卷　(明)淩稚隆輯　明萬曆七年(1579)刻本　十二册

110000－0182－0003645　董 0824
過秦論　(漢)賈誼撰　(清)盧文弨校　清末鉛印本　一册

110000－0182－0003646　董 0828
邱邦士文鈔二卷　(清)邱維屏撰　清道光十七年(1837)刻本　三册

110000－0182－0003647　董 0829
廿二史劄記三十六卷　(清)趙翼撰　清刻本　一册　存二卷(二十九至三十)

110000－0182－0003648　董 0830
唐人萬首絶句選七卷　(宋)洪邁輯　(清)王士禛選　清光緒江右同文堂刻本　一册

110000－0182－0003649　董 0853
通志二百卷　(宋)鄭樵撰　清乾隆十二年(1747)武英殿刻本　一百十八册

110000－0182－0003650　董 0854
通志二百卷目録一卷　(宋)鄭樵撰　清咸豐九年(1859)崇仁謝氏刻本　一百二十八册

110000－0182－0003651　董 0855
説郛一百二十卷　(明)陶宗儀輯　清順治四年(1647)宛委山堂刻本　一百二十册

110000－0182－0003652　董 0856
校經山房叢書二十七種　(清)朱記榮輯　清光緒三十年(1904)孫谿朱記榮槐廬刻本　三十二册

110000－0182－0003653　董 0857
春秋大事表五十卷輿圖一卷附錄一卷　(清)顧棟高輯　清同治十二年(1873)平遠丁穉璜刻本　二十册

110000－0182－0003654　董 0858
史記一百三十卷　(漢)司馬遷撰　(南朝宋)裴駰集解　(唐)司馬貞索隱　(唐)張守節正義　明嘉靖六年(1527)刻本　三十六册

110000－0182－0003655　董 0859
欽定全唐文一千卷目錄三卷　(清)董誥等編　清嘉慶十九年(1814)武英殿刻本　二百四十册

110000－0182－0003656　董 0861
古逸叢書二十七種　(清)黎庶昌輯　清光緒十年(1884)東京使署遵義黎氏刻本　四十一册

110000－0182－0003657　董 0862
結一廬朱氏賸餘叢書　(清)朱澄輯　清光緒三十一年(1905)仁和朱氏刻本　十四册

110000－0182－0003658　董 0863
通典二百卷　(唐)杜佑纂　清光緒二十二年(1896)浙江書局刻本　五十册

110000－0182－0003659　董 0864
欽定續通典一百五十卷　(清)嵇璜等纂　清光緒十二年(1886)浙江書局刻本　四十册

110000－0182－0003660　董 0865
欽定續通志六百四十卷　(清)嵇璜等纂　清光緒十二年(1886)浙江書局刻本　二百册

110000－0182－0003661　董 0866
欽定續文獻通考二百五十卷　(清)嵇璜等纂　清光緒十三年(1887)浙江書局刻本　一百二十册

110000－0182－0003662　董 0867
皇朝通典一百卷　(清)嵇璜等修　清光緒八年(1882)浙江書局刻本　四十册

110000－0182－0003663　董 0868
文獻通考正續合編三十二卷　(清)盧宣旬編　清光緒十二年(1886)豐城袁氏刻本　三十二册

110000－0182－0003664　董 0869
皇朝通志一百二十六卷　(清)嵇璜纂　清光緒八年(1882)浙江書局刻本　四十册

110000－0182－0003665　董 0870
林文忠公奏議六卷　(清)林則徐撰　清光緒二年(1876)武進盛氏思補樓木活字印本　六册

110000－0182－0003666　董 0871
胡文忠公奏議六卷　(清)胡林翼撰　清光緒二年(1876)武進盛氏思補樓木活字印本　六册

110000－0182－0003667　董 0872
湖北叢書三十種　(清)趙尚輔輯　清光緒十七年(1891)三餘草堂刻本　一百册

110000－0182－0003668　董 0875
十種唐詩選十種　(清)王士禛删纂　清康熙刻本　五册

110000－0182－0003669　董 0876
許學叢書三集十四種　張炳翔輯　清光緒十三年(1887)張氏儀鄦廬刻本　二十四册

110000－0182－0003670　董 0877
五代會要三十卷　(宋)王溥撰　**五代史纂誤三卷**　(宋)吳縝撰　清末江西書局刻武英殿聚珍版叢書本　九册

110000－0182－0003671　董 0879
資治新書初集十四卷首一卷二集二十卷　(清)李漁輯　清寶文堂刻本　十六册

110000－0182－0003672　董 0889
皇朝經世文續編一百二十卷　(清)葛士濬輯　清光緒二十四年(1898)上海宏文閣鉛印本　二十四册

110000－0182－0003673　董 0890
天下郡國利病書一百二十卷　(清)顧炎武撰　清光緒二十七年(1901)上海圖書集成局鉛印本　二十八册

110000－0182－0003674　董 0891

讀史方輿紀要一百三十卷附方輿全圖總說五卷　(清)顧祖禹撰　清光緒二十七年(1901)上海圖書集成局鉛印本　三十二册

110000－0182－0003675　董 0894

欽定古今圖書集成一萬卷目錄三十二卷　(清)陳夢雷　(清)蔣廷錫等編　清光緒十年(1884)上海圖書集成局鉛印本　一千六百二十八册

110000－0182－0003676　董 0895

說郛續四十六卷　(明)陶珽輯　(清)李際期重訂　清順治三年(1646)宛委山堂刻本　四十册

110000－0182－0003677　董 0914

包慎伯手稿　(清)包世臣書　清宣統二年(1910)武昌湖北官書處影印本　一册

110000－0182－0003678　董 0984

清翁常熟書譜　(清)翁同龢書　清宣統二年(1910)影印本　二册

110000－0182－0003679　董 1001

詩話集錦　潘齡皋書　清宣統二年(1910)北京文成堂書莊石印本　一册

110000－0182－0003680　董 1019

初拓美人董氏墓誌銘　(隋)楊秀撰　清光緒上海有正書局影印本　一册

110000－0182－0003681　董 1034

楷法溯源十四卷目錄一卷　(清)潘存輯　楊守敬編　清光緒三年至四年(1877－1878)宜都楊守敬刻本　十五册

110000－0182－0003682　董 1056

漢碑範八卷　張祖翼輯并書　清宣統三年(1911)上海文明書局石印本　一册

110000－0182－0003683　董 1161

芥子園畫傳二集四卷首一卷　(清)王槩等摹編　清乾隆四十七年(1782)蘇州金閶書業堂刻套印本　九册

110000－0182－0003684　董 1238

唐碑四種　(唐)劉珉等書　清末拓本　一册

110000－0182－0003685　董 1245

天馬賦　(宋)米芾書　清拓本　一册

110000－0182－0003686　董 1249

衛景武公碑　(唐)許敬宗撰　清末拓本　一册

110000－0182－0003687　董 1251

龍藏寺碑　(隋)張公禮撰　清中晚期拓本　一册

110000－0182－0003688　董 1254

渤海藏真帖八卷　(明)陳甫伸編次　(明)章鏞模勒　清拓本　七册

110000－0182－0003689　董 1255

古柏行　(唐)杜甫撰　清拓本　一册

110000－0182－0003690　董 1259

八關齋記　(唐)顔真卿撰并正書　清拓本　四册

110000－0182－0003691　董 1267

宗鑒堂法書二卷　(清)金輪選集　清拓本　一册

110000－0182－0003692　董 1269

詒晉齋集錦帖　(清)永瑆書　清末拓本　八册

110000－0182－0003693　董 1270

淳化閣帖十卷　(宋)王著輯　清拓本　十册

110000－0182－0003694　董 1271

御刻三希堂石渠寶笈法帖三十二卷　(清)梁詩正　(清)蔣溥等編　清乾隆十五年(1750)拓本　二册

110000－0182－0003695　董 1274

海山僊館藏真十六卷　(清)潘仁成輯并摹勒　清拓本　十六册

110000－0182－0003696　董 1279

陳香泉墨蹟　(清)陳亦禧書　清初寫本　一册

110000－0182－0003697　董 1280

清人黄璟字小宋畫山水　(清)黄璟繪　清光緒二十四年(1898)繪本　一册

110000－0182－0003698　董 1281

梁山舟墨蹟　(清)梁同書書　清嘉慶十八年(1813)寫本　一册

110000－0182－0003699　董 1282

蕭韶亭墨蹟　(清)蕭九成書　清乾隆四十八年(1783)寫本　一册

110000－0182－0003700　董 1291

明季稗史彙編十六種　(清)留雲居士輯　清北京琉璃廠刻本　十二册

110000－0182－0003701　董 1293

元和郡縣圖志四十卷闕卷逸文一卷補志九卷　(唐)李吉甫撰　(清)孫星衍輯　(清)嚴觀補　清光緒六年(1880)金陵書局刻八年(1882)金陵書局增刻本　八册

110000－0182－0003702　董 1295

飲冰室壬寅叢報　梁啟超編　清光緒二十八年(1902)鉛印本　十二册

110000－0182－0003703　黎 0001

元城先生語錄三卷　(宋)馬永卿編　清光緒二十一年(1895)貴鄉書院刻本　二册

110000－0182－0003704　黎 0012

天台四教儀一卷　(高麗)釋諦觀撰　**始終心要一卷**　(唐)釋湛然述　**天台八教大意一卷**　(隋)釋灌頂撰　清宣統元年(1909)揚州藏經院刻本　一册

110000－0182－0003705　黎 0014

天台四教儀集注十卷　(元)釋蒙潤集　清光緒三十四年(1908)揚州藏經院刻本　四册

110000－0182－0003706　黎 0017

讀通鑑論十六卷附宋論十五卷　(清)王夫之撰　清光緒三十年(1904)上海商務印書館鉛印本　十册

110000－0182－0003707　黎 0020

五經備旨　(清)鄒聖脈輯　清光緒三十年(1904)上海文盛書局石印本　十二册

110000－0182－0003708　黎 0022

五燈會元五十七卷目錄三卷　(宋)釋普濟纂　清光緒三十四年(1908)長沙刻經處刻本　二十册

110000－0182－0003709　黎 0024

五經備旨　(清)鄒聖脈輯　清光緒十五年(1889)上海積山書局石印本　九册

110000－0182－0003710　黎 0025

太上寶筏八卷　(清)黄正元輯　清光緒十八年(1892)上海鴻文書局石印本　八册

110000－0182－0003711　黎 0026

五子近思錄發明十四卷　(宋)朱熹　(宋)呂祖謙撰　(清)施璜注　清英秀堂刻本　十二册

110000－0182－0003712　黎 0030

歷代名人年譜十卷附存疑及生卒年月無考一卷　(清)吳榮光撰　(清)瞿樹辰　(清)吳彌光編校　清咸豐二年(1852)北京琉璃廠晉華書局刻本　十册

110000－0182－0003713　黎 0031

綱鑑總論二卷　(清)□□撰　清光緒二十九年(1903)刻本　一册

110000－0182－0003714　黎 0033

少室山房筆叢四十八卷　(明)胡應麟撰　清光緒二十二年(1896)廣州廣雅書局刻本　十册

110000－0182－0003715　黎 0038

中外紀年通表　(清)齊召南輯　清光緒二十三年(1897)上海著易堂石印本　八册

110000－0182－0003716　黎 0040

船山遺書五十六種補刻五種附校勘記二卷　(清)王夫之撰　清同治四年(1865)金陵湘鄉曾氏刻本　一百一册

110000－0182－0003717　黎 0042

一乘決疑論一卷　(清)彭際清撰　清同治八年(1869)如皋刻經處刻本　一册

110000－0182－0003718　黎 0045

大方廣佛華嚴經八十卷　(唐)釋實叉難陀譯　清金陵刻經處刻本　二十册

110000－0182－0003719　黎 0049

二熊君詩剩二卷　(清)熊其光　(清)熊其英撰　清光緒十七年(1891)刻本　一册

110000－0182－0003720　黎 0051

八宗綱要二卷附禪淨二宗　(日本)釋凝然述　清宣統三年(1911)揚州藏經院刻本　一册

110000－0182－0003721　黎 0063

三通序　蔣德鈞輯　清光緒十四年(1888)蔣氏求實齋刻本　二册

110000－0182－0003722　黎 0064

三通序　蔣德鈞輯　清光緒二十四年(1898)上海理文軒石印本　一册

110000－0182－0003723　黎 0065

三才略　(清)杜詔撰　清光緒二十七年(1901)上海書局石印本　一册

110000－0182－0003724　黎 0070

四書集注十九卷　(宋)朱熹撰　清光緒三十二年(1906)上海商務印書館鉛印本　一册　存二卷(大學、中庸)

110000－0182－0003725　黎 0071

四書集注十九卷　(宋)朱熹撰　清光緒三十二年(1906)上海商務印書館鉛印本　一册　存二卷(大學、中庸)

110000－0182－0003726　黎 0077

大學章句質疑一卷　(清)郭嵩燾著　清光緒十六年(1890)思賢講舍刻本　一册

110000－0182－0003727　黎 0078

大乘起信論科注一卷　(南朝陳)釋真諦譯　清光緒三十年(1904)武昌盧陵黄氏刻本　一册

110000－0182－0003728　黎 0081

大乘止觀法門釋要六卷　(明)釋智旭述　清光緒二十二年(1896)丹徒李培楨刻本　二册

110000－0182－0003729　黎 0084

大方廣圓覺經大疏十六卷首一卷　(唐)釋宗密述　清宣統元年(1909)金陵刻經處刻本　四册

110000－0182－0003730　黎 0093

廣治平略正集三十六卷續集八卷　(清)蔡方炳撰　清光緒十六年(1890)上海廣百宋齋鉛印本　二册　存十七卷(廣治平略正集七至十二、二十六至三十六)

110000－0182－0003731　黎 0096

小學修身教科書　(清)劉劍白著　清光緒三十二年(1906)上海文明書局鉛印本　一册

110000－0182－0003732　黎 0097

大方廣圓覺修多羅了義經二卷　(唐)釋佛陀多羅譯　清同治八年(1869)金陵刻經處刻本　一册

110000－0182－0003733　黎 0098

大方廣圓覺修多羅了義經二卷　(唐)釋佛陀多羅譯　清同治八年(1869)金陵刻經處刻本　一册

110000－0182－0003734　黎 0099

大方廣圓覺修多羅了義經二卷　(唐)釋佛陀多羅譯　清同治八年(1869)金陵刻經處刻本　一册

110000－0182－0003735　黎 0102

小學修身唱歌書七卷　田北湖編著　清光緒三十二年(1906)上海文明書局鉛印本　一册

110000－0182－0003736　黎 0111

中庸直指一卷　(明)釋德清撰　清光緒十年(1884)金陵刻經處刻本　一册

110000－0182－0003737　黎 0119

中論六卷　(□)龍樹菩薩造　(□)青目菩薩釋　(後秦)釋鳩摩羅什譯　清光緒三十三年(1907)刻本　二册

110000－0182－0003738　黎 0127

日知録集釋三十二卷刊誤二卷續刊誤二卷　(清)顧炎武撰　(清)黄汝成集釋　清光緒三年(1877)刻本　十六册

110000－0182－0003739　黎 0136
日本法規解字　董鴻禕　錢恂編纂　清宣統二年(1910)上海商務印書館鉛印本　一冊

110000－0182－0003740　黎 0143
毛詩異文箋十卷　(清)陳玉樹著　清光緒十三年(1887)南菁書院刻本　八冊

110000－0182－0003741　黎 0145
六藝論疏證一卷　(清)皮錫瑞著　清光緒二十五年(1899)刻本　一冊

110000－0182－0003742　黎 0150
文中子中說十卷　(隋)王通撰　(晉)郭璞注　清光緒十九年(1893)鴻文書局石印本　一冊

110000－0182－0003743　黎 0151
中說十卷　(隋)王通撰　清光緒十六年(1890)貴陽陳氏影印本　二冊

110000－0182－0003744　黎 0157
文選理學權輿八卷　(清)汪師韓撰　**文選理學權輿補一卷文選考異四卷文選李注補正四卷**　(清)孫志祖撰　清光緒十五年(1889)讀畫齋刻本　八冊

110000－0182－0003745　黎 0160
文心雕龍十卷　(南朝梁)劉勰撰　(清)黄叔琳注　(清)紀昀評　清光緒十九年(1893)思賢講舍刻本　四冊

110000－0182－0003746　黎 0164
文選六十卷　(南朝梁)蕭統輯　(唐)李善注　清宣統三年(1911)上海會文堂粹記石印本　十六冊

110000－0182－0003747　黎 0168
文選六十卷　(南朝梁)蕭統輯　(唐)李善注　清末羊城翰墨園刻本　十二冊

110000－0182－0003748　黎 0169
文選六十卷　(南朝梁)蕭統輯　(唐)李善注　(清)葉樹藩參訂　清光緒十三年(1887)湖北書局刻本　十冊　缺九卷(六至十一、五十七至五十九)

110000－0182－0003749　黎 0170
西山真文忠公心政二經附年譜不分卷　(宋)真德秀撰　清末福建刻本　三冊

110000－0182－0003750　黎 0173
勸學篇二卷　(清)張之洞撰　清光緒二十四年(1898)都門刻本　一冊

110000－0182－0003751　黎 0176
孔教新編小學讀本　鄭孝胥撰　清宣統二年(1910)上海商務印書館鉛印本　一冊

110000－0182－0003752　黎 0177
書目答問箋補四卷　(清)張之洞撰　清光緒三十年(1904)刻本　四冊

110000－0182－0003753　黎 0179
歸震川錢牧齋尺牘合刊　(明)歸有光　(清)錢謙益撰　清宣統二年(1910)保定官書局石印本　六冊

110000－0182－0003754　黎 0180
河南二程遺書八卷　(宋)程顥　(宋)程頤撰　清刻本　九冊

110000－0182－0003755　黎 0184
尺五園詩草初集二卷二集二卷三集二卷四集二卷　(清)闊普通武撰　清宣統三年(1911)京師鉛印本　二冊　存二集(三至四)

110000－0182－0003756　黎 0186
書目答問四卷別錄一卷叢書目一卷國朝著述諸家姓名略一卷　(清)張之洞撰　清光緒刻本　二冊

110000－0182－0003757　黎 0187
書經六卷首一卷末一卷　(宋)蔡沈集傳　清同治五年(1866)金陵書局刻本　四冊

110000－0182－0003758　黎 0188
書目答問四卷別錄一卷叢書目一卷國朝著述諸家姓名略一卷　(清)張之洞撰　清光緒刻本　二冊

110000－0182－0003759　黎 0189
玉函山房輯佚書一百卷　(清)馬國翰纂錄　清光緒九年(1883)長沙嫏嬛館刻本　一百冊

110000－0182－0003760　黎0194

古文辭類纂七十四卷續古文辭類纂三十四卷　(清)姚鼐纂集　清光緒三十三年(1907)上海商務印書館鉛印本　七册　存六十一卷(古文辭類纂一至十、五十一至六十七,續古文辭類纂三十四卷)

110000－0182－0003761　黎0206

古事比五十二卷　(清)方中德輯　清光緒三十年(1904)上海通時書局石印本　六册

110000－0182－0003762　黎0208

古今僞書考　(清)姚際恒著　清光緒十五年(1889)長沙善化章恭斌經濟書堂刻本　一册

110000－0182－0003763　黎0209

增像全圖東周列國志一百八回　(清)蔡奡評點　清宣統三年(1911)上海時中書局鉛印本　六册　存三十六回

110000－0182－0003764　黎0212

古尊宿語録四十八卷　(明)□□輯　明萬曆四十二年至四十五年(1614－1617)嘉興徑山化城寺刻本　十册

110000－0182－0003765　黎0216

批評東萊博議四卷附增補虚字註釋　(宋)呂祖謙撰　清光緒上海廣益書局石印本　一册

110000－0182－0003766　黎0217

古文講授談　尚秉和輯　清宣統二年(1910)京華印書局京師鉛印本　二册

110000－0182－0003767　黎0220

重訂古文釋義新編八卷　(清)余誠評注　清光緒十二年(1886)京都老二酉堂刻本　八册

110000－0182－0003768　黎0222

平妖傳八卷四十回　(明)羅貫中撰　(明)馮猶龍增定　清刻本　八册

110000－0182－0003769　黎0225

世界豪傑談　(清)□□編　清光緒三十年(1904)上海祥記書莊石印本　四册

110000－0182－0003770　黎0226

增批輯注東萊博議四卷附注釋　(宋)呂祖謙撰　(清)劉紫山輯注　清宣統二年(1910)鉛印本　四册

110000－0182－0003771　黎0227

東游叢録不分卷　(清)吳汝綸筆受　清光緒二十八年(1902)鉛印本　四册

110000－0182－0003772　黎0232

世界諸國名義考　(日本)秋鹿見二撰　沈誦清譯　清光緒二十九年(1903)上海廣智書局鉛印本　一册

110000－0182－0003773　黎0234

東里文集二十五卷　(明)楊士奇撰　清光緒二年(1876)西昌楊敦本堂刻本　六册

110000－0182－0003774　黎0238

東里别集三卷　(明)楊士奇撰　清光緒三年(1877)泰和楊覲光刻本　二册

110000－0182－0003775　黎0239

太師楊文貞公年譜一卷　(明)楊思堯　(明)楊汝敬編　清光緒三年(1877)泰和楊覲光刻本　一册

110000－0182－0003776　黎0253

四書小參一卷　(明)朱斯行著　清光緒三年(1877)姑蘇刻經處刻本　一册

110000－0182－0003777　黎0255

正蒙會稿四卷　(明)劉璣撰　(清)李錫齡輯　清光緒刻惜陰軒叢書本　二册　缺二卷(二至三)

110000－0182－0003778　黎0256

毛詩品物圖攷七卷　(日本)岡元鳳纂輯　清光緒十二年(1886)上海積山書局石印本　二册

110000－0182－0003779　黎0257

欽定四庫全書簡明目録二十卷首一卷　(清)紀昀等編　清光緒五年(1879)墨潤堂刻本　十二册

110000－0182－0003780　黎0260

欽定四庫全書總目二百卷首四卷總目一卷　(清)紀昀等編　清宣統二年(1910)存古齋刻

本　三十二册

110000－0182－0003781　黎0263
史記一百三十卷　(漢)司馬遷撰　(清)吳汝綸點勘　吳闓生編錄　清宣統元年(1909)南宫邢之襄刻本　十八册

110000－0182－0003782　黎0264
四書讀本大學中庸　(宋)朱熹章句　清宣統元年(1909)書業公司石印本　一册

110000－0182－0003783　黎0266
儀禮選要一卷　(清)孔傳性撰　清道光十年(1830)陽邑近思堂刻本　一册

110000－0182－0003784　黎0268
漢上消閒集十六卷　(清)宦應清輯　清宣統三年(1911)振華印書館鉛印本　六册

110000－0182－0003785　黎0269
漢上消閒社主集九卷　(清)宦應清輯　清宣統二年(1910)漢上振華印書館鉛印本　二册

110000－0182－0003786　黎0275
白香山詩集二十卷後集十七卷別集一卷補遺二卷　(唐)白居易撰　清康熙古歙汪立名一隅草堂刻本　六册

110000－0182－0003787　善381
合刻山海經水經五十八卷　(明)吳琯編　明萬曆十三年(1585)吳琯刻本　十册

110000－0182－0003788　黎0278
禮記訓纂四十九卷　(清)朱彬輯　清宣統元年(1909)學部圖書局石印本　十册

110000－0182－0003789　黎0279
禮記集說十卷　(元)陳澔撰　清同治五年(1866)金陵書局刻本　十册

110000－0182－0003790　黎0282
禮經箋十七卷　(漢)鄭玄注　王闓運箋　清末德陽劉子雄刻本　六册

110000－0182－0003791　黎0314
聖證論補評二卷　(清)皮錫瑞著　清光緒二十五年(1899)刻本　一册　存一卷(上)

110000－0182－0003792　黎0315
增評補像全圖金玉緣一百二十回首一卷　(清)曹雪芹　(清)高鶚撰　清光緒二十五年(1899)上海書局石印本　八册　存五十七回(一至五十七)

110000－0182－0003793　黎0322
此宜閣增訂金批西廂四卷首一卷末一卷　(元)王德信(王實甫)撰　(清)金聖歎批　清此宜閣刻本　六册

110000－0182－0003794　黎0323
繡像西漢演義八卷一百回　(明)甄偉撰　清光緒十八年(1892)上海廣百宋齋石印本　四册

110000－0182－0003795　黎0324
繡像東漢演義十卷一百二十六回　(明)謝詔撰　清光緒十八年(1892)上海廣百宋齋石印本　二册

110000－0182－0003796　黎0329
老子道德經二卷附陸德明釋文　(三國魏)王弼注　王儒舲點句　清光緒元年(1875)浙江書局刻本　一册

110000－0182－0003797　黎0334
石林遺事三卷附錄一卷　葉德輝編撰　清宣統三年(1911)長沙葉德輝觀古堂刻本　二册

110000－0182－0003798　黎0338
光緒會計錄三卷　(清)李希聖纂　清光緒二十二年(1896)京師刻本　二册

110000－0182－0003799　黎0343
師鄭堂中國文學講義十三卷附音義　(清)孫雄撰　清光緒三十四年(1908)鉛印本　一册

110000－0182－0003800　黎0346
莘齋文鈔四卷　(清)宦懋庸撰　清光緒二十年(1894)川東道署刻本　一册　存二卷(一至二)

110000－0182－0003801　黎0348
同仁堂藥目　同仁堂編　清光緒十五年(1889)京都同仁堂刻本　一册

110000－0182－0003802　黎0353
淵鑒齋御纂朱子全書六十六卷　（宋）朱熹撰　清末刻本　十六冊　存三十六卷（三十一至六十六）

110000－0182－0003803　黎0354
竹葉亭雜記四卷　（清）姚元之撰　清宣統掃葉山房石印本　一冊

110000－0182－0003804　黎0357
倫理教科範本　（日本）秋山四郎著　董瑞椿譯　清光緒三十二年（1906）上海文明書局鉛印本　一冊

110000－0182－0003805　黎0378
莊子　（戰國）莊周撰　（晉）郭象注　（唐）陸德明音義　清光緒二十三年（1897）新化三味書室刻本　四冊　存八卷（一至八）

110000－0182－0003806　黎0386
論語二十章　（春秋）孔丘撰　清光緒三十三年（1907）學部圖書局石印本　三冊

110000－0182－0003807　黎0387
大學十章　（春秋）孔丘編　清光緒三十三年（1907）學部圖書局石印本　一冊

110000－0182－0003808　黎0388
中庸三十四章　（春秋）孔丘編　清光緒三十三年（1907）學部圖書局石印本　一冊

110000－0182－0003809　黎0392
四書集注大學一卷中庸一卷論語十卷孟子七卷　（宋）朱熹撰　清光緒三十二年（1906）上海商務印書館鉛印本　五冊　缺二卷（四書集注大學一卷、中庸一卷）

110000－0182－0003810　黎0401
陰符經發隱道德經發隱沖虛經發隱南華經發隱　（清）楊文會注　清光緒三十年（1904）金陵刻經處刻本　一冊

110000－0182－0003811　黎0402
紀元編三卷末一卷　（清）李兆洛撰　清光緒十八年（1892）長沙竹素書局刻本　三冊

110000－0182－0003812　黎0415
吴詩集覽二十卷談藪一卷　（清）吴偉業撰　清中晚期刻本　十三冊　缺二卷（十一至十二）

110000－0182－0003813　黎0417
吴摯甫詩集　（清）吴汝綸撰　清宣統二年（1910）上海國學扶輪社石印本　一冊

110000－0182－0003814　黎0426
吴摯甫文集四卷　（清）吴汝綸撰　清宣統二年（1910）上海國學扶輪社石印本　五冊

110000－0182－0003815　黎0428
吴歈萃雅四卷　（明）梯月主人輯　明萬曆刻本　八冊

110000－0182－0003816　黎0430
佛教初學課本注一卷　（清）楊文會述　清光緒三十二年（1906）刻本　一冊

110000－0182－0003817　黎0431
佛教初學課本注一卷　（清）楊文會述　清光緒三十二年（1906）刻本　一冊

110000－0182－0003818　黎0432
佛教初學課本注一卷　（清）楊文會述　清光緒三十二年（1906）刻本　一冊

110000－0182－0003819　黎0433
佛教初學課本注一卷　（清）楊文會述　清光緒三十二年（1906）刻本　一冊

110000－0182－0003820　黎0434
佛教初學課本注一卷　（清）楊文會述　清光緒三十二年（1906）刻本　一冊

110000－0182－0003821　黎0435
佛教初學課本注一卷　（清）楊文會述　清光緒三十二年（1906）刻本　一冊

110000－0182－0003822　黎0436
佛教初學課本注一卷　（清）楊文會述　清光緒三十二年（1906）刻本　一冊

110000－0182－0003823　黎0437
近思錄十四卷　（宋）朱熹　（宋）呂祖謙撰　清刻本　四冊

110000－0182－0003824　黎 0439
佛爾雅八卷　(清)周春撰　清宣統二年(1910)上海國學扶輪社鉛印本　二冊

110000－0182－0003825　黎 0449
宋元學案一百卷首一卷　(明)黄宗羲輯　清道光刻本　四十冊

110000－0182－0003826　黎 0469
繪圖增像第五才子書水滸全傳八卷七十回　(元)施耐庵撰　清末上海文盛書局石印本　八冊

110000－0182－0003827　黎 0471
佛説阿彌陀經要解　(後秦)釋鳩摩羅什譯　清光緒十一年(1885)金陵刻經處刻本　一冊

110000－0182－0003828　黎 0474
番禺陳氏東塾叢書五種三十四卷　(清)陳澧撰　清咸豐至光緒廣州富文齋刻本　十冊

110000－0182－0003829　黎 0479
妙法蓮華經通義二十卷　(明)釋德清述　清光緒三十四年(1908)金陵刻經處刻本　五冊

110000－0182－0003830　黎 0484
妙法蓮華經七卷　(後秦)釋鳩摩羅什譯　清同治十年(1871)金陵刻經處刻本　三冊

110000－0182－0003831　黎 0485
妙法蓮華經七卷　(後秦)釋鳩摩羅什譯　清同治十年(1871)金陵刻經處刻本　一冊　存三卷(五至七)

110000－0182－0003832　黎 0495
明宫詞一卷　(清)程嗣章撰　清宣統三年(1911)上海掃葉山房石印本　一冊

110000－0182－0003833　黎 0498
周禮政要二卷　(清)孫詒讓撰　清光緒二十八年(1902)石印本　二冊

110000－0182－0003834　黎 0501
明儒學案六十二卷　(清)黄宗羲撰　清光緒三十年(1904)湘潭黄氏蘇山艸堂刻本　二十四冊

110000－0182－0003835　黎 0507
事物原會四十卷　(清)汪汲撰　清嘉慶汪汲古愚山房刻本　七冊

110000－0182－0003836　黎 0508
羅忠節公遺集八卷　(清)羅澤南撰　清咸豐至同治長沙刻本　八冊

110000－0182－0003837　黎 0518
尚書孔傳參正三十六卷　王先謙撰　清光緒三十年(1904)王氏虚受堂刻本　六冊

110000－0182－0003838　黎 0519
呻吟語節錄六卷　(明)吕坤著　清道光三年(1823)三韓劉氏刻本　二冊

110000－0182－0003839　黎 0520
羅近溪先生語要一卷　(明)陶望齡編　清光緒二十年(1894)江寧刻本　一冊

110000－0182－0003840　黎 0522
周易質義四卷　(清)汪思廻纂　清二南堂刻本　四冊

110000－0182－0003841　黎 0524
河南二程全書七種　(宋)程顥　(宋)程頤撰　清星沙小嫏嬛山館刻本　九冊　存六種三十八卷(河南程氏遺書一至二、十二至十七、十九至二十五,河南程氏外書一至十二,明道先生文集一至五,伊川先生文集目錄一卷,程氏經説六至八,二程粹言一至二)

110000－0182－0003842　黎 0530
國朝六家詩鈔八卷　(清)劉執玉選　清宣統二年(1910)上海澄衷學堂石印本　六冊

110000－0182－0003843　黎 0531
國朝洋務新論二卷　(清)王之春撰　清光緒十二年(1886)寄月軒主刻本　一冊　存一卷(上)

110000－0182－0003844　黎 0532
國朝先正事略六十卷　(清)李元度纂　清光緒二十二年(1896)上海文盛書局石印本　八冊

110000－0182－0003845　黎 0537
國朝詩十卷外編一卷補編六卷　(清)吴翌鳳

選　清末新陽趙氏刻本　八册　缺四卷(國朝詩一至四)

110000－0182－0003846　善 1068
資治通鑑綱目五十九卷　(宋)朱熹撰　明景泰魏氏仁實書堂刻本　二册　存一卷(一)

110000－0182－0003847　黎 0544
國語二十一卷　(清)吳汝綸點勘　清宣統二年(1910)鉛印本　二册

110000－0182－0003848　黎 0548
金剛般若波羅蜜經宗通九卷　(後秦)釋鳩摩羅什譯　清光緒十一年(1885)金陵刻經處刻本　二册

110000－0182－0003849　黎 0552
孟子七卷　(戰國)孟軻撰　清光緒三十四年(1908)學部圖書局石印本　七册

110000－0182－0003850　黎 0553
四書類編一百七十一卷　(宋)朱熹撰　清光緒二十九年(1903)尚志齋刻本　二十册

110000－0182－0003851　黎 0556
性理標題彙要二十二卷　(明)詹淮輯　明末豹雯齋刻本　十二册

110000－0182－0003852　黎 0562
僑隱集二卷　(清)王貞春撰　清宣統元年(1909)刻本　一册

110000－0182－0003853　黎 0564
御纂性理精義十二卷　(清)李光地等編　清康熙北京尊經閣刻本　六册

110000－0182－0003854　黎 0570
鄭齋漢學文編六卷　(清)孫雄撰　清光緒三十四年(1908)鉛印本　一册　存三卷(四至六)

110000－0182－0003855　黎 0579
詩經八卷　(宋)朱熹集傳　清末上海商務印書館鉛印本　四册

110000－0182－0003856　黎 0580
監本詩經八卷　(宋)朱熹集傳　清光緒二十九年(1903)文成堂刻本　四册

110000－0182－0003857　黎 0581
芥子園詩經八卷　(宋)朱熹集傳　清光緒十九年(1893)刻本　四册

110000－0182－0003858　黎 0584
詩傳補義三卷　(清)方宗誠撰　清光緒元年(1875)刻本　一册

110000－0182－0003859　黎 0585
詩比興箋四卷　(清)陳沆撰　清光緒九年(1883)長洲彭祖賢刻本　二册

110000－0182－0003860　黎 0589
法官須知　上海政學社編輯　清宣統上海政學社鉛印本　八册

110000－0182－0003861　黎 0590
居士傳五十六卷　(清)彭紹升撰　清末刻本　四册

110000－0182－0003862　黎 0592
姓氏解紛十卷　(清)黄本驥編　清道光二十六年(1846)湘陰蔣環刻三長物齋叢書本　一册　存六卷(五至十)

110000－0182－0003863　黎 0599
經史百家雜鈔二十六卷　(清)曾國藩纂　清光緒刻本　一册　存二卷(二十至二十一)

110000－0182－0003864　黎 0601
春秋左傳杜注三十卷　(晉)杜預注　清同治五年(1866)金陵書局刻本　八册

110000－0182－0003865　黎 0602
經解入門八卷　(清)江藩撰　清光緒十四年(1888)鴻寶齋石印本　二册

110000－0182－0003866　黎 0604
經史百家雜鈔二十六卷　(清)曾國藩纂　清光緒三十二年(1906)上海商務印書館鉛印本　十二册

110000－0182－0003867　黎 0607
古經解匯函十六種　(清)鍾謙鈞等輯　清同治十二年(1873)粤東書局刻本　三十二册

110000－0182－0003868　黎 0609
繹雅堂詩錄二卷　廖基瑜撰　清宣統二年

(1910)長沙刻本　一冊

110000－0182－0003869　黎 0611
徑中徑又徑徵義三卷　(清)張師誠輯　(清)徐槐廷徵義　清光緒二十五年(1899)刻本　一冊

110000－0182－0003870　黎 0612
趙菁衫自選古文檢　(清)趙國華編　清宣統三年(1911)鉛印本　一冊

110000－0182－0003871　黎 0614
相宗八要直解八種　(明)釋智旭述　清同治九年(1870)金陵刻經處刻本　二冊

110000－0182－0003872　黎 0616
相宗八要解八種　(唐)釋玄奘譯　清光緒二十八年(1902)金陵刻經處刻本　三冊

110000－0182－0003873　黎 0626
經學通論五卷　(清)皮錫瑞撰　清光緒三十三年(1907)思賢書局刻本　五冊

110000－0182－0003874　黎 0627
秋燈叢話十八卷　(清)王椷撰　清末刻本　三冊　存六卷(三至五、十三至十四、十七)

110000－0182－0003875　黎 0641
禹貢今註八卷　(清)閻寶森撰　清宣統三年(1911)京師宣元閣鉛印本　一冊

110000－0182－0003876　黎 0643
皇朝經世文編一百二十卷　(清)賀長齡輯　清光緒二十一年(1895)蜚英書局石印本　十二冊

110000－0182－0003877　黎 0649
養知書屋文集二十八卷　(清)郭嵩燾撰　清光緒十八年(1892)刻本　十二冊

110000－0182－0003878　黎 0651
養性要旨合編二卷　(清)汪啟濩　(清)柯懷經撰　清光緒十七年(1891)海峰別墅刻本　一冊

110000－0182－0003879　黎 0652
覺迷要錄四卷　葉德輝輯　清光緒三十一年(1905)長沙葉氏刻本　二冊

110000－0182－0003880　黎 0658
癸巳類稿十五卷　(清)俞正燮撰　清光緒五年(1879)刻本　十二冊

110000－0182－0003881　黎 0667
音韻逢源四卷　(清)裕恩撰　(清)禧恩校閱　清道光二十年(1840)刻本　四冊

110000－0182－0003882　黎 0668
癸巳存稿十五卷　(清)俞正燮撰　清光緒十年(1884)刻本　八冊

110000－0182－0003883　黎 0669
素邨小草十二卷　(清)吳玉麟撰　清宣統三年(1911)吳弼昌刻本　六冊

110000－0182－0003884　黎 0671
退思軒詩集六卷補遺一卷　(清)張百熙撰　清宣統三年(1911)京師鉛印本　一冊

110000－0182－0003885　黎 0672
退思軒詩集六卷補遺一卷　(清)張百熙撰　清宣統三年(1911)武昌刻本　二冊

110000－0182－0003886　黎 0675
珠泉草廬詩鈔四卷　廖樹蘅撰　清光緒二十七年(1901)烝陽刻本　二冊

110000－0182－0003887　黎 0678
弧三角平視法一卷水經注西南諸水考三卷摹印述一卷　(清)陳澧撰　清咸豐刻本　一冊

110000－0182－0003888　黎 0679
莘齋詩鈔七卷詩餘一卷　(清)宦懋庸撰　清光緒二十年(1894)川東道署刻本　一冊

110000－0182－0003889　黎 0680
莘齋文鈔四卷　(清)宦懋庸撰　清光緒二十年(1894)川東道署刻本　一冊　存二卷(三至四)

110000－0182－0003890　黎 0682
哲理微言二卷　(日本)井上圓了　(日本)川尻寶岑著　遊學社編譯　清光緒二十九年(1903)上海明權社鉛印本　一冊

110000－0182－0003891　黎 0687
夏小正正義一卷　(清)王筠撰　清光緒五年

(1879)福山王氏刻本　一冊

110000－0182－0003892　黎0688
都梁草二卷首一卷補遺一卷　(清)于養源撰　清光緒十九年(1893)刻三十二年(1906)續刻本　一冊

110000－0182－0003893　黎0689
都梁草題詞一卷　(清)于樹滋輯　清光緒十九年(1893)刻三十二年(1906)刻本　一冊

110000－0182－0003894　黎0693
校邠廬抗議二卷　(清)馮桂芬著　清光緒二十四年(1898)刻本　二冊

110000－0182－0003895　黎0701
高僧傳二集四十卷　(唐)釋道宣撰　清光緒十六年(1890)江北刻經處刻本　十冊

110000－0182－0003896　黎0702
高僧傳三集三十卷　(宋)釋贊寧等撰　清光緒十三年(1887)江北刻經處刻本　八冊

110000－0182－0003897　黎0703
高僧傳四集六卷　(明)釋如惺撰　清光緒十八年(1892)江北刻經處刻本　二冊

110000－0182－0003898　黎0705
拿破侖本紀　(英國)洛加德撰　林紓　魏易譯　清光緒三十一年(1905)京師學務處官書局鉛印本　四冊

110000－0182－0003899　黎0712
齊民要術十卷　(北魏)賈思勰撰　清光緒二十二年(1896)中江榷署桐廬袁昶刻本　四冊

110000－0182－0003900　黎0713
大方廣圓覺修多羅了義經近釋六卷　(明)釋通潤述　清光緒十二年(1886)金陵刻經處刻本　二冊

110000－0182－0003901　黎0714
大方廣圓覺修多羅了義經略疏二卷　(唐)釋宗密撰　清光緒三十年(1904)揚州藏經院刻本　二冊

110000－0182－0003902　黎0719
大方廣圓覺修多羅了義經直解二卷　(唐)釋佛陀多羅譯　清光緒十年(1884)杭城昭慶寺慧空經房刻本　二冊

110000－0182－0003903　黎0720
大方廣圓覺修多羅了義經直解二卷　(唐)釋佛陀多羅譯　清光緒十年(1884)杭城昭慶寺慧空經房刻本　一冊　存一卷(下)

110000－0182－0003904　黎0722
唐詩三百首注釋六卷　(清)蘅塘退士　(清)于慶元編　清光緒二十年(1894)刻本　七冊

110000－0182－0003905　黎0724
唐人萬首絕句選七卷　(宋)洪邁選　(清)王士禛删定　清同文堂刻本　二冊

110000－0182－0003906　黎0741
讀史方輿紀要一百三十卷　(清)顧祖禹撰　清刻本　一冊　存一卷(十)

110000－0182－0003907　黎0748
學案小識十四卷首一卷末一卷　(清)唐鑑撰　清光緒上海文瑞樓石印本　六冊

110000－0182－0003908　黎0751
消夏百一詩二卷　葉德輝撰　清光緒三十四年(1908)葉氏觀古堂刻本　一冊

110000－0182－0003909　黎0759
古詩箋三十二卷　(清)王士禛輯　清中晚期刻本　十四冊

110000－0182－0003910　黎0760
參同契一卷　(漢)魏伯陽著　(清)李光地注　清刻本　一冊

110000－0182－0003911　黎0762
理財學講義四編　鄧國勛述　清末鉛印本　一冊

110000－0182－0003912　黎0775
黃學廬襍述三卷　(清)陳士芑著　清宣統元年(1909)鉛印本　一冊

110000－0182－0003913　黎0776
理學宗傳二十六卷　(清)孫奇逢輯　清光緒六年(1880)浙江書局刻本　十二冊

110000－0182－0003914　黎 0780
嘯亭雜録八卷續録三卷　(清)昭槤撰　清光緒二十七年(1901)上海掃葉山房石印本　六冊

110000－0182－0003915　黎 0781
淵鑑類函四百五十卷　(清)張英等纂　清光緒二十一年(1895)上海點石齋影印本　十冊

110000－0182－0003916　黎 0787
梅湖吟槀　(清)林棟撰　清宣統二年(1910)鉛印本　一冊

110000－0182－0003917　黎 0789
梅氏遺書四卷附録三卷年譜一卷　(清)梅鍾澍撰　清宣統三年(1911)莓田古屋刻本　三冊

110000－0182－0003918　黎 0791
乾坤兩卦解　(清)湯斌撰　清刻本　一冊

110000－0182－0003919　黎 0800
輶軒語一卷　(清)張之洞撰　清光緒三年(1877)濠上書齋刻本　一冊

110000－0182－0003920　黎 0804
成唯識論觀心法要十卷　(明)釋智旭述　清光緒二十六年(1900)揚州藏經院刻本　十冊

110000－0182－0003921　黎 0805
唯識三十頌略解二卷　北京法相研究會編　清宣統二年(1910)北京法相研究會鉛印本　一冊

110000－0182－0003922　黎 0806
船山詩草二十卷　(清)張問陶撰　清嘉慶二十年(1815)石韞玉刻本　八冊

110000－0182－0003923　黎 0807
康梁罪狀　繆潤紱撰　清光緒二十四年(1898)繆潤紱刻本　一冊

110000－0182－0003924　黎 0811
麻園遺集附絸廬初稿　(清)謝焜樞撰　清宣統元年(1909)京師鉛印本　一冊

110000－0182－0003925　黎 0814
續新齊諧十卷　(清)袁枚撰　清末刻本　二冊　缺四卷(四至七)

110000－0182－0003926　黎 0817
綺霞江館聯語偶存一卷　(清)吳熙撰　清宣統二年(1910)長沙彭闓異刻本　一冊

110000－0182－0003927　黎 0822
維摩詰所説經三卷　(後秦)釋鳩摩羅什譯　清同治九年(1870)南京金陵刻經處刻本　一冊

110000－0182－0003928　黎 0823
維摩詰所説經折衷疏六卷　(明)釋大賢疏　清金陵刻經處刻本　三冊

110000－0182－0003929　黎 0837
御纂詩義折中二十卷　(清)傅恒等撰　清宣統三年(1911)上海章福記石印本　六冊

110000－0182－0003930　黎 0842
御選語録十九卷　(清)世宗胤禛選　清同治五年至宣統三年(1866－1911)金陵刻經處刻本　十二冊　缺三卷(八至九、十九)

110000－0182－0003931　黎 0844
策府統宗六十五卷目録一卷　(清)劉昌齡輯　清光緒十五年(1889)珍藝書局石印本　二十四冊

110000－0182－0003932　黎 0848
策學備纂三十二卷目録三十二卷首一卷　(清)蔡啟盛　(清)吳熲炎輯　清光緒二十三年(1897)上海點石齋石印本　四十八冊

110000－0182－0003933　黎 0851
道德經二卷　(清)徐大椿注　清中晚期善成堂刻本　一冊

110000－0182－0003934　黎 0854
道咸同光四朝詩史一斑録(道咸以來所見詩)十六編　(清)孫雄輯　清光緒三十四年(1908)油印本　六冊　存四編(五、十、十五下、十六下)

110000－0182－0003935　黎 0855
四朝詩史題詞彙録　(清)孫雄輯　清宣統三年(1911)刻本　一冊

110000－0182－0003936　黎 0857
修習止觀坐禪法要六妙法門二卷　（隋）釋智顗述　清光緒十八年（1892）金陵刻經處刻本　一冊

110000－0182－0003937　黎 0864
湘潭縣誌十二卷　（清）陳嘉榆等修　清光緒十四年（1888）刻本　六冊　存六卷（三至八）

110000－0182－0003938　黎 0867
御選語錄二卷附栯堂詩　（清）世宗胤禛輯　清光緒十一年（1885）金陵刻經處刻本　一冊

110000－0182－0003939　黎 0897
楚辭十七卷　（戰國）屈原等撰　清光緒二十一年（1895）寶慶邵陽縣經畲堂主人刻本　六冊

110000－0182－0003940　黎 0899
蒙學經訓修身教科書　陸基編輯　清光緒三十二年（1906）上海文明書局鉛印本　一冊

110000－0182－0003941　黎 0900
蒙學地質教科書　錢承駒撰　清光緒三十二年（1906）上海文明書局鉛印本　一冊

110000－0182－0003942　黎 0901
蒙學地文教科書　錢承駒撰　清光緒三十二年（1906）上海文明書局鉛印本　一冊

110000－0182－0003943　黎 0902
蒙學礦物教科書　錢承駒撰　清光緒三十二年（1906）上海文明書局鉛印本　一冊

110000－0182－0003944　黎 0903
蒙學東洋歷史教科書　秦瑞玠撰　清光緒三十二年（1906）上海文明書局鉛印本　一冊

110000－0182－0003945　黎 0904
蒙學外國歷史教科書　（清）文明書局編譯　清光緒三十二年（1906）上海文明書局鉛印本　一冊

110000－0182－0003946　黎 0905
改訂蒙學格致教科書　錢承駒撰　清宣統元年（1909）上海文明書局鉛印本　一冊

110000－0182－0003947　黎 0906
初級蒙學修身教科書　莊俞撰　清光緒三十二年（1906）上海文明書局鉛印本　一冊

110000－0182－0003948　黎 0907
蒙學體操教科書　（日本）玄坪井道　（日本）田中盛業撰　丁錦譯　清光緒三十二年（1906）上海文明書局鉛印本　一冊

110000－0182－0003949　黎 0908
雍益集　（清）王士禛撰　清康熙三十六年（1697）刻本　一冊

110000－0182－0003950　黎 0909
塞垣集六卷　（清）王定安撰　清宣統三年（1911）京師書局鉛印本　一冊

110000－0182－0003951　黎 0913
楞伽阿跋多羅寶經義疏四卷　（明）釋智旭撰　清宣統元年（1909）常州天寧寺刻本　五冊

110000－0182－0003952　黎 0914
媿林漫錄二卷　（明）瞿式耜輯　清光緒十六年（1890）江蘇書局刻本　二冊

110000－0182－0003953　黎 0922
疑年錄四卷續疑年錄四卷　（清）錢大昕　（清）吴修編　清同治元年（1862）福山王氏天壤閣刻本　二冊

110000－0182－0003954　黎 0930
管子二十四卷　（春秋）管仲撰　（唐）房玄齡注　清光緒二十三年（1897）新化三味書局刻本　一冊　存三卷（一至三）

110000－0182－0003955　黎 0939
播變紀略一卷　（清）碧山野史撰　清光緒二十年（1894）川東道署黎庶昌刻本　一冊

110000－0182－0003956　黎 0945
顏氏學記十四卷　（清）戴望撰　清同治十年（1871）冶城山館刻本　四冊

110000－0182－0003957　黎 0948
鑑撮四卷　（清）曠敏本撰　**讀史論略一卷**　（清）杜詔撰　清末刻本　五冊

110000－0182－0003958　黎 0950
潛邱劄記六卷　（清）閻若璩撰　清乾隆十年

(1745)閻學林眷西堂刻本　十六冊

110000－0182－0003959　黎 0951
樊山政書二十卷　樊增祥撰　清宣統二年(1910)上海政學社鉛印本　十冊

110000－0182－0003960　黎 0952
樊山政書二十卷　樊增祥撰　清宣統二年(1910)上海政學社鉛印本　九冊

110000－0182－0003961　黎 0959
撼山草堂遺稿三卷　(清)陳起書撰　清同治五年(1866)刻本　一冊

110000－0182－0003962　黎 0960
燕下鄉脞録十六卷　(清)陳康祺撰　清光緒二十九年(1903)掃葉山房石印本　二冊　存四卷(一至四)

110000－0182－0003963　黎 0968
穆勒名學甲乙丙三部　(英國)穆勒約翰撰　嚴復譯　清光緒三十一年(1905)北京金粟齋刻本　八冊

110000－0182－0003964　黎 0977
壇經　(唐)釋慧能說　清光緒七年(1881)長沙刻經處刻本　一冊

110000－0182－0003965　黎 0982
欽定七經綱領　(清)□□輯　清宣統元年(1909)學部圖書局鉛印本　一冊

110000－0182－0003966　黎 0985
濯絳宧存稾　劉毓盤撰　清末刻本　一冊

110000－0182－0003967　黎 0993
選注六朝唐賦　(清)馬傳庚選注　清同治十三年(1874)馬傳熙刻本　一冊　存一冊(二)

110000－0182－0003968　黎 1012
二十二子　鴻文書局輯　清光緒十九年(1893)上海鴻文書局石印本　十五冊　缺一冊(十六)

110000－0182－0003969　黎 1013
二十二子　鴻文書局輯　清光緒十九年(1893)上海鴻文書局石印本　十二冊　缺四冊(一、三、八、十四)

110000－0182－0003970　黎 1014
黛方山莊詩集六卷黛方山莊詩餘一卷　(清)黎吉雲撰　清同治五年(1866)刻本　二冊

110000－0182－0003971　黎 1017
皇清經解敬修堂編目十六卷　陶治元輯　清光緒十二年(1886)石印本　四冊

110000－0182－0003972　黎 1019
東西學書錄二卷附錄一卷　(清)徐維則編　清光緒二十五年(1899)石印本　三冊

110000－0182－0003973　黎 1030
經學歷史一卷　(清)皮錫瑞撰　清光緒三十二年(1906)思賢書局刻本　一冊

110000－0182－0003974　黎 1038
閱藏知津四十四卷總目四卷　(明)釋智旭編　清光緒十八年(1892)金陵刻經處刻本　十冊

110000－0182－0003975　善 1046
大清宣統三年歲次辛亥時憲書一卷　(清)欽天監編　清宣統三年(1911)刻套印本　一冊

110000－0182－0003976　黎 1055
皇清經解一千四百卷　(清)阮元輯　清光緒十四年(1888)上海書局影印本　六十三冊

110000－0182－0003977　黎 1056
除夜小遊僊詩一卷　曜僊著　清宣統三年(1911)鉛印本　一冊

110000－0182－0003978　黎 1059
十三經注疏附校勘記十三種四百十六卷　(清)阮元撰　清光緒十三年(1887)上海脈望仙館石印本　二十一冊

110000－0182－0003979　黎 1062
日本法規大全不分卷　南洋公學譯書院初譯　錢恂　董鴻禕輯　清宣統三年(1911)上海商務印書館鉛印本　七十九冊　缺二冊(五十一、七十)

110000－0182－0003980　黎 1063
明詩綜一百卷　(清)朱彝尊編　清康熙西泠清來堂吳氏刻本　三十九冊

110000－0182－0003981　黎1065
皇清經解續編一千四百三十卷　王先謙輯　清光緒十四年(1888)南菁書院刻本　三百二十冊

110000－0182－0003982　黎1066
資治通鑑綱目五十九卷　(宋)朱熹撰　**資治通鑑綱目前編二十五卷**　(明)南軒撰　**續資治通鑑綱目二十七卷**　(明)商輅等撰　明崇禎刻本　一百二十冊

110000－0182－0003983　黎1067
古香齋新刻袖珍淵鑑類函四百五十卷目錄四卷　(清)張英等纂　清刻本　一百四十冊

110000－0182－0003984　黎1077
朱子[熹]年譜四卷考異四卷附錄二卷　(清)王懋竑輯　清末浙江書局刻本　四冊

110000－0182－0003985　黎1078
白香亭詩三卷　(清)鄧輔綸撰　清光緒十九年(1893)東河督署刻本　二冊

110000－0182－0003986　黎1079
三魚堂四書大全四十卷　(清)陸隴其輯　清康熙三十七年(1698)刻本　二十二冊

110000－0182－0003987　黎1081
天演論二卷　(英國)赫胥黎造論　嚴復譯　清光緒二十九年(1903)黎錦熙抄本　二冊

110000－0182－0003988　黎1100
湖南官書局書目一卷　(清)湖南官書局編　清末刻本　一冊

110000－0182－0003989　黎1117
國朝詩十卷外編一卷補編六卷　(清)吳翌鳳選　清光緒新陽趙氏刻本　二冊　存四卷(國朝詩一至四)

110000－0182－0003990　黎1127
社會學　黎錦熙抄并注　清宣統二年(1910)黎錦熙抄本　二冊

110000－0182－0003991　黎1132
俠伶傳(獄聲)　遺黎口譯　黎叔夷筆述　清抄本　十二冊

110000－0182－0003992　黎1136
讀史論略詳注　(清)杜詔撰　清抄本　一冊

110000－0182－0003993　黎1139
藝蘅館詞選四卷附詞論補遺一卷　梁令嫻選　清光緒三十四年(1908)鉛印本　一冊

110000－0182－0003994　黎1140
中國文學教科書　劉師培撰　清光緒三十二年(1906)國學保存會鉛印本　一冊

110000－0182－0003995　善1084
增修附注資治通鑑節要續編三十卷　(明)劉剡輯　(明)張光啟訂正　明景泰三年(1452)刻本　一冊　存二卷(九至十)

110000－0182－0003996　黎1142
萬國名儒學案二卷　楞公編輯　清光緒三十三年(1907)上海新學社鉛印本　二冊

110000－0182－0003997　黎1143
中國歷史讀本八卷　吳曾祺編　清宣統二年(1910)上海商務印書館鉛印本　二冊

110000－0182－0003998　黎1144
中國歷史教科書二篇　夏曾佑編輯　清光緒三十二年至宣統二年(1906－1910)上海商務印書館鉛印本　二冊

110000－0182－0003999　黎1145
中國鐵路現勢通論　(清)曾鯤化著　清光緒三十四年(1908)化華鐵路學社鉛印本　一冊

110000－0182－0004000　黎1146
日本議院法　(日本)工藤重義著　施爾常譯述　清光緒三十二年(1906)第一書局鉛印本　一冊

110000－0182－0004001　黎1147
生物之過去未來　(日本)横山又次郎著　秦毓鎏　胡克猷譯　清光緒二十八年(1902)上海文明編譯印書局鉛印本　一冊

110000－0182－0004002　黎1148
西藏新志　許光世　蔡晋成編纂　清宣統三年(1911)上海自治編輯社鉛印本　一冊

110000－0182－0004003　善1081

周會魁校正四書大全十八卷　(明)胡廣等輯　(明)李廷機　(明)周士顯校正　明留耕堂刻本　四十二冊

110000－0182－0004004　黎 1150
邁爾通史　(美國)邁爾著　黄佐廷口譯　張在新筆述　清光緒三十一年(1905)山西大學堂鉛印本　一冊

110000－0182－0004005　黎 1151
東洋歷史地圖　周世棠　孫海環編　清宣統元年(1909)上海新學會社影印本　一冊

110000－0182－0004006　黎 1152
倫理教科書　劉師培著　清光緒三十二年(1906)上海國粹學報館鉛印本　一冊　存一冊(二)

110000－0182－0004007　善 1080
大方廣佛華嚴經八十卷　(唐)釋實叉難陁譯　宋刻本　一冊

110000－0182－0004008　黎 1154
名儒學案二十卷　(清)黄宗羲述　清光緒三十二年(1906)新民社鉛印本　三冊

110000－0182－0004009　黎 1155
國會請願代表第二次呈都察院代奏書彙録　(清)□□輯　清宣統二年(1910)鉛印本　一冊

110000－0182－0004010　黎 1156
經學教科書　劉師培編著　清光緒三十二年(1906)國學保存會鉛印本　二冊

110000－0182－0004011　黎 1157
戰時國際公法　黄贊元編輯　清光緒三十三年(1907)政法學社鉛印本　一冊

110000－0182－0004012　黎 1158
復古篇　景耀月著　清光緒三十四年(1908)鉛印本　一冊

110000－0182－0004013　黎 1159
戰時國際公法　(日本)中村進午原著　陳時夏譯　清宣統三年(1911)上海商務印書館鉛印本　一冊

110000－0182－0004014　黎 1160
檢察制度　(日本)岡田朝大郎口授　鄭言筆述　蔣士立編纂　清宣統三年(1911)上海中國圖書公司鉛印本　一冊

110000－0182－0004015　黎 1161
第一次教育統計圖表　(清)學部總務司編　清光緒三十三年(1907)學部總務司鉛印本　一冊

110000－0182－0004016　黎 1162
第二次教育統計圖表　(清)學部總務司編　清光緒三十四年(1908)學部總務司鉛印本　一冊

110000－0182－0004017　黎 1163
第三次教育統計圖表　(清)學部總務司編　清宣統元年(1909)學部總務司鉛印本　一冊

110000－0182－0004018　黎 1164
新選學校唱歌三百首　陌南小學堂教科書編輯部編輯　清光緒三十二年(1906)古今圖書局鉛印本　一冊

110000－0182－0004019　黎 1165
新疆大記六卷　(清)闞鳳樓編　清光緒鉛印本　一冊

110000－0182－0004020　黎 1166
群己權界論　(英國)穆勒約翰原著　嚴復譯　清光緒三十年(1904)上海商務印書館鉛印本　一冊

110000－0182－0004021　黎 1167
德育鑒　梁啟超著　清光緒三十一年(1905)上海新民社鉛印本　一冊

110000－0182－0004022　黎 1169
北洋軍軍歌　(清)□□撰　清末鉛印本　一冊

110000－0182－0004023　黎 1171
史通削繁四卷　(清)紀昀撰　清道光十三年(1833)兩廣節署刻本　四冊

110000－0182－0004024　黎 1174
北溪字義二卷附嚴陵講義一卷補遺一卷

（宋）陳淳撰　清道光三原李錫齡刻本　二册

110000－0182－0004025　黎1175
撼山草堂遺稿三卷　（清）陳起書撰　清同治五年（1866）刻本　一册

110000－0182－0004026　黎1176
隨山館猥稿十卷續稿二卷　（清）汪瑔撰　清光緒刻本　三册　存七卷（隨山館猥稿一至七）

110000－0182－0004027　黎1177
子史精華一百六十卷　（清）張廷玉等編　清末刻本　一册　存四卷（六十八至七十一）

110000－0182－0004028　黎1178
詩餘偶鈔六卷　王先謙輯　清光緒十六年（1890）長沙王氏刻本　一册

110000－0182－0004029　黎1179
思益堂日札五卷　（清）周壽昌撰　清光緒至宣統申報館鉛印本　一册　存二卷（一至二）

110000－0182－0004030　黎1180
中國歷史教科書　劉師培編著　清光緒三十二年（1906）上海國學保存會鉛印本　一册　存一册（二）

110000－0182－0004031　黎1181
高等教育國文讀本　丁福保編輯　清光緒三十二年（1906）上海文明書局鉛印本　一册

110000－0182－0004032　黎1182
宣統元年學堂日記　（清）商務印書館編譯所編輯　清光緒三十四年（1908）上海商務印書館鉛印本　一册

110000－0182－0004033　黎1185
朱子語類一百四十卷　（宋）朱熹撰　清同治十一年（1872）應元書院刻本　四十册

110000－0182－0004034　史154
資治通鑑二百九十四卷附通鑑辨誤十二卷　（宋）司馬光撰　（元）胡三省音注　清同治十年（1871）崇文書局刻本　八十六册　缺五十六卷（十六至四十五、五十六至八十一）

110000－0182－0004035　史579（1）
爵秩全函（清光緒三十二年秋）　（清）□□編　清光緒三十二年（1906）寶祿堂刻本　三册

110000－0182－0004036　史579（2）
爵秩全函（清光緒三十三年春）　（清）□□編　清光緒三十三年（1907）榮祿堂刻本　三册

110000－0182－0004037　史579（3）
爵秩全函（清光緒三十三年冬）　（清）□□編　清光緒三十三年（1907）榮祿堂刻本　一册

110000－0182－0004038　史2276
鄂亂彙錄初編　（清）蟄隱生編　清宣統三年（1911）鉛印本　一册

110000－0182－0004039　史4896
藏事舉要　胡炳熊撰　清宣統清風橋文茂印局鉛印本　一册

110000－0182－0004040　史5443
抱朴子外篇二卷　（晉）葛洪撰　明徽藩崇德書院刻本　一册　存一卷（上）

110000－0182－0004041　史5634
資治通鑑綱目前編竊議二十五卷　（清）易其霈撰　清光緒鶴山易氏四益友樓刻本　四册

110000－0182－0004042　史6020
老子二篇　（三國魏）王弼注　嚴復評點　清光緒三十一年（1905）鉛印本　一册

110000－0182－0004043　史5476
朔方備乘六十八卷首十二卷　（清）何秋濤撰　清光緒畿輔通志局刻本　二十四册

110000－0182－0004044　MS100044
社會學不分卷　作新社編譯　清光緒二十九年（1903）作新社鉛印本　一册

110000－0182－0004045　MS100418
金主幣救國議二卷　康有為著　清宣統二年（1910）廣智書局鉛印本　一册

110000－0182－0004046　MS100474
共和政體論　（法國）納岌爾布禮著　羅伯雅譯　清光緒二十九年（1903）廣智書局鉛印本　一册

110000－0182－0004047　MS100550
飲冰室自由書　梁啟超撰　清宣統二年(1910)廣智書局鉛印本　一冊

110000－0182－0004048　MS100551
現今世界大勢論附滅國新法論　梁啟超譯著　清光緒二十八年(1902)廣智書局刻本　一冊

110000－0182－0004049　MS100553
中國魂二卷　梁啟超編輯　清光緒三十二年(1906)廣智書局鉛印本　一冊

110000－0182－0004050　MS100555
中國魂二卷　梁啟超編輯　清光緒三十三年(1907)廣智書局鉛印本　一冊

110000－0182－0004051　MS100695
立憲論與革命論之激戰　壁上客編輯　清光緒三十二年(1906)中西編譯局鉛印本　一冊

110000－0182－0004052　MS100696
立憲論與革命論之激戰　壁上客編輯　清光緒三十二年(1906)中西編譯局鉛印本　一冊

110000－0182－0004053　MS101581
自由血　金一編譯　清光緒三十年(1904)鏡今書局鉛印本　一冊

110000－0182－0004054　MS101582
自由血　金一編譯　清光緒三十年(1904)鏡今書局鉛印本　一冊

110000－0182－0004055　MS103014
列國政治異同攷　(美國)李佳白著　清光緒三十二年(1906)商務印書館鉛印本　一冊

110000－0182－0004056　MS103048
極東外交感慨史　(日本)武田源次郎著　(清)覺海浮漚譯　清光緒二十九年(1903)湖南作民譯社鉛印本　一冊

110000－0182－0004057　MS103140
中國近時外交史　劉彥著　清宣統三年(1911)中國近時外交史發行所鉛印本　一冊

110000－0182－0004058　MS103234
清俄之將來埘滿洲問題　(日本)曾根俊虎著　三戶遺民編譯　清光緒二十九年(1903)湘潭遊客鉛印本　一冊

110000－0182－0004059　MS103266
大美欽命會議銀價大臣條議中國新圜法覺書　(美國)精琪等撰　清光緒二十九年(1903)商務印書館鉛印本　一冊

110000－0182－0004060　MS103310
俄羅斯對中國政策　(日本)渡邊千春著　清光緒二十八年(1902)鉛印本　一冊

110000－0182－0004061　MS103394
兩次批准保和會條約附紅十字會新約暨各檔　(清)□□輯　清光緒三十三年(1907)鉛印本　一冊

110000－0182－0004062　MS103463
中國合於國際公法論不分卷　馬德潤著　清光緒三十四年(1908)商務印書館鉛印本　一冊

110000－0182－0004063　MS103583
中國民族志　劉師培著　清光緒二十九年(1903)中國青年會鉛印本　一冊

110000－0182－0004064　MS103931
反動時代　張渟著　清光緒二十九年(1903)鏡今書局鉛印本　一冊

110000－0182－0004065　MS104178
中學中國歷史教科書　夏曾佑編　清宣統元年(1909)商務印書館鉛印本　一冊

110000－0182－0004066　MS104186
支那四千年開化史　支那少年編譯　清光緒二十八年(1902)支那翻譯會社鉛印本　一冊

110000－0182－0004067　MS104202
滅漢種策　(□)□□撰　清光緒三十一年(1905)鉛印本　一冊

110000－0182－0004068　MS104231
清國行政法四編　(日本)織田萬著　清光緒三十二年(1906)上海廣智書局鉛印本　一冊

110000－0182－0004069　MS104243
出使九國日記十二卷(清光緒三十一年十一

月至三十二年六月)　(清)戴鴻慈撰　清光緒三十二年(1906)第一書局鉛印本　一册

110000－0182－0004070　MS104309
出使九國日記十二卷(清光緒三十一年十一月至三十二年六月)　(清)戴鴻慈撰　清光緒三十二年(1906)第一書局鉛印本　一册

110000－0182－0004071　MS104317
出使九國日記十二卷(清光緒三十一年十一月至三十二年六月)　(清)戴鴻慈撰　清光緒三十二年(1906)第一書局鉛印本　一册

110000－0182－0004072　MS104318
日俄戰後滿洲處分案　(清)新民叢報社社員編　清光緒三十一年(1905)廣智書局鉛印本　一册

110000－0182－0004073　MS104352
藏語　何藻翔著　清宣統二年(1910)鉛印本　一册

110000－0182－0004074　MS104353
清秘史　陳去病著　清光緒三十一年(1905)陸沈叢書社鉛印本　一册

110000－0182－0004075　MS104358
近世中國秘史第一編　捫虱談虎客(韓文舉)編　清光緒三十四年(1908)廣智書局鉛印本　一册

110000－0182－0004076　MS104359
近世中國秘史第一編　捫虱談虎客(韓文舉)編　清光緒三十年(1904)廣智書局鉛印本　一册

110000－0182－0004077　MS104360
近世中國秘史第二編　捫虱談虎客(韓文舉)編　清宣統元年(1909)廣智書局鉛印本　一册

110000－0182－0004078　MS104361
近世中國秘史第二編　捫虱談虎客(韓文舉)編　清宣統元年(1909)廣智書局鉛印本　一册

110000－0182－0004079　MS104389
花甲憶記　(美國)丁韙良撰　清宣統二年(1910)廣學會售書處鉛印本　一册

110000－0182－0004080　MS104611
教育必用學生歌　達文社編輯　清光緒二十九年(1903)商務印書館鉛印本　一册

110000－0182－0004081　MS104614
最近支那革命運動　新智社編輯　清光緒二十九年(1903)鉛印本　一册

110000－0182－0004082　MS104615
增補拳匪禍教記　(清)李杕著　清宣統元年(1909)上海土山灣印書館鉛印本　一册

110000－0182－0004083　MS104616
增補拳匪禍教記　(清)李杕著　清宣統元年(1909)上海土山灣印書館鉛印本　一册

110000－0182－0004084　MS104662
康南海官制議　康有為著　清光緒三十年(1904)廣智書局鉛印本　一册

110000－0182－0004085　MS104778
鳳將軍上任被炸　(□)□□撰　清鉛印本　一册

110000－0182－0004086　MS104786
廣州亂事記　介民編著　清宣統三年(1911)香江圖書館鉛印本　一册

110000－0182－0004087　MS104792
國會鼓吹　(□)□□撰　清宣統二年(1910)國會同志會鉛印本　一册

110000－0182－0004088　MS104849
國民新勸學篇　莽男子編輯　清光緒三十年(1904)苦學社鉛印本　一册

110000－0182－0004089　MS104991
山鐘集　蘇紹柄編輯　清光緒三十二年(1906)覺覺社鉛印本　一册　存一册(三)

110000－0182－0004090　MS104992
山鐘集　蘇紹柄編輯　清光緒三十二年(1906)覺覺社鉛印本　一册　存一册(四)

110000－0182－0004091　MS105008

中國革命史　蘇生著　清宣統三年(1911)鉛印本　一冊

110000－0182－0004092　善 1079
太上感應篇圖說不分卷　(□)□□撰　清順治十四年(1657)刻本　十八冊

110000－0182－0004093　MS105023
拳匪紀事六卷　(日本)佐原篤介　(清)浙西漚隱輯　清光緒二十七年(1901)鉛印本　一冊　存一卷(六)

110000－0182－0004094　MS105029
三十三年落花夢　(日本)宮崎寅藏著　清光緒三十一年(1905)群學社鉛印本　一冊

110000－0182－0004095　MS105034
革黨潮:廣東近事　(□)□□撰　清宣統三年(1911)世界最新書社鉛印本　一冊

110000－0182－0004096　MS105040
革黨陳敬岳謀炸李軍門:廣州近事全案　(□)□□撰　清宣統三年(1911)鉛印本　一冊

110000－0182－0004097　MS105213、
康聖人與孔聖人比較表　梁紀佩　潘俠魂合著　清鉛印本　一冊

110000－0182－0004098　MS108822－MS108824
滇事危言初集四卷　楊觀東編　清宣統三年(1911)北京滇學堂鉛印本　三冊　存三卷(一至二、四)

110000－0182－0004099　MS108825
滇事危言二集不分卷　楊觀東編　清宣統三年(1911)北京滇學堂鉛印本　一冊

110000－0182－0004100　MS108846
[光緒]蒙古志三卷　姚明輝纂修　清光緒三十三年(1907)中國圖書公司鉛印本　一冊

110000－0182－0004101　MS109055
新疆大記六卷　(清)闞鳳樓撰　清光緒三十三年(1907)鉛印本　一冊

110000－0182－0004102　MS109056
新疆大記六卷　(清)闞鳳樓撰　清光緒三十三年(1907)鉛印本　一冊

110000－0182－0004103　MS109381
五大洲圖說不分卷　潘雅麗撰　清光緒二十八年(1902)上海美華書館鉛印本　一冊

110000－0182－0004104　MS109633
癸卯旅行記不分卷　單士厘撰　清光緒三十年(1904)鉛印本　一冊

110000－0182－0004105　善 1048
大清同治八年歲次己巳時憲書一卷　(清)欽天監編　清同治八年(1869)刻套印本　一冊

110000－0182－0004106　善 1049
大清同治九年歲次庚午時憲書一卷　(清)欽天監編　清同治九年(1870)刻套印本　一冊

110000－0182－0004107　MS109860
張之洞十一章　(□)□□撰　清末鉛印本　一冊

110000－0182－0004108　MS110533
朝鮮史二卷　(日本)吉備西郙撰　清光緒二十九年(1903)點石齋書局鉛印本　一冊

110000－0182－0004109　MS110550
朝鮮亡國淚十八章　(□)□□撰　清宣統元年(1909)鉛印本　一冊

110000－0182－0004110　MS110570
越南亡國史一卷　(越南)巢南子述　**越南小志一卷**　(清)新民叢報社社員編　清光緒三十一年(1905)上海廣智書局鉛印本　一冊

110000－0182－0004111　MS110945
新出繪圖皖案徐錫麟　(□)□□撰　清光緒三十三年(1907)石印本　一冊

110000－0182－0004112　MS110951
洪秀全始末記不分卷　新社友編　清宣統二年(1910)上海泰記書局鉛印本　一冊

110000－0182－0004113　MS111081
大清帝國全圖　商務印書館編　清宣統二年(1910)上海商務印書館鉛印本　一冊

110000－0182－0004114　MS111082

大清帝國全圖　商務印書館編　清光緒三十四年(1908)上海商務印書館鉛印本　一册

110000－0182－0004115　MS111083
大清帝國全圖　商務印書館編　清光緒三十四年(1908)上海商務印書館鉛印本　一册

110000－0182－0004116　MS111144
皇朝府廳州縣全圖　(清)程祖慶繪　清咸豐七年(1857)鉛印本　一册

110000－0182－0004117　MS111248
新譯李鴻章　(日本)吉田宇之助撰　清光緒二十八年(1902)上海文明書局鉛印本　一幅

110000－0182－0004118　MS111250
李鴻章十二章　(□)□□撰　清光緒二十八年(1902)鉛印本　一册

110000－0182－0004119　MS111251
李鴻章十二章　(□)□□撰　清光緒二十八年(1902)鉛印本　一册

110000－0182－0004120　MS111252
李鴻章十二章　(□)□□撰　清光緒二十八年(1902)鉛印本　一册

110000－0182－0004121　MS111337
鳳山將軍炸彈記　梁紀佩撰　清宣統三年(1911)香港嶺南小說社鉛印本　一册

110000－0182－0004122　MS111357
劉坤一　(□)□□撰　清光緒二十九年(1903)鉛印本　一册

110000－0182－0004123　MS111425
京奉鐵路旅行指南　張展雲編　清宣統二年(1910)京奉鐵路局鉛印本　一册

110000－0182－0004124　MS111530
陸軍衣制詳晰圖說附官表　(清)練兵處撰　清光緒三十一年(1905)石印本　一册

110000－0182－0004125　MS111531
陸軍軍刀詳晰圖説　(清)練兵處撰　清光緒三十一年(1905)石印本　一册

110000－0182－0004126　MS111866－MS111868
滿洲實業案不分卷　熊希齡等編　**日本工業調查録一卷　美洲農業調查録一卷　樹林雜記一卷　旅大商務調查録一卷**　清光緒三十四年(1908)游藝社鉛印本　三册

110000－0182－0004127　MS112170
中國國債史不分卷　梁啓超撰　清光緒三十一年(1905)上海廣智書局鉛印本　一册

110000－0182－0004128　MS112171
中國國債史不分卷　梁啓超撰　清光緒三十一年(1905)上海廣智書局鉛印本　一册

110000－0182－0004129　MS112761
鳴不平(社會階級)　(法國)穆雷氏撰　清光緒三十四年(1908)萬國美術研究社鉛印本　一册

110000－0182－0004130　MS112762
夜未央　(□)□□撰　清光緒三十四年(1908)萬國美術研究社鉛印本　一册

110000－0182－0004131　MS112838
亡國恨傳奇　(□)□□撰　清宣統二年(1910)鉛印本　一册

110000－0182－0004132　MS112943
警黃鐘　祈黃樓主人(洪炳文)撰　清光緒三十二年(1906)上海新小說社鉛印本　一册

110000－0182－0004133　MS112952
血海花上編　玉瑟齋主人撰　清宣統三年(1911)上海宜達文明社石印本　一册

110000－0182－0004134　ZS10001－ZS10002
林嚴文鈔四卷　皞皞子合抄　清宣統元年(1909)國學扶輪社鉛印本　二册

110000－0182－0004135　ZS10106
李鴻章傳十二章　梁啟超撰　清光緒二十八年(1902)廣智書局刻本　二册

110000－0182－0004136　ZS10119
揚子江　(日本)林安繁(林繁)撰　(清)汪國屏譯　清光緒二十八年(1902)上海商務印書館鉛印帝國叢書本　一册

110000－0182－0004137　ZS10120

揚子江流域現勢論八卷　(日本)林安繁著　(清)汪國屏譯　清光緒二十八年(1902)廣智書局鉛印本　一册

110000－0182－0004138　ZS10137
江忠烈公遺集二卷　(清)江忠源撰　清同治三年(1864)刻本　一册

110000－0182－0004139　ZS10145－ZS10153
沈文肅公政書七卷　(清)沈葆楨撰　清光緒六年(1880)吳門節署刻本　九册

110000－0182－0004140　ZS10221－ZS10226
江表忠略二十卷　陳澹然撰　清光緒二十六年(1900)長沙刻本　六册

110000－0182－0004141　ZS10290
紀恩慕義一卷　(清)劉厚基編　清光緒二年(1876)刻本　一册

110000－0182－0004142　ZS10299－ZS10358
皇朝掌故彙編内編六十卷首一卷外編四十卷首一卷　宋文蔚纂　清光緒二十八年(1902)求實書社鉛印本　六十册

110000－0182－0004143　ZS10359－ZS10382
時務通考三十一卷首一卷　(清)杞廬主人撰　清光緒二十三年(1897)點石齋石印本　二十四册

110000－0182－0004144　ZS10383－ZS10398
時務通考續編三十一卷　(清)點石齋主人輯　清光緒二十七年(1901)點石齋石印本　十六册

110000－0182－0004145　ZS10399－ZS10446
皇朝藩屬輿地叢書一百四十一卷　(清)黄沛翹輯　清光緒二十九年(1903)上海書局石印本　四十八册

110000－0182－0004146　ZS10509－ZS10524
求闕齋弟子記三十三卷　(清)王定安撰　清光緒二年(1876)刻本　十六册

110000－0182－0004147　ZS10525－ZS10540
求闕齋弟子記三十三卷　(清)王定安撰　清光緒二年(1876)刻本　十六册

110000－0182－0004148　ZS10541－ZS10544
西算新法直解八卷　(清)馮桂芬撰　清光緒二年(1876)吳縣馮氏校邠廬刻本　四册

110000－0182－0004149　ZS10554
平猺述略二卷　清道光五年(1825)刻本　一册

110000－0182－0004150　ZS10555
興華萬年策　(英國)李提摩太命意　蔡爾康建言　清光緒二十九年(1903)商務印書館鉛印本　一册

110000－0182－0004151　ZS10574－ZS10577
各國約章纂要六卷首一卷附錄一卷　勞乃宣等編　清光緒十七年(1891)吳橋官廨刻本　四册

110000－0182－0004152　ZS10590－ZS10593
舟車所至　(清)鄭光祖輯　清道光二十三年(1843)青玉山房刻本　四册

110000－0182－0004153　ZS10605－ZS10606
貞石山房奏議四卷　(清)王邦璽撰　清光緒十九年(1893)安福王氏刻本　二册

110000－0182－0004154　ZS10608－ZS10609
行素齋雜記二卷　(清)李佳繼昌撰　清光緒二十七年(1901)湖南臬署刻本　二册

110000－0182－0004155　ZS10638
共城從政錄不分卷　(清)周際華著　清道光十九年(1839)家蔭堂刻本　一册

110000－0182－0004156　ZS10642－ZS10643
防海紀略二卷　(清)芍唐居士(王之春)撰　清光緒六年(1880)上洋文藝齋刻本　二册

110000－0182－0004157　ZS10645－ZS10648
沈文忠公文集十卷　(清)沈兆霖撰　清同治八年(1869)刻本　四册

110000－0182－0004158　ZS10658－ZS10659
官幕同舟錄二卷　(清)費山壽撰　清同治六年(1867)三省書屋刻本　二册

110000－0182－0004159　ZS10714－ZS10719
光緒丙午年交涉要覽上篇一卷中篇二卷下篇

四卷　(清)北洋洋務局輯　清光緒三十四年(1908)北洋官報局鉛印本　六册

110000－0182－0004160　ZS10720－ZS10724
光緒乙巳年交涉要覽上篇二卷下篇三卷　(清)北洋洋務局纂輯　清光緒三十三年(1907)北洋洋務局鉛印本　五册

110000－0182－0004161　ZS10733
同治布政司漕糧奏折　清光緒抄本　一册

110000－0182－0004162　ZS10734－ZS10737
多忠勇公勤勞錄四卷　(清)雷正綰撰　清光緒元年(1875)固原提督署刻本　四册

110000－0182－0004163　ZS10754－ZS10757
克復金陵生擒僞王新書　(清)曾國藩等撰　清同治三年(1864)刻本　四册

110000－0182－0004164　ZS10762－ZS10781
李文忠公奏議二十卷　(清)章洪鈞　(清)吳汝綸輯　清光緒保定蓮池書院石印本　二十册

110000－0182－0004165　ZS10782
有賀博士日清戰役中之國際法論　(日本)有賀長雄撰　清宣統三年(1911)鉛印本　一册

110000－0182－0004166　ZS10788－ZS10793
西巡大事本末記六卷　(日本)吉田良太郎編譯　清光緒二十七年(1901)上海書局石印本　六册

110000－0182－0004167　ZS10794－ZS10797
平定捻匪圖記十二卷　(清)趙烈文撰　清光緒二十年(1894)上海書局石印本　四册

110000－0182－0004168　ZS10800－ZS10805
西巡回鑾始末記六卷　(清)八詠樓主人撰　(日本)吉田良太郎譯　清光緒二十八年(1902)石印本　六册

110000－0182－0004169　ZS10866
吉林紀事詩四卷首一卷末一卷　沈兆禔撰並注　清宣統三年(1911)聚珍書局鉛印本　二册

110000－0182－0004170　ZS10872
西學有益於中華　(清)謝子榮撰　清光緒二十二年(1896)上海廣學會鉛印本　一册

110000－0182－0004171　ZS10874－ZS10914
江北運程四十卷首一卷　(清)董恂輯　清咸豐十年(1860)空青水碧齋刻本　四十一册

110000－0182－0004172　ZS10931－ZS10969、ZS10971－ZS11001、ZS11035－ZS11064
李文忠公全書一百六十四卷首一卷　(清)李鴻章撰　(清)吳汝綸編　清光緒三十一年(1905)金陵刻本　一百册

110000－0182－0004173　ZS11002－ZS11012
李文忠公朋僚函稿二十四卷　(清)李鴻章撰　(清)吳汝綸編　清鉛印本　十一册

110000－0182－0004174　ZS11013－ZS11026
李文忠公外部函稿二十八卷　(清)吳汝綸輯　清光緒二十八年(1902)蓮池書社鉛印本　十四册

110000－0182－0004175　ZS11065－ZS11077
左文襄公奏疏續編七十六卷　(清)左宗棠撰　清光緒十六年(1890)上海圖書集成局石印本　十三册

110000－0182－0004176　ZS11078－ZS11107
光緒政要三十四卷　沈桐生輯　清宣統元年(1909)上海崇義堂石印本　三十册

110000－0182－0004177　ZS11108－ZS11113
劉壯肅公奏議十卷首一卷　(清)劉銘傳撰　清光緒三十二年(1906)鉛印本　六册

110000－0182－0004178　ZS11114－ZS11115
百將圖傳二卷　(清)丁日昌編　清同治八年(1869)江蘇書局刻本　二册

110000－0182－0004179　ZS11122－ZS11125
防海備覽十卷　(清)薛傳源編纂　清嘉慶十六年(1811)望山堂刻本　四册

110000－0182－0004180　ZS11139
江楚會奏變法摺　(清)劉坤一　(清)張之洞撰　清光緒二十七年(1901)兩湖書院刻本　一册

110000－0182－0004181　ZS11145
機器算法　梁和編　清光緒三十年(1904)天津中東石印局石印本　一冊

110000－0182－0004182　ZS11150
長沙張文達公榮哀録四卷　陳毅輯　清光緒三十四年至宣統元年(1908－1909)德興堂印字局鉛印本　一冊

110000－0182－0004183　ZS11163
左文襄公奏疏初編三十八卷三編六卷　(清)左宗棠撰　清光緒二十八年(1902)上海圖書集成局鉛印本　七冊

110000－0182－0004184　ZS11214－ZS11219、ZS11258－ZS11263
聖武記十四卷　(清)魏源撰　清道光二十六年(1846)古微堂刻本　十二冊

110000－0182－0004185　ZS11264－ZS11265
盧氏紀聞　謝慎編　清三友亭抄本　二冊

110000－0182－0004186　ZS11290－ZS11294、ZS12374－ZS12378
劉中丞奏議二十卷　(清)劉蓉撰　清光緒十一年(1885)思賢講舍刻本　十冊

110000－0182－0004187　ZS11302－ZS11309
各國交涉公法論十六卷　(英國)費利摩羅巴德撰　(英國)傅蘭雅　(清)俞世爵等合譯　清光緒二十二年(1896)小倉山房鉛印本　八冊

110000－0182－0004188　ZS11311－ZS11332
各國立約始末記三十卷首二卷　(清)陸元鼎編　清光緒三十二年(1906)商務印書館鉛印本　二十二冊

110000－0182－0004189　ZS11333－ZS11337
光緒乙巳年交涉要覽上篇二卷下篇三卷　(清)北洋洋務局纂輯　清北洋官報局鉛印本　五冊

110000－0182－0004190　ZS11344
小學韻語一卷　(清)羅澤南撰　清善成堂刻本　一冊

110000－0182－0004191　ZS11348－ZS11349
文變三卷　蔡元培選　清光緒二十八年(1902)商務印書館鉛印本　二冊

110000－0182－0004192　ZS11350－ZS11352
歷代政治類考十二卷　(清)柴紹炳纂　清光緒二十七年(1901)上海自強局石印本　三冊

110000－0182－0004193　ZS11378－ZS11381
上諭條例(清咸豐元年至二年)　(清)江蘇布政使司編　清江蘇布政使司衙門刻本　四冊

110000－0182－0004194　ZS11403－ZS11406
光緒丙午年交涉要覽上篇一卷中篇二卷下篇四卷　(清)北洋洋務局輯　清光緒三十四年(1908)北洋官報局鉛印本　四冊

110000－0182－0004195　ZS11407－ZS11414
同治中興京外奏議約編八卷　(清)陳弢編　清光緒元年(1875)篋劍囊琴之室刻本　八冊

110000－0182－0004196　ZS11420－ZS11432
李肅毅伯奏議十三卷　(清)李鴻章撰　(清)章洪鈞　(清)吳汝綸輯　清光緒石印本　十三冊

110000－0182－0004197　ZS11433－ZS11448
安吳四種　(清)包世臣撰　清光緒十四年(1888)刻本　十六冊

110000－0182－0004198　ZS11449－ZS11478
約章分類輯要三十八卷首一卷　蔡乃煌等輯　清光緒二十六年(1900)湖南商務局刻本　三十冊

110000－0182－0004199　ZS11492－ZS11501
合肥李勤恪公政書十卷首一卷　(清)李瀚章撰　(清)李經畬等編　清光緒合肥李氏石印本　十冊

110000－0182－0004200　ZS11502－ZS11507
平定關隴紀略十三卷　(清)易孔昭　(清)胡孚駿　(清)劉然亮撰　清光緒十三年(1887)刻本　六冊

110000－0182－0004201　ZS11537
長興學記　康有為撰　清光緒十七年(1891)

刻萬木草堂叢書本　一册

110000－0182－0004202　ZS11550－ZS11585
西國近事彙編三十六卷　（美國）金楷理等譯（清）蔡錫齡筆述　清鉛印本　三十六册

110000－0182－0004203　ZS11678－ZS11687
平定關隴紀略十三卷　（清）易孔昭　（清）胡孚駿　（清）劉然亮撰　清光緒十三年（1887）刻本　十册

110000－0182－0004204　ZS11688－ZS11691
平浙紀略十六卷　（清）秦緗業　（清）陳鍾英撰　清同治十二年（1873）浙江書局刻本　四册

110000－0182－0004205　ZS11692－ZS11699
石遺室文集十二卷續集一卷三集一卷詩集十卷補遺一卷朱絲詞二卷　陳衍撰　清光緒三十一年（1905）刻本　八册

110000－0182－0004206　ZS11700－ZS11712
平湖殉難録一卷平湖縣志二十五卷首一卷末一卷　（清）彭潤章等修　（清）葉廉鍔等纂　清光緒十二年（1886）刻本　十三册

110000－0182－0004207　ZS11713－ZS11738
左文襄公書牘二十六卷　（清）左宗棠撰　清光緒十八年（1892）刻本　二十六册

110000－0182－0004208　ZS11739－ZS11765、ZS12436－ZS12476
左文襄公奏稿六十四卷謝摺二卷　（清）左宗棠撰　清光緒十六年（1890）刻本　六十八册

110000－0182－0004209　ZS11766－ZS11775
平定粵寇紀略十八卷　（清）杜文瀾撰　清光緒元年（1875）校經堂刻本　十册

110000－0182－0004210　ZS11776－ZS11783
四書補注備旨附考三十六卷　（明）鄧林撰（清）杜定基增訂　清宣統元年（1909）有益堂刻本　八册

110000－0182－0004211　ZS11784－ZS11785
左文襄公文集五卷　（清）左宗棠撰　清光緒十八年（1892）刻本　二册

110000－0182－0004212　ZS11790－ZS11791
吏皖存牘三卷　姚錫光撰　清光緒三十四年（1908）鉛印本　二册

110000－0182－0004213　ZS11796－ZS11835
皇朝蓄艾文編八十卷目録一卷　（清）于寶軒輯　王尚清編次　清光緒二十九年（1903）上海官書局鉛印本　四十册

110000－0182－0004214　ZS11860－ZS11869
平定粵匪紀略十八卷附記四卷　（清）杜文瀾撰　清同治刻本　十册

110000－0182－0004215　ZS11911－ZS11915
北洋公牘類纂續編二十四卷　（清）甘厚慈輯　清宣統二年（1910）絳雪齋書局鉛印本　五册　存五卷（一至五）

110000－0182－0004216　ZS11922－ZS11925
侯官嚴氏叢刻　嚴復撰　清光緒二十八年（1902）上海書局石印本　四册

110000－0182－0004217　ZS11936－ZS11941
石渠餘紀六卷　（清）王慶雲撰　清光緒十六年（1890）龍氏校刻本　六册

110000－0182－0004218　ZS11969
長江礮臺芻議　姚錫光撰　清光緒二十五年（1899）鉛印本　一册

110000－0182－0004219　ZS11907
石鞠影廬筆識二卷　（清）譚嗣同著　清光緒二十八年（1902）石印本　一册

110000－0182－0004220　ZS11972
永清庚辛記略　（清）高紹陳撰　清光緒三十四年（1908）石印本　一册

110000－0182－0004221　ZS12031－ZS12034
中興名臣事略八卷　朱孔彰撰　清光緒二十四年（1898）上海書局石印本　四册

110000－0182－0004222　ZS12064
公餘辯正録　（清）張鳳臺撰　清光緒三十二年（1906）京師官書局鉛印本　一册

110000－0182－0004223　ZS12078－ZS12265
東華全録四百二十五卷附續編六十九卷　王

先謙纂輯　清光緒十三年(1887)刻本　一百八十八册

110000－0182－0004224　ZS12266－ZS12275
北洋公牘類纂二十五卷目録一卷　(清)甘厚慈輯　清光緒三十三年(1907)鉛印本　十册

110000－0182－0004225　ZS12276－ZS12287
出使美日秘國日記十六卷(清光緒十五年九月至十九年七月)　(清)崔國因撰　清光緒二十年(1894)鉛印本　十二册

110000－0182－0004226　ZS12295－ZS12302
平定粵寇紀略十八卷附記四卷　(清)杜文瀾撰　清光緒元年(1875)詒穀堂刻本　八册

110000－0182－0004227　ZS12313－ZS12348
左恪靖伯奏稿三十八卷　(清)左宗棠撰　(清)羅大春輯　清光緒刻本　三十六册　存三十六卷(一至三十六)

110000－0182－0004228　ZS12367－ZS12373
新學僞經考十四卷　康祖詒(康有爲)撰　清光緒十七年(1891)康氏萬木草堂刻本　八册

110000－0182－0004229　ZS12379－ZS12388
邊事彙鈔十二卷續鈔八卷　(清)朱克敬輯　清光緒六年(1880)刻本　十册

110000－0182－0004230　ZS12389－ZS12398
平定粵匪紀略十八卷附記四卷　(清)杜文瀾撰　清同治八年(1869)群玉齋木活字印本　十册

110000－0182－0004231　ZS12399－ZS12404
新政真詮六編　何啟　胡禮垣撰　清光緒二十七年(1901)格致新報館鉛印本　六册

110000－0182－0004232　ZS12408
從征圖記　(清)唐訓方撰　清同治六年(1867)西山草堂刻本　一册

110000－0182－0004233　ZS12410
從征圖記　(清)唐訓方撰　清刻本　一册

110000－0182－0004234　ZS12412
議約零件　(□)□□編　清光緒三十二年(1906)抄本　一册

110000－0182－0004235　ZS12413－ZS12414
水流雲在館奏議二卷　(清)宋晉撰　清光緒十三年(1887)刻本　二册

110000－0182－0004236　ZS12415－ZS12416
水流雲在館詩鈔　(清)宋晉撰　清光緒十二年(1886)刻本　二册

110000－0182－0004237　ZS12429－ZS12435
左文襄公批札　(清)左宗棠撰　清光緒十八年(1892)刻本　七册

110000－0182－0004238　ZS12478－ZS12494
同治中興京外奏議約編八卷　(清)陳弢編　清光緒元年(1875)篋劍囊琴之室刻本　八册

110000－0182－0004239　ZS12505－ZS12514
中外農學合編十二卷　楊鞏輯　清光緒三十四年(1908)刻本　十册

110000－0182－0004240　ZS12542－ZS12549
中西紀事　(清)夏燮撰　清光緒二十三年(1897)慎記書莊石印本　八册

110000－0182－0004241　ZS12550－ZS12556
洋務經濟富國策七卷　清光緒二十三年(1897)正記書莊石印本　七册

110000－0182－0004242　ZS12557－ZS12564
中西時務精華九卷　(清)殷兆鏞等撰　清光緒二十三年(1897)上海書局石印本　八册

110000－0182－0004243　ZS12565－ZS12570
分類時事新論六卷　(清)仲英輯　清光緒二十四年(1898)上海書局石印本　六册

110000－0182－0004244　ZS12571－ZS12634
左恪靖伯奏稿初編三十八卷續編七十六卷　(清)左宗棠撰　(清)羅大春輯　清刻本　六十四册

110000－0182－0004245　ZS12635－ZS12654
左文襄公奏疏初編三十八卷續編七十六卷三編六卷　(清)左宗棠撰　清光緒十六年(1890)圖書集成局鉛印本　二十册

110000－0182－0004246　ZS12655－ZS12660
中外事務經濟新論六卷　(清)仲英輯　清光

緒二十四年(1898)上海書局石印本　六册

110000－0182－0004247　ZS12661－ZS12664
幼學求源三十三卷　(清)程允升撰　清光緒十六年(1890)松竹山房刻本　四册　存十一卷(一至二、六至八、十四至十九)

110000－0182－0004248　ZS12665
中俄合約　(□)□□編　清上海申報館鉛印本　一册

110000－0182－0004249　ZS12667－ZS12670
東藩紀要十二卷補錄一卷　(清)薛培榕撰　清光緒上海申報館鉛印本　四册

110000－0182－0004250　ZS12671
勸放脚圖説　(清)史子斌編　清光緒三十二年(1906)安步齋石印本　一册

110000－0182－0004251　ZS12673
粤西主証遺芳三卷　(□)□□編　清光緒三十四年(1908)重慶巴邑聖家堂鉛印本　一册

110000－0182－0004252　ZS12674
黔省主証遺芳五卷　(□)□□編　清光緒三十四年(1908)重慶巴邑聖家堂鉛印本　一册

110000－0182－0004253　ZS12676－ZS12677
節本泰西新史攬要八卷　(英國)李提摩太譯　周慶雲節錄　清光緒二十七年(1901)鉛印本　二册

110000－0182－0004254　ZS12680
中國四十年來大事記一卷　梁啟超撰　清光緒二十七年(1901)鉛印本　一册

110000－0182－0004255　ZS12681
中西通書　(□)□□編　清咸豐十年(1860)上海墨海書館鉛印本　一册

110000－0182－0004256　ZS12695－ZS12702
重校古文釋義八卷　(清)余誠評注　清光緒二十三年(1897)刻本　八册

110000－0182－0004257　ZS12703－ZS12706
毋自欺室文集十卷　(清)王炳燮撰　清光緒二十三年(1897)廣仁堂刻本　四册

110000－0182－0004258　ZS12714
開平礦務創辦章程案據彙編　(□)□□編　清光緒十四年(1888)上海廣百宋齋鉛印本　一册

110000－0182－0004259　ZS12716
六合紀事四卷　(清)周長森撰　清同治十一年(1872)甘菊簃刻本　一册

110000－0182－0004260　ZS12721－ZS12722
東遊日記(清光緒二十年五月初四至七月初四)　(清)黄慶澄撰　清光緒二十年(1894)刻本　二册

110000－0182－0004261　ZS12747－ZS12754
水道提綱二十八卷　(清)齊召南編錄　清光緒四年(1878)津門徐士鑾霞城精舍刻本　八册

110000－0182－0004262　ZS12755－ZS12762
中國近世輿地圖説二十三卷　(清)羅汝楠撰　清宣統元年(1909)廣東教忠學堂石印本　八册

110000－0182－0004263　ZS12763－ZS12766
開縣李尚書政書八卷　(清)李宗羲撰　清刻本　四册

110000－0182－0004264　ZS12770－ZS12777
地學淺釋三十八卷　(英國)雷俠兒撰　(美國)瑪高溫口譯　(清)華蘅芳筆述　清同治十二年(1873)江南機器製造總局刻本　八册

110000－0182－0004265　ZS12782－ZS12845
東華續錄二百二十卷(清光緒)　王先謙纂輯　清宣統元年(1909)上海集成圖書公司鉛印本　六十四册

110000－0182－0004266　ZS12988－ZS12995
東周列國志一百八回　(清)蔡奡點評　清光緒十四年(1888)點石齋石印本　八册

110000－0182－0004267　ZS12996－ZS13008
中東戰紀本末八卷中東戰紀本末續編四卷　(美國)林樂知著譯　蔡爾康纂輯　上海廣學會譯著　清光緒二十三年(1897)圖書集成局

鉛印本　十三册

110000－0182－0004268　ZS13009－ZS13021
中東戰紀本末八卷中東戰紀本末續編四卷（美國）林樂知著譯　蔡爾康纂輯　上海廣學會譯著　清光緒二十三年（1897）圖書集成局鉛印本　十三册

110000－0182－0004269　ZS13032－ZS13039
中外經濟政治彙攷十六卷　（清）江標輯　清光緒二十七年（1901）自強學齋石印本　八册

110000－0182－0004270　ZS13040－ZS13043
東洋史要二卷　（日本）桑原騭藏撰　樊炳清譯　清光緒東文學社石印本　四册

110000－0182－0004271　ZS13149－ZS13156
中興蘇浙表忠録三十六卷　（清）王希曾纂述（清）蔣子蕃等參訂　清光緒二十九年（1903）刻本　八册

110000－0182－0004272　ZS13177－ZS13186
山東軍興紀略二十二卷　（清）徑北草堂編撰　清同治十三年（1874）刻光緒十一年（1885）印本　十册

110000－0182－0004273　ZS13193－ZS13198
中外紀年通表　（清）齊召南編　清光緒二十三年（1897）上海著易堂石印本　六册

110000－0182－0004274　ZS13199－ZS13221
中外地輿圖說集成一百三十卷首三卷皇輿全圖一卷　（清）同康廬主人輯　清光緒二十年（1894）上海稷山書局石印本　二十四册

110000－0182－0004275　ZS13232－ZS13247
萬國新史大事攷十八卷　（清）張之洞鑒定　清光緒二十七年（1901）上海漢讀樓鉛印本　十六册

110000－0182－0004276　ZS13248－ZS13251
中日戰輯六卷　（清）王炳耀撰　清光緒二十一年（1895）香江文裕堂鉛印本　四册

110000－0182－0004277　ZS13252－ZS13263
中東戰紀本末八卷中東戰紀本末續編四卷（美國）林樂知著譯　蔡爾康纂輯　上海廣學會譯著　清光緒二十三年（1897）圖書集成局鉛印本　十二册

110000－0182－0004278　ZS13285－ZS13300
西學啟蒙十六種　（英國）艾約瑟譯　清光緒二十四年（1898）圖書集成印書局鉛印本　十六册

110000－0182－0004279　ZS13301－ZS13308
不自慊齋漫存九卷　（清）徐賡陛撰　清光緒八年（1882）刻本　八册

110000－0182－0004280　ZS13313－ZS13318
中西紀事二十四卷　（清）夏燮撰　清同治七年（1868）刻本　六册

110000－0182－0004281　ZS13319－ZS13324
微積溯源八卷　（英國）華里司輯　（英國）傅蘭雅口譯　（清）華蘅芳筆述　清同治十三年（1874）刻本　六册

110000－0182－0004282　ZS13325－ZS13329
孔子改制考二十一卷　康有為撰　清光緒二十四年（1898）刻萬木草堂叢書本　五册

110000－0182－0004283　ZS13330－ZS13331
山西全省財政沿革利弊說明書四章　（清）山西清理財政局編　清光緒至宣統鉛印本　二册

110000－0182－0004284　ZS13332－ZS13335
重訂小學纂注六卷　（清）高愈撰　**忠經一卷**（漢）鄭玄撰　**集注孝經一卷**　（明）陳選集注　清光緒二十年（1894）東昌書業堂刻本　四册

110000－0182－0004285　ZS13348
山西各廳州縣留支内外銷等欵說明書　（□）□□編　清山西清理財政局鉛印本　一册

110000－0182－0004286　ZS13349
退思軒詩集六卷補遺一卷　（清）張百熙撰　清宣統三年（1911）鉛印本　一册

110000－0182－0004287　ZS13350－ZS13355
新政真詮六編　胡禮垣撰　清光緒二十七年（1901）格致新報館鉛印本　六册

110000－0182－0004288　ZS13360－ZS13363
書經體注圖考大全六卷　(清)范翔鑒定　(清)錢希祥纂輯　清刻本　四冊

110000－0182－0004289　ZS13421－ZS13422
山西藩庫收支各款表說明書　(清)山西清理財政局撰　清末鉛印本　二冊

110000－0182－0004290　ZS13424－ZS13426
鄉試硃卷　(□)□□撰　清刻本　三冊

110000－0182－0004291　ZS13431
山西各署局所自行經理各欵說明書　(□)□□編　清山西清理財政局鉛印本　一冊

110000－0182－0004292　ZS13435
王文敏公文集　樊增祥撰　清宣統三年(1911)江寧印廠鉛印本　一冊

110000－0182－0004293　ZS13438
山西藩庫收支各欵表說明書　(清)山西清理財政局撰　清末鉛印本　一冊

110000－0182－0004294　ZS13439
山西藩庫内外銷收欵說明書　(清)山西清理財政局撰　清末鉛印本　一冊

110000－0182－0004295　ZS13440－ZS13441
勸學篇二卷　(清)張之洞撰　清光緒二十四年(1898)刻本　二冊

110000－0182－0004296　ZS13442－ZS13443
山左教案一卷山左教案二編一卷　(清)祝鋆輯編　清光緒鉛印本　二冊

110000－0182－0004297　ZS13444－ZS13455
王壯武公遺集二十四卷　(清)王鑫撰　清光緒十八年(1892)江寧湘鄉王氏刻本　十二冊

110000－0182－0004298　ZS13457
歷代史要三卷　(清)蔣蔭椿編　清光緒直隸學校司排印局鉛印本　一冊　存一卷(中)

110000－0182－0004299　ZS13462－ZS13469
中西時務精華九卷　(清)殷兆鏞等撰　清光緒二十三年(1897)上海書局石印本　八冊

110000－0182－0004300　ZS13470－ZS13473
瀛環志略十卷　(清)徐繼畬撰　清光緒二十一年(1895)上海寶文局石印本　四冊

110000－0182－0004301　ZS13474－ZS13481
日本外史二十二卷　(日本)賴襄撰　清光緒二十八年(1902)文賢閣石印本　八冊

110000－0182－0004302　ZS13487－ZS13490
新政真詮六編　何啟　胡禮垣撰　清光緒二十五年(1899)香港書局石印本　四冊

110000－0182－0004303　ZS13497－ZS13498
帝國主義　(清)出洋學生編輯所編　清光緒二十八年(1902)上海商務印書館鉛印本　二冊

110000－0182－0004304　ZS13500
巴黎茶花女遺事　(法國)小仲馬撰　曉齋主人述　冷紅生(林紓)筆記　清光緒二十五年(1899)索隱書屋鉛印本　一冊

110000－0182－0004305　ZS13503－ZS13506
外國師船圖表十二卷　(清)許景澄撰　清光緒十四年(1888)上海蜚英館石印本　四冊

110000－0182－0004306　ZS13507－ZS13514
環遊世界新錄四卷　(清)李圭撰　清光緒刻本　八冊

110000－0182－0004307　ZS13515－ZS13520
出使英法義比四國日記六卷(清光緒十六年至十七年)　(清)薛福成撰　清光緒二十年(1894)校經堂刻本　六冊

110000－0182－0004308　ZS13521－ZS13528
出使文牘十卷　(清)薛福成敘　清光緒二十三年(1897)傳經樓校刻本　八冊

110000－0182－0004309　ZS13529－ZS13533
孔子改制考二十一卷　康有為撰　清光緒二十四年(1898)上海大同譯書局刻本　五冊

110000－0182－0004310　ZS13556－ZS13588
大清律例彙輯便覽四十卷　(清)何瞻纂修　清光緒十四年(1888)京都刻本　三十三冊

110000－0182－0004311　ZS13593－ZS13594
上諭條奏　(□)□□編　清光緒九年(1883)

刻本　二冊

110000－0182－0004312　ZS13595
山西運庫並歸綏道歸化關收支各款説明書　(清)山西清理財政局編　清宣統山西清理財政局鉛印本　一冊

110000－0182－0004313　ZS13599－ZS13600
大清宣統元年歲次己酉時憲書一卷大清宣統二年歲次庚戌時憲書一卷　(清)欽天監編　清刻本　二冊

110000－0182－0004314　ZS13601－ZS13602
大清宣統元年歲次己酉時憲書一卷大清宣統四年歲次壬子時憲書一卷　(清)欽天監編　清刻本　二冊

110000－0182－0004315　ZS13605
中俄合約節要　(□)□□撰　清刻本　一冊

110000－0182－0004316　ZS13606－ZS13607
山左教案書牘附問答記一卷山左教案二編一卷　(清)祝鋆編　清末鉛印本　二冊

110000－0182－0004317　ZS13608－ZS13609
國聞報彙編　(清)愛穎編　清光緒二十九年(1903)西江歐化社鉛印本　二冊

110000－0182－0004318　ZS13612－ZS13617
出使英法義比四國日記六卷(清光緒十六年至十七年)　(清)薛福成撰　清光緒二十年(1894)校經堂刻本　六冊

110000－0182－0004319　ZS13643
各國條約　(□)□□撰　清同治四年(1865)刻本　一冊

110000－0182－0004320　ZS13669－ZS13682
丁文誠公奏稿二十六卷　(清)丁寶楨撰　陳夔龍輯　清光緒二十二年(1896)刻本　十四冊

110000－0182－0004321　ZS13683
東三省蒙務公牘彙編　(□)□□撰　清鉛印本　一冊

110000－0182－0004322　ZS13687－ZS13692
西藝知新十卷　(英國)傅蘭雅口譯　(清)徐壽筆述　清光緒刻本　六冊

110000－0182－0004323　ZS13693－ZS13694
西學考略二卷　(美國)丁韙良撰　清光緒九年(1883)同文館鉛印本　二冊

110000－0182－0004324　ZS13702－ZS13705
駱文忠公手札一卷胡文忠公手札一卷曾威毅伯手札一卷左恪靖候手札一卷　(清)郭慶藩輯　清光緒十年(1884)上海同文書局石印本　四冊

110000－0182－0004325　ZS13706－ZS13711
王靖毅公[懿德]年譜二卷　(清)王家勤編　**王靖毅公列傳一卷**　(清)薛斯來撰　**先靖毅公行述一卷**　(清)王守愚等撰　**鄉會試朱卷一卷**　(清)王懿德撰　**公餘瑣言一卷**　(清)王懿德輯　清同治刻本　六冊

110000－0182－0004326　ZS13712－ZS13723
大清宣統四年時憲書一卷　(清)欽天監編　清末刻套印本　二冊

110000－0182－0004327　ZS13726－ZS13729
格致啟蒙四卷　(英國)羅斯古等撰　(美國)林樂知　(清)鄭昌棪譯　清光緒江南機器製造總局刻本　四冊

110000－0182－0004328　ZS13730－ZS13733
萬國公法　(□)□□撰　清末鉛印本　四冊

110000－0182－0004329　ZS13734－ZS13739
化學鑑原續編二十四卷　(英國)蒲陸山撰　(英國)傅蘭雅口譯　(清)徐壽筆述　清光緒江南機器製造總局刻本　六冊

110000－0182－0004330　ZS13740－ZS13747
汽機新制二卷汽機必以六卷　(英國)白爾格撰　(英國)傅蘭雅口譯　(清)徐建寅筆述　清光緒江南機器製造總局刻本　八冊

110000－0182－0004331　ZS13748－ZS13755
幾何原本十五卷首九卷　(希臘)歐幾里得撰　(意大利)利瑪竇口譯　(明)徐光啟筆受　(英國)偉烈亞力續譯　清同治四年(1865)湘鄉曾國藩金陵刻本　八冊

110000－0182－0004332　ZS13756－ZS13767、ZS13818－ZS13829
大清律例增修彙纂大成四十卷附督捕則例二卷五軍道里表一卷三流道里表一卷秋審實緩比較一卷部頒新增一卷　(□)□□撰　清光緒二十四年(1898)石印本　二十四冊

110000－0182－0004333　ZS13768－ZS13817、ZS14376－ZS14383
大清律例按語根源一百四卷　(清)黄恩彤撰　清道光三十年(1850)海山仙館刻本　五十八冊

110000－0182－0004334　ZS13830－ZS13849
大清光緒新法令十三類附錄一卷　(清)商務印書館編譯所編　清宣統元年(1909)上海商務印書館鉛印本　二十冊

110000－0182－0004335　ZS13850－ZS13911
大清法規大全正編一百五十九卷續編一百四十卷　(清)北京政學社編　清宣統石印本　六十二冊

110000－0182－0004336　ZS13971
十三日備嘗記一卷事略附記一卷　(清)曹晟撰　清光緒上海申報館鉛印申報館叢書本　一冊

110000－0182－0004337　ZS13981－ZS13988
萬國史記二十卷　(日本)岡本監輔撰　清光緒二十三年(1897)上海六先書局鉛印本　八冊

110000－0182－0004338　ZS13989－ZS14004、ZS14350－ZS14375
大清法規大全　(清)北京政學社編　清宣統北京政學社石印本　四十二冊

110000－0182－0004339　ZS14005－ZS14015
新輯各國政治藝學全書　(清)東山主人編　清光緒二十八年(1902)鴻寶書局石印本　十一冊　存十五種(各國電報攷一卷、鐵路紀要、英國鐵路章程、各國郵政攷、泰西農學新法、繪圖農事論略、蠶務圖說、紡織機器圖說、儒門醫學一卷、儒門醫學、泰西內科新說一卷、大英國志二卷、俄史輯譯二卷、法國新志二卷、米利堅志一卷)

110000－0182－0004340　ZS14016－ZS14018
山西全省各府廳州縣地方經理各欵說明書　(□)□□編　清山西省清理財政局鉛印本　三冊

110000－0182－0004341　ZS14019－ZS14036
小腆紀傳六十五卷　(清)徐鼒撰　**補遺二卷**　(清)徐承禮撰　清光緒十三年至十四年(1887－1888)金陵刻本　十八冊

110000－0182－0004342　ZS14046－ZS14049
文文忠公事略四卷　(□)□□輯　清光緒八年(1882)刻本　四冊

110000－0182－0004343　ZS14050－ZS14059
六書通十卷　(明)閔齊伋撰　(清)畢弘述篆訂　清康熙五十九年(1720)基聞堂刻本　十冊

110000－0182－0004344　ZS14099
義合拳教門源流考　(□)□□撰　清刻本　一冊

110000－0182－0004345　ZS14107
習禮堂分日讀書　(清)程𧍱　吳虞姬輯　清抄本　一冊

110000－0182－0004346　ZS14108
二十世紀之怪物帝國主義　(日本)土佐幸德秋水撰　趙必振譯　清光緒二十八年(1902)上海廣智書局鉛印本　一冊

110000－0182－0004347　ZS14111
也是集續編一卷　(清)安蹇齋主撰　清宣統二年(1910)鉛印本　一冊

110000－0182－0004348　ZS14116
校邠廬抗議一卷　(清)馮桂芬撰　清抄本　一冊

110000－0182－0004349　ZS14152－ZS14155
鄂省丁漕指掌十卷　(清)陳汝藩等纂　清刻本　四冊

110000－0182－0004350　ZS14156－ZS14159

英軺日記十二卷(清光緒二十八年三月至八月)　載振撰　清光緒二十九年(1903)上海文明編譯書局鉛印本　四册

110000－0182－0004351　ZS14160－ZS14163
英軺日記十二卷(清光緒二十八年三月至八月)　載振撰　清光緒二十九年(1903)上海文明編譯書局鉛印本　四册

110000－0182－0004352　ZS14164
八線備旨四卷　(美國)羅密士撰　(美國)潘慎文選譯　清光緒二十三年(1897)上海美華書館鉛印本　一册

110000－0182－0004353　ZS14165
博物新編三集　(英國)合信撰　清咸豐五年(1855)上海墨海書館刻本　一册

110000－0182－0004354　ZS14183－ZS14184
格致讀本二卷　(英國)莫爾顯撰　南洋公學譯書院譯　清光緒二十八年(1902)南洋公學譯書院鉛印本　二册

110000－0182－0004355　ZS14196－ZS14202
養晦堂文集十卷詩集二卷思辨錄疑義一卷　(清)劉蓉撰　清光緒三年(1877)思賢講舍刻本　七册

110000－0182－0004356　ZS14203－ZS14205
翼教叢編六卷　(清)蘇輿輯　清光緒二十四年(1898)刻本　三册

110000－0182－0004357　ZS14213
九江城守紀一卷　(清)徐世溥撰　清末石印本　一册

110000－0182－0004358　ZS14214
七政策要　(清)孫不器撰　清刻本　一册

110000－0182－0004359　ZS14218
二十年來之最醒夢　(□)□□撰　清光緒三十三年(1907)刻本　一册

110000－0182－0004360　ZS14224－ZS14225
秘書集十卷　沈同芳撰　清宣統三年(1911)上海中國圖書公司鉛印本　二册

110000－0182－0004361　ZS14226
中國漁業歷史一卷　沈同芳撰　清宣統三年(1911)上海中國圖書公司鉛印本　一册

110000－0182－0004362　ZS14227
公言集三卷　沈同芳撰　清宣統三年(1911)上海中國圖書公司鉛印本　一册

110000－0182－0004363　ZS14228
刻鵠集三卷　沈同芳撰　清宣統三年(1911)上海中國圖書公司鉛印本　一册

110000－0182－0004364　ZS14231－ZS14234
周禮精華六卷　(清)陳龍標輯　清道光六年(1826)刻本　四册

110000－0182－0004365　ZS14235－ZS14258
十一朝東華錄分類輯要二十四卷　(清)何良棟輯　清光緒二十九年(1903)鴻寶書局石印本　二十四册

110000－0182－0004366　ZS14259－ZS14282
十一朝東華錄分類輯要二十四卷　(清)何良棟輯　清光緒二十九年(1903)鴻寶書局石印本　二十四册

110000－0182－0004367　ZS14297－ZS14301
大東紀年五卷　(□)□□編　清光緒二十九年(1903)上海美華書館鉛印本　五册

110000－0182－0004368　ZS14302－ZS14309
三省邊防備覽十四卷　(清)嚴如熤輯　清道光二年(1822)刻本　八册

110000－0182－0004369　ZS14310－ZS14349、ZS14384－ZS14403
大清一統志三百五十六卷　(清)蔣廷錫等修　(清)王安國等纂　清乾隆九年(1744)内府刻本　六十册

110000－0182－0004370　ZS14407－ZS14410
汽機發軔九卷表一卷　(英國)美以納　(英國)白勞那撰　(英國)偉烈亞力口譯　(清)徐壽筆述　清光緒刻本　四册

110000－0182－0004371　ZS2535
江浙鐵路風潮　(清)墨悲編　清光緒三十三年(1907)鉛印本　一册　存一册(一)

110000－0182－0004372　ZS4197
藏語　何藻翔著　清宣統二年(1910)鉛印本　一册

110000－0182－0004373　ZS4198
中國礦產志　(清)顧瑯　周樹人合纂　清光緒三十二年(1906)啟新書局鉛印本　一册

110000－0182－0004374　ZS4199
中國礦產志　(清)顧瑯　周樹人合纂　清光緒三十二年(1906)啟新書局鉛印本　一册

110000－0182－0004375　ZS4241
石達開遺詩　(清)石達開著　清光緒三十二年(1906)刻本　一册

110000－0182－0004376　善1061
天中記六十卷　(明)陳耀文編　明萬曆二十三年(1595)刻本　三十册

110000－0182－0004377　善1065
南巡盛典一百二十卷　(清)紀昀等纂修　清乾隆文源閣抄本　一册　存三卷(一百一至一百三)

110000－0182－0004378　ZS4270
黑奴籲天錄　(美國)斯土活撰　林紓　魏易譯　清光緒三十一年(1905)文明書局刻本　一册

110000－0182－0004379　ZS4271
黑奴籲天錄　(美國)斯土活撰　林紓　魏易譯　清光緒三十一年(1905)文明書局刻本　一册

110000－0182－0004380　ZS4440－ZS4441
中國腦　(清)杭州味新學社編　清光緒二十八年(1902)杭州味新學社刻本　二册

110000－0182－0004381　史0190
説鈴二集五十四卷　(清)吳震方輯　清康熙四十四年(1705)刻本　六册

110000－0182－0004382　ZS4442
中安法和戰曲直記　(清)有心時事人編次　清光緒十年(1884)上海王氏刻本　一册

110000－0182－0004383　ZS4443
中安法和戰曲直記　(清)有心時事人編次　清光緒十年(1884)上海王氏刻本　一册

110000－0182－0004384　ZS4444
中安法和戰曲直記　(清)有心時事人編次　清光緒十年(1884)上海王氏刻本　一册

110000－0182－0004385　ZS4445
中安法和戰曲直記　(清)有心時事人編次　清光緒十年(1884)上海王氏刻本　一册

110000－0182－0004386　ZS4446
公車上書記　康有為記　清光緒二十一年(1895)上海石印書局石印本　一册

110000－0182－0004387　ZS4447－ZS4454
穆勒名學甲乙丙三部　(英國)穆勒約翰撰　嚴復譯　清光緒三十一年(1905)上海金粟齋鉛印本　八册

110000－0182－0004388　ZS4455－ZS4470
防海輯要十八卷　(清)俞昌會撰　清刻本　十六册

110000－0182－0004389　ZS4531－ZS4540
欽定新疆識略　(清)松筠纂修　清道光元年(1821)武英殿修書處刻本　十册

110000－0182－0004390　ZS4541－ZS4542
校邠廬抗議　(清)馮桂芬撰　清光緒十八年(1892)敏德堂潘氏刻本　二册

110000－0182－0004391　ZS4543－ZS4550
原富五部　(英國)斯密亞丹撰　嚴復譯　清光緒二十八年(1902)南洋公學譯書院鉛印本　八册

110000－0182－0004392　ZS4551－ZS4556
盛世危言　鄭觀應撰　清光緒二十四年(1898)圖書集成局鉛印本　六册

110000－0182－0004393　ZS4557
黑旗劉大將軍事實　(清)管斯駿撰　清光緒十年(1884)管可壽齋刻本　一册

110000－0182－0004394　ZS4558－ZS4569
普天忠憤集十四卷　(清)魯陽生(孔廣德)編　清光緒二十一年(1895)石印本　十二册

110000－0182－0004395　ZS4570
新廣東　(清)太平洋客(歐榘甲)撰　清末橫濱新民叢報社鉛印本　一冊

110000－0182－0004396　ZS4571－ZS4578
[嘉慶]衛藏通志十六卷首一卷　(清)和琳纂修　清光緒二十二年(1896)漸西村舍刻本　八冊

110000－0182－0004397　ZS4580－ZS4581
雲南勘界籌邊記　姚文棟撰　清光緒刻本　二冊

110000－0182－0004398　ZS4585－ZS4586
中外交涉類要表四卷光緒通商綜覈表十六卷　(清)錢學嘉編　清光緒二十年(1894)上海書局石印本　二冊

110000－0182－0004399　ZS4587－ZS4588
中俄界約斠注七卷　錢恂撰　清末上海署局石印本　二冊

110000－0182－0004400　ZS4589－ZS4590
中俄界約斠注七卷　錢恂撰　清光緒二十年(1894)上海醉六堂刻本　二冊

110000－0182－0004401　ZS4591
中俄界務沿革記略　(清)張弢編　清末鉛印本　一冊

110000－0182－0004402　ZS4592－ZS4593
中俄國際約注五卷　(清)施紹常編　清光緒三十一年(1905)上海商務印書館鉛印本　二冊

110000－0182－0004403　ZS4594－ZS4595
中俄界記上編一卷下編一卷　(清)鄒代鈞撰　(清)曾寅校　清宣統三年(1911)鉛印本　二冊

110000－0182－0004404　ZS4596－ZS4598
中國宜改革新政論譯　胡禮垣　何啟編　清光緒二十一年(1895)寶文書局鉛印本　三冊

110000－0182－0004405　ZS4599
公車上書記　康有為撰　清光緒二十一年(1895)香港石印書局石印本　一冊

110000－0182－0004406　ZS4600
平定粵匪功臣戰績　(清)吳友如撰　清光緒二十年(1894)石印本　一冊

110000－0182－0004407　ZS4601
臺灣圖　(清)夏獻綸撰　清光緒元年(1875)刻本　一冊

110000－0182－0004408　ZS4602
臺灣地輿圖說一卷　(清)夏獻綸撰　清光緒元年(1875)刻本　一冊

110000－0182－0004409　ZS4603
臺灣輿圖并說一卷　(清)夏獻綸撰　清光緒元年(1875)刻本　一冊

110000－0182－0004410　ZS4615
江蘇沿海圖說一卷　(清)朱正元撰　清光緒二十五年(1899)上海聚珍版印書局鉛印本　一冊

110000－0182－0004411　ZS4616－ZS4617
江蘇沿海圖說島嶼表一卷浙江沿海圖說附島嶼表一卷　(清)朱正元撰　清光緒二十五年(1899)上海聚珍版印書局鉛印本　二冊

110000－0182－0004412　ZS4618
西招圖略　(清)松筠撰　清道光刻本　一冊

110000－0182－0004413　ZS4619－ZS4625
西陲總統事略十二卷附西陲竹枝詞一卷　(清)松筠纂　(清)汪廷楷輯　清刻本　七冊

110000－0182－0004414　ZS4634－ZS4643
問影樓輿地叢書第一集十五種　胡思敬輯　清光緒三十四年(1908)鉛印本　十冊

110000－0182－0004415　ZS4644
夷艘寇海記　(□)□□撰　清抄本　一冊

110000－0182－0004416　ZS4645
光緒三十一年通商各關華洋貿易總冊　(清)上海通商海關造冊處編　清光緒三十二年(1906)鉛印本　一冊

110000－0182－0004417　ZS4646－ZS4647
華洋戰書初編　(清)留心時事人輯　清光緒十年(1884)京都三益齋刻本　二冊

110000－0182－0004418　ZS4648－ZS4653
繪圖記號一卷測繪問答一卷地形學二卷地勢學一卷行軍篇一卷　羅星垣著　清抄本　六册

110000－0182－0004419　ZS4656
法越戰紀　(清)李應玨撰　清光緒十二年(1886)刻本　一册

110000－0182－0004420　ZS4674
英夷滋擾案略　(□)□□撰　清抄本　一册

110000－0182－0004421　ZS4675
咸同以來中俄交涉記三卷　(清)江標譯　清末刻本　一册

110000－0182－0004422　ZS4676
浙江沿海圖說附島嶼表一卷　(清)朱正元撰　清光緒二十五年(1899)上海聚珍版印書局鉛印本　一册

110000－0182－0004423　ZS4677
浙江路拒款始末記　(清)費有容撰　清光緒三十三年(1907)鉛印本　一册

110000－0182－0004424　ZS4678－ZS4685
原富五部　(英國)斯密亞丹撰　嚴復譯　清光緒二十八年(1902)南洋公學譯書院鉛印本　八册

110000－0182－0004425　ZS4686－ZS4691
弢園文錄外編十二卷　(清)王韜撰　清光緒九年(1883)長沙王氏鉛印本　六册

110000－0182－0004426　ZS4692－ZS4716
朔方備乘六十八卷首十二卷附俄羅斯國全圖　(清)何秋濤撰　清光緒刻本　二十五册

110000－0182－0004427　ZS4717－ZS4728
庸盦全集　(清)薛福成撰　清光緒二十三年(1897)上海醉六堂石印本　十二册

110000－0182－0004428　ZS4629－ZS4740
庸盦全集　(清)薛福成撰　清光緒十年至二十四年(1884－1898)無錫薛氏刻本　十二册

110000－0182－0004429　ZS4743－ZS4754
普天忠憤集十四卷　(清)魯陽生(孔廣德)編　清光緒二十一年(1895)石印本　十二册

110000－0182－0004430　ZS4755－ZS4756
道光夷寇案　(□)□□輯　清光緒二十七年(1901)抄本　二册

110000－0182－0004431　ZS4757
黑龍江輿圖說　(□)□□撰　清末軍用被服廠鉛印本　一册

110000－0182－0004432　ZS4760－ZS4761
黑龍江述略六卷　(清)徐宗亮纂修　清光緒觀自得齋刻本　二册

110000－0182－0004433　ZS4762－ZS4771
湖濱補讀廬叢刻　(清)鍾廣生撰　清光緒二十八年(1902)刻本　十册

110000－0182－0004434　ZS4772－ZS4773
越南輯略二卷　(清)徐延旭撰　清光緒三年(1877)梧州郡署刻本　二册

110000－0182－0004435　ZS4774－ZS4782
廈門商政局報告　(□)□□編　清光緒三十年(1904)鷺江報館鉛印本　九册

110000－0182－0004436　ZS4783
福建沿海圖說　(清)朱正元撰　清光緒二十八年(1902)鉛印本　一册

110000－0182－0004437　ZS4787－ZS4788
籌蒙芻議　姚錫光撰　清光緒三十二年(1906)刻本　二册

110000－0182－0004438　ZS4789
籌藏芻議　(清)蔡匯東撰　清宣統元年(1909)鉛印本　一册

110000－0182－0004439　ZS4790
籌海策略　(清)余夢塘著　清道光燕山澤存書屋刻本　一册

110000－0182－0004440　ZS4793
慕皋往來書信　(□)□□撰　清抄本　一册

110000－0182－0004441　ZS4794－ZS4795
德一齋雜著四種　(□)□□撰　清光緒十二年(1886)刻本　二册

110000－0182－0004442　ZS4796－ZS4797
澳門記略二卷　（清）印光任　（清）張汝霖纂　清光緒六年(1880)江寧藩署刻本　二冊

110000－0182－0004443　ZS4798－ZS4803
黔南職方紀略九卷　（清）羅繞典輯　清道光二十七年(1847)刻本　六冊

110000－0182－0004444　ZS4804－ZS4809
黔南識略三十二卷　（清）愛必達撰　清道光二十七年(1847)刻本　六冊

110000－0182－0004445　ZS5468－ZS5471
蕩平髮逆圖記二十二卷圖一卷　（清）杜文瀾輯　清道光三十年(1850)石印本　四冊

110000－0182－0004446　ZS5472－ZS5477
增補東洋史要初編　（日本）桑原騭藏撰　樊炳清譯　清上海玉麟書局石印本　六冊

110000－0182－0004447　ZS5527
雅安圍城記一卷　（清）何鼎勳撰　清咸豐十一年(1861)刻本　一冊

110000－0182－0004448　ZS5546－ZS5548
燕京開教略三卷　（法國）樊國梁撰　清光緒三十一年(1905)北京救世堂鉛印本　三冊

110000－0182－0004449　ZS5549－ZS5560
豫軍紀略十二卷　（清）尹耕雲　（清）李汝鈞纂　清同治十一年(1872)刻本　十二冊

110000－0182－0004450　ZS5561－ZS5568
燕楚游驂錄甲編　京漢鐵路管理局編輯　清光緒二十九年(1903)鉛印本　八冊

110000－0182－0004451　ZS5569－ZS5579
勵學譯編　（清）□□輯　清光緒二十七年(1901)勵學譯社刻本　十一冊

110000－0182－0004452　ZS5580－ZS5584
彊本堂彙編　徐建生編　清末鉛印本　五冊

110000－0182－0004453　ZS5586－ZS5589
磨盾餘譚　（清）朱用孚撰　清同治十一年(1872)知白草堂刻本　四冊

110000－0182－0004454　ZS5590
鬻字齋詩略四卷　曹允源撰　清光緒二十二年(1896)刻本　一冊

110000－0182－0004455　ZS5591
彝軍紀略　（清）譚鍾麟撰　清光緒十二年(1886)刻本　一冊

110000－0182－0004456　ZS5595
新政策　（英國）李提摩太撰　清光緒二十二年(1896)上海廣學會鉛印本　一冊

110000－0182－0004457　ZS5596
鯤瀛日記　施景琛撰　清鉛印本　一冊

110000－0182－0004458　ZS5599
餘生記略　（清）谷廷珍撰　清刻本　一冊

110000－0182－0004459　ZS5600
瓊廣平糶紀事　（□）□□撰　清刻本　一冊

110000－0182－0004460　ZS5601－ZS5603
翼教叢編六卷　（清）蘇輿輯　清光緒二十四年(1898)刻本　一冊

110000－0182－0004461　ZS5604－ZS5605
樵說十卷　（清）蜀西樵也(王增祺)撰　清光緒十八年(1892)刻本　二冊

110000－0182－0004462　ZS5612－ZS5637
瀛寰瑣紀　（清）沅浦詞人撰　清同治七年(1868)申報館石印本　二十六冊

110000－0182－0004463　ZS5640
各國條約下函　（□）□□撰　清道光二十七年(1847)刻本　一冊

110000－0182－0004464　ZS5641
各國條約下函　（□）□□撰　清道光二十七年(1847)刻本　一冊

110000－0182－0004465　ZS5642
禁吸鴉片煙芻議　（清）蔣履曾撰　清光緒鉛印本　一冊

110000－0182－0004466　ZS5648－ZS5649
薛星使海外文編四卷　（清）薛福成編　清光緒二十二年(1896)石印本　二冊

110000－0182－0004467　ZS5651－ZS5654

翼教叢編六卷 (清)蘇輿輯 清光緒二十四年(1898)刻本 四冊

110000-0182-0004468 ZS5657-ZS5662
援黔錄十二卷 (清)唐炯撰 清同治七年(1868)刻本 六冊

110000-0182-0004469 ZS5666-ZS5667
滿洲旅行記二卷 (日本)小越平隆撰 克齋譯 清光緒二十八年(1902)上海廣智書局鉛印本 二冊

110000-0182-0004470 ZS5682-ZS5691
樊山政書二十卷 樊增祥撰 清刻本 十冊

110000-0182-0004471 ZS5692-ZS5696
增修現行常例一卷籌餉事例一卷增修籌餉事例條款一卷 (□)□□撰 清刻本 五冊

110000-0182-0004472 ZS5697-ZS5700
新刊國聞新語錄四卷 (清)貪夢癡道人撰 清光緒二十五年(1899)上海石印本 四冊

110000-0182-0004473 ZS5701-ZS5703
器象顯真四卷 (英國)白力蓋撰 (英國)傅蘭雅口譯 (清)徐建寅筆述 (清)曹鍾秀摹圖 清光緒江南製造局刻本 三冊

110000-0182-0004474 ZS5706-ZS5711
新建陸軍兵略錄存八卷 袁世凱撰 清光緒二十四年(1898)石印本 六冊

110000-0182-0004475 ZS5716-ZS5723
新政真詮六編 何啟 胡禮垣撰 清光緒二十七年(1901)格致新報館鉛印本 八冊

110000-0182-0004476 ZS5724-ZS5755
新輯增圖時務匯通一百八卷 (清)李作棟輯 清光緒二十九年(1903)上海崇新書局石印本 三十二冊

110000-0182-0004477 ZS5782-ZS5784
煙鑑集覽二卷煙雲外史一卷 (□)□□撰 清抄本 三冊

110000-0182-0004478 ZS5794-ZS5813
新民叢書 梁啓超編撰 清光緒二十九年(1903)味新學社刻本 二十冊

110000-0182-0004479 ZS5825-ZS5831
新民叢報選編續集 (清)新民叢報社編 清石印本 七冊

110000-0182-0004480 ZS5832-ZS5841
新民叢書 梁啓超編撰 清光緒二十九年(1903)味新學社刻本 十冊

110000-0182-0004481 ZS5842-ZS5846
福建鹽務公牘三卷附閩鹽正告書二卷 (清)陳瀏撰 清宣統二年(1910)鉛印本 五冊

110000-0182-0004482 ZS5848-ZS5849
滇南事實 (清)黄夢菊撰 清道光二十六年(1846)敷文堂刻本 二冊

110000-0182-0004483 ZS5850
新刑律修正案匯錄 勞乃宣撰 清宣統二年(1910)鉛印本 一冊

110000-0182-0004484 ZS5852-ZS5855
戡靖教匪述編十二卷 (清)石香村居士編輯 清道光六年(1826)刻本 四冊

110000-0182-0004485 ZS5961-ZS5964
群學肄言 (英國)斯賓塞爾撰 嚴復譯 清光緒二十九年(1903)上海文明書局鉛印本 四冊

110000-0182-0004486 ZS5965-ZS5968
群學肄言 (英國)斯賓塞爾撰 嚴復譯 清光緒二十九年(1903)上海文明書局鉛印本 四冊

110000-0182-0004487 ZS5969-ZS5972
蜀燹述略 (清)余鴻觀撰 清光緒鉛印本 四冊

110000-0182-0004488 ZS5973-ZS5976
蜀燹述略 (清)余鴻觀撰 清光緒鉛印本 四冊

110000-0182-0004489 ZS5977-ZS5982
霆軍紀略十六卷 (清)陳昌輯 清光緒八年(1882)上海申報館鉛印本 六冊

110000-0182-0004490 ZS5983
蜀行紀事草 (清)汪承霈撰 清刻本 一冊

110000－0182－0004491　ZS5985
蜀僚問答　(清)劉衡撰　清刻本　一冊

110000－0182－0004492　ZS5990
福建守城記　華廷獻撰　清末石印本　一冊

110000－0182－0004493　ZS5991
嘉定屠城記　(□)□□撰　清末石印本　一冊

110000－0182－0004494　ZS5992
寥天一閣文二卷　(清)譚嗣同撰　清刻本　一冊

110000－0182－0004495　ZS5995
籌邊芻言　徐鼐霖撰　清末鉛印本　一冊

110000－0182－0004496　ZS5996
福建永春美以美會五十周年歷史　(□)□□撰　清石印本　一冊

110000－0182－0004497　ZS5997
辟邪紀實三卷　(清)天下第一傷心人撰　清同治十年(1871)刻本　一冊

110000－0182－0004498　ZS5999
蜀燹述略　(清)余鴻觀撰　清光緒成都昌福公司鉛印本　一冊

110000－0182－0004499　ZS6000－ZS6005
熙朝紀政六卷　(清)王慶雲撰　清光緒二十四年(1898)石印本　六冊

110000－0182－0004500　ZS6006－ZS6009
路政匯鈔四卷　陸天池編　清光緒三十年(1904)四川官報書局鉛印本　四冊

110000－0182－0004501　ZS6013－ZS6014
御製耕織圖　(清)聖祖玄燁撰　清光緒二十九年(1903)北洋官報石印局石印本　二冊

110000－0182－0004502　ZS6015
龔定盦全集　(清)龔自珍撰　清光緒二十三年(1897)廣州林記書莊鉛印本　一冊

110000－0182－0004503　ZS6090－ZS6105
端忠敏公奏稿十六卷　(清)端方撰　清鉛印本　十六冊

110000－0182－0004504　ZS6136－ZS6137
瞑庵雜識二卷　(清)朱克敬撰　清光緒三十四年(1908)刻本　二冊

110000－0182－0004505　ZS6138－ZS6139
瞑庵二識二卷　(清)朱克敬撰　清光緒七年(1881)刻本　二冊

110000－0182－0004506　ZS6140
瞑庵詩錄一卷　(清)朱克敬撰　清同治十一年(1872)刻本　一冊

110000－0182－0004507　ZS6150
嘉定長白二先生奏議　(清)徐致祥撰　清宣統二年(1910)鉛印本　一冊

110000－0182－0004508　ZS6156
守城清鄉卷存　(清)程贊清撰　清宣統二年(1910)鉛印本　一冊

110000－0182－0004509　ZS6157
遠遺堂集外文　(清)譚嗣同著　清光緒二十八年(1902)石印本　一冊

110000－0182－0004510　ZS6158
粵匪南北滋擾紀略　姚憲之撰　清咸豐五年(1855)刻本　一冊

110000－0182－0004511　ZS6159－ZS6160
暮鼓晨鐘　(清)愛國報館編　清光緒三十四年(1908)北京正宗愛國報館鉛印本　二冊

110000－0182－0004512　ZS6166－ZS6179
精選中外時務文編四十四卷　(清)養晦生撰　清光緒二十九年(1903)崇新書局石印本　十四冊

110000－0182－0004513　ZS6192
剿平髮逆圖攷　(□)□□撰　清光緒二十年(1894)上海書局石印本　一冊

110000－0182－0004514　ZS6194
繡像剿逆圖攷　(□)□□撰　清光緒十八年(1892)上海書局石印本　一冊

110000－0182－0004515　ZS6220－ZS6225
中俄會議參考文件六卷附蘇維埃社會共和國聯邦憲法一卷　(□)□□撰　清鉛印本

六册

110000－0182－0004516　ZS6226－ZS6231
中俄會議參考文件六卷附蘇維埃社會共和國聯邦憲法一卷　(□)□□撰　清鉛印本　六册

110000－0182－0004517　ZS6235－ZS6266
海國圖志一百卷　(清)魏源撰　清光緒六年(1880)邵陽急當務齋刻本　三十二册

110000－0182－0004518　ZS6267－ZS6270
黑奴籲天録四卷　(美國)斯土活撰　林紓　魏易譯　清光緒二十七年(1901)刻本　四册

110000－0182－0004519　ZS6271
鄂省丁漕指掌十卷　(清)陳汝藩等纂　清光緒元年(1875)藩署刻本　一册

110000－0182－0004520　ZS6272－ZS6276
鄂省丁漕水利合編不分卷　(□)□□撰　清刻本　五册

110000－0182－0004521　ZS6287－ZS6294
增訂盛世危言十四卷　鄭觀應撰　清光緒二十三年(1897)成都刻本　八册

110000－0182－0004522　ZS6295－ZS6298
賜福慶啓事四卷　顧德全撰　宋小濂等輯　清鉛印本　四册

110000－0182－0004523　ZS6299－ZS6304
精刊魏默深文集内集二卷外集八卷　(清)魏源撰　清宣統元年(1909)上海國學扶輪社鉛印本　六册

110000－0182－0004524　ZS6322－ZS6414
曾文正公全集　(清)曾國藩撰　(清)李國瀚輯　清同治至光緒傳忠書局刻本　九十三册　存一百八十四卷(經史百家雜鈔一至二十六,經史百家簡編上、下,詩集一至二,文集一至三,鳴原堂論文上、下,讀書録一至十,日記上、下,年譜一至十二,大事記一至四,孟子要略一至五,十八家詩鈔一至二十八,奏稿一至三十六,書札一至三十三,批牘一至六,雜著一至二,家書一至十,家訓不分卷)

110000－0182－0004525　ZS6415
商辦全浙鐵路有限公司第一次帳略不分卷　(清)商辦全浙鐵路有限公司編　清光緒三十二年(1906)鉛印本　一册

110000－0182－0004526　ZS6416－ZS6417
富國真理二卷　(英國)嘉托瑪撰　(英國)山雅谷譯　清光緒二十五年(1899)圖書集成局鉛印本　二册

110000－0182－0004527　ZS6418
越南亡國慘　(□)□□撰　清宣統元年(1909)北京愛國報館鉛印本　一册

110000－0182－0004528　ZS6421
異域風謡　(清)寥園主人(侯紹瀛)撰　清末刻本　一册

110000－0182－0004529　ZS6422
曾文正公大事記不分卷　(清)王定安撰　清石印本　一册

110000－0182－0004530　ZS6423－ZS6424
出使奏疏二卷　(清)薛福成撰　清光緒二十年(1894)刻本　二册

110000－0182－0004531　ZS6430
湖廣總督張之洞湖北巡撫于蔭霖為自立會事告示　(清)張之洞等撰　清末石印本　一册

110000－0182－0004532　ZS6431
曾國荃等人致譚廷襄書　(清)曾國荃等撰　清寫本　一册

110000－0182－0004533　ZS6434－ZS6435
中外交涉類要表四卷光緒通商綜覈表十六卷　(清)錢學嘉編　清光緒二十年(1894)上海醉六堂刻本　二册

110000－0182－0004534　ZS6436－ZS6437
精繪平長毛書剿逆圖考不分卷　(清)吳友如繪　清光緒十九年(1893)石印本　二册

110000－0182－0004535　ZS6438
普天忠憤集十四卷　(清)魯陽生(孔廣德)編　清光緒二十四年(1898)經濟書莊朱墨石印本　一册　存二卷(一至二)

110000－0182－0004536　ZS6439－ZS6446
普天忠憤集十四卷　（清）魯陽生（孔廣德）編　清光緒二十四年（1898）石印本　八冊

110000－0182－0004537　ZS6455－ZS6458
黑奴籲天録四卷　（美國）斯土活撰　林紓　魏易譯　清光緒二十七年（1901）刻本　四冊

110000－0182－0004538　ZS6459－ZS6462
湘綺樓文集八卷　王闓運撰　清光緒三十四年（1908）刻本　四冊

110000－0182－0004539　ZS6463－ZS6464
增修籌餉事例條款　（清）戶部撰　清刻本　二冊

110000－0182－0004540　ZS6465
籌餉事例　（清）戶部撰　清刻本　一冊

110000－0182－0004541　ZS6466
增修現行常例　（清）戶部撰　清刻本　一冊

110000－0182－0004542　ZS6467－ZS6474
各國交涉公法論十六卷　（英國）費利摩羅巴德撰　（英國）傅蘭雅口譯　（清）俞世爵筆述　清光緒二十二年（1896）慎記書莊石印本　八冊

110000－0182－0004543　ZS6475－ZS6477
富國策三卷　（英國）法思德撰　（美國）丁韙良　汪鳳藻譯　清光緒六年（1880）同文館鉛印本　三冊

110000－0182－0004544　ZS6482
十九世紀外交史十七章　（日本）平田久撰　張相譯　清光緒二十八年（1902）史學齋刻本　一冊　存四章（一至四）

110000－0182－0004545　ZS6483
越事備考奏議三卷　劉名譽輯　清光緒二十一年（1895）刻本　一冊

110000－0182－0004546　ZS6484－ZS6485
越事備考芻言六卷　劉名譽輯　清光緒二十一年（1895）刻本　二冊

110000－0182－0004547　ZS6486
越事備考案略二卷　劉名譽輯　清光緒二十一年（1895）刻本　一冊

110000－0182－0004548　ZS6491、ZS6493－ZS6495
化學鑑原六卷　（英國）韋而司撰　（英國）傅蘭雅口譯　（清）徐壽筆述　清同治十一年（1872）江南製造總局刻本　四冊

110000－0182－0004549　ZS6492、ZS6496
化學分原八卷　（英國）蒲陸山撰　（英國）傅蘭雅口譯　（清）徐建寅筆述　（清）曹鍾秀繪　清同治十一年（1872）江南機器製造總局刻本　二冊

110000－0182－0004550　ZS6504－ZS6506
粵東剿匪紀略五卷　（清）陳坤編　清石印本　三冊

110000－0182－0004551　ZS6508
緝匪事績不分卷　（□）□□編　清抄本　一冊

110000－0182－0004552　ZS6509
貽案始末記不分卷　（□）□□編　清鉛印本　一冊

110000－0182－0004553　ZS6518
湘難雜録不分卷　南荃逸史編　清宣統三年（1911）長沙鉛印本　一冊

110000－0182－0004554　ZS6511－ZS6522
湘軍記二十卷　（清）王定安撰　清光緒十五年（1889）江南書局刻本　十二冊

110000－0182－0004555　ZS6531－ZS6540
程中丞奏稿十九卷附録一卷　程德全撰　清鉛印本　十冊

110000－0182－0004556　ZS6541－ZS6604
富強齋叢書七十一種　（清）袁俊德輯　清光緒二十五年（1899）小倉山房石印本　六十四冊

110000－0182－0004557　ZS6605
理財學精義　（日本）田尻稻次郎撰　（清）王秀點譯　清石印本　一冊

110000－0182－0004558　ZS6606－ZS6607

粤匪始末紀略二卷　(清)杏花樵子編　清石印本　二册

110000－0182－0004559　ZS6608

淮沂沭治標商榷書不分卷　張謇撰　清石印本　一册

110000－0182－0004560　ZS6609－ZS6615

淮軍武毅各軍課程十卷行軍陣圖一卷　(清)武毅全軍武備學堂編　清石印本　七册

110000－0182－0004561　ZS6616

淞滬港務會議彙刊　張謇撰　清鉛印本　一册

110000－0182－0004562　ZS6617

商辦川省川漢鐵路有限公司章程　(□)□□編　清光緒三十三年(1907)鉛印本　一册

110000－0182－0004563　ZS6619

章谷屯志略不分卷　(清)吳德煦纂修　清漸學廬刻本　一册

110000－0182－0004564　ZS6620－ZS6625

淮軍平捻記十二卷　(清)周世澄撰　清刻本　六册

110000－0182－0004565　ZS6626

鴉片戰役重要史料　(□)□□輯　清抄本　一册　存三種(林則徐等致英吉利國王照會、粤省士紳致英國公使書、粤省士民討英夷義檄)

110000－0182－0004566　ZS6627－ZS6630

教務輯要四卷　(清)徐家幹編　清光緒二十四年(1898)湖北官書局刻本　四册

110000－0182－0004567　ZS6631－ZS6635

教務紀略四卷首一卷　李剛己編撰　魏家驊等修訂　清光緒三十年(1904)山東印書局鉛印本　五册

110000－0182－0004568　ZS6637－ZS6640

湘軍志十六卷　王闓運撰　清光緒十二年(1886)成都墨香書屋刻本　四册

110000－0182－0004569　ZS6641－ZS6644

曾惠敏公全集　(清)曾紀澤撰　清光緒二十年(1894)鉛印本　四册

110000－0182－0004570　ZS6645－ZS6646

曾惠敏公全集　(清)曾紀澤撰　清光緒二十年(1894)鉛印本　二册　存十七卷(奏疏一至六;文集一至五;歸浦齋詩鈔戊集上、下,己集上、下;曾惠敏公使西日記一至二)

110000－0182－0004571　ZS6696、ZS6699

嘯亭續録二卷　(清)昭槤撰　清光緒二十七年(1901)上海文寶書局石印本　二册

110000－0182－0004572　ZS6697

庸盦筆記三卷　(清)薛福成撰　清光緒二十七年(1901)上海文寶書局石印本　一册

110000－0182－0004573　ZS6698

皇朝武功紀盛四卷　(清)趙翼撰　清光緒二十七年(1901)上海文寶書局石印本　一册

110000－0182－0004574　ZS6700－ZS6703

嘯亭襍録八卷　(清)昭槤撰　清光緒二十七年(1901)上海文寶書局石印本　四册

110000－0182－0004575　ZS6704－ZS6715

普天忠憤集十四卷　(清)魯陽生(孔廣德)編　清光緒二十一年(1895)石印本　十二册

110000－0182－0004576　ZS6716－ZS6739

諭摺彙存　(□)□□輯　清光緒二十六年(1900)石印本　二十四册

110000－0182－0004577　ZS6740－ZS6767

皇朝道咸同光奏議六十四卷　(清)王延熙(清)王樹敏輯　清光緒二十八年(1902)上海久敬齋石印本　二十八册

110000－0182－0004578　ZS6768－ZS6788

新輯各國政治藝學全書五十三種　(清)東山主人編　清光緒二十八年(1902)上海東山書局石印本　二十一册　存三十八種八十六卷(各國學校考一卷,肄業要覽一卷,西國學校一卷,西學課程彙編一卷,德國議院章程一卷,日本新政考一至二,英政概一卷,法政概一卷,英藩政概一至四,各國錢幣考一卷,各國債考一卷,德國軍制述要一卷,英國水師考一卷,法國水師考一卷,美國水師考一卷,列國陸軍制一卷,陸地戰例一卷,富國策一至三,續富國策一至四,富國養民策一卷,保富述要一卷,公法總論一卷,萬國公法一至四,西律便覽一至五,格致啓蒙一卷,代數須知一卷,天文須知一卷,地學須知一卷,聲學揭要一卷,光學揭要上、下,電學須知一卷,化學啓蒙一卷,考工記要一至十八,克虜伯砲彈造法上、下,餅藥造法一卷,製火藥法一至三,繪圖礦學考一卷,新譯煤礦圖說一至十二)

110000－0182－0004579　ZS6789－ZS6796
道光上諭四卷　(清)宣宗旻寧撰　清刻本　八册

110000－0182－0004580　ZS6848－ZS6849
晦鳴録二卷　(清)餐霞館(朱克敬)輯　清刻本　二册

110000－0182－0004581　ZS6850
黄運河口古今圖説一卷　(清)麟慶撰　清道光二十一年(1841)雲蔭堂刻本　一册

110000－0182－0004582　ZS6851－ZS6855
理財便覽十三卷續三卷　(□)□□撰　清鉛印本　五册

110000－0182－0004583　ZS6857
商辦全浙鐵路有限公司第四屆報告宣統元年分　(清)商辦全浙鐵路有限公司編　清宣統二年(1910)上海商務印書館鉛印本　一册

110000－0182－0004584　ZS6858
商辦鐵路公會第一次報告　(清)商辦鐵路公會編　清宣統元年(1909)鉛印本　一册

110000－0182－0004585　ZS6859
皖上兵略不分卷　(□)□□撰　清同治十三年(1874)畫日堂刻本　一册

110000－0182－0004586　ZS6860
守撫紀略不分卷　(清)鍾峻撰　清同治十三年(1874)敬承堂木活字印本　一册

110000－0182－0004587　ZS6861
程中丞庚子函牘鈔略不分卷　程德全撰　清鉛印本　一册

110000－0182－0004588　ZS6862
湘軍志平議不分卷　(清)郭振墉輯　清咸豐六年(1856)清聞山館刻本　一册

110000－0182－0004589　ZS6863
傳忠録　(□)□□編　清同治七年(1868)刻本　一册

110000－0182－0004590　ZS6866－ZS6869
湘軍志十六卷　王闓運撰　清光緒五年(1879)刻本　四册

110000－0182－0004591　ZS6870－ZS6874
教務紀略四卷首一卷　李剛已編撰　魏家驊等修訂　清光緒三十一年(1905)河南排印處鉛印本　五册

110000－0182－0004592　ZS6875－ZS6879
教務紀略四卷首一卷　李剛已編撰　魏家驊等修訂　清光緒三十年(1904)山東印書局鉛印本　五册

110000－0182－0004593　ZS6880－ZS6883
曾文正公榮哀録不分卷　(清)黄翼升等撰　清同治十二年(1873)湖南省黄信友堂刻本　四册

110000－0182－0004594　ZS6884
曾侯家書節録　(□)□□抄　清光緒元年(1875)抄本　一册

110000－0182－0004595　ZS6885
乾隆奏摺　(清)和珅等撰　清寫本　一册

110000－0182－0004596　ZS6886－ZS6887
談瀛録四卷　(清)王之春撰　清光緒六年(1880)上洋文藝齋刻本　二册

110000－0182－0004597　ZS6888－ZS6892
教務紀略四卷首一卷　李剛已編撰　魏家驊等修訂　清光緒三十年(1904)山東印書局鉛印本　五册

110000－0182－0004598　ZS6903－ZS6904
魚門書札　(□)□□撰　清寫本　二册　存一卷(三十八)

110000－0182－0004599　ZS6905
續刻破邪詳辯一卷二續一卷　(清)黄育楩撰　清刻本　一册

110000－0182－0004600　ZS6906－ZS6907
御風要術三卷　(英國)白爾特撰　(美國)金楷理　(清)華蘅芳合譯　清同治十二年(1873)上海江南製造總局刻本　二册

110000－0182－0004601　ZS6908
蜀報館緊要號外　蜀報館編　清末鉛印本　一册

110000－0182－0004602　ZS6911
萊陽亂事徵實録不分卷　(清)李方保等編　清抄本　一册

110000－0182－0004603　ZS6913－ZS6914
遊歷加納大圖經八卷　(清)傅雲龍撰　清光緒二十八年(1902)石印本　二册

110000－0182－0004604　ZS6915
維新領袖公案□□卷　(□)□□編　清末鉛印本　一册　存一卷(二)

110000－0182－0004605　ZS6916
康有為四卷　(□)□□撰　清宣統元年(1909)上海詠記書莊鉛印本　一册

110000－0182－0004606　ZS6917
庸盦全集　(清)薛福成撰　清刻本　一册　存三卷(文編二至四)

110000－0182－0004607　ZS6918－ZS6921
清史攬要四卷　(日本)增田貢撰　清光緒二十八年(1902)上海書局石印本　四册

110000－0182－0004608　ZS6922－ZS6925
繡像平金川四卷　(清)張小山撰　清光緒三十二年(1906)章福記石印本　四册

110000－0182－0004609　ZS6926－ZS6931
通商始末記二十卷　(清)彭玉麟等編　清末石印本　六册

110000－0182－0004610　ZS6932
袁世凱之新出現六集　(清)金陵中立駛漢撰　清宣統三年(1911)上海光明書社石印本　一册

110000－0182－0004611　ZS6933
談叢□□卷　(□)□□編　清末石印本　一册　存一卷(二)

110000－0182－0004612　ZS6935
通商約章類纂三十五卷　(清)徐宗亮編　清刻本　一册　存一卷(二十九)

110000－0182－0004613　ZS6936
弢盦筆記不分卷　(□)□□撰　清抄本　一册

110000－0182－0004614　ZS6937
康南海五上書記不分卷　康有為撰　清刻本　一册

110000－0182－0004615　ZS6938
庸庵全集　(清)薛福成撰　清光緒二十四年(1898)長沙鑄新齋石印本　一册　存三卷(文編一至二、首一卷)

110000－0182－0004616　ZS6940
袁忠節公遺詩補刻三卷　(清)袁昶撰　清宣統元年(1909)上海時中書局鉛印本　一册

110000－0182－0004617　ZS6941
調查察哈爾墾牧情形記不分卷　(□)□□編　清末鉛印本　一册

110000－0182－0004618　ZS6942
案事編一卷　(清)沈祖燕撰　清光緒三十四年(1908)刻本　一册

110000－0182－0004619　ZS6944
康梁徐謀財害命鐵證書　劉作楫編　清宣統二年(1910)影印本　一册

110000－0182－0004620　ZS6946－ZS6947
破邪詳辯四卷首一卷　(清)黄育楩撰　清光緒九年(1883)刻本　二册

110000－0182－0004621　ZS6949
憫忠草一卷　(清)嚴正基撰　清同治四年(1865)刻本　一册

110000－0182－0004622　ZS6951

速興新學條例　(清)廣學會擬定　清光緒二十四年(1898)鉛印本　一冊

110000－0182－0004623　ZS6952－ZS6957
拳匪紀略八卷首一卷前編二卷後編二卷　(清)僑析生等輯　清光緒二十九年(1903)上洋書局石印本　六冊

110000－0182－0004624　ZS6958
荷蘭國條約不分卷　(□)□□編　清同治刻本　一冊

110000－0182－0004625　ZS6967－ZS6969
通學彙編初集三期　(清)通學齋編　清光緒二十四年(1898)致知書局鉛印本　三冊

110000－0182－0004626　ZS6973
預備立憲京内官制全案一卷　載澤等纂　清光緒鉛印本　一冊

110000－0182－0004627　ZS6974－ZS6977
課草不分卷　(□)□□撰　清抄本　四冊

110000－0182－0004628　ZS6978
駱文忠公奏稿十卷　(清)駱秉章撰　清光緒十七年(1891)刻本　一冊　存一卷(一)

110000－0182－0004629　ZS6984－ZS6985
通州興辦實業章程不分卷　張謇撰　清光緒三十一年(1905)翰墨林書局鉛印本　二冊

110000－0182－0004630　ZS6995－ZS6997
校邠廬抗議不分卷　(清)馮桂芬撰　清廣仁堂刻本　三冊

110000－0182－0004631　ZS6998－ZS7009
訓練操法詳晰圖說二十二卷　袁世凱纂　清光緒二十五年(1899)石印本　十二冊

110000－0182－0004632　ZS7010－ZS7017
職官錄不分卷　(□)□□編　清宣統三年(1911)内閣印鑄局鉛印本　八冊

110000－0182－0004633　ZS7018－ZS7025
職官錄不分卷　(□)□□編　清宣統三年(1911)内閣印鑄局鉛印本　八冊

110000－0182－0004634　ZS7053－ZS7056
庸書内篇二卷外篇二卷　(清)陳熾著　清文茂山房刻本　四冊

110000－0182－0004635　ZS7073－ZS7076
庸書内篇二卷外篇二卷　(清)陳熾著　清文茂山房刻本　四冊

110000－0182－0004636　ZS7026－ZS7031
盛世危言六卷　鄭觀應撰　清光緒二十四年(1898)煥文書局石印本　六冊

110000－0182－0004637　ZS7032－ZS7035
盛世危言續編四卷　鄭觀應撰　清光緒二十四年(1898)煥文書局石印本　四冊

110000－0182－0004638　ZS7044－ZS7052
庸盦文編四卷續編二卷外編四卷　(清)薛福成撰　清刻本　九冊

110000－0182－0004639　ZS7057
庸盦全集　(清)薛福成撰　清光緒二十四年(1898)長沙鑄新齋刻本　八冊　存四種十六卷(外編一至四、海外文編一至四、出使英法義比四國日記一至六、續編一至二)

110000－0182－0004640　ZS7065－ZS7072
康輶紀行十六卷　(清)姚瑩撰　清刻本　八冊

110000－0182－0004641　ZS7087－ZS7090
侯官嚴氏叢刻　嚴復撰　清光緒二十八年(1902)上海書局石印本　四冊

110000－0182－0004642　ZS7091－ZS7096
洋務新論　(英國)李提摩太撰　(清)仲英輯　清光緒二十年(1894)長白吏隱仙館石印本　六冊

110000－0182－0004643　ZS7097－ZS7100
洋務抉要　鄭觀應撰　清光緒十三年(1887)管可壽齋刻本　四冊

110000－0182－0004644　ZS7101－ZS7108
朔方備乘六十八卷首一卷　(清)何秋濤撰　清光緒寶善書局石印本　八冊

110000－0182－0004645　ZS7109－ZS7110
拳匪紀略八卷首一卷前編二卷後編二卷

(清)僑析生等輯　清光緒二十九年(1903)上洋書局石印本　二冊

110000－0182－0004646　ZS7117
欽定軍次實録　(□)□□編　清咸豐十一年(1861)刻本　一冊

110000－0182－0004647　ZS7118、ZS7127－ZS7129
海上塵天影三十二卷　(清)司香舊尉(鄒弢)編　清光緒三十年(1904)石印本　一冊

110000－0182－0004648　ZS7119－ZS7120
海外文編四卷　(清)薛福成撰　清光緒二十二年(1896)上海醉六堂石印本　二冊

110000－0182－0004649　ZS7125
浙東平寇紀略三卷　(□)□□撰　清光緒十四年(1888)教忠堂刻本　一冊

110000－0182－0004650　ZS7126
俞先生傳等碑傳合鈔　(□)□□輯　清抄本　一冊

110000－0182－0004651　ZS7130－ZS7133
欽定滿洲源流考二十卷首一卷　(清)阿桂等撰　清光緒三十年(1904)中西書局石印本　四冊

110000－0182－0004652　ZS7136
資政院會奏改訂資政院院章摺附清單不分卷　(清)資政院撰　清宣統三年(1911)鉛印本　一冊

110000－0182－0004653　ZS7137
宦游紀略二卷　(清)高廷瑤撰　清光緒九年(1883)刻本　一冊

110000－0182－0004654　ZS7138
浮湘訪學集六卷　(清)楊翰撰　清刻本　一冊

110000－0182－0004655　ZS7139
孤忠録二卷　(清)袁祖志編　清光緒六年(1880)石印本　一冊

110000－0182－0004656　ZS7140
拳教析疑說　勞乃宣輯　清刻本　一冊

110000－0182－0004657　ZS7141
拳教析疑說　勞乃宣輯　清刻本　一冊

110000－0182－0004658　ZS7142－ZS7145
浙東籌防録四卷　(清)薛福成撰　清刻本　四冊

110000－0182－0004659　ZS7146
梟實子存稿　(清)崔國因撰　清鉛印本　一冊

110000－0182－0004660　ZS7147－ZS7152
宦海指南五種　(□)□□編　清咸豐九年(1859)刻本　六冊

110000－0182－0004661　ZS7154
海運紀事詩鈔不分卷　(清)錢炘和輯　清刻本　一冊

110000－0182－0004662　ZS7156
宰湘節録一卷　(清)劉倬雲輯　清同治十二年(1873)長沙廣順堂刻本　一冊

110000－0182－0004663　ZS7157
浙中髮匪紀略不分卷　(清)李應玨撰　清抄本　一冊

110000－0182－0004664　ZS7161
筆伐記十四卷末一卷　(美國)金楷理口譯　(清)王德均筆述　清抄本　一冊　存十卷(六至十四、末一卷)

110000－0182－0004665　ZS7162
海道圖說十六卷　(英國)金約翰輯　(英國)傅蘭雅口譯　(清)王德均筆述　清刻本　一冊　存一卷(六)

110000－0182－0004666　ZS7165－ZS7170
順天府宣統二年統計表　(□)□□編　清宣統二年(1910)石印本　六冊

110000－0182－0004667　ZS7207－ZS7209
閣鈔彙編不分卷　(□)□□編　清光緒三十二年(1906)鉛印本　三冊

110000－0182－0004668　ZS7210
北新雜誌　(□)□□編　清光緒三十二年(1906)鉛印本　一冊　存一冊(二十二)

110000－0182－0004669　ZS7211－ZS7218、ZS7241－ZS7264
曾忠襄公全集　（清）曾國荃撰　蕭榮爵編　清光緒二十九年(1903)刻本　三十二冊　存六十九卷（書札一至二十、奏議一至三十二、文集一至二、榮哀録一至二、年譜一至四、督粤批牘一至五、撫晉批牘一至四）

110000－0182－0004670　ZS7219－ZS7226
曾惠敏公奏疏　（清）曾紀澤撰　清光緒十九年(1893)江南製造總局刻本　八冊

110000－0182－0004671　ZS7227－ZS7234
湖南褒忠録初稿十九卷　（清）郭嵩燾等纂　清刻本　八冊

110000－0182－0004672　ZS7266
英國條約　（清）總理各國事務衙門編　清光緒鉛印本　一冊　存一卷（下）

110000－0182－0004673　ZS7267
俄國條約　（清）總理各國事務衙門編　清光緒鉛印本　一冊

110000－0182－0004674　ZS7268
法國條約　（清）總理各國事務衙門編　清光緒鉛印本　一冊

110000－0182－0004675　ZS7269
美國條約　（清）總理各國事務衙門編　清光緒鉛印本　一冊

110000－0182－0004676　ZS7270
日本國條約　（清）總理各國事務衙門編　清光緒鉛印本　一冊

110000－0182－0004677　ZS7271
辛丑各國和約　（清）總理各國事務衙門編　清光緒鉛印本　一冊

110000－0182－0004678　ZS7272
德國條約　（清）總理各國事務衙門編　清光緒鉛印本　一冊

110000－0182－0004679　ZS7273
中英續訂藏印條約　（清）總理各國事務衙門編　清光緒鉛印本　一冊

110000－0182－0004680　ZS7274
瑞典國挪威國條約　（清）總理各國事務衙門編　清光緒鉛印本　一冊

110000－0182－0004681　ZS7275
葡國條約　（清）總理各國事務衙門編　清光緒鉛印本　一冊

110000－0182－0004682　ZS7276
丹國條約　（清）總理各國事務衙門編　清光緒鉛印本　一冊

110000－0182－0004683　ZS7277
比國條約　（清）總理各國事務衙門編　清光緒鉛印本　一冊

110000－0182－0004684　ZS7278
墨西哥國通商條約　（清）總理各國事務衙門編　清光緒鉛印本　一冊

110000－0182－0004685　ZS7279
日斯巴尼亞國條約　（清）總理各國事務衙門編　清光緒鉛印本　一冊

110000－0182－0004686　ZS7280
韓國條約　（清）總理各國事務衙門編　清光緒鉛印本　一冊

110000－0182－0004687　ZS7281
義國條約　（清）總理各國事務衙門編　清光緒鉛印本　一冊

110000－0182－0004688　ZS7282
巴西國條約　（清）總理各國事務衙門編　清光緒鉛印本　一冊

110000－0182－0004689　ZS7283
荷蘭國條約　（清）總理各國事務衙門編　清光緒鉛印本　一冊

110000－0182－0004690　ZS7284
秘魯國條約　（清）總理各國事務衙門編　清光緒鉛印本　一冊

110000－0182－0004691　ZS7285
奥斯馬加國條約　（清）總理各國事務衙門編　清光緒鉛印本　一冊

110000－0182－0004692　ZS7286
法國條約　(清)總理各國事務衙門編　清光緒鉛印本　一冊

110000－0182－0004693　ZS7287
德國條約　(清)總理各國事務衙門編　清光緒鉛印本　一冊

110000－0182－0004694　ZS7288
辛丑各國和約　(清)總理各國事務衙門編　清光緒鉛印本　一冊

110000－0182－0004695　ZS7289
俄國條約　(清)總理各國事務衙門編　清光緒鉛印本　一冊

110000－0182－0004696　ZS7290
中英續訂藏印條約　(清)總理各國事務衙門編　清光緒鉛印本　一冊

110000－0182－0004697　ZS7291
日本國條約　(清)總理各國事務衙門編　清光緒鉛印本　一冊

110000－0182－0004698　ZS7292
美國條約　(清)總理各國事務衙門編　清光緒鉛印本　一冊

110000－0182－0004699　ZS7293－ZS7294
英國條約　(清)總理各國事務衙門編　清光緒鉛印本　二冊

110000－0182－0004700　ZS7295
葡國條約　(清)總理各國事務衙門編　清光緒鉛印本　一冊

110000－0182－0004701　ZS7296
丹國條約　(清)總理各國事務衙門編　清光緒鉛印本　一冊

110000－0182－0004702　ZS7297
日斯巴尼亞國條約　(清)總理各國事務衙門編　清光緒鉛印本　一冊

110000－0182－0004703　ZS7298
比國條約　(清)總理各國事務衙門編　清光緒鉛印本　一冊

110000－0182－0004704　ZS7299
義國條約　(清)總理各國事務衙門編　清光緒鉛印本　一冊

110000－0182－0004705　ZS7300
奥斯馬加國條約　(清)總理各國事務衙門編　清光緒鉛印本　一冊

110000－0182－0004706　ZS7301
荷蘭國條約　(清)總理各國事務衙門編　清光緒鉛印本　一冊

110000－0182－0004707　ZS7302
巴西國條約　(清)總理各國事務衙門編　清光緒鉛印本　一冊

110000－0182－0004708　ZS7303
韓國條約　(清)總理各國事務衙門編　清光緒鉛印本　一冊

110000－0182－0004709　ZS7304
秘魯國條約　(清)總理各國事務衙門編　清光緒鉛印本　一冊

110000－0182－0004710　ZS7305
墨西哥國通商條約　(清)總理各國事務衙門編　清光緒鉛印本　一冊

110000－0182－0004711　ZS7306
瑞典國挪威國條約　(清)總理各國事務衙門編　清光緒鉛印本　一冊

110000－0182－0004712　ZS7316－ZS7317
曾幕文牘不分卷　(清)總理各國事務衙門編　清寫本　二冊

110000－0182－0004713　ZS7328－ZS7335
庸盦尚書奏議十六卷　(清)總理各國事務衙門編　清宣統三年(1911)鉛印本　八冊

110000－0182－0004714　ZS7336－ZS7339
錢敏肅公奏疏七卷　(清)總理各國事務衙門編　清光緒六年(1880)刻本　四冊

110000－0182－0004715　ZS7352
服字魚鱗冊不分卷　(清)總理各國事務衙門編　清寫本　一冊

110000－0182－0004716　ZS7362－ZS7369
清芬閣集十二卷　(清)朱采撰　清光緒三十四年(1908)上海商務印書館鉛印本　八册

110000－0182－0004717　ZS7374－ZS7375
清理財政奏牘章程條款規則彙編二卷　(□)□□編　清鉛印本　二册

110000－0182－0004718　ZS7607－ZS7610
增補清史攬要八卷　(日本)增田貢撰　(清)毛淦編補　清光緒二十八年(1902)上海石印本　四册

110000－0182－0004719　ZS7629
清史攬要六卷　(日本)增田貢撰　清光緒二十五年(1899)上洋興學書會刻本　一册

110000－0182－0004720　ZS7960－ZS7965
盛京典制備考八卷　(清)崇厚編　清光緒四年(1878)盛京軍督署刻本　六册

110000－0182－0004721　ZS7988
飲冰室自由書二卷　梁啓超撰　清光緒二十八年(1902)清議報館鉛印本　一册

110000－0182－0004722　ZS7989
庚子教會受難記二卷　(英國)季理斐輯譯　任廷旭筆述　清光緒二十七年(1901)上海美華書館鉛印本　一册　存一卷(上)

110000－0182－0004723　ZS8001－ZS8004
格致彙編第五年　(英國)傅蘭雅編　清光緒十六年(1890)上海格致書室鉛印本　四册

110000－0182－0004724　ZS8091－ZS8094、ZS8373－ZS8424
項城袁氏家集五十五卷　丁振鐸編　清宣統三年(1911)清芬閣鉛印本　五十六册

110000－0182－0004725　ZS8095
重修興郡新城城工實録二卷　(清)彭體道編　清光緒四年(1878)刻本　二册　存一卷(一)

110000－0182－0004726　ZS8099－ZS8112
遊記彙刊八種　(清)曾紀澤等撰　清光緒二十三年(1897)湖南新學書局刻本　十四册

110000－0182－0004727　ZS8143－ZS8158
洋務叢鈔十一種　(清)張樹聲編　清光緒十年至十一年(1884－1885)敦懷書屋刻本　十六册　存九種(俄羅斯國紀要、操勝要覽、華洋戰書初編、火攻備要、柔遠新書、海防要覽、萬國總說、陰符經注、孫子九地問對)

110000－0182－0004728　ZS8159－ZS8170
經濟通考十六卷　應祖錫編　清光緒二十七年(1901)鴻寶齋石印本　十二册

110000－0182－0004729　ZS8171－ZS8172
勝朝殉揚録三卷　(清)劉寶楠編　清同治十年(1871)淮南書局刻本　二册

110000－0182－0004730　ZS8173－ZS8174
勝朝殉揚録三卷　(清)劉寶楠編　清同治十年(1871)淮南書局刻本　二册

110000－0182－0004731　ZS8175－ZS8182
胡文忠公全集八十六卷首一卷　(清)胡林翼撰　(清)曾國荃纂　(清)胡鳳丹編　清光緒二十七年(1901)上海圖書集成印書局鉛印本　八册

110000－0182－0004732　ZS8199－ZS8202
顯志堂集十二卷　(清)馮桂芬撰　清光緒二年(1876)校邠廬刻本　四册

110000－0182－0004733　ZS8204－ZS8208
重學二十卷　(英國)艾約瑟口譯　(清)李善蘭筆述　清同治五年(1866)刻本　五册

110000－0182－0004734　ZS8209
曲線三卷　(英國)艾約瑟口譯　(清)李善蘭筆述　清同治五年(1866)刻本　一册

110000－0182－0004735　ZS8216－ZS8275
硃批諭旨不分卷　(清)内閣編　清光緒十三年(1887)點石齋石印本　六十册

110000－0182－0004736　ZS8276－ZS8288
通學彙編　述廬主人(陳乃勛)編　清光緒二十五年(1899)通學齋鉛印本　十三册　存十四卷(二集三卷、三集三卷、四集三卷、五集三卷、六集二卷)

110000－0182－0004737　ZS8510－ZS8511
皇朝謚法表　趙世駿撰　清光緒二十八年(1902)刻本　二册

110000－0182－0004738　ZS8512－ZS8513
虹橋老屋遺稿　(清)秦緗業撰　清光緒十五年(1889)刻本　二册

110000－0182－0004739　ZS8514
思痛記二卷　(清)李圭撰　清光緒六年(1880)師一齋刻本　一册

110000－0182－0004740　ZS8520
革黨亂粤記　(□)□□撰　清宣統三年(1911)宜達文明社石印本　一册

110000－0182－0004741　ZS8541
説教　(清)彭光譽撰　清光緒二十二年(1896)琉璃廠文光齋刻本　一册

110000－0182－0004742　ZS8547－ZS8570
皇朝經世文續編一百二十卷　(清)葛士濬輯　清光緒二十七年(1901)上海久敬齋鉛印本　二十四册

110000－0182－0004743　ZS8571－ZS8586
聊齋志異新評十六卷　(清)蒲松齡撰　(清)王士正評　(清)但明倫新評　清道光二十二年(1842)廣順但氏刻本　十六册

110000－0182－0004744　ZS8587－ZS8612
欽定史記一百三十卷　(漢)司馬遷撰　(清)弘晝校　清光緒十年(1884)上海同文書局石印本　二十六册

110000－0182－0004745　ZS8618
皇朝事略　(清)直隸學校司編譯處編　清光緒二十九年(1903)山東印書局石印本　一册

110000－0182－0004746　ZS8647－ZS8674
皇朝道咸同光奏議六十四卷　(清)王延熙　(清)王樹敏輯　清光緒二十八年(1902)上海久敬齋石印本　二十八册

110000－0182－0004747　ZS8675－ZS8698
皇朝經濟文新編　(清)宜今室主人編　清光緒二十七年(1901)上海宜今室石印本　二十四册　存二十六種六十二卷(交涉一至二、外史一至三、民政一卷、教務一卷、籌洋一至二、西醫一卷、商務一至八、稅則一卷、鐵路一至二、電報一卷、軍政一至四、農政一至四、圜法一至二、製造一卷、火器一卷、船政一卷、商輪一卷、工藝一至二、蠶桑一卷、礦務一至二、通論一至三、變法一至二、君德一至二、吏治一至八、西律一至二、學校一至四)

110000－0182－0004748　ZS8699－ZS8700
經德堂文集内集四卷外集二卷　(清)龍啓瑞撰　清光緒四年(1878)京師刻本　二册

110000－0182－0004749　ZS8704－ZS8709
咸豐以來功臣别傳三十卷　朱孔彰撰　清光緒二十四年(1898)漸學廬石印本　六册

110000－0182－0004750　ZS8710－ZS8712
津門雜記三卷　(清)張燾撰　清光緒十年(1884)刻本　三册

110000－0182－0004751　ZS8724－ZS8725
春融堂雜記八種八卷　(清)王昶撰　清嘉慶十三年(1808)塾南書舍刻本　二册

110000－0182－0004752　ZS8756－ZS8761
國朝通商始末記二十卷　(清)王之春編　清光緒二十一年(1895)寶善書局石印本　六册

110000－0182－0004753　ZS8767－ZS8770
詳校奎壁書經六卷　(宋)蔡沈集傳　清光緒四年(1878)同心堂刻本　四册

110000－0182－0004754　ZS8772－ZS8777
咸豐以來功臣别傳三十卷　朱孔彰撰　清光緒二十四年(1898)漸學廬石印本　六册

110000－0182－0004755　ZS8778－ZS8783
咸豐以來功臣别傳三十卷　朱孔彰撰　清光緒二十四年(1898)漸學廬石印本　六册

110000－0182－0004756　ZS8784－ZS8785
國朝御史題名録不分卷　(清)黄叔琳輯　清道光十七年(1837)京畿道刻本　二册

110000－0182－0004757　ZS8786
滿洲蒙古御史題名録不分卷　(清)□□編

清道光十七年(1837)京畿道刻本　一册

110000－0182－0004758　ZS8814－ZS8817
張大司馬奏稿四卷　(清)張亮基撰　清光緒十七年(1891)刻本　四册

110000－0182－0004759　ZS8829－ZS8830
楊中丞遺稿不分卷　(清)楊健撰　清光緒二十七年(1901)刻本　二册

110000－0182－0004760　ZS8831－ZS8840
嶺西公牘彙存十卷　(□)□□編　清光緒四年(1878)刻本　十册

110000－0182－0004761　ZS8861－ZS8884
胡文忠公遺集八十六卷　(清)胡林翼撰　(清)鄭敦謹　(清)曾國荃編　清同治六年(1867)刻本　二十四册

110000－0182－0004762　ZS8899－ZS8902
覺顛冥齋内言四卷　(清)唐才常撰　清光緒二十四年(1898)刻本　四册

110000－0182－0004763　ZS8903－ZS8914
養知書屋文集二十八卷　(清)郭嵩燾撰　清光緒十八年(1892)刻本　十二册

110000－0182－0004764　ZS9109－ZS9132
海國圖志一百卷　(清)魏源撰　清光緒二年(1876)平慶涇固道署刻本　二十四册

110000－0182－0004765　ZS9152
奕武先生守城記　(明)葉景先撰　清咸豐三年(1853)吳中晚晴閣刻本　一册

110000－0182－0004766　ZS9153
逆黨禍蜀記不分卷　(清)江堃編　清同治五年(1866)蘇州謝文翰齋刻本　一册

110000－0182－0004767　ZS9265－ZS9266
忠孝録不分卷　(清)王庭楨編　清同治七年(1868)刻本　二册

110000－0182－0004768　ZS9270－ZS9273
彭剛直公奏稿八卷　(清)彭玉麟撰　清光緒十七年(1891)石印本　四册

110000－0182－0004769　ZS9279
國朝事略五卷　(清)金陵江楚編譯官書局編　清光緒三十三年(1907)廣東學務公所印刷處鉛印本　一册

110000－0182－0004770　ZS9286－ZS9291
江表忠略二十卷　陳澹然撰　清末刻本　六册

110000－0182－0004771　ZS9334－ZS9337
金軺籌筆四卷　(□)□□撰　清光緒九年(1883)陳挹秀山房刻本　四册

110000－0182－0004772　ZS9346－ZS9349
張中丞奏議四卷　(清)張聯桂撰　清光緒二十五年(1899)刻本　四册

110000－0182－0004773　ZS9364－ZS9367
科場異聞録國朝九卷直省四卷附小試三種前明五卷唐宋三卷　(清)吕相燮編　清光緒二十四年(1898)順成書局石印本　四册

110000－0182－0004774　ZS9374
居官鏡不分卷　(清)剛毅纂輯　清光緒十八年(1892)刻本　一册

110000－0182－0004775　ZS9378
金陵省難紀略　(清)張汝南撰　清光緒十六年(1890)上海著易堂書局鉛印本　一册

110000－0182－0004776　ZS9379
學務條議不分卷　何震彝撰　清光緒三十二年(1906)上海吳雲記書局鉛印本　一册

110000－0182－0004777　ZS9386－ZS9405
政藝叢書十五種六十三卷　鄧實編　清光緒三十一年(1905)鉛印本　二十册

110000－0182－0004778　ZS9406－ZS9409
覺顛冥齋内言四卷　(清)唐才常撰　清光緒二十四年(1898)刻本　四册

110000－0182－0004779　ZS9420－ZS9421
庚子教會受難記二卷　(英國)季理斐輯譯　任廷旭筆述　清光緒二十七年(1901)上海美華書館鉛印本　二册

110000－0182－0004780　ZS9432－ZS9433
庚子教會受難記二卷　(英國)季理斐輯譯

任廷旭筆述　清光緒二十七年(1901)上海美華書館鉛印本　二冊

110000－0182－0004781　ZS9434
庚辛之際月表　王延釗編　清光緒三十三年(1907)京華印書局鉛印本　一冊

110000－0182－0004782　ZS9437－ZS9438
庚子都門紀事詩　延清撰　清光緒二十八年(1902)石印本　二冊

110000－0182－0004783　ZS9441－ZS9446
京津拳匪紀略八卷附前後編　(清)僑析生輯　清光緒二十七年(1901)香港書局石印本　六冊

110000－0182－0004784　ZS9452－ZS9453
國朝先正事略續編四卷　朱孔彰撰　清光緒二十八年(1902)上海書局石印本　二冊

110000－0182－0004785　ZS9454－ZS9461
國朝先正事略六十卷　(清)李元度撰　清光緒二十八年(1902)上海點石齋石印本　八冊

110000－0182－0004786　ZS9488－ZS9497
駱文忠公奏稿十卷　(清)駱秉章撰　清光緒十七年(1891)刻本　十冊

110000－0182－0004787　ZS9498－ZS9506
駱文忠公奏稿十卷　(清)駱秉章撰　清光緒十七年(1891)刻本　九冊

110000－0182－0004788　ZS9520－ZS9525
順直諮議局文牘類要初編三卷二編二卷三編一卷　(□)□□編　清宣統三年(1911)北洋官報鉛印本　六冊

110000－0182－0004789　ZS9553－ZS9554
張文達公遺集四卷　(清)張之萬撰　(清)張端蔭編　清光緒二十六年(1900)京師同文館鉛印本　二冊

110000－0182－0004790　ZS9557－ZS9558
皇朝一統輿地全圖不分卷　(清)內府藏　題(清)欵乃軒主人編繪　清光緒二十年(1894)上海鴻寶齋石印本　二冊

110000－0182－0004791　ZS9560－ZS9590
皇朝中外一統輿圖　(清)胡林翼撰　(清)嚴樹森補訂　清同治二年(1863)湖北撫署景桓樓刻本　三十一冊

110000－0182－0004792　ZS9610－ZS9615
圖開勝蹟六卷　(清)劉厚基撰　清光緒元年(1875)刻本　六冊

110000－0182－0004793　ZS9672－ZS9683
皇朝瑣屑録四十四卷　(清)鍾琦撰　清光緒二十三年(1897)刻本　十二冊

110000－0182－0004794　ZS9684－ZS9699
皇朝經世文新編二十二卷　麥仲華輯　清光緒二十七年(1901)上海寶善書局石印本　十六冊

110000－0182－0004795　ZS9700－ZS9707
皇朝經世文新編二十一卷　麥仲華輯　清光緒二十八年(1902)上海書局石印本　八冊

110000－0182－0004796　ZS9708－ZS9717
駱文忠公奏稿十卷　(清)駱秉章撰　清光緒十七年(1891)刻本　十冊

110000－0182－0004797　ZS9740－ZS9746
苗防備覽二十二卷　(清)嚴如熤編　清道光二十三年(1843)紹義堂刻本　七冊

110000－0182－0004798　ZS9747－ZS9752
國朝柔遠記二十卷　(清)王之春編　清光緒十七年(1891)廣雅書局刻本　六冊

110000－0182－0004799　ZS9753－ZS9756
庚子海外紀事四卷　呂海寰編　清光緒二十七年(1901)上海辦理商約行轅刻本暨鉛印本　四冊

110000－0182－0004800　ZS9782－ZS9790
奏稿不分卷　(□)□□輯　清光緒五年至十年(1879－1884)抄本　九冊

110000－0182－0004801　ZS9804－ZS9805
近世社會主義　(日本)福井準造撰　趙必振譯　清光緒二十九年(1903)上海廣智書局鉛印本　二冊

110000－0182－0004802　ZS9806－ZS9809

直東剿匪電存四卷首一卷 （清）林學瑊編　清光緒三十二年（1906）石印本　四冊

110000－0182－0004803　ZS9811－ZS9812
直省新墨約選六卷 （清）北洋官報局編　清光緒二十九年（1903）北洋官報局鉛印本　二冊　存二卷（史論一至二）

110000－0182－0004804　ZS9870
譯書公會報不分卷 （清）譯書公會編　清光緒二十四年（1898）譯書公會鉛印本　一冊　存一冊（十一）

110000－0182－0004805　ZS9886－ZS9893
時務叢鈔不分卷 （□）□□編　清光緒二十一年（1895）上海賜書堂書莊石印本　八冊

110000－0182－0004806　ZS9894
吴中平寇記八卷 （清）錢勖撰　清光緒元年（1875）申報館鉛印本　一冊　存四卷（一至四）

110000－0182－0004807　ZS9895－ZS9898
抄報隨聞録十卷 （清）樗園退叟（汪堃）編　清同治二年（1863）刻本　四冊

110000－0182－0004808　ZS9905－ZS9907
補天録初刻 （日本）東海星郎撰　清光緒二十六年（1900）鉛印本　三冊

110000－0182－0004809　ZS9913－ZS9924
李文忠公函稿二十四卷 （清）李鴻章撰（清）吴汝綸編　清光緒二十八年（1902）蓮池書社鉛印本　十二冊

110000－0182－0004810　ZS9941－ZS9950
譯林 林紓等編　清光緒二十七年（1901）上海商務印書館鉛印本　十冊　存十期（一至三、五至十一）

110000－0182－0004811　ZS9960
李伯相奏稿不分卷 （□）□□撰　清抄本　一冊

110000－0182－0004812　ZS9965
李鴻章傳十二章 梁啟超撰　清光緒二十八年（1902）廣智書局刻本　一冊

110000－0182－0004813　ZS9967
考察政治日記不分卷（清光緒三十一年六月十四日至三十二年六月初四） 載澤撰　清光緒三十二年（1906）商務印書館鉛印本（初版）　一冊

110000－0182－0004814　ZS9983
兩淮戡亂記 （清）張瑞墀撰　朱點衣編　清宣統元年（1909）國學萃編社鉛印本　一冊

110000－0182－0004815　ZS9994
李文忠公海軍函稿四卷 （清）李鴻章撰（清）吴汝綸編　清光緒二十八年（1902）保定蓮池書社鉛印本　一冊

110000－0182－0004816　ZS9995
李鴻章十二章 梁啟超撰　清光緒二十八年（1902）石印本　一冊

110000－0182－0004817　社0003
缶廬詩八卷 （清）吴俊卿著　清光緒十九年（1893）刻本　二冊

110000－0182－0004818　社0006
御纂性理精義十二卷 （清）李光地等纂　清康熙五十六年（1717）刻本　八冊

110000－0182－0004819　社0011
老老恒言五卷 （清）曹庭棟撰　清同治九年（1870）刻本　二冊

110000－0182－0004820　社0016
呻吟語六卷 （明）吕坤著　明萬曆刻本　六冊

110000－0182－0004821　社0034
政法類典（甲、乙、丙、丁） （□）□□輯　清光緒二十九年（1903）刻本　四冊

110000－0182－0004822　社0094
正統道藏 （明）張守初編　清刻本　十一冊

110000－0182－0004823　社0095
佛説千手千眼大慈大悲救苦救難觀世音菩薩經不分卷 （清）釋超蓮著　清康熙三十年（1691）刻本　一冊

110000－0182－0004824　社0096

藥師琉璃光如來本願功德經　(唐)釋玄奘譯　清乾隆元年(1736)刻本　一冊

110000－0182－0004825　社0097
佛說大阿彌陀經　(宋)王日休校正　明萬曆十三年(1585)刻本　一冊

110000－0182－0004826　社0098
大悲八十四尊現相寶懺　(□)□□撰　清道光十一年(1831)刻本　一冊

110000－0182－0004827　社0100(1)
金剛般若波羅蜜經　(後秦)釋鳩摩羅什譯　清嘉慶二年(1797)刻本　一冊

110000－0182－0004828　社0100(2)
金剛般若波羅蜜經　(後秦)釋鳩摩羅什譯　清嘉慶二年(1797)刻本　一冊

110000－0182－0004829　社0102
金剛般若波羅蜜經不分卷　(後秦)釋鳩摩羅什譯　清光緒二年(1876)宏文齋刻本　一冊

110000－0182－0004830　社0106
辨學中英名詞對照表　(清)學部編訂名詞館編　清光緒三十四年(1908)刻本　一冊

110000－0182－0004831　社0127
社會學二卷　(日本)岸本能武太著　章炳麟譯　清光緒二十八年(1902)刻本　二冊

110000－0182－0004832　社0130
名學淺說　(英國)耶方斯撰　嚴復譯述　清宣統元年(1909)上海商務印書館鉛印本　一冊

110000－0182－0004833　社0141
新增算法統宗大全十二卷　(清)程汝思編　清光緒九年(1883)埽葉山房刻本　六冊

110000－0182－0004834　社0142
湖北武學　(清)湖北武備學堂編　清光緒二十六年(1900)湖北官書處刻本　二十一冊

110000－0182－0004835　社0149
天演論二卷　(英國)赫胥黎撰　嚴復譯　清光緒二十七年(1901)富文書局石印本　一冊

110000－0182－0004836　社0154
天演論二卷　(英國)赫胥黎撰　嚴復譯　清光緒二十四年(1898)鉛印本　一冊

110000－0182－0004837　社0155
天演論二卷　(英國)赫胥黎撰　嚴復譯　清光緒二十四年(1898)嗜奇精舍石印本　一冊

110000－0182－0004838　社0158
新民說不分卷　梁啟超著　清光緒三十三年(1907)上海廣智書局鉛印本　一冊

110000－0182－0004839　善1045
大清宣統二年歲次庚戌時憲書一卷　(清)欽天監編　清宣統二年(1910)刻套印本　一冊

110000－0182－0004840　社0160
兵式體操教科書不分卷　(日本)小野清一編輯　黄元吉譯述　清光緒三十二年(1906)商務印書館鉛印本　一冊

110000－0182－0004841　社0162
體學全旨三卷　施爾德編纂　清宣統二年(1910)上海美華書館鉛印本　一冊

110000－0182－0004842　社0164
增補百中經四卷　劉伯溫定　清光緒刻本　一冊

110000－0182－0004843　社0169
合肥相國七十賜壽圖不分卷　(清)羅豐祿等輯　清光緒十八年(1892)石印本　六冊

110000－0182－0004844　社0193
理財考鏡初稿十卷　孫德全撰　清宣統二年(1910)鉛印本　四冊

110000－0182－0004845　社0195
菜根譚　(明)洪應明撰　清咸豐十年(1860)比丘振遠抄本　二冊

110000－0182－0004846　社0199
訓兵要略不分卷　袁世凱纂　清末刻本　一冊

110000－0182－0004847　社0200
自西徂東五卷　(德)花之安撰　清光緒十九年(1893)鉛印本　四冊　存四卷(一至四)

110000－0182－0004848　社 0203
群學肄言　(英國)斯賓塞爾著　嚴復譯　清光緒二十九年(1903)上海文明書局鉛印本　四冊

110000－0182－0004849　社 0206
牧牛圖頌淨修指要合刊　(□)□□輯　清光緒二十四年(1898)刻本　一冊

110000－0182－0004850　社 0212
物類拭言　(□)□□輯　清光緒七年(1881)抄本　二冊

110000－0182－0004851　社 0222
商業教本　(英國)闞托門著　曹雲祥　蔡俊鏞譯　清光緒三十二年(1906)廣智書局鉛印本　一冊

110000－0182－0004852　社 0259
近世社會主義　(日本)福井準造著　趙必振譯　清光緒二十九年(1903)上海廣智書局鉛印本　二冊

110000－0182－0004853　社 0261
熱血　思想社著　清光緒二十九年(1903)上海商務印書館鉛印本　一冊

110000－0182－0004854　社 0263
吴京卿節本天演論　(英國)赫胥黎撰　嚴復譯　(清)吴汝綸删節　清光緒二十九年(1903)鉛印本　一冊

110000－0182－0004855　社 0277
國憲汎論三卷　(日本)小野梓著　陳鵬譯　清光緒二十九年(1903)上海廣智書局鉛印本　二冊　存二卷(上、下)

110000－0182－0004856　社 0281
重要商品志　(日本)石川巖著　葉基楨譯　清光緒三十二年(1906)上海時中書局鉛印本　一冊

110000－0182－0004857　社 0295
訓練操法詳晰圖說　袁世凱纂　清末石印本　十一冊

110000－0182－0004858　社 0301
天元玉曆祥異賦不分卷　(明)朱高熾撰　清彩繪本　五冊

110000－0182－0004859　善 1077
音注全文春秋括例始末左傳句讀直解七十卷　(宋)林堯叟撰　元刻本　五冊　存十五卷(十七至三十一)

110000－0182－0004860　社 0303
經濟實學考　(清)江標編　清光緒二十六年(1900)上海博濟書局石印本　十二冊

110000－0182－0004861　社 0313
耶穌真徒　(□)□□譯　清光緒三十一年(1905)北京救世堂重印本　一冊

110000－0182－0004862　社 0314
玫瑰經圖解　(□)□□譯　清光緒三十二年(1906)河間勝世堂聚珍版印本　一冊

110000－0182－0004863　社 0330
新增帖式備要二卷　樂道軒居士編　清光緒二十八年(1902)鉛印本　一冊

110000－0182－0004864　社 0331
美風歐雲錄　(日本)松本君平著　鍾樸岑譯　清光緒二十九年(1903)廣志書局鉛印本　一冊

110000－0182－0004865　社 0333
潛書二卷　(清)唐甄著　(清)王聞遠編　**西蜀唐圃亭先生行略**　(清)王聞遠述　清光緒九年(1883)中江李氏刻本　四冊

110000－0182－0004866　社 0334
勸放脚圖說　(清)陳濟著　清光緒二十六年(1900)安步齋刻本　一冊

110000－0182－0004867　社 0338
眾喜粗言寶卷五卷　(□)□□輯　清光緒二十六年(1900)杭州西湖高麗寺刻本　五冊

110000－0182－0004868　社 0341
商法調查案理由書　秦瑞玠等編　清宣統元年(1909)預備立憲公會編輯所上海鉛印本　一冊

110000－0182－0004869　社 0362

廣長舌　(日本)土佐幸德秋水著　中國國民叢書社譯　清光緒二十八年(1902)上海商務印書館鉛印本　一冊

110000－0182－0004870　社0378
傻齋酒令　(□)□□輯　清抄本　一冊

110000－0182－0004871　社0380
江南模範小學堂教授細目　(清)□□編　清末石印本　一冊

110000－0182－0004872　社0394
社會通詮不分卷　(英國)甄克思著　嚴復譯　清光緒三十三年(1907)上海商務印書館鉛印本　一冊

110000－0182－0004873　社0395
黑蠻風土記　(英國)立溫斯敦撰　史錦鏞譯　沈定年述　陳以真校　清光緒鉛印本　一冊

110000－0182－0004874　社0396
推背圖　(唐)袁天罡　(唐)李淳風同撰　清彩繪抄本　一冊

110000－0182－0004875　社0397
原富八卷　(英國)斯密亞丹撰　嚴復譯　清光緒二十七年(1901)刻本　八冊

110000－0182－0004876　社0399
祛疑說　(宋)儲泳著　陳夢蓮校閱　明末刻本　一冊

110000－0182－0004877　社0401－社0405
方氏叢鈔　(清)方絢輯　清稿本　六冊

110000－0182－0004878　社0407
摩訶僧祇律四十卷　(晉)釋佛陀跋陀羅　(晉)釋法顯譯　明崇禎七年(1634)金沙顧龍山刻本　九冊

110000－0182－0004879　社0408
佛說阿彌陀經疏鈔四卷　(後秦)釋鳩摩羅什譯　(明)釋袾宏述　明萬曆二十五年(1597)刻本　四冊

110000－0182－0004880　社0409
妙法蓮華經七卷　(後秦)釋鳩摩羅什譯　明萬曆四十四年(1616)北京黨家經鋪刻本　七冊

110000－0182－0004881　社0411
維摩詰所說經(不可思議解脫經)　(後秦)釋鳩摩羅什譯　明初刻本　三冊

110000－0182－0004882　社0413
東遊叢錄四卷　(清)吳汝綸撰　清光緒二十八年(1902)石印本　四冊

110000－0182－0004883　社0414
政治講義　嚴復演說　清光緒三十二年(1906)上海商務印書館鉛印本　一冊

110000－0182－0004884　社0415
西學考略二卷　(美國)丁韙良撰　貴榮　時雨化書　清光緒九年(1883)同文館鉛印本　二冊

110000－0182－0004885　社0416
阿毗達磨識身足論十六卷　(□)提婆設摩阿羅漢造　(唐)釋玄奘譯　明刻本　十冊

110000－0182－0004886　社0417
大方廣佛華嚴經第六十　(唐)釋實叉難陀譯　明嘉靖三十五年(1556)重刻本　一冊

110000－0182－0004887　社0443
紹林傘勢　(□)□□編　清抄本　一冊

110000－0182－0004888　社0444
京師大學堂講義　(清)張鶴齡等撰　清光緒三十年(1904)北京學務處官書局鉛印本　三冊

110000－0182－0004889　社0446
中國經濟全書　(日本)東亞同文會編纂　劉祖培編譯　清宣統二年(1910)商務印書館鉛印本　二冊

110000－0182－0004890　社0451
當譜　(□)□□編　清同治十一年(1872)抄本　一冊

110000－0182－0004891　社0452
三字經　(宋)王應麟撰　清道光二十三年(1843)英華學院鉛印本　一冊

110000－0182－0004892　社 0456
石成金著書　(清)石成金撰　清雍正十二年(1734)刻本　十册

110000－0182－0004893　社 0465
陰騭文像注　(清)吴銓撰　清雍正九年(1731)刻本　四册

110000－0182－0004894　自 0091(1)
筆算數學三卷二十四章　(美國)狄考文輯　(清)鄒立文述　清光緒三十三年(1907)上海美華書館鉛印本　三册

110000－0182－0004895　自 0091(2)
筆算數學三卷二十四章　(美國)狄考文輯　(清)鄒立文述　清光緒三十二年(1906)上海美華書館鉛印本　三册

110000－0182－0004896　自 0442
遠西奇器圖説錄最三卷　(瑞士)鄧玉函口授　(明)王徵譯繪　清刻本　二册

110000－0182－0004897　自 0486
巫咸星經　(戰國)巫咸撰　清劉氏食舊德齋抄本　一册

110000－0182－0004898　自 0487
甘氏星經　(戰國)甘德撰　清劉氏食舊德齋抄本　一册

110000－0182－0004899　自 0488
石氏星經　(戰國)石申撰　清劉氏食舊德齋抄本　一册

110000－0182－0004900　地 0002
小方壺齋輿地叢鈔十二帙　王錫祺輯　清光緒三年至二十三年(1877－1897)上海著易堂石印本　四十八册

110000－0182－0004901　地 0003
歷代輿地圖　楊守敬撰　清光緒三十二年(1906)楊氏觀海堂刻本　三十四册

110000－0182－0004902　地 0006(1)
[萬曆]續朝邑縣志八卷　(明)郭實修　(明)王學謨纂　清康熙五十一年(1712)王兆鼇刻本　二册

110000－0182－0004903　地 0006(2)
[康熙]朝邑縣後志八卷　(清)王兆鼇修　(清)王鵬翼纂　清康熙五十一年(1712)刻本　三册

110000－0182－0004904　地 0008
大清一統志不分卷　(清)蔣廷錫　(清)王安國等纂修　清抄本　二册　存寧波府

110000－0182－0004905　地 0010
柬埔寨以北探路記十五卷　(□)□□撰　清光緒十年(1884)鉛印本　十五册

110000－0182－0004906　地 0011
李氏五種合刊　(清)李兆洛輯　清同治九年至十一年(1870－1872)合肥李鴻章刻本　十册

110000－0182－0004907　地 0012
李氏五種合刊　(清)李兆洛輯　清光緒二十四年(1898)掃葉山房石印本　八册

110000－0182－0004908　地 0016
西湖志四十八卷　(清)李衛　(清)傅王露纂修　清光緒四年(1878)浙江書局刻本　二十册

110000－0182－0004909　地 0018
慧山記四卷首一卷續編三卷首一卷　(明)邵寶撰　(明)釋圓顯輯　(清)邵涵初輯　清同治七年(1868)無錫邵氏二泉書院刻本　六册

110000－0182－0004910　地 0021
水經注釋四十卷首一卷附錄二卷水經注箋刊誤十二卷　(漢)桑欽撰　(北魏)酈道元注　(清)趙一清釋　清光緒六年(1880)蛟川張壽榮花雨樓刻本　二十册

110000－0182－0004911　地 0023
五洲圖考　(清)龔柴　(清)許彬撰　清光緒二十四年(1898)上海徐家匯印書館鉛印本　四册

110000－0182－0004912　地 0025
[光緒]泰和縣志三十卷首一卷　(清)宋瑛修　(清)彭啟瑞纂　清光緒四年(1878)周之鏞

續修刻本　十六冊

110000－0182－0004913　地 0032
［康熙］嘉興府志十六卷　（清）吳永芳修（清）錢以塏纂　清康熙六十年（1721）刻本　一冊　存一卷（十六）

110000－0182－0004914　地 0039
考古叢鈔一卷　（□）□□撰　清光緒二十七年（1901）抄本　一冊

110000－0182－0004915　地 0046
環宇分合志八卷　（明）徐樞輯　**增輯一卷**（清）楊超冶校刊　清光緒二十八年（1902）刻本　八冊

110000－0182－0004916　地 0048
蘇省全圖說　（清）曾國芳　（清）丁日昌撰　清同治七年（1868）刻本　十一冊

110000－0182－0004917　地 0064
［康熙］當陽縣志八卷　（清）婁肇龍修（清）栗引之纂　清康熙九年（1670）刻本　一冊　存二卷（一至二）

110000－0182－0004918　地 0065
［康熙］沅州志八卷　（清）楊希震修　（清）孟長醇纂　清康熙二十四年（1685）刻本　一冊　存一卷（八）

110000－0182－0004919　地 0069
奉天全省地輿圖說圖表不分卷　（清）王志修編輯　清光緒二十年（1894）刻本　一冊

110000－0182－0004920　地 0088
歷代輿地沿革險要圖　楊守敬　（清）饒敦秩編　清光緒五年（1879）東湖饒氏家刻本　一冊

110000－0182－0004921　地 0089
廣西中越全界之圖不分卷　（清）蔡希邠（法國）西威儀勘繪　清光緒十九年（1893）刻本　一冊

110000－0182－0004922　地 0090
［光緒］巨鹿縣志十二卷首一卷　（清）淩燮修（清）夏應麟纂　清光緒十二年（1886）刻本　六冊

110000－0182－0004923　地 0109
黑龍江全省輿圖　（清）黑龍江調查局製　清宣統三年（1911）影印本　一冊

110000－0182－0004924　地 0112
歷代輿地沿革險要圖說一卷　楊守敬等編　王尚德重繪　清光緒二十四年（1898）上海文賢閣石印本　一冊

110000－0182－0004925　地 0120
太平寰宇記二百卷目錄二卷　（宋）樂史撰（清）陳蘭森補　清乾隆五十九年（1794）南昌萬廷蘭刻本　二十八冊

110000－0182－0004926　地 0121（1）
新疆小正一卷　（清）王樹楠纂　清光緒三十四年（1908）鉛印陶廬叢書本　一冊

110000－0182－0004927　地 0121（2）
新疆禮俗志一卷　王樹枏撰　清光緒三十四年（1908）鉛印陶廬叢書本　一冊

110000－0182－0004928　地 0123
禹貢因　（清）沈練集注　清光緒十八年（1892）溧陽沈氏刻本　一冊

110000－0182－0004929　地 0124
五省溝洫圖說　（清）沈夢蘭撰　清光緒六年（1880）江蘇書局刻本　一冊

110000－0182－0004930　地 0125
淮揚水利圖說一卷　（清）馮道立著　清道光二十年（1840）馮氏西園刻本　一冊

110000－0182－0004931　地 0129
水經注圖四十卷補一卷　楊守敬編　清光緒三十一年（1905）宜都楊守敬刻本　八冊

110000－0182－0004932　地 0131
晦明軒稿　楊守敬編　清光緒三十三年（1907）刻本　二冊

110000－0182－0004933　地 0132
卜魁城賦一卷　（清）英和撰　**新疆賦一卷**（清）徐松撰　清光緒九年（1883）元尚居刻本　一冊

110000－0182－0004934　善1069
杜工部集二十卷　（唐）杜甫撰　（宋）王洙編　清道光十四年（1834）刻本　八册

110000－0182－0004935　地0133
［乾隆］萬全縣志十卷首一卷　（清）左承業纂修　清乾隆七年（1742）修十年（1745）刻道光十四年（1834）增刻本　六册

110000－0182－0004936　地0134
［同治］西寧新志（西寧縣新志）十卷首一卷　（清）韓志超修　（清）楊篤纂　清同治十二年（1873）修光緒元年（1875）宏州書院刻本　四册

110000－0182－0004937　地0136
［光緒］延慶州志十二卷首一卷末一卷　（清）何道增修　（清）張惇德纂　清光緒六年（1880）刻本　十册

110000－0182－0004938　地0138
大觀亭志二卷　李丙榮編輯　清宣統三年（1911）安徽官紙印刷局鉛印本　一册

110000－0182－0004939　地0139
［光緒］衛藏通志十六卷首一卷　（清）和琳纂　清光緒二十二年（1896）漸西村舍彙刻本　八册

110000－0182－0004940　地0140
［咸豐］清河縣志二十四卷首一卷　（清）吳棠修　（清）魯一同纂　清咸豐四年（1854）刻本　八册

110000－0182－0004941　地0141
北湖小志六卷首一卷　（清）焦循纂　清嘉慶十三年（1808）刻焦氏遺書本　一册

110000－0182－0004942　地0144
［光緒］川沙廳志十四卷首一卷補遺一卷　（清）陳方瀛修　（清）俞樾纂　清光緒五年（1879）刻本　六册

110000－0182－0004943　地0145
［同治］重修山陽縣志二十一卷圖一卷　（清）張兆棟　（清）孫雲修　（清）何紹基　（清）丁晏等纂　清同治十二年（1873）刻本　八册

110000－0182－0004944　地0146
［光緒］處州府志三十卷首一卷末一卷　（清）潘紹詒修　（清）周榮椿纂　清光緒三年（1877）刻本　二十八册

110000－0182－0004945　地0147
［光緒］黄州府志四十卷首一卷　（清）英啟修　（清）鄧琛等纂　清光緒十年（1884）刻本　三十二册

110000－0182－0004946　地0148
［同治］鄖陽志八卷首一卷　（清）吳葆儀修　（清）王嚴恭纂　清同治九年（1870）鄖山書院刻光緒三年（1877）增刻本　十二册

110000－0182－0004947　地0149
［同治］徐州府志二十五卷　（清）吳世熊　（清）朱忻修　（清）劉庠　（清）方駿謨纂　清同治十三年（1874）刻本　十六册

110000－0182－0004948　地0150
［光緒］麻城縣志四十卷首一卷末一卷　（清）陸佑勤　（清）朱榮椿修　（清）余士珩纂　清光緒八年（1882）刻本　二十二册　缺二卷（八至九）

110000－0182－0004949　地0151
［光緒］續輯均州志十六卷首一卷　（清）馬雲龍　（清）湯炳堃修　（清）賈洪詔纂　清光緒十年（1884）均州志局刻本　八册

110000－0182－0004950　地0152
［同治］榆次縣志十六卷首一卷末一卷　（清）俞世銓　（清）陶良駿修　（清）王平格　（清）王序賓纂　清同治二年（1863）刻本　十册

110000－0182－0004951　地0153
［光緒］泰興縣志二十六卷首一卷末一卷　（清）楊激雲修　（清）顧曾烜纂　清光緒十二年（1886）刻本　十册

110000－0182－0004952　地0154
［光緒］睢寧縣志稿十八卷　（清）侯紹瀛修

（清）丁顯纂　清光緒十二年（1886）刻本　六冊

110000－0182－0004953　地0155
［咸豐］邳州志二十卷首一卷　（清）董用威（清）馬軼群修　（清）魯一同纂　清咸豐元年（1851）刻光緒二十一年（1895）印本　四冊

110000－0182－0004954　地0157
［光緒］平陸縣續志二卷首一卷末一卷　（清）劉鴻逵修　（清）沈承恩纂　清光緒六年（1880）刻本　二冊

110000－0182－0004955　地0158
［光緒］天鎮縣志四卷首一卷　（清）洪汝霖修（清）楊篤纂　清光緒十六年（1890）刻本　四冊

110000－0182－0004956　地0160
［光緒］武進陽湖縣志三十卷首一卷　（清）王其淦　（清）吳康壽修　（清）湯成烈纂　清光緒五年（1879）刻本　十九冊

110000－0182－0004957　地0161
［光緒］樂亭縣志十五卷首一卷末一卷　（清）顧肇墉等修　（清）史夢蘭纂　清光緒三年（1877）刻本　六冊

110000－0182－0004958　地0162
［乾隆］景州志六卷首一卷　（清）屈成霖纂修　清乾隆十年（1745）刻本　四冊

110000－0182－0004959　地0164
［咸豐］南潯鎮志四十卷首一卷附蓮漪文鈔八卷　（清）汪曰楨纂　（清）許旦復等參訂　清咸豐九年至同治二年（1859－1863）汪曰楨刻本　十二冊

110000－0182－0004960　地0166
鼓山志十四卷首一卷　（清）黄任修輯　清乾隆三十七年（1772）刻本　六冊

110000－0182－0004961　地0167
［乾隆］新鄉縣志三十四卷首一卷　（清）趙開元修　（清）暢俊纂　清乾隆十二年（1747）石印本　六冊

110000－0182－0004962　地0168
［乾隆］通許縣志十卷　（清）阮龍光修（清）邵自祐纂　清乾隆三十六年（1771）刻本　六冊

110000－0182－0004963　地0169
［康熙］甌寧縣志十三卷　（清）鄧其文纂修　清康熙三十二年（1693）刻本　六冊

110000－0182－0004964　地0170
岳廟志略十卷首一卷　（清）馮培輯　清嘉慶八年（1803）刻本　四冊

110000－0182－0004965　地0173
［道光］遵義府志四十八卷首一卷　（清）平翰修　（清）鄭珍等纂　清道光二十一年（1841）刻本　二十冊

110000－0182－0004966　地0174
［光緒］滁州志十卷首一卷末一卷　（清）熊祖詒纂修　清光緒二十三年（1897）木活字印本　十二冊

110000－0182－0004967　地0175
元和郡縣圖志四十卷闕卷逸文一卷補志九卷　（唐）李吉甫撰　（清）孫星衍輯　（清）嚴觀補　清光緒六年（1880）金陵書局刻八年（1882）增刻本　八冊

110000－0182－0004968　地0177
［光緒］玉田縣志三十卷首一卷　（清）夏子鎏修　（清）李昌時纂　（清）丁維續纂修　清光緒十年（1884）修十五年（1889）刻本　六冊

110000－0182－0004969　地0184
日本國志四十卷首一卷　（清）黃遵憲撰　清光緒十六年至二十二年（1890－1896）富文齋刻本　十冊

110000－0182－0004970　地0185
［道光］昆明縣志十卷　（清）戴絅孫纂修　清道光二十一年（1841）修光緒二十七年（1901）刻本　六冊

110000－0182－0004971　地0187
［光緒］壽州志三十六卷首一卷末一卷　（清）

曾道唯　(清)王萬甡纂修　清光緒十六年(1890)木活字印本　十六册

110000－0182－0004972　地0188
[康熙]天柱縣志二卷　(清)王復宗編　清康熙二十二年(1683)刻本　四册

110000－0182－0004973　地0190
[道光]廈門志十六卷　(清)周凱修　(清)淩翰等纂　清道光十九年(1839)廈門玉屏書院刻本　十二册

110000－0182－0004974　地0193
[光緒]蘄州志三十卷　(清)封蔚礽修　(清)陳廷揚纂　清光緒八年(1882)麟山書院刻本　十八册

110000－0182－0004975　地0195
乾隆府廳州縣圖志五十卷　(清)洪亮吉等編修　清乾隆五十三年(1788)修嘉慶八年(1803)刻本　八册

110000－0182－0004976　地0196
南嶽志八卷　(清)高自位編　(清)曠敏本纂　清中後期刻本　八册

110000－0182－0004977　地0198
[光緒]容城縣志八卷　(清)俞廷獻等修　(清)吳思忠纂　清光緒二十二年(1896)刻本　六册

110000－0182－0004978　地0199
[同治]昌黎縣志十卷　(清)何崧泰修　(清)馬恂　(清)何爾泰纂　清同治五年(1866)刻本　四册

110000－0182－0004979　地0200
[乾隆]贊皇縣志十卷首一卷末一卷　(清)黄崗竹纂修　清乾隆十六年(1751)刻本　四册

110000－0182－0004980　地0204
齊山岩洞志二十六卷首一卷　(清)陳蔚輯　清光緒二十七年(1901)貴池劉氏唐石簃刻貴池先哲遺書本　八册

110000－0182－0004981　地0205
約園志一卷　(清)徐樹銘編　清光緒二十三年(1897)刻本　九册

110000－0182－0004982　地0207
[同治]臨川縣志五十四卷首一卷末一卷　(清)童範儼修　(清)陳慶齡等纂　清同治九年(1870)刻本　二十四册

110000－0182－0004983　地0208
[光緒]續修臨晋縣志二卷　(清)艾紹濂　(清)吳曾榮修　(清)姚東濟纂　清光緒六年(1880)刻本　四册

110000－0182－0004984　地0210
[道光]太原縣志十八卷　(清)員佩蘭修　(清)楊國泰纂　清道光六年(1826)刻本　三册

110000－0182－0004985　地0211
[乾隆]廣靈縣志十卷首一卷末一卷　(清)郭磊纂修　清乾隆十九年(1754)刻本　四册

110000－0182－0004986　地0212
[道光]太平縣志十六卷首一卷　(清)李炳彦修　(清)梁棲鸞纂　清道光五年(1825)刻本　八册

110000－0182－0004987　地0213
[同治]清江縣志十卷首一卷　(清)潘懿　(清)胡湛修　(清)朱孫詒纂　清同治九年(1870)刻本　八册

110000－0182－0004988　地0214
[同治]桂陽直隸州志二十七卷首一卷　(清)汪敩灝　(清)吳嗣仲修　王闓運纂　清同治七年(1868)刻本　十二册

110000－0182－0004989　地0215
[同治]衡陽縣志十二卷　(清)羅慶薌等修　(清)彭玉麟等纂　清同治十三年(1874)刻本　七册

110000－0182－0004990　地0217
[光緒]臨朐縣志十六卷首一卷　(清)姚延福修　(清)鄧嘉緝　(清)蔣師轍纂　清光緒十年(1884)刻本　六册

110000－0182－0004991　地0218

［道光］輝縣志二十卷首一卷末一卷　（清）周際華修　（清）戴銘等纂　清道光十五年（1835）刻二十一年（1841）補刻光緒二十一年（1895）遞修本　十四冊

110000－0182－0004992　地 0219
［嘉慶］長山縣志十六卷首一卷　（清）倪企望修　（清）鍾廷瑛　（清）徐果行纂　清嘉慶六年（1801）刻本　十冊

110000－0182－0004993　地 0221
［同治］榆次縣志十六卷首一卷末一卷　（清）俞世銓　（清）陶良駿修　（清）王平格　（清）王序賓纂　清同治二年（1863）鳳鳴書院刻本　十六冊

110000－0182－0004994　地 0222
［康熙］重修平遙縣志八卷　（清）王綬修　（清）康乃心纂　清康熙四十五年（1706）刻本　四冊

110000－0182－0004995　地 0223
［乾隆］溫縣志十二卷首一卷　（清）王其華修　（清）苗於京纂　清乾隆二十四年（1759）刻本　四冊

110000－0182－0004996　地 0224
［康熙］新城縣志十四卷首一卷　（清）崔懋纂修　**［康熙］新城縣續志二卷**　（清）孫元衡　（清）王啓浹纂修　清康熙三十二年（1693）刻本　六冊

110000－0182－0004997　地 0225
［光緒］渾源州續志十卷　（清）賀澍恩修　（清）程續　（清）姚德馨纂　清光緒七年（1881）刻本　六冊

110000－0182－0004998　地 0226
［康熙］茌平縣志五卷　（清）王世臣修　（清）孫克緒纂　清康熙四十九年（1710）刻本　五冊

110000－0182－0004999　地 0227
［乾隆］平原縣志十卷首一卷　（清）黃懷祖修　（清）黃兆熊纂　清乾隆十四年（1749）刻本　四冊

110000－0182－0005000　地 0228
［乾隆］昌邑縣志八卷　（清）周來郜纂修　清乾隆七年（1742）刻本　四冊

110000－0182－0005001　地 0229
［乾隆］陽信縣志八卷首一卷　（清）王允深纂修　清乾隆二十四年（1759）刻本　五冊

110000－0182－0005002　地 0231
重修兩淮鹽法志一百六十卷首一卷　（清）王定安輯　清光緒三十一年（1905）刻本　六十四冊

110000－0182－0005003　地 0233
館陶縣鄉土志八卷　（清）孫方修　（清）宋金鏡　（清）熊廷猷纂　清光緒三十四年（1908）山東官報局鉛印本　四冊

110000－0182－0005004　地 0234
［光緒］黃岡縣志二十四卷首一卷　（清）戴昌言編輯　（清）劉恭冕總纂　清光緒八年（1882）刻本　二十四冊

110000－0182－0005005　地 0237
［乾隆］湖州府志四十八卷首一卷　（清）胡承謀原輯　（清）李堂增刊　清乾隆二十三年（1758）刻本　十冊

110000－0182－0005006　地 0238
［乾隆］忻州志六卷　（清）周人龍原輯　（清）竇容邃增編　清乾隆十二年（1747）刻本　六冊

110000－0182－0005007　地 0239
［光緒］孝感縣志二十四卷續補志一卷　（清）朱希白修　（清）沈用增纂　清光緒八年（1882）刻本　十二冊

110000－0182－0005008　地 0240
［乾隆］直隸代州志六卷　（清）吳重光纂修　清乾隆五十年（1785）刻本　八冊

110000－0182－0005009　地 0241
［乾隆］解州全志十八卷首一卷　（清）言如泗修　（清）熊名相纂　清乾隆二十九年（1764）刻本　五冊

110000－0182－0005010　地 0243
[光緒]沔陽州志十二卷首一卷　(清)葛振元修　(清)楊鉅纂　清光緒二十年(1894)刻本　十六冊

110000－0182－0005011　地 0246
[光緒]武陽志餘十二卷首一卷　(清)莊毓鋐　(清)陸鼎翰纂修　清光緒十四年(1888)木活字印本　十六冊

110000－0182－0005012　地 0247
[同治]上海縣志三十二卷首一卷末一卷　(清)應寶時修　(清)俞樾　(清)方宗誠纂　清同治十年(1871)吳門臬署刻本　十六冊

110000－0182－0005013　地 0248
[光緒]歸安縣志五十二卷首一卷　(清)李昱修　(清)陸心源纂　清光緒八年(1882)刻本　十二冊

110000－0182－0005014　地 0249
[嘉慶]餘杭縣志四十卷　(清)張吉安修　(清)朱文藻原纂　(清)崔應榴續纂　清光緒六年(1880)餘杭縣署木活字印本　十二冊

110000－0182－0005015　地 0250
[光緒]玉環廳志十五卷首一卷　(清)杜冠英修　(清)呂鴻燾纂　清光緒六年(1880)刻本　八冊

110000－0182－0005016　地 0251
[光緒]海鹽縣志二十二卷首一卷末一卷　(清)王彬修　(清)徐用儀纂　清光緒三年(1877)蔚文書院刻本　十六冊

110000－0182－0005017　地 0253
[光緒]諸暨縣志六十一卷　(清)陳遹聲修　(清)蔣鴻藻纂　清宣統三年(1911)刻本　十八冊

110000－0182－0005018　地 0254
[同治]安吉縣志十八卷首一卷　(清)汪榮等修　(清)張行孚等纂　清同治十三年(1874)安吉縣署刻本　十六冊

110000－0182－0005019　地 0255
[道光]泰州志三十六卷首一卷　(清)王有慶等修　(清)陳世鎔等纂　清光緒三十四年(1908)刻本　十冊

110000－0182－0005020　地 0256
[光緒]崇明縣志十八卷　(清)林達泉　(清)譚泰來修　(清)李聯琇　(清)葉裕仁纂　清光緒七年(1881)刻本　十冊

110000－0182－0005021　地 0257
[乾隆]徐州府志三十卷首一卷　(清)石傑修　(清)王峻纂　清乾隆七年(1742)刻本　十二冊

110000－0182－0005022　地 0258
[嘉慶]澠池縣志十六卷　(清)甘揚聲修　(清)劉文運等纂　清嘉慶十五年(1810)刻本　九冊

110000－0182－0005023　地 0259
[乾隆]滎陽縣志十二卷　(清)李煦修　(清)李清纂　清乾隆十二年(1747)刻本　四冊

110000－0182－0005024　地 0260
[嘉慶]正陽縣志十卷　(清)彭良弼修　(清)呂元灝纂　(清)楊德容續纂修　清嘉慶元年(1796)刻本　四冊

110000－0182－0005025　地 0261
[嘉慶]密縣志十六卷首一卷　(清)謝增　(清)景綸纂修　清嘉慶二十二年(1817)刻本　四冊

110000－0182－0005026　地 0263
[光緒]丹陽縣志三十六卷首一卷　(清)淩焯等修　(清)徐錫麟等纂　清光緒十一年(1885)刻本　十六冊

110000－0182－0005027　地 0264
泰順分疆錄十二卷首一卷　(清)林鶚纂修　(清)林用霖續纂修　清光緒四年(1878)羅陽林氏望山堂刻本　六冊

110000－0182－0005028　地 0265
[光緒]定興縣志二十六卷首一卷　(清)嚴祖

望等修　(清)楊晨纂　清光緒十六年至十七年(1890－1891)刻本　十二册

110000－0182－0005029　地 0266
浙志便覽七卷　(清)李應玨纂修　清光緒十七年(1891)刻本　四册

110000－0182－0005030　地 0267
大英國志八卷　(英國)慕維廉譯　清光緒七年(1881)上海益智書局刻本　二册

110000－0182－0005031　地 0268
石鐘山志十六卷首一卷　(清)李成謀　(清)丁義方輯　(清)方宗誠　(清)胡傳釗訂　清光緒九年(1883)聽濤眺雨軒刻本　八册

110000－0182－0005032　地 0269
焦山續志八卷　(清)陳任暘輯　清光緒三十年(1904)刻本　二册

110000－0182－0005033　地 0271
焦山志十二卷首一卷　(清)盧見曾撰　清乾隆二十七年(1762)刻本　四册

110000－0182－0005034　地 0272
[光緒]贛榆縣志十八卷附校補　(清)王豫熙修　張謇纂　清光緒十四年(1888)刻本　四册

110000－0182－0005035　地 0273
[康熙]磁州志十八卷　(清)蔣擢修　(清)樊玉聲等纂　清康熙四十二年(1703)刻本　四册

110000－0182－0005036　地 0274
[嘉慶]桐鄉縣志十二卷　(清)李廷輝修　(清)徐志鼎纂　清嘉慶四年(1799)刻本　八册

110000－0182－0005037　地 0275
[同治]景寧縣志十四卷首一卷末一卷　(清)周傑修　(清)嚴用光等纂　清同治十二年(1873)刻本　八册

110000－0182－0005038　地 0278
[乾隆]饒陽縣志二卷首一卷末一卷　(清)單作哲纂修　清乾隆十四年(1749)刻本　二册

110000－0182－0005039　地 0279
[道光]薊州志十卷首一卷　(清)沈鋭修　(清)章過　(清)金天瑞纂　清道光十一年(1831)刻本　八册

110000－0182－0005040　地 0280
[乾隆]冀州志二十卷續編一卷　(清)范清曠纂修　清乾隆十二年(1747)刻本　十册

110000－0182－0005041　地 0281
[同治]曲周縣志二十卷首一卷　(清)存禄修　(清)劉自立纂　清同治八年(1869)刻本　八册

110000－0182－0005042　地 0282
[乾隆]任丘縣志十二卷首一卷　(清)劉統修　(清)劉炳等纂　清乾隆二十七年(1762)刻本　十册

110000－0182－0005043　地 0283
[光緒]歸安縣志五十二卷首一卷　(清)李昱修　(清)陸心源纂　清光緒八年(1882)刻本　十六册

110000－0182－0005044　地 0284
[同治]清苑縣志十八卷首一卷　(清)李逢源修　(清)諸崇儉纂　清同治十二年(1873)刻本　八册

110000－0182－0005045　地 0286
[同治]靈壽縣志十卷末一卷　(清)劉賡年等纂修　清同治十二年(1873)刻本　六册

110000－0182－0005046　地 0287
[乾隆]獻縣志二十卷圖一卷表一卷　(清)萬廷蘭修　(清)戈濤纂　清乾隆二十六年(1761)刻本　十二册

110000－0182－0005047　地 0288
[乾隆]三河縣志十六卷首一卷　(清)陳昶修　(清)王大信等纂　清乾隆二十五年(1760)刻本　四册

110000－0182－0005048　地 0289
[同治]欒城縣志十四卷首一卷末一卷　(清)陳詠修　(清)張惇德纂　清同治十一年

(1872)刻本　六册

110000－0182－0005049　地0290
[同治]當陽縣志十八卷首一卷末一卷　(清)阮恩光修　(清)王柏心纂　清同治五年(1866)刻本　八册

110000－0182－0005050　地0292
[光緒]遵化通志六十卷首一卷　(清)何崧泰修　(清)史樸纂　清光緒十二年(1886)刻本　三十一册

110000－0182－0005051　地0293
[乾隆]樂亭縣志十四卷首一卷末一卷　(清)陳金駿纂修　清乾隆二十年(1755)刻本　六册

110000－0182－0005052　地0294
[同治]鄖縣志十卷首一卷　(清)周瑞(清)定熙修　(清)崔詒等纂　清同治五年(1866)刻本　八册

110000－0182－0005053　地0295
[光緒]獲鹿縣志十四卷首一卷末一卷　(清)俞錫綱等修　(清)曹鑅纂　清光緒七年(1881)刻本　六册

110000－0182－0005054　地0296
[同治]續纂揚州府志二十四卷　(清)方濬頤修　(清)晏端書等纂　清同治十三年(1874)刻本　十二册

110000－0182－0005055　地0298
[咸豐]固安縣志八卷首一卷末一卷　(清)陳崇砥修　(清)吴三峰纂　清咸豐九年(1859)刻本　六册

110000－0182－0005056　地0299
[乾隆]祁州志十二卷　(清)羅以桂修(清)張萬銓纂　(清)劉學海續修　清乾隆二十一年(1756)刻光緒元年(1875)續修八年(1882)印本　六册

110000－0182－0005057　地0300
[光緒]西藏圖考八卷首一卷　(清)黄沛翹纂修　清光緒二十年(1894)刻本　四册

110000－0182－0005058　地0302
[同治]鄞縣志七十五卷　(清)戴枚修(清)董沛等纂　清光緒三年(1877)刻本　三十四册

110000－0182－0005059　地0303
[同治]畿輔通志三百卷首一卷　(清)李鴻章(清)張樹聲修　(清)黄彭年纂　清同治十年(1871)修光緒十年(1884)古蓮華池刻本　二百四十册

110000－0182－0005060　地0304
[嘉慶]重修揚州府志七十二卷首一卷　(清)阿克當阿修　(清)姚文田纂　清嘉慶十五年(1810)刻本　四十四册

110000－0182－0005061　地0306
[道光]輝縣志二十卷首一卷末一卷　(清)周際華修　(清)戴銘等纂　清道光十五年(1835)刻二十一年(1841)補刻光緒二十一年(1895)遞修本　八册

110000－0182－0005062　地0312
華嶽志八卷首一卷　(清)李榕輯　清道光十一年(1831)華麓楊翼武清白别墅刻本　九册

110000－0182－0005063　地0313
問影樓輿地叢書第一集十五種　胡思敬輯　清光緒三十四年(1908)鉛印本　十册

110000－0182－0005064　地0314
[乾隆]大名縣志四十卷首一卷　(清)張維祺(清)李棠纂修　清乾隆五十四年(1789)刻本　十二册

110000－0182－0005065　地0317
[同治]深州風土記二十二卷附表五卷　(清)吴汝綸纂修　清光緒二十六年(1900)深州文瑞書院刻本　六册

110000－0182－0005066　地0319
[乾隆]通許縣志十卷　(清)阮龍光修(清)邵自祐纂　清乾隆三十六年(1771)刻本　六册　缺二卷(九至十)

110000－0182－0005067　地0320

[乾隆]濟源縣志十六卷首一卷末一卷 (清)蕭應植纂修 清乾隆二十六年(1761)刻本 六冊

110000－0182－0005068 地0321
[嘉慶]續濟源縣志十二卷 (清)何荇芳修 (清)衛慶悰等纂 清嘉慶十八年(1813)刻本 四冊

110000－0182－0005069 地0322
棗強縣志補正五卷 (清)方宗誠纂修 清同治十三年(1874)刻光緒二年(1876)印本 四冊

110000－0182－0005070 地0326
[光緒]新河縣志十六卷 (清)趙鴻鈞修 (清)沈家煥纂 清光緒二年(1876)刻本 四冊

110000－0182－0005071 地0329
[乾隆]鞏縣志二十卷首一卷 (清)李述武纂修 清乾隆五十四年(1789)刻本 五冊

110000－0182－0005072 地0330
湖山便覽十二卷 (清)翟灝 (清)翟瀚輯 清光緒元年(1875)杭州王維翰槐蔭堂刻本 六冊

110000－0182－0005073 地0332
[乾隆]濟源縣志十六卷首一卷末一卷 (清)蕭應植纂修 清乾隆二十六年(1761)刻本 六冊

110000－0182－0005074 地0333
[嘉慶]續濟源縣志十二卷 (清)何荇芳修 (清)衛慶悰等纂 清嘉慶十八年(1813)刻本 四冊

110000－0182－0005075 地0334
[光緒]蘄水縣志二十二卷首一卷末一卷 (清)多祺纂 清光緒六年(1880)刻本 二十冊

110000－0182－0005076 地0335
[同治]滑縣志十二卷 (清)姚錕修 (清)徐光第纂 清同治六年(1867)刻本 八冊

110000－0182－0005077 地0337
[同治]禹州志二十六卷增續二卷 (清)朱煒修 (清)姚椿等纂 (清)宫國勳增修 (清)楊景純 (清)趙甲祥增纂 清道光十五年(1835)刻同治九年(1870)增刻本 六冊 存十九卷(一至十九)

110000－0182－0005078 地0338
[乾隆]新修曲沃縣志四十卷 (清)張坊修 (清)胡元琢 (清)徐儲纂 清乾隆二十三年(1758)刻本 八冊

110000－0182－0005079 地0340
[雍正]故城縣志六卷 (清)蔡維義修 (清)秦永清纂 清雍正五年(1727)刻本 六冊

110000－0182－0005080 地0342
[光緒]永濟縣志二十四卷 (清)李榮和 (清)劉鍾麟修 (清)胡仰廷纂 清光緒十二年(1886)刻本 十四冊

110000－0182－0005081 地0344
皇輿西域圖志四十八卷 (清)褚廷璋撰 清光緒鉛印本 二十四冊

110000－0182－0005082 地0346
[光緒]吉林通志一百二十二卷圖一卷 (清)長順 (清)訥欽修 (清)李桂林 (清)顧雲纂 清光緒十七年(1891)刻本 四十八冊

110000－0182－0005083 地0347
[淳熙]新安志十卷 (宋)羅願纂修 清光緒十四年(1888)黟縣李宗煝刻本 四冊

110000－0182－0005084 地0348
[同治]遷安縣志十八卷首一卷末一卷 (清)韓耀光修 (清)史夢蘭纂 清同治十二年(1873)文峰書院刻本 八冊

110000－0182－0005085 地0349
西湖志纂十二卷首一卷末一卷 (清)沈德潛 (清)傅王露輯 (清)梁詩正纂 清乾隆二十三年(1758)刻本 五冊

110000－0182－0005086 地0350

[光緒]代州志十二卷首一卷　(清)俞廉三修　(清)楊篤纂　清光緒八年(1882)代山書院刻本　六册

110000－0182－0005087　地 0351
[光緒]永年縣志四十卷首一卷　(清)夏詒鈺纂修　清光緒三年(1877)刻本　八册

110000－0182－0005088　地 0353
常山貞石志二十四卷　(清)沈濤撰　清光緒二十年(1894)靈溪精舍刻本　十册

110000－0182－0005089　地 0354
[乾隆]衡水縣志十四卷　(清)陶淑纂修　清乾隆三十二年(1767)刻本　五册

110000－0182－0005090　地 0360
[康熙]寧化縣志七卷　(清)祝文郁修　(清)李世熊纂　清同治八年(1869)湘南蔣澤沅刻本　八册

110000－0182－0005091　地 0362
[康熙]交河縣志七卷　(清)牆鼎修　(清)黃伉纂　清同治至光緒刻本　三册

110000－0182－0005092　地 0363
[光緒]通州志十卷首一卷末一卷　(清)高建勳等修　(清)王維珍纂　(清)陳鏡清等續纂修　清光緒五年(1879)刻九年(1883)增刻本　十二册

110000－0182－0005093　地 0365
[乾隆]曲阜縣志一百卷　(清)潘相纂修　清乾隆三十九年(1774)刻本　十二册

110000－0182－0005094　地 0366
[道光]長清縣志十六卷首一卷末一卷　(清)舒化民修　(清)徐德城等纂　清道光十五年(1835)刻本　六册

110000－0182－0005095　地 0367
[光緒]利津縣志十卷利津文徵五卷　(清)盛讚熙修　(清)余朝棻纂　清光緒九年(1883)刻本　四册

110000－0182－0005096　地 0368
[乾隆]登封縣志三十二卷　(清)陸繼萼　(清)洪亮吉纂修　清乾隆五十二年(1787)刻本　八册

110000－0182－0005097　地 0369
[道光]武陟縣志三十六卷　(清)王榮陛修　(清)方履籛纂　清道光九年(1829)刻本　八册

110000－0182－0005098　地 0370
[康熙]沂州志八卷　(清)邵士修　(清)王墳纂　清康熙十三年(1674)刻本　八册

110000－0182－0005099　地 0371
[乾隆]諸城縣志四十六卷　(清)宮懋讓修　(清)李文藻纂　清乾隆二十九年(1764)刻本　八册

110000－0182－0005100　地 0372
[同治]即墨縣志十二卷首一卷　(清)林溥修　(清)周翕鐄　(清)黃念昀纂　清同治十二年(1873)刻本　八册

110000－0182－0005101　地 0373
[乾隆]內黃縣志十八卷首一卷　(清)李湞修　(清)黃之徵纂　清乾隆四年(1739)刻本　六册

110000－0182－0005102　地 0374
[道光]尉氏縣志二十卷首一卷　(清)沈溎修　(清)王觀潮纂　清道光十一年(1831)刻本　八册

110000－0182－0005103　地 0375
[嘉慶]安陽縣志二十八卷首一卷金石錄十二卷　(清)貴泰修　(清)武穆淳纂　清嘉慶二十四年(1819)刻本　十册　缺十二卷(金石錄十二卷)

110000－0182－0005104　地 0376
[光緒]懷來縣志十八卷首一卷　(清)朱乃恭修　(清)席之瓚纂　清光緒八年(1882)刻本　六册

110000－0182－0005105　地 0377
[雍正]館陶縣志十二卷　(清)趙知希修　(清)張興宗纂　清光緒十九年(1893)劉家善

刻本　四册

110000－0182－0005106　地 0378
[嘉慶]昌樂縣志三十三卷　(清)魏禮焯修　(清)閻學夏纂　清嘉慶十四年(1809)刻本　六册

110000－0182－0005107　地 0379
[嘉慶]長山縣志十六卷首一卷　(清)倪企望修　(清)鍾廷瑛　(清)徐果行纂　清嘉慶六年(1801)刻本　十册

110000－0182－0005108　地 0381
[光緒]續修曲沃縣志三十二卷　(清)張鴻逵　(清)茅丕熙修　(清)韓子泰纂　清光緒六年(1880)刻本　六册

110000－0182－0005109　地 0387
[光緒]平遙縣志十二卷　(清)王綬等纂修　(清)恩端等續纂　清光緒八年(1882)刻本　八册

110000－0182－0005110　地 0390
欽定皇輿西域圖志四十八卷首四卷　(清)傅恒修　(清)褚廷璋纂　(清)英廉等續纂修　清光緒十九年(1893)杭州便益書局石印本　十二册

110000－0182－0005111　地 0391
[乾隆]汲縣志十四卷首一卷末一卷　(清)徐汝瓚纂修　清乾隆二十年(1755)刻本　六册

110000－0182－0005112　地 0395
[雍正]朔州志十二卷　(清)王霨纂修　清雍正十三年(1735)刻本　八册

110000－0182－0005113　地 0401
[光緒]青田縣志十八卷首一卷　(清)雷銑修　(清)王棻纂　清光緒二年(1876)刻本　十四册

110000－0182－0005114　地 0402
[乾隆]直隸遵化州志二十卷　(清)劉埥纂修　(清)傅修續纂修　清乾隆五十九年(1794)刻本　八册

110000－0182－0005115　地 0403
[乾隆]汾陽縣志十四卷首一卷　(清)李文起修　(清)戴震纂　清乾隆三十七年(1772)刻本　八册

110000－0182－0005116　地 0404
[道光]汾陽縣志十四卷首一卷　(清)周貽纓修　(清)曹樹穀纂　清道光三十年(1850)修咸豐元年(1851)刻本　八册

110000－0182－0005117　地 0406
[嘉慶]介休縣志十四卷　(清)徐品山　(清)陸元鏸纂修　清嘉慶二十四年(1819)刻本　八册

110000－0182－0005118　地 0408
[光緒]廣平府志六十三卷首一卷　(清)吳中彦修　(清)胡景桂纂　清光緒二十年(1894)刻本　二十四册

110000－0182－0005119　地 0409
[光緒]清河縣志四卷　(清)黄汝香纂修　清光緒九年(1883)刻本　四册

110000－0182－0005120　地 0410
[光緒]光化縣志八卷首一卷　(清)鍾桐山修　(清)段映斗纂　清光緒十年(1884)刻本　八册

110000－0182－0005121　地 0411
岳廟志略十卷首一卷　(清)馮培輯　清嘉慶八年(1803)刻本　四册

110000－0182－0005122　地 0412
廬山志十五卷　(清)毛德琦纂　清宣統二年(1910)刻本　十六册

110000－0182－0005123　地 0413
長蘆鹽法志二十卷首一卷附編十卷　(清)黄掌綸纂修　清嘉慶十年(1805)刻本　二十四册

110000－0182－0005124　地 0414
淮關統志十四卷首一卷　(清)李如枚纂修　(清)元成等續纂修　清嘉慶十一年(1806)淮關刻本　六册

110000－0182－0005125　地 0415

金山志二十卷首二卷　(清)周伯義編　(清)陳任暘訂　清光緒三十年(1904)刻本　十册

110000－0182－0005126　地 0416
[光緒]益都縣圖志五十四卷首一卷　(清)張承燮等修　(清)法偉堂撰　清光緒三十三年(1907)刻本　十六册

110000－0182－0005127　地 0417
[光緒]海鹽縣志二十二卷首一卷末一卷　(清)王彬修　(清)徐用儀纂　清光緒三年(1877)刻本　十六册

110000－0182－0005128　地 0418
[道光]重修蓬萊縣志十四卷　(清)王文燾修　(清)張本纂　清道光十九年(1839)刻本　十二册

110000－0182－0005129　地 0420
[光緒]丹徒縣志六十卷首四卷　(清)何紹章修　(清)呂耀斗纂　清光緒五年(1879)刻本　三十二册

110000－0182－0005130　地 0421
[光緒]上虞縣志校續五十卷首一卷末一卷　(清)儲家藻修　(清)徐致靖纂　清光緒二十五年(1899)刻本　二十册

110000－0182－0005131　地 0423
[道光]南海縣志四十四卷首一卷末一卷　(清)潘尚楫修　(清)鄧士憲纂　清道光十五年(1835)刻同治八年(1869)增修本　二十二册

110000－0182－0005132　地 0425
[光緒]嘉定縣志三十二卷首一卷補遺一卷　(清)程其玨修　(清)楊震福纂　清光緒八年(1882)刻本　十六册

110000－0182－0005133　地 0426
寶應圖經六卷首二卷　(清)劉寶楠撰　清光緒九年(1883)淮南書局刻本　四册

110000－0182－0005134　地 0427
[道光]廉州府志二十六卷首一卷　(清)張堉春修　(清)陳治昌等纂　清道光十三年(1833)刻本　二十册

110000－0182－0005135　地 0428
[嘉慶]東莞縣志四十六卷續志二卷　(清)彭人傑　(清)范文安修　(清)黄時沛纂　清嘉慶三年(1798)刻本　八册

110000－0182－0005136　地 0429
[光緒]重修華亭縣志二十四卷首一卷末一卷　(清)楊開第修　(清)姚光發等纂　清光緒五年(1879)刻本　十册

110000－0182－0005137　地 0430
[同治]長興縣志三十二卷附拾遺二卷　(清)趙定邦修　(清)周學浚纂　清光緒元年(1875)刻二十三年(1897)補刻本　十六册

110000－0182－0005138　地 0433
[光緒]重修嘉善縣志三十六卷首一卷　江峰青修　(清)顧福仁纂　清光緒二十年(1894)刻本　十六册

110000－0182－0005139　地 0437
新疆山脈志六卷　王樹枏編修　清宣統新疆官書局鉛印本　六册

110000－0182－0005140　地 0438
[光緒]靈寶縣志八卷　(清)周淦　(清)方胙勳修　(清)高錦榮　(清)李鏡江纂　清光緒二年(1876)刻本　八册

110000－0182－0005141　地 0439
南嶽志八卷　(清)高自位編　(清)曠敏本纂　清乾隆十八年(1753)刻本　六册

110000－0182－0005142　地 0440
峨眉山志十八卷　(清)蔣超纂修　清康熙刻本　十册

110000－0182－0005143　地 0441
[光緒]永康縣志十六卷首一卷　(清)李汝為修　(清)潘樹棠纂　清光緒十八年(1892)刻本　十二册

110000－0182－0005144　地 0446
[嘉慶]莒州志十六卷首一卷　(清)許紹錦纂修　清嘉慶元年(1796)刻本　六册

110000－0182－0005145　地 0447
[乾隆]樂陵縣志八卷首一卷末一卷　(清)王謙益修　(清)莊肇奎等纂　清乾隆二十七年(1762)刻本　八册

110000－0182－0005146　地 0448
[雍正]樂安縣志二十卷　(清)李方膺纂修　清雍正十一年(1733)刻本　四册

110000－0182－0005147　地 0449
[乾隆]襄城縣志十四卷　(清)汪運正纂修　清乾隆十一年(1746)刻本　十册

110000－0182－0005148　地 0450
[乾隆]長葛縣志十卷　(清)阮景咸修　(清)李秀生纂　清乾隆十二年(1747)刻本　四册

110000－0182－0005149　地 0451
[康熙]開封府志四十卷　(清)管竭忠纂修　清康熙三十四年(1695)刻本　十二册

110000－0182－0005150　地 0452
[光緒]平湖縣志二十五卷首一卷末一卷附平湖殉難録一卷　(清)彭潤章修　(清)葉廉鍔纂　清光緒十二年(1886)刻本　十三册

110000－0182－0005151　地 0453
[咸淳]臨安志一百卷　(宋)潛說友撰　清同治六年(1867)刻本　二十四册　缺四卷(九十、九十八至一百)

110000－0182－0005152　地 0454
[乾隆]蒲臺縣志四卷首一卷　(清)嚴文典修　(清)任相纂　清乾隆二十八年(1763)刻本　四册

110000－0182－0005153　地 0455
[道光]滎成縣志十卷　(清)李天鷺修　(清)岳賡廷纂　清道光二十年(1840)刻本　四册

110000－0182－0005154　地 0456
[康熙]鄒縣志三卷　(清)婁一均修　(清)周翼纂　清康熙五十五年(1716)刻本　四册

110000－0182－0005155　地 0457
[雍正]館陶縣志十二卷　(清)趙知希修　(清)張興宗纂　清光緒十九年(1893)劉家善刻本　四册

110000－0182－0005156　地 0458
[道光]濟寧直隸州志十卷首一卷末一卷　(清)徐宗幹修　(清)許瀚纂　(清)盧朝安續纂修　清咸豐九年(1859)尊經閣刻本　二十册

110000－0182－0005157　地 0459
[乾隆]湯陰縣志十卷　(清)楊世達纂修　清乾隆三年(1738)刻本　四册

110000－0182－0005158　地 0460
[乾隆]潮州府志四十二卷首一卷　(清)周碩勳纂修　(清)康基田增補　清乾隆二十七年(1762)刻四十年(1775)康基田增刻本　二十六册

110000－0182－0005159　地 0461
[光緒]高州府志五十四卷首一卷末一卷　(清)楊霽修　(清)陳蘭彬等纂　清光緒十六年(1890)刻本　二十四册

110000－0182－0005160　地 0462
[萬曆]恩縣志六卷　(明)孫居明纂　明萬曆二十六年(1598)刻本　五册

110000－0182－0005161　地 0463
黑龍江外記八卷　(清)西清撰　清光緒二十年(1894)刻本　二册

110000－0182－0005162　地 0466
[乾隆]蒲縣志十卷首一卷　(清)巫慧修　(清)王居正纂　清乾隆十八年(1753)刻本　五册

110000－0182－0005163　地 0468
[光緒]荊州府志八十卷首一卷　(清)倪文蔚　(清)蔣銘勳修　(清)顧嘉蘅　(清)李廷鉽纂　清光緒六年(1880)刻本　三十二册

110000－0182－0005164　地 0471
[同治]東湖縣志三十卷首一卷續補藝文一卷　(清)金大鏞修　(清)王柏心纂　清同治三

年(1864)刻本　十册

110000－0182－0005165　地0472
[嘉慶]增修宜興縣舊志十卷首一卷末一卷附補遺　(清)李先榮修　(清)徐鳳纂　(清)阮升基增修　(清)甯楷增纂　清嘉慶二年(1797)刻本　十二册

110000－0182－0005166　地0473
[嘉慶]新修宜興縣志四卷首一卷　(清)阮升基修　(清)甯楷纂　清嘉慶二年(1797)刻本　二册

110000－0182－0005167　地0475
河防一覽十四卷　(明)潘季馴撰　清乾隆十三年(1748)刻本　十册

110000－0182－0005168　地0476
崆峒山志二卷　(清)張伯魁纂修　清同治十一年(1872)刻本　二册

110000－0182－0005169　地0477
新斠注地理志十六卷　(清)錢坫纂修　清嘉慶二年(1797)刻本　八册

110000－0182－0005170　地0479
潭柘山岫雲寺志不分卷　(清)神穆德纂　清乾隆四年(1739)刻本　一册

110000－0182－0005171　地0480
長河志籍考十卷　(清)田雯纂修　清康熙刻本　二册

110000－0182－0005172　地0481
黔書二卷　(清)田雯撰　清康熙刻本　二册

110000－0182－0005173　地0482
水經注四十卷　(漢)桑欽撰　(北魏)酈道元注　(明)朱謀㙔箋　(清)張惟馨重校　清乾隆古閩晏湖張氏勵志書屋刻本　十二册

110000－0182－0005174　地0484
元豐九域志十卷　(宋)王存等撰　清光緒八年(1882)金陵書局刻本　四册

110000－0182－0005175　地0486
海塘新志六卷　(清)琅玕等纂修　清嘉慶刻本　四册

110000－0182－0005176　地0487
[乾隆]嚴州府志三十五卷首一卷　(清)吳士進修　(清)胡書源等纂　清乾隆二十一年(1756)刻本　十六册

110000－0182－0005177　地0488
[同治]江山縣志十二卷首一卷末一卷　(清)王彬修　(清)朱寶慈纂　清同治十二年(1873)文溪書院刻本　八册

110000－0182－0005178　地0489
[道光]象山縣志二十四卷首一卷　(清)童立成　(清)吳錫疇修　(清)馮登府纂　清道光十四年(1834)刻本　八册

110000－0182－0005179　地0490
[光緒]廣靈縣補志十卷首一卷末一卷　(清)郭磊　(清)楊亦銘纂修　清光緒七年(1881)京都琉璃廠漱潤齋王振豪刻本　二册

110000－0182－0005180　地0491
[光緒]鳳臺縣志二十五卷首一卷　(清)李師沆　(清)石成之主修　(清)葛蔭南　(清)周爾儀纂　清光緒十八年(1892)木活字印本　十册

110000－0182－0005181　地0492
[同治]榆次縣志十六卷首一卷末一卷　(清)俞世銓　(清)陶良駿修　(清)王平格　(清)王序賓纂　清同治二年(1863)刻本　十六册

110000－0182－0005182　地0493
[乾隆]鳳臺縣志二十卷首一卷　(清)林荔主修　(清)姚學甲纂　清乾隆四十九年(1784)刻本　十二册

110000－0182－0005183　地0494
[乾隆]平定州志十卷圖一卷　(清)金明源纂修　(清)竇忻　(清)張佩芳總理　清乾隆五十五年(1790)平定州湧雲樓刻本　十册

110000－0182－0005184　地0496
[道光]廣東通志三百三十四卷首一卷　(清)阮元修　(清)陳昌齊等纂　清同治三年(1864)刻本　一百二十四册

110000－0182－0005185　地 0497
[雍正]齊河縣志十卷首一卷　(清)上官有儀修　(清)許琰纂　清乾隆二年(1737)刻本　四冊

110000－0182－0005186　地 0498
[光緒]東光縣志十二卷首一卷　(清)周植瀛修　(清)吳潯源纂　清光緒十四年(1888)刻本　八冊

110000－0182－0005187　地 0499
[光緒]壽張縣志十卷首一卷　(清)劉文煃修　(清)王守謙纂　清光緒二十六年(1900)刻本　六冊

110000－0182－0005188　地 0500
[光緒]嶧縣志二十五卷首一卷　(清)周鳳鳴修　(清)王寶田纂　清光緒三十年(1904)嶧縣義塾刻本　十二冊

110000－0182－0005189　地 0501
[同治]上江兩縣志二十九卷首一卷　(清)莫祥芝　(清)甘紹盤修　(清)汪士鐸等纂　清同治十三年(1874)刻光緒二年(1876)印本　十二冊

110000－0182－0005190　地 0502
漢西域圖考七卷首一卷　(清)李光廷纂　清光緒八年(1882)陽湖趙登詒壽諼草堂刻本　四冊

110000－0182－0005191　地 0504
湖南全省輿圖說二卷　(清)彭清瑋　(清)左學呂　(清)黃壽仁撰　清光緒二十三年(1897)刻本　二冊

110000－0182－0005192　地 0507
[康熙]新城縣志十四卷首一卷　(清)崔懋纂修　**[康熙]新城縣續志二卷**　(清)孫元衡　(清)王啓涑纂修　清康熙三十二年(1693)刻本　六冊

110000－0182－0005193　地 0508
莫愁湖志六卷首一卷　(清)張士圖纂修　清光緒十七年(1891)刻本　二冊

110000－0182－0005194　地 0509
[道光]東阿縣志二十四卷首一卷　(清)李賢書修　(清)吳怡等纂　清道光九年(1829)刻本　十二冊

110000－0182－0005195　地 0510
[乾隆]諸城縣志四十六卷　(清)宮懋讓修　(清)李文藻纂　清乾隆二十九年(1764)刻本　八冊

110000－0182－0005196　地 0511
[順治]封丘縣志九卷首一卷　(清)余縉修　(清)李嵩陽纂　清順治十六年(1659)刻本　六冊

110000－0182－0005197　地 0512
[康熙]續修汶上縣志六卷　(清)聞元炅纂修　清康熙五十六年(1717)刻本　二冊

110000－0182－0005198　地 0516
[乾隆]光州志六十八卷附志餘藝文十二卷　(清)高兆煌纂修　清乾隆三十五年(1770)刻本　二十四冊

110000－0182－0005199　地 0517
[乾隆]偃師縣志三十卷首一卷　(清)湯毓倬修　(清)孫星衍纂　清乾隆五十四年(1789)刻本　十六冊

110000－0182－0005200　地 0518
[乾隆]沈邱縣志十二卷　(清)何源洙　(清)馮澎修　(清)魯之璠纂　清乾隆十一年(1746)刻同治增刻本　四冊

110000－0182－0005201　地 0520
[乾隆]盛京通志一百三十卷首一卷　(清)阿桂等總裁　(清)劉謹之　(清)程維嶽總纂　清乾隆四十三年(1778)奉天府署木活字印本　六十四冊

110000－0182－0005202　地 0522
[乾隆]絳縣志十四卷　(清)拉昌阿修　(清)王垣纂　清乾隆三十年(1765)刻本　四冊

110000－0182－0005203　地 0526

[道光]續增高郵州志六卷 (清)左輝春修 (清)高鴻飛纂 清道光二十三年(1843)刻本 六冊

110000－0182－0005204 地 0528
[光緒]金山縣志三十卷首一卷 (清)龔寶琦 (清)崔廷鏞修 (清)黄厚本纂 清光緒四年(1878)刻本 八冊

110000－0182－0005205 地 0529
滄浪小志二卷 (清)宋犖編 清光緒十年(1884)江蘇書局刻本 一冊

110000－0182－0005206 地 0531
[道光]吉林外記十卷 (清)薩英額撰 清光緒二十一年(1895)漸西村舍刻本 二冊

110000－0182－0005207 地 0532
漢志水道疏證四卷 (清)洪頤煊撰 (清)蔣鳳藻校刊 清光緒十四年(1888)長洲蔣鳳藻心矩齋刻本 二冊

110000－0182－0005208 地 0535
[光緒]增修甘泉縣志二十四卷首一卷圖一卷 (清)徐成敟等修 (清)陳浩恩等纂 清光緒十一年(1885)刻本 二十冊

110000－0182－0005209 地 0536
[光緒]武昌縣志二十六卷首一卷末一卷 (清)鍾桐山修 (清)柯逢時纂 清光緒十一年(1885)刻本 十冊

110000－0182－0005210 地 0537
[光緒]常昭合志稿四十八卷首一卷末一卷 (清)鄭鍾祥 (清)張瀛修 (清)龐鴻文纂 清光緒三十年(1904)木活字印本 十六冊

110000－0182－0005211 地 0538
[同治]徐州府志二十五卷 (清)吳世熊 (清)朱忻修 (清)劉庠 (清)方駿謨纂 清同治十三年(1874)刻本 十六冊

110000－0182－0005212 地 0539
[同治]建始縣志八卷首一卷 (清)熊啟詠纂修 清同治五年(1866)刻本 四冊

110000－0182－0005213 地 0540
[光緒]興山縣志二十二卷 (清)黃世崇纂修 清光緒十一年(1885)經心書院刻本 四冊

110000－0182－0005214 地 0541
焦山志二十六卷首一卷 (清)吳雲輯 清同治十三年(1874)刻本 十冊

110000－0182－0005215 地 0542
金山志二十卷首二卷 (清)周伯義編 (清)陳任暘訂 清光緒三十年(1904)刻本 十冊

110000－0182－0005216 地 0543
北固山志十四卷首一卷 (清)周伯義編 (清)陳任暘訂 清光緒三十年(1904)刻本 六冊

110000－0182－0005217 地 0545
宜興荊溪縣新志十卷首一卷末一卷 (清)施惠 (清)錢志澄修 (清)吳景牆纂 清光緒八年(1882)刻本 八冊

110000－0182－0005218 地 0546
[光緒]六合縣志八卷圖說一卷附錄一卷 (清)謝延庚等修 (清)賀廷壽等纂 清光緒九年至十年(1883－1884)刻本 十冊

110000－0182－0005219 地 0547
[乾隆]夏津縣志十卷首一卷 (清)方學成修 (清)梁大鯤纂 清乾隆六年(1741)刻本 六冊

110000－0182－0005220 地 0548
[萬曆]汶上縣志八卷 (明)栗可仕修 (明)王命新纂 清康熙五十六年(1717)刻本 二冊

110000－0182－0005221 地 0549
館陶縣鄉土志八卷 (清)孫方修 (清)宋金鏡 (清)熊廷獻纂 清光緒三十四年(1908)山東官報局鉛印本 四冊

110000－0182－0005222 地 0550
[同治]湖州府志九十六卷首一卷 (清)宗源瀚 (清)郭式昌修 (清)周學濬 (清)陸心源纂 清同治九年(1870)修十三年(1874)愛山書院刻本 三十六冊

110000－0182－0005223　地 0551

[康熙]益都縣志十四卷首一卷　(清)陳食花修　(清)鍾諤等纂　清康熙十一年(1672)刻本　六册

110000－0182－0005224　地 0552

[康熙]沂州志八卷　(清)邵士修　(清)王埴纂　清康熙十三年(1674)刻本　八册

110000－0182－0005225　地 0553

[乾隆]臨清直隸州志十一卷首一卷　(清)張度等纂修　清乾隆五十年(1785)刻本　十一册

110000－0182－0005226　地 0554

[乾隆]黄縣志十二卷　(清)袁中立修　(清)毛贄纂　清乾隆二十一年(1756)刻本　四册

110000－0182－0005227　地 0555

[宣統]承德縣志書不分卷　(清)都林布修　(清)李巨源纂　(清)金正元增修　(清)張子瀛增纂　清光緒三十四年(1908)修宣統二年(1910)奉天作新石印局石印本　二册

110000－0182－0005228　地 0556

[光緒]奉化縣志十四卷補遺一卷　(清)錢開震修　(清)陳文焯纂　清光緒十一年(1885)刻本　四册

110000－0182－0005229　地 0557

[道光]萬全縣志十卷首一卷　(清)左承業原本　(清)施彦士續纂修　清乾隆刻道光十四年(1834)增刻本　六册

110000－0182－0005230　地 0558

[乾隆]盛京通志四十八卷首一卷　(清)宋筠修　(清)魏樞纂　清乾隆元年(1736)内府刻本　二十册

110000－0182－0005231　地 0559

[乾隆]掖縣志八卷首一卷　(清)張思勉修　(清)于始瞻纂　清乾隆二十三年(1758)刻本　八册

110000－0182－0005232　地 0562

元和郡縣志四十卷目録二卷補志六卷　(唐)李吉甫撰　(清)孫星衍校　(清)嚴觀補　清嘉慶元年(1796)刻岱南閣叢書本　十八册　缺六卷(十九至二十、二十三至二十四、三十五至三十六)

110000－0182－0005233　地 0563

河東鹽法備覽十二卷　(清)蔣兆奎編輯　清乾隆五十五年(1790)刻本　八册

110000－0182－0005234　地 0565

[乾隆]宣化府志四十二卷首一卷　(清)王者輔修　(清)吴廷華纂　清乾隆二十二年(1757)刻本　十六册

110000－0182－0005235　地 0566

[光緒]江西通志一百八十卷首五卷　(清)劉坤一等修　(清)趙之謙纂　清光緒七年(1881)刻本　一百二十册

110000－0182－0005236　地 0567

[同治]贛州府志七十八卷首一卷　(清)魏瀛修　(清)魯琪光等纂　清同治十二年(1873)刻本　三十六册

110000－0182－0005237　地 0571

[嘉慶]羅江縣志三十六卷　(清)李桂林修　(清)鄧林等纂　清嘉慶二十年(1815)刻本　四册

110000－0182－0005238　地 0572

[同治]續修羅江縣志二十四卷　(清)馬傳業修　(清)劉正慧等纂　清同治四年(1865)刻本　二册

110000－0182－0005239　地 0573

[光緒]鎮海縣志四十卷　(清)于萬川修　(清)俞樾纂　清光緒五年(1879)刻本　十六册

110000－0182－0005240　地 0574

[光緒]續修安岳縣志四卷　(清)陳其寬修　(清)鄒宗垣纂　清光緒二十三年(1897)刻本　四册

110000－0182－0005241　地 0576

[道光]仁壽縣新志八卷　（清）馬百齡修　（清）魏崧　（清）鄭宗垣纂　清道光十八年（1838）刻本　八册

110000－0182－0005242　地0578
[康熙]孝豐縣志十卷　（清）羅爲賡修　（清）張暹等纂　清康熙十二年（1673）刻本　四册

110000－0182－0005243　地0579
[光緒]黄岩縣志四十卷首一卷　（清）陳寶善　（清）孫熹修　（清）王棻纂　（清）陳鍾英　（清）鄭錫滜續修　清同治七年（1868）修光緒元年（1875）續修三年（1877）刻本　十六册

110000－0182－0005244　地0581
[光緒]西藏圖考八卷首一卷　（清）黄沛翹輯　清光緒二十三年（1897）刻本　四册

110000－0182－0005245　地0583
最新天文圖志　（英國）希特著　（清）葉青譯　清光緒三十二年（1906）山西大學堂印書局鉛印本　一册

110000－0182－0005246　地0584
最新地文圖志　（英國）希特著　（清）葉青譯　清光緒三十二年（1906）山西大學堂印書局鉛印本　一册

110000－0182－0005247　地0585
錫山景物略十卷　（清）王永積撰　清光緒二十四年（1898）刻本　五册

110000－0182－0005248　地0586
黑龍江述略六卷　（清）徐宗亮纂　（清）徐士愷輯　清光緒刻本　二册

110000－0182－0005249　地0587
元豐九域志十卷　（宋）王存等撰　清光緒八年（1882）金陵書局刻本　四册

110000－0182－0005250　地0588
焦山志二十六卷首一卷　（清）吴雲編　清同治十三年（1874）刻本　八册

110000－0182－0005251　地0590
[光緒]大荔縣續志十二卷首一卷　（清）周銘旂修　（清）李志復纂　清光緒五年（1879）修十一年（1885）刻本　六册

110000－0182－0005252　地0591
[道光]寧陝廳志四卷　（清）林一銘修　（清）焦世官　（清）胡官清纂　清道光九年（1829）刻本　四册

110000－0182－0005253　地0600
天下山河兩戒考十四卷　（清）徐文靖撰　清雍正元年（1723）刻本　五册

110000－0182－0005254　地0601
[同治]樂昌縣志十二卷首一卷　（清）徐寶符等修　（清）李穠等纂　清同治十年（1871）刻本　六册

110000－0182－0005255　地0602
[嘉慶]翁源縣新志十二卷首一卷末一卷　（清）謝崇俊等修　（清）顔爾樞纂　清嘉慶二十五年（1820）刻本　五册

110000－0182－0005256　地0603
[嘉慶]東臺縣志四十卷　（清）周古修　（清）蔡復午等纂　清嘉慶二十一年（1816）刻本　十册

110000－0182－0005257　地0604
[咸豐]順德縣志三十二卷　（清）郭汝誠　（清）馮奉初修　清咸豐六年（1856）刻本　十六册

110000－0182－0005258　地0606
[紹熙]雲間志三卷　（宋）楊潛纂　清光緒二十年（1894）徐氏觀自得齋刻本　二册

110000－0182－0005259　地0607
淮安藝文志　（清）□□輯　清同治十二年（1873）刻本　八册

110000－0182－0005260　地0608
[光緒]鹽城縣志十七卷首一卷　（清）劉崇照修　（清）陳玉樹　（清）龍繼棟纂　清光緒二十一年（1895）刻本　八册

110000－0182－0005261　地0609
[咸豐]壬癸志稿二十八卷　（清）錢寶琛輯

清光緒六年(1880)太倉錢溯耆武昌刻本 四册

110000－0182－0005262 地0610
[光緒]無錫金匱縣志四十卷首一卷附編六卷 (清)裴大中 (清)倪咸生修 (清)秦緗業纂 清光緒七年(1881)刻本 二十册

110000－0182－0005263 地0611
[咸豐]重修興化縣志十卷 (清)梁園棣修 (清)鄭之僑 (清)趙彦俞纂 清咸豐二年(1852)刻本 八册

110000－0182－0005264 地0612
[乾隆]獲嘉縣志十六卷首一卷 (清)吴喬齡纂修 清乾隆二十一年(1756)刻本 六册

110000－0182－0005265 地0613
[同治]中牟縣志十二卷首一卷末一卷 (清)吴若烺修 (清)路春林 (清)邢爲翰纂 清同治九年(1870)刻本 六册

110000－0182－0005266 地0614
[光緒]臨漳縣志十八卷首一卷 (清)周秉彝修 (清)周壽梓 (清)李耀中纂 清光緒三十年(1904)刻本 十二册

110000－0182－0005267 地0616
光緒增改郡縣表一卷 吴廷燮輯 清光緒三十二年(1906)刻本 一册

110000－0182－0005268 地0617
大清一統志五百卷 (清)和珅等纂修 清光緒二十八年(1902)上海寶善齋石印本 六十册

110000－0182－0005269 地0618
[康熙]商丘縣志二十卷首一卷 (清)劉德昌修 (清)葉澐纂 清光緒十一年(1885)刻本 六册

110000－0182－0005270 地0623
敕建弘慈廣濟寺新志三卷 (清)釋湛祐撰 (清)釋然叢編輯 清康熙四十三年(1704)刻本 一册

110000－0182－0005271 地0624
杭州府水道圖 (清)梁恭辰校 清光緒四年(1878)刻本 一册

110000－0182－0005272 地0625
烏程長興二邑溇港圖 (清)梁恭辰校 清光緒四年(1878)刻本 一册

110000－0182－0005273 地0626
嘉興府水道圖 (清)梁恭辰等編校 清光緒四年(1878)刻本 一册

110000－0182－0005274 地0627
湖州府水道圖 (清)梁恭辰校 清光緒四年(1878)刻本 一册

110000－0182－0005275 地0628
浙江沿海圖説不分卷 (清)朱正元撰 清光緒二十五年(1899)上海聚珍版印書局鉛印本 一册

110000－0182－0005276 地0629
江蘇沿海圖説附海島表不分卷 (清)朱正元撰 清光緒二十五年(1899)鉛印本 一册

110000－0182－0005277 地0630
[光緒]茂名縣志八卷首一卷 (清)鄭業崇等主修 (清)楊頤總纂 清光緒十四年(1888)茂名縣署刻本 七册

110000－0182－0005278 地0631
[同治]番禺縣志五十四卷首一卷附録一卷 (清)李福泰修 (清)史澄 (清)何若瑤纂 清同治十年(1871)光霽堂刻本 十六册

110000－0182－0005279 地0638
杭州八旗駐防營志略二十五卷 (清)張大昌輯 清光緒十九年(1893)浙江書局刻本 六册

110000－0182－0005280 地0639
三省邊防備覽十四卷 (清)嚴如熤撰 清道光二年(1822)刻本 六册

110000－0182－0005281 地0640
皇朝中外一統輿圖 (清)胡林翼撰 (清)嚴樹森補訂 清同治二年(1863)湖北撫署景桓樓刻本 十二册

110000－0182－0005282　地0642
錫山景物略十卷　(清)王永積輯　清光緒二十四年(1898)刻本　五冊

110000－0182－0005283　地0643
遊歷日本圖經三十卷　(清)傅雲龍著　清光緒十五年(1889)鉛印本　十六冊

110000－0182－0005284　地0646
茅山志十四卷　(清)笪蟾光編　清光緒元年(1875)徐文德齋刻本　八冊

110000－0182－0005285　地0647(1)
吴山城隍廟志八卷首一卷　(清)盧崧修　(清)諸元祺等纂　清乾隆五十四年(1789)刻本　四冊

110000－0182－0005286　地0647(2)
吴山城隍廟志八卷首一卷　(清)盧崧修　(清)諸元祺等纂　清乾隆五十四年(1789)刻本　四冊

110000－0182－0005287　地0648
[光緒]寧海縣志二十四卷首一卷　(清)王瑞成修　(清)張浚纂　清光緒二十八年(1902)刻本　十二冊

110000－0182－0005288　地0653
漢書地理志校注二卷　(清)王紹蘭撰　清光緒二十二年(1896)蕭山陳氏遺經樓刻本　二冊

110000－0182－0005289　地0655
[康熙]德清縣志十卷　(清)侯元棐修　(清)王振孫等纂　清康熙十二年(1673)刻本　四冊

110000－0182－0005290　地0656
說嵩三十二卷例目一卷　(清)景日昣撰　清刻本　十冊

110000－0182－0005291　地0657
廬山志十五卷　(清)毛德琦纂　清乾隆五十八年(1793)刻本　十六冊

110000－0182－0005292　地0658
大嶽太和山紀略八卷　(清)王概修　(清)姚世倌纂　清乾隆九年(1744)下荊南道署刻本　八冊

110000－0182－0005293　地0659
泰伯梅里志八卷　(清)吴熙編輯　清光緒二十三年(1897)泰伯廟東院刻本　四冊

110000－0182－0005294　地0660
逍遙山萬壽宫通志二十二卷　(清)魏志良撰　(清)羅有壬等校　清宣統三年(1911)萬壽宫刻本　十冊

110000－0182－0005295　地0662
[光緒]慈溪縣志五十六卷附編一卷　(清)楊泰亨修　(清)馮可鏞纂　清光緒二十五年(1899)德潤書院刻本　二十四冊

110000－0182－0005296　地0663
[乾隆]涿州志二十二卷首一卷　(清)吴山鳳纂修　(清)周紹達等續纂修　清光緒元年(1875)刻本　六冊

110000－0182－0005297　地0666
[乾隆]盂縣志十卷首一卷末一卷　(清)馬廷俊　(清)胡予翼等修　(清)吴森纂　清乾隆四十九年(1784)刻本　八冊

110000－0182－0005298　地0667
[嘉靖]仁和縣志十四卷　(明)沈朝宣纂修　清光緒十九年(1893)錢塘丁氏嘉惠堂刻武林掌故叢編本　十冊

110000－0182－0005299　地0669
梅里志四卷首一卷末一卷　(清)吴存禮纂修　清道光四年(1824)刻同治八年(1869)泰伯廟西院重修本　四冊

110000－0182－0005300　地0670
[光緒]續修廬州府志一百卷首一卷末一卷　(清)黄雲修　(清)林之望纂　清光緒十一年(1885)刻本　四十八冊

110000－0182－0005301　地0671
[光緒]絳縣志二十一卷　(清)胡延纂修　清光緒二十五年(1899)刻本　四冊

110000－0182－0005302　地0672

[光緒]夏縣志十卷首一卷 (清)黄縉榮 (清)萬啟鈞修 (清)張承熊纂 清光緒六年(1880)刻本 四册

110000－0182－0005303 地0673
[光緒]翼城縣志二十八卷 (清)王耀章纂修 清光緒七年(1881)刻本 八册

110000－0182－0005304 地0677
石鐘山志十六卷首一卷 (清)李成謀 (清)丁義方輯 (清)方宗誠 (清)胡傳釗訂 清光緒九年(1883)聽濤眺雨軒刻本 八册

110000－0182－0005305 地0679
漢書地理志二卷 (清)汪遠孫校 清同治十年(1871)永康胡鳳丹退補齋刻本 一册

110000－0182－0005306 地0681
北湖小志六卷首一卷 (清)焦循纂 清嘉慶十三年(1808)揚州阮氏刻本 一册

110000－0182－0005307 地0682
補三國疆域志二卷 (清)洪亮吉纂修 清嘉慶元年(1796)刻本 一册

110000－0182－0005308 地0683
十六國疆域志十六卷 (清)洪亮吉撰 清嘉慶三年(1798)刻本 四册

110000－0182－0005309 地0684
東晉疆域志四卷 (清)洪亮吉撰 清嘉慶元年(1796)刻本 二册

110000－0182－0005310 地0685
[雍正]深澤縣志十二卷首一卷 (清)趙憲修 (清)王植纂 清雍正十三年(1735)刻本 四册

110000－0182－0005311 地0686
[雍正]井陘縣志八卷 (清)鍾文英 (清)吴觀白纂修 清雍正八年(1730)刻本 四册

110000－0182－0005312 地0687
[光緒]續修井陘縣志三十六卷 (清)常善修 (清)趙文濂纂 清光緒元年(1875)刻本 三册

110000－0182－0005313 地0688
[乾隆]柏鄉縣志十卷首一卷 (清)鍾庚華纂修 清乾隆三十二年(1767)刻本 六册

110000－0182－0005314 地0690
[道光]續修長垣縣志二卷 (清)葛之墉等修 (清)蔣庸等纂 清同治十二年(1873)刻本 二册

110000－0182－0005315 地0691
[嘉慶]長垣縣志十六卷 (清)李于垣修 (清)楊元錫纂 清嘉慶十五年(1810)刻本 八册

110000－0182－0005316 地0692
[光緒]鳳陽縣志十六卷首一卷附續志 (清)于萬培纂修 (清)謝永泰續修 (清)王汝琛續纂 清光緒十三年(1887)刻本 十二册

110000－0182－0005317 地0694
皖志便覽三卷 (清)李應玨纂修 清光緒二十八年(1902)刻本 二册

110000－0182－0005318 地0696
蒙古遊牧記十六卷 (清)張穆撰 清同治六年(1867)壽陽祁寯藻刻本 四册

110000－0182－0005319 地0699
[光緒]湘陰縣圖志三十四卷首一卷末一卷 (清)郭嵩燾纂修 清光緒六年(1880)湘陰縣志局刻本 十四册

110000－0182－0005320 地0700
[同治]清泉縣志十卷首一卷末一卷 (清)王開運修 (清)張修府纂 清同治八年(1869)刻本 二册

110000－0182－0005321 地0705
[光緒]吴橋縣志十二卷 (清)倪昌燮等修 (清)施崇禮等纂 清光緒元年(1875)瀾陽書院刻本 八册

110000－0182－0005322 地0708
[光緒]重修新樂縣志六卷 (清)雷鶴鳴修 (清)趙文濂纂 清光緒十一年(1885)刻本 六册

110000－0182－0005323 地0709

[光緒]耒陽縣志八卷首一卷 (清)於學琴等修 (清)宋世煦纂 清光緒十一年(1885)耒陽縣志局刻本 十冊

110000－0182－0005324 地0710
[光緒]靖州鄉土志四卷首一卷 金蓉鏡輯 清光緒三十四年(1908)刻本 二冊

110000－0182－0005325 地0711
[光緒]湘潭縣志十二卷 (清)陳嘉榆等修 王闓運等纂 清光緒十五年(1889)刻本 十冊

110000－0182－0005326 地0713
[嘉慶]扶風縣志十八卷首一卷 (清)宋世犖修 (清)吳鵬翱 (清)王樹棠纂 清嘉慶二十三年(1818)修二十四年(1819)刻本 四冊

110000－0182－0005327 地0714
[道光]大荔縣志十六卷首一卷附足徵錄四卷 (清)熊兆麟纂修 清道光三十年(1850)刻本 六冊

110000－0182－0005328 地0715
[嘉靖]高陵縣志七卷 (明)呂柟纂修 清光緒十年(1884)刻本 二冊

110000－0182－0005329 地0716
[光緒]高陵縣續志八卷 (清)成維雍修 (清)白遇道纂 清光緒七年(1881)修十年(1884)刻本 二冊

110000－0182－0005330 地0717
[光緒]岐山縣志八卷 (清)胡升猷修 (清)張殿元纂 清光緒十年(1884)刻本 四冊

110000－0182－0005331 地0719
[光緒]乾州志稿十四卷首一卷附別錄等五卷 (清)周銘旂纂修 清光緒十年至十一年(1884－1885)乾陽書院刻本 六冊

110000－0182－0005332 地0721
[光緒]寧津縣志十二卷首一卷 (清)祝嘉庸修 (清)吳潯源纂 清光緒二十六年(1900)刻本 八冊

110000－0182－0005333 地0722
[同治]雲和縣志十六卷首一卷 (清)伍承吉修 (清)涂冠續修 (清)王士鈖纂 清咸豐七年(1857)修同治三年(1864)續修刻本 六冊

110000－0182－0005334 地0723
[宣統]郿縣志十八卷首一卷 (清)李帶雙原本 沈錫榮增補 清宣統二年(1910)陝西圖書館鉛印本 四冊

110000－0182－0005335 地0724
[光緒]麟遊縣新志草十卷首一卷 (清)彭洵纂修 清光緒九年(1883)刻本 四冊

110000－0182－0005336 地0725
[乾隆]直隸邠州志二十五卷 (清)王朝爵 (清)王灼修 (清)孫星衍纂 清乾隆四十九年(1784)刻本 四冊

110000－0182－0005337 地0726
[光緒]嘉興府志八十八卷首二卷 (清)許瑤光修 (清)吳仰賢纂 清光緒四年(1878)鴛湖書院刻本 二十四冊

110000－0182－0005338 地0727
[乾隆]蒲城縣志十五卷 (清)張心鏡修 (清)吳泰來纂 清乾隆四十七年(1782)刻本 六冊

110000－0182－0005339 地0728
[嘉靖]喬三石耀州志十一卷附五臺山志一卷 (明)李廷寶修 (明)喬世寧纂 清乾隆二十七年(1762)旌德汪灝刻本 二冊

110000－0182－0005340 地0729
[乾隆]續耀州志十一卷 (清)汪灝修 (清)鍾麟書纂 清乾隆二十七年(1762)刻本 二冊

110000－0182－0005341 地0730
[康熙]汝陽縣志十卷 (清)邱天英纂修 清康熙二十九年(1690)刻本 八冊

110000－0182－0005342 地0731
[道光]修武縣志十二卷首一卷 (清)馮繼照

修　(清)金皋　(清)袁俊纂　清道光十九年(1839)刻本　十册

110000－0182－0005343　地0733
黑龍江述略六卷　(清)徐宗亮纂修　清光緒十七年(1891)石埭徐士愷刻觀自得齋叢書本　二册

110000－0182－0005344　地0736
[嘉慶]衛藏通志十六卷首一卷　(清)和琳纂修　清光緒二十一年(1895)刻漸西村舍彙刻本　八册

110000－0182－0005345　地0737
[光緒]懷安縣志八卷首一卷末一卷　(清)蔭祿修　(清)程爕奎纂　清光緒二年(1876)刻本　四册

110000－0182－0005346　地0738
[宣統]西安縣志略十三卷　雷飛鵬修　段盛梓纂　清宣統三年(1911)石印本　四册

110000－0182－0005347　地0739
[乾隆]裕州志六卷　(清)董學禮修　(清)宋名立續纂修　清康熙五十五年(1716)刻乾隆五年(1740)補刻本　四册

110000－0182－0005348　地0740
[乾隆]武安縣志二十卷圖一卷　(清)蔣光祖修　(清)夏兆豐纂　清乾隆四年(1739)刻本　八册

110000－0182－0005349　地0741
[康熙]寧陵縣志十二卷首一卷　(清)王國寧修　(清)王肇棟　(清)王肇椿纂　清光緒十九年(1893)刻本　四册

110000－0182－0005350　地0744
[乾隆]鄭州志十二卷首一卷　(清)張鉞修　(清)毛如詵纂　清乾隆十三年(1748)刻本　六册

110000－0182－0005351　地0745
[康熙]延津縣志十卷　(清)余心孺纂修　清康熙四十一年(1702)刻本　四册

110000－0182－0005352　地0746
[嘉慶]續濟源縣志十二卷　(清)何荇芳修　(清)衛慶悰等纂　清嘉慶十八年(1813)刻本　四册

110000－0182－0005353　地0747
[順治]胙城縣志四卷　(清)劉純德修　(清)郭金鼎纂　清順治十六年(1659)胙城縣署刻本　二册

110000－0182－0005354　地0748
[乾隆]林縣志十卷首一卷末一卷　(清)楊潮觀纂修　清乾隆十七年(1752)黄華書院刻本　四册

110000－0182－0005355　地0750
[康熙]寧陵縣志十二卷首一卷　(清)王國寧修　(清)王肇棟　(清)王肇椿纂　清光緒十九年(1893)汪鈞澤刻本　四册

110000－0182－0005356　地0753
[光緒]婁縣續志二十卷　(清)汪坤厚　(清)程其珏修　(清)張雲望等纂　清光緒五年(1879)刻本　六册

110000－0182－0005357　地0754
[光緒]重修奉賢縣志二十卷首一卷末一卷　(清)韓佩金修　(清)張文虎纂　清光緒四年(1878)志書局刻本　六册

110000－0182－0005358　地0755
[康熙]西平縣志十卷　(清)沈荼原修　(清)李弘植續修　清康熙三十一年(1692)刻本　四册

110000－0182－0005359　地0756
[乾隆]羅山縣志八卷　(清)葛荃修　(清)李之杜纂　清乾隆十一年(1746)刻本　六册

110000－0182－0005360　地0758
鄢陵文獻志四十卷補遺一卷　(清)蘇源生纂修　清同治四年(1865)刻本　二十册

110000－0182－0005361　地0760
[光緒]米脂縣志十二卷　(清)潘松修　(清)高照煦纂　清光緒三十三年(1907)鉛印本　四册

110000－0182－0005362　地 0761
[咸豐]平山縣志八卷　(清)王滌心修　(清)郭程先纂　清咸豐四年(1854)刻本　十册

110000－0182－0005363　地 0762
[道光]重修輞川志六卷　(清)胡元煐編　清道光十七年(1837)刻本　一册

110000－0182－0005364　地 0763
乾州志稿補正一卷　(清)周銘旂纂修　清光緒十七年(1891)乾陽書院刻本　一册

110000－0182－0005365　地 0764
[乾隆]永壽縣新志十卷首一卷　(清)蔣基修　(清)王開沃纂　清乾隆五十六年(1791)刻本　四册

110000－0182－0005366　地 0766
[光緒]東光縣志十二卷首一卷　(清)周植瀛修　(清)吳潯源纂　清光緒十二年(1886)修十四年(1888)刻本　十册

110000－0182－0005367　地 0767
[乾隆]江都縣志三十二卷　(清)五格　(清)黃湘纂修　清乾隆八年(1743)刻本　十二册

110000－0182－0005368　地 0769
[光緒]續修新城縣志十卷　(清)張丙嘉修　(清)王鍔等纂　清光緒二十一年(1895)紫泉書院刻本　三册

110000－0182－0005369　地 0771
[乾隆]商南縣志十二卷　(清)羅文思纂修　清乾隆十三年(1748)刻本　四册

110000－0182－0005370　地 0772
[道光]太平縣志十六卷首一卷　(清)李炳彥修　(清)梁棲鸞纂　清道光五年(1825)刻本　八册

110000－0182－0005371　地 0773
[光緒]太平縣志十四卷首一卷　(清)勞文慶修　(清)朱光綬修　(清)婁道南纂　清光緒八年(1882)刻本　十册

110000－0182－0005372　地 0774
[乾隆]汾州府志三十四卷首一卷　(清)孫和相修　(清)戴震纂　清乾隆三十六年(1771)刻本　十六册

110000－0182－0005373　地 0775
[同治]貴溪縣志十卷首一卷　(清)楊長杰修　(清)黃聯珏纂　清同治十年(1871)刻本　十四册

110000－0182－0005374　地 0776
[同治]贛縣志五十四卷首一卷　(清)黃德溥　(清)崔國榜修　(清)褚景昕纂　清同治十一年(1872)刻本　十八册

110000－0182－0005375　地 0777
[光緒]寧羌州志五卷　(清)馬毓華修　(清)鄭書香　(清)曹良模纂　清光緒十四年(1888)刻本　四册

110000－0182－0005376　地 0778
[咸豐]慶雲縣志三卷首一卷末一卷　(清)戴絅孫　(清)崔光笏纂修　清咸豐五年(1855)刻本　三册

110000－0182－0005377　地 0779
[道光]直隸定州志二十二卷首一卷　(清)寶琳　(清)勞沅恩纂修　清道光三十年(1850)刻本　十二册

110000－0182－0005378　地 0780
[乾隆]直隸商州志十四卷首一卷　(清)王如玖纂修　清道光四年(1824)刻本　八册

110000－0182－0005379　地 0781
[光緒]三原縣新志八卷　(清)焦雲龍修　(清)賀瑞麟纂　清光緒六年(1880)刻本　二册

110000－0182－0005380　地 0782
[乾隆]蒲州府志二十四卷圖一卷　(清)周景桂纂修　清乾隆十九年(1754)刻本　十二册

110000－0182－0005381　地 0784
[乾隆]郃陽縣全志四卷　(清)席奉乾修　(清)孫景烈纂　清乾隆三十四年(1769)刻本

四冊

110000－0182－0005382　地 0785

[乾隆]淳化縣志三十卷　(清)萬廷樹修　(清)洪亮吉纂　清乾隆四十九年(1784)刻本　十二冊

110000－0182－0005383　地 0786

[嘉慶]白河縣志十四卷　(清)嚴一青纂修　(清)朱斗南增補　清嘉慶六年(1801)刻道光十年(1830)江陽朱斗南增刻本　四冊

110000－0182－0005384　地 0787

[乾隆]蒲城縣志十五卷　(清)張心鏡修　(清)吳泰來纂　清乾隆四十七年(1782)刻本　六冊

110000－0182－0005385　地 0788

[乾隆]祁縣志十六卷　(清)陳時纂修　清乾隆四十五年(1780)刻本　八冊

110000－0182－0005386　地 0789

[乾隆]聞喜縣志十二卷首一卷　(清)李遵唐纂修　清乾隆三十一年(1766)刻本　六冊

110000－0182－0005387　地 0790

[光緒]盱眙縣志稿十七卷續補遺四卷校勘記一卷　(清)王錫元修　(清)高延第纂　清光緒二十九年(1903)盱眙縣志局增刻本　八冊

110000－0182－0005388　地 0792

[光緒]泗虹合志十九卷　(清)方瑞蘭修　(清)江殿颺　(清)許湘甲纂　清光緒十四年(1888)刻本　八冊

110000－0182－0005389　地 0797

[道光]保安州志八卷首一卷　(清)楊桂森纂修　清光緒三年(1877)刻本　五冊

110000－0182－0005390　地 0798

[康熙]龍門縣志十六卷　(清)章焞纂修　清康熙五十一年(1712)刻本　四冊

110000－0182－0005391　地 0801(1)

[乾隆]赤城縣志八卷首一卷　(清)孟思誼修　(清)張曾炳纂　清乾隆二十四年(1759)黄紹七補訂刻本　四冊

110000－0182－0005392　地 0801(2)

[同治]赤城縣續志十卷　(清)林牟貽纂修　清同治十一年(1872)修光緒七年(1881)重訂九年(1883)刻本　一冊

110000－0182－0005393　地 0802

新疆山脈圖志六卷　王樹枏編修　清宣統元年(1909)新城王樹枏刻陶廬叢書本　四冊

110000－0182－0005394　地 0804

[光緒]餘姚縣志二十七卷首一卷末一卷　(清)周炳麟修　(清)邵友濂纂　清光緒二十五年(1899)刻本　十六冊

110000－0182－0005395　地 0805

[光緒]定海廳志三十卷首一卷　(清)史致馴修　(清)陳重威纂　清光緒二十八年(1902)補刻本　十冊

110000－0182－0005396　地 0806

[嘉慶]咸寧縣志二十六卷首一卷　(清)高廷法修　(清)陸耀遹纂　清嘉慶二十四年(1819)刻本　八冊

110000－0182－0005397　地 0807

[嘉慶]長安縣志三十六卷　(清)張聰賢修　(清)董曾臣纂　清同治十二年(1873)刻本　六冊

110000－0182－0005398　地 0808

[咸豐]朝邑縣志三卷　(清)李元春纂修　清咸豐元年(1851)華原書院刻本　二冊

110000－0182－0005399　地 0809

[正德]武功縣志三卷首一卷　(明)康海纂修　(清)孫星烈評注　清道光八年(1828)風滿樓刻本　一冊

110000－0182－0005400　地 0810

[乾隆]朝邑縣志十一卷首一卷　(清)金嘉琰　(清)朱廷模修　(清)錢坫纂　清乾隆四十五年(1780)刻本　四冊

110000－0182－0005401　地 0811(2)

[乾隆]韓城縣志十六卷首一卷　(清)傅應奎纂修　清嘉慶二十三年(1818)刻本　六冊

110000－0182－0005402　地 0811(1)
[嘉慶]韓城縣續志五卷　(清)冀蘭泰修　(清)陸耀遹纂　清嘉慶二十三年(1818)刻本　一册

110000－0182－0005403　地 0812
[光緒]吉水縣志六十六卷首一卷　(清)彭際盛等修　(清)胡宗元等纂　清光緒元年(1875)刻本　二十册

110000－0182－0005404　地 0815
[嘉慶]夾江縣志十二卷首一卷　(清)王佐修　(清)涂崧纂　清光緒十四年(1888)刻本　四册

110000－0182－0005405　地 0816
[同治]合江縣志五十四卷首一卷　(清)秦湘修　(清)楊致道纂　(清)瞿樹蔭續修　(清)羅增垣續纂　清同治十年(1871)刻本　十二册

110000－0182－0005406　地 0819
蜀中名勝記三十卷　(清)曹學佺撰　清宣統二年(1910)四川官印刷局刻本　十册

110000－0182－0005407　地 0821
[咸豐]大名府續志六卷末一卷　(清)武蔚文總纂　(清)郭程先纂修　清咸豐三年(1853)大名府署刻本　三册

110000－0182－0005408　地 0822
[道光]高要縣志二十二卷首一卷　(清)韓際飛等修　(清)何元纂　清道光六年(1826)刻本　十册

110000－0182－0005409　地 0823
[乾隆]海豐縣志十卷　(清)于卜熊修　(清)史本纂　清乾隆十五年(1750)刻本　六册

110000－0182－0005410　地 0827
[道光]肇慶府志二十二卷首一卷　(清)屠英修　(清)江藩纂　清光緒二年(1876)刻本　二十四册

110000－0182－0005411　地 0828
[雍正]山西通志二百三十卷　(清)覺羅石麟修　(清)儲大文纂　(清)衡齡重修　清嘉慶十六年(1811)增刻本　一百册

110000－0182－0005412　地 0829
[光緒]淶水縣志八卷首一卷末一卷　(清)陳傑纂修　清光緒二十一年(1895)刻本　八册

110000－0182－0005413　地 0831
[嘉慶]餘杭縣志四十卷　(清)張吉安修　(清)朱文藻纂　(清)崔應榴續纂　清嘉慶十三年(1808)刻本　十二册

110000－0182－0005414　地 0832(1)
[乾隆]歷陽典錄三十四卷　(清)陳廷桂纂　(清)游智開補輯　清同治六年(1867)和州官舍刻本　十一册

110000－0182－0005415　地 0832(2)
[同治]歷陽典錄補編六卷　(清)游智開纂修　清同治六年(1867)刻本　二册

110000－0182－0005416　地 0833
[乾隆]紹興府志八十卷首一卷　(清)李亨特修　(清)平恕　(清)徐嵩纂　清乾隆五十七年(1792)刻本　四十六册

110000－0182－0005417　地 0835
[光緒]蠡縣志十卷　(清)韓志超　(清)何雲誥修　(清)張瑨等纂　清光緒二年(1876)刻本　十册

110000－0182－0005418　地 0837
[光緒]定遠廳志二十六卷首一卷末一卷　(清)余修鳳纂修　清光緒五年(1879)刻本　六册

110000－0182－0005419　地 0839
[同治]續修元城縣志六卷首一卷　(清)吳大鏞修　(清)王仲甡纂　清同治十一年(1872)刻本　六册

110000－0182－0005420　地 0840
[同治]靜海縣志八卷　(清)鄭士蕙纂修　清同治十二年(1873)刻本　四册

110000－0182－0005421　地 0843

[光緒]正定縣志四十六卷首一卷末一卷 (清)賈孝彰等修 (清)趙文濂纂 清光緒元年(1875)刻本 十四冊

110000－0182－0005422 地0847
[光緒]沔縣新志四卷 (清)孫銘鍾 (清)羅桂銘修 (清)彭齡纂 清光緒九年(1883)刻本 四冊

110000－0182－0005423 地0849
[同治]鹽山縣志十六卷首一卷末一卷 (清)王福謙 (清)江毓秀修 (清)潘震乙纂 清同治七年(1868)京都文采齋刻本 八冊

110000－0182－0005424 地0850
大明一統志九十卷 (明)李賢等修 清中後期刻本(第一冊爲抄配) 四十冊

110000－0182－0005425 地0852
[光緒]太谷縣志八卷首一卷末一卷 (清)恩濬修 (清)王效尊纂 清光緒十二年(1886)刻本 八冊

110000－0182－0005426 地0855
[同治]鹽山縣志十六卷首一卷末一卷 (清)王福謙 (清)江毓秀修 (清)潘震乙纂 清同治七年(1868)京都文采齋刻本 八冊

110000－0182－0005427 地0861
[光緒]桐鄉縣志二十四卷首四卷附楊園淵源錄四卷 (清)嚴辰纂 清光緒十三年(1887)蘇州陶漱藝齋刻本 二十四冊

110000－0182－0005428 地0862
[順治]淇縣志十卷圖考一卷 (清)王謙吉 (清)王南國修 (清)白龍躍 (清)葛漢忠纂 清順治十七年(1660)刻本 二冊

110000－0182－0005429 地0863
[嘉慶]涉縣志八卷 (清)戚學標纂修 清嘉慶四年(1799)刻本 四冊

110000－0182－0005430 地0864
[乾隆]寶山縣志十卷首一卷 (清)趙西修 (清)章鑰纂 清乾隆十一年(1746)刻本 五冊

110000－0182－0005431 地0865
[光緒]趙州屬邑志八卷 (清)孫傳栻纂修 清光緒二十三年(1897)刻本 四冊

110000－0182－0005432 地0866
[乾隆]太谷縣志八卷 (清)郭晉修 (清)管粵秀纂 清乾隆六十年(1795)刻本 八冊

110000－0182－0005433 地0869
廣東圖 (清)毛鴻賓 (清)瑞麟總裁 (清)陳澧 (清)鄒伯奇 (清)趙齊嬰繪圖 清同治五年(1866)刻本 三冊

110000－0182－0005434 地0870
[光緒]綏遠志十卷首一卷 (清)貽穀修 高賡恩纂 清光緒三十四年(1908)刻本 六冊

110000－0182－0005435 地0871
[乾隆]口北三廳志十六卷首一卷 (清)黄可潤纂修 清乾隆二十三年(1758)刻本 六冊

110000－0182－0005436 地0875
[道光]重修寶應縣志二十八卷首一卷 (清)孟毓蘭修 (清)喬載繇等纂 清道光二十年(1840)寶應湯世勳沐華堂刻本 八冊

110000－0182－0005437 地0876
[光緒]永平府志七十二卷首一卷末一卷 (清)游智開修 (清)史夢蘭纂 清光緒五年(1879)敬勝書院刻本 三十二冊

110000－0182－0005438 地0879
[嘉慶]開州志八卷首一卷 (清)李符青修 (清)沈樂善纂 清嘉慶十一年(1806)刻本 六冊

110000－0182－0005439 地0880
[道光]繁峙縣志六卷 (清)吳其均纂修 清道光十六年(1836)刻本 六冊

110000－0182－0005440 地0881
長蘆鹽法志二十卷首一卷附編十卷 (清)黄掌綸纂修 清嘉慶十年(1805)刻本 二十四冊

110000－0182－0005441 地0882
元和郡縣志四十卷 (唐)李吉甫撰 清乾隆

武英殿木活字印本　十六冊

110000－0182－0005442　地 0883

忠武祠墓誌七卷首一卷末一卷　（清）李復心輯　（清）王履端　（清）張景泰校訂　清光緒刻本　四冊

110000－0182－0005443　地 0884

[道光]皖省志略四卷　（清）朱雲錦纂修　清道光元年（1821）金閶毛上珍傳書齋刻本　四冊

110000－0182－0005444　地 0885

[光緒]盂縣志二十二卷首一卷末一卷　（清）張嵐奇　（清）劉鴻逵修　（清）武纘緒　（清）劉懋功纂　清光緒七年（1881）刻本　十一冊

110000－0182－0005445　地 0887

逍遙山萬壽宮通志二十二卷　（清）金桂馨　（清）漆逢源輯　清光緒四年（1878）刻本　十冊

110000－0182－0005446　地 0888

[光緒]順天府志一百三十卷附錄一卷　（清）李鴻章　（清）萬青黎等修　（清）張之洞　繆荃孫纂　清光緒十二年（1886）刻本　六十四冊

110000－0182－0005447　地 0890

蜀中名勝記三十卷　（清）曹學佺撰　清宣統二年（1910）四川官印刷局刻本　十冊

110000－0182－0005448　地 0891

[乾隆]祥符縣志二十二卷　（清）魯曾煜修　（清）張淑載纂　清乾隆四年（1739）刻本　十二冊

110000－0182－0005449　地 0893

三國郡縣表八卷　（清）吳增僅撰　清光緒二十一年（1895）木活字印本　四冊

110000－0182－0005450　地 0897

山東運河備覽十二卷圖一卷　（清）陸耀撰　清同治十年（1871）運河道庫刻本　六冊

110000－0182－0005451　地 0899

乾隆府廳州縣圖志五十卷　（清）洪亮吉撰　清乾隆五十三年至嘉慶八年（1788－1803）刻本　十冊

110000－0182－0005452　地 0900

增修河東鹽法備覽八卷首一卷　（清）江人鏡修　（清）張元鼎纂　清光緒八年（1882）刻本　十冊

110000－0182－0005453　地 0903

西湖志四十八卷　（清）李衛　（清）傅王露等修　清雍正十二年（1734）刻本　二十四冊

110000－0182－0005454　地 0904

[乾隆]蔚州志補十二卷首一卷　（清）楊世昌修　（清）吳廷華等纂　清乾隆十年（1745）刻本　五冊

110000－0182－0005455　地 0905

[乾隆]溫州府志三十卷首一卷　（清）李琬修　（清）齊召南　（清）汪沆纂　清同治四年（1865）周開錫、陳思燏補刻本　十四冊

110000－0182－0005456　地 0907

[光緒]鹿邑縣志十六卷首一卷　（清）于滄瀾　（清）馬家彥修　（清）蔣師轍纂　清光緒二十二年（1896）刻本　六冊

110000－0182－0005457　地 0910

[同治]昌黎縣志十卷　（清）何崧泰修　（清）馬恂　（清）何爾泰纂　清同治五年（1866）刻本　四冊

110000－0182－0005458　地 0912

[光緒]直隸趙州志十六卷首一卷末一卷　（清）孫傳栻纂修　清光緒二十三年（1897）刻本　六冊

110000－0182－0005459　地 0913

[光緒]蔚州志二十卷首一卷　（清）慶之金修　（清）楊篤纂　清光緒三年（1877）蔚州公廨刻本　八冊

110000－0182－0005460　地 0916

[道光]河内縣志三十六卷　（清）袁通修　（清）方履籛　（清）吳育纂　清道光五年

(1825)刻本　十冊

110000－0182－0005461　地 0917
[乾隆]新修懷慶府志三十二卷首一卷圖經一卷　(清)唐侍陛　(清)杜琮修　(清)洪亮吉纂　清乾隆五十四年(1789)刻本　十六冊

110000－0182－0005462　地 0918
[光緒]綏遠志十卷首一卷　(清)貽穀修　高賡恩纂　清光緒三十四年(1908)刻本　六冊

110000－0182－0005463　地 0923
[乾隆]臨清直隸州志十一卷首一卷　(清)張度等纂修　清乾隆五十年(1785)刻本　十一冊

110000－0182－0005464　地 0924
[光緒]東平州志二十七卷圖一卷首編四卷　(清)左宜似等修　(清)盧崟總纂　清光緒七年(1881)東平州署刻本　二十冊

110000－0182－0005465　地 0926
[乾隆]介休縣志十四卷　(清)王謀文纂修　清乾隆三十五年(1770)刻本　八冊

110000－0182－0005466　地 0927
[乾隆]大同府志三十二卷首一卷　(清)吳輔宏修　(清)文光纂　清乾隆四十七年(1782)刻本　十六冊

110000－0182－0005467　地 0928
[乾隆]渾源州志十卷　(清)桂敬順纂修　清乾隆二十八年(1763)刻本　五冊

110000－0182－0005468　地 0929
清涼山志十卷　(明)釋鎮澄修　清乾隆二十年(1755)淮陰祁豐元刻本　四冊

110000－0182－0005469　地 0930
[嘉慶]靈石縣志十二卷　(清)王志瀜修　(清)黃憲臣纂　清嘉慶二十二年(1817)刻本　六冊

110000－0182－0005470　地 0932
[光緒]祁縣志十六卷　(清)劉發岏修　(清)李芬纂　清乾隆四十五年(1780)刻光緒八年(1882)增刻本　十冊

110000－0182－0005471　地 0933
[光緒]壽陽縣志十三卷首一卷　(清)白昶修　(清)張嘉言總纂　清光緒十六年(1890)刻本　六冊

110000－0182－0005472　地 0935
[光緒]汾陽縣志十四卷首一卷　(清)方家駒修　(清)王文員纂　清光緒十年(1884)刻本　十冊

110000－0182－0005473　地 0938
[光緒]繁峙縣志四卷首一卷　(清)何才價修　(清)楊篤纂　清光緒七年(1881)刻本　四冊

110000－0182－0005474　地 0939
[光緒]夏縣志十卷首一卷　(清)黃縉榮　(清)萬啟鈞修　(清)張承熊纂　清光緒六年(1880)刻本　四冊

110000－0182－0005475　地 0941
[道光]泰安縣志十二卷首一卷末一卷　(清)徐宗幹修　(清)蔣大慶等纂　清道光八年(1828)刻本　十四冊

110000－0182－0005476　地 0943
[同治]黃縣志十四卷首一卷末一卷　(清)尹繼美纂修　清同治十年(1871)刻本　四冊

110000－0182－0005477　地 0944
[雍正]浙江通志二百八十卷首三卷　(清)李衛等修　(清)沈翼機　(清)傅王露纂　清光緒二十五年(1899)浙江書局刻本　一百二十冊

110000－0182－0005478　地 0946
[乾隆]直隸絳州志二十卷圖一卷　(清)張成德修　(清)李友洙纂　清乾隆三十年(1765)刻本　八冊

110000－0182－0005479　地 0947
[嘉慶]灤州志八卷首一卷末一卷　(清)吳士鴻修　(清)孫學恆纂　清嘉慶十五年(1810)刻本　八冊

110000－0182－0005480　地 0948

[乾隆]滄州志十六卷 (清)徐時作等修 (清)胡淦纂 清乾隆八年(1743)刻本 六冊

110000－0182－0005481 地0949
[康熙]清苑縣志十二卷首一卷 (清)時來敏修 (清)郭棻纂 清康熙十六年(1677)刻本 四冊

110000－0182－0005482 地0950
[乾隆]平定州志十卷圖一卷 (清)金明源纂修 (清)竇忻 (清)張佩芳總理 清乾隆五十五年(1790)平定州湧雲樓刻本 十冊

110000－0182－0005483 地0951
[乾隆]鳳臺縣志二十卷首一卷 (清)林荔主修 (清)姚學甲纂 清乾隆四十九年(1784)刻光緒十八年(1892)補刻重印本 十冊

110000－0182－0005484 地0952
[乾隆]臨晉縣志八卷 (清)王正茂纂修 清乾隆三十八年(1773)臨晉縣署刻本 四冊 缺一卷(五)

110000－0182－0005485 地0953
[同治]續天津縣志二十卷首一卷 (清)吳惠元修 (清)蔣玉虹 (清)俞樾纂 清嘉慶末年修同治九年(1870)續修刻本 八冊

110000－0182－0005486 地0954
[乾隆]天津縣志二十四卷 (清)朱奎揚 (清)張志奇修 (清)吳廷華纂 清乾隆四年(1739)刻本 八冊

110000－0182－0005487 地0955
京口三山志六十八卷 (清)周伯義 (清)陳任暘合編 清光緒三十年(1904)刻本 二十四冊

110000－0182－0005488 地0956
[康熙]陽曲縣志十四卷首一卷 (清)戴夢熊修 (清)李方蓁纂 清康熙二十一年(1682)刻本 八冊

110000－0182－0005489 地0957
[乾隆]隴州續志八卷首一卷末一卷 (清)吳炳纂修 清乾隆三十一年(1766)刻本 四冊

110000－0182－0005490 地0958
[乾隆]濰縣志六卷首一卷末一卷 (清)張耀璧修 (清)王誦芬纂 清乾隆二十五年(1760)刻本 六冊

110000－0182－0005491 地0959
[乾隆]直隸通州志二十二卷 (清)王繼祖纂修 清乾隆二十年(1755)刻本 十六冊

110000－0182－0005492 地0960
掖縣全志四種十八卷首二卷 (清)魏起鵬等纂 清光緒十九年(1893)刻本 八冊

110000－0182－0005493 地0961
[雍正]齊河縣志十卷首一卷 (清)上官有儀修 (清)許琰纂 清同治五年(1866)補刻本 四冊

110000－0182－0005494 地0962
[道光]泰安縣志十二卷首一卷末一卷 (清)徐宗幹修 (清)蔣大慶等纂 清道光八年(1828)刻同治六年(1867)重修本 十四冊

110000－0182－0005495 地0963
[乾隆]婁縣志三十卷首二卷 (清)謝庭薰修 (清)陸錫熊纂 清乾隆五十三年(1788)刻本 六冊

110000－0182－0005496 地0964
元和郡縣圖志四十卷 (唐)李吉甫撰 **元和郡縣補志** (清)嚴觀修 清光緒六年(1880)金陵書局刻本 八冊

110000－0182－0005497 地0965
[同治]鍾祥縣志二十卷 (清)孫福海等纂修 清同治六年(1867)刻本 十四冊

110000－0182－0005498 地0966
[萬曆]汶上縣志八卷 (明)栗可仕修 (明)王命新纂 **[康熙]續修汶上縣志六卷** (清)聞元炅纂修 清康熙五十六年(1717)刻本 四冊

110000－0182－0005499 地0967
[同治]襄陽縣志七卷首一卷 (清)楊宗時修 (清)崔淦纂 (清)吳耀斗續修 (清)李

士彬續纂　清同治十三年(1874)刻本　八册

110000－0182－0005500　地0968

[嘉慶]重刊江寧府志五十六卷校勘記一卷　(清)吕燕昭修　(清)姚鼐纂　清嘉慶十六年(1811)修光緒六年(1880)刻本　十二册

110000－0182－0005501　地0969

[同治]續纂江寧府志十五卷首一卷勘誤一卷　(清)蔣啟勳　(清)趙佑宸修　(清)汪士鐸等纂　清光緒六年(1880)刻本　十册

110000－0182－0005502　地0970

大清一統志五百卷　(清)和珅等纂修　清光緒二十八年(1902)上海寶善齋石印本　六十册

110000－0182－0005503　地0971

[光緒]高淳縣志二十八卷首一卷　(清)楊福鼎修　(清)陳嘉謀纂　清光緒七年(1881)刻本　十册

110000－0182－0005504　地0972

[乾隆]直隸絳州志二十卷　(清)張成德修　(清)李友洙纂　清乾隆三十年(1765)刻本　八册

110000－0182－0005505　地0973

[道光]武城縣志續編十四卷首一卷　(清)厲秀芳纂修　清道光二十一年(1841)刻本　四册

110000－0182－0005506　地0974

上方山志十卷首一卷　(清)釋達聞纂　**翠微三要三卷**　清光緒十八年(1892)三善堂鉛印本　二册

110000－0182－0005507　地0975

恒山志五卷圖一卷　(清)桂敬順纂修　清乾隆二十八年(1763)刻本　五册

110000－0182－0005508　地0977

西湖志四十八卷　(清)李衛　(清)傅王露纂修　清光緒四年(1878)浙江書局刻本　二十册

110000－0182－0005509　地0980

武夷山志二十四卷首一卷　(清)董天工編　清道光九年(1829)刻本　八册

110000－0182－0005510　地0981

盤山志十卷首一卷補遺四卷　(清)釋智樸纂　(清)王士禛　(清)朱彝尊校訂　清康熙三十年(1691)刻本　四册

110000－0182－0005511　地0983

[光緒]臨榆縣志二十四卷首一卷　(清)趙允祜等修　(清)高錫疇纂　清光緒四年(1878)刻本　十册

110000－0182－0005512　地0988

西湖志四十八卷　(清)李衛　(清)傅王露纂修　清光緒四年(1878)刻本　二十册

110000－0182－0005513　地0989

[乾隆]山西志輯要十卷首一卷附清涼山志輯要二卷　(清)雅德修　(清)汪本直纂　清乾隆四十五年(1780)刻本　十二册

110000－0182－0005514　地0990

[嘉慶]洛陽縣志六十卷　(清)魏襄修　(清)陸繼輅纂　清嘉慶十八年(1813)刻本　二十四册

110000－0182－0005515　地0991

[道光]承德府志六十卷首二十六卷　(清)海忠纂修　(清)廷傑　(清)李世寅重訂　清道光十一年(1831)刻光緒十三年(1887)後印本　二十四册

110000－0182－0005516　地0992

續纂淮關統志十四卷　(清)元成纂修　(清)徵麟補纂　清光緒七年(1881)刻本　六册

110000－0182－0005517　地0993

甘棠小志四卷首一卷末一卷　(清)董醇纂　清咸豐五年(1855)甘棠董醇刻本　四册

110000－0182－0005518　地0994

輿地廣記三十八卷　(宋)歐陽忞編撰　(清)黄丕烈題識　清嘉慶十七年(1812)黄丕烈刻士禮居叢書本　四册

110000－0182－0005519　地0995

焦山志二十六卷首一卷 (清)吳雲輯 清同治四年(1865)刻本 十册

110000－0182－0005520 地 0996
宸垣識略十六卷 (清)吳長元輯 清光緒二年(1876)刻本 八册

110000－0182－0005521 地 0997
水道提綱二十八卷 (清)齊召南編錄 清光緒七年(1881)上海文瑞樓鉛印本 八册

110000－0182－0005522 地 0998
水經注四十卷首一卷 (漢)桑欽撰 (北魏)酈道元注 清道光、同治刻本 十六册

110000－0182－0005523 地 0999
[嘉慶]濬縣志二十二卷首一卷末一卷 (清)熊象階修 (清)武穆淳纂 **續志** (清)黄璟修 (清)李作霖纂 清光緒十三年(1887)刻本 八册

110000－0182－0005524 地 1000
兩廣鹽法志三十五卷首一卷 (清)阮元等修 (清)伍長華等纂 清道光十六年(1836)刻本 十册 存十七卷(一至十七)

110000－0182－0005525 地 1001
太湖備考十六卷首一卷附湖程紀略 (清)金友理纂 **續編四卷** (清)鄭言紹輯 清乾隆十五年(1750)岑闌圃初刻光緒二十九年(1903)重修本 十二册

110000－0182－0005526 地 1002
[道光]泰安縣志十二卷首一卷末一卷 (清)徐宗幹修 (清)蔣大慶等纂 清道光八年(1828)刻本 十四册

110000－0182－0005527 地 1003
[康熙]益都縣志十四卷首一卷 (清)陳食花修 (清)鍾諤等纂 清康熙十一年(1672)刻本 六册

110000－0182－0005528 地 1004
[乾隆]歷城縣志五十卷首一卷 (清)胡德琳修 (清)李文藻纂 清乾隆三十八年(1773)刻本 八册 存三十一卷(二十至五十)

110000－0182－0005529 地 1005
武夷山志二十四卷首一卷 (清)董天工纂修 清道光二十七年(1847)刻本 八册

110000－0182－0005530 地 1007
[同治]蘇州府志一百五十卷首三卷 (清)李銘皖 (清)譚鈞培修 (清)馮桂芬總纂 清光緒九年(1883)江蘇書局刻本 八十册 缺二卷(九十三至九十四)

110000－0182－0005531 地 1008
畿輔安瀾志五十六卷 (清)王履泰撰 清嘉慶武英殿木活字印本 十一册

110000－0182－0005532 地 1009
[乾隆]紹興府志八十卷首一卷 (清)李亨特修 (清)平恕 (清)徐嵩纂 清乾隆五十七年(1792)刻本 四十七册

110000－0182－0005533 地 1010
[同治]南海縣志二十六卷首一卷 (清)鄭夢玉等修 (清)梁紹獻等纂 清同治十一年(1872)刻本 十册

110000－0182－0005534 地 1011
蜀中名勝記三十卷 (清)曹學佺撰 清宣統二年(1910)四川官印刷局刻本 十册

110000－0182－0005535 地 1014
楚寶四十卷外篇五卷 (明)周聖楷撰 清道光九年(1829)刻本 二十六册

110000－0182－0005536 地 1016
[乾隆]昌邑縣志八卷 (清)周來邰纂修 清乾隆七年(1742)刻本 八册 存二卷(二、八)

110000－0182－0005537 地 1017
通鑑地理今釋十六卷 吳熙載撰 清光緒八年(1882)江蘇書局刻本 三册

110000－0182－0005538 地 1018
大清一統志表 (清)徐午輯校 清末刻本 八册

110000－0182－0005539 地 1019
[光緒]續修新城縣志十卷 (清)張丙嘉修

(清)王鍔等纂　清光緒二十一年(1895)紫泉書院刻本　一册　存一卷(八)

110000－0182－0005540　地 1020
江寧府七縣地形考略　(清)黄起鳳　(清)茅乃登　(清)繆九疇纂修　清光緒江楚書局刻本　一册

110000－0182－0005541　地 1021
西北邊界地名譯漢考證二卷附光緒勘定西北邊界俄文譯漢圖例言　(清)許景澄編譯　清光緒二十二年(1896)刻本　四册

110000－0182－0005542　地 1022
當湖外志八卷　(清)馬承昭輯　清光緒元年(1875)白榆邸舍刻本　二册

110000－0182－0005543　地 1025
泰山道里記一卷　(清)聶鈫纂修　清乾隆四十年(1775)泰安聶鈫杏雨山堂刻本　一册

110000－0182－0005544　地 1027
[乾隆]直隸易州志十八卷首一卷　(清)張登高等纂修　清乾隆十二年(1747)刻本　八册

110000－0182－0005545　地 1039
清涼山志十卷　(明)釋鎮澄修　清乾隆二十年(1755)刻本　四册

110000－0182－0005546　地 1040
瀛寰全志附中西地名表　謝洪賚編修　趙玉森重訂　清光緒三十二年(1906)商務印書館鉛印本　一册

110000－0182－0005547　地 1041
水經注釋四十卷首一卷附錄二卷水經注箋刊誤十二卷　(漢)桑欽撰　(北魏)酈道元注　(清)趙一清釋　清光緒六年(1880)蛟川張壽榮花雨樓刻本　二十四册

110000－0182－0005548　地 1043
海道圖説十五卷圖一卷附長江圖説一卷　(英國)金約翰輯　(英國)傅蘭雅口譯　(清)王德均筆述　清光緒江南機器製造總局刻本　十册

110000－0182－0005549　地 1044
四川鹽法志四十卷首一卷　(清)丁寶楨等纂修　清光緒刻本　二十册

110000－0182－0005550　地 1046
李氏五種合刊　(清)李兆洛輯　清同治九年至十一年(1870－1872)刻本　十册

110000－0182－0005551　地 1047
水道提綱二十八卷　(清)齊召南編錄　清光緒四年(1878)津門徐士鑾霞城精舍刻本　八册

110000－0182－0005552　地 1049
盤山志十六卷首五卷　(清)蔣溥　(清)汪由敦　(清)董邦達纂修　清乾隆二十年(1755)刻本　十册

110000－0182－0005553　地 1051
世界新輿圖　(清)奚若編撰　清宣統元年(1909)商務印書館石印本　一册

110000－0182－0005554　地 1052
大清帝國全圖　(□)□□編製　清光緒三十四年(1908)上海商務印書館石印本　一册

110000－0182－0005555　地 1053
長江圖説十二卷首一卷　(清)馬徵麟撰　清同治九年(1870)金陵提署刻本　十二册

110000－0182－0005556　地 1054
[雍正]畿輔通志一百二十卷　(清)唐執玉等修　(清)陳儀纂　清雍正十三年(1735)刻本　四十八册

110000－0182－0005557　地 1055
[雍正]山西通志二百三十卷　(清)覺羅石麟修　(清)儲大文纂　清雍正十二年(1734)刻本　一百册

110000－0182－0005558　地 1056
天下郡國利病書一百二十卷　(清)顧炎武輯　清道光十一年(1831)錦里龍萬育敷文閣刻本　一百十二册

110000－0182－0005559　地 1065
廣博物志五十卷　(明)董斯張纂　(明)楊鶴等訂　清乾隆二十六年(1761)吳興蔣禮高暉

堂刻本　二十四册

110000－0182－0005560　地1066
[乾隆]偃師縣志三十卷首一卷　（清）湯毓倬修　（清）孫星衍纂　清乾隆五十四年（1789）刻本　十六册

110000－0182－0005561　地1067
歷代地理志韻編今釋二十卷附皇朝輿地韻編二卷　（清）李兆洛撰　清光緒二十四年（1898）上海掃葉山房石印本　四册

110000－0182－0005562　地1068
[道光]廈門志十六卷　（清）周凱修　（清）淩翰等纂　清道光十九年（1839）廈門玉屏書院刻本　十二册

110000－0182－0005563　地1069
新斠注地理志十六卷　（清）錢坫撰　清同治十三年（1874）會稽章氏刻本　八册

110000－0182－0005564　地1070
皇朝中外一統輿圖　（清）胡林翼撰　（清）嚴樹森補訂　清同治二年（1863）湖北撫署景桓樓刻本　三十二册

110000－0182－0005565　地1071
西湖志四十八卷　（清）李衛　（清）傅王露纂修　清光緒四年（1878）浙江書局刻本　二十册

110000－0182－0005566　地1072
海國圖志一百卷　（清）魏源撰　清咸豐二年（1852）刻本　二十四册

110000－0182－0005567　地1073
[乾隆]盛京通志一百三十卷首一卷　（清）阿桂修　（清）劉謹之纂　清乾隆四十九年（1784）武英殿刻本　六十四册

110000－0182－0005568　地1074
[光緒]東安縣志八卷　（清）黄心菊修　（清）席寶田　（清）謝蘭階纂　清光緒元年（1875）刻本　四册

110000－0182－0005569　地1075
水經注四十卷首一卷　（漢）桑欽撰　（北魏）酈道元注　清光緒二十三年（1897）新化三味書室刻本　十六册

110000－0182－0005570　地1077
歷代輿地沿革險要圖説一卷　楊守敬等編　王尚德重繪　清光緒二十四年（1898）上海文賢閣石印本　一册

110000－0182－0005571　地1078
光緒湖北輿地記二十四卷　（清）湖北輿圖局編　清光緒二十年（1894）湖北輿圖局刻本　二十四册

110000－0182－0005572　地1080
大清中外一統輿圖三十卷首一卷中一卷　（清）胡林翼撰　（清）嚴樹森補訂　清同治二年（1863）湖北撫署景桓樓刻本　十二册

110000－0182－0005573　地1082
[乾隆]萬全縣志十卷首一卷　（清）左承業纂修　清乾隆十年（1745）刻本　四册

110000－0182－0005574　地1083
元和郡縣圖志四十卷闕卷逸文一卷補志一卷　（唐）李吉甫撰　（清）孫星衍輯　（清）嚴觀補　清嘉慶二年（1797）陽湖孫星衍刻岱南閣叢書本　十二册

110000－0182－0005575　地1084
廣輿記二十四卷　（明）陸應陽輯　（清）蔡方炳增輯　清康熙二十五年（1686）吴郡寶翰樓刻本　十二册

110000－0182－0005576　地1085
皇輿全圖附赤道南北恒星圖　（清）鄒伯奇原繪　（清）潘壁東臨摹　（清）李菱洲影摹　清同治十三年（1874）刻本　一册

110000－0182－0005577　地1086
高寄齋訂正吴船録二卷　（宋）范成大撰　明萬曆亦政堂刻陳眉公家藏廣祕笈叢書本　二册

110000－0182－0005578　地1087
歷代地理志韻編今釋二十卷　（清）李兆洛編　清同治刻本　八册

110000－0182－0005579　地 1088(1)
[道光]直隸定州志二十二卷首一卷　(清)寶琳　(清)勞沅恩纂修　清道光三十年(1850)刻本　十二册

110000－0182－0005580　地 1088(2)
[道光]直隸定州志二十二卷首一卷　(清)寶琳　(清)勞沅恩纂修　清道光三十年(1850)刻本　十二册

110000－0182－0005581　地 1088(3)
[咸豐]直隸定州續志四卷　(清)王榕吉修　(清)張楪纂　清咸豐十年(1860)刻本　二册

110000－0182－0005582　地 1090
華嶽志八卷首一卷　(清)李榕輯　清光緒九年(1883)刻本　四册

110000－0182－0005583　地 1091
清涼山志十卷　(明)釋鎮澄修　清同治九年(1870)刻本　四册

110000－0182－0005584　地 1093
廬山志十五卷　(清)毛德琦纂　清康熙五十九年(1720)順德堂刻本　十六册

110000－0182－0005585　地 1094
四川鹽法志四十卷首一卷　(清)丁寶楨　(清)羅文彬等編纂　清光緒八年(1882)刻本　二十册

110000－0182－0005586　地 1096
[乾隆]太谷縣志八卷　(清)郭晉修　(清)管粵秀纂　清乾隆六十年(1795)刻本　八册　缺二卷(三至四)

110000－0182－0005587　地 1097
天下郡國利病書一百二十卷　(清)顧炎武撰　清道光十一年(1831)成都龍氏敷文閣刻本　八十册

110000－0182－0005588　地 1098
水經注釋五十五卷首一卷末一卷　(漢)桑欽撰　(北魏)酈道元注　(清)趙一清釋　清光緒六年(1880)蛟川張壽榮花雨樓刻本　二十四册

110000－0182－0005589　地 1099
水經注釋四十卷首一卷附錄二卷水經注箋刊誤十二卷　(漢)桑欽撰　(北魏)酈道元注　(清)趙一清釋　清光緒六年(1880)蛟川張壽榮花雨樓刻本　二十四册

110000－0182－0005590　地 1101
補三國疆域志二卷　(清)洪亮吉撰　清光緒十七年(1891)廣雅書局刻本　一册

110000－0182－0005591　地 1109
[道光]萬全縣志十卷首一卷　(清)左承業纂修　(清)施彦士續纂修　清乾隆十年(1745)刻道光十四年(1834)增刻本　六册

110000－0182－0005592　地 1111
深州河渠志不分卷　(清)吴汝綸主纂　清光緒抄本　一册

110000－0182－0005593　地 1124
梅里志八卷　(清)吴熙編輯　清光緒二十三年(1897)泰伯廟東院刻本　四册

110000－0182－0005594　地 1129
天下郡國利病書一百二十卷　(清)顧炎武輯　清光緒慎記書莊石印本　二十四册

110000－0182－0005595　地 1130
讀史方輿紀要一百三十卷附輿圖要覽四卷　(清)顧祖禹撰　清光緒石印本　三十二册

110000－0182－0005596　地 1131
瀛寰志略十卷　(清)徐繼畬撰　清道光刻本　六册

110000－0182－0005597　地 1133
補梁疆域志四卷　(清)洪齮孫撰　清光緒十七年(1891)廣雅書局刻本　二册

110000－0182－0005598　地 1146
說嵩三十二卷　(清)景日昣撰　清康熙刻本　十册

110000－0182－0005599　地 1148
龍井見聞錄十卷附宋僧元淨外傳二卷　(清)汪孟鋗纂　清乾隆刻本　六册

110000－0182－0005600　地 1150

京奉鐵路旅行指南　北京京奉鐵路局編訂　清宣統二年(1910)北京京奉鐵路局鉛印本　一册

110000－0182－0005601　地 1151
惠濟河輯説四卷首一卷　(清)王僑行纂　清同治九年(1870)刻本　二册

110000－0182－0005602　地 1157
裨海紀遊附僞鄭逸事一卷　(清)郁永河纂　清道光十五年(1835)襄平達綸棗花軒刻本　一册

110000－0182－0005603　地 1161
中國卡倫詳細里數　(□)□□撰　清末稿本　二册

110000－0182－0005604　地 1162
中俄卡倫經緯度數表　(□)□□撰　清末稿本　二册

110000－0182－0005605　地 1163
[乾隆]直隸易州志十八卷首一卷　(清)張登高等纂修　清乾隆十二年(1747)刻本　八册

110000－0182－0005606　地 1173
[熙甯]長安志二十卷圖三卷　(宋)宋敏求纂　(元)李好文繪　(清)畢沅校　清光緒十七年(1891)思賢講舍重刻靈岩山館本　五册

110000－0182－0005607　地 1182
[道光]樂至縣志十六卷首一卷　(清)裴顯忠修　(清)劉碩輔纂　清道光二十年(1840)刻本　四册

110000－0182－0005608　地 1183
[嘉慶]羅江縣志三十六卷　(清)李桂林修　(清)鄧林等纂　清同治四年(1865)刻本　四册

110000－0182－0005609　地 1184
[乾隆]富順縣志五卷首一卷　(清)段玉裁　(清)李芝纂修　清光緒八年(1882)刻本　五册

110000－0182－0005610　地 1185
[康熙]靈壽縣志十卷末一卷　(清)陸隴其修　(清)傅維櫺纂　清康熙二十五年(1686)刻本　四册

110000－0182－0005611　地 1205
[乾隆]衡水縣志十四卷　(清)陶淑纂修　清乾隆三十二年(1767)刻本　五册

110000－0182－0005612　地 1206
慧山記四卷首一卷續編三卷首一卷　(明)邵寶撰　(明)釋圓顯輯　清同治七年(1868)無錫邵氏二泉書院刻本　六册

110000－0182－0005613　地 1207
皇朝中外一統輿圖　(清)胡林翼撰　(清)嚴樹森補訂　清同治二年(1863)湖北撫署景桓樓刻本　三十三册

110000－0182－0005614　地 1213
申江時下勝景圖説二卷附各國路程日記一卷　(清)上海寶文書局編　清光緒二十年(1894)上海寶文書局石印本　一册

110000－0182－0005615　地 1216
[光緒]臨榆縣志二十四卷首一卷　(清)趙允祜等修　(清)高錫疇纂　清光緒四年(1878)刻本　十册

110000－0182－0005616　地 1217
[光緒]衛藏通志十六卷首一卷　(清)和琳纂　清光緒二十二年(1896)桐廬袁昶漸西村舍刻本　八册

110000－0182－0005617　地 1224
皇朝一統輿地全圖不分卷　(清)六承如節編　(清)欽乃軒主人增　清光緒二十四年(1898)上海鴻寶齋石印本　二册

110000－0182－0005618　地 1227
萬壽亭重建紀事本末一卷　(清)徐壽基等撰　清宣統二年(1910)木活字印本　一册

110000－0182－0005619　地 1228(1)
中國地理學教科書三卷　屠寄撰　清光緒三十二年(1906)上海商務印書館鉛印本　一册

110000－0182－0005620　地 1232
中外輿地全圖　(清)輿地學會編　清光緒三

十四年(1908)彩印本　一冊

110000－0182－0005621　地1236
長江圖說十二卷首一卷　(清)馬徵麟撰　清同治十年(1871)湖北崇文書局刻本　五冊

110000－0182－0005622　地1238
[乾隆]沙河縣志十卷首一卷末一卷　(清)杜灝纂修　**續增沙河縣志二卷**　(清)魯傑纂修　清乾隆二十四年(1759)刻本(續志道光二十五年刻本)　六冊

110000－0182－0005623　地1243
[乾隆]衛藏圖識四卷附蠻語一卷　(清)馬揭修　(清)盛繩祖纂　清乾隆五十七年(1792)刻本　四冊

110000－0182－0005624　地1244
皇朝中外一統輿圖　(清)胡林翼撰　(清)嚴樹森補訂　清同治二年(1863)湖北撫署景桓樓刻本　三十二冊

110000－0182－0005625　地1247
通鑑地理通釋十四卷　(宋)王應麟著　清嘉慶十一年(1806)刻玉海叢書本　三冊

110000－0182－0005626　地1250
海道圖說十五卷附長江圖說一卷　(英國)金約翰輯　(英國)傅蘭雅口譯　(清)王德均筆述　清光緒二十二年(1896)上海書局鉛印本　六冊

110000－0182－0005627　地1260
瀛環志略十卷　(清)徐繼畬撰　清同治十二年(1873)掞雲樓刻本　六冊

110000－0182－0005628　地1228(2)
中國地理學教科書三卷　屠寄撰　清光緒三十二年(1906)上海商務印書館鉛印本　一冊

110000－0182－0005629　地1264
蜀典十二卷　(清)張澍纂　清光緒二年(1876)尊經書院刻本　四冊

110000－0182－0005630　地1307
新疆大記六卷　(清)闞鳳樓著　清光緒三十三年(1907)合肥闞鐸鉛印本　一冊

110000－0182－0005631　地1309
滿洲調查記十五章　(日本)岡田雄一郎著　富士英譯　清光緒三十一年(1905)上海鉛印本　一冊

110000－0182－0005632　地1314
峨嵋紀遊　(清)樓藜然編　清光緒末鉛印本　一冊

110000－0182－0005633　地1315
地學歌略　葉瀾　葉瀚撰　清光緒刻本　一冊

110000－0182－0005634　地1316
各省府名歌　劉雨田著　清末啟蒙畫報館鉛印本　一冊

110000－0182－0005635　地1317
談瀛錄六種　(清)袁祖志撰　清光緒十年(1884)上海同文書局石印本　一冊

110000－0182－0005636　地1318
俄遊彙編十二卷　(清)繆祐孫編　清光緒二十四年(1898)上海書局石印本　六冊

110000－0182－0005637　地1319
中外地輿圖說集成一百三十卷首三卷　(清)同康廬主人輯　清光緒二十年(1894)上海積山書局石印本　二十二冊

110000－0182－0005638　地1320
漢西域圖考七卷首一卷　(清)李光廷撰　清光緒十九年(1893)寶善書局石印本　六冊

110000－0182－0005639　地1321
續泛槎圖三集　(清)張寶撰並繪　清光緒六年(1880)上海點石齋石印本　四冊

110000－0182－0005640　地1328
乙巳東瀛遊記　(清)周錫璋著　清光緒三十一年(1905)鉛印本　一冊

110000－0182－0005641　地1329
揚子江　(日本)林安繁(林繁)撰　(清)汪國屏譯　清光緒二十八年(1902)上海商務印書館鉛印帝國叢書本　一冊

110000－0182－0005642　地1334

西域輿地三種匯刻　(清)徐崇立編　清光緒三十二年(1906)長沙徐崇立盍簪行館刻本　一冊

110000－0182－0005643　地1338
荆州記　(南朝宋)盛弘之撰　陳運溶集證　清光緒二十四年(1898)長沙學院街萃文堂刻麓山精舍叢書本　一冊

110000－0182－0005644　地1342
東京市區町名便覽附百家姓　(清)陳贊欽編　清光緒三十二年(1906)鉛印本　一冊

110000－0182－0005645　地1351
蒙學課本地球歌韻四卷　(清)張士瀛編　清光緒二十七年(1901)刻本　二冊

110000－0182－0005646　地1357
水經注四十卷　(漢)桑欽撰　(北魏)酈道元注　明崇禎二年(1629)刻本　六冊

110000－0182－0005647　地1360
粵遊小志八卷　(清)張心泰撰　清光緒十年(1884)鉛印本　二冊

110000－0182－0005648　地1363
海國勝遊草　(清)斌椿撰　清同治八年(1869)刻本　一冊

110000－0182－0005649　地1364
[光緒]長治縣志八卷首一卷　(清)李禎　(清)馬鑑等修　(清)楊篤纂　清光緒二十年(1894)刻本　六冊

110000－0182－0005650　地1367(1)
[道光]萍鄉縣志十六卷　(清)黃濬纂修　清道光三年(1823)刻本　三冊

110000－0182－0005651　地1367(2)
[同治]萍鄉縣志十卷首一卷　(清)錫榮　(清)王明璠纂修　清同治十一年(1872)尊經堂刻本　八冊

110000－0182－0005652　地1369
新大陸遊記　梁啟超著　清光緒二十九年(1903)刻本　一冊

110000－0182－0005653　地1370
昭利廟誌六卷　(清)杜翔鳳著　清道光二十一年(1841)木活字印本　一冊

110000－0182－0005654　地1371
[光緒]常山縣志六十八卷首一卷末一卷　(清)李瑞鍾修　(清)朱昌泰纂　清光緒十二年(1886)刻本　十二冊

110000－0182－0005655　地1372
[乾隆]寶雞縣志十六卷　(清)鄧夢琴修　(清)董詔纂　清乾隆五十年(1785)刻本　四冊

110000－0182－0005656　地1373
[同治]萬安縣志二十卷首一卷末一卷　(清)歐陽駿等纂修　(清)周之鏞總纂　清同治十二年(1873)刻光緒三年(1877)重校印本　十冊

110000－0182－0005657　地1374
西天目祖山志八卷首一卷末一卷補遺一卷　(明)釋廣賓纂　(清)釋際界增訂　清光緒二年(1876)西天目禪源寺刻本　四冊

110000－0182－0005658　地1376
馬嵬志十六卷首一卷　(清)胡鳳丹輯　清光緒三年(1877)永康胡氏退補齋刻本　六冊

110000－0182－0005659　地1377
曹娥江志八卷首一卷　(清)胡鳳丹編　清光緒三年(1877)永康胡氏退補齋刻本　二冊

110000－0182－0005660　地1378
漂母祠志七卷首一卷　(清)胡鳳丹編　清光緒三年(1877)永康胡氏退補齋刻本　二冊

110000－0182－0005661　地1379
白鹿書院志十九卷　(清)廖文英撰　(清)毛德琦訂　(清)周兆蘭重修　清宣統二年(1910)刻津門朱錦重修本　八冊

110000－0182－0005662　地1381
西湖志四十八卷　(清)李衛　(清)傅王露纂修　清雍正刻本　二十二冊

110000－0182－0005663　地1382
鸚鵡洲小志四卷首一卷　(清)胡鳳丹編　清

同治十三年(1874)永康胡氏退補齋刻本　二册

110000－0182－0005664　地1383
大別山志十卷　(清)胡鳳丹編　清同治十三年(1874)永康胡氏退補齋刻本　四册

110000－0182－0005665　地1384
[同治]醴陵縣志十四卷首一卷末一卷　(清)徐淦等修　(清)江普光等纂　清同治九年(1870)刻本　六册

110000－0182－0005666　地1387
重刊麻姑山志十二卷首一卷　(清)黄家駒重編　清同治五年(1866)刻本　六册

110000－0182－0005667　地1391
[光緒]餘姚縣志二十七卷首一卷末一卷　(清)周炳麟修　(清)邵友濂纂　清光緒二十五年(1899)刻本　十六册

110000－0182－0005668　地1393
天童寺志十卷　(清)釋德介纂　清刻本　四册

110000－0182－0005669　地1395
廣壽慧雲寺志　(清)丁丙輯　清同治七年(1868)刻本　二册

110000－0182－0005670　地1396
岳廟志略十卷首一卷　(清)馮培撰編　清光緒五年(1879)浙江書局刻本　四册

110000－0182－0005671　地1397
永定河志三十二卷附録一卷　(清)李逢亨纂　清嘉慶刻本　十六册

110000－0182－0005672　地1398
[嘉慶]義烏縣志二十二卷首一卷　(清)諸自穀修　(清)程瑜　(清)李錫齡纂　清嘉慶七年(1802)石印本　十二册

110000－0182－0005673　地1399
九嶷山志四卷　(清)樊在廷撰　(清)吳繩祖重編　清嘉慶元年(1796)刻本　二册

110000－0182－0005674　地1400
通洲橋新編橋志二卷　(清)陳周學　(清)倪憲章纂修　清光緒十九年(1893)木活字印本　二册

110000－0182－0005675　地1401
五洲地理志略三十六卷首一卷　王先謙撰　清宣統二年(1910)湖南學務公所刻本　十册

110000－0182－0005676　地1402
金陵瑣志五種續二種　陳作霖編　陳詒紱續編　清光緒刻本　五册

110000－0182－0005677　地1404
[嘉慶]華陽縣志四十四卷首一卷　(清)吳鞏　(清)董淳修　(清)潘時彤等纂　清嘉慶二十一年(1816)刻本　十六册

110000－0182－0005678　地1405
[光緒]酆都縣志四卷首一卷　(清)田秀栗等主修　(清)徐昌緒編纂　(清)蔣履泰等續纂　清光緒十九年(1893)酆都縣署刻本　六册

110000－0182－0005679　地1406
琴川三志補記十三卷琴川三志補記續八卷　(清)黄廷鑑纂修　清光緒二十四年(1898)木活字印本　四册

110000－0182－0005680　地1408
[康熙]龍遊縣志十二卷首一卷　(清)盧燦修　(清)余恂纂　清光緒八年(1882)龍遊余氏刻本　六册

110000－0182－0005681　地1410
義邑東江橋誌　(清)陳玉梁編　清光緒二十四年(1898)刻本　一册

110000－0182－0005682　地1411
重刊嘉靖海寧縣志九卷首一卷附録一卷　(明)蔡完修　(明)董穀纂　清光緒二十四年(1898)海寧許仁沐刻本　二册

110000－0182－0005683　地1413
南嶽志八卷　(清)高自位編　(清)曠敏本纂　清乾隆十八年(1753)刻本　四册

110000－0182－0005684　地1415
東山志十卷　(清)謝起龍編　清宣統二年(1910)刻本　二册

110000－0182－0005685　地 1416
[乾隆]諸暨縣志四十四卷首一卷末一卷　(清)沈椿齡　(清)樓卜瀍纂修　清乾隆三十八年(1773)刻本　十四册　存六卷(一至二、十二至十五)

110000－0182－0005686　地 1418
[康熙]金華府志三十卷　(清)張藎修　(清)沈麟趾纂　清宣統元年(1909)嵩連石印本　十二册

110000－0182－0005687　地 1428
上海指南八卷附各旅行須知一卷　(清)商務印書館編　清宣統二年(1910)上海商務印書館鉛印本　一册

110000－0182－0005688　地 1431
輿地紀勝二百卷補闕十卷校勘記五十二卷　(宋)王象之撰　(清)岑建功補闕　(清)劉文淇校勘　清道光二十九年(1849)甘泉岑建功懼盈齋刻清末李韻亭重修本　四十八册　缺三十二卷(十三至十六、五十至五十四、一百三十六至一百四十四、一百六十八至一百七十三、一百九十三至二百)

110000－0182－0005689　地 1432
萬國輿圖　(清)陳兆桐編　清光緒十二年(1886)石印本　一册

110000－0182－0005690　地 1433
黑龍江全省輿圖　(清)黑龍江調查局製　清宣統三年(1911)影印本　一册

110000－0182－0005691　地 1434
瀛寰全圖　上海商務印書館編　清光緒末印本　一册

110000－0182－0005692　地 1435
欽定大清會典圖　(清)托津纂　清内府抄本　二册

110000－0182－0005693　地 1436
岑襄勤公勳德介福圖　(清)包家吉等輯　清光緒十七年(1891)石印本　一册

110000－0182－0005694　地 1441
山海經廣注十八卷讀山海經語一卷雜述一卷圖五卷　(晉)郭璞注　(清)吴任臣釋　清乾隆五十一年(1786)刻本　六册

110000－0182－0005695　地 1444
皇朝一統輿地全圖附五大洲圖說簡明萬國公法　(清)六承如節編　(清)欽乃軒主人增　清光緒二十四年(1898)石印本　三册

110000－0182－0005696　地 1446
滇考二卷　(清)馮甦編　清康熙十九年(1680)刻本　二册

110000－0182－0005697　地 1456
[乾隆]歷陽典錄三十四卷補編六卷　(清)陳廷桂纂　(清)游智開補輯　清同治六年(1867)刻本　十三册

110000－0182－0005698　地 1461
[光緒]長治縣志八卷首一卷　(清)李禎　(清)馬鑑等修　(清)楊篤纂　清光緒二十年(1894)刻本　六册

110000－0182－0005699　地 1463
竹堂正覺禪寺小志一卷附陽山景福庵紀畧一卷　(清)釋真鑒編　徐融泉補述　清宣統元年(1909)鉛印本　一册

110000－0182－0005700　地 1464
[光緒]永嘉縣志三十八卷首一卷　(清)張寶琳修　(清)王棻　(清)孫詒讓纂　清光緒八年(1882)溫州維新書局刻本　三十册

110000－0182－0005701　地 1468
[光緒]西藏圖考八卷首一卷　(清)黄沛翹纂修　清光緒二十三年(1897)刻本　四册

110000－0182－0005702　地 1470
[宣統]西安縣志略十三卷　雷飛鵬修　段盛梓纂　清宣統三年(1911)石印本　二册

110000－0182－0005703　地 1471
[同治]續漢州志八集二十四卷首一卷補志一卷　(清)張超等修　(清)曾履中　(清)張敏行纂　清同治八年(1869)刻本　八册

110000－0182－0005704　地 1472

奉天全省地方圖志　(清)王志修編　清光緒二十年(1894)刻本　一冊

110000－0182－0005705　地 1474
地球開闢次第圖　(清)北洋官報局銅版部編　清光緒三十年(1904)刻本　一冊

110000－0182－0005706　地 1477
[光緒]遂寧縣志六卷首一卷　(清)孫海等修　(清)李星根纂　清光緒五年(1879)刻本　六冊

110000－0182－0005707　地 1481
[同治]磁州續志六卷首一卷　(清)程光瀅纂修　清同治十三年(1874)刻本　四冊

110000－0182－0005708　地 1482
雄縣鄉土志十五卷　(清)劉崇本編　清光緒三十一年(1905)鉛印本　一冊

110000－0182－0005709　地 1488
浙西水利備考　(清)王鳳生纂　清光緒四年(1878)浙江書局刻朱墨套印本　四冊

110000－0182－0005710　地 1489
揚州水道記四卷　(清)劉文淇撰　清同治十一年(1872)淮南書局刻本　二冊

110000－0182－0005711　地 1493
荊州萬城堤志十卷首一卷末一卷　(清)倪文蔚纂　清光緒二十一年(1895)刻本　六冊

110000－0182－0005712　地 1499
[同治]新繁縣志十六卷首一卷　(清)張文珍　(清)李應觀修　(清)楊益豫等纂　清同治十二年(1873)刻本　八冊

110000－0182－0005713　地 1500
[光緒]玉環廳志十五卷首一卷　(清)杜冠英修　(清)呂鴻燾纂　清光緒六年(1880)刻本　八冊

110000－0182－0005714　地 1503
[道光]續增高郵州志六卷　(清)左輝春修　(清)高鴻飛纂　清道光二十三年(1843)刻本　六冊

110000－0182－0005715　地 1506
[嘉慶]溧陽縣志十六卷　(清)李景嶧　(清)陳鴻壽修　(清)史炳等纂　清光緒二十二年(1896)木活字印本　十冊

110000－0182－0005716　地 1507
招寶山志二卷　(清)陳景沛編纂　清道光二十六年(1846)木活字印本　二冊

110000－0182－0005717　地 1508
[乾隆]遂安縣志十卷首一卷　(清)鄒錫疇修　(清)方引彥等纂　清乾隆三十二年(1767)遂安縣署刻本　九冊

110000－0182－0005718　地 1511
[嘉慶]漢州志四十卷首一卷末一卷　(清)劉長庚修　(清)侯肇元纂　清嘉慶二十二年(1817)刻本　十六冊

110000－0182－0005719　地 1512
廬山志十五卷　(清)毛德琦纂　清宣統二年(1910)刻本　十六冊

110000－0182－0005720　地 1513
西湖志四十八卷　(清)李衛　(清)傅王露纂修　清光緒四年(1878)刻本　二十冊

110000－0182－0005721　地 1514
[同治]袁州府志十卷首一卷　(清)駱敏修等修　(清)蕭玉銓等纂　清同治十三年(1874)刻本　二十冊

110000－0182－0005722　善 1075
資治通鑑二百九十四卷　(宋)司馬光撰　(元)胡三省音注　元興文署刻本　一冊　存一卷(一百一)

110000－0182－0005723　地 1523
炎陵志四卷　(清)彭之曇編　清康熙刻本　一冊

110000－0182－0005724　地 1524
牟山湖志不分卷　(清)劉福升編纂　清光緒二十五年(1899)刻本　一冊

110000－0182－0005725　地 1525
[光緒]榆次縣續志四卷　(清)吳師祁　(清)張承熊修　(清)黃汝梅　(清)王僘纂

清光緒十一年(1885)刻本　二冊

110000－0182－0005726　地1527
明州阿育王山志十卷續志六卷　(明)郭子章編纂　清乾隆刻本　六冊

110000－0182－0005727　地1528
[乾隆]渾源州志十卷　(清)桂敬順纂修　清乾隆二十八年(1763)刻本　五冊

110000－0182－0005728　地1529
辯利院志三卷　(清)翟灝編　(清)吳樹虛增訂　清道光十年(1830)刻本　一冊

110000－0182－0005729　地1530
浦陽南橋記不分卷　(清)□□編　清光緒二十年(1894)刻本　一冊

110000－0182－0005730　地1534
廣志繹五卷　(明)王士性撰　清嘉慶二十二年(1817)臨海宋氏刻台州叢書本　二冊

110000－0182－0005731　地1535
水經注圖四十卷補一卷　楊守敬　熊會貞編繪　清光緒三十一年(1905)宜都楊守敬刻本　八冊

110000－0182－0005732　地1544
直省府廳州縣歌括不分卷　(清)石贊鈞撰　清光緒二十七年(1901)寶慶刻本　一冊

110000－0182－0005733　地1551
地理志略一卷　(美國)戴德江著　(清)謝子榮　(清)丁韙五合校　清光緒二十八年(1902)鉛印本　一冊

110000－0182－0005734　地1568
[乾隆]南澳志十二卷　(清)齊翀纂修　清乾隆四十八年(1783)刻本　四冊

110000－0182－0005735　地1582
[道光]潁上縣志十三卷首一卷　(清)劉耀椿修　(清)李同等纂　清道光六年(1826)刻本　六冊　缺三卷(四至六)

110000－0182－0005736　地1584
[道光]鎮原縣志二十二卷首一卷　(清)李從圖纂修　清道光二十七年(1847)刻本　十二冊

110000－0182－0005737　地1585
五洲圖考　(清)龔柴　(清)許彬撰　清光緒二十八年(1902)上海徐家匯印書館鉛印本　四冊

110000－0182－0005738　地1587
[道光]重修平度州志二十七卷　(清)保忠　(清)吳慈修　(清)李圖　(清)王大鑰纂　清道光二十九年(1849)刻本　八冊

110000－0182－0005739　地1588
[光緒]分水縣志十卷首一卷末一卷　(清)陳常鏵　(清)馮圻修　(清)臧承宣等纂　清光緒三十二年(1906)刻民國三十年(1941)印本　八冊

110000－0182－0005740　地1595
[萬曆]閩都記三十三卷　(明)王應山撰　清道光十一年(1831)求放心齋刻本　六冊

110000－0182－0005741　地1601
羊城古鈔八卷首一卷　(清)仇池石輯　清嘉慶十一年(1806)大賚堂刻本　六冊

110000－0182－0005742　地1612
[光緒]樂清縣志十六卷首一卷　(清)李登雲主修　(清)陳坤總纂　清光緒二十七年(1901)刻民國元年(1912)印本　十四冊

110000－0182－0005743　地1613
平望志十八卷首一卷　(清)翁廣平纂輯　清光緒十三年(1887)吳江黃兆檉刻本　十冊

110000－0182－0005744　地1614
[光緒]海陽縣志四十六卷首一卷　(清)盧蔚猷修　(清)吳道鎔等纂　清光緒二十六年(1900)謝存文館刻本　十二冊

110000－0182－0005745　地1618
[光緒]青浦縣志三十卷首二卷末一卷　(清)汪祖綬修　(清)熊其英　(清)邱式金纂　清光緒五年(1879)尊經閣刻本　十二冊

110000－0182－0005746　地1624
[雍正]寧波府志三十六卷首一卷　(清)曹秉

仁修　(清)萬經等纂　清道光二十六年(1846)慈溪沈琛其介祉堂刻本　十六册

110000－0182－0005747　地1626
[光緒]嚴州府志三十八卷首一卷　(清)吴士進原本　(清)吴世榮修　(清)鄒伯森等纂　清光緒九年(1883)增刻本　二十八册

110000－0182－0005748　地1627
[光緒]重纂秦州直隸州新志二十四卷首一卷　(清)余澤春　(清)匡翼之修　(清)王權　(清)任其昌纂　清光緒十五年(1889)刻本　十六册

110000－0182－0005749　地1631
[光緒]蘭溪縣志八卷首一卷附補遺一卷　(清)秦簧修　(清)唐壬森纂　清光緒十五年(1889)刻本　十册

110000－0182－0005750　地1632
[道光]章邱縣志十六卷首一卷末一卷　(清)吴璋主修　(清)曹楙堅纂　清道光十三年(1833)刻本　八册

110000－0182－0005751　地1633
[光緒]江陰縣志三十卷首一卷　(清)盧思誠等修　(清)季念詒　(清)夏煒如纂　清光緒四年(1878)刻本　二十册

110000－0182－0005752　地1636
[光緒]常昭合志稿四十八卷首一卷末一卷　(清)鄭鍾祥　(清)張瀛修　(清)龐鴻文纂　清光緒三十年(1904)木活字印本　十六册

110000－0182－0005753　地1637
[光緒]重修彭縣志十三卷首一卷末一卷附補遺一卷　(清)張龍甲修　(清)吕調陽等纂　清光緒六年(1880)刻本　八册

110000－0182－0005754　地1641
章邱縣鄉土志二卷　(清)楊學淵修　(清)李洪鈺等纂　清光緒三十三年(1907)石印本　二册

110000－0182－0005755　地1651
[光緒]昆新兩縣續修合志五十二卷首一卷末一卷　(清)金吴瀾　(清)李福沂修　(清)汪堃　(清)朱成熙纂　清光緒六年(1880)刻本　二十四册

110000－0182－0005756　地1653
[道光]祁門縣志三十六卷首一卷　(清)王讓修　(清)桂超萬纂　清道光七年(1827)刻本　八册

110000－0182－0005757　地1657
[光緒]富陽縣志二十四卷首一卷　汪文炳修　蔣敬時　(清)何鎔纂　清光緒二十五年(1899)修三十二年(1906)刻本　十六册

110000－0182－0005758　地1658
灌縣鄉土志二卷　(清)鍾文虎修　(清)徐昱　(清)高履和纂　清光緒三十三年(1907)刻本　二册

110000－0182－0005759　地1659
[嘉定]嘉定鎮江志二十二卷首一卷附録一卷校勘記二卷　(宋)盧憲纂修　(清)劉文淇校勘　清宣統二年(1910)丹徒朱氏金陵刻本　八册

110000－0182－0005760　地1660
[光緒]縉雲縣志十六卷首一卷末一卷　(清)何乃容　(清)葛華修　(清)潘樹棠纂　清光緒七年(1881)刻本　十册

110000－0182－0005761　地1669
[光緒]宣城縣志四十卷首一卷　(清)李應泰等修　(清)章綬纂　清光緒十四年(1888)木活字印本　二十七册

110000－0182－0005762　地1672
[乾隆]臯蘭縣志二十卷圖一卷表一卷　(清)吴鼎新修　(清)黄建中纂　清乾隆四十三年(1778)刻本　四册

110000－0182－0005763　地1673
[道光]臯蘭縣續志十二卷　(清)黄璟修　(清)秦曉峰纂　(清)秦維岳續修　(清)陸芝田　(清)張廷選續纂　清道光二十七年(1847)臯蘭縣臯蘭書院刻本　四册

110000－0182－0005764　地 1675
[光緒]通州直隸州志十六卷首一卷末一卷訂訛一卷　（清）梁悦馨　（清）莫祥芝修　（清）季念詒　（清）沈鍠纂　清光緒元年（1875）刻本　十六册

110000－0182－0005765　地 1676
[光緒]奉化縣志四十卷首一卷　（清）李前泮修　（清）張美翊等纂　清光緒二十七年（1901）修三十四年（1908）刻本　十二册

110000－0182－0005766　地 1677
[咸豐]閬中縣志八卷　（清）徐繼鏞修　（清）李惺纂　清咸豐元年（1851）刻本　四册

110000－0182－0005767　地 1679
[光緒]海門廳圖志二十卷首一卷　（清）劉文澂等修　（清）周家禄纂　清光緒二十六年（1900）刻本　四册

110000－0182－0005768　地 1682（1）
黎里志十六卷首一卷　（清）徐達源纂　清光緒二十五年（1899）禊湖書院刻本　四册

110000－0182－0005769　地 1682（2）
黎里續志十六卷首一卷　（清）蔡丙圻纂　清光緒二十五年（1899）禊湖書院刻本　六册

110000－0182－0005770　地 1689
[光緒]武進陽湖縣志三十卷首一卷　（清）王其淦　（清）吴康壽修　（清）湯成烈纂　清光緒五年（1879）刻本　十九册

110000－0182－0005771　地 1690
[光緒]上虞縣志四十八卷首一卷末一卷　（清）唐煦春主修　（清）朱士黻總纂　清光緒十七年（1891）上虞縣署刻本　二十册

110000－0182－0005772　地 1691
[光緒]南匯縣志二十二卷首一卷末一卷　（清）金福曾修　（清）張文虎纂　清光緒五年（1879）刻本　十二册

110000－0182－0005773　地 1692
[光緒]無錫金匱縣志四十卷首一卷附編六卷　（清）裴大中　（清）倪咸生修　（清）秦緗業纂　清光緒七年（1881）刻本　二十册

110000－0182－0005774　地 1694
[嘉慶]東臺縣志四十卷　（清）周右修　（清）蔡復午等纂　清嘉慶二十二年（1817）刻本　十八册

110000－0182－0005775　地 1695
[光緒]吴江縣續志四十卷首一卷　（清）金福曾修　（清）熊其英纂　清光緒五年（1879）刻本　八册

110000－0182－0005776　地 1696
[乾隆]萊州府志十六卷首一卷　（清）嚴有禧纂修　（清）張桐續纂修　清乾隆五年（1740）刻本　八册

110000－0182－0005777　地 1697
[光緒]岳池縣志二十卷首一卷　（清）何其泰等修　（清）吴新德纂　清光緒元年（1875）刻本　十二册

110000－0182－0005778　地 1700（1）
[正德]朝邑縣志二卷　（明）王道修　（明）韓邦靖纂　清康熙五十一年（1712）寧州王兆鼇刻本　一册

110000－0182－0005779　地 1700（2）
[萬曆]續朝邑縣志八卷　（明）郭實修　（明）王學謨纂　清康熙五十一年（1712）寧州王兆鼇刻本　二册

110000－0182－0005780　地 1700（3）
[康熙]朝邑縣後志八卷　（清）王兆鼇修　（清）王鵬翼纂　清康熙五十一年（1712）刻本　三册

110000－0182－0005781　地 1720
越南輯略二卷　（清）徐延旭撰　清光緒三年（1877）梧州郡署刻本　二册

110000－0182－0005782　地 1721
中等地文學教科書二卷　（清）張夢魁編　清光緒三十四年（1908）鉛印本　一册

110000－0182－0005783　地 1722
皇朝直省地輿全圖不分卷　（清）漢鎮輿圖局

編　清光緒五年(1879)點石齋石印本　一册

110000－0182－0005784　地1728

中學萬國地誌　(日本)矢津昌永著　(清)出洋學生編譯所譯　清光緒三十二年(1906)美華書館鉛印本　一册

110000－0182－0005785　地1754

間島問題　宋教仁著　北京大學留日學生編譯社編輯　清光緒三十四年(1908)中國圖書公司刻本　一册

110000－0182－0005786　地1778

禹貢會箋十二卷山水總目一卷圖一卷　(清)徐文靖箋　清同治十三年(1874)慈溪何氏刻本　四册

110000－0182－0005787　地1806

天下郡國利病書殘稿一百二十卷　(清)顧炎武輯　清抄本　一册　存一卷(九十六)

110000－0182－0005788　地1807

桂海虞衡志一卷　(宋)范成大撰　清抄本　一册

110000－0182－0005789　地1811

[光緒]富川縣志十二卷　(清)顧國誥等修　(清)劉樹賢等纂　清光緒十六年(1890)刻本　六册

110000－0182－0005790　地1812

[乾隆]續河南通志八十卷首四卷　(清)阿思哈等纂修　清乾隆三十二年(1767)刻本　二十一册

110000－0182－0005791　地1813

[嘉靖]浙江通志七十二卷　(明)胡宗憲修　(明)薛應旂等纂　明嘉靖四十年(1561)刻本　三册　存三卷(十九至二十一)

110000－0182－0005792　地1816

洋防輯要二十四卷　(清)嚴如熤編纂　清刻本　十二册

110000－0182－0005793　地1817

皇朝輿地略　(清)六承如節編　(清)馮焌光增補　清同治二年(1863)寶華坊刻本　二册

110000－0182－0005794　地1818

[宣統]西藏新志三卷　許光世　蔡晉成纂　清宣統三年(1911)上海自治編輯社鉛印本　一册

110000－0182－0005795　地1821

乾隆府廳州縣圖志五十卷　(清)洪亮吉撰　清乾隆五十三年至嘉慶八年(1788－1803)刻本　二十四册

110000－0182－0005796　地1822

水道提綱二十八卷　(清)齊召南編錄　清光緒四年(1878)津門徐士鑾霞城精舍刻本　八册

110000－0182－0005797　地1829

水經注釋地四十卷水道直指一卷補遺二卷　(漢)桑欽撰　(北魏)酈道元注　(清)張匡學釋　清嘉慶二年(1797)上池書屋刻本　十五册

110000－0182－0005798　地1832

[光緒]蓬溪縣續志十四卷首一卷　周學銘修　(清)熊祥謙等纂　清光緒二十五年(1899)刻本　四册

110000－0182－0005799　地1833

[光緒]施南府志續編十卷附瑣言一卷　(清)王庭楨　(清)李謙修　(清)雷春沼　(清)尹壽衡纂　清光緒十一年(1885)刻本　四册

110000－0182－0005800　地1836

[咸豐]安順府志五十四卷首一卷　(清)常恩修　(清)鄒漢勳等纂　清咸豐元年(1851)刻本　十六册

110000－0182－0005801　地1837

[乾隆]伏羌縣志十四卷　(清)周銑裁定　(清)葉芝纂輯　清乾隆三十五年(1770)伏羌縣署刻本　六册

110000－0182－0005802　地1845

爛柯山志十三卷　(清)鄭永禧輯　清光緒三十二年(1906)刻本　四册

110000－0182－0005803　地1848

[乾隆]濰縣志六卷首一卷末一卷 （清）張耀璧修 （清）王誦芬纂 清乾隆二十五年(1760)刻本 六册

110000－0182－0005804 地 1852
考長城 （□）□□撰 清同治十二年(1873)抄本 一册

110000－0182－0005805 地 1857
吳山伍公廟志六卷首一卷附錄一卷 （清）金文淳纂修 （清）沈永青增輯 清光緒二年(1876)刻本 二册

110000－0182－0005806 地 1859
[同治]祁陽縣志二十四卷首一卷 （清）陳玉祥修 （清）劉希關等纂 清同治九年(1870)刻本 二册 存一卷(五)

110000－0182－0005807 地 1861
玉皇山廟志一卷 （清）卓炳森纂修 清光緒刻本 一册

110000－0182－0005808 地 1862
朔方備乘劄記一卷 （清）李文田撰 清光緒二十三年(1897)刻靈鶼閣叢書本 一册

110000－0182－0005809 地 1863
使東述略 （清）何如璋纂修 清光緒刻本 一册

110000－0182－0005810 地 1866
九華山志十卷首一卷末一卷 （清）謝維喈重修 （清）周贇纂修 清光緒二十六年(1900)刻本 八册

110000－0182－0005811 地 1869
雄縣鄉土志十五卷 （清）劉崇本編 清光緒三十一年(1905)鉛印本 一册

110000－0182－0005812 地 1873
[咸豐]資陽縣志四十八卷首二卷 （清）范涑清修 （清）何華元等纂 清咸豐十一年(1861)刻本 六册

110000－0182－0005813 地 1875
水經注四十卷 （漢）桑欽撰 （北魏）酈道元注 清康熙五十四年(1715)歙縣項絪群玉書堂刻本 十册

110000－0182－0005814 地 1876
各省府州廳縣異名錄 （清）管斯駿撰 清光緒抄本 一册

110000－0182－0005815 地 1879
歷代沿革圖 （清）李兆洛撰 清刻本 一册

110000－0182－0005816 地 1880
新繪沿海長江險要圖 （清）江震高等學堂編譯所編 清光緒上海弘文書局石印本 一册

110000－0182－0005817 地 1881
泰山志二十卷 （清）金棨撰 清光緒二十四年(1898)刻本 十二册

110000－0182－0005818 地 1882
[光緒]永昌府志六十六卷首一卷 （清）劉毓珂纂修 清光緒十一年(1885)刻本 十四册

110000－0182－0005819 地 1887
烏石山志九卷 （清）郭柏蒼 （清）劉永松纂 清道光二十二年(1842)侯官郭柏蒼于麓古天開圖畫樓刻本 四册

110000－0182－0005820 地 1891
浮山志五卷 （清）黄培芳編纂 清光緒刻本 五册

110000－0182－0005821 地 1893
金山志十卷續二卷 （清）盧見曽編纂 清光緒二十七年(1901)刻本 四册

110000－0182－0005822 地 1894
委羽山志六卷續六卷 （明）胡昌賢輯 （清）王維翰續輯 清同治九年(1870)委羽石室刻本 三册

110000－0182－0005823 地 1895
靈峰志四卷 周慶雲編纂 清宣統三年(1911)刻本 二册

110000－0182－0005824 地 1896
雪峰志十卷 （明）徐纂輯 清乾隆十九年(1754)刻本 二册

110000－0182－0005825 地 1904

招隱山志十二卷首一卷　(清)繆潛纂輯　清宣統三年(1911)刻本　四冊

110000－0182－0005826　地 1907
京口山水志十八卷首一卷末一卷　(清)楊棨撰　清宣統三年(1911)鉛印本　四冊

110000－0182－0005827　地 1914
歐洲十一國遊記十一編首一編附錄三卷　康有為著　清光緒三十二年(1906)上海廣智書局鉛印本　二冊

110000－0182－0005828　地 1929
鶴場漫志二卷　(清)劉家謀撰　清道光二十八年(1848)刻本　二冊

110000－0182－0005829　地 1931
西湖遊覽志二十四卷附志餘二十六卷　(明)田汝成撰　清光緒二十二年(1896)錢塘丁氏嘉惠堂刻武林掌故叢編本　十二冊

110000－0182－0005830　地 1933
清地輿總圖　(□)□□繪　清舊抄本　一冊

110000－0182－0005831　地 1937
銅梁縣鄉土志三卷　(清)夏雲程編　清光緒抄本　一冊　存一卷(三)

110000－0182－0005832　地 1938
輿地總圖　(□)□□撰　清抄本　二冊

110000－0182－0005833　地 1946
黃山志八卷　(清)釋弘眉撰　清康熙六年(1667)刻本　十冊

110000－0182－0005834　地 1947
三省入藏程站記　(清)范鑄撰　清光緒三十三年(1907)石印本　一冊

110000－0182－0005835　地 1948
禹峽山志四卷　(清)孫繩祖撰　清光緒十年(1884)刻本　四冊

110000－0182－0005836　地 1949
歷代輿地沿革險要圖　楊守敬　(清)饒敦秩編　清光緒五年(1879)東湖饒敦秩刻朱墨套印本　一冊

110000－0182－0005837　地 1950
歷代沿革輿圖一卷　(清)厲雲官編繪　清同治九年(1870)無錫周氏刻本　一冊

110000－0182－0005838　地 1951
[光緒]永明縣志五十卷首一卷末一卷　(清)萬發元修　(清)周銑詒纂　清光緒三十三年(1907)刻本　十四冊

110000－0182－0005839　地 1952
[同治]隨州志三十二卷首一卷　(清)文齡等修　(清)史策先纂　清同治八年(1869)刻皖南趙振聲印本　十六冊

110000－0182－0005840　地 1954
京省水道考六卷　(清)汪日暐編纂　清乾隆四十八年(1783)刻本　八冊

110000－0182－0005841　地 1955
[同治]大冶縣志十八卷首一卷　(清)胡復初修　(清)黃昺傑纂　清同治六年至十二年(1867－1873)刻本　十二冊

110000－0182－0005842　地 1956
[宣統]撫順縣志略二十二卷　(清)趙宇航　(清)程廷恒修　(清)黎鏡蓉等纂　清宣統三年(1911)石印本　二冊

110000－0182－0005843　地 1958
[嘉慶]束鹿縣志十卷　(清)沈樂善等纂修　清嘉慶四年(1799)刻本　四冊

110000－0182－0005844　地 1959
[同治]平江縣志五十五卷首一卷末一卷　(清)張培仁等修　(清)李元度纂　清同治十三年至光緒元年(1874－1875)刻本　十六冊

110000－0182－0005845　地 1961
[康熙]靈壽縣志十卷末一卷　(清)陸隴其修　(清)傅維樗纂　清康熙二十五年(1686)刻本　四冊

110000－0182－0005846　地 1964
[同治]續輯漢陽縣志二十八卷　(清)黃式度　(清)王庭楨修　(清)王柏心纂　清同治七年(1868)刻本　二十冊

110000－0182－0005847　地1965
[嘉慶]長垣縣志十六卷　(清)李于垣修　(清)楊元錫纂　清嘉慶十五年(1810)刻本　八冊

110000－0182－0005848　地1966
[光緒]越巂廳全志十二卷　(清)馬忠良修　(清)馬湘纂　孫鏘等續修　清光緒三十二年(1906)鉛印本　六冊

110000－0182－0005849　地1967
[光緒]屯留縣志八卷首一卷　(清)劉鍾麟修　(清)楊篤纂　清光緒六年(1880)刻十一年(1885)續修本　八冊

110000－0182－0005850　地1968
[道光]保寧府志六十二卷圖考一卷　(清)黎學錦總裁　(清)史觀總纂　清道光元年(1821)保寧府署刻本　十六冊

110000－0182－0005851　地1969
[光緒]鳳陽縣志十六卷首一卷附續志　(清)于萬培纂修　(清)謝永泰續修　(清)王汝琛續纂　清光緒十三年(1887)刻本　十二冊

110000－0182－0005852　地1970
新興縣鄉土志不分卷　(清)顧雲龍編　清光緒三十二年(1906)抄本　四冊

110000－0182－0005853　地1971
[道光]榆林府志五十卷首一卷　(清)李熙齡纂修　清道光二十一年(1841)刻本　十二冊

110000－0182－0005854　地1972
[同治]襄陽縣志七卷首一卷　(清)吳耀斗修　(清)李士彬纂　清同治十二年(1873)刻本　八冊

110000－0182－0005855　地1975
[乾隆]續修臺灣府志二十六卷首一卷　(清)余文儀修　(清)黃佾纂　清乾隆三十九年(1774)修同治十一年(1872)刻本　十二冊

110000－0182－0005856　地1976
[嘉慶]漢南續修郡志三十二卷首一卷　(清)嚴如熤修　(清)鄭炳然等纂　清嘉慶十九年(1814)刻本　十六冊

110000－0182－0005857　地1977
[乾隆]成縣新志四卷　(清)黃詠修　清乾隆六年(1741)修十七年(1752)刻本　四冊

110000－0182－0005858　地1978
[康熙]城固縣志十卷　(清)王穆纂修　清光緒四年(1878)徐德懷刻本　四冊

110000－0182－0005859　地1979
[道光]金華縣志十二卷首一卷末一卷　(清)黃金聲修　(清)李林松纂　清道光三年(1823)刻本　八冊

110000－0182－0005860　地1982
江津縣鄉土志四卷　(□)□□纂修　清光緒抄本　四冊

110000－0182－0005861　地1985
[光緒]洪雅縣志十二卷首一卷　(清)郭世棻修　(清)鄧敏修等纂　清光緒十年(1884)刻本　五冊

110000－0182－0005862　地1986
[嘉慶]洪雅縣志二十五卷首一卷　(清)王好音修　(清)張柱纂　清嘉慶十八年(1813)寫刻本　七冊

110000－0182－0005863　地1988
[嘉慶]新修浦城縣志四十卷首一卷　(清)黃恬修　(清)祖之望　(清)朱秉鑒纂　清嘉慶十六年(1811)刻本　十五冊

110000－0182－0005864　地1989
[乾隆]興平縣志二十五卷　(清)顧聲雷修　(清)張塤纂　清光緒二年(1876)刻本　七冊

110000－0182－0005865　地1990
[光緒]北流縣志二十四卷　(清)徐作梅修　(清)李士琨纂　清光緒六年(1880)刻本　十二冊

110000－0182－0005866　地1991
[光緒]泗水縣志十五卷首一卷　(清)趙英祚修　(清)黃承膺纂　清光緒十八年(1892)刻本　八冊

110000－0182－0005867　地 1992
［嘉慶］洛川縣志二十卷首一卷附朝陽書院經濟章程一卷　（清）劉毓秀修　（清）賈構纂　清嘉慶十一年（1806）刻本　四册

110000－0182－0005868　地 1997
［嘉慶］漢陰廳志十卷首一卷　（清）錢鶴年修　（清）董詔纂　清嘉慶二十三年（1818）刻本　六册

110000－0182－0005869　地 1998
［宣統］建德縣志二十卷首一卷　張贇巽等修　周學銘纂　清宣統二年（1910）湖北官刷印局鉛印本　十册

110000－0182－0005870　地 1999
［光緒］嘉祥縣志四卷　（清）章文華　（清）官擢午纂修　清宣統元年（1909）刻本　四册

110000－0182－0005871　地 2000
［乾隆］直隸秦州新志十二卷首一卷末一卷　（清）費廷珍修　（清）胡釴纂　清乾隆二十九年（1764）刻本　十四册

110000－0182－0005872　地 2001
［光緒］淮安府志四十卷首一卷　（清）孫雲錦等修　（清）吴昆田　（清）高延第纂　清光緒十年（1884）刻本　十六册

110000－0182－0005873　地 2002
［道光］吴堡縣志四卷首一卷　（清）譚瑀總纂　清道光二十七年（1847）吴堡縣衙刻本　三册

110000－0182－0005874　地 2003
連平州鄉土志不分卷　（清）謝錫善編　清光緒三十四年（1908）抄本　一册

110000－0182－0005875　地 2004
［道光］敦煌縣志七卷首一卷　（清）蘇履吉等創修　（清）曾誠纂輯　清道光十一年（1831）敦煌縣署刻本　四册

110000－0182－0005876　地 2006
［光緒］鳳臺縣志二十五卷　（清）李師沆　（清）石成之主修　（清）葛蔭南　（清）周爾儀纂　清光緒十八年（1892）木活字印本　十册

110000－0182－0005877　地 2008
海曲拾遺六卷　（清）金榜撰　（清）徐縉補續　清嘉慶二十三年（1818）刻本　六册

110000－0182－0005878　地 2009
［光緒］奉節縣志三十六卷首一卷　（清）曾秀翹修　（清）楊德坤等纂　清光緒十九年（1893）刻本　八册

110000－0182－0005879　地 2019
［嘉慶］峨眉縣志十卷首一卷　（清）王燮修　（清）張希縉　（清）張希珝纂　清嘉慶十八年（1813）刻宣統三年（1911）江右李錦成重修本　四册

110000－0182－0005880　地 2020
［宣統］峨眉縣續志十卷　（清）李錦成修　（清）朱榮邦等纂　清宣統三年（1911）刻本　五册

110000－0182－0005881　地 2021
［嘉慶］金堂縣志九卷首一卷末一卷　（清）謝惟傑修　（清）陳一津纂　清道光二十四年（1844）刻本　八册

110000－0182－0005882　地 2022
［同治］重修成都縣志十六卷首一卷　（清）李玉宣修　（清）衷興鑒等纂　清同治十二年（1873）刻本　十六册

110000－0182－0005883　地 2023
［光緒］開州志八卷首一卷　（清）陳兆麟纂修　清光緒八年（1882）刻本　八册

110000－0182－0005884　地 2024
［道光］重修膠州志四十卷　（清）張同聲修　（清）李圖纂　清道光二十五年（1845）刻本　八册

110000－0182－0005885　地 2025
［同治］續金堂縣志八卷首一卷末一卷　（清）王樹桐　（清）徐璞玉修　（清）米繪裳等纂　清同治六年（1867）刻本　二册

110000－0182－0005886　地 2026
［光緒］增修灌縣志十四卷首一卷　（清）莊思恒修　（清）鄭珶山纂　清光緒十二年（1886）灌縣縣署刻本　十冊

110000－0182－0005887　地 2027
［同治］進賢縣志二十五卷首一卷　（清）江璧等修　（清）胡景辰等纂　清同治十年（1871）刻本　十六冊

110000－0182－0005888　地 2028
［咸豐］鄞縣志三十二卷首一卷　（清）張恕修　（清）周道遵纂　清咸豐六年（1856）刻本　十六冊

110000－0182－0005889　地 2032
［道光］陸涼州志八卷　（清）繆闐修　清抄本　六冊

110000－0182－0005890　地 2034
［光緒］唐縣志十二卷首一卷　（清）陳詠修　（清）張惇德纂　清光緒四年（1878）刻本　八冊

110000－0182－0005891　地 2036
海客日譚六卷首一卷　（清）王芝編纂　清光緒二年（1876）石城王含刻本　四冊

110000－0182－0005892　地 2039
［同治］河曲縣志八卷　（清）金福增修　（清）張兆魁　（清）金鍾彥纂　清同治十一年（1872）刻本　八冊

110000－0182－0005893　地 2042
［光緒］靖州鄉土志四卷首一卷　金蓉鏡編　清光緒三十四年（1908）刻本　二冊

110000－0182－0005894　地 2043
［雍正］慈溪縣志五十六卷附編一卷　（清）楊正筍修　（清）馮鴻模纂　清乾隆三年（1738）刻本　八冊

110000－0182－0005895　地 2044
［宣統］峨眉縣續志十卷　（清）李錦成修　（清）朱榮邦等纂　清宣統三年（1911）刻本　五冊

110000－0182－0005896　地 2045
［光緒］雷波廳志三十六卷首一卷　（清）秦雲龍修　（清）萬科進纂　清光緒十九年（1893）刻本（卷首及卷一至六、二十九至三十六爲補配）　六冊

110000－0182－0005897　地 2046
［康熙］青州府志二十二卷　（清）陶錦修　（清）王昌學等纂　清康熙六十年（1721）刻本　八冊

110000－0182－0005898　地 2049
［光緒］增修崇慶州志十二卷首一卷　（清）沈恩培修　（清）胡麟　（清）徐鼎元纂　清光緒三年（1877）刻本　八冊

110000－0182－0005899　地 2050
湖北輿地圖　（□）□□撰　清末石印本　四冊

110000－0182－0005900　地 2051
深州疆域志　（清）吳汝綸纂　清光緒七年（1881）稿本　一冊

110000－0182－0005901　地 2055
［康熙］臨淄縣志十六卷　（清）鄧性修　（清）李煥章等纂　清康熙十一年（1672）刻本　二冊

110000－0182－0005902　地 2058
江蘇海塘新志八卷首一卷　（清）李慶雲　（清）蔣師轍纂　清光緒十六年（1890）刻本　四冊

110000－0182－0005903　地 2061
［同治］新繁縣志十六卷首一卷　（清）張文珍　（清）李應觀修　（清）楊益豫等纂　清同治十二年（1873）刻本　十冊

110000－0182－0005904　地 2063
［道光］如皋縣續志十二卷　（清）范仕義修　（清）吳鎧纂　清道光十七年（1837）刻本　二冊

110000－0182－0005905　地 2064
［同治］如皋縣續志十六卷　（清）周際霖修

(清)周項纂　清同治十二年(1873)刻本　六册

110000－0182－0005906　地2065
[嘉慶]如皋縣志二十四卷　(清)楊受廷修　(清)馬汝舟纂　清嘉慶十三年(1808)刻本　十册

110000－0182－0005907　地2067
巴塘鹽井鄉土志二卷　(清)段鵬瑞編纂　清宣統三年(1911)鉛印本　一册

110000－0182－0005908　地2071
五涼考治六德集全志五卷　(清)張之濬纂修　清乾隆十四年(1749)刻本　五册

110000－0182－0005909　地2091
[乾隆]五臺縣志八卷　(清)王秉韜纂修　清乾隆四十五年(1780)刻本　四册

110000－0182－0005910　地2093
[光緒]五臺新志四卷首一卷　(清)徐繼畬纂修　(清)孫汝明續修　(清)楊篤續纂　清同治四年(1865)修光緒九年(1883)續修刻本　四册

110000－0182－0005911　地2094
[雍正]四川通志四十七卷首一卷　(清)查郎阿修　(清)張晉生　(清)王一正纂　清乾隆元年(1736)刻本　四十八册

110000－0182－0005912　地2095
華嶽志八卷首一卷　(清)李榕輯　清道光十一年(1831)刻本　四册

110000－0182－0005913　地2096
金山志十卷續二卷　(清)盧見曾編纂　(清)釋秋崖續纂　清光緒二十七年(1901)刻本　六册

110000－0182－0005914　地2097
[嘉慶]靈石縣志十二卷　(清)王志瀜修　(清)黄憲臣纂　清嘉慶二十二年(1817)刻本　六册

110000－0182－0005915　地2098
[嘉慶]靈石縣志續編二卷　(清)謝均修　(清)白星煒纂　清光緒元年(1875)刻本　二册

110000－0182－0005916　地2099
[雍正]陝西通志一百卷首一卷　(清)劉于義修　(清)沈青崖纂　清雍正十三年(1735)刻本　一百册

110000－0182－0005917　地2104
[嘉慶]涇縣志三十二卷首一卷　(清)李德淦修　(清)洪亮吉纂　清嘉慶十一年(1806)刻本　十二册

110000－0182－0005918　地2105
[光緒]屏山縣續志二卷首一卷　(清)張九章修　(清)陳藩垣纂　清光緒二十四年(1898)刻本　二册

110000－0182－0005919　地2106
[光緒]名山縣志十五卷　(清)周振瓊督修　(清)趙怡　(清)趙懿纂輯　清光緒二十二年(1896)刻本　四册

110000－0182－0005920　地2107
[同治]南溪縣志八卷　(清)福倫修　(清)胡元翔　(清)唐毓彤纂　清同治十三年(1874)刻本　八册

110000－0182－0005921　地2108
[道光]新都縣志十八卷首一卷　(清)張奉書等纂修　清道光二十四年(1844)刻本　十二册

110000－0182－0005922　地2113
方輿類纂二十八卷首一卷　(清)顧祖禹撰　清嘉慶十三年(1808)文畬堂刻本　三十册

110000－0182－0005923　地2126
遊歷秘魯圖經四卷　(清)傅雲龍撰　清光緒二十八年(1902)石印本　二册

110000－0182－0005924　地2128
[康熙]靈壽縣志十卷末一卷　(清)陸隴其修　(清)傅維檟纂　清康熙二十五年(1686)刻本　四册

110000－0182－0005925　地2139

[道光]重刊續纂宜荊縣志十卷首一卷 （清）顧名 （清）龔潤森修 （清）吳德旋纂 清道光二十年(1840)刻本 四冊

110000－0182－0005926 地 2146

西域水道記五卷 （清）徐松撰 清光緒十九年(1893)寶善書局石印本 八冊

110000－0182－0005927 地 2147

蒙古遊牧記十六卷 （清）張穆撰 清光緒二十年(1894)上海復古書局石印本 六冊

110000－0182－0005928 地 2148

廣雁蕩山志二十八卷首一卷末一卷 （清）曾唯輯 清乾隆五十五年(1790)刻本 八冊

110000－0182－0005929 地 2150

[嘉慶]衛藏通志十六卷首一卷 （清）和琳纂 清光緒二十一年(1895)刻本 八冊

110000－0182－0005930 地 2152

皇朝輿地略 （清）六承如節編 **皇朝輿地韻編二卷** （清）李兆洛編 清咸豐十年(1860)刻本 一冊

110000－0182－0005931 地 2154

滇軺紀程不分卷 （清）林則徐撰 清光緒刻本 一冊

110000－0182－0005932 地 2155

灰畫集二十卷 （清）李培編 清抄本 七冊 缺二卷(三至四)

110000－0182－0005933 地 2156

平山堂圖志十卷首一卷 （清）趙之壁編 清乾隆刻本 六冊

110000－0182－0005934 地 2158

[乾隆]延慶州志十卷首一卷 （清）李鍾俾修 （清）穆元肇 （清）方世熙纂 清乾隆七年(1742)刻本 四冊

110000－0182－0005935 地 2160

[道光]南昌縣志三十九卷首一卷末一卷 （清）慶雲修 （清）吳啟楠 （清）姜曾纂 清道光二十九年(1849)刻本 三十六冊

110000－0182－0005936 地 2163

[光緒]高唐州志八卷首一卷末一卷 （清）周家齊修 （清）鞠建章纂 清光緒三十三年(1907)刻本 六冊

110000－0182－0005937 地 2164

[道光]義寧縣志六卷 （清）謝澐 （清）朱象珽纂修 清末抄本 四冊

110000－0182－0005938 地 2168

檳榔嶼志略十卷 力鈞撰 清光緒十七年(1891)木活字印本 四冊

110000－0182－0005939 地 2170

[乾隆]醴泉縣志十四卷圖一卷 （清）蔣騏昌修 （清）孫星衍纂 清乾隆四十九年(1784)刻本 四冊

110000－0182－0005940 地 2171

[同治]桂陽直隸州志二十七卷首一卷 （清）汪敦灝 （清）吳嗣仲修 王闓運纂 清同治七年(1868)刻本 十四冊

110000－0182－0005941 地 2172

[淳熙]嚴州圖經八卷 （宋）董弅修 （元）喻彥先檢訂 （宋）陳公亮重修 （宋）劉文富訂正 清光緒二十二年(1896)桐廬袁昶刻漸西村舍彙刊本 二冊

110000－0182－0005942 地 2174

舟車所至 （清）鄭光祖輯 清道光二十三年(1843)琴川鄭光祖青玉山房刻本 四冊

110000－0182－0005943 地 2175(1)

無極縣志十一卷末一卷續志十卷首一卷末一卷 （清）黃可潤修 清光緒十九年(1893)刻本 四冊

110000－0182－0005944 地 2175(2)

無極縣續志十卷首一卷末一卷 （清）曹鳳來修 清光緒十九年(1893)刻本 四冊

110000－0182－0005945 地 2178

重訂越南圖說六卷 （清）盛慶紱纂 清光緒刻本 三冊

110000－0182－0005946 地 2181

[咸豐]容城縣志八卷 （清）詹作周修 （清）王振綱纂 清咸豐七年（1857）刻本 六冊

110000－0182－0005947 地2182
[乾隆]德州志十二卷首一卷 （清）王道亨修 （清）張慶源纂 清乾隆五十三年（1788）刻本 八冊

110000－0182－0005948 地2184
[光緒]海城縣志十卷 （清）楊金庚修 （清）陳廷珍纂 清光緒三十四年（1908）鉛印本 二冊

110000－0182－0005949 地2188
雲南初勘緬界記不分卷 姚文棟撰 清光緒十八年（1892）刻本 一冊

110000－0182－0005950 地2189
[雍正]阜城縣志二十二卷首一卷 （清）陸福宜修 （清）多時珍纂 清光緒三十四年（1908）鉛印本 四冊

110000－0182－0005951 地2191
[康熙]鐵嶺縣志二卷 （清）賈弘文修 （清）董國祥纂 清抄本 一冊

110000－0182－0005952 地2192
[康熙]錦縣志八卷 （清）王奕曾修 （清）范勳纂 清康熙抄本 一冊

110000－0182－0005953 地2207
[乾隆]寧武府志十二卷首一卷 （清）魏元樞 （清）周景柱纂修 清乾隆十五年（1750）刻本 六冊

110000－0182－0005954 地2209
綿竹縣鄉土志不分卷 （清）田明理修 黃尚毅纂 清光緒三十四年（1908）刻本 一冊

110000－0182－0005955 地2210
[萬曆]錢塘縣志十紀 （明）聶心湯纂修 清光緒十九年（1893）武林丁氏刻本 六冊

110000－0182－0005956 地2225
上元江寧鄉土合志六卷 陳作霖編 清宣統二年（1910）江楚編譯局刻本 一冊

110000－0182－0005957 地2227
元和唯亭志二十卷首一卷末一卷 （清）沈藻采纂 清道光二十八年（1848）刻本 六冊

110000－0182－0005958 地2228
[同治]長樂縣志二十卷首一卷 （清）彭光藻修 （清）楊希閔纂 清同治八年（1869）刻本 十冊

110000－0182－0005959 地2246
[乾隆]天津縣志二十四卷 （清）朱奎揚 （清）張志奇修 （清）吳廷華纂 清乾隆四年（1739）刻本 八冊

110000－0182－0005960 地2248
[同治]內江縣志十五卷首一卷 （清）張搢等修 （清）張兆蘭續修 （清）黃覺續纂 清同治十年（1871）刻本 八冊

110000－0182－0005961 地2250
[同治]長沙縣志三十六卷 （清）劉采邦 （清）張延珂纂修 清同治十年（1871）刻本 二十冊

110000－0182－0005962 地2252
[乾隆]巴縣志十七卷首一卷 （清）王爾鑒修 清乾隆二十五年（1760）刻本 三十冊

110000－0182－0005963 地2258
[康熙]荔浦縣志四卷 （清）許之豫纂修 清抄本 四冊

110000－0182－0005964 地2271
[嘉慶]江安縣志六卷 （清）趙模修 （清）鄭存仁纂 清嘉慶十七年（1812）刻本 六冊

110000－0182－0005965 地2323
[道光]忠州直隸州志八卷首一卷 （清）吳友篪 （清）熊履青纂修 清道光六年（1826）刻本 八冊

110000－0182－0005966 地2325
[光緒]遂昌縣志十二卷首一卷外編四卷 （清）胡壽海 （清）史恩緯修 （清）褚成允纂 清光緒二十二年（1896）尊經閣刻本 十二冊

110000－0182－0005967　地2332
[乾隆]孝義縣志二十卷　(清)鄧必安纂修　清乾隆三十五年(1770)孝義縣署刻本　八冊

110000－0182－0005968　地2333
[乾隆]歷城縣志五十卷首一卷　(清)胡德琳修　(清)李文藻纂　清乾隆三十八年(1773)刻本　十六冊

110000－0182－0005969　地2336
[光緒]嘉應州志三十二卷首一卷　(清)吳宗焯倡修　(清)溫仲和總纂　清光緒二十七年(1901)嘉應州署刻本　十四冊

110000－0182－0005970　地2338
[光緒]漢陽縣志十卷首一卷　(清)濮文昶修　(清)張行簡纂　清光緒景賢書塾刻本　三冊

110000－0182－0005971　地2348
[光緒]新修潼川府志三十卷　(清)阿麟修　(清)王龍勳等纂　清光緒二十三年(1897)刻本　十六冊

110000－0182－0005972　地2349
[嘉慶]海州直隸州志三十二卷首一卷　(清)唐仲冕修　(清)汪梅鼎纂　清嘉慶十六年(1811)刻本　十冊

110000－0182－0005973　地2350
[乾隆]歸德府志三十六卷首一卷　(清)陳錫輅等修　(清)查岐昌纂　清光緒十九年(1893)刻本　十冊

110000－0182－0005974　地2352
[嘉慶]西安縣志四十八卷首一卷　(清)姚寶煃修　(清)范崇楷纂　清嘉慶十六年(1811)刻本　十冊

110000－0182－0005975　地2356
[同治]益陽縣志二十五卷首一卷　(清)姚念楊　(清)呂懋恒修　(清)趙裴哲纂　清同治十三年(1874)刻本　十五冊

110000－0182－0005976　地2367
[同治]臨江府志三十二卷首一卷　(清)德馨　(清)鮑孝光修　(清)朱孫詒　(清)陳錫麟纂　清同治十年(1871)刻本　六冊

110000－0182－0005977　地2371
[同治]湘鄉縣志二十三卷　(清)齊德五　(清)黃楷盛纂修　清同治十三年(1874)刻本　二十四冊

110000－0182－0005978　地2372
越南地輿圖說六卷首一卷　(清)盛慶紱纂輯　清光緒九年(1883)刻本　二冊

110000－0182－0005979　地2375
地球說略　(美國)禕理哲撰　(日本)箕作阮甫訓點　清末鉛印本　一冊

110000－0182－0005980　地2376
[嘉定]赤城志四十卷　(宋)齊碩等修　(宋)陳耆卿纂　清嘉慶二十三年(1818)宋世犖刻台州叢書乙集本　六冊

110000－0182－0005981　地2377
遊歷英屬加納大圖經八卷　(清)傅雲龍撰　清光緒二十八年(1902)石印本　二冊

110000－0182－0005982　地2378
遊歷巴西圖經十卷　(清)傅雲龍述　清光緒二十七年(1901)石印本　二冊

110000－0182－0005983　地2379
連陽八排風土記十卷　(清)李來章纂　清康熙四十七年(1708)刻本　三冊

110000－0182－0005984　地2383
[光緒]續增樂至縣志四卷首一卷　(清)胡書雲等修　(清)李星根纂　清光緒九年(1883)刻本　四冊

110000－0182－0005985　地2384
[道光]樂至縣志十六卷首一卷　(清)裴顯忠修　(清)劉碩輔纂　清道光二十年(1840)刻本　四冊

110000－0182－0005986　地2391
[光緒]交城縣志十卷首一卷　(清)夏肇庸修　(清)許惺南纂　清光緒八年(1882)刻本　八冊

110000－0182－0005987　地 2408(1)
小方壺齋輿地叢鈔十二帙　王錫祺輯　清光緒十七年(1891)著易堂鉛印本　六十四册

110000－0182－0005988　地 2408(2)
小方壺齋輿地叢鈔補編十二帙再補編十二帙　王錫祺輯　清光緒十七年(1891)上海著易堂鉛印本　十一册　缺十五帙(小方壺齋輿地叢鈔補編五至九、再補編一至十)

110000－0182－0005989　地 2409
[光緒]吉安府志五十三卷首一卷　(清)定祥修　(清)劉繹等纂　清光緒二年(1876)刻本　四十册

110000－0182－0005990　地 2413
[光緒]吴江縣續志四十卷首一卷　(清)金福曾修　(清)熊其英纂　清光緒五年(1879)刻本　八册

110000－0182－0005991　地 2414
[景定]嚴州續志十卷　(宋)鄭瑶等撰　清光緒二十二年(1896)漸西村舍彙刻本　二册

110000－0182－0005992　地 2415
[光緒]邢臺縣志八卷首一卷　(清)戚朝卿修　(清)周祐纂　清光緒三十一年(1905)刻本　六册

110000－0182－0005993　地 2417
[光緒]吴川縣志十卷首一卷　(清)毛昌善主修　(清)陳蘭彬總纂　清光緒十八年(1892)吴川縣壽鑄刻本　十册

110000－0182－0005994　地 2419
[光緒]續輯均州志十六卷首一卷　(清)馬雲龍　(清)湯炳堃修　(清)賈洪詔纂　清光緒十年(1884)均州志局刻本　八册

110000－0182－0005995　地 2420
[同治]祁門縣志三十六卷首一卷　(清)周溶修　(清)汪韻珊纂　清同治十二年(1873)刻本　十二册

110000－0182－0005996　地 2422
南潯鎮志四十卷首一卷　(清)汪曰楨纂　清咸豐九年(1859)修同治二年(1863)刻本　十册

110000－0182－0005997　地 2423
[光緒]秀山縣志十四卷首一卷　(清)王壽松修　(清)李稽勳纂　(清)謝初旭繪　清光緒十七年(1891)刻本　四册

110000－0182－0005998　地 2426
[乾隆]同官縣志十卷　(清)袁文觀纂修　清抄本　一册　存三卷(一、三、九)

110000－0182－0005999　地 2427
孚遠縣鄉土志一卷　(清)□□撰　清抄本　一册

110000－0182－0006000　地 2429
[光緒]西藏圖考八卷首一卷　(清)黄沛翹纂修　清光緒二十年(1894)刻本　四册

110000－0182－0006001　地 2430
[光緒]西藏圖考八卷首一卷　(清)黄沛翹纂修　清光緒二十三年(1897)刻本　四册

110000－0182－0006002　地 2433
周莊鎮志六卷首一卷　(清)陶煦輯　清光緒八年(1882)元和陶煦儀一堂刻本　六册

110000－0182－0006003　地 2434
重輯楓涇小志十卷　(清)曹相駿纂　(清)許光墉增纂　清光緒十七年(1891)鉛印本　四册

110000－0182－0006004　地 2437
乾道臨安志十五卷　(宋)周淙纂　清光緒二十年(1894)孫氏壽松堂刻本　一册　存三卷(一至三)

110000－0182－0006005　地 2440
[乾隆]武清縣志十二卷首一卷末一卷　(清)吴翀　(清)張純等撰　清乾隆七年(1742)刻本　八册

110000－0182－0006006　地 2441
[光緒]寶山縣志稿十四卷首一卷　(清)梁蒲貴　(清)吴康壽主修　(清)朱延射　(清)潘履祥纂　清光緒八年(1882)刻本　八册

110000－0182－0006007　地2446
京口山水志十八卷　（清）楊棨撰　清宣統三年（1911）鉛印本　四冊

110000－0182－0006008　地2447
［乾隆］餘姚志四十卷　（清）唐若瀛修　（清）邵晉涵纂　清乾隆四十三年（1778）修四十六年（1781）刻本　八冊

110000－0182－0006009　地2450
瀛環志略十卷　（清）徐繼畬撰　清道光二十八年至二十九年（1848－1849）刻本　六冊

110000－0182－0006010　地2453
［光緒］洪雅縣志十二卷首一卷　（清）郭世棻修　（清）鄧敏修等纂　清光緒十年（1884）刻本　五冊

110000－0182－0006011　地2454
中國近世輿地圖說二十三卷首一卷　（清）羅汝楠撰　方新校繪　清宣統元年（1909）廣東教忠學堂石印本　八冊

110000－0182－0006012　地2455
［光緒］溧陽縣續志十六卷續補一卷　（清）朱畯等修　（清）馮煦等纂　清光緒二十五年（1899）木活字印本　七冊

110000－0182－0006013　地2459
［光緒］淳安縣志十六卷首一卷　（清）李詩修　（清）陳中元　（清）竺士彥纂　清光緒十年（1884）刻本　八冊

110000－0182－0006014　地2463
［宣統］南海縣志二十六卷　鄭榮　桂坫纂修　清宣統二年（1910）刻本　十五冊

110000－0182－0006015　地2466
［嘉慶］澄海縣志二十六卷首一卷　（清）李書吉修　清嘉慶二十年（1815）刻道光九年（1829）增刻本　八冊

110000－0182－0006016　地2467
［同治］瀏陽縣志二十四卷　（清）王汝惺修　（清）鄒焌傑等纂　清同治十二年（1873）刻本　十三冊

110000－0182－0006017　地2468
［咸豐］簡州志十四卷　（清）濮瑗修　（清）陳治安　（清）黃樸校　清咸豐三年（1853）刻本　十冊

110000－0182－0006018　地2469
［光緒］簡州續志十四卷　（清）易家霖修　（清）傅爲霖纂　清光緒二十三年（1897）刻本　二冊

110000－0182－0006019　地2473
宋元四明六志八種九十五卷　（清）徐時棟纂　清咸豐四年（1854）刻徐氏煙嶼樓刻本　四十冊

110000－0182－0006020　地2474
［乾隆］震澤縣志三十八卷首一卷　（清）陳和志修　（清）倪師孟　（清）沈彤纂　清光緒十九年（1893）吳郡徐元圃刻本　八冊

110000－0182－0006021　地2476
［道光］德陽縣新志十二卷首一卷末一卷　（清）裴顯忠修　（清）劉碩輔纂　清道光十七年（1837）刻本　五冊

110000－0182－0006022　地2477
［光緒］德陽縣志續編十卷首一卷末一卷　（清）鈕傳善修　（清）李炳靈　（清）楊藻纂　清光緒三十一年（1905）宏道閣公書局刻本　三冊

110000－0182－0006023　地2478
皇朝直省府廳州縣歌括　（清）蔣升編纂　清光緒二十九年（1903）鉛印本　一冊

110000－0182－0006024　地2479
［光緒］重纂禮縣新志四卷首一卷　（清）雷文淵修　（清）王思溫纂　清光緒十六年（1890）刻本　四冊

110000－0182－0006025　地2487
［乾隆］確山縣志四卷　（清）周之瑚修　（清）嚴克嶟纂　清乾隆十一年（1746）刻本　四冊

110000－0182－0006026　地2490

[雍正]海陽縣志十二卷　(清)張士璉纂修　清雍正十二年(1734)刻本　十冊

110000－0182－0006027　地 2491
廣東圖　(□)□□撰　清同治五年(1866)廣州鎔經鑄史齋刻本　三冊

110000－0182－0006028　地 2494
[同治]潁上縣志十二卷　(清)都憲錫主修　(清)李道章纂　清同治九年(1870)刻本　八冊

110000－0182－0006029　地 2496
[光緒]騰越廳志稿二十卷首一卷　(清)陳宗海修　(清)趙端禮纂　清光緒十三年(1887)刻本　六冊

110000－0182－0006030　地 2497
[乾隆]富順縣志五卷首一卷　(清)段玉裁　(清)李芝纂修　清光緒八年(1882)刻本　五冊

110000－0182－0006031　地 2498
[道光]蓬溪縣志十六卷首一卷　(清)吳章祁　(清)楊文保修　(清)顧士英纂　清道光二十五年(1845)刻本　八冊

110000－0182－0006032　地 2499
[光緒]蓬溪縣續志十四卷首一卷　周學銘修　(清)熊祥謙等纂　清光緒二十五年(1899)刻本　四冊

110000－0182－0006033　地 2501
爛柯山志十三卷　(清)鄭永禧輯　清光緒三十二年(1906)不其山館刻本　四冊

110000－0182－0006034　地 2502
陰那山志六卷　(明)李士淳纂　(清)李閬中續修　清咸豐七年(1857)刻同治補刻民國重印本　二冊

110000－0182－0006035　地 2507
[光緒]安徽通志三百五十卷補遺十卷　(清)吳坤修等修　(清)何紹基等纂　清光緒四年(1878)刻本　一百二十冊

110000－0182－0006036　地 2508
[光緒]富平縣志稿十卷首一卷　(清)劉錕　(清)譚麟纂　清光緒十七年(1891)刻本　十冊

110000－0182－0006037　地 2510
[順治]海寧縣志略不分卷　(清)秦嘉系修　(清)范驤纂　清光緒八年(1882)刻清風室叢刻本　一冊

110000－0182－0006038　地 2512
徐州府銅山縣鄉土志不分卷　(清)袁國鈞修　(清)楊世楨等纂　清光緒三十年(1904)刻本　一冊

110000－0182－0006039　地 2514
[光緒]蒸里志略十二卷　(清)葉世熊纂修　清宣統二年(1910)青浦葉桐叔鉛印本　二冊

110000－0182－0006040　地 2515
[嘉慶]新修荊溪縣志四卷首一卷　(清)唐仲冕修　(清)寧楷纂　清光緒八年(1882)刻宜興荊溪舊志五種本　二冊

110000－0182－0006041　地 2519
[光緒]通州直隸州志十六卷首一卷末一卷訂訛一卷　(清)梁悅馨　(清)莫祥芝修　(清)季念詒　(清)沈鍠纂　清光緒元年(1875)刻本　十六冊

110000－0182－0006042　地 2524
[雍正]浙江通志二百八十卷首三卷　(清)李衛等修　(清)沈翼機　(清)傅王露纂　清乾隆元年(1736)刻本　一百二十冊

110000－0182－0006043　地 2526
[雍正]揚州府志四十卷　(清)尹會一修　(清)程夢星等纂　清雍正十一年(1733)刻本　十二冊

110000－0182－0006044　考 0001
山右石刻叢編四十卷目錄一卷　(清)胡聘之撰　清光緒二十五年至二十七年(1899－1901)刻本　二十四冊

110000－0182－0006045　考 0002
兩漢金石記二十二卷　(清)翁方綱撰　清乾

隆五十四年(1789)大興翁方綱南昌使院刻本　六册

110000－0182－0006046　考 0003
歷代鐘鼎彝器款識法帖二十卷　(宋)薛尚功撰　**札記一卷**　劉世珩撰　清光緒三十三年(1907)貴池劉世珩玉海堂刻本　四册

110000－0182－0006047　考 0005
唐石經校文十卷　(清)嚴可均纂　清嘉慶九年(1804)刻四錄堂類集本　四册

110000－0182－0006048　考 0006
古泉叢話三卷又一卷　(清)戴熙撰　清同治十一年(1872)潘氏滂喜齋刻本　一册

110000－0182－0006049　考 0007
長安獲古編二卷補一卷　(清)劉喜海撰　清刻本　二册

110000－0182－0006050　考 0010
古今錢略三十二卷首一卷末一卷　(清)倪模輯　清光緒三年至五年(1877－1879)望江倪模兩彊勉齋刻本　十二册

110000－0182－0006051　考 0011
吉金所見錄十六卷首一卷末一卷　(清)初尚齡纂輯　(清)初夏齡參訂　(清)初項齡　(清)初承煦校字　清道光二十一年(1841)初榮焜、初承煦續刻本　四册

110000－0182－0006052　考 0014
二銘草堂金石聚十六卷　(清)張德容輯　清同治衢州張德容二銘草堂刻本　十六册

110000－0182－0006053　考 0016
古泉匯首集四卷元集十四卷亨集十四卷利集十八卷貞集十四卷　(清)李佐賢輯　**續泉匯十四卷首集一卷補遺二卷**　(清)鮑康　(清)李佐賢輯　清同治三年至光緒元年(1864－1875)李氏石泉書屋刻本　二十册

110000－0182－0006054　考 0017
鐵雲藏印初集不分卷　(清)劉鶚輯　清鈐印本　十册

110000－0182－0006055　考 0018
吉金志存四卷　(清)李光庭輯　清咸豐九年(1859)刻本　四册

110000－0182－0006056　考 0019
吉金所見錄十六卷首一卷末一卷　(清)初尚齡纂輯　(清)初夏齡參訂　(清)初項齡　(清)初承煦校字　清道光二十一年(1841)初榮焜、初承煦續刻本　四册

110000－0182－0006057　考 0021
觀古閣叢刻十種　(清)鮑康輯　清同治至光緒歙縣鮑康觀古閣刻本　八册

110000－0182－0006058　考 0022(1)
泉志十五卷　(宋)洪遵撰　清嘉慶十年(1805)照曠閣刻本　四册

110000－0182－0006059　考 0022(2)
泉志十五卷譜雙五卷　(宋)洪遵撰　清光緒元年(1875)隸釋齋刻本　四册

110000－0182－0006060　考 0023
關中金石記八卷　(清)畢沅撰　**關中金石記目錄一卷**　(清)蔡錫棟編　**關中金石記附記一卷**　(清)蔡汝霖編　清道光二十七年(1847)渭陽焦子珍刻本　五册

110000－0182－0006061　善 1074
韋蘇州集十卷　(唐)韋應物撰　明吴郡八詠樓刻本　六册

110000－0182－0006062　考 0025
錢神志七卷　(清)李世熊撰　清同治十年(1871)寧化縣署木活字印本　七册

110000－0182－0006063　考 0026
寰宇訪碑錄十二卷刊謬一卷　(清)孫星衍　(清)邢澍撰　羅振玉刊謬　**補寰宇訪碑錄五卷失編一卷刊誤一卷**　(清)趙之謙輯　羅振玉刊謬　清光緒刻朱氏槐廬金石叢書本　八册

110000－0182－0006064　考 0028
古泉匯首集四卷元集十四卷亨集十四卷利集十八卷貞集十四卷　(清)李佐賢輯　**續泉匯十四卷首集一卷補遺二卷**　(清)鮑康　(清)

李佐賢輯　清同治三年至光緒元年(1864－1875)李氏石泉書屋刻本　二十冊

110000－0182－0006065　考0031
張叔未解元所藏金石文字　(清)張廷濟藏　(清)嚴荄編　清光緒十年(1884)四會嚴荄鶴緣齋石印本　二冊

110000－0182－0006066　考0033
小蓬萊閣金石文字　(清)黃易輯　清道光十四年(1834)石墨軒刻本　五冊

110000－0182－0006067　考0037
封泥考略十卷　(清)吳式芬　(清)陳介祺輯　清光緒三十年(1904)石印本　十冊

110000－0182－0006068　考0040
安陽縣金石錄十二卷　(清)武億著　清嘉慶二十四年(1819)鐵嶺貴泰刻本　四冊

110000－0182－0006069　考0041
金石錄三十卷　(宋)趙明誠撰　清光緒十三年(1887)朱記榮刻槐廬叢書本　四冊

110000－0182－0006070　考0042
從古堂款識學十六卷　(清)徐同柏撰　清光緒三十二年(1906)蒙學報館石印本　八冊

110000－0182－0006071　考0044
攈古遺文二卷　(明)李登輯　**再增攈古遺文一卷**　(明)姚履旋增　明萬曆三十一年(1603)海陵李思謙刻本　二冊

110000－0182－0006072　考0045
河工器具圖說四卷　(清)麟慶纂輯　清道光十六年(1836)刻本　一冊　存二卷(一至二)

110000－0182－0006073　考0047(1)
金石萃編一百六十卷　(清)王昶撰　**金石續編二十一卷首一卷**　(清)陸耀通纂　清光緒十九年(1893)上海醉六堂石印本　二十四冊

110000－0182－0006074　考0047(2)
金石萃編一百六十卷　(清)王昶撰　**金石續編二十一卷首一卷**　(清)陸耀通纂　清光緒十九年(1893)上海醉六堂石印本　二十四冊

110000－0182－0006075　考0050
方家長物　方若撰　清光緒三十三年(1907)拓本　一冊

110000－0182－0006076　考0056
蜀石經殘字　(清)陳宗彝輯　清道光六年(1826)三山陳氏刻本　二冊

110000－0182－0006077　考0064
望堂金石文字　楊守敬編　清同治九年至光緒三年(1870－1877)宜都楊守敬飛青閣刻本　十七冊

110000－0182－0006078　考0065(1)
思古齋雙鉤漢碑篆額　(清)何澂輯　清光緒九年(1883)山陰何澂刻本　三冊

110000－0182－0006079　考0065(2)
思古齋雙鉤漢碑篆額　(清)何澂輯　清光緒九年(1883)山陰何澂刻本　三冊

110000－0182－0006080　考0066
金石屑不分卷附編一卷　(清)張廷濟藏　(清)鮑昌熙摹　清光緒二年至三年(1876－1877)刻本　四冊

110000－0182－0006081　考0067
古籌算考釋六卷　勞乃宣撰　清光緒十二年(1886)保山劉樹堂完縣官舍刻朱墨套印本　六冊

110000－0182－0006082　考0068
藝風堂金石文字目十八卷　繆荃孫藏並編　清光緒三十二年(1906)長沙王先謙刻本　八冊

110000－0182－0006083　考0071
鐵雲藏陶不分卷　(清)劉鶚輯　清光緒三十年(1904)丹徒劉鶚抱殘守缺齋石印本　四冊

110000－0182－0006084　考0072
封泥考略十卷　(清)吳式芬　(清)陳介祺輯　清光緒三十年(1904)石印本　十冊

110000－0182－0006085　考0075
碑別字五卷　羅振鋆輯　清光緒二十年(1894)丹徒劉鶚食舊堂刻食舊堂叢書本　一冊

110000－0182－0006086　考0076
鐘鼎字源五卷附録一卷　（清）汪立名輯　清光緒二年（1876）洞庭秦氏麟慶堂刻本　四册

110000－0182－0006087　考0077（1）
鐵雲藏龜不分卷　（清）劉鶚輯　清光緒三十年（1904）抱殘守缺齋石印本　六册

110000－0182－0006088　考0077（2）
鐵雲藏龜不分卷　（清）劉鶚輯　清光緒三十年（1904）抱殘守缺齋石印本　六册

110000－0182－0006089　考0086
常山貞石志二十四卷　（清）沈濤撰　清光緒二十年（1894）靈溪精舍刻本　十册

110000－0182－0006090　考0088
積古齋鐘鼎彝器款識十卷　（清）阮元撰　清嘉慶九年（1804）阮元、朱爲弼刻本　四册

110000－0182－0006091　考0089
安徽金石略十卷　（清）趙紹祖輯　清光緒貴池劉氏刻聚學軒叢書本　八册

110000－0182－0006092　考0090
繆篆分韻五卷補五卷　（清）桂馥撰　清光緒歸安姚覲元咫進齋刻本　三册

110000－0182－0006093　考0091
漢隸字源五卷碑目一卷附字一卷　（宋）婁機撰　明末毛氏汲古閣刻本　六册

110000－0182－0006094　考0098
雍州金石記十卷記餘一卷　（清）朱楓撰　清刻本　二册

110000－0182－0006095　考0100
集古録跋尾十卷　（宋）歐陽修撰　**集古録目五卷**　（宋）歐陽棐撰　清道光二十四年（1844）三長物齋刻本　六册

110000－0182－0006096　考0101
選集漢印分韻二卷　（清）袁日省原本　（清）謝雲生摹録　**續集漢印分韻二卷**　（清）謝景卿纂摹　清嘉慶二年至八年（1797－1803）漱藝堂刻本　四册

110000－0182－0006097　考0103
增補都門紀略　（清）楊靜亭（楊士安）編　清光緒五年（1879）京都刻本　十册

110000－0182－0006098　考0104
朝市叢載八卷　（清）楊靜亭（楊士安）原編　（清）李虹若重編　清光緒十三年（1887）刻本　八册

110000－0182－0006099　考0118
金石存十五卷　（清）吳玉搢撰　清嘉慶二十四年（1819）李氏聞妙香室刻本（卷首、卷一至二爲抄配）　四册

110000－0182－0006100　考0119
集古印譜六卷　（明）王常編　（明）顧從德校　明萬曆三年（1575）顧氏芸閣刻朱印本　六册

110000－0182－0006101　考0120
秦漢瓦當文字一卷　（清）程敦撰　清刻本　二册

110000－0182－0006102　考0122
封泥考略十卷　（清）吳式芬　（清）陳介祺輯　清光緒三十年（1904）石印本　十册

110000－0182－0006103　考0123
選青小箋十卷題詞一卷　（清）許元愷藏並輯　清道光二十四年（1844）刻本　四册

110000－0182－0006104　考0124
吉金所見録十六卷首一卷末一卷　（清）初尚齡纂輯　（清）初夏齡參訂　（清）初項齡　（清）初承煦校字　清道光二十一年（1841）初榮焜、初承煦續刻本　四册

110000－0182－0006105　考0125
山東考古録　（清）顧炎武撰　**續山東考古録三十二卷首一卷**　（清）葉圭綬撰　清光緒八年（1882）山東書局刻本　七册

110000－0182－0006106　考0126
補寰宇訪碑録五卷失編一卷　（清）趙之謙撰　清同治三年（1864）刻二金蝶堂所著書本　四册

110000－0182－0006107　考0128

西清續鑑甲編二十卷附錄一卷　（清）王傑等輯　清宣統三年（1911）上海商務印書館影印本　二十一册

110000－0182－0006108　考0135
金石屑不分卷附編一卷　（清）張廷濟藏（清）鮑昌熙摹　清光緒二年至三年（1876－1877）刻本　八册

110000－0182－0006109　考0136
兩罍軒彝器圖釋十二卷　（清）吳雲撰　清同治十一年（1872）刻本　六册

110000－0182－0006110　考0137
敬吾心室彝器款識　（清）朱善旂輯　清光緒三十四年（1908）朱之榛影印本　二册

110000－0182－0006111　考0139
千甓亭古磚圖釋二十卷　（清）陸心源輯　清光緒十七年（1891）歸安陸氏石印本　十册

110000－0182－0006112　考0140
益都金石記四卷　（清）段松苓撰　清光緒九年（1883）刻本　四册

110000－0182－0006113　考0141
匋齋藏石記四十四卷首一卷藏甎記二卷（清）端方撰　清宣統元年（1909）商務印書館上海石印本　十二册

110000－0182－0006114　考0146
重定金石契不分卷　（清）張燕昌撰　清光緒二十二年（1896）貴池劉世珩聚學軒刻本　四册

110000－0182－0006115　考0150
亦政堂重修宣和博古圖錄三十卷　（宋）王黼等撰　清乾隆十七年（1752）刻本　六册　存六卷（二十五至三十）

110000－0182－0006116　考0172
博古鏡四卷　（明）于承祖編　明刻本　四册

110000－0182－0006117　考0176
語石十卷　葉昌熾撰　清宣統元年（1909）葉昌熾刻本　四册

110000－0182－0006118　考0178
禮器釋名十八卷　桑宣撰　清光緒二十七年（1901）宛平桑宣刻鐵研齋叢書本　二册

110000－0182－0006119　考0180
鄭庵所藏泥封　（清）潘祖蔭藏　羅振玉編　清光緒二十九年（1903）上虞羅氏石印本　一册

110000－0182－0006120　考0181
敦煌石室真蹟錄五卷附一卷　王仁俊編　清宣統吳縣王仁俊影印本　二册

110000－0182－0006121　考0184
蒙古西域諸國錢譜四卷　陳其鏕譯　清宣統三年（1911）泉唐汪氏鉛印振綺堂叢書本　一册

110000－0182－0006122　考0186
千甓亭磚錄六卷　（清）陸心源纂　清光緒七年（1881）歸安陸氏十萬卷樓刻本　二册

110000－0182－0006123　考0187
山右金石錄　（清）夏寶晉纂　清光緒八年（1882）歸安石宗建古歡閣刻本　一册

110000－0182－0006124　考0209
竹崦盦金石目錄五卷　（清）趙魏集　吳士鑑校　清宣統元年（1909）錢塘吳士鑑刻朱印本　五册

110000－0182－0006125　考0211
九鐘精舍金石跋尾甲編　吳士鑑撰　清宣統二年（1910）刻本　一册

110000－0182－0006126　考0212
古泉叢話三卷又一卷　（清）戴熙撰　清同治十一年（1872）潘氏滂喜齋刻朱印本　一册

110000－0182－0006127　考0213
重定金石契不分卷　（清）張燕昌撰　清光緒二十二年（1896）貴池劉世珩聚學軒刻本　四册

110000－0182－0006128　考0214
續考古圖五卷釋文一卷　（宋）□□輯　（宋）趙九成釋　清光緒十三年（1887）歸安陸心源刻本　二册

110000－0182－0006129　考0215
廣金石韻府五卷附考古書傳一卷附玉篇字略一卷　（清）林尚葵輯　清咸豐七年（1857）巴郡張鳳藻理董軒刻本　四册

110000－0182－0006130　考0217
金石錄三十卷　（宋）趙明誠撰　（清）馮達道訂　清刻本　六册

110000－0182－0006131　考0218
歷代石經略二卷　（清）桂馥著　清光緒九年（1883）海豐吴氏陳州郡齋刻本　一册

110000－0182－0006132　考0219
金石文字記六卷　（清）顧炎武撰　清康熙刻本　二册

110000－0182－0006133　考0220
南朝寺考六卷　劉世珩撰　清光緒三十三年（1907）刻聖廎叢書本　二册

110000－0182－0006134　考0226
越中金石記二卷　（清）杜春生撰　清道光十年（1830）山陰杜氏詹波館刻本　一册

110000－0182－0006135　考0227
長安獲古編二卷補一卷　（清）劉喜海撰　清光緒三十一年（1905）劉鶚補刻本　二册

110000－0182－0006136　考0229
金石圖説二卷　（清）牛運震集説　（清）褚峻摹圖　劉世珩編補　清光緒二十二年（1896）貴池劉世珩聚學軒刻本　四册

110000－0182－0006137　考0237
鐵雲庚子劫餘錄　（清）劉鶚藏拓　清拓本　一册

110000－0182－0006138　考0250
金石文字記六卷　（清）顧炎武撰　清康熙刻本　三册　存五卷（一至五）

110000－0182－0006139　考0255
兩浙金石志十八卷　（清）阮元編　**兩浙金石志補遺一卷**　（清）阮福補遺　清光緒十六年（1890）浙江書局刻本　十二册

110000－0182－0006140　考0262
南朝佛寺志二卷　（清）孫文川輯　陳作霖編纂　清刻本　二册

110000－0182－0006141　考0263
唐兩京城坊考五卷　（清）徐松撰　（清）張穆校　清光緒五年（1879）定州王氏刻畿輔叢書本　二册

110000－0182－0006142　考0269
重定金石契不分卷　（清）張燕昌撰　清光緒二十二年（1896）貴池劉世珩聚學軒刻本　四册

110000－0182－0006143　考0270
續山東考古錄三十二卷首一卷　（清）葉圭綬撰　清光緒八年（1882）山東書局刻本　六册

110000－0182－0006144　考0271
山東考古錄　（清）顧炎武撰　清光緒八年（1882）山東書局刻本　一册

110000－0182－0006145　考0272
望堂金石初集　楊守敬編　清同治九年至光緒三年（1870－1877）宜都楊氏飛青閣刻本　六册

110000－0182－0006146　考0273
望堂金石二集　楊守敬編　清光緒至宣統宜都楊氏飛青閣刻本　六册

110000－0182－0006147　考0274（1）
觀古閣叢稿二卷　（清）鮑康撰　清同治十二年（1873）刻本　一册

110000－0182－0006148　考0274（2）
觀古閣叢稿三編二卷　（清）鮑康撰　清光緒二年（1876）觀古閣刻本　一册

110000－0182－0006149　考0275
觀古閣泉説一卷　（清）鮑康撰　清同治十二年（1873）刻本　一册

110000－0182－0006150　考0276
求古錄不分卷　（清）顧炎武撰　清光緒十四年（1888）朱記榮槐廬校刻槐廬叢書本　一册

110000－0182－0006151　考0277
古泉匯首集四卷元集十四卷亨集十四卷利集

十八卷貞集十四卷 (清)李佐賢輯 **續泉匯十四卷首集一卷補遺二卷** (清)鮑康 (清)李佐賢輯 清同治三年至光緒元年(1864－1875)李氏石泉書屋刻本 二十冊

110000－0182－0006152 考 0278
匋齋藏石記四十四卷首一卷藏甎記二卷 (清)端方撰 清宣統元年(1909)商務印書館上海石印本 十二冊

110000－0182－0006153 考 0282
金石文字記六卷 (清)顧炎武撰 清康熙刻本 一冊 存一卷(六)

110000－0182－0006154 考 0289
古玉圖考 (清)吳大澂編 清光緒十五年(1889)同文書局上海石印本 四冊

110000－0182－0006155 考 0292
殷商貞卜文字考一卷 羅振玉撰 清宣統二年(1910)玉簡齋石印本 一冊

110000－0182－0006156 考 0303
石鼓文匯 (清)尹彭壽撰 清光緒十九年(1893)諸城尹氏刻本 一冊

110000－0182－0006157 考 0305
十二硯齋金石過眼錄十八卷 (清)汪鋆輯 清光緒元年(1875)刻本 四冊

110000－0182－0006158 考 0310
攀古廔彝器款識不分卷 (清)潘祖蔭撰 清同治十一年(1872)滂喜齋刻本 二冊

110000－0182－0006159 考 0322
江西考古錄十卷 (清)王謨撰 清光緒十七年(1891)奉新宋延春刻本 四冊

110000－0182－0006160 考 0329
歷代帝王世系紀元考 (清)陳夔齡輯 清光緒十一年(1885)刻本 一冊

110000－0182－0006161 考 0336
金石萃編補正四卷 (清)方履籛撰 清光緒二十年(1894)上海醉六堂石印本 四冊

110000－0182－0006162 考 0343
京畿金石考二卷 (清)孫星衍撰 清道光二十六年(1846)刻惜陰軒叢書本 二冊

110000－0182－0006163 考 0351
文廟從祀位次考一卷附鄒縣孟廟從祀位次考一卷 (清)陳錦撰 清光緒十二年(1886)橘蔭軒刻本 一冊

110000－0182－0006164 考 0352
廣湖南考古略三十卷 (清)同德齋主人輯 清光緒十四年(1888)鴻寶齋石印本 六冊

110000－0182－0006165 考 0360
莫高窟石室秘錄七卷 羅振玉編 清宣統元年(1909)武進董康誦芬室鉛印本 一冊

110000－0182－0006166 考 0362
漢石存目二卷 (清)王懿榮纂 **周秦石存目一卷魏晉石存目一卷山左北朝石存目一卷** (清)尹彭壽纂 清光緒二十一年(1895)諸城尹彭壽斠經室刻本 一冊

110000－0182－0006167 考 0365
說文逸字辨證二卷 (清)鄭珍原本 (清)李禎辨證 清光緒善化李禎刻本 二冊

110000－0182－0006168 考 0366
昭陵碑錄三卷附錄一卷 羅振玉輯 清宣統元年(1909)番禺沈氏刻晨風閣叢書本 一冊

110000－0182－0006169 考 0460
名原二卷 (清)孫詒讓撰 清光緒刻本 一冊

110000－0182－0006170 考 0465
說文發疑六卷 (清)張行孚撰 清光緒九年(1883)刻本 三冊

110000－0182－0006171 考 0466
說文揭原二卷 (清)張行孚撰 清光緒十年(1884)常熟鮑廷爵刻後知不足齋叢書本 二冊

110000－0182－0006172 考 0467
亦政堂重考古玉圖二卷 (元)朱德潤撰 (清)黃晟鑒定 清乾隆十七年(1752)刻本 一冊

110000－0182－0006173 考 0468

仿唐寫本說文解字木部箋異　(清)莫友芝撰　清同治三年(1864)刻本　一册

110000－0182－0006174　考0469
石鼓文釋存一卷補注一卷　(清)張燕昌撰　清光緒二十八年(1902)貴池劉氏刻本　一册

110000－0182－0006175　考0471
隸釋二十七卷隸續二十一卷　(宋)洪适撰　**汪本隸釋刊誤一卷**　(清)黄丕烈撰　清同治十一年(1872)皖南洪氏晦木齋摹刻本　八册

110000－0182－0006176　考0472
漢簡箋正七卷　(宋)郭忠恕撰　(清)鄭珍箋正　清光緒十五年(1889)廣雅書局刻本　二册

110000－0182－0006177　考0474
隸辨八卷　(清)顧藹吉撰　清乾隆八年(1743)天都黄晟刻本　八册

110000－0182－0006178　考0478(1)
說文古籀補十四卷附錄一卷　(清)吳大澂撰　清光緒二十四年(1898)刻本　二册

110000－0182－0006179　考0478(2)
說文古籀補十四卷補遺一卷附錄一卷　(清)吳大澂撰　清光緒七年(1881)刻本　二册

110000－0182－0006180　考0481
苗氏說文四種　(清)苗夔撰　清道光至咸豐壽陽祁寯藻漢磚亭刻本　八册

110000－0182－0006181　考0483
說文解字句讀三十卷句讀補正三十卷說文釋例二十卷釋例補正二十卷說文繫傳校錄三十卷文字蒙求四卷　(清)王筠撰　清同治四年(1865)安邱王氏刻本　三十三册

110000－0182－0006182　考0485
說文解字繫傳四十卷　(五代)徐鍇撰　清光緒九年(1883)江蘇書局刻本　八册

110000－0182－0006183　考0487
隸辨八卷　(清)顧藹吉撰　清乾隆八年(1743)天都黄晟刻本　八册

110000－0182－0006184　考0488
廣金石韻府五卷附考古書傳一卷附玉篇字略一卷　(清)林尚葵輯　清康熙九年(1670)祥符周亮工賴古堂刻朱墨套印本　六册

110000－0182－0006185　考0489
隸釋二十七卷隸續二十一卷　(宋)洪适撰　清乾隆四十二年至四十三年(1777－1778)汪日秀樓松書屋刻本　二十四册

110000－0182－0006186　考0490
金石萃編補正四卷　(清)方履籛撰　清光緒二十年(1894)上海醉六堂石印本　四册

110000－0182－0006187　考0494
說文解字注十五卷六書音韻表五卷　(清)段玉裁撰　**說文部目分韻**　(清)陳煥編　**說文通檢十四卷首一卷末一卷**　(清)黎永椿編　**說文解字注匡謬八卷**　(清)徐承慶撰　清光緒十四年(1888)上海蜚英館石印本　八册

110000－0182－0006188　考0495
金石萃編一百六十卷　(清)王昶編　**金石續編二十一卷首一卷**　(清)陸耀遹纂　清光緒十九年(1893)上海醉六堂石印本　二十四册

110000－0182－0006189　考0496
音學五書三十八卷　(清)顧炎武撰　清康熙六年(1667)山陽張弨符山堂刻本　十册

110000－0182－0006190　考0497
汪本隸釋刊誤一卷　(清)黄丕烈撰　清嘉慶二十一年(1816)黄氏士禮居刻本　二册

110000－0182－0006191　考0498
隸篇十五卷續十五卷再續十五卷　(清)翟雲昇撰　清道光十七年至十八年(1837－1838)東萊翟雲昇刻本　十册

110000－0182－0006192　考0499
藝風堂金石文字目十八卷　繆荃孫藏並編　清光緒三十二年(1906)長沙王先謙刻本　八册

110000－0182－0006193　考0500
六書原始十五卷　(清)賀松齡輯　清同治三年(1864)賀松齡刻本　八册

110000－0182－0006194　考 0501
說文解字繫傳四十卷　（五代）徐鍇撰　**校勘記三卷**　（清）祁寯藻撰　清道光十九年（1839）刻本　八冊

110000－0182－0006195　考 0502
京畿金石考二卷　（清）孫星衍撰　清光緒三年（1877）吳縣潘祖蔭刻滂喜齋叢書本　二冊

110000－0182－0006196　考 0508
植物名實圖考三十八卷長編二十二卷　（清）吳其濬撰　清光緒六年（1880）山西濬文書局刻本　六十冊

110000－0182－0006197　考 0511
說文古籀疏證六卷原目一卷　（清）莊述祖撰　清光緒二十年（1894）武進莊殿華刻本　六冊

110000－0182－0006198　考 0518
金石索十二卷首一卷　（清）馮雲鵬　（清）馮雲鵷輯　清道光元年（1821）邃古齋刻本　六冊　存六卷（金索一至六）

110000－0182－0006199　考 0519
西清續鑑甲編二十卷附錄一卷　（清）王傑等輯　清宣統三年（1911）上海商務印書館影印本　四十二冊

110000－0182－0006200　考 0520
西清古鑑四十卷　（清）梁詩正等編纂　清末石印本　二十二冊

110000－0182－0006201　考 0531
陶齋藏石目　（清）端方藏並編　清光緒二十九年（1903）鉛印本　一冊

110000－0182－0006202　考 0538
中州金石目錄八卷　（清）楊鐸輯　清光緒二十六年（1900）南陵徐氏刻鄦齋叢書本　二冊

110000－0182－0006203　考 0541
隨軒金石文字九種　（清）徐渭仁撰　清同治七年（1868）上海徐允臨補刻本　四冊

110000－0182－0006204　考 0548
荆南石刻三種雙鉤本　（清）劉瀚輯　清光緒二十九年（1903）海天旭日研齋刻本　一冊

110000－0182－0006205　考 0549
荆南萃古編一卷續一卷　（清）周懋琦　（清）劉瀚輯　清光緒二十年（1894）鴻寶署齋刻本　二冊

110000－0182－0006206　考 0561
寰宇貞石圖　楊守敬編　清宣統元年（1909）宜都楊守敬飛青閣剪貼影印本　六冊

110000－0182－0006207　考 0566
瘞鶴銘考補一卷　（清）翁方綱撰　**校勘記一卷**　陳慶年撰　**山樵書外紀一卷**　（清）張開福撰　清光緒三十四年（1908）刻本　一冊

110000－0182－0006208　考 0570
寰宇貞石圖五卷　楊守敬編　清光緒宜都楊守敬剪貼影印本　五冊

110000－0182－0006209　考 0595
金石圖說二卷　（清）牛運震集說　（清）褚峻摹圖　劉世珩編補　清光緒二十二年（1896）貴池劉世珩聚學軒刻本　四冊

110000－0182－0006210　考 0605
山左金石志二十四卷目錄一卷　（清）畢沅（清）阮元撰　清嘉慶二年（1797）儀徵阮元小琅嬛仙館刻本　三冊　存三卷（一至二、目錄一卷）

110000－0182－0006211　考 0620
鐵雲藏陶不分卷　（清）劉鶚輯　清光緒三十年（1904）丹徒劉鶚抱殘守缺齋石印本　四冊

110000－0182－0006212　考 0625（1）
陶齋吉金錄八卷　（清）端方輯　清光緒三十四年（1908）石印本　八冊

110000－0182－0006213　考 0625（2）
陶齋吉金續錄二卷補遺一卷　（清）端方輯　清宣統元年（1909）金陵石印本　二冊

110000－0182－0006214　考 0627（1）
兩罍軒彝器圖釋十二卷　（清）吳雲撰　清同治十一年（1872）刻本　六冊

110000－0182－0006215　考 0627（2）

兩罍軒彝器圖釋十二卷　(清)吳雲撰　清末石印本　六冊

110000－0182－0006216　考 0631
攈古㢑彝器款識不分卷　(清)潘祖蔭撰　清同治十一年(1872)滂喜齋刻本　二冊

110000－0182－0006217　考 0652
積古齋鐘鼎彝器款識十卷　(清)阮元撰　清光緒五年(1879)武昌刻本　六冊

110000－0182－0006218　考 0656
枕經堂金石書畫題跋三卷　(清)方朔撰　清同治三年(1864)刻本　一冊

110000－0182－0006219　考 0657
敬吾心室彝器款識　(清)朱善旂輯　清光緒三十四年(1908)朱之榛影印本　二冊

110000－0182－0006220　考 0660
古玉圖考　(清)吳大澂編　清光緒十五年(1889)同文書局上海石印本　二冊

110000－0182－0006221　考 0661
宋淳熙敕編古玉圖譜一百卷　(宋)龍大淵等纂　清乾隆四十四年(1779)康山草堂刻本　十六冊

110000－0182－0006222　考 0676
鐵雲藏龜不分卷鐵雲藏陶不分卷　(清)劉鶚輯　清光緒三十年(1904)丹徒劉鶚抱殘守缺齋石印本　十一冊

110000－0182－0006223　考 0691
虛齋名畫錄十六卷　龐元濟輯　清宣統元年(1909)烏程龐氏刻本　十六冊

110000－0182－0006224　考 0697
鐘鼎字源五卷附錄一卷　(清)汪立名輯　清光緒二年(1876)洞庭秦氏麟慶堂刻本　二冊

110000－0182－0006225　考 0708
春秋年表　(□)□□撰　清康熙通志堂刻本　一冊

110000－0182－0006226　考 0722
從古堂款識學十六卷　(清)徐同柏撰　清光緒三十二年(1906)蒙學報館石印本　八冊

110000－0182－0006227　考 0723
長安獲古編二卷　(清)劉喜海撰　清刻本　二冊

110000－0182－0006228　考 0726
小蓬萊閣金石文字　(清)黃易輯　清道光十四年(1834)石墨軒刻本　四冊

110000－0182－0006229　考 0730
古文審八卷首一卷　(清)劉心源撰　清光緒十七年(1891)嘉魚劉心源龍江樓刻本　四冊

110000－0182－0006230　考 0781
名原二卷　(清)孫詒讓撰　清光緒刻本　二冊

110000－0182－0006231　考 0787
殷商貞卜文字考一卷　羅振玉撰　清宣統二年(1910)玉簡齋石印本　一冊

110000－0182－0006232　考 0813
欽定授時通考七十八卷　(清)鄂爾泰等撰　清光緒二十八年(1902)富文局石印本　六冊

110000－0182－0006233　考 0833
說文古籀疏證六卷原目一卷　(清)莊述祖撰　清光緒二十年(1894)刻本　四冊

110000－0182－0006234　考 0850
擴古錄金文三卷　(清)吳式芬撰　清光緒二十一年(1895)吳重憙刻本　九冊

110000－0182－0006235　考 0867
金石索十二卷首一卷　(清)馮雲鵬　(清)馮雲鵷輯　清光緒三十二年(1906)上海文新書局石印本　二十冊　缺一卷(五)

110000－0182－0006236　考 0880
聚學軒叢書　劉世珩輯　清光緒中貴池劉氏刻本　六冊　存四種(二集四、三集八至九、四集九)

110000－0182－0006237　考 0881
兩罍軒印考漫存九卷　(清)吳雲藏並輯　清光緒七年(1881)鈐印本　四冊

110000－0182－0006238　考 0886
話雨樓碑帖目錄四卷　(清)王楠藏　(清)王

鯤編　清道光十五年(1835)刻本　二册

110000－0182－0006239　考0888

隨軒金石文字九種　(清)徐渭仁撰　清道光上海徐渭仁春暉堂刻本　四册

110000－0182－0006240　考0889

兩漢金石記二十二卷　(清)翁方綱撰　清乾隆五十四年(1789)南昌使院刻本　八册

110000－0182－0006241　考0890

漢碑錄文四卷　(清)馬邦玉輯　清道光二十七年(1847)靈石楊氏刻光緒七年(1881)增修連筠簃叢書本　四册

110000－0182－0006242　考0891

潛研堂金石文字目錄八卷跋尾六卷續七卷又續六卷三續六卷　(清)錢大昕撰　清嘉慶十年(1805)嘉定瞿中溶刻潛研堂全書本　二册　存七卷(續七卷)

110000－0182－0006243　考0892

關中金石文字存逸考十二卷首一卷　(清)毛鳳枝撰　清光緒二十七年(1901)會稽顧氏刻本　八册

110000－0182－0006244　考0909

古志石華三十卷　(清)黄本驥編　清道光刻本　六册

110000－0182－0006245　考0910

平津讀碑記八卷續記一卷　(清)洪頤煊撰　清光緒十二年(1886)吴縣朱氏家塾刻槐廬叢書本　六册　存六卷(平津讀碑記一至六)

110000－0182－0006246　考0912

金石圖　(清)牛運震集説　(清)褚峻摹圖　清乾隆八年至十年(1743－1745)刻本暨拓本　四册

110000－0182－0006247　考0919

新製諸器圖説一卷　(明)王徵撰　**遠西奇器圖説錄最三卷**　(瑞士)鄧玉函口授　(明)王徵譯繪　清道光十年(1830)刻本　四册

110000－0182－0006248　考0922

續語堂碑錄　(清)魏錫曾撰　清末刻本　三册

110000－0182－0006249　考0941

奇觚室樂石文述　(清)劉心源輯　清光緒二十五年(1899)嘉魚劉心源刻本　二册

110000－0182－0006250　考0949

西泠四家印譜附存四家　(清)□□輯　清光緒鈐印本　十二册

110000－0182－0006251　考0974

萬邑西南山石刻記二卷附錄一卷　況周頤撰　清光緒二十九年(1903)西巖講院刻本　一册

110000－0182－0006252　考0976

古玉圖考　(清)吳大澂編　清光緒十五年(1889)同文書局上海石印本　四册

110000－0182－0006253　考0986

吳越錢氏志　(清)錢春階撰　清嘉慶三年(1798)刻本　二册

110000－0182－0006254　考0987

粵西得碑記　(清)楊翰輯　清光緒二年(1876)浯上息園刻息柯居士全集本　一册

110000－0182－0006255　考0988

語石十卷　葉昌熾撰　清宣統元年(1909)葉昌熾刻本　四册

110000－0182－0006256　考0989

九鐘精舍金石跋尾甲編　吴士鑑撰　清宣統二年(1910)刻本　一册

110000－0182－0006257　考0990

九鐘精舍金石跋尾乙編　吴士鑑撰　清宣統二年(1910)刻本　一册

110000－0182－0006258　考0991

平津讀碑記八卷續記一卷再續一卷三續二卷　(清)洪頤煊撰　清光緒十一年(1885)刻木犀軒叢書本　四册

110000－0182－0006259　考0992

古泉雜詠四卷　葉德輝撰　清光緒二十七年(1901)刻本　二册

110000－0182－0006260　考 0993
古金待問錄四卷錄餘一卷補遺一卷　(清)朱楓輯　清光緒十六年(1890)常熟鮑氏後知不足齋刻本　一册　存三卷(一至三)

110000－0182－0006261　考 0997
山陽縣學唐楚州石柱題名考一卷　(清)范以煦撰　清道光二十七年(1847)刻本　一册

110000－0182－0006262　考 1004
漢射陽石門畫象匯考　(清)張寶德輯　清光緒二十六年(1900)江寧傅春官晦齋刻朱印本　一册

110000－0182－0006263　考 1005
瘞鶴銘考補一卷　(清)翁方綱撰　**校勘記一卷**　陳慶年撰　**山樵書外紀一卷**　(清)張開福撰　清光緒三十四年(1908)刻本　一册

110000－0182－0006264　考 1008
盤亭小錄一卷　(清)劉銘傳編　清同治十二年(1873)刻本　一册

110000－0182－0006265　考 1009
退庵題跋二卷　(清)梁章鉅撰　清末刻本　一册

110000－0182－0006266　考 1012
積古齋鐘鼎款識稿本四卷附錄一卷　(清)阮元藏　(清)朱之榛編　清光緒三十二年(1906)平湖朱之榛石印本　三册

110000－0182－0006267　考 1013
再續寰宇訪碑錄二卷　羅振玉撰　清光緒十九年(1893)上虞羅振玉面城精舍石印本　一册　存一卷(上)

110000－0182－0006268　考 1015
紅崖碑釋文一卷　(清)鄒漢勛撰　清光緒刻鄒叔子遺書本　一册

110000－0182－0006269　考 1016
山右金石錄　(清)夏寶晉纂　清光緒八年(1882)歸安石宗建古歡閣刻本　一册

110000－0182－0006270　考 1021
濬縣金石錄二卷　(清)熊象階纂　清嘉慶七年(1802)刻本　一册

110000－0182－0006271　考 1023
金石學錄補二卷　(清)陸心源編　清光緒五年(1879)刻潛園總集本　一册

110000－0182－0006272　考 1024
金石學錄補三卷　(清)陸心源編　清光緒十二年(1886)刻潛園總集本　一册

110000－0182－0006273　考 1025
齊陳氏韶舞樂罍通釋二篇　(清)陳慶鏞撰　清道光二十六年(1846)光澤何秋濤一鐙書舍刻本　一册

110000－0182－0006274　考 1026
漢魏碑刻紀存　(清)謝道承編　清嘉慶二十一年(1816)馮縉刻本　一册

110000－0182－0006275　考 1028
卜硯集二卷　(清)畢沅定　清道光元年(1821)刻本　一册

110000－0182－0006276　考 1029
金貞祐銅印題詞一卷　(清)兀魯特錫縝輯　清同治刻本　一册

110000－0182－0006277　考 1030
虎阜石刻僅存錄一卷附舊佚錄一卷舊存今佚錄一卷　(清)潘鍾瑞編　清光緒十四年(1888)刻香禪精舍集本　一册

110000－0182－0006278　考 1032
漢碑徵經一卷　(清)朱百度著　清光緒十五年(1889)廣雅書局刻本　一册

110000－0182－0006279　考 1037
菉竹堂碑目六卷　(明)葉盛著　清咸豐八年(1858)刻本　一册

110000－0182－0006280　考 1038
唐碑題跋一卷　(清)錢泳撰　**古銅爵書屋金石文補遺一卷**　(清)宋世犖撰　清咸豐十年(1860)當湖孫三錫刻本　一册

110000－0182－0006281　考 1042
寶鴨齋題跋三卷　(清)徐樹鈞著　清宣統二年(1910)宏文社石印本　一册

110000－0182－0006282　考1043
唐宋遼金元官印考　(清)□□輯　清光緒抄本　一冊

110000－0182－0006283　考1044
集古官印考證十七卷目錄一卷　(清)瞿中溶編　清同治十三年(1874)瞿樹鎬刻鈐印本　一冊　存二卷(一至二)

110000－0182－0006284　考1046
殷商貞卜文字考一卷　羅振玉撰　清宣統二年(1910)玉簡齋石印本　一冊

110000－0182－0006285　考1050
山左碑目四卷　(清)段松苓輯　清光緒三十四年(1908)武進李氏聖譯樓刻聖譯樓叢書本　二冊

110000－0182－0006286　考1051
高要金石略四卷　(清)彭泰來編　清刻本　一冊

110000－0182－0006287　考1053
補寰宇訪碑錄五卷失編一卷　(清)趙之謙撰　清同治三年(1864)刻二金蝶堂所著書本　二冊

110000－0182－0006288　考1054
趙州石刻全錄三卷　(清)陳鍾祥編　(清)蔡壽臻　(清)查輅輯　清同治刻本　三冊

110000－0182－0006289　考1089
博物要覽十二卷　(清)谷應泰撰　(清)李調元輯　清刻本　二冊

110000－0182－0006290　考1092
金石圖　(清)牛運震集說　(清)褚峻摹圖　清乾隆八年至十年(1743－1745)刻本暨拓本　四冊

110000－0182－0006291　考1096
金石萃編一百六十卷　(清)王昶撰　清嘉慶十年(1805)青浦王昶經訓堂刻同治十一年(1872)青浦王氏重修本　六十四冊

110000－0182－0006292　考1098
京畿金石考二卷　(清)孫星衍撰　清光緒三年(1877)吳縣潘祖蔭刻滂喜齋叢書本　二冊

110000－0182－0006293　考1103
兩漢金石記二十二卷　(清)翁方綱撰　清乾隆五十四年(1789)大興翁方綱南昌使院刻本　六冊

110000－0182－0006294　考1104
兩罍軒彝器圖釋十二卷　(清)吳雲撰　清同治十一年(1872)刻本　四冊

110000－0182－0006295　考1105
薛氏鐘鼎款識二十卷　(宋)薛尚功撰　清光緒八年(1882)上海點石齋影印本　四冊

110000－0182－0006296　考1106
古泉匯首集四卷元集十四卷亨集十四卷利集十八卷貞集十四卷　(清)李佐賢輯　清同治三年(1864)李氏石泉書屋刻本　十五冊

110000－0182－0006297　考1108
金石學錄四卷　(清)李遇孫輯　清末丹徒劉氏刻本　二冊

110000－0182－0006298　考1109
寰宇訪碑錄十二卷　(清)孫星衍　(清)邢澍撰　清光緒九年(1883)江蘇書局刻本　四冊

110000－0182－0006299　考1112
省軒考古類編十二卷　(清)柴紹炳纂　(清)姚培謙評　清乾隆二十三年(1758)刻本　六冊

110000－0182－0006300　考1144
彤景庵三漢碑埶一卷　(清)高心夔撰　清光緒刻本　一冊

110000－0182－0006301　考1156
曝書亭金石文字跋尾六卷　(清)朱彝尊著　清光緒九年至十年(1883－1884)吳縣朱記榮槐廬刻本　四冊

110000－0182－0006302　考1157
栝蒼金石志補遺四卷　(清)鄒柏森校補　清光緒貴池劉氏刻聚學軒叢書本　二冊

110000－0182－0006303　考1160
寶刻叢編二十卷　(宋)陳思纂　清光緒十四

年(1888)陸心源刻十萬卷樓叢書本　八册

110000－0182－0006304　考 1163
石墨鐫華八卷　(明)趙崡撰　明萬曆四十六年(1618)刻清乾隆補修本　四册

110000－0182－0006305　考 1187
歷代黄河變遷圖考四卷　(清)劉鶚撰　清光緒十九年(1893)袖海山房石印本　四册

110000－0182－0006306　考 1199
漢磚頭瓦岔　(清)□□輯　清末拓本　一册

110000－0182－0006307　考 1202
景德鎮陶録十卷　(清)藍浦撰　(清)鄭廷桂補　清光緒十七年(1891)刻本　四册

110000－0182－0006308　考 1204
吴郡金石目　(清)程祖慶撰　清光緒三年(1877)吴縣潘祖蔭滂喜齋刻滂喜齋叢書本　一册

110000－0182－0006309　考 1206
南海李氏寶彝堂家藏吉金文字　(清)李宗岱藏　清末拓本　一册

110000－0182－0006310　考 1210
隸辨八卷　(清)顧藹吉撰　清乾隆八年(1743)天都黄晟刻本　八册

110000－0182－0006311　考 1216
遯盦古泉存　吴隱藏編　清宣統元年(1909)西泠印社拓本　八册

110000－0182－0006312　考 1217
隸韻十卷碑目一卷碑目考證一卷　(宋)劉球撰　清嘉慶十四年(1809)秦恩復刻本　十二册

110000－0182－0006313　考 1235
金石索十二卷首一卷　(清)馮雲鵬　(清)馮雲鵷同撰　清道光元年(1821)邃古齋刻本　二十四册

110000－0182－0006314　考 1252
鉥印集英　(清)丁樹楨藏　清光緒拓本　四册

110000－0182－0006315　考 1253
輿地碑記目四卷　(宋)王象之撰　清同治九年(1870)吴縣潘祖蔭滂喜齋刻本　二册

110000－0182－0006316　考 1264
小石山房印譜四卷歸去來辭一卷集名刻一卷集金玉晶石銅牙瓷竹木類印一卷　(清)顧湘　(清)顧浩輯　清同治八年(1869)海虞顧氏刻鈐印本　六册

110000－0182－0006317　考 1266
攀古廔彝器款識不分卷　(清)潘祖蔭撰　清同治十一年(1872)滂喜齋刻本　二册

110000－0182－0006318　考 1267
泉布統志九卷首一卷附録一卷　(清)孟逸岡輯　清道光十三年(1833)刻本　十六册

110000－0182－0006319　考 1269
玩月草堂印存　(清)馮士塽篆刻　清光緒鈐印本　四册

110000－0182－0006320　考 127
筠清館金石文字五卷　(清)吴榮光撰　清道光二十二年(1842)吴氏筠清館刻本　五册

110000－0182－0006321　考 1270
琴鶴堂印譜　(清)繼良輯　清光緒二十七年(1901)鈐印本　八册

110000－0182－0006322　考 1278
虢季子白盤銘考　(清)吴雲撰　**惠山聽松石床題字**　(清)吴雲撰　清同治五年(1866)歸安吴雲二百蘭亭齋刻本　一册

110000－0182－0006323　考 1282
新增格古要論十三卷　(明)曹昭撰　(明)王佐增補　明萬曆黄正位刻清淑躬堂重修本　六册

110000－0182－0006324　考 1286
試銀錢考工　(清)傅范初撰　清光緒二十四年(1898)石印實學叢書本　一册

110000－0182－0006325　考 1298
建昭雁足鐙考二卷　(清)徐渭仁録　清道光十七年(1837)刻本　一册

110000－0182－0006326　考 1312
吉金志存四卷　(清)李光庭輯　清咸豐九年(1859)刻本　四册

110000－0182－0006327　考 1323
金石史二卷　(明)郭宗昌著　清光緒八年(1882)學古齋刻本　一册

110000－0182－0006328　考 1324
周秦古璽　(清)□□輯　清光緒二十一年(1895)鈐印本　二册

110000－0182－0006329　考 1330
求古精舍金石圖初集四卷　(清)陳經輯　清嘉慶二十二年(1817)烏程陳氏説劍樓刻本　四册

110000－0182－0006330　考 1340
程氏墨苑十四卷　(明)程大約編　明滋蘭堂刻本　十册

110000－0182－0006331　考 1347
金石古文十四卷　(明)楊慎輯　明嘉靖十八年(1539)刻本　四册

110000－0182－0006332　考 1354
山東省保存古蹟表　高裕瑞輯　清宣統二年(1910)石印本　一册

110000－0182－0006333　考 1357
宣和集古印史八卷　(明)來行學撰　明萬曆二十四年(1596)來氏寶印齋鈐印本　八册

110000－0182－0006334　考 1363
沙州石室文字　羅振玉輯　清宣統元年(1909)影印本　一册

110000－0182－0006335　考 1366
新增格古要論十三卷　(明)曹昭撰　(明)王佐增補　明萬曆黄正位刻清淑躬堂重修本　四册

110000－0182－0006336　考 1367
續齊魯古印攈十六卷　(清)郭裕之藏並輯　清光緒十八年(1892)濰縣郭氏鈐印本　十六册

110000－0182－0006337　考 1374
禮塔龕考古偶編　(清)張金鑑輯　清光緒三年(1877)長洲張氏刻本　一册

110000－0182－0006338　考 1380
泉史十六卷　(清)盛大士編　清道光十四年(1834)鄧文進齋刻本　八册

110000－0182－0006339　考 1385
紹興内府古器評二卷　(宋)張掄撰　明崇禎毛氏汲古閣刻本　二册

110000－0182－0006340　考 1392
唐昭陵石蹟考畧五卷　(清)林侗纂輯　**唐昭陵陪葬名氏考一卷**　(清)馮縉纂輯　清嘉慶二十四年(1819)馮縉刻本　一册

110000－0182－0006341　考 1393
石經考文提要十三卷　(清)彭元瑞撰　清嘉慶刻本　二册

110000－0182－0006342　考 1399
鐘鼎款識　(宋)王厚之輯　清嘉慶七年(1802)阮氏積古齋影刻宋拓本　一册

110000－0182－0006343　考 1403
影舊鈔卷子原本玉篇零卷　(南朝梁)顧野王撰　(唐)孫強增字　清光緒遵義黎氏日本東京使署影刻古逸叢書本　二册

110000－0182－0006344　考 1415
十六長樂堂古器款識考四卷　(清)錢坫撰　清嘉慶元年(1796)刻本　二册

110000－0182－0006345　考 1419
奇觚室吉金文述二十卷首一卷　(清)劉心源輯　清光緒二十八年(1902)石印本　十册

110000－0182－0006346　考 1421
陶齋吉金續録二卷補遺一卷　(清)端方輯　清宣統元年(1909)石印本　二册

110000－0182－0006347　考 1423
汲古堂印譜十二卷　(清)王潤翰輯　清嘉慶二十二年(1817)鈐印本　六册

110000－0182－0006348　考 1424
金石摘　(清)陳善墀輯　清光緒四年(1878)刻本　十册

110000－0182－0006349　考1426
松雪堂印萃　(清)郭啟翼篆刻　清乾隆鈐印本　四冊

110000－0182－0006350　考1428
端溪硯志三卷首一卷　(清)吳繩年輯　清抄本　二冊

110000－0182－0006351　考1429
遺篋錄八卷　(清)秦寶瓚編　清光緒二十九年(1903)刻本　四冊

110000－0182－0006352　考1430
古泉偶存　喻園輯　清末拓本　二冊

110000－0182－0006353　考1437
古玉圖考　(清)吳大澂編　清光緒十五年(1889)同文書局上海石印本　四冊

110000－0182－0006354　考1439
匋雅二卷　寂園叟(陳瀏)撰　清宣統二年(1910)鉛印寂園叢書本　二冊

110000－0182－0006355　考1441
匋雅二卷　寂園叟(陳瀏)撰　清宣統二年(1910)上海朝記書莊石印本　四冊

110000－0182－0006356　考1449
寶刻類編八卷　(宋)□□撰　清道光十八年(1838)東武劉喜海十七樹梅華山館臨汀郡齋刻本　八冊

110000－0182－0006357　考1450
養素廬古泉譜　(清)胡國祥藏並編　清光緒七年(1881)拓本　二冊

110000－0182－0006358　考1451
說文解字十五卷　(漢)許慎撰　(宋)徐鉉校定　清同治十年(1871)四川合州刻光緒二年(1876)歸安姚覲元東川官舍重修本　八冊

110000－0182－0006359　考1455
曹景完碑　(□)□□撰　清末拓本　一冊

110000－0182－0006360　考1458
明堂考三卷　(清)孫星衍撰　清抄本　一冊

110000－0182－0006361　考1459
忠武祠墓誌七卷首一卷末一卷　(清)李復心輯　清光緒刻本　四冊

110000－0182－0006362　考1471
金石書目　葉銘編訂　清宣統二年(1910)西泠印社鉛印葉氏存古叢書本　一冊

110000－0182－0006363　考1473
敬吾心室彝器款識　(清)朱善旂輯　清光緒三十四年(1908)朱之榛影印本　一冊

110000－0182－0006364　考1476
古刻叢鈔　(明)陶宗儀撰　(清)孫星衍編　清光緒九年(1883)學古齋刻本　二冊

110000－0182－0006365　考1482
硯譜　(宋)高似孫撰　明刻欣賞編叢書本　一冊

110000－0182－0006366　考1490
吉金所見錄十六卷首一卷末一卷　(清)初尚齡纂輯　(清)初夏齡參訂　(清)初項齡　(清)初承煦校字　清道光二十一年(1841)初榮焜、初承煦續刻本　十冊

110000－0182－0006367　考1498
遺篋錄八卷　(清)秦寶瓚編　清光緒二十九年(1903)刻本　四冊

110000－0182－0006368　考1505
古今錢略三十二卷首一卷末一卷　(清)倪模輯　清光緒三年至五年(1877－1879)望江倪模兩彊勉齋刻本　十六冊

110000－0182－0006369　考1525
古泉藪十二卷　楊守敬藏並輯　清光緒三十年(1904)拓本　十二冊

110000－0182－0006370　考1526
歷代服制考原二卷　(清)蔡子嘉纂　清光緒十四年(1888)富文閣石印本　二冊

110000－0182－0006371　考1537
淳化秘閣法帖考正十二卷　(清)王澍撰　(清)汪玉球參正　清雍正詩鼎齋刻本　四冊

110000－0182－0006372　考1539
欽定淳化帖釋文　(清)吳省蘭錄　清抄本

一册

110000－0182－0006373　考1541
陰騭文印章　（清）徐天柱撰　清咸豐八年（1858）刻本　一册

110000－0182－0006374　考1543
小謨觴室泉拓一卷小謨觴室泉拓補遺一卷（清）鮑康輯　清拓本　五册

110000－0182－0006375　考1544
嘉蔭簃泉拓一卷嘉蔭簃泉拓補遺一卷　（清）鮑康輯　清拓本　二册

110000－0182－0006376　考1545
洪洞劉氏古金拓本　（清）鮑康輯　清拓本　一册

110000－0182－0006377　考1546
東武劉氏古金拓本　（清）鮑康輯　清拓本　一册

110000－0182－0006378　考1548
李竹朋藏泉拓本　（清）鮑康輯　清拓本　七册

110000－0182－0006379　考1549
陳氏壽卿藏泉拓本　（清）鮑康輯　清拓本　一册

110000－0182－0006380　考1552
各家藏泉拓本　（清）鮑康輯　清歙縣鮑康觀古閣拓本　十九册

110000－0182－0006381　考1554
逸園印輯　（清）西泠印社輯　清宣統元年（1909）西泠印社鈐印本　四册

110000－0182－0006382　考1555
腴道堂金石條記　（清）李文田書　清末稿本　一册

110000－0182－0006383　考1566
古玉圖考　（清）吳大澂編　清光緒十五年（1889）石印本　二册

110000－0182－0006384　考1567
行素草堂集古印譜四卷　（清）朱記榮編輯　清光緒十年至十一年（1884－1885）古吳孫溪槐廬鈐印本　八册

110000－0182－0006385　考1570
金玉瑣碎二卷　（清）謝堃撰　清光緒六年（1880）刻本　二册

110000－0182－0006386　考1572
新刻古今碑帖考不分卷　（明）朱晨編輯（明）胡文煥纂校　明萬曆錢塘胡氏文會堂刻格致叢書本　一册

110000－0182－0006387　考1576
雍州金石記十卷記餘一卷　（清）朱楓撰　清光緒二十二年（1896）刻惜陰軒叢書本　四册

110000－0182－0006388　考1579
錢志合編　（清）汪錦輯　清光緒八年（1882）稿本　十册

110000－0182－0006389　考1580
漢建安弩機　（清）吳雲撰輯　清光緒六年（1880）刻本　一册

110000－0182－0006390　考1587
古均閣寶刻錄不分卷　（清）許槤撰　清咸豐八年（1858）刻本　一册

110000－0182－0006391　考1589
巽齋所藏錢録十二卷　（清）費錫申藏並輯　清光緒二十年（1894）刻本　二册　存六卷（一至六）

110000－0182－0006392　考1590
骨董志十二卷　（清）李調元輯　清乾隆刻本　四册

110000－0182－0006393　考1595
亦政堂重修宣和博古圖錄三十卷　（宋）王黼等撰　**亦政堂重修考古圖十卷**　（宋）吕大臨撰　**亦政堂重考古玉圖二卷**　（元）朱德潤撰　清乾隆十七年（1752）刻本　二十四册

110000－0182－0006394　考1600
清秘藏　（明）張應文撰　清光緒二十一年（1895）刻本　一册

110000－0182－0006395　考1620

敬吾心室彝器款識　(清)朱善旂輯　清光緒三十四年(1908)朱之榛影印本　二冊

110000－0182－0006396　考 1627
古泉雜詠四卷　葉德輝撰　清光緒二十七年(1901)刻本　二冊

110000－0182－0006397　考 1635
春草堂集三十六卷　(清)謝堃撰　清道光二十年(1840)刻本　四冊　存四卷(二十一至二十四)

110000－0182－0006398　考 1640
癖泉臆說六卷　(清)高煥文撰　清宣統三年(1911)商務印書館上海影印本　一冊

110000－0182－0006399　考 1643
錢志新編二十卷　(清)張崇懿輯　清道光十年(1830)古婁尹氏酌春堂刻本　四冊

110000－0182－0006400　考 1644
古金待問錄四卷錄餘一卷補遺一卷　(清)朱楓輯　清光緒十六年(1890)常熟鮑氏後知不足齋刻本　二冊

110000－0182－0006401　考 1646
古泉匯首集四卷元集十四卷亨集十四卷利集十八卷貞集十四卷　(清)李佐賢輯　**續泉匯十四卷首集一卷補遺二卷**　(清)鮑康　(清)李佐賢輯　清同治三年至光緒元年(1864－1875)李氏石泉書屋刻本　二十冊

110000－0182－0006402　考 1649
洪氏泉志校誤四卷　(清)金嘉采撰　清光緒二十年(1894)觀自得齋刻觀自得齋叢書本　一冊

110000－0182－0006403　考 1650
吉金志存四卷　(清)李光庭輯　清咸豐九年(1859)刻本　四冊

110000－0182－0006404　考 1653
嘉蔭簃論泉截句二卷　(清)劉喜海撰　清道光十八年(1838)諸城劉喜海嘉蔭簃刻本　一冊

110000－0182－0006405　考 1654
泉志十五卷　(宋)洪遵撰　明崇禎毛氏汲古閣刻津逮秘書本　二冊

110000－0182－0006406　考 1663
金石三例續編三種　(清)朱記榮輯　清光緒吳縣朱氏刻槐廬叢書本　四冊

110000－0182－0006407　考 1664
錢錄十六卷　(清)梁詩正等輯　清末石印本　二冊

110000－0182－0006408　考 1668
碑版文廣例十卷　(清)王芑孫輯　清道光二十一年(1841)長洲王氏刻本　四冊

110000－0182－0006409　考 1679
研錄山房金石考　(□)□□撰　清光緒二年(1876)抄本　四冊

110000－0182－0006410　考 1684
潛研堂金石文字目錄八卷跋尾六卷續七卷又續六卷三續六卷　(清)錢大昕撰　清嘉慶十年(1805)嘉定瞿中溶刻潛研堂全書本　八冊

110000－0182－0006411　考 1687
歷代錢表　(清)朱彝尊編　清道光二十二年(1842)中山顏步辛自怡書屋刻本　一冊

110000－0182－0006412　考 1696
秦漢六朝器文拓片　(清)□□輯　清拓本　一冊

110000－0182－0006413　考 1697
秦漢六朝磚文拓片　(清)王福田輯　清拓本　一冊

110000－0182－0006414　考 1698
秦漢六朝瓦當拓片　(清)□□輯　清拓本　二冊

110000－0182－0006415　考 1705
金石摘　(清)陳善墀輯　清光緒二年(1876)刻本　十冊

110000－0182－0006416　考 1710
金石識別十二卷　(美國)代那撰　(美國)瑪高溫口譯　(清)華蘅芳筆述　清同治十一年(1872)江南機器製造總局刻本　四冊　存五

卷(五至七、十一至十二)

110000－0182－0006417　考1711
宣德彝器圖譜　(明)吕震撰　盛氏抄校　清抄本　四冊

110000－0182－0006418　考1714
天津謝公廟碑　(□)□□撰　清末抄本　一冊

110000－0182－0006419　考1715
漢簡箋正七卷　(宋)郭忠恕撰　(清)鄭珍箋正　清光緒十五年(1889)廣雅書局刻本　四冊

110000－0182－0006420　考1716
昭陵碑考十二卷　(清)孫三錫撰　清咸豐八年(1858)刻本　十冊

110000－0182－0006421　考1723
簠室古甬　王襄輯　清宣統元年(1909)影印本　一冊

110000－0182－0006422　考1726
虢季子白盤銘考　(清)吳雲撰　**惠山聽松石床題字**　(清)吳雲撰　清同治五年(1866)歸安吳雲二百蘭亭齋刻本　一冊

110000－0182－0006423　考1727
端石擬三卷附藜閣十硯銘一卷　(清)陳齡著　清同治十二年(1873)刻本　一冊

110000－0182－0006424　考1730
在京各寺廟牌匾　(□)□□撰　清抄本　一冊

110000－0182－0006425　考1741
金石學録四卷　(清)李遇孫輯　清末丹徒劉氏刻本　二冊

110000－0182－0006426　考1760
錢録十六卷　(清)梁詩正等輯　清乾隆十六年(1751)刻本　二冊

110000－0182－0006427　考1761
擷華齋古印譜　(清)劉瑞源藏　(清)尹彭壽編　清光緒二十一年(1895)鈐印本　六冊

110000－0182－0006428　考1762
金石文字辨異十二卷　(清)邢澍撰　清光緒十九年(1893)貴池劉世珩刻聚學軒叢書本　八冊

110000－0182－0006429　考1763
金薤琳琅二十卷　(明)都穆輯　**補遺一卷**　(清)宋振譽撰　清乾隆四十三年(1778)刻本　四冊

110000－0182－0006430　考1766
欽定重刻淳化閣帖釋文十卷　(清)吳省蘭等編　清乾隆三十九年(1774)刻武英殿聚珍版書本　五冊

110000－0182－0006431　考1767
西京職官印録二卷印戔説一卷　(清)徐堅輯　清乾隆十九年(1754)徐氏懷新館鈐印本　二冊

110000－0182－0006432　考1772
墨妙亭碑目考二卷附考一卷　(清)張鑑撰　清光緒十年(1884)江蘇書局刻本　四冊

110000－0182－0006433　考1773
續碑傳集八十六卷首二卷　繆荃孫纂　清宣統二年(1910)江楚編譯局刻本　二十四冊

110000－0182－0006434　考1783
西泠八家印選　丁仁輯　清末鈐印本　三十冊

110000－0182－0006435　考1800
懷米山房吉金圖　(清)曹載奎輯　清道光十九年(1839)拓本　二冊

110000－0182－0006436　考1801
東甌金石志十二卷　(清)戴咸弼纂輯　(清)孫詒讓校補　清光緒九年(1883)瑞安孫氏刻本　四冊

110000－0182－0006437　考1803
江寧金石記八卷待訪目二卷　(清)嚴觀輯　清嘉慶九年(1804)刻本　四冊

110000－0182－0006438　考1811
漢碑引經考六卷引緯考一卷　(清)皮錫瑞撰

清光緒三十年(1904)刻本　五冊

110000－0182－0006439　考1813
東巡金石錄八卷　(清)高宗弘曆撰　(清)崔應階　(清)梁蕎鴻編　清刻本　二冊

110000－0182－0006440　考1823
古泉匯首集四卷元集十四卷亨集十四卷利集十八卷貞集十四卷　(清)李佐賢輯　清同治三年(1864)李氏石泉書屋刻本　十六冊

110000－0182－0006441　考1828
栝蒼金石志十二卷續四卷　(清)李遇孫輯　清同治十三年(1874)處州府署刻本　六冊

110000－0182－0006442　考1829
吉金志存四卷　(清)李光庭輯　清咸豐九年(1859)刻本　四冊

110000－0182－0006443　考1830
金石摘　(清)陳善墀輯　清光緒四年(1878)刻本　十冊

110000－0182－0006444　考1842
金石續編二十一卷首一卷　(清)陸耀遹編　清同治十三年(1874)昆陵雙白燕堂刻本　十二冊

110000－0182－0006445　考1865
清承堂逃劫印賞　(清)沈廷鏞輯　清末鈐印本　二冊

110000－0182－0006446　考1866
清承堂逃劫印賞　(清)沈廷鏞輯　清末鈐印本　二冊

110000－0182－0006447　考1874
匋雅二卷　寂園叟(陳瀏)撰　清宣統二年(1910)鉛印寂園叢書本　一冊　存一卷(一)

110000－0182－0006448　考1876
禮塔龕考古偶編　(清)張金鑑輯　清光緒三年(1877)長洲張氏刻本　一冊

110000－0182－0006449　考1890
造洨水橋碑　(□)□□撰　清末拓本　一冊

110000－0182－0006450　考1903
重定金石契不分卷　(清)張燕昌撰　清光緒二十二年(1896)貴池劉世珩聚學軒刻本　三冊　缺一冊(徵)

110000－0182－0006451　考1904
金石三跋十卷　(清)武億撰　清道光二十三年(1843)刻本　二冊

110000－0182－0006452　考1905
小蓬萊閣金石文字　(清)黃易輯　清道光十四年(1834)石墨軒刻本　五冊

110000－0182－0006453　考1906
廣川書跋十卷　(宋)董逌著　清光緒十三年(1887)吳縣朱氏刻槐廬叢書本　二冊

110000－0182－0006454　考1907
碑版文廣例十卷　(清)王芑孫輯　清道光二十一年(1841)長洲王氏刻本　四冊

110000－0182－0006455　考1909
平津讀碑記八卷續記一卷　(清)洪頤煊撰　清光緒十二年(1886)吳縣朱氏家塾刻槐廬叢書本　二冊

110000－0182－0006456　考1910
漢魏六朝墓銘纂例四卷　(清)李富孫撰　清光緒十三年(1887)朱氏行素草堂刻本　一冊

110000－0182－0006457　考1911
亦政堂重考古玉圖二卷　(元)朱德潤撰　清乾隆十七年(1752)刻本　一冊

110000－0182－0006458　考1913
安陽縣金石錄十二卷　(清)武億著　清嘉慶二十四年(1819)鐵嶺貴泰刻本　四冊

110000－0182－0006459　考1916
江甯金石記八卷待訪目二卷　(清)嚴觀輯　清宣統二年(1910)江楚編譯局刻本　二冊

110000－0182－0006460　考1917
金石錄三十卷　(宋)趙明誠撰　清光緒十三年(1887)朱記榮刻槐廬叢書本　五冊

110000－0182－0006461　考1918
兩漢金石記二十二卷　(清)翁方綱撰　清乾隆五十四年(1789)大興翁方綱南昌使院刻本

八册

110000－0182－0006462　考1919

隸釋二十七卷隸續二十一卷　(宋)洪适撰　**汪本隸釋刊誤一卷**　(清)黃丕烈撰　清同治十一年(1872)皖南洪氏晦木齋摹刻本　八册

110000－0182－0006463　考1920

益都金石記四卷　(清)段松苓著　清光緒九年(1883)益都刻本　四册

110000－0182－0006464　考1921

藝風堂金石文字目十八卷　繆荃孫藏並編　清光緒三十二年(1906)長沙王先謙刻本　八册

110000－0182－0006465　考1924

金石三例　(清)盧見曾撰　清乾隆二十年(1755)刻本　二册

110000－0182－0006466　考1926

金石例補二卷　(清)郭麐撰　**志銘廣例二卷**　(清)梁玉繩撰　清光緒三年(1877)行素草堂刻本　一册

110000－0182－0006467　考1927

金石錄補二十七卷續跋七卷　(清)葉奕苞著　清光緒十三年(1887)朱氏行素草堂刻槐廬叢書本　二册　存十五卷(金石錄補一至十五)

110000－0182－0006468　考1928

求古錄不分卷　(清)顧炎武撰　清光緒十四年(1888)吳縣朱氏槐廬刻本　一册

110000－0182－0006469　考1929

集古錄跋尾十卷　(宋)歐陽修撰　清光緒十三年(1887)吳縣朱記榮槐廬刻槐廬叢書本　三册

110000－0182－0006470　考1930

集古錄目五卷　(宋)歐陽棐撰　清光緒十三年(1887)吳縣朱記榮槐廬刻槐廬叢書本　二册

110000－0182－0006471　考1931

漢魏六朝志墓金石例三卷唐人志墓諸例一卷附論一卷　(清)吳鎬撰　清光緒十年(1884)後知不足齋刻本　二册

110000－0182－0006472　考1935

竹崦盦金石目錄五卷　(清)趙魏集　吳士鑑校　清宣統元年(1909)刻本　五册

110000－0182－0006473　考1940

墨妙亭碑目考二卷附考一卷　(清)張鑑撰　清光緒十年(1884)江蘇書局刻本　一册　存一卷(上)

110000－0182－0006474　考1941

印香圖譜　(清)丁澐繪　清光緒四年至七年(1878－1881)刻本　一册

110000－0182－0006475　考1943

漢石例六卷　(清)劉寶楠錄　清光緒吳縣朱氏槐廬家塾刻槐廬叢書本　三册

110000－0182－0006476　考1944

金石稱例四卷續一卷　(清)梁廷枏撰　**石經閣金石跋文一卷**　(清)馮登府撰　清光緒十三年(1887)吳縣朱氏槐廬家塾刻槐廬叢書本　一册

110000－0182－0006477　考1947

唐昭陵石跡考略五卷　(清)林侗撰　清光緒二十年(1894)石埭徐士愷刻觀自得齋叢書本　一册

110000－0182－0006478　考1948

京畿金石考二卷　(清)孫星衍撰　清光緒十二年(1886)刻槐廬叢書本　一册

110000－0182－0006479　考1951

端石擬三卷附藜閣十硯銘一卷　(清)陳齡撰　清同治十二年(1873)刻本　一册

110000－0182－0006480　考1952

攈古錄二十卷　(清)吳式芬撰　清海豐吳氏刻本　二十册

110000－0182－0006481　美0001

欽定佩文齋書畫譜一百卷首一卷　(清)孫岳頒等纂輯　清康熙四十七年(1708)静永堂刻本　六十四册

110000－0182－0006482　美0003(1)
國朝書畫家筆錄四卷　(清)竇鎮輯　清宣統三年(1911)蘇州文學山房木活字印本　八册

110000－0182－0006483　美0003(2)
國朝書畫家筆錄四卷　(清)竇鎮輯　清宣統三年(1911)蘇州文學山房木活字印本　二册

110000－0182－0006484　美0009
甌鉢羅室書畫過目考四卷首一卷附一卷　(清)李玉棻輯　清光緒二十三年(1897)京都琉璃廠興盛齋刻本　四册

110000－0182－0006485　美0011
淳化秘閣法帖考正十二卷　(清)王澍詳定　(清)汪玉球參正　清雍正詩鼎齋刻本　六册

110000－0182－0006486　美0013
篆學瑣著三十種　(清)顧湘輯　清道光海虞顧氏刻本　八册

110000－0182－0006487　美0018(1)
國朝畫徵錄三卷續錄二卷　(清)張庚著　清乾隆四年(1739)睢州蔣泰、湯之昱刻本　二册

110000－0182－0006488　美0018(2)
國朝畫徵錄三卷續錄二卷　(清)張庚著　清末萃文書局刻本　三册

110000－0182－0006489　美0023
湘軍圖錄　(□)□□著　清光緒刻本　一册

110000－0182－0006490　美0024
觀自得齋印集　(清)徐士愷藏並輯　清光緒二十八年(1902)石埭徐士愷鈐印本　四册

110000－0182－0006491　美0026
鴻雪齋題畫小品六卷　(清)汪卓著　清抄本　六册

110000－0182－0006492　美0027
春草堂三種　(清)謝堃著　清光緒六年(1880)刻本　八册

110000－0182－0006493　美0028
庚子銷夏記八卷　(清)孫承澤撰　清宣統三年(1911)掃葉山房石印本　四册

110000－0182－0006494　美0030
墨林今話十八卷續編一卷　(清)蔣寶齡撰　(清)蔣茝生續編　清同治十一年(1872)刻本　六册

110000－0182－0006495　美0039
歷代畫史彙傳七十二卷目錄三卷附錄二卷　(清)彭蘊璨編　清光緒八年(1882)掃葉山房刻本　二十四册

110000－0182－0006496　美0043
丁敬印存　(清)丁敬著　清末鈐印本　一册

110000－0182－0006497　美0045
缶廬印存　(清)吳昌碩篆刻　清光緒十五年(1889)鈐印本　八册

110000－0182－0006498　美0055
清儀閣題跋　(清)張廷濟編　清光緒十九年(1893)丁立誠刻本　四册

110000－0182－0006499　美0069
歷代畫史彙傳七十二卷目錄三卷附錄二卷　(清)彭蘊璨編　清光緒八年(1882)掃葉山房刻本　二十四册

110000－0182－0006500　美0074
廣藝舟雙楫六卷　康有為撰　清光緒十九年(1893)南海康氏萬木草堂刻本　二册

110000－0182－0006501　美0076
圖畫日報　上海環球社編　明治刻本　一册

110000－0182－0006502　美0081
書畫跋跋三卷續三卷　(明)孫鑛撰　清乾隆五年(1740)孫氏刻本　六册

110000－0182－0006503　美0082
景德鎮陶錄十卷　(清)藍浦撰　(清)鄭廷桂補輯　清同治九年(1870)昌南鄭氏刻本　二册

110000－0182－0006504　美0085
淳化帖釋文十卷　(清)徐朝弼集釋　清嘉慶十七年(1812)刻本　一册

110000－0182－0006505　美0088
篆學瑣著三十種　(清)顧湘輯　清道光二十

年(1840)海虞顧氏刻本　十二册

110000－0182－0006506　美0104
楷法溯源十四卷目錄一卷　(清)潘存輯　楊守敬編　清光緒三年(1877)刻本　十四册　缺一卷(十三)

110000－0182－0006507　美0110
爾雅音圖三卷　(晉)郭璞注　(清)姚之麟摹圖　清嘉慶六年(1801)藝學軒影宋刻本　三册

110000－0182－0006508　美0115
篆刻針度八卷　(清)陳克恕撰　清末石印本　二册

110000－0182－0006509　美0116
隸法匯纂十卷　(清)項懷述撰　清乾隆四十五年(1780)小西山房刻本　四册

110000－0182－0006510　美0117
石譜一卷　(宋)杜綰撰　(明)毛晉校　**奕律一卷**　(明)王思任撰　**瓶史二卷**　(明)袁宏道著　(明)毛晉訂　清初汲古閣刻本　一册

110000－0182－0006511　美0121
畫禪室隨筆四卷　(明)董其昌著　(明)楊補編次　清康熙五十九年(1720)大魁堂刻本　四册

110000－0182－0006512　美0122
六書分類十二卷首一卷　(清)傅世垚輯　清抄本　二十册

110000－0182－0006513　美0123
芥舟學畫編四卷　(清)沈宗騫撰　清乾隆四十六年(1781)冰壺閣刻本　二册

110000－0182－0006514　美0124
畫繼十卷　(宋)鄧椿撰　清嘉慶十年(1805)照曠閣刻本　二册

110000－0182－0006515　美0126
揚州畫舫錄十八卷　(清)李斗著　清道光十九年(1839)刻本　四册

110000－0182－0006516　美0127
名人尺牘墨寶第一集六卷　(清)文明書局選　清宣統二年(1910)文明書局石印本　六册

110000－0182－0006517　美0128
陳紉齋先生畫賸不分卷　(清)陳允升繪　清光緒二年(1876)刻本　四册

110000－0182－0006518　美0129
蘇長公小品四卷　(宋)蘇軾撰　(明)王聖俞評選　明淩啓康刻朱墨套印本　四册

110000－0182－0006519　美0132
無聲詩史七卷　(清)姜紹書輯　清康熙五十九年(1720)觀妙齋刻本　四册

110000－0182－0006520　美0133
學古齋金石叢書十種　(清)葛元煦輯　清光緒崇川葛元煦學古齋刻本　三十册

110000－0182－0006521　美0138
桐陰論畫初編二卷首一卷二編二卷三編二卷續桐陰論畫桐陰畫訣　(清)秦祖永著　清同治五年至光緒八年(1866－1882)刻朱墨套印本　八册

110000－0182－0006522　美0140(1)
欽定佩文齋書畫譜一百卷　(清)孫岳頒等纂輯　清光緒九年(1883)上海同文書局石印本　十六册

110000－0182－0006523　美0140(2)
欽定佩文齋書畫譜一百卷　(清)孫岳頒等纂輯　清光緒九年(1883)上海同文書局石印本　十六册

110000－0182－0006524　美0159
穰梨館過眼錄四十卷續錄十六卷　(清)陸心源編　清光緒十七年(1891)吴興陸氏刻本　二十册

110000－0182－0006525　美0160
揚州畫舫錄十八卷　(清)李斗著　清光緒元年(1875)上海申報館鉛印本　八册

110000－0182－0006526　美0161
墨香居畫識十卷　(清)馮金伯撰　清道光十一年(1831)刻本　二册

110000－0182－0006527　美0163

歷代畫史彙傳七十二卷目錄三卷附錄二卷　(清)彭蘊璨編　清光緒八年(1882)掃葉山房刻本　二十四冊

110000－0182－0006528　美0211
西嶽華山廟碑三種　(□)□□輯　清光緒三十四年(1908)影印本　二冊　存二種(華陰本、長垣本)

110000－0182－0006529　美0212
婁壽碑　(清)錢泳雙鉤　清末北京琉璃廠近文齋刻本　一冊

110000－0182－0006530　美0215
廟堂碑唐本存字　(清)翁方綱輯摹　清末刻本　一冊

110000－0182－0006531　美0217
陶政略　(清)曾國藩修　清末抄本　一冊

110000－0182－0006532　美0224
中西益智圖四卷考證六卷　(清)張濟模編　清宣統三年(1911)上海中華書局石印本　五冊

110000－0182－0006533　美0235
漢東海廟碑殘字　(清)吳雲雙鉤　清同治九年(1870)刻本　一冊

110000－0182－0006534　美0236
酸棗令劉熊碑　(清)葉志詵輯　清道光元年(1821)刻本　一冊

110000－0182－0006535　美0238
譙君碑雙鉤本　(清)錢大昕輯　清刻本　一冊

110000－0182－0006536　美0239
婁壽碑雙鉤本　(清)翁方綱識　清石印本　一冊

110000－0182－0006537　美0252
明兩大儒手帖　國學保存會編　清光緒三十二年(1906)石印本　一冊

110000－0182－0006538　美0253
明賢名翰合冊　國學保存會編　清光緒三十四年(1908)石印本　一冊

110000－0182－0006539　美0263
王覺斯草書墨蹟　有正書局編　清末石印本　一冊

110000－0182－0006540　美0268
趙為叔吳讓之胡荄甫篆書合冊　有正書局編　清末石印本　一冊

110000－0182－0006541　美0269
國朝名人題朱孝子傳墨蹟　(清)孫真彬識　清光緒三十四年(1908)石印本　一冊

110000－0182－0006542　美0275
王虛舟先生墨蹟　有正書局編　清末石印本　一冊

110000－0182－0006543　美0279
陸文慎公墨蹟　(清)陸寶忠書　清宣統元年(1909)婁東唐氏石印本　一冊

110000－0182－0006544　美0280
翁松禪寫書譜墨蹟　(清)俞鍾鑾輯　清宣統二年(1910)石印本　一冊

110000－0182－0006545　美0282
泰山秦篆　(清)吳同甲撰　清光緒三十四年(1908)石印本　一冊

110000－0182－0006546　美0284
明拓漢曹全碑　(清)□□輯　清光緒三十二年(1906)石印本　一冊

110000－0182－0006547　美0292(1)
漢石經殘字　楊守敬編　清光緒三十四年(1908)石印本　一冊

110000－0182－0006548　美0292(2)
漢石經殘字　楊守敬編　清光緒三十四年(1908)石印本　一冊

110000－0182－0006549　美0296
初拓刁惠公墓志　有正書局編　清末石印本　一冊

110000－0182－0006550　美0297(1)
原拓魏鄭道忠墓誌　有正書局編　清末石印本　一冊

110000－0182－0006551　美0297(2)
原拓魏鄭道忠墓誌　有正書局編　清末石印本　一冊

110000－0182－0006552　美0298
舊拓龍門二十品　有正書局編　清末石印本　一冊

110000－0182－0006553　美0318(1)
大代華嶽廟碑　有正書局編　清光緒三十二年(1906)石印本　一冊

110000－0182－0006554　美0318(2)
大代華嶽廟碑　有正書局編　清光緒三十二年(1906)石印本　一冊

110000－0182－0006555　美0371
文房肆考圖說八卷　(清)唐秉鈞撰　(清)康愷繪圖　清乾隆刻本　四冊

110000－0182－0006556　美0377
繡像古今賢女傳九卷　(清)魏息園撰　清光緒三十四年(1908)石印本　八冊

110000－0182－0006557　美0388
碑版文廣例十卷　(清)王芑孫輯　清道光二十一年(1841)長洲王氏刻本　四冊

110000－0182－0006558　美0390
嘉蔭簃論泉截句二卷　(清)劉喜海撰　清道光十八年(1838)諸城劉喜海嘉蔭簃刻本　二冊

110000－0182－0006559　美0394
夏承碑雙鉤本　(清)梁國治書　清末刻本　一冊

110000－0182－0006560　美0395
蒼玉洞題名石刻　(清)劉喜海輯並注釋　清道光刻本　一冊

110000－0182－0006561　美0410
十竹齋書畫譜八種　(明)胡正言輯並繪　清光緒五年(1879)吳縣朱記榮校經山房刻彩色套印本　八冊

110000－0182－0006562　美0411
漱石山房印譜　(清)馮金鑒拓　清光緒三十一年(1905)拓本　一冊

110000－0182－0006563　美0414
授堂金石文字續跋十四卷　(清)武億編　清嘉慶元年(1796)刻本　三冊

110000－0182－0006564　美0419
國朝院畫錄二卷　(清)胡敬輯　清道光二十三年(1843)崇雅堂刻本　二冊

110000－0182－0006565　美0421
石門題跋二卷　(宋)釋德洪撰　明末毛氏汲古閣刻津逮祕書本　一冊

110000－0182－0006566　美0423
歷代畫史彙傳七十二卷首一卷目錄三卷附錄二卷引證書目一卷　(清)彭蘊璨編　清道光五年(1825)吳門彭氏尚志堂刻本　三十六冊

110000－0182－0006567　美0424
拜經樓藏書題跋記五卷附錄一卷　(清)吳壽暘纂　清光緒章氏刻式訓堂叢書本　四冊

110000－0182－0006568　美0426
墨緣彙觀二種四卷　(清)安岐編　清光緒二十六年(1900)湮陽端方鉛印本　四冊

110000－0182－0006569　美0427
天瓶齋書畫題跋二卷　(清)張照著　(清)張祥河錄　清乾隆三十八年(1773)刻本　二冊

110000－0182－0006570　美0428
讀碑小箋一卷　羅振玉撰　清唐風樓刻本　一冊

110000－0182－0006571　美0431
南薰殿圖像考二卷　(清)胡敬撰　清道光二十三年(1843)崇雅堂刻本　二冊

110000－0182－0006572　美0436
嶽雪樓書畫錄五卷　(清)孔廣陶編　清光緒十五年(1889)富文齋刻本　五冊

110000－0182－0006573　美0438
書畫鑑影二十四卷首一卷　(清)李佐賢編　清同治十年(1871)利津李佐賢刻本　十二冊

110000－0182－0006574　美0439

仇十洲畫文衡山寫西廂記合冊　(明)仇英繪　(明)文徵明書　清宣統三年(1911)珂羅版影印本　二冊

110000－0182－0006575　美0440
陽羨名陶錄二卷　(清)吳騫撰　**書畫說鈴一卷**　(清)陸時化著　**頻羅庵論書一卷**　(清)梁同書著　**賞延素心錄一卷**　(清)周二學著　**漫堂墨品**　(清)宋犖著　**筆史**　(清)梁同書著　**金粟箋說**　(清)張燕昌著　清光緒刻本　二冊

110000－0182－0006576　美0441
續碑傳集八十六卷首二卷　繆荃孫纂　清宣統二年(1910)江楚編譯局刻本　二十四冊

110000－0182－0006577　美0456
吳友如畫寶　(清)吳友如著　清宣統元年(1909)上海壁園石印本　十一冊　存五集(三、九至十二)

110000－0182－0006578　美0457
吳友如畫寶　(清)吳友如著　清宣統元年(1909)上海壁園石印本　十四冊　存八集(三、六至九、十下、十一、十三上)

110000－0182－0006579　美0458
習苦齋畫絮十卷　(清)戴熙撰　(清)惠年編輯　清光緒十九年(1893)刻本　四冊

110000－0182－0006580　美0459
點石齋畫報大全　清光緒至宣統上海集成圖書公司石印本　九十九冊

110000－0182－0006581　美0461
點石齋畫報大全　清光緒至宣統上海集成圖書公司石印本　九十冊

110000－0182－0006582　美0463
國朝院畫錄二卷　(清)胡敬輯　清道光二十三年(1843)崇雅堂刻本　四冊

110000－0182－0006583　美0468(1)
戊申全年畫報　上海時事報館編輯　清宣統元年(1909)鉛印本　三十六冊

110000－0182－0006584　美0468(2)
戊申全年畫報　上海時事報館編輯　清宣統元年(1909)鉛印本　三十六冊

110000－0182－0006585　美0469
重刻養蒙圖說不分卷　(清)涂時相撰　(清)涂大輅等編次　(清)桂馥繪圖　清同治十三年(1874)勤修天爵齋刻本　二冊

110000－0182－0006586　美0483
項東井山水冊　鄧秋枚集印　清宣統二年(1910)上海神州國光社珂羅版印本　一冊

110000－0182－0006587　美0484
王惲合冊　(元)王惲繪　鄧秋枚集印　清宣統元年(1909)上海神州國光社珂羅版印本　一冊

110000－0182－0006588　美0495
神州國光集增刊　上海神州國光社編輯　清光緒三十四年(1908)上海神州國光社鉛印本　十一冊

110000－0182－0006589　美0511
日本國見在書目錄　(日本)藤原佐世編　清光緒遵義黎氏影刻古逸叢書本　一冊

110000－0182－0006590　美0524
淳化秘閣法帖考正十卷附二卷　(清)王澍撰　**淳化閣帖釋文二卷**　(清)沈宗騫校　清道光二十八年(1848)刻本　十六冊

110000－0182－0006591　美0526
太平歡樂圖　(清)方蘭坻繪　清光緒十四年(1888)上海積山書局石印本　一冊

110000－0182－0006592　美0527
圖畫報　(□)□□編　清宣統三年(1911)刻本　一冊

110000－0182－0006593　美0533
鐵網珊瑚二十卷　(明)都穆撰　清乾隆二十三年(1758)刻本　四冊

110000－0182－0006594　美0542
每日古事畫不分卷圖畫新聞不分卷　上海時事報館編輯　清宣統元年(1909)石印本　二冊

110000－0182－0006595　美 0543
紅樓夢寫真一卷　(清)曹霑撰　(清)王劍繪　清光緒雲聲雨夢樓所石印本　一冊

110000－0182－0006596　美 0544
繡像海上繁華夢初集　警夢癡仙撰　清末笑林報館石印本　二冊　存二卷(卷一第四至六回、卷二第七至九回)

110000－0182－0006597　美 0545
圖畫日報　上海環球社編輯　清末石印本　二冊

110000－0182－0006598　美 0546
圖畫日報　上海環球社編輯　清末石印本　二冊

110000－0182－0006599　史 0327
孟子六卷　(宋)朱熹集注　清抄本　三冊

110000－0182－0006600　美 0557
水滸畫譜二卷　(清)顛道人繪　清光緒十四年(1888)石印本　一冊　存一卷(上)

110000－0182－0006601　美 0561
清河書畫舫十二卷　(明)張丑撰　清光緒十四年(1888)孫溪朱氏刻本　十二冊

110000－0182－0006602　美 0566
明十五完人手帖　(明)黃道周等撰並書　清光緒三十二年(1906)國學保存會影印本　一冊

110000－0182－0006603　美 0576
百孝圖說　(清)□□著　清末刻本　一冊

110000－0182－0006604　美 0580
劍俠圖傳　(清)□□著　清光緒七年(1881)刻本　一冊

110000－0182－0006605　美 0586
辛丑銷夏記五卷　(清)吳榮光撰　清光緒三十一年(1905)郎園刻本　五冊

110000－0182－0006606　美 0607
古今名人畫稿三集　(清)陳伯子編　清光緒十六年(1890)上海鴻文書局石印本　二冊

110000－0182－0006607　美 0611
芥子園畫傳五卷　(清)王槩輯　清康熙十八年(1679)李漁刻套印本　五冊

110000－0182－0006608　美 0612
十竹齋書畫譜八種　(明)胡正言輯　明末刻套印本　八冊

110000－0182－0006609　美 0614
紫光閣功臣小像並湘軍平定粵匪戰圖　(清)彭鴻年編輯　清光緒二十七年(1901)點石齋石印本　一冊

110000－0182－0006610　美 0615
穰梨館過眼錄四十卷續錄十六卷　(清)陸心源編　清光緒十七年(1891)吳興陸氏刻本　十六冊

110000－0182－0006611　美 0617
庚子銷夏記八卷閒者軒帖考一卷　(清)孫承澤撰　清乾隆刻本　四冊

110000－0182－0006612　美 0623
雲臺三十二將圖　(清)張士保著　清同治十一年(1872)濟南周聚興堂刻本　一冊

110000－0182－0006613　美 0625
晚笑堂畫傳　(清)上官周繪　清乾隆刻本　四冊

110000－0182－0006614　美 0634
直隸工藝志初編八卷　周爾潤纂　清光緒三十三年(1907)工藝總局鉛印本　二冊　存二卷(志表類下、報告類下)

110000－0182－0006615　美 0643
新刻洞天清錄不分卷　(宋)趙希鵠撰　清初刻本　二冊

110000－0182－0006616　美 0650
輿論時事報圖畫　(清)輿論時事報社編　清宣統元年至二年(1909－1910)石印本　七十一冊

110000－0182－0006617　美 0651
時事報圖畫雜組　(清)時事報社編繪　清光緒三十四年(1908)石印本　一冊

110000－0182－0006618　美 0652
申報圖畫　（清）申報館編　清宣統元年（1909）石印本　二册

110000－0182－0006619　美 0653
民籲日報圖畫　（清）民籲日報社編　清宣統元年（1909）石印本　二册

110000－0182－0006620　美 0655
神州畫報　（清）神州畫報社編　清宣統二年（1910）石印本　三册

110000－0182－0006621　美 0656
輿論時事報圖畫　（清）輿論時事報社編　清宣統二年（1910）石印本　八册

110000－0182－0006622　美 0657
圖畫日報　上海環球社編輯　清宣統元年至二年（1909－1910）石印本　二百三十五册

110000－0182－0006623　美 0658
時事報圖畫旬報　上海時事報館編輯　清宣統元年至二年（1909－1910）石印本　十二册

110000－0182－0006624　美 0659
圖畫報　（清）圖畫報館編輯　清宣統三年（1911）石印本　三册

110000－0182－0006625　美 0660
點石齋畫報大全　清光緒至宣統上海集成圖書公司石印本　十册

110000－0182－0006626　美 0663
民呼日報圖畫　上海民呼日報社編　清宣統元年（1909）上海民呼日報社石印本　一册

110000－0182－0006627　美 0664
輿論時事報圖畫　（清）輿論時事報社編　清宣統元年至二年（1909－1910）上海時事報社石印本　三册

110000－0182－0006628　美 0675
書畫傳習錄四卷續錄一卷　（明）王紱撰　（清）嵇承咸注　**梁溪書畫徵一卷**　（清）嵇承咸撰　清嘉慶十九年（1814）嵇氏層雲閣刻本　二十四册

110000－0182－0006629　美 0676
吳友如畫寶　（清）吳友如著　清宣統元年（1909）上海壁園石印本　二十五册

110000－0182－0006630　美 0688
九龍山人五柳莊卷衡山居士山水卷合册　（明）王紱　（明）文徵明繪　清光緒三十四年（1908）珂羅版影印本　一册

110000－0182－0006631　美 0689
惲南田山水花卉合册　（清）惲南田繪　清宣統元年（1909）珂羅版影印本　一册

110000－0182－0006632　美 0690
戴子高夢隱圖　（清）戴望繪　清宣統元年（1909）珂羅版影印本　一册

110000－0182－0006633　美 0695
清湘老人山水册　（清）石濤繪　清宣統元年（1909）珂羅版影印本　一册

110000－0182－0006634　美 0697
方環山畫册　（清）方士庶繪　清光緒三十四年（1908）珂羅版影印本　一册

110000－0182－0006635　美 0703
費曉樓美人册精品　（清）費丹旭繪　清宣統元年（1909）珂羅版影印本　一册

110000－0182－0006636　美 0708
張子青山水册　張子青繪　清宣統元年（1909）珂羅版影印本　一册

110000－0182－0006637　美 0709
龔半千山水册　（清）龔賢繪　清宣統元年（1909）珂羅版影印本　一册

110000－0182－0006638　美 0714
西湖風景畫　（清）商務印書館編譯所編　清宣統三年（1911）商務印書館影印本　一册

110000－0182－0006639　美 0715
中國風景畫第一集　（清）商務印書館編譯所編　清宣統二年（1910）商務印書館影印本　一册

110000－0182－0006640　美 0751
青龍劍譜　（清）□□著　清光緒二十一年（1895）抄本　二册

110000－0182－0006641　美 0766
佩文齋書畫譜一百卷　(清)孫岳頒等纂　清康熙四十八年(1709)刻本　六冊　存九卷(八十八至九十六)

110000－0182－0006642　美 0788
古今楹聯匯刻　吴隱摹集　清光緒二十六年(1900)影印本　十二冊

110000－0182－0006643　美 0789
圖畫日報　上海環球社編輯　清宣統二年(1910)石印本　二十七冊

110000－0182－0006644　美 0794
新刻文房圖贊一卷　(宋)林洪撰　**新刻續文房圖贊一卷**　(宋)羅先登著　**新刻茶具圖讚**　(明)胡文煥校　**茶經三卷**　(唐)陸羽著　明萬曆胡文煥刻本　一冊

110000－0182－0006645　美 0801
法書名畫經眼錄　(清)□□著　清抄本　二冊

110000－0182－0006646　美 0812
墨跡一卷　題劉墉書　清寫本　一冊

110000－0182－0006647　美 0814
過雲樓書畫記十卷　(清)顧文彬　(清)顧承編　清光緒八年(1882)元和顧氏刻本　二冊

110000－0182－0006648　美 0815
墨池編二十卷　(宋)朱長文編　**印典八卷**　(清)朱象賢編　清雍正十一年(1733)吴縣朱氏就閒堂刻本　十四冊

110000－0182－0006649　美 0819
紅豆樹館書畫記八卷　(清)陶樑輯　清光緒八年(1882)吴縣潘霨刻本　六冊

110000－0182－0006650　美 0825
歷代畫史彙傳七十二卷首一卷引證書目一卷目錄三卷附錄二卷　(清)彭蘊璨編　清光緒八年(1882)上海掃葉山房刻本　二十四冊

110000－0182－0006651　美 0837
澄蘭室古緣萃錄十八卷　邵松年輯　清光緒三十年(1904)古虞邵松年澄蘭室上海鴻文書局石印本　六冊

110000－0182－0006652　美 0838
吴越所見書畫錄六卷　(清)陸時化輯　清宣統二年(1910)順德鄧實鉛印風雨樓叢書本　六冊

110000－0182－0006653　美 0846
時事報圖畫　(清)□□著　清宣統元年(1909)石印本　五冊

110000－0182－0006654　美 0850
王石谷仿古山水冊　(清)王翬繪　清宣統三年(1911)影印本　一冊

110000－0182－0006655　美 0851
虚舟題跋十卷虚舟題跋原三卷竹雲題跋四卷　(清)王澍撰　清乾隆三十三年至三十九年(1768－1774)刻本　六冊

110000－0182－0006656　美 0855
蘭石畫譜　(清)吳煥采繪　清光緒二十年(1894)古蓮池華南硯北草堂刻本　四冊

110000－0182－0006657　美 0860
王圓照仿雲林山水小景冊　鄧秋枚集　清宣統元年(1909)珂羅版影印本　一冊

110000－0182－0006658　美 0861
翁小海花草蟲魚冊　鄧秋枚集　清宣統元年(1909)珂羅版影印本　一冊

110000－0182－0006659　美 0862
邊壽民花卉蘆雁合冊　鄧秋枚集　清宣統元年(1909)珂羅版影印本　一冊

110000－0182－0006660　美 0865
金冬心花果冊　鄧秋枚集　清宣統元年(1909)珂羅版影印本　一冊

110000－0182－0006661　美 0873
甌缽羅室書畫過目考四卷首一卷附一卷　(清)李玉棻輯　清光緒二十三年(1897)京都琉璃廠興盛齋刻本　二冊

110000－0182－0006662　美 0874
國朝畫家書小傳四卷　葉銘輯　清宣統元年(1909)鉛印本　一冊

110000－0182－0006663　美 0876
惲南田花卉冊　(清)惲南田繪　清宣統元年(1909)珂羅版影印本　一冊

110000－0182－0006664　美 0877
飛鴻堂印譜五集　(清)汪啟淑編　清乾隆鈐印本　二十冊

110000－0182－0006665　美 0882
百華詩箋譜不分卷　張龢庵繪　清宣統三年(1911)文美齋刻套印本　二冊

110000－0182－0006666　美 0883
百華詩箋譜不分卷　張龢庵繪　清宣統三年(1911)文美齋刻套印本　二冊

110000－0182－0006667　美 0884
十竹齋書畫譜　(明)胡正言撰　清初甘文耀齋刻套印本　八冊

110000－0182－0006668　美 0885
芥子園畫傳二集　(清)王槩撰　清乾隆四十七年(1782)書業堂刻本　四冊

110000－0182－0006669　美 0886
芥子園畫傳三集　(清)王槩撰　清乾隆四十七年(1782)書業堂刻本　四冊

110000－0182－0006670　美 0887
觀音圖　清刻本　一冊

110000－0182－0006671　美 0889
鄭蘇戡書千字文　鄭孝胥書　清光緒三十四年(1908)上海商務印書館石印本　一冊

110000－0182－0006672　美 0896
紅豆樹館書畫記八卷　(清)陶樑輯　清光緒八年(1882)吳縣潘霨刻本　六冊

110000－0182－0006673　美 0898
王氏畫苑十卷　(明)王世貞編　明萬曆十八年(1590)刻本　六冊

110000－0182－0006674　美 0899
劉雪湖梅譜二卷　(明)劉世儒撰　(明)王思任輯　明萬曆刻本　二冊

110000－0182－0006675　美 0902
芥子園畫傳五卷　(清)王槩編並繪　清康熙十八年(1679)李漁刻套印本　五冊

110000－0182－0006676　美 0903
紅樓夢圖詠　(清)改琦繪　清光緒五年(1879)刻本　四冊

110000－0182－0006677　美 0912
芥子園畫傳四集四卷　(清)丁臯撰並繪　**芥子園圖章會纂**　(清)李漁纂　清嘉慶金陵抱青閣刻本　四冊

110000－0182－0006678　美 0917
飛影閣畫冊　(清)□□繪　清光緒二十年至二十一年(1894－1895)石印本　十冊

110000－0182－0006679　美 0920
寫竹簡明法二卷　(清)蔣和撰並繪　清咸豐六年(1856)刻本　一冊

110000－0182－0006680　美 0921
文美齋詩箋譜　(清)張兆祥繪　清光緒十九年(1893)文美齋刻朱印本　二冊

110000－0182－0006681　美 0925
新聞圖畫　(□)□□編　清光緒三十三年至宣統元年(1907－1909)刻本　六冊

110000－0182－0006682　美 0927
聖諭像解二十卷　(清)梁延年編輯　清康熙二十年(1681)承宣堂刻本　八冊

110000－0182－0006683　美 0931
佩文齋書畫譜一百卷　(清)孫岳頒等纂　清光緒九年(1883)上海同文書局石印本　十六冊

110000－0182－0006684　美 0933
御刻三希堂石渠寶笈法帖釋文十六卷　(清)梁詩正等釋　清光緒二十三年(1897)石印本　六冊

110000－0182－0006685　美 0939
百華詩箋譜不分卷　張龢庵繪　清宣統三年(1911)文美齋刻套印本　二冊

110000－0182－0006686　美 0978
鳳墅殘帖釋文二卷　(清)錢大昕撰　清乾隆

刻本　一册

110000－0182－0006687　美 0979
御定題畫詩一百二十卷　(清)翰林院編修　清康熙四十六年(1707)刻本　二十四册

110000－0182－0006688　美 0984
開通畫報　開通畫報館編　清光緒三十二年至三十三年(1906－1907)石印本　六册

110000－0182－0006689　美 0996
一鳴畫報　一鳴畫報社編　清光緒三十三年(1907)石印本　一册

110000－0182－0006690　美 0997
日新畫報　日新畫報社編　清光緒石印本　四册

110000－0182－0006691　美 0998
兩日畫報　兩日畫報社編　清光緒三十三年至三十四年(1907－1908)石印本　五册

110000－0182－0006692　美 1011
百美新詠圖傳　(清)袁枚撰　清嘉慶十年(1805)刻本　四册

110000－0182－0006693　美 1013
芥子園畫傳二集　(清)王槩撰　清乾隆四十七年(1782)書業堂刻本　四册

110000－0182－0006694　美 1014
海上名人畫稿　(清)張熊等繪　清光緒十一年(1885)同文書局上海石印本　二册

110000－0182－0006695　美 1016
草字彙十二卷　(清)石梁輯　清乾隆五十二年(1787)大成齋刻本　五册

110000－0182－0006696　美 1019
歷代畫像傳四卷　(清)丁善長繪　清光緒二十二年(1896)刻本　四册

110000－0182－0006697　美 1024
紅樓夢圖詠　(清)改琦撰　清光緒十年(1884)刻本　四册

110000－0182－0006698　美 1026
於越先賢像贊二卷　(清)王齡撰　清光緒三年(1877)刻本　四册

110000－0182－0006699　美 1028
愛日吟廬書畫錄四卷　(清)葛金烺編　葛嗣浵補編　清宣統二年(1910)當湖葛氏刻朱印本　二册

110000－0182－0006700　美 1029
歷代畫像傳四卷　(清)丁善長繪　清光緒二十二年(1896)刻本　四册

110000－0182－0006701　美 1032
盼雲軒畫傳四卷閑窗論畫一卷　(清)李若昌繪　清同治三年(1864)李若昌刻本　四册

110000－0182－0006702　美 1035
南宋院畫錄八卷首一卷　(清)厲鶚輯　清光緒十年(1884)錢塘丁氏竹書堂刻武林掌故叢編本　一册

110000－0182－0006703　美 1038
欽定佩文齋書畫譜一百卷　(清)孫岳頒等纂輯　清康熙四十八年(1709)靜永堂刻本　四十八册

110000－0182－0006704　美 1039
神州國光集　上海神州國光社編輯　清光緒三十四年至宣統三年(1908－1911)刻本　十一册　存十一集(一、七、十至十五、十八、二十至二十一)

110000－0182－0006705　地 2529
[光緒]善化縣志三十四卷　(清)吳兆熙　(清)張先掄纂修　清光緒三年(1877)刻本　二十册

110000－0182－0006706　地 2530
西藏小識四卷　(清)單毓年編纂　清光緒三十四年(1908)抄本　四册

110000－0182－0006707　地 2535
[光緒]宣平縣志二十卷首一卷　(清)皮樹棠纂修　清光緒四年(1878)鉛印本　八册

110000－0182－0006708　地 2537
分湖小識六卷　(清)柳樹芳纂修　清道光二十七年(1847)吳江柳樹芳勝溪草堂刻本

二册

110000－0182－0006709　地 2538
湖墅小志四卷　(清)高鵬年輯　清光緒二十二年(1896)仁和高氏石印本　一册

110000－0182－0006710　地 2539
清波小志二卷補一卷　(清)徐逢吉纂　(清)陳景鍾補　清光緒二年(1876)仁和葛氏刻嘯園叢書本　二册

110000－0182－0006711　地 2542
寶華山志十五卷首一卷　(清)劉名芳纂修　(清)釋福聚校　清乾隆刻本　四册

110000－0182－0006712　地 2544
鼎湖山志八卷首一卷　(清)丁易撰　(清)釋成鷲輯　清康熙刻本　四册

110000－0182－0006713　地 2545
華嶽志八卷首一卷　(清)李榕輯　清光緒九年(1883)刻本　四册

110000－0182－0006714　地 2546
[乾隆]濰縣志六卷首一卷末一卷　(清)張耀璧修　(清)王誦芬纂　清乾隆二十五年(1760)刻本　六册

110000－0182－0006715　地 2548
[乾隆]雲南騰越州志十三卷　(清)屠述濂纂修　清光緒二十三年(1897)刻本　六册

110000－0182－0006716　地 2549
[嘉慶]朝邑縣志二卷　(明)王道修　(明)韓邦靖纂　**朝邑縣志注二卷**　(清)張我華注　清抄本　一册

110000－0182－0006717　地 2558
[嘉慶]湘潭縣志四十卷附跋　(清)張雲璈修　(清)周系英纂　清嘉慶二十三年(1818)刻本　十八册

110000－0182－0006718　地 2559
[康熙]常州府志三十八卷首一卷　(清)于琨　(清)陳玉璂纂修　清光緒十二年(1886)木活字印本　二十一册

110000－0182－0006719　地 2560
[光緒]松江府續志四十卷首一卷　(清)博潤修　(清)姚光發等纂　清光緒十年(1884)刻本　二十四册

110000－0182－0006720　地 2561
[嘉慶]松江府志八十四卷首一卷圖一卷　(清)宋如林修　(清)孫星衍等纂　清嘉慶二十三年(1818)刻本　四十册

110000－0182－0006721　地 2562
[雍正]陝西通志一百卷首一卷　(清)劉于義修　(清)沈青崖纂　清雍正十三年(1735)刻本　一百册

110000－0182－0006722　地 2563
[同治]鄞縣志七十五卷　(清)戴枚修　(清)董沛等纂　清光緒三年(1877)刻本　三十四册

110000－0182－0006723　地 2567
[同治]黄陂縣志十六卷附圖一張　(清)劉昌緒修　(清)徐瀛纂　清同治十年(1871)刻本　十四册

110000－0182－0006724　地 2571
[道光]泰安縣志十二卷首一卷末一卷　(清)徐宗幹修　(清)蔣大慶等纂　清道光八年(1828)刻本　十四册

110000－0182－0006725　地 2574
[光緒]浦江縣志十五卷附殉難録二卷　(清)黄志璠纂修　清光緒二十二年(1896)刻本　十四册

110000－0182－0006726　地 2575
[光緒]慈谿縣志稿五十六卷附録一卷　(清)楊泰亨修　(清)馮可鏞纂　清光緒稿本　十八册

110000－0182－0006727　地 2578
[咸豐]濱州志十二卷首一卷　(清)李熙齡纂修　清咸豐十年(1860)刻本　三册　缺二卷(十一至十二)

110000－0182－0006728　地 2579
[光緒]縉雲縣志十六卷首一卷末一卷　(清)

何乃容等總纂　(清)喻坤等協修　清光緒二年(1876)刻本　十冊

110000－0182－0006729　地 2581
洞霄圖志六卷首一卷　(元)鄧牧編　(元)孟宗寶集　清乾隆四十九年(1784)洞霄宮主持陳仁恩、張禮恭刻本　五冊

110000－0182－0006730　地 2582
[康熙]保定府志二十九卷　(清)紀弘謨修　(清)郭棻纂　清康熙十九年(1680)刻本　十二冊

110000－0182－0006731　地 2583
[光緒]廣西通志輯要十七卷首一卷　(清)蘇宗經原輯　(清)羊復禮增輯　**廣西昭忠錄八卷首一卷平桂紀略四卷**　(清)蘇鳳文撰　**股匪總錄三卷**　(清)□□編　**堂匪總錄十二卷**　**廣西道里表一卷**　(清)蘇鳳文撰　清光緒十六年(1890)桂林唐九如堂刻本　二十一冊

110000－0182－0006732　地 2584
荊州萬城隄志十卷首一卷末一卷　(清)倪文蔚撰　**續志十卷首一卷末一卷**　(清)白舒惠撰　清光緒二十一年(1895)刻本　六冊

110000－0182－0006733　地 2587
[乾隆]福清縣志二十卷圖一卷　(清)饒安鼎　(清)邵應龍修　(清)林昂　(清)李修卿纂　清光緒二十四年(1898)夔門劉玉璋刻本　十二冊

110000－0182－0006734　地 2594
中國江海險要圖志二十二卷首一卷補遺五卷　(英國)海軍海圖官局編　陳壽彭譯　清光緒三十三年(1907)廣雅書局石印本　十五冊

110000－0182－0006735　地 2596
廣東海圖說　(清)張之洞撰　清光緒十五年(1889)刻本　一冊

110000－0182－0006736　地 2598
島夷志略一卷　(清)龍鳳鑣撰　清光緒十八年(1892)刻知服齋叢書本　一冊

110000－0182－0006737　地 2609
續修紫陽書院志十八卷　(清)施璜輯　(清)吳瞻泰　(清)吳瞻淇增訂　(清)徐光文續輯　清中後期刻本　五冊

110000－0182－0006738　地 2610
輿地沿革表四十卷首一卷　(清)楊丕復撰　清光緒十四年(1888)武陵楊琪光刻楊愚齋先生全集本　二十冊

110000－0182－0006739　地 2613
湯陰精忠廟志十卷　(明)張應登等輯　(清)楊世達續輯　清刻本　三冊

110000－0182－0006740　地 2615
西湖志四十八卷　(清)李衛　(清)傅王露纂修　清雍正刻本　二十冊

110000－0182－0006741　地 2616
福建全省輿圖不分卷　(清)傅以禮等編　清光緒三十一年(1905)石印本　二冊

110000－0182－0006742　地 2617
太平寰宇記二百卷目錄二卷　(宋)樂史撰　清光緒八年(1882)金陵書局刻本　三十六冊

110000－0182－0006743　地 2618
東遊日記(清光緒二十年五月初四至七月初四)　(清)黃慶澄撰　清光緒二十年(1894)刻本　一冊

110000－0182－0006744　地 2619
浙江通省志圖說二卷　(清)沈德潛撰　清刻本　一冊

110000－0182－0006745　地 2622
全滇紀要不分卷　(清)雲南課吏館纂修　清光緒三十二年(1906)雲南課吏館鉛印本　十冊

110000－0182－0006746　地 2623
各國地球新錄四卷　(清)李圭撰　清光緒二十一年(1895)寶善書局石印本　二冊

110000－0182－0006747　地 2625
貴池縣沿革表一卷　劉世珩撰　清光緒二十三年(1897)刻本　一冊

110000－0182－0006748　地 2636

禹貢古今注通釋六卷　(清)侯楨撰　清光緒六年(1880)木活字印本　二冊

110000－0182－0006749　地 2637
灌江備考一卷　(清)李先立編　(清)王廷玨采輯　清刻本　一冊

110000－0182－0006750　地 2638
環球勝地名畫錄　(□)□□撰　清光緒鉛印本　一冊

110000－0182－0006751　地 2640
畿輔水利圖　(清)吳邦慶繪　清道光刻本　一冊

110000－0182－0006752　地 2651
[道光]欒城縣志十卷首一卷末一卷　(清)桂超萬　(清)李鈖修　(清)高繼珩纂　清道光二十六年(1846)刻本　四冊

110000－0182－0006753　地 2652
[道光]中江縣新志八卷首一卷　(清)楊霈修　(清)李福源　(清)范泰衡纂　清道光十九年(1839)刻本　六冊

110000－0182－0006754　地 2653
[乾隆]博野縣志八卷首一卷　(清)吳鏊修　清乾隆三十二年(1767)刻本　六冊

110000－0182－0006755　地 2654
[道光]榮縣志三十八卷首一卷　(清)王培荀纂　清道光二十五年(1845)榮縣署刻本　八冊

110000－0182－0006756　地 2656
黃運河口古今圖說一卷　(清)麟慶撰　清道光二十一年(1841)刻本　一冊

110000－0182－0006757　地 2660
[光緒]保定府志七十九卷首一卷　(清)李培祜　(清)朱靖旬編定　(清)張豫塏纂輯　清光緒十二年(1886)保定府署刻本　三十二冊

110000－0182－0006758　地 2661
談瀛錄六種　(清)袁祖志編　清光緒十年(1884)上海同文書局石印本　二冊

110000－0182－0006759　地 2662
浙西水利備考不分卷　(清)王鳳生撰　清道光四年(1824)刻本　四冊

110000－0182－0006760　地 2665
京奉鐵路旅行指南　張展雲編輯　清宣統二年(1910)鉛印本　一冊

110000－0182－0006761　地 2671
[光緒]溧水縣志二十二卷首一卷　(清)傅觀光　(清)施春膏修　(清)丁維誠纂　清光緒九年(1883)刻十五年(1889)印本　十二冊

110000－0182－0006762　地 2673
[道光]銅山縣志二十四卷首一卷　(清)崔志元修　(清)金左泉等纂　清道光十年(1830)刻本　十二冊

110000－0182－0006763　地 2678
[光緒]龍泉縣志十二卷首一卷　(清)顧國詔修　(清)張世堉纂　清光緒四年(1878)刻本　六冊

110000－0182－0006764　地 2680
[光緒]湖南通志二百八十八卷首八卷末十九卷　(清)李瀚章修　(清)曾國荃等纂　清光緒十一年(1885)刻本　一百六十七冊

110000－0182－0006765　地 2681
[光緒]南陽縣志十二卷首一卷　(清)潘守廉修　(清)張嘉謀等纂　清光緒三十年(1904)刻本　八冊

110000－0182－0006766　地 2682
[道光]滕縣志十四卷首一卷　(清)王政修　(清)王庸立　(清)黃來麟纂　清道光二十六年(1846)刻本　八冊

110000－0182－0006767　地 2683
皇朝內府輿地圖縮摹本　(清)六承如撰　(清)六嚴繪圖　清道光十四年(1834)金陵邵樹榮刻本　一冊

110000－0182－0006768　地 2686
[同治]續增什邡縣志五十四卷　(清)傅華桂修　(清)王璽尊　(清)甘雨培纂　清同治四年(1865)刻本　四冊

110000－0182－0006769　地 2687

安瀾紀要二卷　(清)徐端撰　清道光二十二年(1842)刻本　二册

110000－0182－0006770　地 2691

天下郡國利病書一百二十卷　(清)顧炎武輯　清光緒二十七年(1901)圖書集成局鉛印本　五十二册

110000－0182－0006771　地 2697

飛布地記　(清)徐同善撰　清同治稿本　一册

110000－0182－0006772　地 2699

[光緒]昌平外志六卷　(清)麻兆慶纂修　清光緒十八年(1892)刻本　四册

110000－0182－0006773　地 2701

[道光]長樂縣志十卷　(清)侯坤元修　(清)溫訓纂　清道光二十五年(1845)刻本　十二册

110000－0182－0006774　地 2703

[光緒]滋陽縣志十四卷　(清)李兆霖　(清)周衍恩修　(清)黄師誾　(清)蔣繼洙纂　清光緒十四年(1888)刻本　十册

110000－0182－0006775　地 2704

[弘治]興化府志五十四卷　(明)陳效修　(明)周瑛　(明)黄仲昭纂　清同治十年(1871)東萊林慶貽刻本　二十四册

110000－0182－0006776　地 2705

[光緒]續修浦城縣志四十二卷　(清)翁天祜　(清)翁昭泰纂修　清光緒二十六年(1900)刻本　二十二册

110000－0182－0006777　地 2706

[光緒]靖江縣志十六卷首一卷　(清)葉滋森修　(清)褚翔纂　清光緒五年(1879)刻本　十二册

110000－0182－0006778　地 2715

[嘉慶]四川通志二百四卷首二十二卷　(清)常明修　(清)楊芳燦　(清)譚光祜纂　清嘉慶二十一年(1816)四川督署刻本　一百六十册

110000－0182－0006779　地 2718

甌乘補遺二卷　(清)洪守一撰　清道光四年(1824)稿本　一册

110000－0182－0006780　地 2721

三洲遊記一卷　(□)□□撰　清通學齋鉛印本　二册

110000－0182－0006781　地 2722

[淳熙]嚴州圖經八卷　(宋)陳公亮修　(宋)劉文富纂　清光緒二十二年(1896)桐廬袁昶刻本　二册

110000－0182－0006782　地 2724

新疆莎車府葉城縣鄉土志　(清)□□撰　清末抄本　一册

110000－0182－0006783　地 2725

步天歌一卷　(清)□□撰　清刻本　一册

110000－0182－0006784　地 2728

[同治]寧鄉縣志四十四卷首一卷　(清)郭慶颺修　(清)童秀春纂　清同治六年(1867)刻本　十八册

110000－0182－0006785　地 2730

[光緒]巴陵縣志六十三卷首一卷　(清)姚詩德　(清)鄭桂星修　(清)杜貴墀纂　清光緒二十六年(1900)刻本　十六册

110000－0182－0006786　地 2731

[同治]新化縣志三十五卷　(清)關培鈞　(清)劉洪澤纂修　清同治十一年(1872)刻本　十七册

110000－0182－0006787　地 2732

[光緒]德安府志二十卷首一卷末一卷　(清)賡音布修　(清)劉國光等纂　清光緒十四年至十五年(1888－1889)刻本　二十册

110000－0182－0006788　地 2734

[同治]鶴峰州志續修十四卷首一卷　(清)徐澍楷修　(清)雷春沼纂　清同治六年(1867)刻本　一册

110000－0182－0006789　地 2736

[光緒]黄梅縣志四十卷首一卷 (清)覃瀚元 (清)袁瓚修 (清)宛名昌等纂 清光緒二年(1876)刻本 十二冊

110000－0182－0006790 地2740
山谷詩集注内集注二十卷外集注十七卷别集注二卷 (宋)黄庭堅撰 清光緒二十六年(1900)義寧陳三立刻宣統二年(1910)印本 二十冊

110000－0182－0006791 地2741
[乾隆]東平州志二十卷首一卷補遺一卷 (清)沈維琪修 (清)胡彦昇纂 清乾隆三十六年(1771)刻本 十冊

110000－0182－0006792 地2742
[同治]重修寧海州志二十六卷 (清)舒孔安修 (清)王厚階纂 清同治三年(1864)刻本 六冊

110000－0182－0006793 地2743
[道光]東平州志三十卷首二卷 (清)周雲鳳修 (清)唐鑑等纂 清道光五年(1825)刻本 十六冊

110000－0182－0006794 地2744
[光緒]增修登州府志六十九卷首一卷 (清)方汝翼 (清)賈瑚修 (清)周悦讓 (清)慕榮幹纂 清光緒七年(1881)刻本 三十二冊

110000－0182－0006795 地2745
[順治]登州府志二十二卷 (清)施閏章修 (清)楊奇烈纂 清康熙三十三年(1694)任璿增刻本 八冊

110000－0182－0006796 地2746
[乾隆]續登州府志十二卷 (清)韓永泰修 清乾隆七年(1742)刻本 四冊

110000－0182－0006797 地2747
[嘉慶]壽光縣志二十卷 (清)劉翰周纂修 清嘉慶五年(1800)刻本 八冊

110000－0182－0006798 地2748
[康熙]新修齊東縣志八卷 (清)余為霖修 (清)郭國琦等纂 清康熙二十四年(1685)刻嘉慶八年(1803)增刻本 六冊

110000－0182－0006799 地2749
[萬曆]安丘縣志二十八卷 (明)熊元修 (明)馬文煒纂 清刻本(全文多處民國抄配) 二冊

110000－0182－0006800 地2750
[康熙]續安丘縣志二十五卷 (清)任周鼎修 (清)王訓纂 清康熙二年(1663)刻十五年(1676)增刻本(有抄配) 二冊

110000－0182－0006801 地2751
[道光]諸城縣續志二十三卷 (清)劉光斗修 (清)朱學海纂 清道光十四年(1834)刻本 四冊

110000－0182－0006802 地2752
[康熙]堂邑縣志二十卷 (清)盧承琰修 (清)劉淇纂 清光緒十八年(1892)刻本 三冊

110000－0182－0006803 地2753
[道光]城武縣志十四卷首一卷 (清)袁章華修 (清)劉士瀛纂 清道光十年(1830)刻本 八冊

110000－0182－0006804 地2754
[道光]文登縣志十卷 (清)蔡培 (清)歐文等纂修 (清)林汝謨等分纂 清道光十九年(1839)文登縣署刻本 四冊

110000－0182－0006805 地2755
[咸豐]金鄉縣志略十二卷首一卷 (清)李壘纂修 清同治元年(1862)刻本 五冊

110000－0182－0006806 地2756
[道光]商河縣志八卷首一卷 (清)龔廷煌等纂修 清道光十六年(1836)刻本 八冊

110000－0182－0006807 地2757
[光緒]高密縣志十卷首一卷末一卷 (清)傅賫予修 (清)李勷運纂 清光緒二十二年(1896)刻本 八冊

110000－0182－0006808 地2760

[咸豐]青州府志六十四卷　(清)毛永柏修　(清)李圖　(清)劉耀椿纂　清咸豐九年(1859)刻本　三十二册

110000－0182－0006809　地 2770
[光緒]江陵縣志六十五卷首一卷　(清)蒯正昌等修　(清)劉長謙等纂　清光緒二年(1876)刻本　二十四册

110000－0182－0006810　地 2771
[光緒]金壇縣志十六卷首一卷　(清)丁兆基修　(清)汪國鳳等纂　清光緒十一年(1885)木活字印本　十二册

110000－0182－0006811　地 2780
鴻苞節錄十卷　(明)屠隆撰　(清)屠繼烈編　清咸豐七年(1857)章邱縣署刻本　一册　存一卷(一)

110000－0182－0006812　地 2781
[康熙]海寧縣志十三卷圖一卷　(清)許三禮修　(清)朱嘉增纂　(清)黄承璉續纂修　清康熙十四年(1675)修二十二年(1683)續修光緒二十一年(1895)孫楝補寫缺頁刻本　八册

110000－0182－0006813　地 2783
孫文定公南遊記一卷　(清)孫嘉淦撰　清抄本　一册

110000－0182－0006814　地 2784
無錫侯保三暑假旅行記不分卷　侯鴻鑑編　清宣統元年(1909)鉛印本　一册

110000－0182－0006815　地 2785
申江勝景圖二卷　(清)吳友如繪　清光緒二十年(1894)上海點石齋石印本　二册

110000－0182－0006816　地 2786
最新高等小學地理教科書不分卷　(清)謝紅賁編輯　清光緒三十二年(1906)上海商務印書館鉛印本　二册

110000－0182－0006817　地 2787
御製避暑山莊詩二卷　(清)聖祖玄燁撰　(清)揆敘等注　清康熙五十一年(1712)内府刻本　一册

110000－0182－0006818　地 2792
義州鄉土志不分卷　(清)陶應潤　(清)溫廣泰纂　清末義州抄本　一册

110000－0182－0006819　地 2795
[嘉慶]廣西通志二百七十九卷首一卷　(清)謝啟昆修　(清)胡虔纂　清嘉慶七年(1802)刻同治四年(1865)重修本　八十册

110000－0182－0006820　地 2796
[乾隆]福建通志七十八卷首四卷　(清)郝玉麟修　(清)謝道承　(清)劉敬與纂　清乾隆二年(1737)刻本　六十四册

110000－0182－0006821　地 2797
[乾隆]江南通志二百卷序目一卷首四卷　(清)尹繼善等修　(清)黄之雋等纂　清乾隆元年(1736)刻本　八十册

110000－0182－0006822　地 2798
江蘇全省輿圖不分卷　(清)鄧華熙修　(清)諸可寶纂　清光緒二十一年(1895)江南書局刻本　三册

110000－0182－0006823　地 2802
[乾隆]西寧府新志四十卷　(清)楊應琚纂修　清乾隆十二年(1747)刻本　十二册

110000－0182－0006824　地 2810
[光緒]土默特旗志十卷　(清)貽穀修　高賡恩纂　清光緒三十四年(1908)刻本　二册

110000－0182－0006825　地 2811
印度新志不分卷　(清)學部編譯圖書局編　清光緒三十三年(1907)學部編譯圖書局鉛印本　二册

110000－0182－0006826　地 2812
亞斐利加洲志不分卷　(清)學部編譯圖書局編　清宣統元年(1909)學部編譯圖書局鉛印本　一册

110000－0182－0006827　地 2813
[乾隆]長洲縣志三十四卷首一卷　(清)李光祚修　(清)顧詒祿纂　清乾隆三十一年(1766)刻本(卷二十一至二十六抄配)　十

二册

110000－0182－0006828　地 2814
[乾隆]膠州志八卷首一卷　(清)周于智　(清)宋文錦修　(清)劉恬等纂　清乾隆十七年(1752)刻本　八册

110000－0182－0006829　地 2816
[乾隆]新泰縣志二十卷首一卷　(清)江乾達修　(清)牛士瞻等纂　清光緒十七年(1891)徐致愉增刻本　六册

110000－0182－0006830　地 2832
[光緒]密雲縣志六卷首一卷　(清)丁符九　(清)趙文粹修　(清)張鼎華　(清)周林纂　清光緒七年(1881)刻本　八册

110000－0182－0006831　地 2836
南嶽小錄一卷　(唐)李沖昭撰　清抄本　一册

110000－0182－0006832　地 2840
山海經十八卷　(晉)郭璞撰　清康熙五十三年至五十四年(1714－1715)項絪群玉書堂刻本　三册

110000－0182－0006833　地 2850
長白山靈跡全影　劉建封　王瑞祥影編　清宣統三年(1911)曬印本　一册

110000－0182－0006834　地 2856
清涼山志十卷　(明)釋鎮澄修　清乾隆二十年(1755)刻本　四册

110000－0182－0006835　地 2857
遊歷日本圖經三十卷　(清)傅雲龍撰　清光緒十五年(1889)鉛印本　十八册

110000－0182－0006836　地 2858
分疆錄十二卷首一卷　(清)林鶚纂修　(清)林用霖續纂修　清光緒四年(1878)羅陽林氏望山堂刻本　六册

110000－0182－0006837　地 2859
苗防備覽二十二卷　(清)嚴如熤撰　清道光二十三年(1843)刻本　八册

110000－0182－0006838　地 2872
蜀水考四卷　(清)陳登龍撰　(清)朱錫穀補注　(清)陳一津疏　清光緒十六年(1890)刻本　四册

110000－0182－0006839　地 2873
[咸淳]臨安志一百卷　(宋)潛說友纂修　**校刊劄記三卷**　(清)黄士珣撰　清道光十年(1830)汪遠孫振綺堂刻同治六年(1867)增刻本　二十四册

110000－0182－0006840　地 2874
清涼山志十卷　(明)釋鎮澄修　清乾隆刻本　四册

110000－0182－0006841　地 2879
[萬曆]閩都記三十三卷　(明)王應山纂輯　清道光十一年(1831)求放心齋刻本　六册

110000－0182－0006842　地 2880
歷代地理志韻編今釋二十卷　(清)李兆洛輯　清光緒元年(1875)羊城馬氏集益堂刻本　十二册

110000－0182－0006843　地 2881
[光緒]永平府志七十二卷首一卷末一卷　(清)游智開修　(清)史夢蘭纂　清光緒五年(1879)敬勝書院刻本　七册

110000－0182－0006844　地 2883
歷代地理沿革表四十七卷　(清)陳芳績撰　清光緒二十一年(1895)廣雅書局刻本　十五册

110000－0182－0006845　地 2897
蜀輶日記四卷(清嘉慶十五年五月至十一月)　(清)陶澍撰　清光緒七年(1881)江州官舍刻本　二册

110000－0182－0006846　地 2898
漆沮通考一卷　(清)鄭士範著　清光緒二十二年(1896)鳳翔周鼎正誼堂刻本　一册

110000－0182－0006847　地 2901
西湖志餘十八卷　(明)田汝成撰　(清)姚靖增删　清刻本　四册

110000－0182－0006848　地 2903

歷代地理沿革圖不分卷 （清）六嚴繪 （清）馬徵麟輯 清同治十年（1871）金陵刻本 二册

110000－0182－0006849 地2909
揚州水道記四卷 （清）劉文淇撰 清同治十一年（1872）淮南書局刻本 二册

110000－0182－0006850 地2911
［同治］廬陵縣志五十六卷首一卷補編一卷 （清）陳汝楨等修 （清）匡汝諧纂 清同治十二年（1873）刻本 二十四册

110000－0182－0006851 地2912
［同治］廣豐縣志十卷首一卷 （清）雙全等修 （清）顧蘭生等纂 清同治十一年至光緒元年（1872－1875）刻本 十册

110000－0182－0006852 地2913
［乾隆］蘇州府志八十卷首一卷 （清）雅爾哈善等修 （清）習寯等纂 清乾隆十三年（1748）刻本 三十二册

110000－0182－0006853 地2914
［光緒］重修華亭縣志二十四卷首一卷末一卷 （清）楊開第修 （清）姚光發等纂 清光緒五年（1879）刻本 十册

110000－0182－0006854 地2915
［光緒］婺源縣志六十四卷首一卷 （清）吴鶚修 （清）汪正元纂 清光緒九年（1883）刻本 二十四册

110000－0182－0006855 地2916
［同治］樂平縣志十卷首一卷 （清）董萼榮 （清）梅毓翰修 （清）汪元祥 （清）陳謨纂 清同治九年（1870）翥山書院刻本 十二册

110000－0182－0006856 地2917
［光緒］蔚州志二十卷首一卷 （清）慶之金修 （清）楊篤纂 清光緒三年（1877）蔚州公廨刻本 八册

110000－0182－0006857 地2919
［乾隆］貴州通志四十六卷首一卷 （清）鄂爾泰 （清）張廣泗修 （清）靖道謨 （清）杜詮纂 清乾隆六年（1741）刻本 三十二册

110000－0182－0006858 地2921
［同治］樂安縣志十一卷首一卷 （清）朱奎章修 （清）胡芳杏纂 清同治十年（1871）刻本 八册

110000－0182－0006859 地2931
金匱縣輿地全圖附金匱縣斗則簡明册二卷 （清）華湛恩編 華鴻模續編 清光緒三十四年（1908）石印本 六册

110000－0182－0006860 地2933
［嘉慶］重刊荊溪縣志四卷首一卷 （清）唐仲冕修 （清）甯楷纂 清嘉慶二年（1797）刻本 二册

110000－0182－0006861 地2934
［乾隆］杭州府志一百十卷首六卷 （清）鄭澐修 （清）邵齊然纂 清乾隆四十四年（1779）刻四十九年（1784）增修本 五十六册

110000－0182－0006862 地2936
［同治］高安縣志二十八卷首一卷 （清）孫家鐸等修 （清）熊松之纂 清同治十年（1871）刻本 二十册

110000－0182－0006863 地2945
［光緒］重修丹陽縣志三十六卷首一卷 （清）劉誥等修 （清）徐錫麟纂 清光緒十一年（1885）鴻鳳書院刻本 十六册

110000－0182－0006864 地2949
峨山圖志二卷 （清）黄錫燾纂 清光緒十七年（1891）刻本 二册

110000－0182－0006865 地2950
慧山記四卷首一卷續編三卷首一卷 （明）邵寶撰 （明）釋圓顯輯 清同治七年（1868）無錫邵氏二泉書院刻本 六册

110000－0182－0006866 地2953
天台山方外志三十卷 （明）釋傳燈撰 清光緒二十年（1894）鉛印本 八册

110000－0182－0006867 地2955
廣雁蕩山志二十八卷首一卷末一卷 （清）曾

唯輯　清同治八年(1869)補刻本　八册

110000－0182－0006868　地2956

盋山志八卷　(清)顧雲編　清光緒九年(1883)刻本　三册

110000－0182－0006869　地2960

盤山志十卷補遺四卷　(清)釋智樸纂輯　(清)王士禛　(清)朱彝尊校訂　清同治十一年(1872)刻本　四册

110000－0182－0006870　地2962

金蓋山志四卷　(清)李守蓮輯　清光緒二十二年(1896)刻本　四册

110000－0182－0006871　地2966

京口山水志十八卷首一卷末一卷　(清)楊棨撰　清道光二十七年(1847)刻本　四册

110000－0182－0006872　地2967

湖山便覽十二卷　(清)翟灝　(清)翟瀚輯　清光緒元年(1875)杭州王維翰槐蔭堂刻本　六册

110000－0182－0006873　地2968

錫山景物略十卷　(清)王永積輯　清光緒二十四年(1898)刻本　五册

110000－0182－0006874　地2969

太湖備考十六卷首一卷　(清)金友理纂　清乾隆十五年(1750)刻本　十二册

110000－0182－0006875　地2973

萬壽宫志二十二卷　(清)金桂馨　(清)漆逢源輯　清光緒四年(1878)刻本　十册

110000－0182－0006876　地2974

東林書院志二十二卷　(清)高廷珍等編　清光緒七年(1881)刻本　八册

110000－0182－0006877　地2975

大觀亭志六卷首一卷末一卷　李國模纂　李丙榮編　清宣統三年(1911)合肥李氏慎餘堂木活字印本　四册

110000－0182－0006878　地2977

西溪秋雪庵志四卷　周慶雲輯　清末至民國刻本　一册

110000－0182－0006879　地2979

圓津禪院小志六卷　(清)釋覺銘纂　清嘉慶刻本　二册

110000－0182－0006880　地2981

曹江孝女廟志八卷首一卷末一卷補遺一卷　(清)金廷棟編輯　清光緒八年(1882)刻本　二册

110000－0182－0006881　地2988

津門雜記三卷　(清)張燾輯　清光緒十年(1884)刻本　二册

110000－0182－0006882　地2995

太湖備考十六卷首一卷　(清)金友理纂　清乾隆十五年(1750)刻本　十二册

110000－0182－0006883　地2998

[正德]姑蘇志六十卷　(明)王鏊等纂　明正德元年(1506)刻本　一册　存二卷(十七至十八)

110000－0182－0006884　地2999

求我篇　(清)潘清蔭撰　清光緒二十九年(1903)濟南高等學堂刻本　一册

110000－0182－0006885　地3000

泛槎圖一卷續一卷三集一卷四集一卷五集一卷六集一卷　(清)張寶撰並繪　(清)翁方綱等題辭並書　清嘉慶二十四年至道光十一年(1819－1831)羊城尚古齋刻本　四册

110000－0182－0006886　地3002

黄山領要錄二卷　(清)汪洪度撰　清乾隆長塘鮑氏刻知不足齋叢書本　一册

110000－0182－0006887　地3003

廣雁蕩山志二十八卷首一卷末一卷　(清)曾唯撰　清乾隆五十五年(1790)刻本　八册

110000－0182－0006888　地3006

江蘇省全縣輿圖不分卷　(清)鄧華熙修　(清)諸可寶纂　清光緒二十一年(1895)江南書局刻本　三册

110000－0182－0006889　地3009

[道光]雲南備徵志二十一卷　(清)王崧纂修

清宣統二年(1910)雲南官報局鉛印本　十九册

110000－0182－0006890　地 3019
[乾隆]潼川府志十二卷首一卷　(清)張松孫修　(清)李芳穀纂　清乾隆五十年(1785)刻本　十一册　缺一卷(十二)

110000－0182－0006891　地 3020
[至正]崑山郡志六卷　(元)楊譓纂修　清抄本　一册

110000－0182－0006892　地 3021
朔方備乘　(清)何秋濤撰　清光緒三年(1877)畿輔通志局刻本　一册

110000－0182－0006893　地 3029
瀛環志略十卷　(清)徐繼畬輯　清光緒二十四年(1898)掃葉山房鉛印本　六册

110000－0182－0006894　地 3030
泰西各國采風記五卷　宋育仁編　清光緒二十二年(1896)袖海山房石印本　四册

110000－0182－0006895　地 3031
江北運程四十卷首一卷　(清)董恂輯　清咸豐十年(1860)空青水碧齋刻本　四十一册

110000－0182－0006896　地 3033
永寧祗謁筆記不分卷　(清)董恂撰　清同治十一年(1872)刻本　一册

110000－0182－0006897　地 3034
長白徵存錄八卷首一卷　(清)張鳳臺等修　(清)劉龍光　(清)王大經纂　清宣統二年(1910)鉛印本　四册

110000－0182－0006898　地 3035
留都見聞錄二卷　(清)吳應箕撰　清同治三年(1864)刻樓山堂遺書本　一册

110000－0182－0006899　地 3039
海國勝遊草　(清)斌椿撰　清同治七年(1868)刻本　一册

110000－0182－0006900　地 3053
朝市叢載八卷　(清)楊靜亭(楊士安)原編　(清)李虹若重編　清光緒十二年(1886)刻本　八册

110000－0182－0006901　地 3055
水經注四十卷　(漢)桑欽撰　(北魏)酈道元注　清乾隆十八年(1753)黄晟槐蔭草堂刻同治二年(1863)長沙余氏明辨齋修本　八册

110000－0182－0006902　地 3056
漢書地理志水道圖説七卷附考正德清胡氏禹貢圖一卷　(清)陳澧撰　清同治十一年(1872)刻本　二册

110000－0182－0006903　地 3058
恒山志五卷圖一卷　(清)桂敬順纂修　清乾隆二十八年(1763)刻本　五册

110000－0182－0006904　地 3059
山東考古錄　(清)顧炎武撰　**續山東考古錄三十二卷首一卷**　(清)葉圭綬撰　清光緒八年(1882)山東書局刻本　七册

110000－0182－0006905　地 3063
水經注疏要刪四十卷補遺一卷　楊守敬撰　清光緒三十一年(1905)宜都楊守敬觀海堂刻本　六册

110000－0182－0006906　地 3064
水道提綱二十八卷　(清)齊召南編錄　清光緒四年(1878)津門徐士鑾霞城精舍刻本　八册

110000－0182－0006907　地 3065
元和郡縣圖志四十卷　(唐)李吉甫撰　清嘉慶二年(1797)陽湖孫星衍刻岱南閣叢書本　八册

110000－0182－0006908　地 3067
水經注四十卷　(漢)桑欽撰　(北魏)酈道元注　(清)戴震校　清乾隆刻本　十册

110000－0182－0006909　地 3069
水經注四十卷補遺一卷附錄二卷　(漢)桑欽撰　(北魏)酈道元注　(清)全祖望校　清光緒十四年(1888)無錫薛福成寧波崇實書院刻本　十六册

110000－0182－0006910　地 3070

禹貢錐指二十卷略例一卷圖一卷 （清）胡渭撰 清康熙四十四年（1705）漱六軒刻本 十冊

110000－0182－0006911 地3071
水經注釋四十卷首一卷附錄二卷水經注箋刊誤十二卷 （漢）桑欽撰 （北魏）酈道元注 （清）趙一清釋 清乾隆五十一年（1786）仁和趙氏小山堂刻本 八冊

110000－0182－0006912 地3073
邵陽縣鄉土志四卷首一卷 （清）陳吳萃等修 （清）姚炳奎纂 清光緒三十三年（1907）刻本 四冊

110000－0182－0006913 地3074
［光緒］巴陵縣志六十三卷首一卷 （清）姚詩德 （清）鄭桂星修 （清）杜貴墀纂 清光緒二十六年（1900）刻本 十六冊

110000－0182－0006914 地3080
［同治］續天津縣志二十卷首一卷 （清）吳惠元修 （清）蔣玉虹 （清）俞樾纂 清同治九年（1870）刻本 八冊

110000－0182－0006915 地3089
［光緒］鳳凰廳續志十六卷首一卷 （清）侯晟 （清）耿維中修 （清）黄河清纂 清光緒十八年（1892）刻本 八冊

110000－0182－0006916 地3092
［正德］武功縣志三卷首一卷 （明）康海纂修 （清）孫景烈評注 清道光八年（1828）武功黨金衡慎德堂刻本 二冊

110000－0182－0006917 地3095
［紹熙］雲間志三卷續一卷 （宋）楊潛纂 清嘉慶十九年（1814）華亭古倪園沈氏刻本 二冊

110000－0182－0006918 地3097
［雍正］崇明縣志二十卷首一卷 （清）張文英修 （清）沈龍翔纂 清雍正五年（1727）刻本 二十四冊

110000－0182－0006919 地3101
［康熙］滋陽縣志四卷 （清）李瀠修 （清）仲弘道纂 清康熙十一年（1672）刻本 五冊

110000－0182－0006920 地3104
［弘治］興化府志五十四卷 （明）陳效修 （明）周瑛 （明）黄仲昭纂 清同治十年（1871）東萊林慶貽刻本（卷十四至十六爲抄配） 二十四冊

110000－0182－0006921 地3111
［同治］新喻縣志十六卷首一卷 （清）文聚奎修 （清）吳增逵纂 清同治十二年（1873）刻本 十二冊

110000－0182－0006922 地3112
［同治］安化縣志三十四卷首編五卷末編一卷 （清）邱育泉修 （清）余堅 （清）杜夑續修 清同治十年（1871）尊經閣刻本 二十冊

110000－0182－0006923 地3113
［嘉慶］湖南通志二百十九卷首三卷末六卷 （清）巴哈布等修 （清）王煦等纂 清嘉慶二十五年（1820）刻道光增刻本 八十四冊

110000－0182－0006924 地3114
［光緒］重修電白縣志三十卷首一卷 （清）孫鑄修 （清）邵祥齡等纂 清光緒十八年（1892）高州富文樓刻本 八冊

110000－0182－0006925 地3116
［道光］直隸南雄州志三十四卷首一卷 （清）余保純等修 （清）黄其勤纂 （清）戴錫倫續纂 清道光四年（1824）心簡齋刻本 十五冊 缺二卷（二十至二十一）

110000－0182－0006926 地3119
［光緒］湖南通志二百八十八卷首八卷末十九卷 （清）李瀚章修 （清）曾國荃等纂 清光緒十一年（1885）刻本 一百六十八冊

110000－0182－0006927 地3121
［同治］新化縣志三十五卷 （清）關培鈞 （清）劉洪澤纂修 清同治十一年（1872）刻本 十八冊

110000－0182－0006928 地3123

[嘉慶]常德府志四十八卷首一卷文徵九卷首一卷叢談三卷 (清)應先烈修 (清)陳楷禮纂 清嘉慶十八年(1813)刻本 十八册

110000－0182－0006929 地 3646
忍草庵志四卷 (清)劉繼增撰 清光緒十三年(1887)錫山遂初堂尤氏鉛印本 一册

110000－0182－0006930 善 1
通鑑紀事本末四十二卷 (宋)袁樞撰 宋寶祐五年(1257)趙與□刻元明遞修本 一册 存一卷(十五)

110000－0182－0006931 善 2
資治通鑑綱目集覽五十九卷 (元)王幼學編 明洪武二十一年(1388)梅溪書院刻本 一册 存二卷(六至七)

110000－0182－0006932 善 3
大明嘉靖二十三年歲次甲辰大統曆一卷 明嘉靖刻本 一册 有殘

110000－0182－0006933 善 4
春秋左傳類編不分卷 (宋)呂祖謙撰 清抄本 十册

110000－0182－0006934 善 5
金石史 (明)郭宗昌撰 清康熙抄本 一册

110000－0182－0006935 善 6
疏草二卷 (明)黄宗昌撰 清初刻本 二册

110000－0182－0006936 善 7
甲子會紀五卷 (明)薛應旂編 (明)陳仁錫評閱 明陳仁錫刻本 四册

110000－0182－0006937 善 8
西晉文紀二十卷 (明)梅鼎祚輯 明崇禎三年(1630)刻本 十二册

110000－0182－0006938 善 9
程氏墨苑十四卷人文爵里九卷 (明)程大約撰 明萬曆程氏滋蘭堂刻本 二十四册

110000－0182－0006939 善 10
山海經釋義十八卷圖七十五回 (晉)郭璞傳 (明)王崇慶釋義 (明)董漢儒校訂 明萬曆大業堂刻本 四册

110000－0182－0006940 善 11
[康熙]石門縣志十二卷 (清)杜森修 (清)鄺世培續修 清康熙刻本 十六册

110000－0182－0006941 善 12
[浙江紹興]陸氏宗譜像贊 (明)陸震輯 明寫本 一册

110000－0182－0006942 善 13
新刊太醫院真傳重訂徐氏針灸捷法大全六卷 (明)徐鳳撰 明劉宗器安正堂刻本 二册 存一卷(一)

110000－0182－0006943 善 14
新刻京板工師雕鏤正式魯班經匠家鏡二卷秘訣仙機一卷 (明)午榮彙編 明刻本 一册

110000－0182－0006944 善 16
宋天文書十五卷 (宋)王安禮撰 明抄本 六册

110000－0182－0006945 善 17
歷代小史一百五卷 (明)李栻輯 明刻本 二十四册

110000－0182－0006946 善 18
欽定古今圖書集成圖不分卷 (清)陳夢雷 (清)蔣廷錫等編 清銅活字印本 一百十册

110000－0182－0006947 善 19
方氏墨譜六卷 (明)方于魯撰 明萬曆二十四年(1596)美蔭堂刻本 一册 存三卷(一至三)

110000－0182－0006948 善 22
周易程朱傳義二十四卷 (宋)程頤 (宋)朱熹撰 明嘉靖吉澄刻本 六册

110000－0182－0006949 善 23
河東先生集四十五卷外集二卷龍城錄二卷附錄二卷傳一卷 (唐)柳宗元撰 (宋)廖瑩中校正 明東吳郭雲鵬濟美堂刻本 二十四册

110000－0182－0006950 善 24
昌黎先生集四十卷外集十卷遺文一卷 (唐)韓愈撰 (唐)李漢編 (宋)廖瑩中注 明萬曆東吳徐氏東雅堂刻本 二十四册

110000－0182－0006951　善 25
續文獻通考二百五十四卷　(明)王圻撰　明萬曆三十一年(1603)曹時聘、許維新等刻本　五十冊

110000－0182－0006952　善 26
古今女史前集十二卷詩集八卷姓氏字里詳節一卷　(明)趙世傑等輯　明崇禎刻本　十四冊

110000－0182－0006953　善 27
大明會典二百二十八卷　(明)申時行　(明)趙用賢等纂修　明萬曆刻本　十二冊

110000－0182－0006954　善 28
音注全文春秋括例始末左傳句讀直解七十卷　(宋)林堯叟撰　元刻本　一冊　存四卷(四十五至四十八)

110000－0182－0006955　善 29
通鑑紀事本末四十二卷　(宋)袁樞撰　宋寶祐五年(1257)趙與□刻元明遞修本　八冊　存四卷(三十三至三十六)

110000－0182－0006956　善 30
春秋諸傳會通二十四卷　(元)李廉撰　元至正十一年(1351)虞氏明復齋刻本　一冊　存二卷(十四至十五)

110000－0182－0006957　善 31
春秋胡氏傳纂疏三十卷　(元)汪克寬撰　元至正八年(1348)刻本　十三冊　存十五卷(十至十一、十六至二十一、二十四至三十)

110000－0182－0006958　善 32
資治通鑑綱目五十九卷　(宋)朱熹撰　宋刻本　一冊　存一卷(二十一)

110000－0182－0006959　善 33
資治通鑑二百九十四卷　(宋)司馬光撰　(元)胡三省音注　元刻本　一冊　存二卷(九十至九十一)

110000－0182－0006960　善 34
南詔野史續增　(明)倪輅撰　(明)楊慎校訂　(清)熊觀國續　清道光六年(1826)彌渡官署抄本　四冊

110000－0182－0006961　善 35
周易經傳集程朱解附錄纂注十四卷　(元)董真卿撰　元刻本　一冊　存一卷(五)

110000－0182－0006962　善 36
增廣注釋音辯唐柳先生集四十二卷別集二卷外集二卷　(唐)柳宗元撰　(宋)童宗說注釋　(宋)張敦頤音辯　(宋)潘緯音義　明初刻本　四冊　存十九卷(增廣注釋音辯唐柳先生集五至二十三)

110000－0182－0006963　善 37
增廣注釋音辯唐柳先生集四十二卷別集二卷外集二卷　(唐)柳宗元撰　(宋)童宗說注釋　(宋)張敦頤音辯　(宋)潘緯音義　明初刻本　十六冊

110000－0182－0006964　善 38
華嶽全集十三卷　(明)張維新等撰　明崇禎十七年(1644)刻本　六冊　存四卷(一至四)

110000－0182－0006965　善 39
新安朱氏族譜十卷　(明)朱汝賢纂修　明成化九年(1473)刻本　一冊

110000－0182－0006966　善 40
河防一覽十四卷　(明)潘季馴撰　明萬曆十八年(1590)刻本　二十冊

110000－0182－0006967　善 41
新增廣輿考二卷　(明)汪縫預撰　明萬曆刻本　一冊　存一卷(下)

110000－0182－0006968　善 42
大清文宗顯皇帝實錄三百五十六卷　(清)周祖培纂修　清內府抄本　二冊　存二卷(三百至三百一)

110000－0182－0006969　善 43
大清世祖章皇帝實錄不分卷　(清)盧震等纂修　清內府抄本(滿文)　二冊　存順治元年四月至六月

110000－0182－0006970　善 44
大清聖祖仁皇帝實錄不分卷　(清)馬齊等纂

修　清内府抄本(滿文)　三册　存康熙三十四年正月至十月

110000－0182－0006971　善45
大清宣宗成皇帝實錄不分卷　(清)文慶等纂修　清内府抄本(滿文)　五册　存道光十六年七月至九月

110000－0182－0006972　善46
大明萬曆元年歲次癸酉大統曆　(明)□□編　明萬曆元年(1573)刻本　一册

110000－0182－0006973　善47
大明正德十五年歲次庚辰大統曆　(明)□□編　明正德刻本　一册

110000－0182－0006974　善48
拍案驚奇三十六卷　(明)凌濛初撰　明消閒居刻本　十二册　存三十二卷(一至三十二)

110000－0182－0006975　善49
皇明從信錄四十卷　(明)陳建撰　(明)沈國元輯　明末刻本　十二册

110000－0182－0006976　善50
欽定四庫全書總目二百卷　(清)紀昀等纂修　清内府寫本　三册　存十三卷(五十至五十三、八十一至八十七、八十九至九十)

110000－0182－0006977　善52
珂雪詞二卷　(清)曹貞吉撰　清抄本(四庫底本)　一册　存一卷(下)

110000－0182－0006978　善53
竹澗集二卷　(明)潘希曾撰　清抄本(四庫底本)　一册

110000－0182－0006979　善54
止堂集二卷　(宋)彭龜年撰　清抄本(四庫底本)　一册

110000－0182－0006980　善55
皇明九邊考十卷　(明)魏焕編輯　明嘉靖刻本　四册

110000－0182－0006981　善56
宋元通鑑一百五十七卷　(明)薛應旂撰　明天啓刻本　四十册

110000－0182－0006982　善57
補註釋文黄帝内經素問十二卷　(唐)王冰註　(宋)林億等校正　(宋)孫昭改誤　明刻本　五册　存五卷(一至五)

110000－0182－0006983　善58
新刻鍾伯敬先生批評封神演義十九卷圖一卷　(明)許仲琳撰　清刻本　一册　存一卷(圖一卷)

110000－0182－0006984　善59
唐解元仿古今畫譜一卷新鐫木本花鳥譜一卷新鐫五言唐詩畫譜一卷　(明)唐寅輯　明集雅齋刻本　六册

110000－0182－0006985　善60
方氏墨譜六卷　(明)方于魯撰　明萬曆方氏美蔭堂刻本　八册

110000－0182－0006986　善61
列女傳十六卷　(漢)劉向撰　(明)汪□增輯　(明)仇英補圖　明萬曆汪氏刻清乾隆四十四年(1779)知不足齋印本　十册

110000－0182－0006987　善62
御世仁風四卷　(明)金忠撰　(明)王安校　明萬曆四十八年(1620)金忠刻本　十二册

110000－0182－0006988　善64
楚辭述注五卷　(明)來欽之撰　**九歌圖一卷**　(明)陳洪綬繪　明崇禎刻本　四册

110000－0182－0006989　善66
風俗通義十卷　(漢)應劭撰　元大德九年(1305)無錫州學刻明修本　四册

110000－0182－0006990　善67
西湖遊覽志二十四卷　(明)田汝成撰　(明)商維濬重訂　明萬曆四十七年(1619)商維濬繼錦堂刻本　六册

110000－0182－0006991　善68
中説十卷　(隋)王通撰　(宋)阮逸注　明初刻本　三册

110000－0182－0006992　善69
黄帝素問靈樞經十二卷　明刻本　六册

110000－0182－0006993　善 70
蔡中郎文集十卷外傳一卷　(漢)蔡邕撰　明萬曆三十九年(1611)馬維驥刻本　六冊

110000－0182－0006994　善 71
竹書紀年二卷　(南朝梁)沈約注　(明)吳琯校　**三墳一卷**　明萬曆何允中刻廣漢魏叢書本　一冊

110000－0182－0006995　善 72
新鐫全像武穆精忠傳八卷　(明)李贄評　明天德堂刻本　八冊

110000－0182－0006996　善 73
大佛頂如來密因修證了義諸菩薩萬行首楞嚴經十卷　(唐)釋般剌密帝　(唐)釋彌伽釋伽譯　明淩毓枂刻朱墨套印本　十冊

110000－0182－0006997　善 74
大佛頂如來密因修證了義諸菩薩萬行首楞嚴經十卷　(唐)釋般剌密帝　(唐)釋彌伽釋伽譯　明天啓元年(1621)淩刻五色套印本　十冊

110000－0182－0006998　善 75
鮑明遠集十卷　(南朝宋)鮑照撰　明汪士賢刻漢魏六朝二十名家集本　二冊

110000－0182－0006999　善 76
阮嗣宗集二卷　(三國魏)阮籍撰　明汪士賢刻漢魏六朝二十名家集本　二冊

110000－0182－0007000　善 77
任彥升集六卷　(南朝梁)任昉撰　(明)呂兆禧校　明萬曆刻本　二冊

110000－0182－0007001　善 78
南村輟耕錄三十卷　(明)陶宗儀撰　明玉蘭草堂刻本　十二冊

110000－0182－0007002　善 79
史記評林一百三十卷　(漢)司馬遷撰　(南朝宋)裴駰集解　(唐)司馬貞索隱　(唐)張守節正義　(明)淩稚隆輯　(明)李光縉增補　明萬曆五年(1577)刻本　三十冊

110000－0182－0007003　善 80
南齊書五十九卷　(南朝梁)蕭子顯撰　宋刻宋元明遞修本　二十四冊

110000－0182－0007004　善 81
古玉圖譜一百卷　(宋)龍大淵等纂　清乾隆四十四年(1779)江氏康山草堂刻本　二十四冊

110000－0182－0007005　善 85
古今遊名山記十七卷總錄三卷　(明)何鏜撰　明嘉靖四十四年(1565)何鏜刻本　二十四冊

110000－0182－0007006　善 87
洪楊戰役親歷記三卷　(清)王可升　(清)楊宗瀛撰　清抄本　一冊

110000－0182－0007007　善 88
大明律　明洪武三十年(1397)刻本　二冊

110000－0182－0007008　善 89
月旦堂仙佛奇蹤合刻八卷　(明)洪應明撰　明刻本　六冊

110000－0182－0007009　善 90
月旦堂仙佛奇蹤合刻八卷　(明)洪應明撰　明刻本　八冊

110000－0182－0007010　善 91
國語解二十一卷　(三國吳)韋昭撰　(宋)宋庠補音　明刻本　八冊

110000－0182－0007011　善 92
東方先生集一卷　(漢)東方朔撰　(明)呂兆禧校　明刻本　一冊

110000－0182－0007012　善 93
新刊太醫院參訂徐氏針灸大全六卷　(明)徐鳳撰　明刻本　四冊

110000－0182－0007013　善 94
曹子建集十卷　(三國魏)曹植撰　明萬曆三十一年(1603)鄭雲竹刻本　四冊

110000－0182－0007014　善 95
李卓吾先生批評幽閨記二卷　(元)施惠撰　(明)李贄評　明容與堂刻本　二冊

110000－0182－0007015　善100

後漢紀三十卷　(晉)袁宏撰　明嘉靖二十七年(1548)黄姬水刻兩漢紀本　十册

110000－0182－0007016　善101

西湖志類鈔三卷首一卷　(明)俞思沖纂　明萬曆刻本　四册

110000－0182－0007017　善102

海運紀事不分卷　(明)□□撰　明萬曆四十八年(1620)刻藍印本　一册

110000－0182－0007018　善103

永樂大典二萬二千八百七十七卷　(明)解縉等輯　清抄本　一册　存一卷(直隸順天府一卷)

110000－0182－0007019　善104

白雪齋選訂樂府吴騷合編四卷衡曲麈譚一卷曲律一卷　(明)張楚叔　(明)張旭初輯　明崇禎十年(1637)張師齡刻本　八册

110000－0182－0007020　善105

史衡六卷　(明)陳堯撰　明嘉靖三十五年(1556)刻本　六册

110000－0182－0007021　善106

欽定二十三史　(□)□□撰　清乾隆四年至四十九年(1739－1784)武英殿刻本　六百九十八册

110000－0182－0007022　善107

唐詩七言畫譜三卷　(明)黄鳳池輯　明刻本　十六册

110000－0182－0007023　善108

楚辭集注八卷反離騷一卷　(宋)朱熹撰　明嘉靖十四年(1535)袁褧刻本　四册

110000－0182－0007024　善175

南北宫詞紀十二卷　(明)陳所聞編　(明)陳邦泰輯次　明萬曆刻本　十册

110000－0182－0007025　善176

白石道人詩集目録一卷詩集二卷外詩一卷附録一卷歌曲四卷别集一卷　(宋)姜夔撰　清乾隆刻本　四册

110000－0182－0007026　善177

吴吴山三婦合評牡丹亭還魂記二卷附録一卷　(明)湯顯祖撰　(清)錢宜　(清)陳同　(清)談則評點　清刻本　四册

110000－0182－0007027　善178

春秋左傳十五卷　(明)孫鑛批點　明萬曆四十四年(1616)吴興閔氏刻朱墨套印本　十二册

110000－0182－0007028　善179

新刻注釋駱丞集十卷　(唐)駱賓王撰　(明)孫養魁校正　明萬曆林紹刻本　四册

110000－0182－0007029　善180

昌黎先生集四十卷外集十卷遺文一卷　(唐)韓愈撰　**朱子校昌黎先生集傳一卷**　(宋)朱熹撰　明東吴徐氏東雅堂刻本　二十四册

110000－0182－0007030　善181

商子五卷　(戰國)商鞅撰　(明)吴勉學校　明萬曆吴勉學刻二十子本　二册

110000－0182－0007031　善182

籌海圖編十三卷　(明)胡宗憲輯　(明)胡維極重校　明天啓四年(1624)胡維極刻本　二十册

110000－0182－0007032　善183

皇清職貢圖九卷　(清)傅恒等纂　清乾隆武英殿刻本　四册

110000－0182－0007033　善184

三才圖會一百六卷　(明)王圻撰　明萬曆刻本　一百四册

110000－0182－0007034　善186

説苑二十卷新序十卷　(漢)劉向撰　清刻本　八册

110000－0182－0007035　善187

逸民傳一卷　(明)皇甫孝撰　明刻本　一册

110000－0182－0007036　善188

李卓吾批點世説新語補二十卷　(南朝宋)劉義慶撰　(南朝梁)劉孝標注　(明)何良俊增補　(明)王世貞删定　(明)王世懋批釋

（明）李贄批點　明萬曆刻本　六冊

110000－0182－0007037　善 189
新列國志一百八回　（明）馮夢龍撰　清初刻本　二十四冊

110000－0182－0007038　善 190
宋丞相李忠定公奏議六十九卷　（宋）李綱撰　（明）朱欽校　明正德十一年（1516）胡文静、蕭泮刻本　八冊

110000－0182－0007039　善 191
李卓吾先生批評紅拂記二卷　（明）張鳳翼撰　（明）李贄評　明容與堂刻本　二冊

110000－0182－0007040　善 192
李卓吾先生批評琵琶記二卷　（元）高明撰　（明）李贄評　明容與堂刻本　四冊

110000－0182－0007041　善 193
兩漢書姓名韻二卷　（清）傅山編輯　（清）傅眉　（清）傅仁抄校　清初抄本　二十冊

110000－0182－0007042　善 194
路史四十七卷　（宋）羅泌撰　明萬曆刻本　十六冊

110000－0182－0007043　善 195
文山先生全集二十卷　（宋）文天祥撰　明嘉靖三十九年（1560）張元諭刻本　十六冊

110000－0182－0007044　善 196
元氏長慶集六十卷集外文章一卷　（唐）元稹撰　明嘉靖三十一年（1552）東吴董氏茭門别墅刻本　十冊

110000－0182－0007045　善 197
世説新語八卷　（南朝宋）劉義慶撰　（南朝梁）劉孝標注　（宋）劉辰翁　（宋）劉應登　（明）王世懋評　明淩瀛初刻四色套印本　八冊

110000－0182－0007046　善 198
宣德鼎彝譜八卷　（明）吴中　（明）吕震撰　清抄本（四庫底本）　二冊

110000－0182－0007047　善 199
春秋繁露十七卷　（漢）董仲舒撰　明嘉靖三十三年（1554）趙維垣刻本　四冊

110000－0182－0007048　善 200
滇南礦廠圖略二卷　（清）吴其濬纂　（清）徐金生繪輯　清刻本　四冊

110000－0182－0007049　善 201
留青日劄三十九卷　（明）田藝蘅撰　明萬曆元年（1573）刻本　十二冊

110000－0182－0007050　善 203
劉向説苑二十卷　（漢）劉向撰　明嘉靖二十六年（1547）何良俊刻本　六冊

110000－0182－0007051　善 204
秦漢印統八卷　（明）羅王常輯　明萬曆三十四年（1606）新都吴氏樹滋堂刻朱印本　八冊

110000－0182－0007052　善 205
崇相集八卷崇相存素詩稿二卷　（明）董應舉撰　明刻本　十八冊

110000－0182－0007053　善 206
河東先生集四十五卷外集二卷龍城錄二卷附錄二卷傳一卷　（唐）柳宗元撰　（宋）廖瑩中校正　明郭雲鵬濟美堂刻本　二十四冊

110000－0182－0007054　善 207
儀禮注十七卷　（漢）鄭玄注　明嘉靖六年（1527）吴郡徐氏仿宋刻單注本　八冊

110000－0182－0007055　善 208
弘明集十四卷　（南朝梁）釋僧祐輯　明萬曆刻本　四冊

110000－0182－0007056　善 209
廣弘明集三十卷　（唐）釋道宣輯　明萬曆刻本　八冊

110000－0182－0007057　善 210
鹽鐵論十卷　（漢）桓寬撰　明刻本　四冊

110000－0182－0007058　善 211
管子註二十四卷　（唐）房玄齡撰　明萬曆十年（1582）趙用賢刻管韓合刻本　四冊

110000－0182－0007059　善 212
楚辭章句十七卷疑字直音補一卷　（漢）王逸

撰　明萬曆朱燮元、朱一龍刻本　六册

110000－0182－0007060　善213

薩天錫詩集三卷　(元)薩都刺撰　明崇禎十一年(1638)毛氏汲古閣刻元人十種本(序目二葉爲抄配)　三册

110000－0182－0007061　善214

東坡先生全集七十五卷　(宋)蘇軾撰　明刻本　四十册

110000－0182－0007062　善229

五雜組十六卷　(明)謝肇淛撰　明刻本　十六册

110000－0182－0007063　善230

重刊經史證類大全本草三十一卷　(宋)唐慎微撰　(宋)寇宗奭衍義　明萬曆二十八年(1600)武昌朱朝望籍山書院刻本　二十册

110000－0182－0007064　善231

重刊校正唐荊川先生文集十二卷　(明)唐順之撰　明嘉靖三十二年(1553)浙江葉氏寶山堂刻本　十二册

110000－0182－0007065　善232

荀子二十卷　(唐)楊倞注　明桐陰書屋刻六子書本　六册

110000－0182－0007066　善233

陶靖節集十卷總論一卷　(晉)陶淵明撰　(宋)湯漢等箋注　明萬曆四年(1576)周敬松刻本　四册

110000－0182－0007067　善234

呂氏春秋訓解二十六卷　(漢)高誘撰　明萬曆三十三年(1605)汪一鸞刻本　八册

110000－0182－0007068　善235

新纂門目五臣音注揚子法言十卷　(漢)揚雄撰　(晉)李軌　(唐)柳宗元　(宋)宋咸　(宋)吳祕　(宋)司馬光音注　明嘉靖十二年(1533)顧春世德堂刻六子書本　三册

110000－0182－0007069　善237

臨川先生文集一百卷目錄二卷　(宋)王安石撰　明刻本　三十二册

110000－0182－0007070　善238

陶靖節集十卷總論一卷目錄一卷　(晉)陶淵明撰　明刻本　二册

110000－0182－0007071　善239

武夷山志十九卷　(明)衷仲□纂輯　明崇禎十六年(1643)刻本　十册

110000－0182－0007072　善240

中説十卷　(隋)王通撰　(宋)阮逸注　明嘉靖十二年(1533)顧春世德堂刻六子書本　二册

110000－0182－0007073　善241

太師誠意伯劉文成公集二十卷　(明)劉基撰　明隆慶六年(1572)謝廷傑、陳烈刻本　十册

110000－0182－0007074　善242

金湯借箸十二籌十二卷　(明)李盤撰　清抄本　九册

110000－0182－0007075　善243

藏書六十八卷　(明)李贄撰　明萬曆二十七年(1599)刻本　四十八册

110000－0182－0007076　善244

續藏書二十七卷　(明)李贄撰　明萬曆刻本　二十四册

110000－0182－0007077　善245

李氏焚書六卷　(明)李贄撰　明刻本　五册

110000－0182－0007078　善246

東坡先生詩集注三十二卷　(宋)蘇軾撰　(宋)王十朋集注　**東坡紀年錄一卷**　(宋)傅藻撰　明茅維刻本　十二册

110000－0182－0007079　善247

歐陽文集五十卷年譜一卷　(宋)歐陽修撰　明嘉靖二十二年(1543)李冕刻本　十六册

110000－0182－0007080　善248

唐書二百卷　(五代)劉昫等撰　明嘉靖十八年(1539)聞人詮校刻本　四十册

110000－0182－0007081　善249

明狀元圖考三卷　(明)顧祖訓輯　(明)吳承

恩　(明)程一楨補輯　(明)黄應澄繪圖　(明)黄應纘書考　清嘉慶平安館葉氏刻本　四册

110000－0182－0007082　善250
兵垣四編　(明)閔聲　(明)閔映張輯　**日本考略一卷**　(明)殷都輯　**遼東軍餉論一卷**　明天啓元年(1621)吴興閔氏刻朱墨套印本　六册

110000－0182－0007083　善251
吴越春秋十卷　(漢)趙曄撰　(元)徐天祜音注　明刻本　六册

110000－0182－0007084　善252
戰國策校注十卷　(宋)鮑彪撰　(元)吴師道補正　明萬曆九年(1581)張一鯤刻本　八册

110000－0182－0007085　善253
古今律曆考七十二卷　(明)邢雲路撰　明萬曆二十七年(1599)徐安刻本　二十四册

110000－0182－0007086　善254
縉紳全本不分卷　(□)□□編　清乾隆刻本　二册

110000－0182－0007087　善255
賈子十卷　(漢)賈誼撰　明正德八年(1513)慶陽李夢陽刻本　四册

110000－0182－0007088　善256
南柯記二卷　(明)湯顯祖撰　(明)臧懋循訂　明萬曆四十六年(1618)刻本　一册

110000－0182－0007089　善257
初潭集三十卷　(明)李贄撰　明刻本　三册　存二十一卷(一至二十一)

110000－0182－0007090　善258
初潭集三十卷　(明)李贄撰　明刻本　十册

110000－0182－0007091　善259
欽定古今圖書集成一萬卷目録四十卷　(清)陳夢雷　(清)蔣廷錫等編　清雍正四年(1726)武英殿銅活字印本　五千十六册　缺十卷(藝術典七十五至八十,考工典五十五至五十六、五十九至六十)

110000－0182－0007092　善260
春秋經傳集解三十卷　(晉)杜預撰　(唐)陸德明釋文　明刻本　十册

110000－0182－0007093　善261(1)
論語集註大全二十卷　(明)胡廣等輯　明内府刻五經大全本　八册

110000－0182－0007094　善261(2)
孟子集註大全十四卷　(明)胡廣等輯　明内府刻五經大全本　八册

110000－0182－0007095　善262
鄂國金佗粹編三十卷續編二十卷　(宋)岳珂輯　元至正二十三年(1363)朱元佑刻明修本　六册　存十三卷(鄂國金佗粹編一至四、二十一至二十八,續編二十)

110000－0182－0007096　善263
文選纂注十二卷　(南朝梁)蕭統輯　(明)張鳳翼纂注　明萬曆刻本　十二册

110000－0182－0007097　善264
陽明先生文録五卷外集九卷别録十四卷　(明)王守仁撰　明嘉靖十四年(1535)聞人詮刻本　二十册

110000－0182－0007098　善265
紫釵記二卷　(明)湯顯祖撰　(明)臧懋循訂　清乾隆刻書業堂重修本　二册

110000－0182－0007099　善266
四書參十九卷　(明)李贄批評　(明)楊起元批點　(明)張明憲參訂　明刻朱墨套印本　六册

110000－0182－0007100　善267
始豐稿十四卷　(明)徐一夔撰　清抄本　一册　存三卷(一至三)

110000－0182－0007101　善268
禮記三卷　(元)陳澔集説　明刻本　三册

110000－0182－0007102　善269
易因二卷　(明)李贄撰　明陳邦泰萬卷樓刻本　六册

110000－0182－0007103　善270

北新關志十六卷首一卷船圖一卷　(清)許夢閎纂修　清雍正九年(1731)刻本　一冊　存一卷(船圖一卷)

110000－0182－0007104　善 271
大廣益會玉篇三十卷　(南朝梁)顧野王撰　(唐)孫強增字　(宋)陳彭年等重修　明初刻本　十冊

110000－0182－0007105　善 272
淮南子注二十一卷　(漢)劉安撰　(漢)許慎　(漢)高誘注　清乾隆五十三年(1788)武進莊逵吉刻本　十冊

110000－0182－0007106　善 273
史懷二十卷　(明)鍾惺述　(明)陶珽等評　明崇禎江之淮刻本　八冊

110000－0182－0007107　善 274
韓子二十卷　(戰國)韓非撰　明萬曆刻朱墨套印本　十冊

110000－0182－0007108　善 275
太平廣記五百卷目錄十卷　(宋)李昉等輯　(明)許自昌校　明許自昌刻本　六十冊

110000－0182－0007109　善 276
狀元圖考六卷　(明)顧祖訓撰　(明)吳承恩　(明)程一楨補　(清)陳枚增訂　明萬曆三十五年(1607)吳承恩、黄文德刻清初陳氏文治堂增刻本　六冊

110000－0182－0007110　善 277
守令懿範四卷　(明)蔡國熙撰　(明)曾如春　(明)梁雲龍等校　明萬曆王好義刻本　四冊

110000－0182－0007111　善 278
新編古今事文類聚前集六十卷後集五十卷續集二十八卷别集三十二卷　(宋)祝穆輯　**新集三十六卷外集十五卷**　(元)富大用輯　明刻本　一百十八冊

110000－0182－0007112　善 279
古先君臣圖鑒不分卷　(□)□□輯　明刻本　一冊　存臣三十四至三十五

110000－0182－0007113　善 280
本草綱目　(明)李時珍撰　明萬曆三十一年(1603)刻本　三十二冊

110000－0182－0007114　善 282
不得已二卷附錄一卷　(清)楊光先撰　清光緒三十二年(1906)胡子安影抄本　二冊

110000－0182－0007115　善 283
南齊書五十九卷　(南朝梁)蕭子顯撰　(明)趙用賢　(明)張一桂校　明萬曆十七年(1589)南京國子監刻明清遞修本　十六冊

110000－0182－0007116　善 284
海防圖論一卷　(明)胡宗憲撰　(明)殷都輯　明刻本　二冊

110000－0182－0007117　善 285
荀子二十卷　(唐)楊倞注　明嘉靖十二年(1533)顧春世德堂刻六子書本　六冊

110000－0182－0007118　善 286
金丹正理大全周易參同契分章注三卷　(漢)魏伯陽撰　(元)陳致虚注　(明)涵蟾子輯　明刻本　二冊

110000－0182－0007119　善 287
季漢書六十卷正論一卷答問一卷　(明)謝陛撰　明末鍾人傑刻本　十五冊

110000－0182－0007120　善 288
庚子日記四卷(清光緒二十六年五月至二十七年一月)　(清)高枏撰　清末抄本　四冊

110000－0182－0007121　善 289
劉大將軍平倭百戰百勝圖說不分卷　(清)藜床舊主撰　清光緒十三年(1887)賜書堂石印本　四冊

110000－0182－0007122　善 292
醒世恒言四十卷　(明)馮夢龍編　(明)可一居士評　(明)墨浪主人校　清衍慶堂刻本　二十八冊

110000－0182－0007123　善 295
大明嘉靖三十九年歲次庚申大統曆　明嘉靖刻本　一冊　存十四葉

110000－0182－0007124　善 296

楚辭章句十七卷　（漢）王逸撰　（明）馮紹祖校正　**附録一卷**　明萬曆尚友軒刻本　八册

110000－0182－0007125　善 297

廣輿圖二卷　（元）朱思本撰　（明）羅洪先（明）胡松增補　明嘉靖四十五年（1566）韓君恩刻本　二册　有殘

110000－0182－0007126　善 298

黔南類編八卷　（明）陳善撰　明隆慶五年（1571）任鏜木活字印本　五册　存五卷（一至五）

110000－0182－0007127　善 299

樂書二百卷　（宋）陳暘撰　元至正七年（1347）福州路儒學刻明修本　三十册

110000－0182－0007128　善 300

中山傳信録六卷　（清）徐葆光纂　清康熙六十年（1721）二友齋刻本　四册

110000－0182－0007129　善 302

楚辭章句十七卷附録一卷　（漢）王逸撰　明萬曆十四年（1586）馮紹祖觀妙齋刻本　八册

110000－0182－0007130　善 303

新刻全像三寶太監西洋記通俗演義二十卷（明）二南里人編　明三山道人刻本　十八册　存十八卷（一至六、八至十六、十八至二十）

110000－0182－0007131　善 304

後漢書九十卷　（南朝宋）范曄撰　（唐）李賢撰　**後漢書志注補三十卷**　（晉）司馬彪撰（南朝梁）劉昭注　明嘉靖八年（1529）南京國子監刻明清遞修本　二十六册

110000－0182－0007132　善 305

前漢書一百卷　（漢）班固撰　明德藩最樂軒刻本　二十四册

110000－0182－0007133　善 306

武備志二百四十卷　（明）茅元儀撰　清道光木活字印本　六十四册

110000－0182－0007134　善 308

十三經注疏十三種　（□）□□撰　元刻明清遞修本　二百十册

110000－0182－0007135　善 309

六子全書六十卷　（明）顧春編　明嘉靖十二年（1533）吴郡顧氏世德堂刻本　二十册

110000－0182－0007136　善 310

詩經集傳八卷　（宋）朱熹集傳　（明）岑用賓校正　明池郡秋浦邑象山杜氏重刻本　四册

110000－0182－0007137　善 311

新編目連救母勸善戲文三卷　（明）鄭之珍撰　明萬曆十年（1582）鄭氏高石山房刻本　六册

110000－0182－0007138　善 312

樂律全書十五種四十八卷　（明）朱載堉撰　明萬曆鄭藩刻增修本　十七册　缺六卷（算學新説一卷、聖壽萬年曆二卷、萬年曆備考三卷）

110000－0182－0007139　善 313

般若波羅蜜多心經解義節要一卷　（唐）釋玄奘譯　（明）宋景濂文句　（明）戚繼光校　明嘉靖刻本　一册

110000－0182－0007140　善 314

鼎鐫洪武禮制儀注一卷　明刻本　一册

110000－0182－0007141　善 315

樂律全書十五種四十八卷　（明）朱載堉撰　明萬曆鄭藩刻增修本　十八册　存三十五卷（律學新説四卷、樂學新説一卷、算學新説一卷、律吕精義内篇十卷、律吕精義外篇十卷、操縵古樂譜一卷、旋宫合樂譜一卷、鄉飲詩樂譜六卷、靈星小樂譜一卷）

110000－0182－0007142　善 316

夢溪筆談二十六卷補筆談三卷續筆談一卷（宋）沈括撰　明崇禎四年（1631）馬元調刻本　八册

110000－0182－0007143　善 317

大方廣佛華嚴經八十卷　（唐）釋實叉難陀譯　宋刻本　一册　存一卷（二）

110000－0182－0007144　善 318

亦政堂重修宣和博古圖錄三十卷　(宋)王黼等撰　**亦政堂重修考古圖十卷**　(宋)吕大臨撰　**亦政堂重考古玉圖二卷**　(元)朱德潤撰　清乾隆十八年(1753)黄晟槐蔭草堂刻本　二十册

110000－0182－0007145　善 320
子彙二十四種三十四卷　(明)周子義等輯　明萬曆四年至五年(1576－1577)刻本　十二册

110000－0182－0007146　善 321
大明嘉靖三十七年歲次戊午大統曆　明嘉靖三十七年(1558)刻本　一册

110000－0182－0007147　善 322
集千家注杜工部詩集二十卷　(唐)杜甫撰　明嘉靖十五年(1536)玉几山人刻本　二十册

110000－0182－0007148　善 323
元史二百十卷目錄二卷　(明)宋濂　(明)王禕等撰　明洪武三年(1370)刻明清遞修本　六十四册

110000－0182－0007149　善 324
急就篇四卷　(漢)史游撰　(唐)顔師古注　(宋)王應麟音釋　明刻本　一册　存一卷(三)

110000－0182－0007150　善 325
資治通鑑綱目五十九卷　(宋)朱熹撰　宋刻本　二册　存三卷(二十八至二十九、五十七)

110000－0182－0007151　善 326
資治通鑑綱目五十九卷　(宋)朱熹撰　元刻本　二册　存四卷(三十至三十三)

110000－0182－0007152　善 327
五代史記七十四卷　(宋)歐陽修撰　(宋)徐無黨注　明嘉靖汪文盛等刻本　二十册

110000－0182－0007153　善 328
釋穀四卷　(清)劉寶楠撰　清咸豐二年(1852)抄本　一册

110000－0182－0007154　善 331
欽定西清古鑑四十卷附錢錄十六卷　(清)梁詩正等撰　清乾隆十四年(1749)刻本　二十四册

110000－0182－0007155　善 332
通典二百卷　(唐)杜佑撰　明刻本　四十册

110000－0182－0007156　善 333
鹽鐵論十二卷　(漢)桓寬撰　(明)張之象注　明嘉靖三十三年(1554)張氏猗蘭堂刻本　十二册

110000－0182－0007157　善 334
皇朝禮器圖式十八卷首一卷　(清)允祿等修　(清)汪浩存纂　清乾隆武英殿刻本　十六册

110000－0182－0007158　善 335
武溪集二十一卷　(宋)余靖撰　明嘉靖四十五年(1566)劉穩刻本　十册

110000－0182－0007159　善 336
人鏡陽秋二十二卷　(明)汪廷訥撰　明萬曆二十七年(1599)汪氏環翠堂刻本　十二册

110000－0182－0007160　善 337
新編鳳雙飛全傳五十二回　(清)程蕙英撰　清抄本　五十二册

110000－0182－0007161　善 338
禹貢古今合注五卷圖一卷　(明)夏允彝撰　明末刻本　二册

110000－0182－0007162　善 339
新編目連救母勸善戲文三卷　(明)鄭之珍撰　明萬曆十年(1582)鄭氏高石山房刻本　三册

110000－0182－0007163　善 340
雪杏園藏拙稿不分卷　(明)□□編　明萬曆四十七年至天啓三年(1619－1623)寫本　四册

110000－0182－0007164　善 341
大唐開元占經一百二十卷目錄二卷　(唐)瞿曇悉達撰　清抄本　四十八册　缺二卷(目錄二卷)

110000－0182－0007165　善 342

哀江南全韻三十首　(清)吴下遺黎撰　清刻本　一冊

110000－0182－0007166　善 343
三國志像一百二十回　(□)□□撰　清刻本　四冊　存六十回(六十一至一百二十)

110000－0182－0007167　善 344
唐詩品匯九十卷拾遺十卷　(明)高棅輯　明張恂刻本　十六冊

110000－0182－0007168　善 345
大明萬曆五年歲次丁丑大統曆　明萬曆五年(1577)刻本　一冊

110000－0182－0007169　善 346
文選注六十卷　(南朝梁)蕭統輯　(唐)李善注　明嘉靖八年(1529)晉府養德書院刻本　二十冊

110000－0182－0007170　善 347
元曲選一百卷　(明)臧懋循編　**論曲一卷**　(明)陶宗儀等撰　**元曲論一卷**　明萬曆四十三年(1615)雕蟲館刻本　四十冊

110000－0182－0007171　善 348
玉茗堂還魂記二卷　(明)湯顯祖撰　清乾隆五十年(1785)快雨堂冰絲館刻本　八冊

110000－0182－0007172　善 350
[康熙]長安縣誌八卷　(清)梁禹甸等纂修　清康熙七年(1668)刻本　二冊

110000－0182－0007173　善 351
[乾隆]郿縣誌十八卷首一卷　(清)李帶雙修　(清)張若纂　清乾隆四十三年(1778)刻本　四冊

110000－0182－0007174　善 352
[康熙]會稽縣志二十八卷首一卷　(清)呂化龍修　(清)董欽德纂　清康熙刻本　六冊　缺二卷(十九、二十一)

110000－0182－0007175　善 353
皇輿表十六卷　(清)喇沙里纂修　(清)揆敘等增修　清康熙四十三年(1704)內府刻本　二十四冊

110000－0182－0007176　善 354
宗室王公世職章秩冊　(清)□□編　清抄本　二冊

110000－0182－0007177　善 355
宋元通鑑一百五十七卷　(明)薛應旂編集　(明)陳仁錫評閱　明天啓刻本　二十八冊

110000－0182－0007178　善 358
晚笑堂畫傳　(清)上官周繪　清乾隆刻本　六冊

110000－0182－0007179　善 359
金湯十二籌十二卷　(明)李盤撰　清抄本　十冊

110000－0182－0007180　善 360
唐人百家小說一百四卷　(明)□□編　清刻本　三十六冊

110000－0182－0007181　善 361
學津討原二十集一百七十三種一千五十一卷　(清)張海鵬編　清嘉慶十年(1805)張氏照曠閣刻本　二百三十冊

110000－0182－0007182　善 362
諸子彙函二十六卷　(明)歸有光輯　明天啓刻本　四十八冊

110000－0182－0007183　善 363
三國志像一百二十回　(□)□□撰　清刻本　二冊

110000－0182－0007184　善 364
歐陽文忠公集一百二十卷目錄十二卷附錄四卷　(宋)歐陽修撰　明萬曆四十年(1612)刻本　四十八冊

110000－0182－0007185　善 365
淮南鴻烈解二十一卷　(漢)許慎　(漢)高誘撰　(明)茅坤評　明刻本　六冊

110000－0182－0007186　善 366
鼎鐫陳眉公先生琵琶記二卷　(元)高明撰　(明)陳繼儒評　明書林蕭騰鴻刻師儉堂印本　二冊

110000－0182－0007187　善 367

本草綱目　(明)李時珍撰　明萬曆三十一年(1603)立達堂刻本　二十四册

110000－0182－0007188　善368

臨川先生文集一百卷目錄二卷　(宋)王安石撰　明嘉靖三十九年(1560)何遷刻本　二十四册

110000－0182－0007189　善369

大清律集解附例三十卷首二卷　(清)剛林等纂修　清康熙四十五年(1706)刻朱墨套印本　十册

110000－0182－0007190　善370

天下一統志九十卷　(明)李賢等修　(明)萬安等纂　明萬壽堂刻清積秀堂重修本　二十八册

110000－0182－0007191　善372

儒林外史五十六回　(清)吳敬梓撰　清同治八年(1869)群玉齋木活字印本　八册

110000－0182－0007192　善373

第五才子書施耐庵水滸傳七十回　(元)施耐庵著　(清)金聖嘆評　清初貫華堂刻本　三十二册

110000－0182－0007193　善374

守山閣叢書四集一百十二種　(清)錢熙祚輯　清道光二十四年(1844)金山錢氏刻本　一百十二册

110000－0182－0007194　善375

全唐詩九百卷目錄十二卷　(清)曹寅等編　清康熙四十四年至四十六年(1705－1707)揚州詩局刻本　一百二十册

110000－0182－0007195　善376

南華真經十卷　(晉)郭象注　(唐)陸德明音義　明嘉靖十二年(1533)顧春世德堂刻六子書本　十册

110000－0182－0007196　善377

王文成公全書三十八卷　(明)王守仁撰　明萬曆二十三年(1595)刻本　三十二册

110000－0182－0007197　善378

重修政和經史證類備用本草三十卷　(宋)唐慎微撰　(宋)寇宗奭衍義　明嘉靖三十一年(1552)周珫、李遷刻本　二十册

110000－0182－0007198　善379

臞仙肘後經二卷　(明)朱權撰　明刻本　二册

110000－0182－0007199　善380

合刻山海經水經五十八卷　(明)吳琯編　明萬曆十三年(1585)吳琯刻本　十册

110000－0182－0007200　善382

分類補注李太白詩二十五卷　(唐)李白撰　(宋)楊齊賢集注　(元)蕭士贇補注　**年譜一卷**　(宋)薛仲邕撰　明嘉靖二十五年(1546)玉几山人刻本　十二册

110000－0182－0007201　善383

白氏文集七十一卷　(唐)白居易撰　明嘉靖十七年(1538)伍忠光龍池草堂刻錢應龍重修本　二十四册

110000－0182－0007202　辭0002

佩文韻府一百六卷　(清)張玉書等編　清光緒十八年(1892)上海同文書局石印本　六十册

110000－0182－0007203　辭0003

册府元龜一千卷目錄十卷　(明)李嗣京撰　明崇禎十五年(1642)刻本　三百册

110000－0182－0007204　辭0004

事類賦三十卷　(宋)吳淑撰　明嘉靖十一年(1532)劍光閣刻本　六册

110000－0182－0007205　辭0005

古今萬姓統譜一百四十卷歷代帝王姓系統譜六卷氏族博攷十四卷　(明)淩迪知撰　明萬曆刻本　二十七册

110000－0182－0007206　辭0006

增補事類統編九十三卷首一卷　(清)黄葆真增輯　清道光二十六年(1846)丹陽黄氏刻本　四十八册

110000－0182－0007207　辭0009

唐類函二百卷目錄二卷 （明）俞安期撰 明刻本 十三册 存五十五卷（九至十二、二十五至三十二、七十九至八十二、八十六至九十、一百十六至一百十九、一百二十四至一百三十、一百三十五至一百四十七、一百五十一至一百六十）

110000－0182－0007208 辭0010
草字彙十二卷 （清）石梁輯 清乾隆五十三年（1788）敬義齋刻本 六册

110000－0182－0007209 辭0011
九通分類總纂二百四十卷 汪鍾霖撰 清光緒二十八年（1902）文瀾書局上海石印本 八十册

110000－0182－0007210 辭0013
康熙字典十二集總目一卷檢字一卷辨似一卷等韻一卷備考一卷補遺一卷 （清）張玉書等纂 清光緒十五年（1889）上海點石齋石印本 六册

110000－0182－0007211 辭0014
佩文韻府一百六卷 （清）張玉書 （清）蔡升元等輯 清光緒二十四年（1898）上海點石齋石印本 二十四册

110000－0182－0007212 辭0015
淵鑑類函四百五十卷 （清）張英等輯 清光緒二十年（1894）上海點石齋石印本 十册

110000－0182－0007213 辭0016
康熙字典十二集總目一卷檢字一卷辨似一卷等韻一卷備考一卷補遺一卷 （清）張玉書等纂修 清康熙内府刻本 四十册

110000－0182－0007214 辭0017
玉海二百卷 （宋）王應麟編 清光緒成都王氏刻本 一百册

110000－0182－0007215 辭0021
經籍纂詁一百六卷首一卷附補遺 （清）阮元撰 清光緒六年（1880）淮南書局補刻本 四十八册

110000－0182－0007216 辭0034
藝文類聚一百卷 （唐）歐陽詢撰 清光緒五年（1879）刻本 三十二册

110000－0182－0007217 辭0099
欽定古今圖書集成一萬卷目錄三十二卷 （清）陳夢雷 （清）蔣廷錫等編 清光緒十年（1884）上海圖書集成鉛版印書局鉛印本 一千六百二十八册

110000－0182－0007218 辭0107
北堂書抄一百六十卷 （唐）虞世南撰 清光緒十四年（1888）刻本 二十册

110000－0182－0007219 辭0120
重訂廣事類賦四十卷 （清）華希閔著 清乾隆二十九年（1764）實翰樓刻本 十二册

110000－0182－0007220 辭0121
證俗文十九卷 （清）郝懿行撰 清光緒十年（1884）曬書堂刻本 六册

110000－0182－0007221 辭0122
潛確居類書一百二十卷首一卷 （明）陳仁錫撰 明崇禎五年（1632）刻本 四十八册

110000－0182－0007222 辭0126
子史精華一百六十卷 （清）張廷玉等編 清雍正五年（1727）武英殿刻本 三十六册

110000－0182－0007223 辭0149
玉海二百卷 （宋）王應麟編 清乾隆三年（1738）刻本 一百册

110000－0182－0007224 辭0150
康熙字典十二集總目一卷檢字一卷辨似一卷等韻一卷備考一卷補遺一卷 （清）張玉書等纂 清康熙五十五年（1716）刻本 四十册

110000－0182－0007225 辭0151
康熙字典十二集總目一卷檢字一卷辨似一卷等韻一卷備考一卷補遺一卷 （清）張玉書等編纂 清光緒元年（1875）湖北崇文書局刻本 四十册

110000－0182－0007226 辭0153
韻府群玉二十卷 （元）陰時夫編 清康熙五十五年（1716）文盛天德堂刻本 十册

110000－0182－0007227　辭0154
草字彙十二卷　(清)石梁輯　清光緒元年(1875)漁古山房刻本　六册

110000－0182－0007228　辭0155
字典考證十二集　(清)奕繪等輯　清道光十一年(1831)愛日堂刻本　八册

110000－0182－0007229　辭0157
史姓韻編六十四卷　(清)汪輝祖輯　(清)馮祖憲重校　清光緒十年(1884)耕餘樓書局鉛印本　十六册

110000－0182－0007230　辭0159
說文解字義證五十卷　(清)桂馥撰　清同治九年(1870)湖北崇文書局刻本　三十二册

110000－0182－0007231　辭0162
佩文韻府一百六卷　(清)張玉書等輯　清康熙五十年(1711)刻本　九十五册

110000－0182－0007232　辭0167
佩文韻府一百六卷　(清)張玉書等輯　清康熙五十年(1711)刻本　八十册

110000－0182－0007233　辭0181
廣韻五卷　(宋)陳彭年等撰　明刻本　五册

110000－0182－0007234　辭0182
宋元以來畫人姓氏錄三十六卷首一卷　(清)魯駿撰　清道光刻本　二十册

110000－0182－0007235　辭0186
康熙字典十二集總目一卷檢字一卷辨似一卷等韻一卷備考一卷補遺一卷　(清)張玉書等纂　清刻本　二十册　存六集二卷(卯、辰、巳、午、戌、亥,備考一卷,補遺一卷)

110000－0182－0007236　辭0195
大廣益會玉篇三十卷　(南朝梁)顧野王撰　(唐)孫強增字　(宋)陳彭年等重修　清康熙四十三年(1704)澤存堂刻本　三册

110000－0182－0007237　辭0199
汲古閣校刻書目一卷補遺一卷　(明)毛晉原本　(清)顧湘校　清道光二十二年(1842)刻本　一册

110000－0182－0007238　辭0206
違礙書目一卷　(清)□□撰　清光緒九年(1883)歸安姚氏刻本　一册

110000－0182－0007239　辭0218
澄衷蒙學堂字課圖說四卷　(清)澄衷蒙學堂輯　清光緒三十一年(1905)石印本　八册

110000－0182－0007240　辭0232
國朝未刊遺書志略不分卷　(清)朱記榮輯錄　清光緒十八年(1892)刻本　一册

110000－0182－0007241　辭0250
西學書目表三卷　梁啟超撰　清光緒刻本　一册

110000－0182－0007242　辭0259
開有益齋讀書志六卷續志一卷金石文字記一卷　(清)朱緒曾撰　清光緒六年(1880)金陵翁氏茹古閣刻本　六册

110000－0182－0007243　辭0260
讀書敏求記四卷　(清)錢曾撰　清乾隆六十年(1795)刻本　四册

110000－0182－0007244　辭0266
郡齋讀書志二十卷　(宋)晁公武撰　清光緒十年(1884)刻本　十册

110000－0182－0007245　辭0267
新校經史海篇直音五卷　(□)□□撰　明刻本　五册

110000－0182－0007246　辭0268
留真譜十二卷　楊守敬撰　清光緒二十七年(1901)刻本　十二册

110000－0182－0007247　辭0269(1)
時務通考三十一卷　(清)□□撰　清光緒二十三年(1897)點石齋石印本　二十册

110000－0182－0007248　辭0269(2)
時務通考三十一卷　(清)□□撰　清光緒二十三年(1897)點石齋石印本　二十四册

110000－0182－0007249　辭0269(3)
時務通考三十一卷　(清)□□撰　清光緒二十三年(1897)點石齋石印本　二十册

110000－0182－0007250　辭 0270
庚子銷夏記八卷　(清)孫承澤撰　清乾隆二十六年(1761)刻本　二册

110000－0182－0007251　辭 0281
文科大辭典十二集　(清)國學扶輪社編　清宣統三年(1911)上海中國詞典公司鉛印本　十二册

110000－0182－0007252　辭 0289
增廣姓氏志略二卷　(清)姜炳然撰　清道光四年(1824)刻本　二册

110000－0182－0007253　辭 0290
說文通訓定聲十八卷分部柬韻一卷說雅十九篇古今韻準一卷　(清)朱駿聲撰　清光緒十三年(1887)石印本　八册

110000－0182－0007254　辭 0295
策學備纂三十二卷首一卷　(清)蔡啟盛　(清)吳熲炎輯　清光緒十九年(1893)上海點石齋石印本　四十八册

110000－0182－0007255　辭 0314
問奇典注六卷　(清)唐英輯　清嘉慶二十三年(1818)雄楚樓刻本　六册

110000－0182－0007256　辭 0318
三才圖會　(明)王圻編　明刻本　四册　存六卷(三至五、七、九至十)

110000－0182－0007257　辭 0327
上海指南八卷　(清)商務印書館編譯所編纂　清宣統三年(1911)上海商務印書館鉛印本　一册

110000－0182－0007258　辭 0349
鴻雪齋官商便覽五百種　(清)鴻雪齋編　清末上海點石齋石印本　一册

110000－0182－0007259　辭 0361
官商快覽不分卷　(清)甘眠羊編　清宣統三年(1911)絳雪齋石印本　一册

110000－0182－0007260　辭 0364
萬家密電　(清)陳培蘭　董元亮校　清光緒二十五年(1899)刻本　一册

110000－0182－0007261　辭 0369
上海指南八卷　(清)商務印書館編譯所編纂　清宣統元年(1909)上海商務印書館鉛印本　一册

110000－0182－0007262　辭 0380
欽定古今圖書集成一萬卷目錄四十卷　(清)陳夢雷　(清)蔣廷錫等編　清康熙銅活字印本　三册　存六卷(理學彙編字學典二十七至二十八、一百十九至一百二十,明倫彙編氏族典三百五至三百六)

110000－0182－0007263　辭 0384
茶經三卷　(唐)陸羽著　清刻本　一册

110000－0182－0007264　辭 0396
禁書總目　(清)□□編　清乾隆刻本　四册

110000－0182－0007265　辭 0400
三才藻異三十三卷　(清)屠粹忠著　清康熙二十八年(1689)栩園刻本　十六册

110000－0182－0007266　辭 0420
山堂肆考二百二十八卷補遺十二卷　(明)彭大翼撰　明刻本　五十册

110000－0182－0007267　辭 0425
清文彙書十二卷　(清)李延基撰　清京都三槐堂刻本　十二册

110000－0182－0007268　辭 0426
清文補匯八卷　(清)宜興編　清嘉慶七年(1802)刻本　八册

110000－0182－0007269　辭 0439
行人司書目不分卷　(明)徐圖等編　清光緒二十八年(1902)木活字印本　一册

110000－0182－0007270　辭 0440
清文典要四卷　題(清)秋芳堂主人編　清光緒刻本　四册

110000－0182－0007271　辭 0445
三才圖會一百六卷　(明)王圻撰　(明)王思義續　明刻本　一册　存一卷(鳥獸卷)

110000－0182－0007272　辭 0451
清文補彙八卷　(清)宜興編　清光緒十六年

(1890)京都書業堂刻本　八冊

110000－0182－0007273　辭0455
各省府州縣別號不分卷　(□)□□撰　清抄本　一冊

110000－0182－0007274　辭0467
清文彙書十二卷　(清)李延基撰　清四合堂刻本　十二冊

110000－0182－0007275　辭0471
康熙字典十二集總目一卷檢字一卷辨似一卷等韻一卷備考一卷補遺一卷　(清)張玉書等纂　清光緒十五年(1889)石印本　六冊

110000－0182－0007276　辭0474
鐵琴銅劍樓藏書目錄二十四卷　(清)瞿鏞藏並編　清光緒二十四年(1898)瞿啟甲校刻本　十冊

110000－0182－0007277　辭0483
世善堂藏書目錄二卷　(明)陳第撰　清知不足齋刻本　一冊　存一卷(一)

110000－0182－0007278　辭0491
篆字彙十二集　(清)佟世男編　清康熙三十九年(1700)多山堂刻本　十二冊

110000－0182－0007279　辭0494
精選故事黃眉十卷　(明)鄧志謨輯　明萬曆四十二年(1614)刻本　五冊

110000－0182－0007280　辭0495
說文辨疑　(清)顧廣圻撰　清抄本　一冊

110000－0182－0007281　辭0499
重訂博物典匯十六卷　(明)黃道周原纂　(清)方炳九刪補　清康熙二年(1663)刻本　十冊

110000－0182－0007282　辭0500
皕宋樓藏書志一百二十卷續四卷　(清)陸心源編　清光緒八年(1882)十萬卷樓刻本　二十四冊

110000－0182－0007283　辭0501
楹書隅錄五卷續編四卷跋一卷　(清)楊紹和編　清光緒二十年(1894)刻本　七冊

110000－0182－0007284　辭0503
歷代同姓名錄二十二卷補遺一卷　(清)劉長華撰　清同治十年(1871)刻本　六冊

110000－0182－0007285　辭0507
姓氏譜一卷增補一卷　(□)□□撰　清同治八年(1869)鄂渚桂馨室刻本　一冊

110000－0182－0007286　辭0508
詩韻集成題考合刻十卷　(清)余照輯　王文淵合編　清光緒十四年(1888)古香閣刻本　五冊

110000－0182－0007287　辭0512
文家稽古編八卷　(清)劉旂錫　程夢元纂　清刻本　八冊

110000－0182－0007288　辭0524
元和姓纂十卷　(唐)林寶撰　清光緒六年(1880)金陵書局校刻本　四冊

110000－0182－0007289　辭0534
藏文辭彙不分卷　(□)□□撰　清抄本　一冊

110000－0182－0007290　辭0537
新鐫名公釋義全備墨莊書言故事六卷　(□)□□撰　清刻本　四冊　缺二卷(一、四)

110000－0182－0007291　辭0538
墨娥小錄十四卷　(明)□□撰　題(清)學圃山農校刊　清乾隆三十二年(1767)杏香堂刻本　四冊

110000－0182－0007292　辭0539
玉譜類編四卷　(清)徐壽基編　清光緒十五年(1889)源陽官署刻本　四冊

110000－0182－0007293　辭0543
書史紀原一卷　(明)夏兆昌纂　明天啓五年(1625)刻本　二冊

110000－0182－0007294　辭0544
三續疑年錄十卷　(清)陸心源編　清光緒五年(1879)刻本　二冊

110000－0182－0007295　辭0546
省軒考古類編十二卷　(清)柴紹炳纂　(清)

姚培謙評　清乾隆二十三年(1758)文盛堂刻本　三冊

110000－0182－0007296　辭0547
說文解字三十二卷　(漢)許慎撰　(宋)徐鉉校　清刻本　五冊　存十卷(十一至二十)

110000－0182－0007297　辭0552
六書正義十二卷　(明)吳元滿撰　明萬曆三十四年(1606)刻本　二十四冊

110000－0182－0007298　辭0557
韻辨附文五卷　(清)沈兆霖撰　清同治十三年(1874)黔陽官署刻本　五冊

110000－0182－0007299　辭0559
古今韻略五卷　(清)邵長蘅纂　清康熙三十五年(1696)商丘宋犖刻本　二冊　存二卷(四至五)

110000－0182－0007300　辭0571
篆書正四卷　(清)戴明說纂　清順治十四年(1657)刻本　八冊

110000－0182－0007301　辭0572
普通百科全書　(清)范迪吉譯述　黃朝鑒等編　清光緒二十九年(1903)上海會文學社石印本　九十四冊

110000－0182－0007302　辭0573
蒙文匯書十六卷　(清)瑞全等撰　清光緒十七年(1891)刻本　十七冊

110000－0182－0007303　辭0574
附釋文互注禮部韻略五卷　(□)□□撰　清康熙四十五年(1706)揚州詩局刻本　五冊

110000－0182－0007304　辭0590
楮記室十五卷　(明)潘塤纂　清抄本　十冊

110000－0182－0007305　辭0605
疑年錄四卷　(清)錢大昕編　清同治元年(1862)天壤閣重校刻本　二冊

110000－0182－0007306　辭0608
世界萬國年契　學部編輯局撰　清光緒十九年(1893)刻本　一冊

110000－0182－0007307　辭0613
二十四史九通政典類要合編三百二十卷　(清)黄書霖輯　清光緒二十八年(1902)約雅堂石印本　六十冊

110000－0182－0007308　辭0614
說文集釋不分卷　(□)□□撰　清光緒十三年(1887)蘇州試院抄本　十二冊

110000－0182－0007309　辭0617
駢字類編二百四十卷　(清)□□撰　清光緒十三年(1887)上海同文書局石印本　四十八冊

110000－0182－0007310　辭0622
說文解字通釋四十卷　(五代)徐鍇撰　清光緒歸安姚氏刻本　八冊

110000－0182－0007311　辭0624
讀書記疑十六卷　(清)王懋竑撰　清同治十一年(1872)福建撫署刻本　十四冊

110000－0182－0007312　辭0644
書目答問四卷　(清)張之洞撰　清光緒二十三年(1897)沔陽盧氏刻本　二冊

110000－0182－0007313　辭0645
說文解字十五卷　(漢)許慎撰　(宋)徐鉉校　清初毛氏汲古閣刻本　八冊

110000－0182－0007314　辭0646
釋名疏證補八卷　王先謙撰　清光緒二十二年(1896)刻本　三冊

110000－0182－0007315　善384
道家四子全書不分卷　(□)□□撰　明刻本　四冊

110000－0182－0007316　善385
六子全書六十卷　(明)顧春輯　明嘉靖十二年(1533)吳郡顧氏世德堂刻本　四十冊

110000－0182－0007317　善386
袁中郎先生批評唐伯虎彙集四卷　(明)唐寅撰　(明)袁宏道評　**外集一卷**　(明)祝允明撰　**紀事一卷傳贊一卷**　明刻本　四冊

110000－0182－0007318　善387

繪風亭評第七才子書琵琶記六卷　(元)高明撰　(清)毛綸批　清映秀堂刻本　十四冊

110000－0182－0007319　善388
圖書編一百二十七卷　(明)章潢編　(明)岳元聲訂　明天啓三年(1623)刻本　六十四冊

110000－0182－0007320　善389
居家必用事類全集十卷　(□)□□撰　明刻本　十冊

110000－0182－0007321　善390
初學記三十卷　(唐)徐堅等輯　明嘉靖十三年(1534)晉藩虛益堂刻本　二十四冊

110000－0182－0007322　善392
李卓吾六種十一卷　(明)李贄撰　(明)陳邦泰校　明刻本　五冊

110000－0182－0007323　善393
補註釋文黄帝内經素問十二卷遺篇一卷素問靈樞十二卷　(唐)王冰註　明趙府居敬堂刻本　十冊

110000－0182－0007324　善394
楚辭集注八卷後語六卷辯證二卷　(宋)朱熹撰　元後至元二年(1336)建安刻本　六冊

110000－0182－0007325　善396
考工記二卷　(明)郭正域評　明吳興閔齊伋刻朱墨套印本　二冊

110000－0182－0007326　善397
夢溪筆談二十六卷　(宋)沈括撰　明刻本　六冊

110000－0182－0007327　善398
西山日記二卷　(明)丁元薦撰　清康熙二十八年(1689)丁氏先醒齋刻本　二冊

110000－0182－0007328　善400
漢書一百卷　(漢)班固撰　(唐)顔師古注　元延祐、大德、元統二年(1334)、明正統六年(1441)刻本　二十冊　存三十三卷(二十七至二十八、三十一至三十四、五十至六十七、七十四至八十二)

110000－0182－0007329　善401
前漢書一百卷　(漢)班固撰　(唐)顔師古注　明嘉靖八年(1529)刻明清遞修本　三十二冊

110000－0182－0007330　善402
後漢書九十卷　(南朝宋)范曄撰　(唐)李賢注　**後漢書志注補三十卷**　(晉)司馬彪撰　(南朝梁)劉昭注　明嘉靖八年至九年(1529－1530)南京國子監刻明清遞修本　二十八冊

110000－0182－0007331　善403
老子翼三卷　(明)焦竑輯　明萬曆十六年(1588)刻本　三冊

110000－0182－0007332　善404
淮南鴻烈解二十一卷　(漢)劉安撰　(漢)高誘註　明刻本　八冊

110000－0182－0007333　善405
世廟識餘錄二十六卷　(明)徐學謨輯　明萬曆三十六年(1608)徐氏刻本　一冊

110000－0182－0007334　善406
疑耀七卷　(明)李贄撰　(明)張萱訂　明刻本　三冊　存三卷(二至四)

110000－0182－0007335　善407
龍筋鳳髓判二卷　(唐)張鷟撰　明弘治十七年(1504)沈津刻本　二冊

110000－0182－0007336　善408
擁雙豔三種六卷　(清)萬樹撰　清康熙二十五年(1686)萬氏粲花别墅刻本　六冊

110000－0182－0007337　善409
春秋經傳集解三十卷　(晉)杜預撰　(唐)陸德明釋文　明刻本　十二冊　存十五卷(一至九、十七至二十二)

110000－0182－0007338　善410
新刻鍾伯敬先生批評封神演義二十卷一百回　(明)許仲琳編輯　(明)鍾惺批評　明刻本　十冊　存六十三回(一至十八、二十一至二十四、二十七至三十四、四十一至四十六、五十三至五十五、五十九至六十四、七十一至七十六、八十三至九十四)

110000－0182－0007339　善 411
晉書一百三十卷　(唐)房玄齡等撰　**晉書音義三卷**　(唐)何超撰　明吳氏西爽堂刻本　二十冊

110000－0182－0007340　善 412
春秋左傳十五卷　(明)孫鑛批點　明萬曆四十四年(1616)閔齊伋等刻朱墨套印本　十六冊

110000－0182－0007341　善 413
兩朝從信錄三十五卷　(明)沈國元撰　清刻本　十二冊

110000－0182－0007342　善 414
玉臺新詠十五卷　(南朝陳)徐陵編　(明)鄭玄撫續輯　明嘉靖十九年(1540)鄭玄撫刻本　三冊　缺二卷(九至十)

110000－0182－0007343　善 415
分類補注李太白詩文三十卷　(唐)李白撰　(宋)楊齊賢集注　(元)蕭士贇補注　明嘉靖二十二年(1543)郭雲鵬寶善堂刻本　十二冊

110000－0182－0007344　善 417
歐陽文忠公集一百五十三卷年譜一卷附錄五卷　(宋)歐陽修撰　明弘治五年(1492)重修本　六十冊

110000－0182－0007345　善 418
農政全書六十卷　(明)徐光啟纂輯　明崇禎十六年(1643)平露堂刻本　二十四冊

110000－0182－0007346　善 420
文獻通考三百四十八卷　(元)馬端臨撰　明嘉靖三年(1524)司禮監刻本　一百冊

110000－0182－0007347　善 421
資治通鑑二百九十四卷　(宋)司馬光撰　明嘉靖二十三年至二十四年(1544－1545)孔天胤刻本　八十冊

110000－0182－0007348　善 422
韓非子二十卷　(戰國)韓非撰　明萬曆十年(1582)趙用賢刻管韓合刻本　八冊

110000－0182－0007349　善 437
道家四子全書不分卷　(□)□□撰　明刻本　十四冊

110000－0182－0007350　善 438
集千家注杜工部詩集二十卷文集二卷附錄一卷　(唐)杜甫撰　(宋)黃鶴補注　明嘉靖刻本　二十四冊

110000－0182－0007351　善 439
通志二百卷　(宋)鄭樵撰　元至治二年(1322)刻明修本　一百二十冊

110000－0182－0007352　善 441
白氏文集七十一卷　(唐)白居易撰　明嘉靖十七年(1538)伍忠光龍池草堂刻本　三十冊

110000－0182－0007353　善 442
朱文公校昌黎先生文集二十卷外集一卷遺文一卷　(唐)韓愈撰　(宋)朱熹考異　(宋)王伯大音釋　明刻本　十二冊

110000－0182－0007354　善 443
皋鶴堂批評第一奇書金瓶梅一百回　(明)蘭陵笑笑生撰　(清)張竹坡評　清康熙三十四年(1695)刻本　三十二冊

110000－0182－0007355　善 444
芥子園畫傳二十一卷　(清)王槩等繪　清刻本　十六冊

110000－0182－0007356　善 445
忠義水滸全書一百二十回　(元)施耐庵撰　(明)李贄評　(明)羅貫中纂修　明末楊定見刻本　二十六冊

110000－0182－0007357　善 447
西域輿圖一卷　(清)紅梨主人製　清嘉慶二十四年(1819)彩繪本　一冊

110000－0182－0007358　善 448
古今紀要十九卷　(宋)黃震撰　明初刻本　十六冊　存十七卷(一至四、六至十六、十八至十九)

110000－0182－0007359　善 449
詩女史纂十四卷　(明)處囊齋主人輯　清抄本　四冊　存十一卷(一至四、八至十四)

110000－0182－0007360　善 450
陶庵全集十六卷　(明)黄淳耀撰　清康熙刻本　六册

110000－0182－0007361　善 451
輿圖要覽四卷　(清)顧祖禹撰　清抄本　四册

110000－0182－0007362　善 452
乾象圖二卷　(清)梅靜撰　清抄本　二册

110000－0182－0007363　善 453
李卓吾評選方正學文集十一卷　(明)方孝孺撰　明刻本　三册

110000－0182－0007364　善 454
資治通鑑綱目五十九卷　(宋)朱熹撰　宋刻本　十九册　存二十八卷(一至九、十二、十五至三十二)

110000－0182－0007365　善 455
新刊箋注決科古今源流至論前集十卷後集十卷續集十卷　(宋)林駉撰　**別集十卷**　(宋)黄履翁撰　明萬曆十八年(1590)鄭世魁宗文堂刻本　十册　存二十卷(續集十卷、別集十卷)

110000－0182－0007366　善 456
三國志六十五卷　(晉)陳壽撰　(南朝宋)裴松之注　明萬曆二十四年(1596)馮夢禎刻本　十二册

110000－0182－0007367　善 457
兵鏡備考十三卷　(清)鄧廷羅輯　清刻本　十四册　缺三卷(孫子集注一卷、或問二卷)

110000－0182－0007368　善 458
石點頭十四卷　(明)天然癡叟撰　(明)馮夢龍評　清同人堂刻本　十二册

110000－0182－0007369　善 459
周櫟園賴古堂稿草一卷　(清)周亮工撰　(清)宮爾鐸輯　清稿本　四册

110000－0182－0007370　善 460
南豐先生元豐類稿五十一卷　(宋)曾鞏撰　明成化六年(1470)楊參刻本　十六册

110000－0182－0007371　善 461
三朝北盟會編二百五十卷　(宋)徐夢莘撰　清抄本　四十八册

110000－0182－0007372　善 462
雲笈七籤一百二十卷　(宋)張君房撰　明張萱清真館刻本　二十一册

110000－0182－0007373　善 463
帝學八卷　(宋)范祖禹撰　清抄本　四册

110000－0182－0007374　善 464
韓文不分卷　(唐)韓愈撰　(明)郭正域評選　明萬曆四十五年(1617)閔齊伋刻朱墨套印本　二册

110000－0182－0007375　善 465
大清乾隆四十七年歲次壬寅時憲書一卷　(清)欽天監印造　清乾隆刻本　一册

110000－0182－0007376　善 466
東方先生集一卷　(漢)東方朔撰　(明)呂兆禧校　明刻本　一册

110000－0182－0007377　善 467
泛槎圖六集　(清)張寶編繪　清嘉慶二十四年至道光十一年(1819－1831)羊城尚古齋張太占刻本　六册

110000－0182－0007378　善 468
柳文四十三卷別集二卷外集二卷附錄一卷　(唐)柳宗元撰　明刻本　十二册　存二十三卷(柳文一至二十三)

110000－0182－0007379　善 469
琵琶記四卷附錄一卷　(元)高明撰　明淩濛初刻朱墨套印本　二册　存二卷(一至二)

110000－0182－0007380　善 470
幽閨記二卷　(元)施惠撰　清抄本　二册

110000－0182－0007381　善 471
光風霽月愛書稿　題潯陽佩芝錄　清抄本　九册

110000－0182－0007382　善 472
欽定大清會典八十卷事例九百二十卷目錄八卷圖一百三十二卷目錄二卷　(清)托津纂修

（清）曹振鏞等纂 （清）慶桂等纂圖 清光緒抄本 三十二册

110000－0182－0007383 善473
鼎峙春秋十卷 （清）周祥鈺等撰 清抄本 二十册

110000－0182－0007384 善474
朱文公校昌黎先生文集四十卷外集十卷遺文一卷傳一卷 （唐）韓愈撰 （宋）朱熹考異 （宋）王伯大音釋 明初刻本 十册

110000－0182－0007385 善475
增廣注釋音辯唐柳先生集四十三卷别集二卷外集二卷附錄一卷 （唐）柳宗元撰 （宋）童宗説注釋 （宋）張敦頤音辯 （宋）潘緯音義 明初刻本 十册

110000－0182－0007386 善476
子彙二十四種三十四卷 （明）周子義輯 明萬曆四年至五年（1576－1577）南京國子監刻本 一册 存一卷（賈子新書上）

110000－0182－0007387 善477
文子二卷 （周）辛鈃撰 明萬曆五年（1577）刻本 一册

110000－0182－0007388 善478
六經天文編二卷 （宋）王應麟撰 明刻本 二册

110000－0182－0007389 善479
松陵集十卷 （唐）皮日休撰 （唐）陸龜蒙編 明汲古閣刻本 六册

110000－0182－0007390 善481
瑪拉特松筠年譜四卷 （□）□□撰 清道光稿本 六册

110000－0182－0007391 善482
新列國志圖一百八回 （明）馮夢龍編 清初刻本 二册

110000－0182－0007392 善483
車書樓匯輯各名公四六爭奇八卷 （明）許以忠選 明萬曆四十八年（1620）刻本 四册

110000－0182－0007393 善485
王荊文公詩五十卷 （宋）王安石撰 （宋）李壁箋注 清乾隆六年（1741）張宗松清綺齋刻本 十二册

110000－0182－0007394 善486
楚辭章句十七卷疑字直音補一卷 （漢）王逸撰 明隆慶五年（1571）豫章夫容館刻本 四册

110000－0182－0007395 善487
醉醒石十五回 題（清）東魯古狂生撰 明刻本 四册

110000－0182－0007396 善488
陳思王集十卷 （三國魏）曹植撰 明嘉靖二十年（1541）胡纘宗刻本 一册

110000－0182－0007397 善489
合刻忠武靖節二編二十一卷 （明）楊時偉編 明萬曆四十七年（1619）楊時偉刻本 六册

110000－0182－0007398 善490
御選歷代詩餘一百二十卷 （清）聖祖玄燁定 （清）沈辰垣等輯 清康熙四十六年（1707）内府刻本 三十二册

110000－0182－0007399 善492
陶靖節集十卷 （晉）陶淵明撰 （宋）湯漢等箋注 明萬曆淩濛初刻本 二册

110000－0182－0007400 善493
重刊校正笠澤叢書四卷補遺詩一卷 （唐）陸龜蒙撰 清刻本 二册

110000－0182－0007401 善495
白香山詩長慶集二十卷後集十七卷别集一卷補遺二卷 （唐）白居易撰 （清）汪立名輯 清康熙四十一年至四十二年（1702－1703）汪立名一隅草堂刻本 七册 存二十三卷（白香山詩長慶集一至十，後集一至六、十一至十七）

110000－0182－0007402 善497
佩文齋書畫譜一百卷 （清）孫岳頒等纂 清康熙四十七年（1708）内府刻本 六十四册

110000－0182－0007403 善498

御製圓明園四十景詩二卷 （清）高宗弘曆撰 （清）鄂爾泰等注 （清）孫祜等繪 清乾隆十年（1745）武英殿刻朱墨套印本 二冊

110000－0182－0007404 善499
王氏書畫苑二十二卷 （明）王世貞輯 （明）詹景鳳補 明萬曆十八年至十九年（1590－1591）王元貞刻本 十八冊 存八卷（補益一至八）

110000－0182－0007405 善500
藝林伐山二十卷 （明）楊慎撰 明萬曆刻本 六冊

110000－0182－0007406 善502
瓊州海黎圖一卷 （□）□□撰 清彩繪本 一冊

110000－0182－0007407 善503
甘鎮總圖不分卷 （□）□□撰 明萬曆彩繪本 一冊 缺一葉半（歸德所圖半葉、成縣圖說一葉）

110000－0182－0007408 善504
王會篇箋釋三卷 （清）何秋濤撰 清抄本 六冊

110000－0182－0007409 善505
昆侖河源考一卷 （清）萬斯同撰 清抄本 一冊

110000－0182－0007410 善506
益部談資三卷 （明）何宇度撰 清抄本 一冊

110000－0182－0007411 善507
西域記 （明）沈德符撰 清抄本 一冊

110000－0182－0007412 善508
古今說海一百三十五種一百四十二卷 （明）陸楫輯 明嘉靖二十三年（1544）儼山書院、青藜館刻本 十冊 存二十一種（說纂部二十一種）

110000－0182－0007413 善509
皇明開國臣傳十三卷 （明）朱國楨輯 明崇禎刻本 六冊

110000－0182－0007414 善510
新鐫繡像旁批詳注總斷廣百將傳二十卷 （明）黃道周注斷 （明）陳元素原本 （明）周亮輔增補 明崇禎十六年（1643）刻本 十二冊

110000－0182－0007415 善511
癸辛雜識六卷 （宋）周密撰 明刻本 二冊 存四卷（前集一卷、後集一卷、續集二卷）

110000－0182－0007416 善512
三才彙編六卷 （清）龔在升輯 （清）顧理美增補 清康熙六年（1667）毛氏汲古閣刻本 四冊

110000－0182－0007417 善513
魯齋全書七卷 （元）許衡撰 明正德十三年（1518）高傑刻本 四冊

110000－0182－0007418 善514
新刊正文對音捷要琴譜真傳六卷 （明）楊表正撰 明萬曆元年（1573）金隆唐富春刻本 六冊

110000－0182－0007419 善515
東周列國全志一百八回 （清）蔡奡評點 清乾隆十七年（1752）義合齋刻本 二十四冊

110000－0182－0007420 善516
戰國策選九卷 （明）衛勷選 （明）衛拱宸增選 明萬曆三十五年（1607）刻本 四冊

110000－0182－0007421 善517
董子春秋繁露十八卷 （漢）董仲舒撰 （明）王道焜等輯評 （明）趙如源 （明）朱欽明校 明天啓五年（1625）王道焜、趙如源刻本 四冊

110000－0182－0007422 善518
揚子太玄經十一卷 （漢）揚雄 （宋）司馬光撰 （明）趙如源輯注 明天啓六年（1626）武林書坊趙世楷刻本 四冊

110000－0182－0007423 善519
通雅五十二卷首三卷 （清）方以智撰 （清）姚文燮校訂 清康熙五年（1666）桐山姚氏浮山此藏軒刻本 十六冊

110000－0182－0007424　善 521
李氏藏書六十八卷　（明）李贄撰　明萬曆刻本　五册　存十四卷（三十一至三十六、四十、五十九至六十五）

110000－0182－0007425　善 522
續藏書二十七卷　（明）李贄撰　明刻本　三册　存七卷（三至四、八至十、十六至十七）

110000－0182－0007426　善 523
古今翰苑瓊琚十二卷　（明）楊慎選　（明）孫鑛評　（明）陳元素校　明天啓元年（1621）刻本　四册　存八卷（一至六、九至十）

110000－0182－0007427　善 524
春秋集注三十卷首一卷　（宋）胡安國撰　（宋）林堯叟音注　明萬曆二十三年（1595）倪甫英、倪家胤重修印本　八册

110000－0182－0007428　善 525
春秋左傳十五卷　（明）孫鑛批點　明萬曆四十四年（1616）閔齊伋刻朱墨套印本　十二册

110000－0182－0007429　善 526
坡仙集十六卷　（宋）蘇軾撰　（明）李贄評輯　明萬曆二十八年（1600）焦竑刻本　八册

110000－0182－0007430　善 527
説文解字十二卷　（漢）許慎撰　（宋）徐鉉校　明萬曆二十六年（1598）毛氏汲古閣重印本　十二册

110000－0182－0007431　善 528
欽定光禄寺則例一百二卷　（清）高焯等纂　清嘉慶二十一年（1816）武英殿刻本　十二册

110000－0182－0007432　善 529
山海經十八卷　（晉）郭璞注　（明）吳琯校　明萬曆吳琯刻本　二册

110000－0182－0007433　善 530
雲臺編三卷　（唐）鄭谷撰　明刻本　三册

110000－0182－0007434　善 531
夢溪筆談二十六卷　（宋）沈括撰　明汲古閣刻本　六册

110000－0182－0007435　善 532
五涼考治六德集全志五卷　（清）張之濬等纂修　清乾隆十四年（1749）刻本　五册

110000－0182－0007436　善 533
繹史一百六十卷　（清）馬驌撰　清康熙刻本　四十八册

110000－0182－0007437　善 534
方便心論一卷　（北魏）釋吉迦夜　（北魏）釋曇曜譯　元刻本　一册

110000－0182－0007438　善 535
鐵網珊瑚十六卷　（明）朱存理輯　清雍正六年（1728）年希堯澄鑒堂刻本　二十册

110000－0182－0007439　善 536
欽定日下舊聞考一百六十卷譯語總目一卷　（清）朱彝尊原輯　（清）于敏中修　（清）竇光鼐等纂　清乾隆刻本　四十册

110000－0182－0007440　善 537
近花樓纂釋分類合法百將全傳二卷　（明）陳裕輯　清康熙刻本　四册

110000－0182－0007441　善 538
河防一覽十四卷　（明）潘季馴撰　清乾隆十三年（1748）刻本　十册

110000－0182－0007442　善 539
資治通鑑綱目五十九卷首一卷　（宋）朱熹撰　（元）汪克寬考異　明吉澄刻本　六十册

110000－0182－0007443　善 540
登壇必究四十卷　（明）王鳴鶴輯　（明）袁世忠校正　清刻本　四十册

110000－0182－0007444　善 541
西廂六卷　（元）王德信（王實甫）撰　清三元堂刻本　二册

110000－0182－0007445　善 542
欽定選擇曆書十卷　（清）安泰等纂　清康熙二十四年（1685）内府刻本　五册　存五卷（一至五）

110000－0182－0007446　善 543
南巡盛典一百二十卷　（清）高晉等纂　清乾隆三十六年（1771）武英殿刻本　五十册

110000－0182－0007447　善 544

六家文選六十卷　(南朝梁)蕭統輯　(唐)李善　(唐)呂延濟　(唐)劉良　(唐)張銑　(唐)呂向　(唐)李周翰注　明嘉靖十三年至二十八年(1534－1549)袁褧嘉趣堂刻本　三十一冊

110000－0182－0007448　善 545

隆平集二十卷　(宋)曾鞏撰　清康熙四十年(1701)彭期七業堂刻本　四冊

110000－0182－0007449　善 548

唐陸宣公集二十二卷　(唐)陸贄撰　清康熙六十一年(1722)積雪齋年羹堯刻本　十二冊

110000－0182－0007450　善 549

西廂記四卷　(元)王德信(王實甫)撰　清滿漢文抄本　四冊

110000－0182－0007451　善 550

韓魏公集十卷　(宋)韓琦著　(明)康丕揚校　明嘉靖刻本　六冊

110000－0182－0007452　善 551

楚辭評林八卷楚辭總評一卷　(宋)朱熹集註　(明)沈雲翔輯評　明崇禎十年(1637)吳郡八詠樓刻本　五冊

110000－0182－0007453　善 553

自京至西藏路程　(□)□□撰　清抄本　一冊

110000－0182－0007454　善 554

司馬文正公集略三十一卷詩集七卷　(宋)司馬光撰　明嘉靖十八年(1539)俞文峰刻本　二十四冊

110000－0182－0007455　善 555

宋蘇文忠公集選三十卷　(宋)蘇軾撰　(明)崔邦亮選　明萬曆二十七年(1599)楊四知刻本　二十四冊

110000－0182－0007456　善 556

竹書紀年集證五十卷首一卷　(清)陳逢衡撰　清嘉慶十八年(1813)裛露軒刻本　十二冊

110000－0182－0007457　善 558

陸放翁全集一百六十七卷　(宋)陸游撰　明汲古閣刻本　三十二冊

110000－0182－0007458　善 559

樂府詩集一百卷目錄二卷　(宋)郭茂倩輯　明毛氏汲古閣刻本　三十二冊　缺二卷(目錄二卷)

110000－0182－0007459　善 561

頌天臚筆二十四卷　(明)金日升輯　明崇禎二年(1629)刻本　十冊

110000－0182－0007460　善 562

通鑑紀事本末四十二卷　(宋)袁樞撰　宋寶祐五年(1257)趙與□刻元明遞修本　四十二冊

110000－0182－0007461　善 563

太平御覽一千卷　(宋)李昉撰　清嘉慶十一年(1806)揚州汪氏木活字印本　一百六十冊

110000－0182－0007462　善 564

[康熙]平遙縣誌八卷　(清)王綬纂修　(清)康乃心編　清康熙四十五年(1706)刻本　四冊

110000－0182－0007463　善 565

國史經籍志六卷　(明)焦竑撰　明徐象樗曼山館刻本　十冊

110000－0182－0007464　善 566

唐類函二百卷目錄二卷　(明)俞安期輯　(明)徐顯卿校訂　明萬曆刻本　四十冊

110000－0182－0007465　善 567

河汾諸老詩集八卷　(元)房祺輯　明毛氏汲古閣刻本　二冊

110000－0182－0007466　善 568

讀書紀數略五十四卷　(清)宮夢仁纂輯　清康熙四十六年(1707)刻本　三十二冊

110000－0182－0007467　善 569

思誠堂說詩十二卷　(清)惲鶴生撰　清稿本　四冊

110000－0182－0007468　善 570

宋大家蘇文忠公文抄二十八卷　(宋)蘇軾撰

(明)茅坤評　明茅一桂刻本　十二册

110000－0182－0007469　善571

新刻臨川王介甫先生詩文集一百卷事略一卷　(宋)王安石撰　(明)李光祚校　明萬曆四十年(1612)王鳳翔刻本　二十册

110000－0182－0007470　善572

四大奇書第一種十九卷一百二十回　(明)羅本撰　(清)毛宗崗評　清初金閶藝海堂刻本　二十二册

110000－0182－0007471　善573

墨池續編三卷　(明)李荷輯　(明)薛晨校注　明隆慶二年(1568)永和堂刻本　一册　存二卷(一至二)

110000－0182－0007472　善575

淮南鴻烈解二十一卷　(漢)許慎　(漢)高誘撰　(明)茅坤評　明萬曆刻本　十册

110000－0182－0007473　善576

三略一卷　(漢)黄石公撰　清抄本　一册

110000－0182－0007474　善577

龍子十三篇不分卷　(□)□□撰　清抄本　一册

110000－0182－0007475　善578

漢書評林一百卷　(明)淩稚隆輯　明萬曆九年(1581)刻本　五十册

110000－0182－0007476　善579

玄學正宗二卷　(□)□□撰　明萬曆刻本　一册

110000－0182－0007477　善580

鶴林玉露十六卷　(宋)羅大經撰　明萬曆刻本　一册　存四卷(五至八)

110000－0182－0007478　善581

李卓吾批點世説新語補二十卷　(南朝宋)劉義慶撰　(南朝梁)劉孝標注　(宋)劉辰翁評　(明)何良俊增補　(明)李贄批點　明書林余圯孺刻本　五册　缺四卷(七至十)

110000－0182－0007479　善583

鹽鐵論十卷考證一卷　(漢)桓寬撰　(清)張敦仁考證　清嘉慶十二年(1807)陽城張敦仁刻本　四册

110000－0182－0007480　善584

帝京景物略八卷　(明)劉侗　(明)于奕正撰　明崇禎八年(1635)刻本　十六册

110000－0182－0007481　善585

青煙錄八卷嘯巖吟草六卷詩餘一卷　(清)王訢撰　清嘉慶十年(1805)刻本　五册

110000－0182－0007482　善586

性理大全書七十卷　(明)胡廣等撰　明萬曆二十五年(1597)吳勉學師古齋刻本　十二册

110000－0182－0007483　善587

十鐘山房印舉不分卷　(清)陳介祺輯　清同治十一年(1872)陳氏十鐘山房鈐印本　一百九十一册

110000－0182－0007484　善588

四雪草堂重訂通俗隋唐演義二十卷　(清)沒世農夫(褚人穫)撰　清康熙三十四年(1695)四雪草堂刻本　二十册

110000－0182－0007485　善589

史記一百三十卷　(漢)司馬遷撰　(南朝宋)裴駰集解　(唐)司馬貞索隱　明嘉靖九年(1530)張邦奇刻本　三十册

110000－0182－0007486　善590

大雅堂訂正枕中十書十卷　(明)李贄撰　明刻本　十册

110000－0182－0007487　善591

大清乾隆三十五年歲次庚寅時憲書一卷　(清)欽天監編　清乾隆刻朱墨套印本　一册

110000－0182－0007488　善592

會稽三賦四卷　(宋)王十朋撰　(明)南逢吉校注　明刻本　四册

110000－0182－0007489　善593

六家文選六十卷　(南朝梁)蕭統輯　(唐)李善　(唐)吕延濟　(唐)劉良　(唐)張銑　(唐)吕向　(唐)李周翰注　明嘉靖刻本　三十二册

110000－0182－0007490　善 594
岱史十八卷　(明)查志隆輯　(清)張縉彥補　清順治十一年(1654)刻康熙三十八年(1699)重修本　十二册

110000－0182－0007491　善 595
少微通鑑節要八十四卷　(宋)江贄撰　**續編**　(明)張光啟撰　明正德九年(1514)司禮監刻本　四十册

110000－0182－0007492　善 596
分類補注李太白詩二十五卷　(唐)李白撰　(宋)楊齊賢集注　(元)蕭士贇補注　明刻本　十二册

110000－0182－0007493　善 597
御選唐詩三十二卷目錄三卷　(清)聖祖玄燁選　(清)陳廷敬等編注　清康熙五十二年(1713)内府刻朱墨套印本　二十四册

110000－0182－0007494　善 598
陽明先生道學鈔八卷　(明)王守仁撰　明萬曆三十七年(1609)武林繼錦堂刻本　十册

110000－0182－0007495　善 599
新刻臨川王介甫先生詩文集一百卷目錄二卷　(宋)王安石撰　(明)李光祚校　明萬曆四十年(1612)王鳳翔光啓堂刻本　二十册

110000－0182－0007496　善 600
圖注八十一難經八卷　(明)張世賢撰　明嘉靖三十三年(1554)刻本　二册　存四卷(五至八)

110000－0182－0007497　善 601
屈陶合刻十六卷　(明)毛晉編　明萬曆四十六年(1618)、天啓五年(1625)毛氏綠君亭刻本　八册

110000－0182－0007498　善 602
海塘擥要十二卷首一卷　(清)楊鑅撰　清抄本　十二册

110000－0182－0007499　善 603
杜詩分類五卷　(唐)杜甫撰　(明)傅振商輯　明萬曆四十一年(1613)傅振商刻本　五册

110000－0182－0007500　善 604
誥封　(□)□□撰　明崇禎元年(1628)刻朱印本　一册

110000－0182－0007501　善 605
滇雲歷年傳十二卷　(清)倪蛻輯　清抄本　九册　存十卷(一至十)

110000－0182－0007502　善 606
太古遺音不分卷　(明)楊掄輯　明萬曆金陵楊氏刻本　六册

110000－0182－0007503　善 607
玉茗堂還魂記二卷　(明)湯顯祖撰　清乾隆五十年(1785)冰絲館刻本　八册

110000－0182－0007504　善 608
晚唐名家詩集不分卷　(□)□□輯　明刻本　四册

110000－0182－0007505　善 609
武夷山志二十四卷首一卷　(清)董天工編集　(清)董勷等校　清乾隆二十五年(1760)木活字印本　六册　存十卷(一至十)

110000－0182－0007506　善 610
欽定古今圖書集成簡明目錄一卷　(□)□□撰　清抄本　二册

110000－0182－0007507　善 611
曹子建集十卷補遺一卷　(三國魏)曹植撰　明嘉靖二十一年(1542)郭雲鵬刻本　四册

110000－0182－0007508　善 612
社會通詮不分卷　(英國)甄克思著　嚴復譯　清光緒二十九年(1903)紅閣手稿本　四册

110000－0182－0007509　善 613
自繇釋義不分卷　(英國)穆勒約翰著　嚴復譯　清光緒二十九年(1903)紅閣手稿本　一册

110000－0182－0007510　善 614
國計學甲部不分卷　(法國)齊察理著　嚴復譯　清光緒手稿本　一册

110000－0182－0007511　善 615
計學淺說六十一章　(英國)耶方斯著　嚴復

譯　清宣統三年(1911)手稿本　二册

110000－0182－0007512　善616
穆勒名學部丙十三篇　(英國)穆勒約翰著　嚴復譯　清光緒二十九年(1903)手稿本　一册

110000－0182－0007513　善617
教幻邇言不分卷　嚴復撰　清手稿本　一册

110000－0182－0007514　善618
國拘第九　嚴復撰　清光緒十八年(1892)手稿本　一册

110000－0182－0007515　善619
書百科全書不分卷　嚴復撰　清手稿本　一册

110000－0182－0007516　善620
論英國治制非三權分立不分卷　嚴復撰　清手稿本　一册

110000－0182－0007517　善621
庚辛函稿不分卷　嚴復撰　清宣統三年(1911)手稿本　一册

110000－0182－0007518　善623
群學肄言十六卷　(英國)斯賓塞爾著　嚴復譯　清光緒二十八年(1902)手稿本　五册

110000－0182－0007519　善624
國際律不分卷　嚴復撰　清手稿本　一册

110000－0182－0007520　善625
計學名詞不分卷　嚴復撰　清手稿本　一册

110000－0182－0007521　善626
政治講義不分卷　嚴復撰　清手稿本　一册

110000－0182－0007522　善627
懷呂開州不分卷　嚴復撰譯　清手稿本　一册

110000－0182－0007523　善628
國制不同分第十四　嚴復撰　清手稿本　一册

110000－0182－0007524　善629
日知錄集釋三十二卷刊誤二卷續刊誤二卷　(清)顧炎武撰　(清)黃汝成集釋　嚴復批點　清同治八年(1869)刻本　十六册

110000－0182－0007525　善630
昌黎先生集四十卷　(唐)韓愈撰　(唐)李漢編　明萬曆東吳徐氏東雅堂刻本　六册

110000－0182－0007526　善631
漁洋山人精華錄箋注十二卷補注一卷　(清)王士禛撰　(清)金榮箋注　(清)徐淮纂輯　清康熙金氏鳳翽堂刻本　十册

110000－0182－0007527　善632
謚法通考十八卷　(明)王圻輯　(明)趙可懷校正　明萬曆二十四年(1596)刻本　八册

110000－0182－0007528　善633
新鐫全像通俗演義隋煬帝豔史八卷四十回　(明)齊東野人編　(清)不經先生批評　明末刻本　十六册

110000－0182－0007529　善634
左繡三十卷首一卷　(清)馮李驊　(清)陸浩輯　清光緒李光明莊刻本　十六册

110000－0182－0007530　善635
三國志六十五卷　(晉)陳壽撰　(南朝宋)裴松之注　清古吳趙氏刻本　十册

110000－0182－0007531　善636
漁洋山人古詩選三十二卷　(清)王士禛輯　清同治五年(1866)金陵書局刻本　八册

110000－0182－0007532　善637
惜抱軒今體詩選十八卷　(清)姚鼐選　(清)程邦瑞校　清同治五年(1866)金陵書局刻本　二册

110000－0182－0007533　善638
唐荊川選輯朱文公全集十五卷　(宋)朱熹撰　(明)唐順之輯　明刻本　十二册

110000－0182－0007534　善639
太史升庵文集八十一卷　(明)楊慎撰　(明)楊有仁編輯　明萬曆十年(1582)刻本　二十四册

110000－0182－0007535　善640

古文抄約一卷 (明)魏允貞編 明萬曆二十四年(1596)刻本 一冊

110000－0182－0007536 善641

東坡先生志林五卷 (宋)蘇軾撰 (明)焦竑評 明末刻朱墨套印本 五冊

110000－0182－0007537 善642

安陽集五十卷別錄三卷遺事一卷忠獻韓魏王家傳十卷 (宋)韓琦撰 (明)郭樸校 明萬曆十五年(1587)郭樸刻本 十冊

110000－0182－0007538 善643

元人十種詩五十三卷 (明)毛晉輯 明崇禎十一年(1638)海虞毛氏汲古閣刻本 三十二冊

110000－0182－0007539 善644

蘇米志林三卷 (明)毛晉輯 明天啓五年(1625)毛氏綠君亭刻本 四冊

110000－0182－0007540 善645

[乾隆]濰縣誌六卷首一卷末一卷 (清)張耀璧修 (清)王誦芬纂 清乾隆二十五年(1760)刻本 六冊

110000－0182－0007541 善646

東坡先生詩集注三十二卷 (宋)蘇軾撰 (宋)王十朋集注 明王永積刻本 十六冊

110000－0182－0007542 善647

御選唐詩三十二卷目錄三卷 (清)聖祖玄燁選 (清)陳廷敬等編注 清康熙五十二年(1713)內府刻朱墨套印本 十六冊

110000－0182－0007543 善648

唐陸宣公集二十二卷 (唐)陸贄撰 清康熙六十一年(1722)年羹堯刻本 六冊

110000－0182－0007544 善649

張河間集六卷附錄一卷 (漢)張衡撰 (明)張燮纂 明刻本 四冊

110000－0182－0007545 善650

坐隱先生集十二卷 (明)汪廷訥撰 明萬曆三十七年(1609)汪氏環翠堂刻本 六冊

110000－0182－0007546 善651

同姓名錄十二卷補一卷 (明)余寅撰 (明)周應賓補 明萬曆刻本 六冊

110000－0182－0007547 善652

續編錦囊詩對故事前集二卷後集二卷 (明)□□撰 明嘉靖十二年(1533)恭裕王府刻本 十六冊

110000－0182－0007548 善653

廣韻五卷 (宋)陳彭年等撰 明刻本 五冊

110000－0182－0007549 善654

題奏事件 (□)□□撰 清乾隆三十八年(1773)公慎堂木活字印本 二冊

110000－0182－0007550 善655

福州郡志 (□)□□撰 清抄本 四冊

110000－0182－0007551 善656

范文正公集三十五卷 (宋)范仲淹撰 (明)毛一鷺編 明萬曆三十六年(1608)毛氏刻本 十冊

110000－0182－0007552 善657

五經旁訓二十一卷 (清)徐立綱撰 清刻本 二冊 存四卷(詩經旁訓一至四)

110000－0182－0007553 善658

西山先生真文忠公文章正宗二十四卷 (宋)真德秀輯 明正德十五年(1520)刻本 二十四冊

110000－0182－0007554 善659

智蟲餘唾詩稿不分卷 (清)孟鐵琴撰 清道光稿本 四冊

110000－0182－0007555 善660

古文苑二十一卷 (宋)章樵注 明萬曆張象賢刻本 四冊

110000－0182－0007556 善661

賀松坡先生手書文稿不分卷 賀濤撰 清光緒稿本 二冊

110000－0182－0007557 善662

止齋題跋二卷 (宋)陳傅良撰 (明)毛晉訂 明末虞山毛氏汲古閣刻津逮秘書本 一冊

110000－0182－0007558　善 663
畫史一卷　(宋)米芾撰　(明)毛晉訂　明崇禎虞山毛氏汲古閣刻本　一册

110000－0182－0007559　善 665
宋文鑑一百五十卷　(宋)吕祖謙編　明補刻本　二十册

110000－0182－0007560　善 667
集古印譜六卷　(明)王常輯　(明)顧從德校　明萬曆顧氏芸閣刻本　六册

110000－0182－0007561　善 668
古今說海一百三十五種一百四十二卷　(明)陸楫等編　明嘉靖二十三年(1544)陸楫儼山書院、雲山書院刻本　二十册

110000－0182－0007562　善 669
平定金川得勝圖一卷　(捷克)艾啟蒙等繪　清乾隆四十二年至五十年(1777－1785)内府銅版印本　一册

110000－0182－0007563　善 670
籌海圖編十三卷　(明)鄭若曾撰　明嘉靖四十一年(1562)胡宗憲刻本　三册　存五卷(一、七至九、十三)

110000－0182－0007564　善 672
洛陽伽藍記五卷　(北魏)楊衒之撰　明末毛氏綠君亭刻津逮秘書本　一册

110000－0182－0007565　善 673
新刻爾雅翼三十二卷　(宋)羅願撰　(明)胡文煥校　明萬曆二十三年(1595)胡氏文會堂刻格致叢書本　八册

110000－0182－0007566　善 674
泉志十五卷　(宋)洪遵撰　(明)胡震亨　(明)毛晉訂　明崇禎毛氏汲古閣刻津逮秘書本　二册

110000－0182－0007567　善 676
孫福海孫葆田文集六卷　(清)孫福海　(清)孫葆田撰　清抄本　四册

110000－0182－0007568　善 677
資治通鑑補正二百九十四卷　(明)嚴衍撰　清抄本　一百四十四册

110000－0182－0007569　善 678
大般涅槃經邇字函音釋十卷　(□)□□編　北宋福州東禪等覺院刻崇寧萬壽大藏本　一册

110000－0182－0007570　善 679
金剛般若波羅密經一卷　(後秦)釋鳩摩羅什譯　明永樂二十一年(1423)刻本　二册

110000－0182－0007571　善 680
孤兒籲天録十六卷　(清)楊山松撰　清刻本　三册　存十三卷(四至十六)

110000－0182－0007572　善 681
藝文類聚一百卷　(唐)歐陽詢輯　明正德十年(1515)華堅蘭雪堂銅活字印本　一册　存二卷(九十六至九十七)

110000－0182－0007573　善 682
蠶桑萃編十五卷首一卷　(清)衛傑編輯　清内府抄本　一册　存一卷(四)

110000－0182－0007574　善 683
[康熙]長山縣誌十一卷　(清)孫衍纂修　清康熙五十五年(1716)刻本　四册

110000－0182－0007575　善 694
紅樓夢一百二十回　(清)曹雪芹　(清)高鶚撰　清乾隆五十七年(1792)萃文書屋木活字印本　二十四册

110000－0182－0007576　善 695
續紅樓夢三十卷　(清)秦子忱撰　清嘉慶四年(1799)刻本　十册

110000－0182－0007577　善 696
吴吴山三婦合評牡丹亭還魂記六卷　(明)湯顯祖撰　(清)陳同評點　(清)錢宜參評　清康熙夢園刻本　四册

110000－0182－0007578　善 697
平定兩金川事例二卷　(□)□□撰　清抄本　三册

110000－0182－0007579　善 698
欽定皇輿西域圖志四十八卷首四卷　(清)傅

恒修　(清)褚廷璋纂　(清)英廉等續纂修　清内府抄本　一冊　存一卷(二)

110000－0182－0007580　善699
承天大志四十卷　(明)徐階　(明)李春芳纂修　明嘉靖刻本　一冊　存一卷(十二)

110000－0182－0007581　善700
曹子建集十卷　(三國魏)曹植撰　明天啓元年(1621)淩性德刻朱墨套印本　六冊

110000－0182－0007582　善701
唐皮日休文藪十卷　(唐)皮日休撰　(明)許自昌校　明萬曆三十六年(1608)吳門許自昌刻本　二冊

110000－0182－0007583　善702
幾何原本六卷　(希臘)歐幾里得撰　(意大利)利瑪竇口譯　(明)徐光啟筆受　明萬曆三十五年(1607)刻本　四冊

110000－0182－0007584　善703
泰西水法六卷　(意大利)熊三拔撰　(明)徐光啓筆記　(明)李之藻訂正　明萬曆刻本　二冊

110000－0182－0007585　善704
太醫院原本銅人徐氏針灸合刻九卷　(明)太醫院參訂　明天啓金陵三多齋刻本　四冊

110000－0182－0007586　善705
難經本義二卷　(元)滑壽撰　(明)吳勉學校　明步月樓刻本　三冊

110000－0182－0007587　善706
針灸甲乙經十二卷　(晉)皇甫謐撰　明萬曆二十九年(1601)吳勉學刻古今醫統正脈全書本　四冊

110000－0182－0007588　善707
外科啟玄十二卷　(明)申拱宸撰　明萬曆刻本　四冊　存八卷(二至四、八至十二)

110000－0182－0007589　善708
玉臺新詠十卷　(南朝陳)徐陵輯　明崇禎六年(1633)趙均刻本　二冊

110000－0182－0007590　善709
注解傷寒論十一卷　(漢)張仲景(張機)撰　(晉)王叔和編次　(金)成無已注解　明嘉靖二十四年(1545)刻本　三冊

110000－0182－0007591　善710
孫真人備急千金要方九十三卷目錄二卷　(唐)孫思邈撰　(宋)林億校正　明萬曆刻本　二十二冊

110000－0182－0007592　善711
致身錄一卷　(明)史仲彬撰　(明)史冊注　明刻本　一冊

110000－0182－0007593　善712
論衡三十卷　(漢)王充撰　明嘉靖十四年(1535)蘇獻可通津草堂刻本　十二冊

110000－0182－0007594　善713
百川學海十集一百十二種　(宋)左圭編　明刻本　三十二冊

110000－0182－0007595　善714
續百川學海十集一百十二種一百四十一卷　(明)吳永輯　明刻本　三十二冊

110000－0182－0007596　善715
廣百川學海十集一百三十種一百五十六卷　(明)馮可賓輯　明末刻本　二十四冊

110000－0182－0007597　善716
春秋四傳三十八卷提要一卷諸國興廢說一卷春秋二十國年表一卷　明嘉靖吉澄刻本　十冊

110000－0182－0007598　善717
李卓吾匯撰注釋萬形實考六卷　(明)李贄撰　明李潮刻本　六冊

110000－0182－0007599　善1073
太平御覽一千卷　(宋)李昉等輯　明萬曆二年(1574)周堂銅活字印本　一冊　存二卷(九百六十三至九百六十四)

110000－0182－0007600　善720
春秋三傳五十四卷　(明)吳勉學　(明)吳中珩校　明吳勉學刻本　十冊

110000－0182－0007601　善721

霞漪閣校訂史綱評要三十六卷　(明)李贄評纂　(明)吴從先參訂　(明)何偉然校閲　明萬曆四十一年(1613)吴從先刻本　十二册

110000－0182－0007602　善 722
梁昭明太子文集五卷　(南朝梁)蕭統撰　(明)楊慎校注　明嘉靖三十四年(1555)明遼國寶訓堂刻本　一册

110000－0182－0007603　善 723
本草綱目五十二卷附圖二卷　(明)李時珍撰　明萬曆三十一年(1603)張鼎思刻本(卷十九至五十二爲補配)　四十册

110000－0182－0007604　善 724
錢氏小兒直訣四卷　(宋)錢乙撰　(宋)閻孝忠編　(明)薛鎧註　明崇禎元年(1628)梁忠校刻本　二册

110000－0182－0007605　善 725
管子二十四卷　(春秋)管仲撰　(明)朱長春　(明)趙用賢等評　明萬曆四十八年(1620)淩汝亨刻朱墨套印本　十册

110000－0182－0007606　善 726
管子二十四卷　(春秋)管仲撰　(明)朱長春　(明)趙用賢等評　明萬曆四十八年(1620)淩汝亨刻朱墨套印本　十二册

110000－0182－0007607　善 727
世説新語八卷　(南朝宋)劉義慶撰　(南朝梁)劉孝標注　(宋)劉辰翁　(宋)劉應登　(明)王世懋評　明萬曆二十四年(1596)吴瑞徵刻本　四册

110000－0182－0007608　善 728
唐詩畫譜五卷　(明)黄鳳池輯　明天啓刻本　七册

110000－0182－0007609　善 729
文選注六十卷　(南朝梁)蕭統輯　(唐)李善撰　明末毛氏汲古閣刻本　三十册

110000－0182－0007610　善 730
明史列傳稿二百十一卷　(清)王鴻緒纂　清康熙五十三年(1714)敬慎堂刻本　四十册

110000－0182－0007611　善 731
水經四十卷　(漢)桑欽撰　(北魏)酈道元注　明萬曆十三年(1585)吴琯刻本　十四册

110000－0182－0007612　善 732
建文遜國臣記八卷　(明)鄭曉撰　明刻本　三册

110000－0182－0007613　善 733
國語二十一卷　(三國吴)韋昭解　明嘉靖七年(1528)吴郡金李澤遠堂校刻本　六册

110000－0182－0007614　善 734
孔聖家語圖十一卷　(明)吴嘉謨撰　明萬曆十七年(1589)吴嘉謨刻本　六册

110000－0182－0007615　善 735
錢塘遺事十卷　(元)劉一清撰　清黄星橋據知不足齋藏本傳抄本　二册

110000－0182－0007616　善 736
東垣十書二十卷　(金)李杲等撰　明嘉靖八年(1529)朱寵瀼梅南書屋刻本　一册　存二卷(外科精義二卷)

110000－0182－0007617　善 737
漢魏叢書三十八種二百五十一卷　(明)程榮輯　明萬曆二十年(1592)程氏刻本　四十八册

110000－0182－0007618　善 738
五經正文七卷　明嘉靖三十一年(1552)翁溥刻本　十六册

110000－0182－0007619　善 739
北史一百卷　(唐)李延壽撰　明萬曆二十一年(1593)馮夢禎刻南監本　四十八册

110000－0182－0007620　善 740
南齊書五十九卷　(南朝梁)蕭子顯撰　宋刻宋元明遞修本　二十五册

110000－0182－0007621　善 741
六臣注文選六十卷　(南朝梁)蕭統輯　(唐)李善　(唐)吕延濟　(唐)劉良　(唐)張銑　(唐)吕向　(唐)李周翰注　(元)陳仁子輯　明嘉靖二十八年(1549)洪楩刻本　三

十冊

110000－0182－0007622　善742
西廂記十一卷　（元）王德信（王實甫）撰　明淩濛初刻朱墨套印本　四冊

110000－0182－0007623　善743
涇川水東翟氏宗譜不分卷　（明）翟台纂修　清咸豐七年（1857）翟金生泥活字印本　一冊

110000－0182－0007624　善744
春秋集傳大全三十七卷序論一卷諸國興廢說一卷春秋二十國年表一卷　（明）胡廣等輯　明永樂內府刻本　十八冊

110000－0182－0007625　善745
全唐詩九百卷目錄十二卷　（清）曹寅等編　清康熙四十四年至四十六年（1705－1707）揚州詩局刻本　一百二十冊

110000－0182－0007626　善746
四書集注四十卷　（宋）朱熹撰　明刻本　三十二冊

110000－0182－0007627　善747
大般若波羅蜜多經六百卷　（唐）釋玄奘譯　宋刻本　二冊　存二卷（三百四十八、四百五十三）

110000－0182－0007628　善748
四經合卷（銀色女經、授決經、采華違王經、正恭敬經）　宋刻本　一冊

110000－0182－0007629　善749
密呪圓因往生集一卷　（宋）釋智廣　（宋）釋慧真編集　（宋）釋金剛幢譯定　明刻本　一冊

110000－0182－0007630　善750
王摩詰集六卷　（唐）王維撰　明銅活字印本　五冊

110000－0182－0007631　善751
纂圖互注老子道德經二卷　（漢）河上公注　明初刻六子本　一冊

110000－0182－0007632　善752
纂圖互注南華真經十卷　（晉）郭象注　（唐）陸德明音義　明刻本　五冊

110000－0182－0007633　善753
纂圖互注荀子二十卷　（戰國）荀況撰　（唐）楊倞注　明初刻本　十二冊

110000－0182－0007634　善754
齊民要術十卷雜說一卷　（北魏）賈思勰撰　明萬曆胡震亨、沈士龍刻秘冊彙函本　三冊

110000－0182－0007635　善755
陶靖節集十卷總論一卷　（晉）陶淵明撰　（宋）湯漢等箋注　明萬曆四年（1576）周敬松刻本　二冊

110000－0182－0007636　善756
湖海集十三卷　（清）孔尚任撰　清康熙二十八年（1689）孔氏介安堂刻本　四冊

110000－0182－0007637　善757
三圖詩不分卷　（□）□□撰　清刻本　三冊

110000－0182－0007638　善759
史記一百三十卷　（漢）司馬遷撰　（南朝宋）裴駰集解　明刻本　三冊　存六卷（三至七、十）

110000－0182－0007639　善760
武備志二百四十卷　（明）茅元儀撰　清道光木活字印本　六十四冊

110000－0182－0007640　善761
河東先生集四十五卷外集二卷龍城錄二卷附錄二卷外集二卷集傳一卷後序一卷　（唐）柳宗元撰　（唐）劉禹錫編　明嘉靖郭雲鵬濟美堂刻本　三十二冊

110000－0182－0007641　善762
孟子二卷　（戰國）孟軻撰　（宋）蘇洵批點　明萬曆四十五年（1617）閔齊伋刻三色套印本　四冊

110000－0182－0007642　善764
晦庵先生朱文公文集別集十卷　（宋）朱熹撰　宋咸淳元年（1265）建甯府建安書院刻宋元明遞修本　一冊　存一卷（三）

110000－0182－0007643　善765

大明成化十九年歲次癸丑大統曆　（明）欽天監編　明成化十九年（1483）刻本　一册　存癸丑年一至六月

110000－0182－0007644　善 766
菽園雜記十五卷　（明）陸容撰　明刻本　一册　存七卷（九至十五）

110000－0182－0007645　善 767
［康熙］徽州府志十八卷圖一卷　（清）丁廷楗等纂修　清康熙三十八年（1699）刻本　十二册

110000－0182－0007646　善 773
脈經十卷　（晉）王熙撰　**人元脈影指圖說二卷**　（晉）王熙編　（明）沈際飛重訂　明萬曆三年（1575）刻本　四册

110000－0182－0007647　善 774
荀子二十卷　（唐）楊倞注　明嘉靖十二年（1533）顧春世德堂刻六子書本　十册

110000－0182－0007648　善 775
唐詩畫譜三卷　（明）黄鳳池輯　明末集雅齋刻本　六册

110000－0182－0007649　善 776
詩集傳二十卷　（宋）朱熹集傳　明司禮監刻本　十二册

110000－0182－0007650　善 777
續資治通鑑綱目二十七卷　（明）商輅等撰　明成化十二年（1476）内府刻本　十六册

110000－0182－0007651　善 778
詩紀一百五十六卷目録三十六卷　（明）馮惟訥編　（明）吴琯　（明）謝陛　（明）陸弼　（明）俞策校訂　明萬曆吴琯、謝陛、陸弼、俞策刻本　六十册

110000－0182－0007652　善 779
文公先生資治通鑑綱目五十九卷　（宋）朱熹撰　（宋）尹起莘發明　（元）汪克寬考異　（元）王幼學集覽　（明）陳濟正誤　明初建安劉寬裕刻本　八册　存八卷（五十二至五十九）

110000－0182－0007653　善 783
夢溪筆談二十六卷　（宋）沈括撰　明刻本　六册

110000－0182－0007654　善 784
資治通鑑二百九十四卷　（宋）司馬光撰　（元）胡三省音注　元刻本　一册　存一卷（二百六十）

110000－0182－0007655　善 785
貞觀政要十卷　（唐）吴兢撰　（元）戈直集論　明成化元年（1465）内府刻本　六册

110000－0182－0007656　善 786
大明會典二百二十八卷　（明）申時行　（明）趙用賢等纂修　明萬曆十五年（1587）内府刻本　一册　存二卷（七十九至八十）

110000－0182－0007657　善 787
稼軒詞四卷　（宋）辛棄疾撰　明末汲古閣刻本　四册

110000－0182－0007658　善 788
李義山詩集箋注十六卷　（唐）李商隱撰　（清）姚培謙箋注　清乾隆四年（1739）姚氏松桂讀書堂刻本　四册

110000－0182－0007659　善 789
小字録一卷補六卷　（宋）陳思輯　明萬曆四十七年（1619）沈弘正暢閣刻本　一册

110000－0182－0007660　善 790
寶顔堂秘笈　（明）陳繼儒輯　明萬曆三十四年（1606）繡水沈氏刻本　八册　存十五種（正集十四種、秘集一種）

110000－0182－0007661　善 803
杜工部集二十卷　（唐）杜甫撰　（清）錢謙益箋注　清康熙六年（1667）季氏静思堂刻本　十六册

110000－0182－0007662　善 804
史記一百三十卷　（漢）司馬遷撰　（南朝宋）裴駰集解　（唐）司馬貞索隱　（唐）張守節正義　明嘉靖四年（1525）汪諒刻本　六十四册

110000－0182－0007663　善 805

唐類函二百卷 (明)俞安期輯 (明)徐顯卿校訂 明萬曆三十一年(1603)俞安期刻本 四十冊

110000－0182－0007664 善808
注解傷寒論十卷圖一卷 (漢)張仲景(張機)撰 (晉)王叔和編次 (金)成無已注解 明萬曆二十七年(1599)海虞趙開美刻本 二冊

110000－0182－0007665 善809
新刊外科正宗四卷 (明)陳實功撰 清順治十五年(1658)刻本 四冊

110000－0182－0007666 善810
國語二十一卷 (三國吳)韋昭撰 (宋)宋庠補音 明張一鯤刻吕留良批校本 八冊

110000－0182－0007667 善811
儀禮注十七卷 (漢)鄭玄撰 明正德十六年(1521)陳鳳梧刻本 六冊

110000－0182－0007668 善812
三國志(三國志演義)一百二十回 (明)羅本撰 清初刻本 一冊 存六回(三十一至三十六)

110000－0182－0007669 善813
滿漢西廂記四卷十六齣 (元)王德信(王實甫)撰 清康熙四十九年(1710)刻本 四冊

110000－0182－0007670 善814
農書三十六卷 (元)王禎撰 清光緒二十一年(1895)刻武英殿聚珍版書本 八冊

110000－0182－0007671 善815
論衡三十卷 (漢)王充撰 明嘉靖十四年(1535)蘇獻可通津草堂刻本 六冊

110000－0182－0007672 善816
商子五卷 (戰國)商鞅撰 (明)程榮校 明刻本 二冊

110000－0182－0007673 善817
新刊合併董解元西廂記二卷 (金)董解元撰 (明)屠隆校正 明萬曆二十八年(1600)周居易刻本 二冊

110000－0182－0007674 善818
六經正義不分卷 (明)宋廷訓撰 明萬曆二十四年(1596)清江公署刻本 十六冊

110000－0182－0007675 善819
劉子文心雕龍四卷 (南朝梁)劉勰撰 (明)楊慎批評 (明)梅慶生音注 明萬曆四十年(1612)閔繩初刻五色套印本 五冊

110000－0182－0007676 善820
十竹齋畫譜八卷 (明)胡正言輯 明崇禎胡氏十竹齋刻套印本 十六冊

110000－0182－0007677 善825
史記集解索隱正義一百三十卷 (漢)司馬遷撰 (南朝宋)裴駰集解 (唐)司馬貞索隱 (唐)張守節正義 明嘉靖四年至六年(1525－1527)震澤王延喆刻本 四十冊

110000－0182－0007678 善832
水經四十卷 (漢)桑欽撰 (北魏)酈道元注 明嘉靖十三年(1534)黃省曾刻本 二十冊

110000－0182－0007679 善833
雅雨堂叢書十三種一百三十八卷 (清)盧見曾輯 清乾隆二十一年至二十五年(1756－1760)德州盧氏雅雨堂刻本 三十六冊 缺一卷(鄭氏周易圖)

110000－0182－0007680 善837
六訂歷朝捷錄百家評林五卷 (明)顧充撰 (明)趙秉忠輯評 明萬曆二十九年(1601)存德堂陳耀吾刻本 四冊

110000－0182－0007681 善867
齊民要術十卷 (北魏)賈思勰撰 明刻本 五冊

110000－0182－0007682 善868
儀禮圖十七卷旁通圖一卷 (宋)楊復撰 元刻明修本 十二冊

110000－0182－0007683 善869
李卓吾先生批評西遊記一百回 (明)吳承恩撰 明刻本 二十五冊

110000－0182－0007684 善870
漢魏六朝百三名家集一百十八卷 (明)張溥

輯　明婁東張氏刻本　四册　存四種（張河間集、何記室集、陸太常集、晉杜征南集）

110000－0182－0007685　善871
箋注陶淵明集十卷總論一卷　（晉）陶淵明撰（宋）湯漢等箋注　（宋）李公煥輯　元刻本　八册

110000－0182－0007686　善876
［康熙］常熟縣誌八卷　（清）章曾印修纂　清康熙五十一年（1712）刻本　八册

110000－0182－0007687　善877
寶顏堂秘笈續集　（明）陳繼儒輯　明萬曆繡水亦政堂刻本　一册　存四卷（銷夏部一至四）

110000－0182－0007688　善878
寶顏堂秘笈續集　（明）陳繼儒輯　明萬曆繡水亦政堂刻本　一册　存四卷（辟寒部一至四）

110000－0182－0007689　善879
西漢文四十卷　（明）張采輯　明崇禎六年（1633）金閶委宛齋刻本　十册

110000－0182－0007690　善881
重刻聖賢圖像不分卷　（□）□□撰　明天啓二年（1622）大雅堂刻本　二册

110000－0182－0007691　善882
廣輿記二十四卷　（明）陸應陽撰　明萬曆二十八年（1600）刻本　十四册

110000－0182－0007692　善884
樂律全書十五種四十八卷　（明）朱載堉撰　明萬曆鄭藩刻本　二十四册

110000－0182－0007693　善885
乞食圖四卷　（清）林棲居士（錢維喬）填詞　清乾隆錢氏小林棲刻本　四册

110000－0182－0007694　善886
明高士傳二卷　（清）侯登岸撰　清道光十五年（1835）稿本　二册　存九十二人

110000－0182－0007695　善887
花間集四卷　（五代）趙崇祚輯　（明）湯顯祖評　明萬曆四十三年（1615）閔刻朱墨套印本　四册

110000－0182－0007696　善888
［順治］蔚州志二卷　（清）李英纂修　清順治十六年（1659）刻本　二册

110000－0182－0007697　善889
［乾隆］蔚縣志三十一卷　（清）王育榞修（清）李舜臣等纂　清乾隆四年（1739）刻本　八册

110000－0182－0007698　善890
［乾隆］通州志十卷首一卷末一卷　（清）高天鳳修　（清）金梅纂　清乾隆四十八年（1783）刻本　八册

110000－0182－0007699　善891
新刊康對山先生武功縣志三卷首一卷　（明）康海纂　（清）孫景烈評注　清乾隆二十六年（1761）刻本　一册

110000－0182－0007700　善892
［乾隆］鄞縣誌三十卷首一卷　（清）錢惟喬修（清）錢大昕纂　清乾隆五十三年（1788）刻本　十六册

110000－0182－0007701　善893
伊犁總統事略十二卷首一卷　（清）汪廷楷原纂　（清）祁韻士編纂　清光緒十九年（1893）抄本　八册

110000－0182－0007702　善894
［乾隆］臨榆縣誌十四卷首一卷　（清）鍾和梅纂修　清乾隆二十一年（1756）刻本　六册

110000－0182－0007703　善897
［乾隆］清泉縣志三十六卷　（清）江恂纂修　清乾隆二十八年（1763）刻本　十册

110000－0182－0007704　善898
［乾隆］華亭縣誌十六卷　（清）馮鼎高（清）李廷敬修　（清）王顯曾等纂　清乾隆五十六年（1791）儀松堂刻本　四册

110000－0182－0007705　善899
［萬曆］臨汾縣誌九卷　（明）邢雲路纂

（明）王榮誥　（明）陳王道　（明）楊起元修　明萬曆十九年（1591）刻本　二册　存三卷（七至九）

110000－0182－0007706　善900
水經注箋四十卷　（漢）桑欽撰　（北魏）酈道元注　（明）李長庚訂　（明）朱謀㙔箋　明萬曆四十三年（1615）李長庚刻本　十二册

110000－0182－0007707　善903
明書一百七十一卷　（清）傅維鱗撰　清康熙三十四年（1695）本誠堂刻本　九十六册

110000－0182－0007708　善905
中阿含經六十卷　（晉）釋瞿曇僧伽提婆譯　宋元間刻磧砂版大藏經本　五册　存十卷（一至十）

110000－0182－0007709　善906
白虎通德論二卷　（漢）班固撰　（明）程榮校　明嘉靖元年（1522）傅鑰刻本　二册

110000－0182－0007710　善907
周禮六卷　（漢）鄭玄注　（明）陳鳳梧編　明嘉靖六年（1527）何鼇刻本　六册

110000－0182－0007711　善908
孫子集注十三卷　（春秋）孫武撰　明萬曆十七年（1589）黄邦彦刻本　四册

110000－0182－0007712　善909
新刻全像海剛峰先生居官公案四卷七十回　（明）李春芳撰　明萬曆三十四年（1606）金陵萬卷樓刻本　四册

110000－0182－0007713　善910
春秋繁露十七卷附錄一卷　（漢）董仲舒撰　（明）孫鑛評　明天啓五年（1625）沈鼎新花齋刻本　六册

110000－0182－0007714　善911
無雙譜一卷　（清）金古良輯撰並繪　清康熙二十九年至三十八年（1690－1699）刻本　一册

110000－0182－0007715　善912
孔子家語八卷　（明）何孟春注　明正德十六年（1521）張公瑞刻本　二册

110000－0182－0007716　善913
聖賢像贊三卷　（明）冠洋子輯　明崇禎五年（1632）刻本　一册

110000－0182－0007717　善914
七經圖七卷　（明）吳繼仕編　明萬曆四十三年（1615）刻本　六册

110000－0182－0007718　善915
紀效新書十八卷首一卷　（明）戚繼光撰　明萬曆二十三年（1595）傅少山刻本　六册

110000－0182－0007719　善916
世説新語六卷　（南朝宋）劉義慶撰　（南朝梁）劉孝標注　明萬曆三十七年（1609）周氏博古堂刻本　六册

110000－0182－0007720　善917
宋元通鑑一百五十七卷　（明）薛應旂撰　（明）陳仁錫評　明天啓六年（1626）陳仁錫刻本　二十册

110000－0182－0007721　善918
登壇必究四十卷　（明）王鳴鶴輯　清刻本　八十册

110000－0182－0007722　善919
南唐書十八卷音釋一卷　（宋）陸游撰　（元）戚光音釋　明天啓三年（1623）刻本　六册

110000－0182－0007723　善920
漢書一百二十卷　（漢）班固撰　（明）鍾人傑校　明萬曆四十七年（1619）鍾人傑刻本　二十四册

110000－0182－0007724　善921
後漢書一百二十卷　（南朝宋）范曄撰　（唐）李賢注　**志注補**　（晉）司馬彪撰　（南朝梁）劉昭注　明萬曆四十七年（1619）鍾人傑刻本　二十四册

110000－0182－0007725　善922
大學衍義四十三卷　（宋）真德秀撰　明崇禎十一年（1638）刻本　六册

110000－0182－0007726　善923

大學衍義補一百六十卷首一卷 （明）丘濬撰 （明）陳仁錫評 明弘治元年（1488）陳仁錫刻本 二十四冊

110000－0182－0007727 善924

六經圖六卷 （宋）楊甲撰 （宋）毛邦翰補 明崇禎五年（1632）姚誠立刻本 六冊

110000－0182－0007728 善925

古史六十卷 （宋）蘇轍撰 明刻本 八冊

110000－0182－0007729 善926

荀子二十卷 （唐）楊倞注 （明）吳勉學校 明吳勉學刻本 四冊

110000－0182－0007730 善927

中説十卷 （隋）王通撰 （宋）阮逸注 明刻本 一冊

110000－0182－0007731 善928

白虎通德論二卷 （漢）班固撰 （明）俞元符校 明刻本 二冊

110000－0182－0007732 善929

［萬曆］嘉善縣誌十二卷 （明）章士雅修 （明）盛唐纂 明萬曆二十四年（1596）刻本 一冊 存一卷（三）

110000－0182－0007733 善930

紀效新書十八卷首一卷 （明）戚繼光撰 明萬曆二十三年（1595）嶺南書林江殿卿刻本 四冊

110000－0182－0007734 善931

夢溪筆談二十六卷補筆談三卷續筆談一卷 （宋）沈括撰 明崇禎四年（1631）馬元調刻本 四冊

110000－0182－0007735 善932

新鐫一夕話頤解六卷 （明）可笑人（俞萬里）編著 明刻本 二冊

110000－0182－0007736 善933

方氏叢鈔十卷 （清）方絢輯 清抄本 八冊

110000－0182－0007737 善934

新增説文韻府群玉二十卷 （元）陰時夫輯 （元）陰中夫注 明弘治七年（1494）劉氏安正書堂刻本 十冊

110000－0182－0007738 善935

重廣補注黄帝内經素問二十四卷 （唐）王冰注 （宋）林億等校正 （宋）孫兆重改誤 明嘉靖二十九年（1550）顧從德刻本 五冊 存十八卷（三至二十）

110000－0182－0007739 善936

太函集一百十二卷 （明）汪道昆撰 明萬曆十九年（1591）刻本 十六冊 存八卷（三至十）

110000－0182－0007740 善937

重廣補注黄帝内經素問二十四卷 （唐）王冰注 （宋）林億等校正 （宋）孫兆重改誤 明嘉靖二十九年（1550）顧從德刻本 十二冊

110000－0182－0007741 善938

資治通鑑綱目五十九卷 （宋）朱熹撰 （明）陳仁錫評閲 明崇禎三年（1630）刻本 八十冊

110000－0182－0007742 善939

資治通鑑綱目前編二十五卷 （明）南軒撰 （明）陳仁錫評閲 明崇禎三年（1630）刻本 十冊

110000－0182－0007743 善940

續資治通鑑綱目二十七卷 （明）商輅等撰 （明）陳仁錫評閲 明崇禎三年（1630）刻本 三十冊

110000－0182－0007744 善941

水經注四十卷 （北魏）酈道元撰 （明）鍾惺等評閲 明崇禎二年（1629）刻本 二十四冊

110000－0182－0007745 善943

大清康熙十一年歲次壬子時憲曆一卷 （清）欽天監編 清康熙十一年（1672）抄本 一冊

110000－0182－0007746 善944

大清雍正五年歲次丁未時憲曆一卷 （清）欽天監編 清雍正五年（1727）内府朱墨抄本 一冊

110000－0182－0007747 善945

大清乾隆二十二年歲次丁丑時憲書一卷 (清)欽天監編　清乾隆二十二年(1757)刻本　一冊

110000－0182－0007748　善946
大清乾隆二十二年歲次丁丑時憲書一卷 (清)欽天監編　清乾隆二十二年(1757)刻本　一冊

110000－0182－0007749　善947
大清乾隆五十九年歲次甲寅時憲書一卷 (清)欽天監編　清乾隆五十九年(1794)刻本　一冊

110000－0182－0007750　善948
大清嘉慶五年歲次庚申時憲書一卷　(清)欽天監編　清嘉慶五年(1800)刻本　一冊

110000－0182－0007751　善949
大清嘉慶十四年歲次己巳時憲書一卷　(清)欽天監編　清嘉慶十四年(1809)刻本　一冊

110000－0182－0007752　善950
大清嘉慶十九年歲次甲戌時憲書一卷　(清)欽天監編　清嘉慶十九年(1814)刻套印本　一冊

110000－0182－0007753　善951
大清嘉慶二十二年歲次丁丑時憲書一卷 (清)欽天監編　清嘉慶二十二年(1817)刻套印本　一冊

110000－0182－0007754　善952
大清嘉慶二十三年歲次戊寅時憲書一卷 (清)欽天監編　清嘉慶二十三年(1818)刻套印本　一冊

110000－0182－0007755　善953
大清嘉慶二十四年歲次己卯時憲書一卷 (清)欽天監編　清嘉慶二十四年(1819)刻套印本　一冊

110000－0182－0007756　善954
大清嘉慶十九年歲次甲戌時憲書一卷　(清)欽天監編　清嘉慶十九年(1814)刻套印本　一冊

110000－0182－0007757　善955
大清嘉慶二十年歲次乙亥時憲書一卷　(清)欽天監編　清嘉慶二十年(1815)刻套印本　一冊

110000－0182－0007758　善956
大清道光二十年歲次庚子時憲書一卷　(清)欽天監編　清道光二十年(1840)刻套印本　一冊

110000－0182－0007759　善957
大清道光二十一年歲次辛丑時憲書一卷 (清)欽天監編　清道光二十一年(1841)刻套印本　一冊

110000－0182－0007760　善958
大清道光二十四年歲次甲辰時憲書一卷 (清)欽天監編　清道光二十四年(1844)刻套印本　一冊

110000－0182－0007761　善959
大清道光二十四年歲次甲辰時憲書一卷 (清)欽天監編　清道光二十四年(1844)刻套印本　一冊

110000－0182－0007762　善960
大清咸豐元年歲次辛亥時憲書一卷　(清)欽天監編　清咸豐元年(1851)刻套印本　一冊

110000－0182－0007763　善961
大清咸豐二年歲次壬子時憲書一卷　(清)欽天監編　清咸豐二年(1852)刻套印本　一冊

110000－0182－0007764　善962
大清咸豐三年歲次癸丑時憲書一卷　(清)欽天監編　清咸豐三年(1853)刻套印本　一冊

110000－0182－0007765　善963
大清咸豐五年歲次乙卯時憲書一卷　(清)欽天監編　清咸豐五年(1855)刻套印本　一冊

110000－0182－0007766　善964
大清咸豐六年歲次丙辰時憲書一卷　(清)欽天監編　清咸豐六年(1856)刻套印本　一冊

110000－0182－0007767　善965
大清咸豐七年歲次丁巳時憲書一卷　(清)欽

天監編　清咸豐七年(1857)刻套印本　一册

110000－0182－0007768　善966
大清咸豐八年歲次戊午時憲書一卷　(清)欽天監編　清咸豐八年(1858)刻套印本　一册

110000－0182－0007769　善967
大清咸豐九年歲次己未時憲書一卷　(清)欽天監編　清咸豐九年(1859)刻套印本　一册

110000－0182－0007770　善968
大清咸豐十年歲次庚申時憲書一卷　(清)欽天監編　清咸豐十年(1860)刻套印本　一册

110000－0182－0007771　善969
大清咸豐十一年歲次辛酉時憲書一卷　(清)欽天監編　清咸豐十一年(1861)刻套印本　一册

110000－0182－0007772　善970
大清咸豐七年歲次丁巳時憲書一卷　(清)欽天監編　清咸豐七年(1857)刻套印本　一册

110000－0182－0007773　善971
大清同治二年歲次癸亥時憲書一卷　(清)欽天監編　清同治二年(1863)刻套印本　一册

110000－0182－0007774　善972
大清同治三年歲次甲子時憲書一卷　(清)欽天監編　清同治三年(1864)刻套印本　一册

110000－0182－0007775　善973
大清同治四年歲次乙丑時憲書一卷　(清)欽天監編　清同治四年(1865)刻套印本　一册

110000－0182－0007776　善974
大清同治五年歲次丙寅時憲書一卷　(清)欽天監編　清同治五年(1866)刻套印本　一册

110000－0182－0007777　善975
大清同治六年歲次丁卯時憲書一卷　(清)欽天監編　清同治六年(1867)刻套印本　一册

110000－0182－0007778　善976
大清同治七年歲次戊辰時憲書一卷　(清)欽天監編　清同治七年(1868)刻套印本　一册

110000－0182－0007779　善977
大清同治八年歲次己巳時憲書一卷　(清)欽天監編　清同治八年(1869)刻套印本　一册

110000－0182－0007780　善978
大清同治九年歲次庚午時憲書一卷　(清)欽天監編　清同治九年(1870)刻套印本　一册

110000－0182－0007781　善979
大清同治十年歲次辛未時憲書一卷　(清)欽天監編　清同治十年(1871)刻套印本　一册

110000－0182－0007782　善980
大清同治十一年歲次壬申時憲書一卷　(清)欽天監編　清同治十一年(1872)刻套印本　一册

110000－0182－0007783　善981
大清同治十二年歲次癸酉時憲書一卷　(清)欽天監編　清同治十二年(1873)刻套印本　一册

110000－0182－0007784　善982
大清同治十三年歲次甲戌時憲書一卷　(清)欽天監編　清同治十二年(1873)刻套印本　一册

110000－0182－0007785　善983
大清同治十四年歲次乙亥時憲書一卷　(清)欽天監編　清同治十三年(1874)刻套印本　一册

110000－0182－0007786　善984
大清同治七年歲次戊辰時憲書一卷　(清)欽天監編　清同治七年(1868)刻套印本　一册

110000－0182－0007787　善985
大清光緒二十一年七政經緯躔度時憲書一卷　(清)欽天監編　清光緒二十一年(1895)刻本　一册

110000－0182－0007788　善986
大清光緒二十八年歲次壬寅時憲書一卷　(清)欽天監編　清光緒二十八年(1902)刻套印本　一册

110000－0182－0007789　善987
大清光緒二十九年歲次癸卯七政經緯躔度時

憲書一卷　(清)欽天監編　清光緒二十九年(1903)刻本　一册

110000－0182－0007790　善988

大清光緒三十五年歲次己酉時憲書一卷　(清)欽天監編　清光緒三十四年(1908)刻套印本　一册

110000－0182－0007791　善989

大清光緒二年歲次丙子時憲書一卷　(清)欽天監編　清光緒二年(1876)刻套印本　一册

110000－0182－0007792　善990

大清光緒三年歲次丁丑時憲書一卷　(清)欽天監編　清光緒三年(1877)刻套印本　一册

110000－0182－0007793　善991

大清光緒四年歲次戊寅時憲書一卷　(清)欽天監編　清光緒四年(1878)刻套印本　一册

110000－0182－0007794　善992

大清光緒五年歲次己卯時憲書一卷　(清)欽天監編　清光緒五年(1879)刻套印本　一册

110000－0182－0007795　善993

大清光緒六年歲次庚辰時憲書一卷　(清)欽天監編　清光緒六年(1880)刻套印本　一册

110000－0182－0007796　善994

大清光緒七年歲次辛巳時憲書一卷　(清)欽天監編　清光緒七年(1881)刻套印本　一册

110000－0182－0007797　善995

大清光緒八年歲次壬午時憲書一卷　(清)欽天監編　清光緒八年(1882)刻套印本　一册

110000－0182－0007798　善996

大清光緒九年歲次癸未時憲書一卷　(清)欽天監編　清光緒九年(1883)刻套印本　一册

110000－0182－0007799　善997

大清光緒十年歲次甲申時憲書一卷　(清)欽天監編　清光緒十年(1884)刻套印本　一册

110000－0182－0007800　善998

大清光緒十一年歲次乙酉時憲書一卷　(清)欽天監編　清光緒十一年(1885)刻套印本　一册

110000－0182－0007801　善999

大清光緒十二年歲次丙戌時憲書一卷　(清)欽天監編　清光緒十二年(1886)刻套印本　一册

110000－0182－0007802　善1000

大清光緒十三年歲次丁亥時憲書一卷　(清)欽天監編　清光緒十三年(1887)刻套印本　一册

110000－0182－0007803　善1001

大清光緒十四年歲次戊子時憲書一卷　(清)欽天監編　清光緒十四年(1888)刻套印本　一册

110000－0182－0007804　善1002

大清光緒十五年歲次己丑時憲書一卷　(清)欽天監編　清光緒十五年(1889)刻套印本　一册

110000－0182－0007805　善1003

大清光緒十六年歲次庚寅時憲書一卷　(清)欽天監編　清光緒十六年(1890)刻套印本　一册

110000－0182－0007806　善1004

大清光緒十七年歲次辛卯時憲書一卷　(清)欽天監編　清光緒十七年(1891)刻套印本　一册

110000－0182－0007807　善1005

大清光緒十八年歲次壬辰時憲書一卷　(清)欽天監編　清光緒十八年(1892)刻套印本　一册

110000－0182－0007808　善1006

大清光緒十九年歲次癸巳時憲書一卷　(清)欽天監編　清光緒十九年(1893)刻套印本　一册

110000－0182－0007809　善1007

大清光緒二十年歲次甲午時憲書一卷　(清)欽天監編　清光緒二十年(1894)刻套印本　一册

110000－0182－0007810　善1008

大清光緒二十一年歲次乙未時憲書一卷
(清)欽天監編　清光緒二十一年(1895)刻套印本　一册

110000－0182－0007811　善1009
大清光緒二十二年歲次丙申時憲書一卷
(清)欽天監編　清光緒二十二年(1896)刻套印本　一册

110000－0182－0007812　善1010
大清光緒二十三年歲次丁酉時憲書一卷
(清)欽天監編　清光緒二十三年(1897)刻套印本　一册

110000－0182－0007813　善1011
大清光緒二十四年歲次戊戌時憲書一卷
(清)欽天監編　清光緒二十四年(1898)刻套印本　一册

110000－0182－0007814　善1012
大清光緒二十五年歲次己亥時憲書一卷
(清)欽天監編　清光緒二十五年(1899)刻套印本　一册

110000－0182－0007815　善1013
大清光緒二十六年歲次庚子時憲書一卷
(清)欽天監編　清光緒二十六年(1900)刻套印本　一册

110000－0182－0007816　善1014
大清光緒二十七年歲次辛丑時憲書一卷
(清)欽天監編　清光緒二十七年(1901)刻套印本　一册

110000－0182－0007817　善1015
大清光緒二十八年歲次壬寅時憲書一卷
(清)欽天監編　清光緒二十八年(1902)刻套印本　一册

110000－0182－0007818　善1016
大清光緒二十九年歲次癸卯時憲書一卷
(清)欽天監編　清光緒二十九年(1903)刻套印本　一册

110000－0182－0007819　善1017
大清光緒三十年歲次甲辰時憲書一卷　(清)欽天監編　清光緒三十年(1904)刻套印本　一册

110000－0182－0007820　善1018
大清光緒三十一年歲次乙巳時憲書一卷
(清)欽天監編　清光緒三十一年(1905)刻套印本　一册

110000－0182－0007821　善1019
大清光緒三十二年歲次丙午時憲書一卷
(清)欽天監編　清光緒三十二年(1906)刻套印本　一册

110000－0182－0007822　善1020
大清光緒三十三年歲次丁未時憲書一卷
(清)欽天監編　清光緒三十三年(1907)刻套印本　一册

110000－0182－0007823　善1021
大清光緒三十四年歲次戊申時憲書一卷
(清)欽天監編　清光緒三十四年(1908)刻套印本　一册

110000－0182－0007824　善1022
大清光緒十二年歲次丙戌時憲書一卷　(清)欽天監編　清光緒十二年(1886)刻套印本　一册

110000－0182－0007825　善1023
大清光緒十三年歲次丁亥時憲書一卷　(清)欽天監編　清光緒十三年(1887)刻套印本　一册

110000－0182－0007826　善1024
大清光緒十四年歲次戊子時憲書一卷　(清)欽天監編　清光緒十四年(1888)刻套印本　一册

110000－0182－0007827　善1025
大清光緒十五年歲次己丑時憲書一卷　(清)欽天監編　清光緒十五年(1889)刻套印本　一册

110000－0182－0007828　善1026
大清光緒十六年歲次庚寅時憲書一卷　(清)欽天監編　清光緒十六年(1890)刻套印本

一册

110000－0182－0007829　善 1027
大清光緒十七年歲次辛卯時憲書一卷　(清)欽天監編　清光緒十七年(1891)刻套印本　一册

110000－0182－0007830　善 1028
大清光緒十八年歲次壬辰時憲書一卷　(清)欽天監編　清光緒十八年(1892)刻套印本　一册

110000－0182－0007831　善 1029
大清光緒十九年歲次癸巳時憲書一卷　(清)欽天監編　清光緒十九年(1893)刻套印本　一册

110000－0182－0007832　善 1030
大清光緒二十年歲次甲午時憲書一卷　(清)欽天監編　清光緒二十年(1894)刻套印本　一册

110000－0182－0007833　善 1031
大清光緒二十一年歲次乙未時憲書一卷　(清)欽天監編　清光緒二十一年(1895)刻套印本　一册

110000－0182－0007834　善 1032
大清光緒二十二年歲次丙申時憲書一卷　(清)欽天監編　清光緒二十二年(1896)刻套印本　一册

110000－0182－0007835　善 1033
大清光緒二十三年歲次丁酉時憲書一卷　(清)欽天監編　清光緒二十三年(1897)刻套印本　一册

110000－0182－0007836　善 1034
大清光緒二十四年歲次戊戌時憲書一卷　(清)欽天監編　清光緒二十四年(1898)刻套印本　一册

110000－0182－0007837　善 1035
大清光緒二十五年歲次己亥時憲書一卷　(清)欽天監編　清光緒二十五年(1899)刻套印本　一册

110000－0182－0007838　善 1036
大清光緒二十六年歲次庚子時憲書一卷　(清)欽天監編　清光緒二十六年(1900)刻套印本　一册

110000－0182－0007839　善 1037
大清光緒二十七年歲次辛丑時憲書一卷　(清)欽天監編　清光緒二十七年(1901)刻套印本　一册

110000－0182－0007840　善 1038
大清光緒二十八年歲次壬寅時憲書一卷　(清)欽天監編　清光緒二十八年(1902)刻套印本　一册

110000－0182－0007841　善 1039
大清光緒二十九年歲次癸卯時憲書一卷　(清)欽天監編　清光緒二十九年(1903)刻套印本　一册

110000－0182－0007842　善 1040
大清光緒三十年歲次甲辰時憲書一卷　(清)欽天監編　清光緒三十年(1904)刻套印本　一册

110000－0182－0007843　善 1041
大清光緒三十一年歲次乙巳時憲書一卷　(清)欽天監編　清光緒三十一年(1905)刻套印本　一册

110000－0182－0007844　善 1042
大清光緒三十三年歲次丁未時憲書一卷　(清)欽天監編　清光緒三十三年(1907)刻套印本　一册

110000－0182－0007845　善 1043
大清光緒三十四年歲次戊申時憲書一卷　(清)欽天監編　清光緒三十四年(1908)刻套印本　一册

書名筆畫字頭索引

一畫

二畫

三畫

四畫

五畫

六畫

七畫

八畫

九畫

十畫

十一畫

十二畫

十三畫

十四畫

十五畫

十六畫

十七畫

十八畫

十九畫

二十畫

二十一畫

二十二畫

二十三畫

二十四畫

二十六畫

二十八畫

書名筆畫索引

一畫

二畫

三畫

四畫

五畫

六畫

七畫

八畫

九畫

十畫

十一畫

十二畫

十三畫

十四畫

十五畫

十六畫

十七畫

十八畫

十九畫

二十畫

二十一畫

二十二畫

二十三畫

二十四畫

二十六畫

二十八畫